SIZILIEN

lonely planet

VIRGINIA MAXWELL
DUNCAN GARWOOD

SIZILIEN

PARCO NATURALE REGIONALE DELLE MADONIE S. 122

Die spektakuläre Landschaft und die vorzügliche Küche wandelt sich im Lauf der Jahreszeiten.

PALERMO S. 33

Das Leben in dieser zauberhaft zerzausten und quirligen Stadt findet auf den Straßen statt.

WESTSIZILIEN S. 67

Entlang der rauen und wundervollen Küste locken kulinarische Glanzlichter.

AGRIGENT S. 268

Sagenhafte Tempel verhalfen der archäologischen Stätte zum Weltruhm.

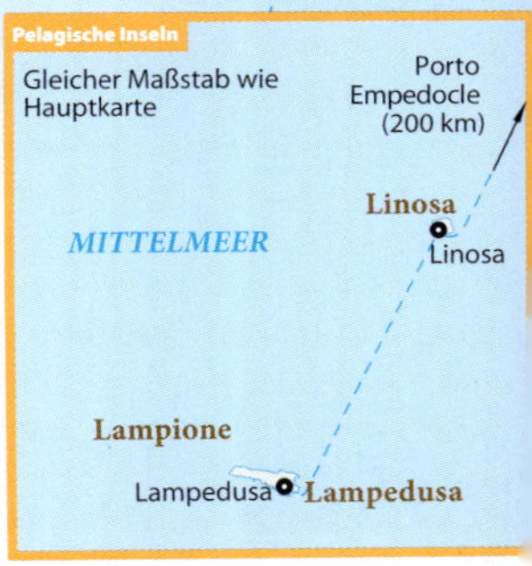

ENTFERNUNGEN (KM)

Hinweis: Die Entfernungen sind ungefähre Angaben.

	Agrigent	Catania	Messina	Palermo	Syrakus	Taormina
Catania	165					
Messina	258	95				
Palermo	126	208	226			
Syrakus	218	60	160	260		
Taormina	214	47	53	255	115	
Trapani	157	312	324	104	355	359

LIPARISCHE INSELN S. 136

Klettertouren an zischenden Vulkane, Faulenzen im kobaltblauen Wasser, Feiern mit der Hautevolee

SYRAKUS S. 214

Elegante Piazzas, antike Ruinen und ein altes jüdisches Ghetto

HÜGELSTÄDTE S. 228

Die glänzenden Barockstädte Noto, Modica und Ragusa thronen auf Hügeln über der Landschaft.

REISEZIEL SIZILIEN

RUSSELL MOUNTFORD

GERADE WENN MAN GEGLAUBT HAT, BEREITS ALLES ÜBER ITALIEN ZU WISSEN, BELEHRT EINEN SIZILIEN EINES BESSEREN.

Silizien – eine Insel der Gegensätze: Erbarmungslos trocknet die Sonne die Landschaft aus und doch sieht man in allen Städten und Dörfern Märkte voller prächtiger Produkte aus der Region. Das Meer, seit Jahrhunderten überfischt, stillt dennoch nach wie vor den unersättlichen Hunger der Einheimischen nach frischen Meeresfrüchten. Und obwohl die Sizilianer in der Vergangenheit wieder und wieder von fremden Mächten überrannt wurden, bereiten sie Besuchern gern einen herzlichen Empfang.

Sizilien blickt auf eine turbulente Geschichte zurück und befindet sich derzeit in einem recht maroden Zustand, der die Insel kaum weniger geißelt als die Mafia zuvor. Ob es einem passt oder nicht – dies ist die Realität. Und sie wirft einen ähnlich unheilverkündenden Schatten auf die Insel wie die rauchenden Krater der berühmten Vulkane. Faszinierenderweise können selbst sie Siziliens Glanz nichts anhaben, denn das „Juwel des Mittelmeers" besticht durch eine arabisch angehauchte Kultur und Küche, uralte archäologische Stätten, überladene barocke Städte und atemberaubend schöne Landschaften.

OBEN Postkartenidyll an der Küste bei Cefalù (S. 116) **UNTEN LINKS** Palermos Dom im für Sizilien typischen normannisch-arabischen Stil (S. 46) **UNTEN RECHTS** Die Salzgärten und Windmühlen der Saline di Trapani (S. 90).

SALINE DI TRAPANI

SYRAKUS

CACCAMO

JOHN ELK III

BETHUNE CARMICHAEL

DOUG MCKINLAY

OBEN LINKS Syrakus' reizvoller Hafen (S. 214) **OBEN RECHTS** Der imposante Dom von Ortygia in Syrakus (S. 216) **UNTEN LINKS** Burg und Dom thronen über dem Städtchen Caccamo (S. 120) **UNTEN MITTE** Abendlicher Aperitif bei Salina, Liparische Inseln (S. 157) **UNTEN RECHTS** Spektakuläre Aussicht von der Chiesa di San Giovanni in Erice (S. 82)

BEVOR ES LOSGEHT

SIZILIEN

RUSSELL MOUNTFORD

WAS IST NEU?

- Das superschicke Museum für Moderne Kunst in Palermo (S. 47)
- Die komplett renovierte Ausstellungsfläche des Whitaker Museum in Mozia (S. 90)
- Der Zugang zu zwei neuen Kratern des Stromboli (S. 166)
- Tolle archäologische Funde aus der antiken griechischen Stadt Morgantina (S. 262)
- Ein *agriturismo* in Butera (S. 348)

KLIMA: PALERMO

Durchschnitt max./min.

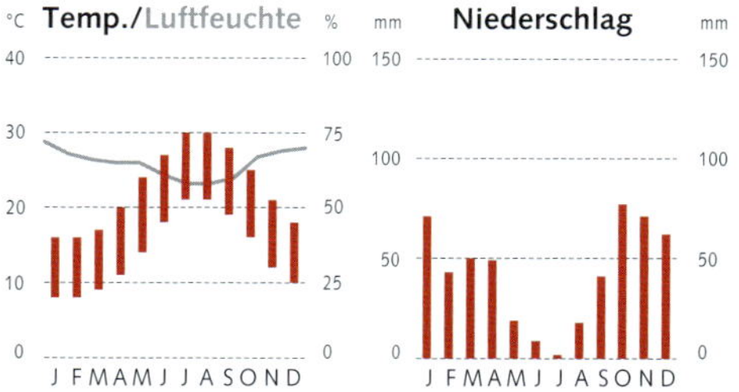

PREISE

	GÜNSTIG	MITTELTEUER	TEUER
SCHLAFEN	< 80 €	80–200 €	> 200 €
ESSEN	< 20 €	20–40€	> 40 €
GLAS WEIN	2 €	3 €	4 €

BETHUNE CARMICHAEL

OBEN Kreuzgang des Duomi di Monreale (S. 62) **UNTEN LINKS** Ruinen in Selinunt (S. 107) **UNTEN RECHTS** Reizendes Sträßchen in Ragusa (S. 239) **RECHTS AUSSEN** Blick von Lipari nach Vulcano (S. 152)

UNTERKUNFT

Die Art der Unterkunft hängt oft vom Zielort ab. In Palermo und auf den Liparischen Inseln werden Boutiquehotels mit stilvollem Dekor immer beliebter. In anderen Städten überwiegen familienbetriebene *pensioni* (Pensionen), B&Bs und Apartments. Die meisten Unterkünfte sind im mittleren Preissegment angesiedelt. In ländlichen Gegenden etablieren sich immer mehr *agriturismi*. Sie schaffen dringend benötigte Arbeitsplätze in strukturschwachen Regionen und ermöglichen Touristen die Möglichkeit, das Leben auf dem Lande mit viel Komfort zu entdecken. Mehr Infos s. S. 328.

WICHTIGSTE ANKUNFTSORTE

AEROPORTO FALCONE BORSELLINO – PALERMO (PMO; ☎ 091 702 01 11; www.gesap.it) Auch als Punta Raisi bekannt; Flüge ab/nach Tunesien, Spanien und Italien.

FONTANAROSSA AIRPORT – CATANIA (CTA; ☎ 095 723 91 11; www.aeroporto.catania.it) Der wichtigste Flughafen für internationale und nationale Flüge.

VINCENZO FLORIO AIRPORT – TRAPANI (TPS; ☎ 0923 84 25 02; www.airgest.it) Wird normalerweise als Birgi Airport bezeichnet; von hier aus werden Pantelleria sowie italienische und weitere europäische Städte angesteuert.

AN ALLES GEDACHT?

- Fürs Picknick: Taschenmesser mit Korkenzieher
- Sonnenbrille und -hut sowie lange Hosen und ein schulterbedeckendes Kleidungsstück für Kirchenbesichtigungen
- Festes Schuhwerk
- Eine detaillierte Karte
- Insektenschutzmittel – Stechmücken können im Sommer eine echte Plage sein

WAYNE WALTON

WEBLINKS

BEST OF SICILY (www.bestofsicily.com) Umfassende Infos zur Insel.

PRESS SICILIA (www.press.sicilia.it, italienisch) Nützliche Datenbank voller Zeitungsartikel.

SICILIA ONLINE (www.siciliaonline.it, italienisch) Infos zu Events und Inseltourismus.

SIZILIEN FÜR TOURISTEN (www.regione.sicilia.it/turismo) Offizielles Tourismusportal.

SICILY WEB (http://sicilyweb.it) Informationen zur Geschichte und Kultur.

FESTE & EVENTS

SIZILIEN

WAYNE WALTON

JANUAR/FEBRUAR

CARNEVALE

In der Woche vor Aschermittwoch wird in vielen Orten Siziliens der Karneval gefeiert, besonders ausgiebig und schön sind Feierlichkeiten allerdings in Sciacca (www.carnevaledisciacca.it, italienisch) und Acireale (www.carnevaleacireale.com).

FESTA DI SANT'AGATA

CATANIA

1 Mio. Menschen folgen dem silbernen Reliquienschrein der hl. Agatha durch die Straßen von Catania. Das Fest findet jedes Jahr vom 3. bis 5. Februar statt und geht einher mit einem fantastischem Feuerwerk (http://mediaonline.it/catania/agata.htm; s. S. 194).

SAGRA DEL MANDORLO IN FIORE

AGRIGENT

Immer am ersten Sonntag im Februar finden unter freiem Himmel Theater- und Musikvorführungen im Tal der Tempel statt, pünktlich zur Mandelblüte (www.mandorloinfiore.net, italienisch).

MÄRZ/APRIL

PASQUA (OSTERN)

In der Karwoche ziehen in Sizilien Prozessionen langsam durch die Städte. Zudem werden Passionsspiele aufgeführt. Die besten Anlaufstellen sind Trapani, Enna, Lipari und Erice.

MAI/JUNI

INFIORATA

NOTO

Die Straßen in Noto werden rund um den dritten Sonntag im Mai mit bunten Blumen geschmückt (www.infiorata.info).

LA MATTANZA

FAVIGNANA

Vom 20. Mai bis 10. Juni lockt die Ägadische Insel Unmengen von Touristen an, die der rituellen Schlachtung von Thunfischen beiwohnen wollen (s. S. 88).

TAORMINA FILM FEST

Mitte Juni trudeln die Hollywoodstars in Taormina ein; dann werden im Teatro Greco sechs Tage lang Filme gezeigt und Pressekonferenzen einberufen (www.taorminafilmfest.it).

OBEN Karneval in Castelbuono (S. 123) **RECHTS** Gläubige in Catania ehren bei einer Prozession die Schutzpatronin ihrer Stadt, die hl. Agatha (S. 193)

JULI/AUGUST

FESTINO DI SANTA ROSALIA

PALERMO
Vom 10. bis 15. Juli wird die Schutzpatronin der Hauptstadt Siziliens mit Musik, Tanz und einer Reliquienprozession gefeiert.

TAORMINA ARTE

Im Juli und August werden im Teatro Greco Opern, Theaterstücke und Tanzdarbietungen gezeigt (www.taormina-arte.com, italienisch).

PALIO DEI NORMANNI

PIAZZA ARMERINA
Am 13./14. August erinnert ein mittelalterlicher Festumzug daran, wie der normannische Graf Roger die Stadt im Jahre 1087 von den Arabern zurückeroberte (S. 242).

SEPTEMBER

FESTIVAL INTERNAZIONALE DEL CUSCUS

SAN VITO LO CAPO
Ein sechstägiges Festival feiert eines der beliebtesten Gerichte der Sizilianer (S. 75; www.couscousfest.it).

DEZEMBER

FESTA DI SANTA LUCIA

SYRAKUS
Mit einer Prozession und einem Feuerwerk ehrt die Stadt ihren Schutzheiligen. Vom 13. bis 20. Dezember.

NATALE

In den Adventswochen werden viele Kirchen mit Krippen und anderen *presepi* (weihnachtlichen Szenen) geschmückt. Besonders schöne Exemplare sind in Caltagirone und Erice zu sehen.

DANIELE LA MONACA/TIPS ITALIA/PHOTOLIBRARY

KULTUR

SIZILIEN

RUSSELL MOUNTFORD

FILME

KAOS (Paolo & Vittorio Taviani, 1984) Fesselnd fotografierter Film, der auf vier Geschichten von Luigi Pirandello basiert.

DIE ERDE BEBT (Luchino Visconti, 1948) Großartige Adaption des Romans *Die Malavoglia. Der Untergang einer sizilianischen Familie* von Giovanni Verga (italienische Originalausgabe: 1881).

DER PATE I–III (Francis Ford Coppola, 1972–1990) Die Saga einer US-amerikanischen Mafia-Familie, die ähnlich viele Besucher ins Kino lockte wie *Ben Hur*.

CINEMA PARADISO (Giuseppe Tornatore, 1988) Angucken und losweinen … und zwar bis zum Filmende.

STROMBOLI (Roberto Rossellini, 1950) Neorealistisches Drama; besonders denkwürdig war allerdings die Affäre zwischen dem Regisseur und der Hauptdarstellerin.

DER LEOPARD

Der Leopard *(Il Gattopardo)*, geschrieben von Giuseppe Tomasi di Lampedusa und 1958 nach dessen Tod veröffentlicht, gilt gemeinhin als der beste sizilianische Roman aller Zeiten. Im Mittelpunkt steht ein alternder Aristokrat, der sich nur schwer mit den politischen und sozialen Veränderungen des Risorgimento anfreunden kann. Lampedusa, der Letzte in einer langen Ahnenreihe eher unbedeutender sizilianischer Fürsten, haucht der Geschichte auf meisterliche Weise Leben ein. Sein Protagonist muss sich zwischen Tradition und Fortschritt entscheiden, und trifft die für ihn einzig ehrenhafte Wahl: Er bleibt der Tradition treu und lässt so zu, dass seine Familie Reichtum, Macht und Einfluss verliert. Luchino Viscontis Verfilmung von 1963 loben Kritiker genauso überschwänglich wie die Romanvorlage. Mehr Infos s. S. 311 und S. 314.

RICCARDO LOMBARDO/CUBOIMAGES SRL/ALAMY

OBEN Palermos großartiges Teatro Massimo (S. 54) **UNTEN** Antike Exponate im Museo Archeologico Regionale in Palermo (S. 48) **RECHTS** *Passeggiata* in Taormina (S. 179) **RECHTS AUSSEN** Teatro Greco mit der Leinwand für das Taormina Film Fest (S. 181)

TOP-MUSEEN

MUSEO ARCHEOLOGICO REGIONALE, PALERMO Die wertvollsten archäologischen Artefakte Siziliens unter einem Dach (S. 48).

MUSEO ARCHEOLOGICO, AGRIGENT Umwerfende Exponate aus Agrigent und Akragas (S. 278).

MUSEO ARCHEOLOGICO EOLIANO, LIPARI Eine der besten Sammlungen prähistorischer und klassischer Exponate Europas (S. 144).

MUSEO ARCHEOLOGICO PAOLO ORSI, SYRAKUS Die größte archäologische Sammlung der Insel (S. 221).

STOCK ITALIA/ALAMY

ERIC JAMES/ALAMY

NICHT VERSÄUMEN

- Literarische Streifzüge – das Geburtshaus von Pirandello (S. 282) sowie Schauplätze aus Camilleris *Montalbano*-Reihe (S. 212 & S. 234) und di Lampedusas Leben (S. 53)
- *Passeggiata* – abendlicher Spaziergang auf Lipari (S. 146)
- Städtchen in den Bergen – im Südosten (S. 227) und in der Madonie (S. 127) von einem „Adlerhorst" zum nächsten
- *Agriturismi* – in einem Bauernhof auf dem Land übernachten (S. 328)
- Open-Air-Events – in lauen Sommernächten in Taormina (S. 183) oder Palermo (S. 54) Filme, Konzerte und Theaterstücke anschauen
- Aperitivo – inklusive Leutebeobachten (S. 218)
- Drehorte – hier entstanden Klassiker wie *Der Pate* oder *Cinema Paradiso* (S. 314)

BÜCHER

DIE MALAVOGLIA (Giovanni Verga, 1881) Meisterwerk der italienischen Literatur.

SIZILIANISCHE SCHATTEN (Peter Robb, 1996) Verstörend-faszinierendes Porträt des Siziliens der Nachkriegszeit.

ON PERSEPHONE'S ISLAND (Mary Taylor Simeti, 1986) Einfühlsame Erinnerungen.

DER TAG DER EULE (Leonardo Sciascia, 1961) Sozialkritischer, politischer Kommentar, der als Krimi getarnt ist.

DIE STUMME HERZOGIN (Dacia Maraini, 1990) Historischer Roman, der im Palermo des 18. Jhs. spielt.

KULTUR

SIZILIEN

JOHN ELK III

LIVEMUSIK

ESTATE CATANESE (www.comune.catania.it/eventi/estate-catanese, italienisch) Das Sommerprogramm für Veranstaltungen in Catania.

WOMAD SICILY (www.womad.org/festivals/sicily) Im September steht Palermo ganz im Zeichen der Weltmusik.

GIUSEPPE-SINOPOLI-FESTIVAL (www.sinopolifestival.it) Klassische Musik im Teatro Greco und auf weiteren Bühnen in Taormina; im Oktober.

SICILY JAZZ AND MORE (www.brassgroup.com) Jazzmusik in Catania. Immer im November.

TOP-GALERIEN

GALLERIA REGIONALE DELLA SICILIANA, PALERMO Beherbergt Kunstwerke aller Epochen – vom Mittelalter bis ins 18. Jh. (S. 49).

GALLERIA D'ARTE MODERNA, PALERMO Sizilianische Gemälde und Skulpturen aus dem 19. und 20. Jh. (S. 52).

MUSEO REGIONALE D'ARTE MEDIOEVALE E MODERNA Beeindruckende Sammlung von Skulpturen, Gemälden und angewandter Kunst (S. 219).

MUSEO REGIONALE, MESSINA Gemälde von Caravaggio und dem Sohn der Stadt, Antonello da Messina (S. 176).

MUSEO D'ARTE CONTEMPORANEA DELLA SICILIA (RISO), PALERMO Ein neues Museum für moderne Kunst, die in Wechselausstellungen präsentiert wird (S. 47).

ANTONELLO DA MESSINA

Vasari beschreibt Antonello da Messina (1430–1479), den ersten großen sizilianischen Maler, in seinen *Lebensbeschreibungen der berühmtesten Maler* (1550) als „einen in seiner Kunst sehr bewanderten Mann" und betont, dass er der erste Italiener gewesen sei, der mit Ölfarben malte – eine Technik, die er in Flandern erlernt hatte. Nur vier seiner strahlenden Gemälde befinden sich auf Sizilien: *Annunziata* (Mariä Verkündigung, 1474–1477) in Palermo (S. 49), *Ritratto di un uomo ignoto* (Portrait eines unbekannten Mannes, 1465) in Cefalù (S. 118), *L'Annunciazione* (Die Verkündigung, 1474) in Siracusa (S. 219) und *San Gregorio* (Hl. Gregor, 1473) in Messina (S. 177). S. auch S. 97.

OBEN Wunderbare Mosaiken schmücken die Cappella Palatina im Palazzo de Normanni von Palermo (S. 44)
RECHTS Das Museo Archeologico Regionale in Palermo hütet antike Schätze (S. 48)

SIZILIANISCHER BAROCK

Nach dem verheerenden Erdbeben von 1693 hatten die Sizilianer gar keine andere Wahl, als viele Städte von Grund auf neu zu gestalten und mit einem Baustil zu experimentieren, der Europa damals im Sturm eroberte: der Barock. Ganz anders als die nüchtern-klassische Ästhetik der Renaissance präsentierte sich dieser neue Stil überladen und voller Bogen und Kurven – er wirkte geradezu sexy und passte damit hervorragend zu Siziliens unorthodoxem, überschwänglichem Flair. Aristokraten ließen barocke Palazzi (Paläste) errichten und vielfach mit grotesken Masken und Putten verzieren. Selbst die Kirche ließ sich von dem Trend mitreißen: Das Resultat waren prunkvolle Kirchen und Unmengen von Kapellen. S. auch S. 97.

ETIKETTE

- Gespräche über die *Lega Nord* (Liga Nord) oder die Mafia lässt man besser bleiben, will man nicht irgendwelche wunden Punkte treffen.
- Wer eingeladen wird, sollte *dolcetti* (Kekse, Kuchen) als Gastgeschenke mitbringen.
- Nackte Haut ist in Gotteshäusern tabu. D. h.: keine Muskelshirts, kurze Hosen, Miniröcke oder tief ausgeschnittenen Oberteile tragen.
- Während einer Messe sollte man das Sightseeing in einer Kirche unterlassen.
- Bei Ladenöffnungszeiten, Fahrplänen etc. ein Auge zudrücken – Sizilianer sind für ihre besondere Auslegung von Pünktlichkeit bekannt.

ESSEN & TRINKEN

SIZILIEN

RUSSELL MOUNTFORD

SNACKS

ARANCINI Panierte und frittierte Reisbällchen mit Fleisch- oder Käsefüllung.

CALZONE Zusammengeklappte Pizzatasche mit einer Füllung aus Schinken, Käse u. v. m.

CROCCHÉ Kroketten mit Käse, Petersilie und Eiern.

PANE CON LA MILZA Brötchen gefüllt mit Kalbsmilz, *caciocavallo*-Käse, einem Klecks Schmalz und einem Spritzer Zitronensaft.

PANELLE Frittierte Teigecken aus Kichererbsenmehl; werden oft in einem Brötchen serviert.

SFINCIONE Lokaltypische Pizzasorte mit Tomaten, Zwiebeln und manchmal auch Anchovis.

STIGGHIOLA Gewürzte und gegrillte Lamm- bzw. Ziegeninnereien am Spieß.

SIZILIANISCHE SÜSSIGKEITEN

Die meisten traditionellen sizilianischen Gerichte gehören zur *cucina povera* (Arme-Leute-Küche) und bestehen aus günstigen Zutaten, die im Überfluss vorhanden sind, z. B. Hülsenfrüchte, Gemüse und Brot. Die Arme-Leute-Gerichte werden auch heute noch gern gegessen, es gibt jedoch einen großen Unterschied zu früher: Mittlerweile darf ein reichhaltiges Dessert nicht mehr fehlen! Die zwei beliebtesten Nachspeisen sind: die *cassata siciliana* (eine Mischung aus Ricotta, Zucker, kandierten Früchten und Schokolode in einem Biskuitteig, die mit Vanille und Maraschino-Likör abgerundet wird und von einer grünen Glasur überzogen ist) und *cannoli* (knusprige Teigröllchen, gefüllt mit cremigem Ricotta und kandierten Früchten und verziert mit einer Maraschino-Kirsche und geraspelter Schokolade; s. auch S. 321).

OBEN Leckereien auf dem Mercato del Capo, Palermo (S. 59) **UNTEN** Holzfässer in Marsala (S. 91) **RECHTS** Abendessen auf der Piazza del Duomo, Cefalù (S. 116) **RECHTS AUSSEN** Fisch-Couscous in Trapani (S. 79)

TOP-RESTAURANTS

PICCOLO NAPOLI, PALERMO In der traditionellen Trattoria werden die besten Meeresfrüchte Palermos serviert (S. 59).

LA BETTOLA, MAZARA DEL VALLO Erstklassige Fisch- und Meeresfrüchtegerichte – superfrisch und superlecker (S. 106).

RISTORANTE LA MADIA, LICATA Aufregende, moderne sizilianische Küche – es werden nur hochwertige Zutaten aus der Region verwendet (S. 290).

RISTORANTE DUOMO, RAGUSA Hervorragend zubereitete und wunderbar angerichtete sizilianische Klassiker (S. 244).

STEPHEN SAKS

OLIVIER CIRENDINI

NICHT VERSÄUMEN

- Dessertweine – einfach den Hauptgang überspringen, damit man gleich ein Glas Marsala, Moscato oder Malvasia bestellen kann
- Honig kosten am Ätna – Honig aus den Bergen, der von Orangen-, Kastanien- oder Zitronenblüten stammt (S. 206)
- *Brioche con gelato* – Wo sonst verspeist man schon zum Frühstück ein Eiscreme-Sandwich?
- *Seltz* – Das traditionelle, antialkoholische Getränk aus Catania erfrischt ungemein (S. 196)
- Steinpilze – Die Berge der Madonie sind eine tolle Anlaufstelle, wenn man diese frisch gesammelten „Früchte des Waldes" genießen möchte (S. 123)
- *Cuscus trapanese* – Die nordafrikanisch angehauchte Fischspezialität aus Trapani ist so gut, dass man ihr zu Ehren ein Fest feiert (S. 75)

REGIONALES

INTERDONATO-ZITRONEN Natürliche Kreuzung aus zwei Zitronensorten mit leicht bitterem Geschmack.

MANDELN AUS NOTO Aromatische Nüsse, die an uralten Bäumen reifen.

PISTAZIEN AUS BRONTE Smaragdgrüne Nüsse mit öliger Textur und jeder Menge Geschmack.

SCHWARZE SCHWEINE AUS DEN NEBRODI-BERGEN Saftiger Schinken, Würstchen und Speck.

KAPERN AUS SALINA Bekannt für ihre feste Konsistenz und ihr Aroma.

ESSEN & TRINKEN

SIZILIEN

GIMMI/CUBOIMAGES SRL/ALAMY

GOURMETFÜHRER

OSTERIE D'ITALIA (Slow Food Editore; italienisch) Listet Restaurants auf, in denen Produkte aus der Region verwendet und lokale Traditionen hochgehalten werden.

ALBERGHI & RISTORANTI ITALIA (Michelin) Immer für Schlagzeilen gut.

RISTORANTI D'ITALIA (Gambero Rosso; italienisch) Die italienische Version des Michelin-Führers.

BAR D'ITALIA (Gambero Rosso; italienisch) In diesen Guides werden Bars und Cafés gemäß ihres Flairs und der Qualität des Kaffees bewertet.

KAFFEE AUF SIZILIANISCH

Wenn es um Kaffee geht, verstehen Italiener keinen Spaß; es gibt folgende Varianten:

ESPRESSO Ein kleiner sehr starker Kaffee, normalerweise als *caffè* oder *caffè normale* bezeichnet.

CAFFÈ MACCHIATO Espresso mit einem Klecks aufgeschäumter Milch.

CAPPUCCINO Espresso mit einer Krone aus heißer, aufgeschäumter Milch; Sizilianer trinken ihn nur zum Frühstück oder am frühen Vormittag.

CAFFÈ LATTE Kaffee mit Milch, die erhitzt, aber nicht aufgeschäumt wird. Die Version mit extra viel Milch wird *latte macchiato* („gefleckte Milch") genannt. Ebenfalls ein Kaffee für vormittags.

CAFFÈ FREDDO Die hiesige Ausgabe eines Eiskaffees – eisgekühlter und gesüßter Espresso

CERASUOLO DI VITTORIA

Der prestigeträchtige Titel DOCG *(Denominazione di Origine Controllata e Garantita)* wird nur Weinen verliehen, die strengen Kriterien genügen. Diese beziehen sich auf das Anbaugebiet, die Rebsorten, die Anbau- und Abfülltechniken und die Qualität. Der einzige DOCG-Wein aus Sizilien ist der Cerasuolo di Vittoria. Der Verschnitt aus nach Pflaumen schmeckenden Nero d'Avola- und aromatischen Frappato-Trauben wird in Caltanissetta, Catania und Ragusa gekeltert. Er schmeckt zu Fisch- und Fleischgerichten und Käse. Die bekanntesten Winzer sind: COS, Planeta, Valle dell'Acate, Terre di Giurfo, Gulfi und Fuedo di Santa Tresa. S. auch S. 322.

OBEN Eine sizilianische Spezialität: die süßen *cannoli* (S. 321) **RECHTS** La Pescheria, Catanias quirliger Fischmarkt (S. 190)

DER *ARK OF TASTE*

Der *Ark of Taste* ist ein internationaler Katalog, in dem die Slow Food Foundation for Biodiversity (Slow Food-Stiftung für biologische Vielfalt) „bedrohte" Lebensmittel zusammengestellt hat. Ihr Ziel ist, regionale Erzeugnisse zu schützen, deren Anbau durch Faktoren wie Globalisierung, Hygienegesetze und Umweltverschmutzung immer weiter zurückgeht. Es werden nur Produkte aufgeführt, die kulturell oder historisch mit der jeweiligen Region, einem Ort oder einer Bevölkerungsgruppe verbunden sind bzw. auf traditionelle Weise hergestellt werden. Der Katalog listet 47 sizilianische Erzeugnisse auf, z. B. die Ustica-Linse, das Trapani-Meersalz oder die weiße Pflaume aus Monreale (s. www.fondazioneslowfood.com/eng/arca/lista.lasso & S. 317).

SIZILIANISCHE KLASSIKER

- *Pasta alla Norma* – mit Tomaten, Auberginen, Basilikum und salzigem Ricotta.
- *Caponata* – Salat mit gekochtem Gemüse (Tomaten, Auberginen, Sellerie, Kapern, Oliven und Zwiebeln).
- *Frutta di Martorana* – Marzipanfrüchte, die gefärbt und geformt sind wie echtes Obst; wird auch *pasta reale* genannt.
- *Pasta con le sarde* – mit Sardinen, Fenchel, Pinienkernen und Rosinen.
- *Involtini di pesce spada* – Schwertfischrouladen gefüllt mit Semmelbrösel, Korinthen und Pinienkernen.

OUTDOOR

SIZILIEN

DIANA MAYFIELD

TOP-WANDERWEGE

PIANO BATTAGLIA Wildblumen verwandeln den Parco Naturale Regionale delle Madonie (S. 126) in ein Farbenmeer.

ÄTNA Die Nordseite des berühmten Vulkans ist malerisch (S. 205).

VULCANO Zum Rand des aktiven und rauchenden Kraters führt ein kurzer, aber steiler Pfad (S. 153).

RISERVA NATURALE DELLO ZINGARO Küstenwanderung zwischen Scopello und San Vito lo Capo (S. 73).

STROMBOLI Sechs anstrengende Stunden hinauf zum Gipfel des Vulkans (S. 165).

VALLE DELL'ANAPO Einfacher Spaziergang durch ein herrlich unberührtes Tal (S. 229).

RISERVA NATURALE TORRE SALSA Tolle Panoramablicke auf die umliegenden Berge und die Küste (S. 282).

REGIONALPARKS

Auf Sizilien gibt es zwar keine Nationalparks, dafür aber einige Naturschutzgebiete. Die größten und bedeutendsten sind der Parco Naturale Regionale delle Madonie (S. 122), Parco Fluviale dell'Alcantara (S. 172), Parco Regionale dei Nebrodi (S. 129) und Parco dell'Etna (S. 202). Das dortige Freizeitangebot ist abwechslungsreich: Im Parco dell'Etna kann man z. B. an den Hängen des Vulkans hergestelltenWein und Honig verkosten und zu den Kratern spazieren. Der Parco Fluviale dell'Alcantara lädt zum Schwimmen, Picknicken, Wandern, Quadbiken und Canyoning ein. Die touristische Infrastruktur der Parks (Hotels, Restaurants) ist gut.

Insgesamt findet man auf Sizilien 79 Naturreservate, sechs Meeresschutzgebiete und ein geschütztes Feuchtgebiet vor. Mehr Infos zum Besuch dieser Gebiete gibt's unter www.parks.it.

OBEN Unterwegs am unwirtlichen Ätna (S. 202) **UNTEN** Badende am Vulcano (S. 154) **RECHTS** Bucht im Riserva Naturale dello Zingaro (S. 73) **RECHTS AUSSEN** Gipfelstürmer am Ätna (S. 202)

TOP-STRÄNDE

FORGIA VECCHIA, STROMBOLI An dem schwarzen Sandstrand lässt es sich wunderbar relaxen (S. 166).

CAMPOBIANCO, LIPARI Auf natürlichen Rampen aus Bimsstein rutscht man ins kristallklare, azurblaue Wasser (S. 147).

SAN VITO LO CAPO An dem halbmondförmigen Sandstrand kann man sich unter die anderen Sonnenanbeter mischen (S. 75).

SPIAGGIA DEI CONIGLI, LAMPEDUSA Einer der schönsten Mittelmeerstrände überhaupt (S. 283).

ROBERTO GEROMETTA

MICHAEL GEBICKI

NICHT VERSÄUMEN

- Tauchen und schnorcheln – rund um Lipari (S. 149), Ustica (S. 65) oder die Isola Bella (S. 182) wartet eine herrliche Unterwasserwelt.
- Vulkangewalt – auf dem Gipfel oder von einem Boot aus lässt sich das nächtliche Feuerwerk des Stromboli beobachten (S. 165).
- Fahrrad fahren – die Ätna-Region auf zwei Reifen entdecken (S. 207).
- Geführte Naturwanderungen – in der Gegend um Syrakus (S. 223) oder an den Hängen des Ätna (S. 207).
- Schlammbäder – auf Vulcano (S. 154) oder Eraclea Minoa (S. 283) darf man ganz ungestört im Matsch suhlen.
- Segeltouren – an der Küste vorbei und durch die versteckten Buchten von Lipari, Alicudi und Filicudi (S. 136).

TOUR-TIPP

Es warten umwerfende Landschaften, leckere Spezialitäten und guter Wein:

- **MONTI MADONIE** Mittelalterliche Dörfer und eine majestätische Bergwelt (S. 127).
- **AM ÄTNA** Normannische Burgen und Pistazienhaine (S. 203).
- **BAROCKE STÄDTE** Ortschaften, die zum Weltkulturerbe gehören (S. 228).
- **VON ENNA ZUM ÄTNA** Eine Landschaft mit sanft geschwungenen und von der Sonne verwöhnten Hügeln (S. 250).

OUTDOOR

SIZILIEN

DALLAS STRIBLEY

STADTOASEN

ORTO BOTANICO, PALERMO Ein ruhiger botanischer Garten inmitten des Hauptstadtchaos (S. 54).

VILLA COMUNALE, TAORMINA Tolle Aussichten, schattige Spazierwege und eine umwerfende Flora (S. 182).

VILLA BELLINI, CATANIA Die hübsche Anlage im Zentrum ist nach dem großen Komponisten benannt (S. 191).

LATOMIA DEL PARADISO, SIRACUSA Zahllose Orangen- und Olivenbäume zieren den alten, von Höhlen durchzogenen Kalksteinbruch (S. 220).

MEERESPARKS

In Sizilien gibt es sechs *area marina protetta* (geschützte Meeresparks).

ISOLE PELAGIE (www.isole-pelagie.it, italienisch Die drei Inseln des pelagischen Archipels: Lampedusa, Lampione und Linosa.

ISOLE CICLOPI (www.isoleciclopi.it, italienisch) An der Riviera dei Ciclopi außerhalb von Catania.

CAPO GALLO (www.ampcapogallo-isola.org, italienisch) Im Tyrrhenischen Meer.

ISOLA DI USTICA (www.ampustica.it, italienisch) Rund um die Insel Ustica.

PLEMMIRIO (www.plemmirio.it) Die Gewässer vor Siracusa.

ISOLE EGADI (www.ampisoleegadi.net, italienisch) Die Inseln des ägadischen Archipels: Favignana, Levanzo, Marittimo und Formica.

WELTNATURERBE

Nur zwei italienische Landschaften besitzen den Status eines Weltnaturerbes: die Dolomiten und die Liparischen Inseln *(Isole Eolie)*. Die Unesco beschreibt die Inselgruppe als ein herausragendes Zeugnis der Entstehung und des Zerfalls vulkanischer Inseln und weiterer damit verbundener Phänomene. Seit über 200 Jahren ist sie ein bedeutsames Studienobjekt für Vulkanologen.

Die Inseln versetzen aber nicht nur Vulkanologen in Verzückung. Im Sommer wimmelt es hier von Touristen aus der ganzen Welt, die gern wandern, schwimmen, schnorcheln, tauchen oder Bootstouren unternehmen; s. auch S. 136.

OBEN Die dampfende Sciara del Fuoco auf Stromboli (S. 166) **RECHTS** Schnorcheln im seichten Wasser am Lido Burrone auf (S. 87)

BESTE REISEZEIT

Wer wandern will, sollte am besten im Frühling nach Sizilien reisen. Dann stehen die Wildblumen in voller Blüte und die Landschaft wirkt noch frisch, grün und saftig. In der Osterwoche kann jedoch überall auf der Insel viel Betrieb herrschen.

Wer hingegen in den Bergen wandern will, sollte den Urlaub auf die Sommermonate legen. Man darf allerdings nicht vergessen, dass der August der beliebteste Ferienmonat der Italiener ist – entsprechend wird auf den Wanderwegen einiges los sein.

Die Strand-, Schnorchel- und Tauchsaison beginnt an Ostern und dauert bis in den September. Der beste Monat für Wasserspaß ist der Juni; im Juli und August passt zwar das Wetter, an der Küste und auf den Inseln ist dann aber der Teufel los.

VÖGEL BEOBACHTEN

- Riserva Naturale dello Zingaro – es können mehr als 40 Arten gesichtet werden, darunter der seltene Habichtsadler (S. 73).
- Parco Regionale dei Nebrodi – in diesem Park sind Goldadler, Gänsegeier und Falken beheimatet (S. 129).
- Die Insel Mozia – diese winzige Insel ist ein wahres Vogelparadies (S. 90).
- Riserva Naturale Oasi Faunistica di Vendicari – Feuchtgebiet, in dem Flamingos, Reiher, Löffler, Enten und Brachschwalben anzutreffen sind (S. 235).
- Lingua – im April bevölkern unzählige Zugvögel die Lagune von Salina (S. 158).

DALLAS STRIBLEY

MIT DER FAMILIE

SIZILIEN

PETER HORREE/ALAMY

TOP-AKTIVITÄTEN

FOSSA DI VULCANO Dem Pfad zum brodelnden und rauchenden Vulkan folgen (S. 153).

SEILBAHN NACH ERICE Die steile Fahrt in die Berggemeinde Erice wird auch dem Nachwuchs viel Spaß machen (S. 82).

GROTTA DEL BUE MARINO Bootsfahrt zur spektakulären Grotte von Filicudi (S. 162).

NICHT VERSÄUMEN

- *Agriturismi* – Ferien auf dem Bauernhof: Tiere streicheln, in Schwimmbecken planschen und viel Platz zum Ausbreiten (S. 328).
- *Passeggiata* – Karussells, Cafés und eine gesellige Atmosphäre versprechen Spaß für die ganze Familie.
- Gelato – Kinder stehen total auf original italienisches Eis, vor allem zum Frühstück!
- Puppentheater – Bei einem traditionellen Puppenspiel in Palermo (S. 53) oder Acireale (S. 199) können die Kleinen zusehen, wie mutige Ritter böse Monster bezwingen.
- *Granita* – An einem heißen Tag gibt es eigentlich nichts erfrischenderes (und leckereres) als diesen Drink mit zerstoßenem Eis.
- Burgen – die Befestigungswälle der normannischen Burgen auf der Insel stürmen (S. 104).

REISEN MIT KINDERN

Familien werden auf Sizilien mit offenen Armen empfangen. Nahezu überall herrscht eine sehr kinderfreundliche Atmosphäre. Kinder unter 18 Jahren müssen häufig keinen Eintritt für kulturelle Einrichtungen zahlen. In Restaurants werden meistens Hochstühle zur Verfügung gestellt; wer eine *mezza porzione* (Kinderteller) bestellt, wird nicht schräg angeschaut. Bei Bahnreisen wird die *offerte familia* angeboten: Kinder unter zwölf Jahren zahlen nur den halben Preis, die übrigen Familienmitglieder erhalten einen Rabatt von 20 % (3–5 Pers.; s. www.trenitalia.com). Allgemeine Tipps zum Thema „Reisen mit Kindern“ liefert Lonely Planets *Travelling with Children*.

TOP Einheimische Jungs spielen in den Gassen von Palermo Fußball (S. 40)

INHALT

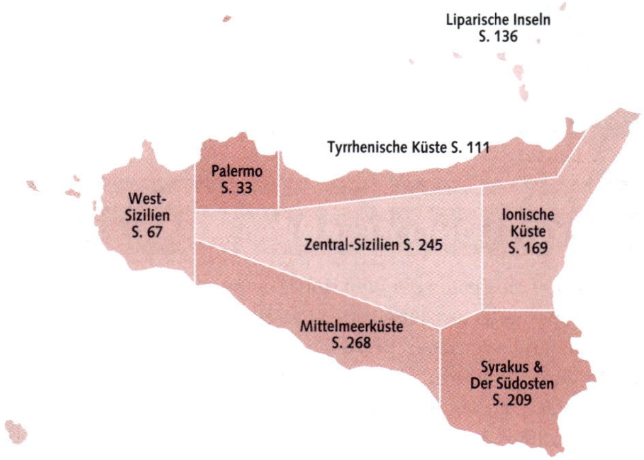
Liparische Inseln
S. 136
Tyrrhenische Küste S. 111
Palermo
S. 33
West-
Sizilien
S. 67
Zentral-Sizilien S. 245
Ionische
Küste
S. 169
Mittelmeerküste
S. 268
Syrakus &
Der Südosten
S. 209

DIE AUTOREN

VIRGINIA MAXWELL

Hauptautorin, Palermo, West-Sizilien, Tyrrhenische Küste

Sie war Verlagsleiterin bei Lonely Planet und beschloss eines Tages, dass sie lieber selbst Reiseführer schreiben wollte. Seitdem hat sie bei sechs Bänden zu Italien mitgearbeitet. Außerdem schreibt sie für Zeitschriften und Websites. Für dieses Buch reiste sie kreuz und quer durch Sizilien. Begleitet wurde sie von ihrem Partner Peter und Sohn Max, die sie gerne bei der Suche nach den besten *cannoli* auf Sizilien unterstützt haben.

DUNCAN GARWOOD

Kunst & Architektur, Liparische Inseln, Ionische Küste, Syrakus & der Südosten, Zentral-Sizilien, Mittelmeerküste

Seit er vor über zehn Jahren nach Italien gezogen ist, bereist Duncan Garwood alle Ecken und Winkel des Landes. Seine Berichte erschienen in vielen Lonely Planets zu Italien und verschiedenen Zeitschriften. Für dieses Buch bereiste er zum zweiten Mal Sizilien, dessen Schönheit, Tragik und Komplexität ihn faszinieren. Derzeit lebt er mit seiner italienischen Frau und zwei Kindern in den Albaner Bergen unweit von Rom.

DIE AUTOREN VON LONELY PLANET

Warum unsere Reiseführer die besten der Welt sind? Ganz einfach: Unsere Autoren sind unabhängige und leidenschaftliche Globetrotter. Ihre Empfehlungen sind unparteiisch, denn sie lassen sich nicht mit Werbegeschenken für eine positive Berichterstattung schmieren. Sie reisen weit – zu touristischen Highlights und entlegenen Orten. Sie recherchieren nicht einfach nur übers Internet oder Telefon. Sie entdecken neue Orte, die in keinem anderen Reiseführer beschrieben sind. Sie schauen sich Tausende von Hotels, Restaurants, Schlössern, Tempeln, Galerien und Wanderwegen höchstpersönlich an. Sie unterhalten sich Tag für Tag mit unzähligen Einheimischen, um die besten Insider-Informationen zu bekommen. Sie sind stolz darauf, alle Einzelheiten richtig zu erfassen und alles so zu beschreiben, wie es ist. Weitere Infos über die Arbeit der Autoren gibt's auf www.lonelyplanet.com.

REISEROUTEN

ALLE HIGHLIGHTS AUF EINEN BLICK

ZWEI WOCHEN // RUND UM DIE INSEL // 968 KM

Nach Palermo, Trapani oder Catania fliegen, ein Auto mieten und die Insel umrunden. Unabhängig vom Startpunkt sollte man nicht verpassen: Agrigent, das Val di Noto, Syrakus, die Liparischen Inseln, Palermo und Marsala. Von Catania kann man Richtung Süden nach **Syrakus** (S. 214) fahren und dem Tour-Tipp durch **Barockstädte** (S. 228) wie Noto, Modica und Ragusa im Val di Noto folgen, einem schönen Gebiet im Südosten der Insel. Weiter geht's gen Westen zur Erkundung der atmosphärischen Tempel in **Agrigent** (S. 274), dann an der Küste entlang nach **Marsala** (S. 91). Dort nimmt man die Autobahn nach **Palermo** (S. 33), um prächtig-verfallende Straßen zu erkunden und die Cafékultur zu genießen, bevor man an Bord einer Fähre zu den **Liparischen Inseln** (S. 136) schippert: Sonne, schwimmen und Vulkane.

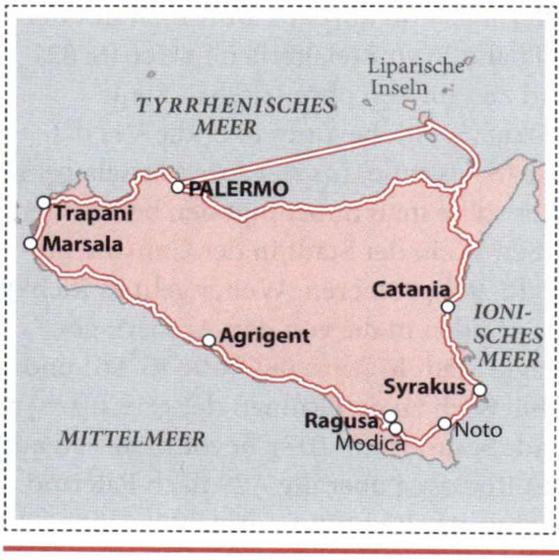

WELTERBESTÄTTEN

SIEBEN BIS ZEHN TAGE // VON CATANIA NACH AGRIGENT // 502 KM

Das Erdbeben von 1693 mag viel Chaos auf der Insel verursacht haben, führte aber auch zur Entstehung einer ihrer größten Schätze: der spätbarocken Städte im Val di Noto. Eine Erkundung der Orte, die zum Unesco-Weltkulturerbe gehören, beginnt man in **Catania** (S. 187), weiter geht's über **Caltagirone** (S. 263), **Palazzolo Acreide** (S. 230), **Ragusa** (S. 239), **Modica** (S. 236), **Scicli** (S. 239) und **Noto** (S. 232). Nach all diesem Pomp bilden die nüchternen **Necropoli di Pantalica** (S. 230) vor den Toren Ferlas und der **Parco Archeologico della Neapolis** (S. 220) in Syrakus das richtige Kontrastprogramm. Die Route endet an der prächtigsten archäologischen Ausgrabungsstätte Siziliens, dem **Tal der Tempel** (S. 274) bei Agrigent. Sie besteht aus fünf dorischen Bauwerken, die spektakulär an einem Bergzug liegen.

DER WILDE WESTEN

ZEHN TAGE // VON PALERMO NACH SELINUNT // 197 KM

Von Palermo aus geht's nach Westen auf der A29 (*autostrada*) zum prächtig gelegenen Tempel und Amphitheater von **Segesta** (S. 81) und dann weiter ins Gourmetmekka **Trapani** (S. 75), um eine einzigartige, von den Arabern beeinflusste Küche kennenzulernen. Von dort aus fährt man mit der Seilbahn ins mittelalterliche **Erice** (S. 82) und zur antiken phönizischen Stadt **Mozia** (S. 90), bevor es über die Via del Sale (Salzstraße) ins elegante Marsala geht. Hier sollte man unbedingt den berühmten süßen Wein der Stadt in der **Cantine Florio** (S. 94) probieren. Weiter geht es Richtung Süden in die von den Arabern geprägte Stadt **Mazara del Vallo** (S. 96) und schließlich zu den Ruinen der griechischen Stadt **Selinunt** (S. 107), bevor man sich auf den Rückweg über die A29 nach Palermo oder weiter Richtung Agrigent begibt.

VILLEN & AUSSICHTEN

EINE WOCHE // VON CEFALÙ NACH PIAZZA ARMERINA // 167 KM

Los geht die Tour im unglaublich malerischen **Cefalù** (S. 116). Hier kann man den prächtigen Dom und die Ruinen einer normannischen Zitadelle erforschen, bevor man sich aufmacht, ins Herz des **Parco Naturale Regionale delle Madonie** (S. 122), einer traumhaften natürlichen Landschaft voller mittelalterlicher Hügelstädte und Restaurants, in denen leckere regionale Küche serviert wird. Man folgt dem **Tour-Tipp** (S. 127) bis **Petralia Sottana** (S. 124) und fährt dann weiter ins von der Sonne versengte **Enna** (S. 250) mitten im Park, um den Blick vom stark befestigten **Castello di Lombardia** (S. 253) zu genießen. Letztes Ziel ist die **Villa Romana del Casale** (S. 257) aus dem 4. Jh. nahe Piazza Armerina, eine üppige römische Villa mit den schönsten noch erhaltenen römischen Bodenmosaiken.

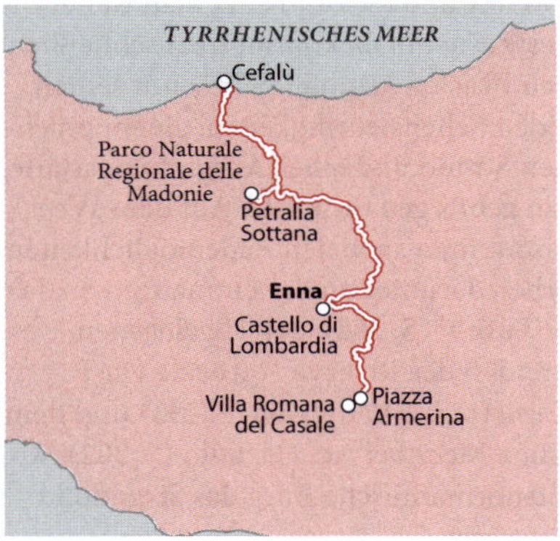

INSELN & VULKANE

EINE WOCHE BIS ZEHN TAGE // VON CATANIA ZU DEN LIPARISCHEN INSELN // 221 KM

Los geht die Tour in der aus Lava erbauten Stadt **Catania** (S. 187). Von dort erklimmt man die berühmteste Sehenswürdigkeit Siziliens, den **Ätna** (S. 202), von dessen luftigen Höhen aus die Zyklopen Steine nach dem fliehenden Odysseus warfen – noch immer sieht man die zerklüfteten Umrisse der Steine an der eindrucksvollen **Riviera dei Ciclopi** (S. 199), einem Küstenabschnitt, an dem sich in den letzten Jahren traditionelle Fischerdörfer in Sommerurlaubsorte verwandelt haben. Weiter geht's wie im **Tour-Tipp** (S. 203) beschrieben an der Westseite des Vulkans entlang nach **Milazzo** (S. 132), von wo aus man eine Fähre nach **Lipari** (S. 137) nehmen kann. Für Naturfreunde lohnt von hier aus ein Besuch der Nachbarinsel **Salina** (S. 157), Vulkanfans können die **Fossa di Vulcano** (S. 153) und den **Stromboli** (S. 165) erklimmen.

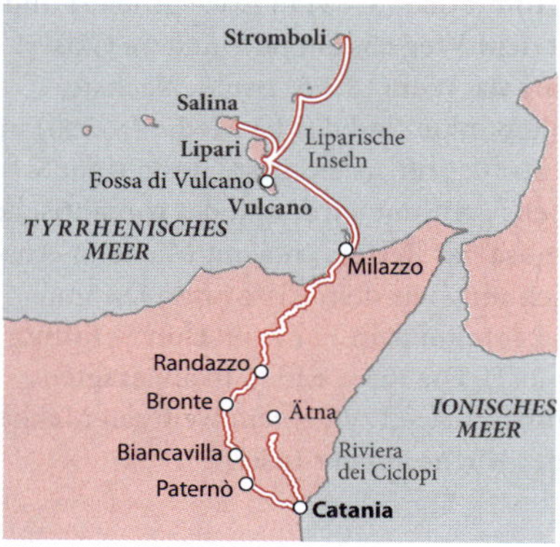

STRAND-HOPPING

ZEHN TAGE // VON PALERMO NACH ACI CASTELLO // 666 KM

Zum erstenmal packt man sein Handtuch am **Mondello** (S. 62) aus, Palermos beliebtem Strand, bevor es weitergeht zum beeindruckenden **Golfo di Castellammare** (S. 72). Hier liegen die beliebten Strände **Castellammare del Golfo** (S. 72) und **San Vito lo Capo** (S. 74). Fährt man weiter die Westküste hinab, kommt man schließlich nach **Eraclea Minoa** (S. 283) mit seinen beiden Sehenswürdigkeiten: einem prächtigen Strand und einer Ausgrabungsstätte. Nun geht's gen Ostküste. Auf dem Weg kommt man an vielen Bademöglichkeiten vorbei, darunter an der einmaligen **Scala dei Turchi** (S. 282), den abgelegenen Stränden der **Riserva Naturale Oasi Faunistica di Vendicari** (S. 235) und dem blauen Meer bei **Aci Castello** (S. 202), wo eine normannische Burg das Strandbild beherrscht.

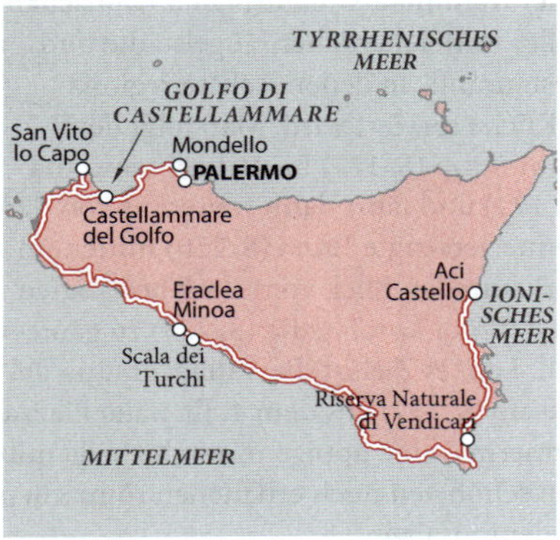

GASTRONOMISCHE GENUSSTOUR

ZEHN TAGE // VON TRAPANI NACH TAORMINA // 445 KM

Erstklassiges Essen und hervorragenden Wein bekommt man in **Trapani** (S. 75). Hier kann man *cuscus trapanese* und *busiate con pesto* genießen, bevor man die Weinstraße **Strada del Vino e dei Sapori Erice DOC** (S. 82) hinabfährt, das Gebäck bei **Maria Grammatico** (S. 85) in Erice probiert und auf dem Weg das ein oder andere Glas **Marsala-Wein** (S. 95) trinkt. Nächste Haltepunkte sind das **La Madia** (S. 290) in Licata, das oft als das beste Restaurant Siziliens gerühmt wird, und das romantische Ragusa mit Restaurants mit Michelin-Auszeichnung wie dem **Ristorante Duomo** (S. 244) und dem **Locanda Don Serafino** (S. 243). Die Reise endet im angesagten **Taormina** (S. 179), einem weiteren Mekka guter Küche auf der Insel.

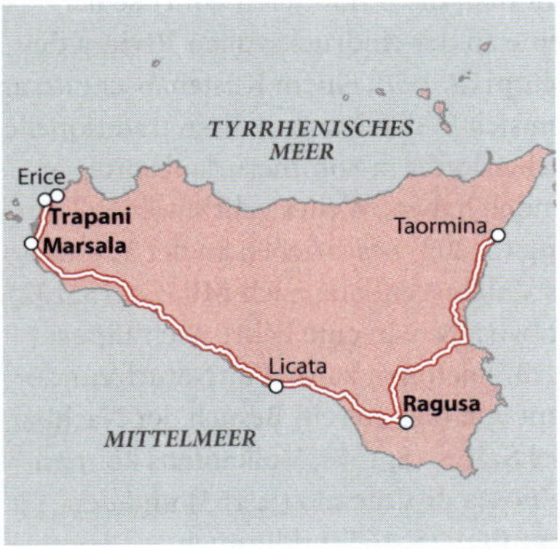

3 PERFEKTE TAGE

TAG 1 // **BAROCKE STADT**
Die erste Station könnte das barocke Zentrum der Stadt sein, die Quattro Canti (S. 42), bevor man sich zu den wunderschönen Kapellen und Kirchen der Tesori della Loggia (S. 48) aufmacht. So viel überladenes Dekor muss man erst mal verdauen – am besten bei bodenständigen Speisen, z. B. in der Casa del Brodo (S. 58) oder Trattoria Primavera (S. 60). Danach bietet sich ein Besuch der Chiesa del Gesù (S. 43) an. Weiter geht's, vorbei an den baufälligen Barock-Palazzi im Bezirk Kalsa (S. 49), zum Kursaal Kalhesa (S. 54), wo man den Tag bei einem Drink ausklingen lassen kann.

TAG 2 // **BYZANTINISCHE SCHÄTZE**
Hat man die Kirche La Martorana (S. 42) erkundet, steht ein Bummel über den quirligen Mercato di Ballarò (S. 59) zur Caffetteria Massaro (S. 58) auf dem Programm. Nach einem kleinen Imbiss am späten Vormittag stattet man dem nahe gelegenen Palazzo dei Normanni (S. 44) einen Besuch ab. Wahrscheinlich wird man dort zu dem Schluss kommen, dass unmöglich irgendwas noch prachtvoller ausgestattet sein kann als die Cappella Palatina, wird dann aber beim nächsten Ziel, der Cattedrale di Monreale (S. 62), eines besseren belehrt. Wieder zurück in Palermo empfehlen wir einen *aperitivo* bei Pizzo & Pizzo (S. 60), bevor man zum Abendessen im Cucina (S. 58) einkehrt.

TAG 3 // **HEDONISTISCHES PALERMO**
Am dritten Tag ist ein wenig Erholung und Entspannung angesagt: über den Mercato del Capo (S. 59) schlendern, bei Cappello Pasticceria (S. 58) eine Päuschen machen und mittags im besten Fischrestaurant der Stadt, dem Piccolo Napoli (S. 59), essen gehen. Danach geht's für ein paar Stunden an den Strand von Mondello (S. 62). Abends könnte man sich in der Oper (S. 54) unters (betuchte und prominente) Volk mischen.

PALERMO

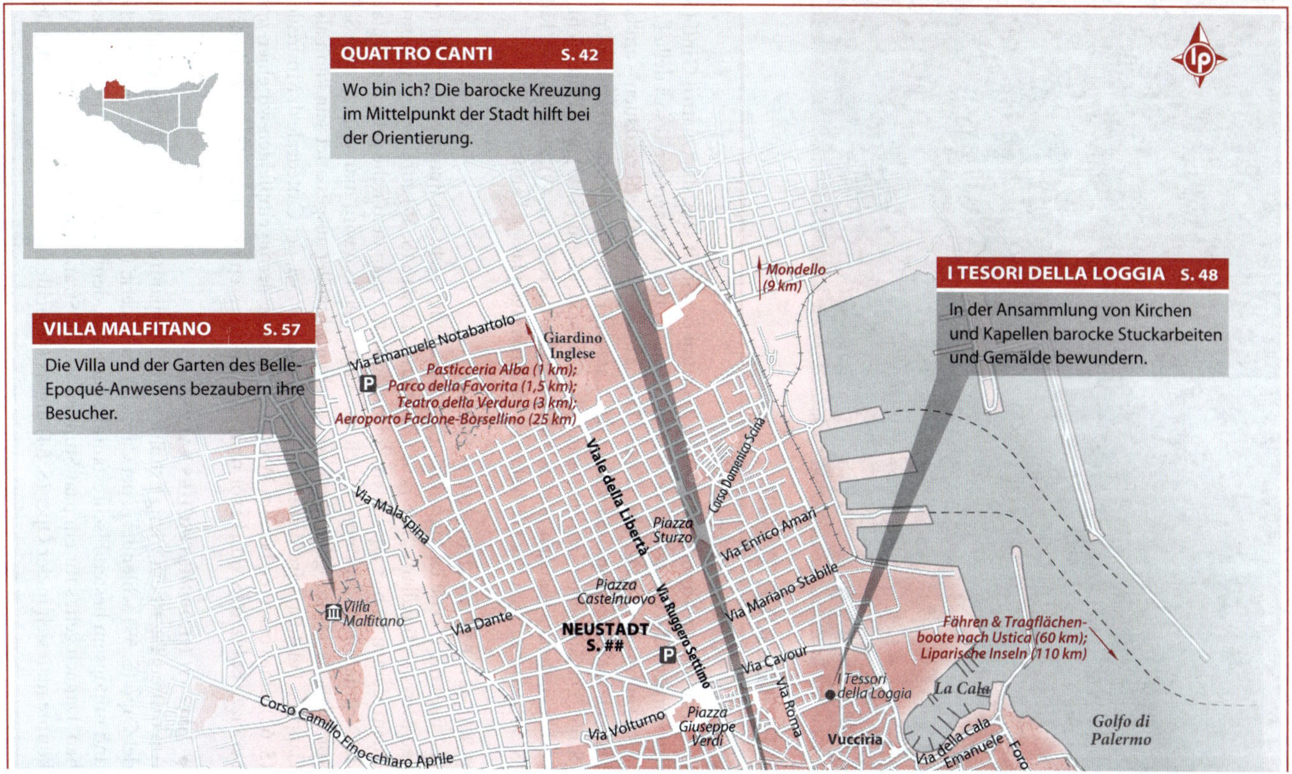
0 1 km
QUATTRO CANTI S. 42
Wo bin ich? Die barocke Kreuzung im Mittelpunkt der Stadt hilft bei der Orientierung.
VILLA MALFITANO S. 57
Die Villa und der Garten des Belle-Epoqué-Anwesens bezaubern ihre Besucher.
I TESORI DELLA LOGGIA S. 48
In der Ansammlung von Kirchen und Kapellen barocke Stuckarbeiten und Gemälde bewundern.
Mondello (9 km)
Via Emanuele Notabartolo
Giardino Inglese
Pasticceria Alba (1 km);
Parco della Favorita (1,5 km);
Teatro della Verdura (3 km);
Aeroporto Falcone-Borsellino (25 km)
Viale della Libertà
Corso Domenico Scinà
Via Malaspina
Piazza Sturzo
Via Enrico Amari
Via Mariano Stabile
Piazza Castelnuovo
Via Ruggero Settimo
Villa Malfitano
Via Dante
NEUSTADT S. ##
Via Cavour
Fähren & Tragflächenboote nach Ustica (60 km); Liparische Inseln (110 km)
I Tesori della Loggia
La Cala
Via Roma
Corso Camillo Finocchiaro Aprile
Via Volturno
Piazza Giuseppe Verdi
Vucciria
Via della Cala
Via Emanuele
Foro
Golfo di Palermo

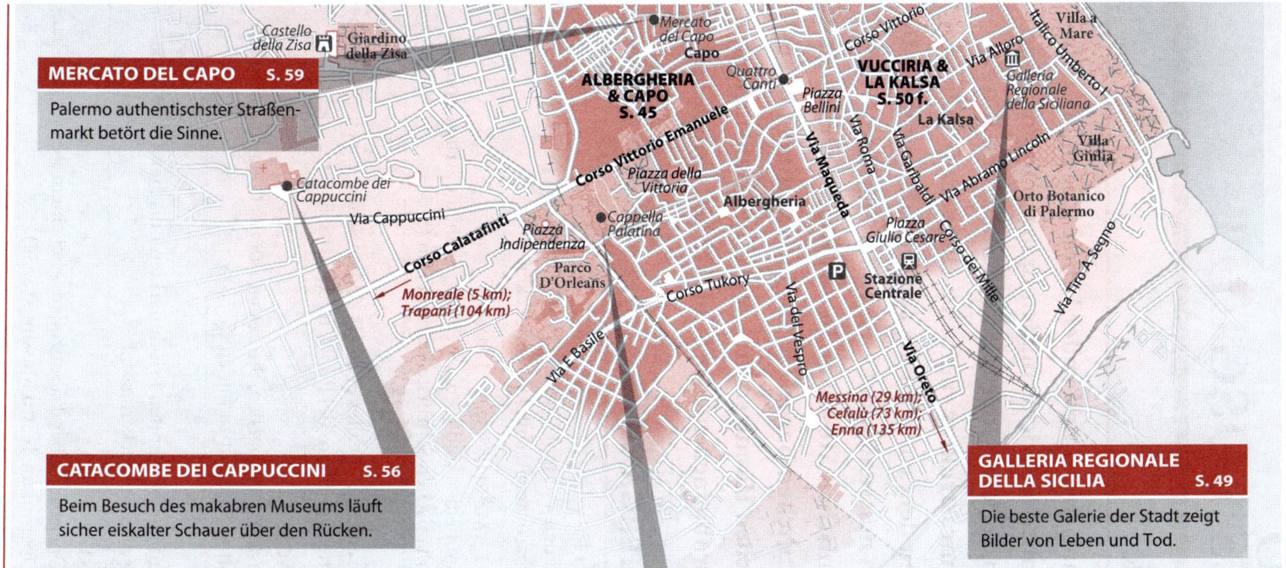

MERCATO DEL CAPO S. 59

Palermo authentischster Straßenmarkt betört die Sinne.

CATACOMBE DEI CAPPUCCINI S. 56

Beim Besuch des makabren Museums läuft sicher eiskalter Schauer über den Rücken.

GALLERIA REGIONALE DELLA SICILIA S. 49

Die beste Galerie der Stadt zeigt Bilder von Leben und Tod.

CAPPELLA PALATINA S. 44

Prächtige byzantinische Mosaike verzieren die majestätische Kapelle.

PARKEN

Parkplätze in der City sind durch blaue Linien markiert, montags bis samstags muss ein Parkticket gelöst werden. Selbsternannte Wächter passen auf die Plätze auf und erwarten dafür ein Obolus von ein paar Euro pro Tag. Diesen sollte man auch zahlen – es ist ein altehrwürdiger und hoch geachteter Service. Es gibt nicht genug Parkplätze, um den Bedarf zu decken. Am besten wählt man also ein Hotel aus, das Parkplätze in einer privaten Garage hat oder vermitteln kann.

PALERMO BEVOR ES LOSGEHT

AUF EINEN BLICK

Palermo ist extravagant, dreist und voller Leben. Die Stadt zieht Besucher und Einheimische gleichermaßen in ihren Bann. Angesichts des chaotischen Verkehrs, der mit Müll übersäten Bürgersteige und maroden Infrastruktur rauft sich ein jeder früher oder später die Haare – man denke nur an die armen Palermitaner, die jeden Tag damit leben müssen! Sobald man aber eins der strahlend schönen byzantinischen Mosaiken in den Kirchen betrachtet hat, sich zwischen stattlichen Barock-Palazzi wiederfindet oder ein Wortgefecht zwischen Händlern und gewieften Hausfrauen miterlebt, sind die „Problemchen" der Stadt schnell vergessen.

TOP-STADTSPAZIERGÄNGE

BAROCKE SCHÖNHEITEN

In Quattro Canti (S. 42) und den Vierteln Vucciria (S. 48) und Kalsa (S. 49) fantastische Beispiele sizilianischer barocker Architektur entdecken.

GIUSEPPE TOMASI DI LAMPEDUSAS PALERMO

Sich für eine geführte Tour anmelden und mehr über das Leben, die Arbeit und die Lieblingsorte des großen sizilianischen Schriftstellers erfahren (S. 53).

OPERA DEI PUPI

Im Antonio-Pasqualino-Museum (S. 52) alles über das sizilianische Puppenspiel erfahren, bevor man die Marionetten im Teatro dei Pupi Cuticchio (S. 53) live erlebt.

SIZILIANISCHES GEBÄCK

Sich der angenehmen Herausforderung stellen, die besten *cannoli* (Teigrollen mit einer Füllung aus süßem Ricotta) der Stadt zu finden (S. 58).

STRASSENMÄRKTE

Sich einen Vormittag lang auf den berühmten Frischmärkten umsehen (S. 59) – natürlich inklusvie Verkostung diverser Leckerbissen!

VINCENZO BELLINIS STADT

Dem großen sizilianischen Opernschreiber Tribut zollen – bei einem Besuch der Piazza Bellini (S. 42) und einer Oper im im Teatro Massimo (S. 54).

ABSEITS DES TRUBELS

Wer sich vom städtischen Lärm und Verkehrschaos überfordert fühlt, findet hier tolle Zufluchtsorte und Ausflugsziele:

- **Orto Botanico di Palermo** Kein Lärm, keine Menschenmassen – einfach nur ein herrlich ruhiger Garten (S. 54).
- **Solunto** Von den oft menschenleeren römischen Ruinen (S. 64) hat man einen umwerfenden Blick aufs Meer.
- **Ustica** Zu einem der besten Tauchspots im Mittelmeer übersetzen und die himmlische Unterwasserwelt entdecken (S. 64).
- **Villa Malfitana** Durch die schönen Salons und Gärten der reizenden Belle-Époque-Villa lustwandeln (S. 57).

AUSGEFALLENE ATTRAKTIONEN

In der Provinz Palermo gibt es eine ganze Reihe schräger und bezaubernder Highlights:

- **Catacombe dei Cappuccini** Die Kapuzinergruft von Palermo verfügt über eine recht makabre Anziehungskraft (S. 56).
- **Centro Internazionale di Documentazione sulla Mafia e Movimento Antimafia** Das bewegende wie informative Anti-Mafia-Museum in Corleone ist einen Tagesausflug wert (S. 65).
- **Panino con la milza** Palermos „geruchsintensivsten" Snack könnte man z. B. in einem der ältesten Restaurants der Stadt kosten, der Antica Focacceria di San Francesco (S. 52).
- **Hammam** Das Dampfbad im nordafrikanischen Stil erinnert an das arabische Erbe Siziliens (S. 56).

TOP-GAUMENFREUDEN

CAPPELLO PASTICCERIA
Kuchen, die wie kleine Kunstwerke aussehen und lecker schmecken (S. 58).

CUCINA
Preiswerte Nouvelle Cuisine à la Palermo, für die die städtischen Bohemiens auch gern mal anstehen (S. 58).

PICCOLO NAPOLI
Das beste Seafood der Stadt (S. 59) – die vielen Stammgäste sprechen für sich!

PIZZO & PIZZO
Klassische *enoteca* (Weinbar), mit sensationeller Weinkarte, elektrisierender Atmosphäre und köstlichen Antipasti (S. 60).

TRATTORIA IL MAESTRO DEL BRODO
Einfache, aber leckere Gerichte mit Zutaten vom Mercado della Vucciria (S. 60).

INFORMATIONEN

- **Agenda Turismo: Palermo Provincia** Die praktische (und kostenlose!) Broschüre erhält man an den Buden der Touristeninformation.
- **Palermo Tourism** (www.palermotourism.com) Offizielle Infos zu Stadt und Provinz für Touristen.
- **Riso** (www.palazzoriso.it) Das Ausstellungsprogramm des wichtigsten modernen Kunstmuseums von Palermo.
- **See Palermo** (www.seepalermo.com) Nützliche Infos zur Stadt und dem Umland.
- **Teatro Massimo** (www.teatromassimo.it) Opern- und Ballettickets vor der Reise buchen.

REISEZIEL PALERMO

659 433 Ew.

Die größte Stadt auf Sizilien steckt voller Überraschungen und verspricht jede Menge Abenteuer: In den Straßen herrschen chaotische Zustände, die Gebäude sind alles andere als perfekt – großartig! – und die Einheimischen mit ihrem Hang zur großzügigen Auslegung von Regeln und ihrer gesunden Skepsis gegenüber Ortsfremden geben Außenstehenden mehr als nur ein Rätsel auf. Um sich einen guten ersten Eindruck von der unvergleichlichen Stadtkultur zu verschaffen, sollte man zunächst durch die Straßen der Altstadt schlendern. Der architektonische Stilmix, den man dort vorfindet, deutet auf die verschiedenen Mächte hin, die die Stadt im Laufe der Geschichte für sich beansprucht haben. Ein weiteres Indiz dafür ist die heterogene Bevölkerung. Um es auf einen einfachen Nenner zu bringen: In dem Schmelztiegel gab und gibt es nicht bloß einen Stil und einen Schlag Mensch. Palermo ist kunterbunt.

Die Stadt sieht aus gutem Grund alt aus – sie ist alt. Genauer gesagt hat sie fast 3000 Jahre auf dem Buckel. In der Anfangszeit war die Stadt nicht viel mehr als ein kleiner phönizischer Handelsposten in einer friedlichen Bucht, umgeben von der fruchtbaren Conca d'Oro, einer erstklassigen Ebene mit Ländereien, die lange Zeit das Ziel der Siedler auf Sizilien waren. Als Karthager und Griechen damit begannen, sich um das Territorium zu streiten, wurde der kleine Posten strategisch und wirtschaftlich immer wichtiger und schließlich unter dem griechischen Namen Panormus (Ganzhafen) bekannt.

831 n. Chr. nahmen die Sarazenen (Araber) den Hafen ein. Dieser hatte sich schon unter dem römischen Kaiser Augustus (reg. 31 v. Chr.–14 n. Chr.) zu einer der bedeutendsten Städte Siziliens gemausert, die nun florierte und prächtig ausgebaut wurde. So prächtig, dass Roger I. (1031–1101) sie 1072 während der Invasion der Normannen zum Hauptsitz seines Königreiches machte und die dort lebenden Araber, Byzantiner, Griechen und Italiener dazu ermutigte, zu bleiben. In Sizilien fanden die Normannen ihr ersehntes „Königreich der Sonne". Und unter der aufgeklärteren Herrschaft wurde Palermo zu einer der kultiviertesten Städte im Europa des 12. Jhs.

Das Ende der Stammlinie Rogers – Wilhelm II. war 1189 kinderlos gestorben – markierte den Beginn eines sehr schleichenden Niedergangs der Stadt. Während einer Reihe von außergewöhnlichen und oftmals blutigen politischen Unruhen stand die Insel unter der Herrschaft der Deutschen (Staufer), der Franzosen (Haus Anjou), der Spanier (Könige von Aragón) und der Engländer. Keine dieser Mächte, die oftmals kein sonderlich großes Interesse an der Stadt zeigten und sich aus Palermo zurückzogen, konnten der Stadt den Glanz der normannischen Ära verleihen. Die einzige größere durchgreifende Veränderung in der Stadt fand unter den Spaniern statt, die einen rationalen Stadtplan einführten, der das ursprünglich maurische Erscheinungsbild verschleierte. Betrachtet man die Stadt von oben, wird man die barocken Kuppeln bemerken, die wie Inseln aus einem Meer aus Gassen aufragen.

Industrielle Unternehmer wie die Florios und die Whitakers verhalfen der Stadt vor dem Ersten Weltkrieg kurzzeitig zu neuem Glanz, der mit den glamourösen und verspielten Bauwerken des Jugendstils einherging und in Palermos letzter Belle Époque endete. Doch zwei

Weltkriege und massive materielle Schäden stürzten die Stadt in eine neue Phase der Hoffnungslosigkeit und des Verfalls. Ende 1945 war die Stadt von unzähligen verarmten Landarbeitern überflutet und befand sich fest im brutalen Würgegriff der Mafia.

Die Angehörigen der Mittelschicht zogen in neu errichtete Siedlungen und flohen vor der abermaligen Welle der Gewalt (und der schlechten Infrastruktur). In den 1980er-Jahren war die Stadt eine Geächtete Europas, in der in den dunkelsten Zeiten durchschnittlich alle drei Tage ein Mensch ermordet wurde. Erst mit den großen Prozessen gegen die Mafia in den Neunzigern schafft es Palermo, seine bewegte Vergangenheit langsam abzuschütteln. In der Folgen haben sich die Behörden dem ehrgeizigen Ziel verschrieben, die Stadt zu ihrer einstigen Pracht zurückzuführen. In den traditionsreichen Vierteln La Kalsa, Vucciria und Albergheria werden die Besucher Zeugen vieler Restaurationsprojekte, die zeigen, dass diese fantastische Stadt wirklich alles daransetzt, schon bald wieder in ihrem alten Glanz zu erstrahlen, und emsig auf eine bessere Zukunft hinarbeitet.

PRAKTISCHE INFORMATIONEN

NOTFÄLLE // Krankenwagen (☎ 118 oder ☎ 091 666 55 28) **Krankenhaus** (Ospedale Civico; Karte S. 45; ☎ 091 666 11 11; Via Carmelo Lazzaro) **Polizei** (☎ Notfall 113); Questura (Karte S. 45; ☎ 091 21 01 11; Piazza Vittoria); Ausländerbüro (☎ 091 672 51 11; Via San Lorenzo)

TOURISTENINFORMATION // Zentrale Touristeninformation (Karte S. 55; ☎ 091 605 83 51; www.palermotourism.com; Piazza Castelnuovo 34; Mo–Fr 8.30–14 & 14.30–18.30 Uhr) Die persönliche Beratung in Siziliens regionalem Tourismusbüro lässt zu wünschen übrig, doch es gibt ein paar Broschüren zu Palermo und die jedes Jahr neu aufgelegte *Agenda Turismo*, die Museen, Kulturzentren, Touristenführer und Transportunternehmen auflistet. **Städtische Infobuden** (normalerweise 9–13 & 15–19 Uhr); Piazza Bellini (Karte S. 50 f.); Piazza Castelnuovo (Karte S. 55); Piazza della Vittoria (Karte S. 45);

UNTERKÜNFTE

In und rund um Palermo gibt es eine ganze Reihe von unterschiedlichen Unterkünften; viele davon sind im gehobeneren Preissegment angesiedelt. Im Folgenden ein paar besonders nennenswerte Optionen:

- Im Herzen von Kalsa steht in einem ruhigen Garten **Al Giardino Dell'Alloro** (S. 329), das mit ziemlich gewagter Kunst aufwartet.
- **BB22** (S. 330) Eine stilvolle Unterkunft mit superfreundlicher Atmosphäre in einer der schönsten Ecken von Vucciria.
- Eine „große, alte Dame" unter den palermitanischen Hotels ist das **Grand Hotel et des Palmes** (S. 330); tatsächlich sieht man ihm das Alter kaum an.
- **Quintocanto Hotel & Spa** (S. 331) Eine schicke, zentral gelegene Bleibe inklusive Wellness-Bereich und Restaurant.
- Ein alter Bahnhof in der Nähe von Corleone beherbergt die **Antica Stazione Ferrovia di Ficuzza** (S. 331), ein umwerfendes Hotels mit renommiertem Restaurant.

Detaillierte Liste mit Unterkünften in Palermo s. S. 329.

Via Cavour (Karte S. 55) **Informationsbüro am Aeroporto Falcone Borsellino** (☎ 091 59 16 98; untere Halle; ⏲ Mo–Sa 8.30–19.30 Uhr)

ORIENTIERUNG

Palermo ist zwar groß, kann aber gut zu Fuß erkundet werden – vorausgesetzt, man besitzt den Mut, die Straße zu überqueren. Die Via Maqueda ist die Hauptstraße, die vom Bahnhof in Richtung Süden verläuft und dann den Namen am Piazza Giuseppe Verdi, dem Zugang zur Neustadt, in Via Ruggero Settimo wechselt. Diese wiederum wird an der Piazza Castelnuovo zum Viale della Libertà, ein großartiger, von Wohnhäusern aus dem 19. Jh. gesäumter Boulevard.

Die Via Maqueda wird vom Corso Vittorio Emanuele gekreuzt, der vom Hafen La Cala im Ost bis zur Cattedrale di Palermo und zum Palazzo dei Normanni im Westen der Stadt führt. Die Kreuzung Via Maqueda und Corso Vittoria Emanuele, weitgehend bekannt als der Quattro Canti (Vier Ecken), teilt das historische Palermo in vier traditionelle Viertel: La Kalsa (Osten), Vucciria (Norden), Il Capo (Westen) und Albergheria (Süden). In diesen Vierteln liegen die meisten Sehenswürdigkeiten Palermos.

Parallel zur Via Maqueda liegt eine weitere bedeutende Straße, die Via Roma. Ein Einbahnstraßensystem leitet den Verkehr vom Bahnhof auf der Via Roma in Richtung Norden und auf der Via Maqueda in Richtung Süden.

STADTSPAZIERGANG

Länge: 2,5 km
Dauer: 6 Std. (inkl. Mittagessen & Museumsbesuche)

Das Zentrum von Palermo ist kompakt und übersichtlich und wird am besten per pedes erkundet. Unser Stadtspaziergang führt durch die östliche Hälfte der Stadt und die labyrinthartigen Gassen von La Kalsa.

Ausgangspunkt ist die Piazza Giuseppe Verdi. Sie wird vom neo-klassizistischen **Teatro Massimo** (**1**; S. 54) dominiert. Den Blick gen Süden gewandt biegt man links in die Via Bara all'Olivella ein, wo man das **Museo Archeologico Regionale** (**2**; S. 48) besuchen kann. Es beherbergt eine der schönsten Sammlungen klassischer Kunst in ganz Süditalien.

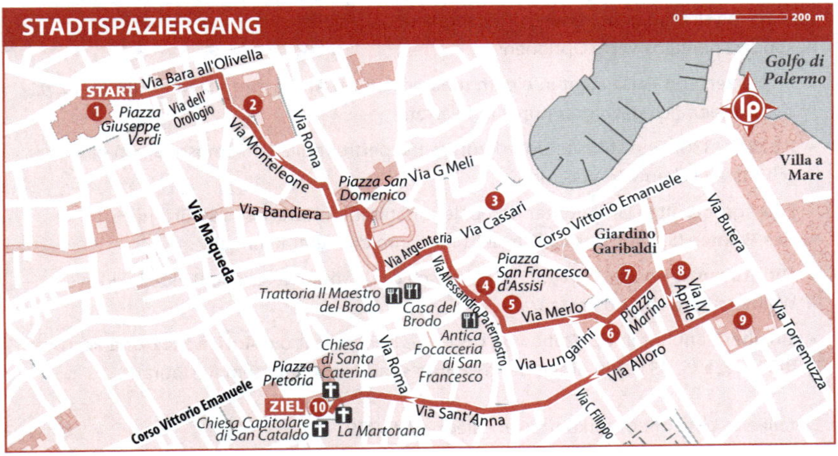

Als nächstes geht's über die Via Monteleone nach Südosten zur Via Roma. Auf der Via Roma gelangt man neben der Chiesa di Sant'Antonio zu einer Treppe, die mitten auf dem **Mercato della Vucciria** (**3**; S. 59) endet. Man könnte überlegen, irgendwo auf dem Marktgelände zu Mittag zu essen. Die Casa del Brodo (S. 58) und die Trattoria Il Maestro del Brodo (S. 60) sind sehr zu empfehlen; eines der berühmtesten Restaurants der Stadt, die Antica Focacceria di San Francesco (S. 52), ist auch nur einen kurzen Fußmarsch entfernt.

Nach Verlassen des Markts folgt man der Via Alessandro Paternostro bis zur hübschen Piazza San Francesco d'Assisi. Man sollte erst das 1569 von der Compagnia di San Francesco erbaute **Oratorio di San Lorenzo** (**4**; Via dell'Immacolatella; Eintritt frei; Mo–Sa 9–17 Uhr) besichtigen und dann die **Chiesa di San Francesco d'Assisi** (**5**; Piazza San Francesco d'Assisi; Eintritt frei; 7–12 & 16–18 Uhr) aus dem 13. Jh., in der man besonders auf die Rosette und das Dekor von Giacomo Sarpotta und Mitgliedern der Gagini-Familie achten sollte. Absolut sehenswert ist auch die Renaissance-Eleganz der hiesigen Cappella Mastrantonio, die 1468 von Francesco Laurana und Pietro Bonitate gestaltet wurde.

Wenn man auf der Via Merlo nach Osten geht, gelangt man zum **Palazzo Mirto** (**6**; ☎ 091 616 75 41; Via Merlo 2; Erw./Kind 5/2,50 €; Mo–Sa 9–18.30, So 9–13 Uhr) aus dem 18. Jh. Er ist ein schönes, recht bescheidenes Beispiel eines Palazzos in Palermo; der prunkvollste Bereich ist der hübsche *Salottino Cinese* (chinesischer Salon), der mit schwarzem Lack, Seidentapeten und bemalten Decken aufwartet.

Die nächste Station ist die Piazza Marina. Sie wird vom **Giardino Garibaldi** (**7**) flankiert, einem eingefriedeten, gepflegten Garten, in dem der älteste Baum der Stadt steht: Der 25 m hohe *ficus benjamina* (Birkenfeige) ist über 150 Jahre alt! Auf der Piazza sind schon so einige blutige Exekutionen durchgeführt worden. Das erscheint gar nicht so verwunderlich, diente doch das größte Gebäude am Platz, der imposante **Palazzo Chiaromonte Steri** (**8**; ☎ 091 607 53 06; www.federicosecondosrl.it, italienisch; Piazza Marina 61; Erw./erm. 5/3 €; Di–Sa 9–13 & 14.30–18.30, So 10–14 Uhr) aus dem 14. Jh., einst der Inquisition als Hauptquartier. Heute gehört es zur Universität von Palermo.

Am südöstlichen Zipfel des Platzes betritt man die Via del IV Aprile und spaziert Richtung Süden. So gelangt man zur Via Alloro, auf der man links abbiegt, um zur hervorragenden **Galleria Regionale dellaSicilia** (**9**; S. 49) zu gelangen.

Nach Verlassen der Galerie geht's auf der Via Alloro Richtung Westen, dann überquert man die Via Roma, um auf die Piazza Bellini (**10**) zu kommen. Dort stehen drei der auffälligsten Gebäude der Stadt: die **Chiesa di Santa Caterina** (S. 42), **La Martorana** (S. 42) und die **Chiesa Capitolare di San Cataldo** (S. 43).

PALERMO ERKUNDEN

In der Stadt befinden sich ein paar herausragende Museen, der eine oder andere historische Palast sowie ein Haufen sehenswerter Barockkirchen. Das eigentliche Highlight der Stadt ist jedoch ihr Flair, das man am besten bei einem Spaziergang kennenlernen kann.

Wir empfehlen eine *passeggiata* (abendlicher Bummel), eine Tasse Kaffee auf der Terrasse eines alteingesessenen Cafés und einen Streifzug auf einem Straßenmarkt. Überall wird man von der schier endlosen Prozession verfallener und gleichzeitig faszinierend schöner Fassaden begleitet.

In fast allen Museen erhalten EU-Bürger unter 18 und über 65 Jahren einen ermäßigten Eintritt.

QUATTRO CANTI

Die stark befahrene Kreuzung von Corso Vittorio Emanuele und Via Maqueda ist das Herzstück der **Quattro Canti** (Vier Ecken; Karte S. 50 f.), dem Zentrum von Palermo. Die Kreuzung ist umgeben von einem perfekten Kreis konkaver Fassaden, die dank einer interessanten optischen Täuschung nahtlos ins blaue Himmelsgewölbe überzugehen scheinen. Da die Gebäude im Verlauf des Tages abwechselnd beleuchtet werden, nennen die Einheimischen die Kreuzung *Il Teatro del Sole* (das Sonnentheater).

PIAZZA PRETORIA // PRACHTVOLLE GEBÄUDE UND EIN PAAR UNZÜCHTIGE SKULPTUREN

Beeindruckende Kirchen und Gebäude säumen die **Piazza** (Karte S. 50 f.), optisch dominiert wird sie jedoch von der überladenen **Fontana Pretoria** (Karte S. 50 f.), eines der Wahrzeichen der Stadt. Die Becken sind in konzentrischen Kreisen um den Mittelpunkt des Brunnens angeordnet und sind mit nackten Nymphen, Tritonfiguren und Flussgöttern verziert. Die Fontana wurde 1554/55 von dem florentinischen Bildhauer Francesco Camilliani für die toskanische Villa von Don Pedro di Toledo entworfen und 1573 von der Stadt Palermo erworben – man wollte mit Messina auf Augenhöhe bleiben, wo in zu jener Zeit die Fontana di Orione eingeweiht worden war. Der Brunnen erhebt sich vor dem **Palazzo Pretorio** (Rathaus; Karte S. 50 f.). Mancher sizilianischer Kirchgänger auf dem Weg in die **Chiesa di San Giuseppe dei Teatini** (Karte S. 50 f.) auf der anderen Seite der Via Maqueda nahm Anstoß an der verwerflichen Nacktheit der Figuren und dem anzüglichen Gesichtsausdruck der Nymphen. Und so gaben die Parlemitaner dem Brunnen den Spottnamen *Fontana della vergogna* (Brunnen der Schande).

PIAZZA BELLINI // WO BYZANTINISCHE BESCHEIDENHEIT AUF BAROCKE MASSLOSIGKEIT TRIFFT

Die Bauwerke an der fantastischen **Piazza Bellini** (Karte S. 50 f.) weisen ganz unterschiedliche Baustile auf und stammen aus unterschiedlichen Epochen. Eigentlich sollte der Gesamteindruck daher disharmonisch sein, tatsächlich hat man jedoch den Eindruck, dass hier alles ganz wunderbar zusammenpasst. An der Nordseite des Platzes steht die **Chiesa di Santa Caterina** (Kirche St. Katharina; Karte S. 50 f.; ☎ 338 7228775; Eintritt 2 €; ⏲ April–Nov. Mo–Sa 9.30–13 & 15–19, So 9.30–13.30, Dez.–März tgl. 9.30–13.30 Uhr), eine der überladensten Barockkirchen Palermos. Sie entstand zwischen 1566 und 1596, der Innenraum wurde im 18. Jh. mit Unmengen von Marmor ausgestaltet. Viele der glatten, weißen Statuen, vergoldeten Stuckelemente und verschlungenen Fresken stammen ebenfalls aus dieser Zeit. Besondere Aufmerksamkeit verdienen das reich verzierte marmorne Presbyterium, die silbernen Engel am Hauptaltar und die Statue der hl. Katharina im rechten Querschiff, das 1534 von Antonello Gagini gestaltet wurde.

Gegenüber der Kirche erhebt sich am südlichen Ende der Piazza die **La Martorana** (Chiesa di Santa Maria dell'Ammiraglio; Karte S. 50 f.; Piazza Bellini 3; Spende erwünscht; ⏲ Nov.–Feb. Mo–Sa 8.30–13 & 15.30–17.30, März–Okt. Mo–Sa 8.30–13 & 15.30–19, ganzjährig So 8.30–13 Uhr, Messe tgl. 10 Uhr), die berühmteste und schönste mittelalterliche Kirche der Stadt. Das aus dem 12. Jh. stammende Gotteshaus wurde von König Rogers syrischem Ammiratus, Georg von Antiochien, gestiftet. Ursprünglich war eine Moschee vorgesehen: Grazile fatimidische Säulen tragen das Kuppelgewölbe, in dem Christus auf dem Thron umgeben von seinen Erzengeln zu sehen ist und in arabischer Schrift der Name Allahs wiederholt wird. Am besten schaut man sich die Kirche am Vormittag an – dann tauchen Sonnenstrahlen die umwerfenden byzantinischen Mosaiken in warmes Licht.

1433 ging das Gotteshaus in den Besitz eines Benediktinerinnenordens über, der von Eloisa Martorana gegründet wurde (daher der Spitzname der Kirche). Sie ließ die normannische Apsis niederreißen, die Barockfassade restaurieren und eine eigene mit Fresken geschmückte Kapelle erbauen. Leider wurden dabei ein paar der wunderbaren Mosaiken zerstört. Von den noch erhaltenen Werken zeigt eines Georg von Antiochien, wie er hinter einem Schild zu Füßen der Jungfrau Maria kauert. Ein anderes zeigt Roger II. beim Empfang der Krone aus den Händen Christi; es ist die einzige erhaltene Darstellung Rogers in ganz Sizilien.

Mussolini übergab La Martorana 1935 in die Obhut der griechisch-orthodoxen Gemeinde. Noch heute wird hier die griechische Messe gefeiert.

Neben La Martorana gelangt man zur kleinen **Chiesa Capitolare di San Cataldo** (Kirch St. Cataldo; Karte S. 50 f.; Piazza Bellini 3; Eintritt 1,50 €; Mo–Fr 9–15.30, Sa 9–12.30, So 9–13 Uhr) mit der rosafarbenen Kuppel. Die Kirche wurde nach 1150 von Maio von Bari in Auftrag gegeben, der Kanzler Wilhelms I. wurde jedoch 1160 ermordet, der Bau deshalb nie abgeschlossen. Das erklärt einerseits, warum der Innenraum nahezu schmucklos ist, und andererseits, weshalb es sich eigentlich nicht lohnt, den Eintritt zu zahlen. Das eigentlich Sehenswerte ist die Fassade, in der arabische und normannische Elemente miteinander zu einer Einheit verschmolzen sind.

Die Ostseite der Piazza ziert das wunderschöne **Teatro Bellini** (Karte S. 50 f.), das nach dem großen sizilianischen Opernkomponisten Vincenzo Bellini benannt ist und aus dem späten 19. Jh. stammt. In dem Gebäude ist das **Café/ Pizzeria Bellini** (☎ 091 616 56 91; www.pizzeriabellini.it; Piazza Bellini 6; Pizzas 4,50–10 €; Mo geschl.) untergebracht. An den Tischen im Freien hat man einen tollen Blick auf den Platz. Und auch die Pizzas können sich sehen lassen.

CHIESA DEL GESÙ // GEBALLTER BAROCK JESUITISCHER MACHART

Die erst kürzlich sanierte **Jesuitenkirche** (Karte S. 45; Via del Ponticello; Eintritt frei; Mo–Sa 7–11.30 & 17–18.30, So 7–12.30 Uhr, Aug. nachmittags geschl.) ist auch als Casa Professa bekannt. Errichtet wurde sie im 16. Jh.; in den folgenden 200 Jahren wurden dann bei der Gestaltung des Innenraums keine Kosten gescheut. Das Ergebnis ist eine wahre Barocklawine mit Marmorintarsien und Skulpturen en masse. Der Chor am Ende des Hauptschiffes und die Gemälde von Pietro Novelli in der zweiten Kapelle des rechten Querschiffes sollte man auf keinen Fall verpassen!

ALBERGHERIA

Einst lebten hier Beamte des normannischen Hofs, seit dem Ende des Zweiten Weltkriegs aber ist Albergheria ein armes, etwas heruntergekommenes Viertel. Der Bombenhagel hat Spuren hinterlassen; man wird ein paar mit „Narben" übersäte Häuserfassaden zu Gesicht bekommen. Heutzutage ist hier eine stetig wachsende Einwanderergemeinde zu Hause, die den Straßenzügen neues Leben eingehaucht hat. In Albergheria ist zudem der am besten besuchte Straßenmarkt Palermos zu finden, der Mercato di Ballarò (S. 59).

PALAZZO DEI NORMANNI // MITTELALTERLICHER HOF VOLLER ZAUBERHAFTER MOSAIKEN

Folgt man dem Corso Vittorio Emanuele gen Westen, vorbei an der von Palmen bestandenen Piazza della Vittoria und durch die monumentale Porta Nuova, gelangt man zum festungsartigen **Palazzo dei Normanni** (Normannenpalast, auch Palazzo Reale genannt; Karte S. 45; ☎ 091 626 28 33; Piazza Indipendenza 1; Eintritt inkl. Cappella Palatina Erw./erm. 8,50/6,50 €; Mo, Fr & Sa 8.30–12 & 14–17, So 8.30–12.15 Uhr). Nach einer lange Phase des Niedergangs wurde er zur Feier der Ankunft Karls V. in Palermo im Jahre 1535 umgebaut – er hatte zuvor einen Sieg über die Tunesier errungen – und später zur prächtigen Residenz erweitert. Einst der Mittelpunkt eines prächtigen mittelalterlichen Hofs, ist der Palast heute Sitz des sizilianischen Parlaments. Vier Tage in der Woche räumen die Abgeordnete das Feld. Besucher haben dann Zugang zum Sitzungssaal und zur opulenten Sala di Ruggero II, dem früheren Schlafzimmer des Königs, die mit beeindruckenden Mosaiken persischer Pfauen und exotischer Leoparden versehen ist.

Cappella Palatina

Die Treppen neben der dreistufigen Loggia des Palasts runter gelangt man zu Palermos Touristenattraktion Nr. 1, der **Cappella Palatina** (Palastkapelle; Karte S. 45; Mo–Sa 8.15–17, So 8.15–9.45 & 11.15–12.15 Uhr), die 1130 von Roger II. in Auftrag gegeben wurde. Man sollte sich darauf einstellen, ein wenig anstehen zu müssen und nach Betreten der Kapelle von den Aufsehern zur Eile angehalten zu werden. Wer in kurzen Hosen, Röcken oder mit tief ausgeschnittenem Oberteil gekleidet ist, kann sich den Weg übrigens sparen – die Aufseher verwehren den Eintritt all denjenigen, die nicht einigermaßen sittsam gekleidet sind. Auch bauchfreie Tops sind tabu.

Fünf lange Jahre hat die Restauration benötigt, jetzt aber erstrahlt die gut beleuchtete, wahrhaftig atemberaubende Kapelle wieder in ihrem alten Glanz. Jeder Quadratzentimeter ist mit kostbarem Marmor oder exquisiten Mosaiken bedeckt, die die Cappella in ein auf Hochglanz poliertes Schmuckstück verwandeln. Die Mosaiken wurden größtenteils von byzantinisch-griechischen Künstlern angefertigt, die Roger II. 1140 eigens für diesen Auftrag nach Palermo bringen ließ. Diese meisterten ihren Job mit unglaublich viel Kunstfertigkeit und Präzision. Gesichtsausdrücke und Bewegungen wurden mit außergewöhnlicher Liebe zum Detail eingefangen und voller Anmut umgesetzt, mitunter drücken die Figuren gar eine unbändige Kraft aus – man betrachte beispielsweise die Darstellung des Christus Pantokrator und der Engel in der Kuppel. Die Mehrheit der Mosaiken erzählt Begebenheiten aus dem Alten Testament, es gibt allerdings auch Werke, die an Palermos wichtige Rolle während der Kreuzzüge erinnern. Einige Arbeiten sind jüngeren Datums und nicht ganz so meisterhaft, etwa die Jungfrau und die Heiligen in der Hauptapsis unterhalb des Christus Pantokrator – was die Wirkung des Gesamtkunstwerks jedoch keinesfalls schmälert.

Nicht nur die Mosaiken sind Hingucker, auch die bemalte *muqarnas*-Holzdecke verdient es, beachtet zu

ALBERGHERIA & CAPO

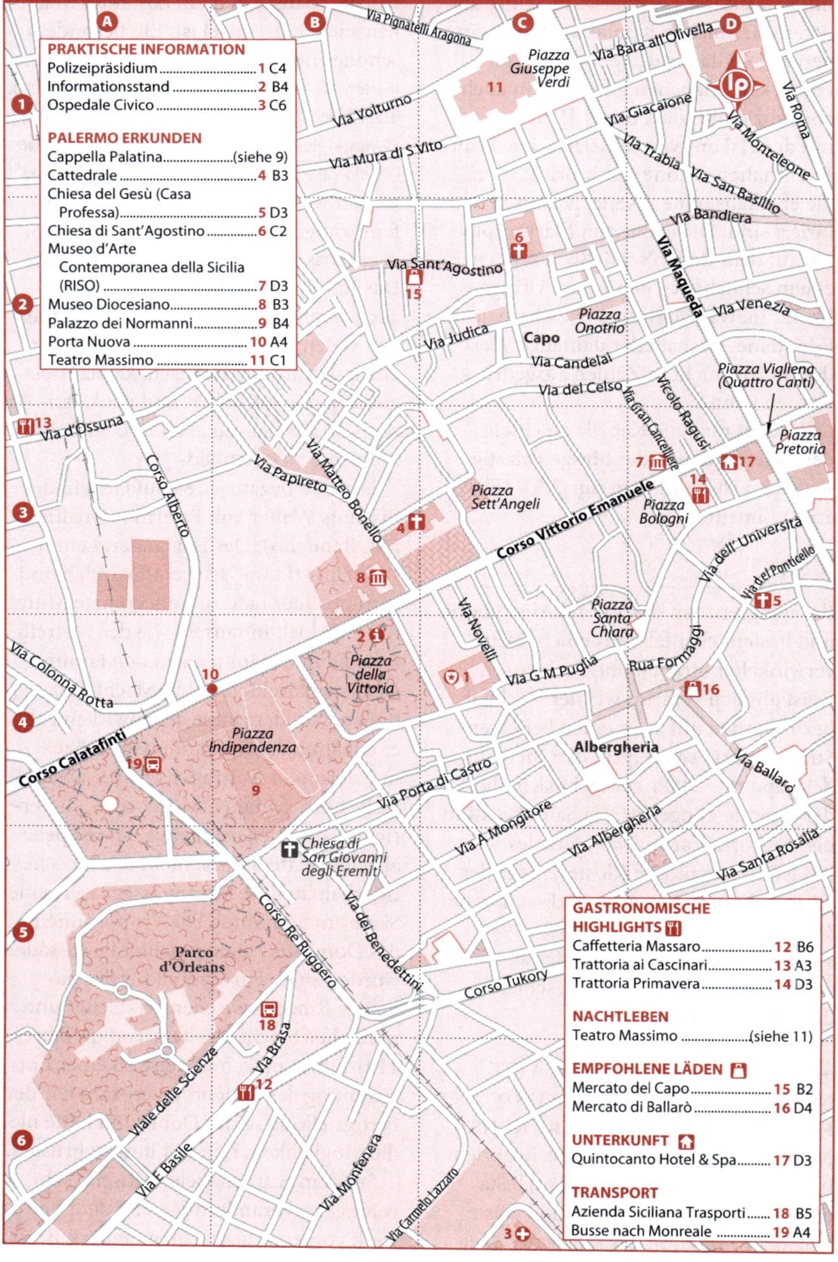

werden. Sie ist nach arabischem Vorbild mit „Stalaktiten“ verziert – in keiner anderen christlichen Kirche wird man ein derartiges Glanzstück der Schnitzkunst entdecken. Manchen gilt sie denn auch als Indiz dafür, dass Roger II. heimlich mit dem Islam sympathisierte. Die Wände enthalten schöne Marmorintarsien, die ebenfalls ohne Zweifel islamisch inspiriert sind. Die verzierten Marmorplatten auf dem Boden schließlich rauben einem schlichtweg den Atem. Übrigens: Im 12. Jh. war Marmor so kostbar wie Edelsteine, weshalb der damalige Wert des Bodens nicht in Zahlen ausgedrückt werden kann.

Besucht man die Kapelle an einem der Tage, an denen der übrige Palast geschlossen ist, zahlt man nur 7/5 € (Erw./erm.) Eintritt.

CAPO

Il Capo grenzt an das Viertel Albergheria und besteht ebenfalls aus einem Netz verwinkelter Straßen und Sackgassen. Es ist ähnlich verarmt wie der Nachbarbezirk und nennt auch einen beliebten Straßenmarkt sein Eigen, den Mercato del Capo (S. 59). Er erstreckt sich über die gesamte Länge der Via Sant'Agostino bis zur Porta Carini. Das Herz des Viertels ist die imposante Klosteranlage der **Chiesa di Sant'Agostino** (Kirche St. Augustin; Karte S. 45; Via Sant'Agostino; Eintritt frei; Mo–Sa 8–12 & 16–18, So 8–12 Uhr). Von hier aus wurden im Mittelalter die Geschicke der Region geleitet.

CATTEDRALE // RUHESTÄTTE NORMANNISCHER KÖNIGE UND FUNDGRUBE FÜR KOSTBARE KUNST

Nachdem die Normannen das Regiment in Sizilien übernommen hatten, bekamen zahlreiche Moscheen und Paläste eine neue Funktion. So wurde der Weg frei gemacht für den arabisch-normannischen Baustil, der ein absolutes Markenzeichen der Insel ist. Ein besonders schönes Beispiel, der **Dom von Palermo** (Karte S. 45; ☎ 091 33 43 73; www.cattedrale.palermo.it, auf Italienisch; Corso Vittorio Emanuele; Eintritt frei; Nov.–Feb. Mo–Sa 9.30–13.30 & 14.30–17.30, März–Okt. Mo–Sa 9.30–17.30, So & an Feiertagen das ganze Jahr über 8–13.30 & 16.30–18 Uhr), vereint stufenförmige Zinnen, Majolika-Kuppeln, geometrische Muster und Blendbogen. Das Ensemble weiß zu beeindrucken, auch wenn die Ästhetik ein wenig unter den vielen Umarbeitungen gelitten hat. Ob arabisch-normannisch, katalanisch-gotisch, rein gotischen und neoklassizistisch, aus nahezu allen Epochen sind Elemente zu erkennen.

Der Bau begann 1184 auf Geheiß des Bischofs Walter von Palermo (Gualtiero Offamiglio). Der Engländer, Lehrer Wilhelms II., war sehr einflussreich und verfügte über nahezu unbegrenzte Mittel. Als er jedoch mitansah, wie der vortreffliche Dom in Monreale in den Himmel wuchs, befürchtete er, an Macht einzubüßen. Um dem entgegenzuwirken gab er ein ähnlich imposantes Gotteshaus in Palermo in Auftrag. Es wurde an der Stelle einer früheren Moschee (9. Jh.) errichtet, die wiederum einst eine Kapelle abgelöst hatte. Ein Element der Moschee ist erhalten: Eine Koranpassage ziert eine Säule am Südportal. Die Proportionen des Doms und seine prachtvolle Fassade wurden zu einem Symbol für das damalige Ringen zwischen geistlicher und weltlicher Macht. Walters Tod im Jahre 1191 führte makabrerweise zu einer Entspannung der Situation – er starb vor der Fertigstellung seines Doms und hatte nie die Möglichkeit, sich mit ihm zu brüsten.

Seitdem wurden viele, teilweise sehr gelungene Veränderungen an dem Bauwerk vorgenommen (man denke z. B. an den Portikus mit drei Bogengängen von Antonio Gambara aus dem 15. Jh., ein Meisterwerk der katalanisch-gotischen Architektur, dessen Gestaltung 200 Jahre in Anspruch nahm. Andere wiederum waren sinnvoll – so etwa Ferdinando Fugas plumpe Kuppel, die zwischen 1781 und 1801 hinzugefügt wurde. Zum Glück „verschonte" Fuga die Ostseite der Fassade, die nach wie vor vom exotischen Original-Design aus Walters Zeiten geprägt. Die Südwestseite entstand im 13./14. Jh. Hier haben lokale Kunsthandwerker dem gotischen Stil ein Denkmal gesetzt. Man betritt den Innenraum durch drei prächtige katalanisch-gotische Bogengänge (1426 von Gambara gestaltet). Vor dem Eingang findet man einen Garten und eine Statue von Santa Rosalia, einer der Schutzheiligen von Palermo. Eine hübsch bemalte Intarsie über den Bogen zeigt den Baum des Lebens als Teil einer komplexen geometrischen arabischen Komposition; zu sehen sind zwölf Rundfenster mit Früchten, Menschen und unterschiedlichen Tieren zu sehen. Sie wird auf 1296 datiert.

Wenngleich in den Ausmaßen überwältigend, so ist die **Grabstätte** (Eintritt 1 €; Mo–Sa 9.30–13.30 Uhr) der normannischen Könige in ihrem Dekor doch ziemlich unspektakulär gestaltet. Hier liegen die sterblichen Überreste von Heinrich VI. und Wilhelm II. und zweier bedeutender Herrscher Siziliens, Roger II. (hinten links) und dem Staufer Friedrich II. (vorn links). Geht man den rechten Gang hinunter, gelangt man zur **Schatzkammer** (Eintritt 2 €; Mo–Sa 9.30–13.30 Uhr). Der schönstes Stück ist die Krone von Konstanze von Aragon, der Ehefrau von Friedrich II. Die filigrane Goldarbeit wurde von hiesigen Kunsthandwerkern gestaltet und ist über und über mit Edelsteinen besetzt.

Museo Diocesiano

Nebenan befindet sich das **Diözesanmuseum** (Karte S. 45; ☎ 091 607 71 11; www.diocesipa.it, italienisch; Via Matteo Bonello 2; Erw./Kind unter 6 Jahren/Senior über 65 Jahren & Kind 6–17 Jahre 4,50/frei/3 €; Di–Fr, So & Feiertage 9.30–13.30, Sa 10–18 Uhr). Es beherbergt bedeutende Kunstwerke aus dem Dom und den Kirchen der Stadt, die im Zweiten Weltkrieg zerstört wurden. Highlights sind die Fresken aus dem 15. Jh. und die byzantinischen Gemälde und Ikonen, darunter die wunderschöne *Madonna della perla* von 1171, die aus den Ruinen der Kirche San Nicoló Reale geborgen wurde. Nicht verpassen sollte man auch den dem sizilianischen Maler Pietro Novelli (1603–1647) gewidmeten Raum. Novelli gilt als einer der besten Maler der Region. Er arbeitete für den spanischen König Philipp IV., ließ sich von Anthony Van Dyck und Raffael inspirieren und malte zahlreiche Selbstportraits.

Das Ticket gilt auch für die Gruft und die Schatzkammer.

MUSEO D'ARTE CONTEMPORANEA DELLA SICILIA (RISO) // INNOVATIVE KUNST IN HISTORISCHEM AMBIENTE

Die neueste Ausstellungsfläche für Kunst in Palermo ist das **Museum für zeitgenössische Kunst** (Karte S. 45; ☎ 091 32 05 32; www.palazzoriso.it; Palazzo Riso, Corso Vittorio Emanuele 365; Erw./Senior über 60 Jahre & Kind unter 18 Jahre/erm. 5/frei/3 €; Sa, So & Di–Mi 10–19.30, Do & Fr 10–21.30 Uhr). Es ist in einem restaurierten, neoklassizistischen Palazzo aus dem 18. Jh. untergebracht. Der Kurator arbeitet mit anderen städtischen und regionalen Institutionen zusammen, um den Besuchern alternative Interpretationen des sizilianischen Kunsterbes und aufwendige internationale Ausstellungen bieten zu können. In dem schicken Café

PALERMO

und Buchladen im Erdgeschoss tummeln sich extrem hip gekleidete Leute.

VUCCIRIA

Vucciria ist auf der ganzen Insel ein Begriff für den hiesigen Mercato della Vucciria (S. 59), der den sizilianischen Maler Renato Guttuso zu seinem wichtigsten Werk, *La Vucciria* (1974), inspirierte. Der Schriftsteller Leonardo Sciascia beschrieb den Markt als einen „Traum für hungrige Menschen".

Vucciria war einst das Armenhaus Palermos – ein schmutziger Ort mit hoher Verbrechensrate, der die geradezu mittelalterlich anmutende Kluft zwischen Arm und Reich illustrierte, die in Sizilien noch bis in die 1950er-Jahre existierte. Das Viertel ist nach wie vor recht schäbig und zählt doch zu den faszinierendsten Ecken der Stadt. Die interessantesten Bauwerke stehen in der Nähe der beeindruckenden **Chiesa di San Domenico** (Kirche St. Dominik; Karte S. 50 f.; ☎ 091 58 91 72; Piazza San Domenico; Eintritt frei; Di–Sa 9.30–12 Uhr).

MUSEO ARCHEOLOGICO REGIONALE // ARCHÄOLOGISCHE SCHATZTRUHE

Das **Regionale Archäologie-Museum** (Karte S. 50 f.; ☎ 091 611 68 05; Piazza Olivella 24) zählt zu den bedeutendsten seiner Art in Europa. Zum Zeitpunkt der Recherchen wurde es einer umfassenden Renovierung unterzogen. Nach der Wiedereröffnung können die Besucher Schätze wie einen phönizischen Sarkophag aus dem 5. Jh. v. Chr., 10 000 etruskische Artefakte (u. a. Spiegel), griechische Schnitzereien aus Selinunt und Himera, den hellenistischen *Ariete di bronzo di siracus* (Bronze-Widder von Syrakus), die größte Sammlung antiker Anker der Welt und diverse andere archäologische Funde aus Sizilien bestaunen.

I TESORI DELLA LOGGIA // FÜNF ARCHITEKTUR- & KUNSTHIGHLIGHTS

Die **Schätze der Loggia** (Karte S. 50 f.; ☎ 091 843 16 05; www.tesoridellaloggia.it; Erw./Kind unter 7 Jahren/Kind 7–17 Jahre/erm. 5/frei/1/4 €; Mo–Sa 9–13 Uhr) sollte man nicht verpassen. Der Name bezieht sich auf den Bereich hinter der Chiesa di San Domenico, in dessen Zentrum sich einst eine Loggia befand, die von Händlern und Bankkaufleuten aus Genua genutzt wurde. Die Eintrittskarte (erhältlich im Oratorio del Rosario in Santa Cita an der Via Valverde) ermöglicht den Zugang zu allen fünf Kirchen bzw. Kapellen.

Oratorio del Rosario in San Domenico

Die kleine **Kapelle** (Karte S. 50 f.; Largo Cavalieri di Malta) wurde von der Rosenkranzgemeinschaft des hl. Dominik in Auftrag gegeben. Das dominierende Kunstwerk ist Anthony Van Dycks fantastisches blau-rotes Altargemälde *Die Rosenkranzmadonna mit dem Hl. Dominik und den Schutzpatroninnen von Palermo*. Van Dyck verließ Palermo nach Ausbruch der Pest und malte das Bild 1628 in Genua. Beachtung verdienen die Stuckarbeiten von Giacomo Serpotta (1710–1717) – wunderschön, plastisch und mit Figuren übersät, verpassten sie den sizilianischen Kirchen einen Hauch Rokoko. Serpottas Name bedeutet so viel wie „Echse" oder „kleine Schlange": Viele seiner Arbeiten „signierte" er daher mit einem Reptil – Augen aufhalten!

Chiesa di Santa Cita

Die **Kirche der Hl. Zita** (Karte S. 50 f.; Via Valverde) aus dem 14. Jh. ist nach der Schutzheiligen der Hausdiener benannt. Dominikanische Priester erwarben das Gotteshaus im 16. Jh. und ersannen einen cleveren Plan: Sie erlaubten reichen Familien gegen Bezahlung, ihre Verstorbenen hier zu bestatten. Mit dem Geld wurden das Kloster und die besonders prunkvollen Grabkapellen in der Kirche finanziert. Sehenswert sind auch die Skulpturen von Antonio Gagini.

Oratorio del Rosario in Santa Cita
Die schönsten Stuckarbeiten von Serpotta sind im **Oratorium von Santa Cita** (Karte S. 50 f.; Via Valverde) aus dem 17. Jh. zu sehen; dieses befindet sich neben der Kirche. An der Eingangsmauer gedenkt die *Seeschlacht von Lepanto* des Siegs der Christen über die Osmanen. Hunderte kesser Engelchen halten die Stuck-„Vorhänge" ringsum; sie wurden nach dem Vorbild palermitanischer Straßenbengel gestaltet.

Chiesa di San Giorgio dei Genovese
Die auffällig elegante Renaissancefassade der **Kirche des hl. Georg von Genua** (Karte S. 50 f.; Via Squarcialupo) gehört zu den schönsten von La Loggia. Die Kirche wurde zwischen 1575 und 1591 nach Vorlagen des piemontesischen Architekten Giorgio di Faccio erbaut. Der Innenraum ist ähnlich ansprechend wie die Fassade: Er besticht durch korinthische Säulen und einen mit Grabsteinen übersäten Marmorboden. Im Zweiten Weltkrieg bombardierten die Alliierten das Areal und machten es dem Erdboden gleich. Die Kirche blieb jedoch wie durch ein himmlisches Wunder unversehrt.

Chiesa di Santa Maria di Valverde
Die im 14. Jh. erbaute **Karmeliterkirche der hl. Maria von Valverde** (Karte S. 50 f.; Largo Cavalieri di Malta) konnte 1633 dank der Unterstützung des wohlhabenden Camillo Pallavicino aus Genua – seine einzige Tochter trat dem Konvent von Valverde bei – komplett umgebaut werden. Absolut sehenswert ist *Die Madonna vom Karmeliterberg mit Heiligen* von Pietro Novelli aus dem Jahre 1640.

LA KALSA

Viele Jahre war das von Armut gebeutelte La Kalsa eins der verrufensten Viertel von Palermo. Unlängst wurde jedoch ein Sanierungsprogramm aufgelegt. Viele der verfallenen Palazzi sind inzwischen restauriert und werden in Museen, Boutiquehotels und gehobene Wohnhäuser umgemodelt.

GALLERIA REGIONALE DELLA SICILIA // GRANDIOSE DARSTELLUNGEN VON LEBEN UND TOD

Schon seit langem trägt die **Sizilianische Regionalgalerie** (Karte S. 50 f.; ☎ 091 623 00 11; www.regione.sicilia.it/beniculturali/palazzoabatellis; Palazzo Abatellis, Via Alloro 4; Erw./Kind & Senior über 65 Jahre/erm. 8/frei/4 €; Di–Sa 9–12.30 Uhr) den Titel „beste Kunstgalerie Palermos" – und zwar zu Recht. Ein wunderschöner katalanisch-gotischer Palast beherbergt die Kunstschätze mit Gemälden aus dem Mittelalter bis ins 18. Jh.; das Bauwerk wurde 1957 von Carlo Scarpa, einem der führenden Architekten Italiens, in eine Galerie umgewandelt.

Die Ausstellung gewährt einen tollen Einblick in die sizilianische Malerei, die leider seit ein paar Jahrzehnten weniger von sich reden gemacht hat. Zu den Highlights zählt der *Trionfo della morte* (Triumph des Todes), ein umwerfend schönes Fresko. Der dämonische Tod sitzt auf einem unheimlichen Pferd und fällt über seine unglückseligen Opfer her – besonders über die eitlen, verwöhnten Aristokraten Palermo –, wobei er von den Armen und Hungrigen beobachtet wird. Das riesige Kunstwerk wurde behutsam restauriert und erhielt sinnvollerweise eine freie Fläche im Erdgeschoss, wodurch es seine volle Wirkung entfalten kann.

Ebenfalls sehenswert ist die beliebte *Annunziata* (Mariä Verkündigung; 1474–

VUCCIRIA & LA KALSA

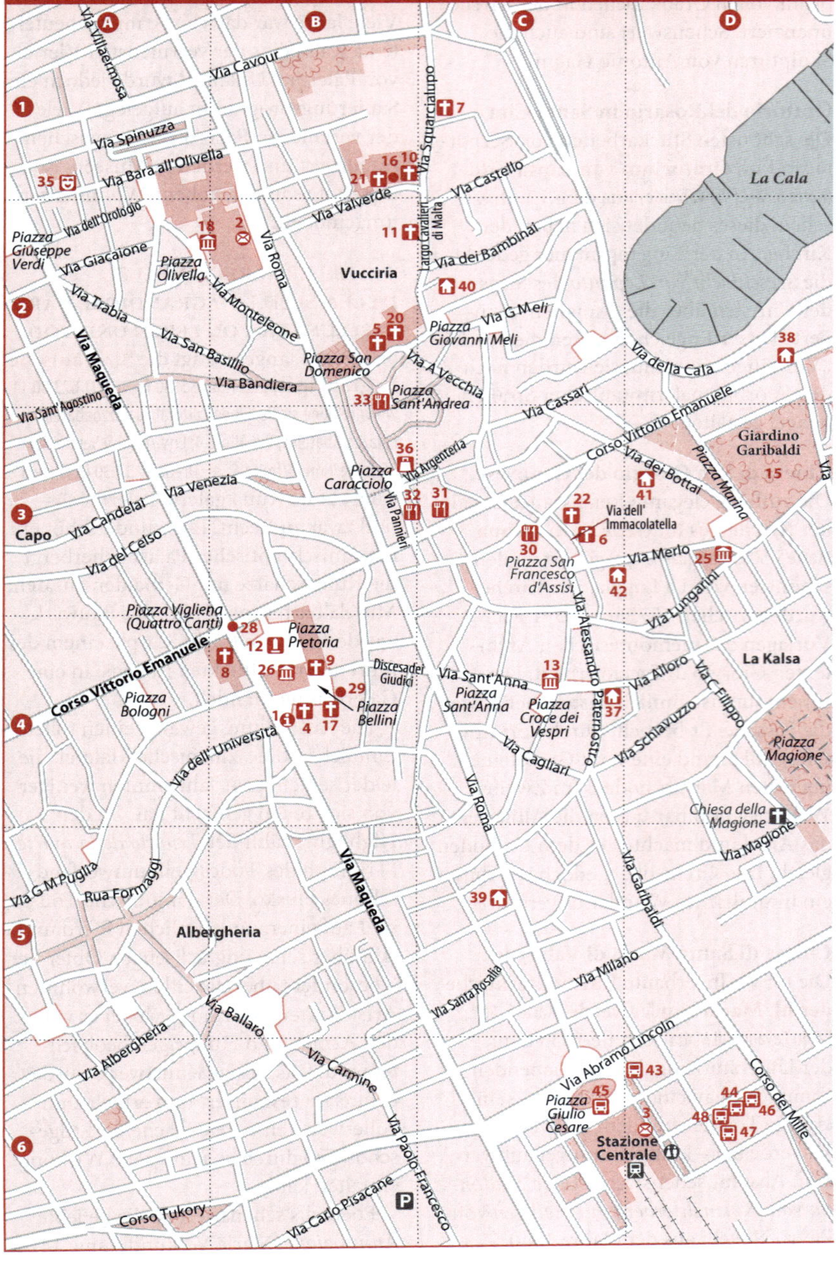

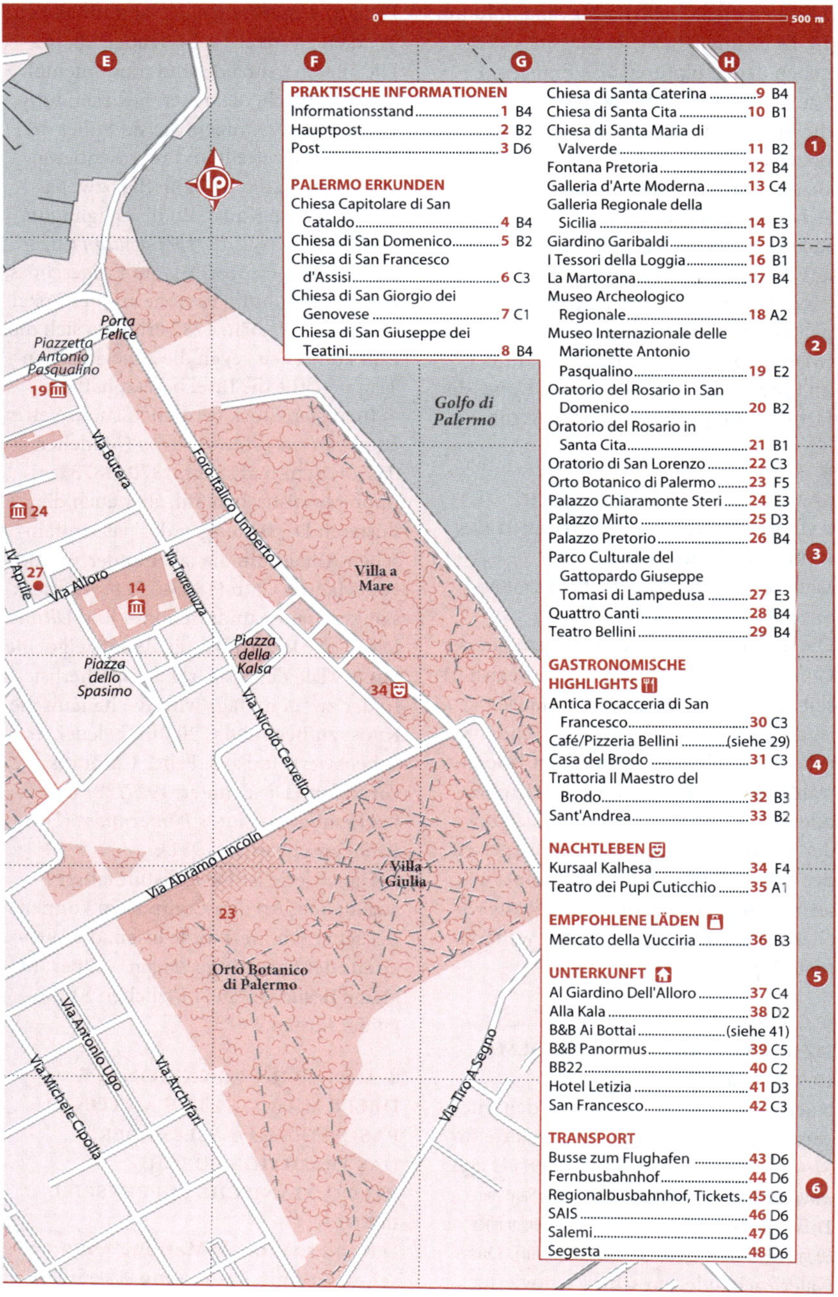

PRAKTISCHE INFORMATIONEN

Informationsstand 1 B4
Hauptpost 2 B2
Post 3 D6

PALERMO ERKUNDEN

Chiesa Capitolare di San Cataldo 4 B4
Chiesa di San Domenico 5 B2
Chiesa di San Francesco d'Assisi 6 C3
Chiesa di San Giorgio dei Genovese 7 C1
Chiesa di San Giuseppe dei Teatini 8 B4
Chiesa di Santa Caterina 9 B4
Chiesa di Santa Cita 10 B1
Chiesa di Santa Maria di Valverde 11 B2
Fontana Pretoria 12 B4
Galleria d'Arte Moderna 13 C4
Galleria Regionale della Sicilia 14 E3
Giardino Garibaldi 15 D3
I Tessori della Loggia 16 B1
La Martorana 17 B4
Museo Archeologico Regionale 18 A2
Museo Internazionale delle Marionette Antonio Pasqualino 19 E2
Oratorio del Rosario in San Domenico 20 B2
Oratorio del Rosario in Santa Cita 21 B1
Oratorio di San Lorenzo 22 C3
Orto Botanico di Palermo 23 F5
Palazzo Chiaramonte Steri 24 E3
Palazzo Mirto 25 D3
Palazzo Pretorio 26 B4
Parco Culturale del Gattopardo Giuseppe Tomasi di Lampedusa 27 E3
Quattro Canti 28 B4
Teatro Bellini 29 B4

GASTRONOMISCHE HIGHLIGHTS

Antica Focacceria di San Francesco 30 C3
Café/Pizzeria Bellini .... (siehe 29)
Casa del Brodo 31 C3
Trattoria Il Maestro del Brodo 32 B3
Sant'Andrea 33 B2

NACHTLEBEN

Kursaal Kalhesa 34 F4
Teatro dei Pupi Cuticchio 35 A1

EMPFOHLENE LÄDEN

Mercato della Vucciria 36 B3

UNTERKUNFT

Al Giardino Dell'Alloro 37 C4
Alla Kala 38 D2
B&B Ai Bottai .... (siehe 41)
B&B Panormus 39 C5
BB22 .... 40 C2
Hotel Letizia 41 D3
San Francesco 42 C3

TRANSPORT

Busse zum Flughafen 43 D6
Fernbusbahnhof 44 D6
Regionalbusbahnhof, Tickets 45 C6
SAIS 46 D6
Salemi 47 D6
Segesta 48 D6

1477) von Antonello da Messina in Raum 10. Es ist interessant, da Messinas Werk neben den Skulpturen von Francesco Laurana zu sehen. Besonders schön ist die Büste von *Eleonara d'aragona* (Eleonore von Aragon; 1475) in Raum 4. Beide Künstler sind detailbesessen; ihre Arbeiten vermitteln einen Eindruck geradezu perfekter Stille, den andere Werke aus dieser Zeit vermissen lassen.

Nicht verpassen sollte man auch Antonello Gaginis Statue *Madonna del riposo* (Madonna der Ruhe; 1528) in Raum 5 und Mario di Lauritos *La visitazione* (die Heimsuchung; 1526–1536) in Raum 7.

ANTICA FOCACCERIA DI SAN FRANCESCO // TYPISCH PALERMITANISCHE KÜCHE UND EIN BERÜHMTES RESTAURANT

Karte S. 50 f.; ☎ 091 32 02 64; Via Alessandro Paternostro 58; ⌚ Okt.–Mai Di geschl.

Die historische Focacceria gegenüber der Chiesa di San Francesco d'Assisi existiert seit 1834. Die Spezialität des Hauses ist das *panino con la milza* (in Schmalz gekochte Kalbsmilz in einer Art Brioche, wahlweise mit einem Spritzer Zitrone oder ein wenig Ricotta). Wem sich bei der Vorstellung, eine Milz zu verspeisen, der Magen herumdreht, der könnte alternativ *panelle* (Schmalzgebäck aus Kichererbsenmehl) kosten, einen weiteren typisch palermitanischen Snack.

GALLERIA D'ARTE MODERNA // SIZILIANISCHE KUNST AUS DEM 19. UND 20. JH.

Noch ein starker Anwärter auf den Titel „beste Galerie der Stadt": die **Galerie für Moderne Kunst** (Karte S. 50 f.; ☎ 091 843 16 05; www.galleriadartemodernapalermo.it; Via Sant'Anna 21; Erw./Kind unter 18 Jahren/Student & Senior über 60 Jahre 7/frei/5 €; ⌚ Di–So 9.30–17.30 Uhr). Das Galeriegebäude, ein schick renovierter Palazzo, beherbergt eine Sammlung mit Werken aus dem 19. bis frühen 20. Jh. Die älteren Gemälde sind monumental und historisch, die neueren wirken futuristisch ungezwungen. Sie sind über drei Stockwerke verteilt und repräsentieren vornehmlich die sizilianische bzw. palermitanische Kunst. Zu den Highlights zählt Erulo Erolis *I vespri siciliani* (Sizilianische Vesper; 1890/91) im Erdgeschoss, das eine berühmte Episode aus der Lokalgeschichte festhält: 1282 erhoben sich die Einheimischen gegen die angevinischen Truppen, die die Insel besetzt hatten.

Im ersten Stock verdienen Paolo Vetris *Fanciulla che esce dal bagno* (Mädchen, das aus dem Bad steigt; 1870–1873) im impressionistischen Stil, aber auch die düsteren Darstellungen des palermitanischen Alltags um die Jahrhundertwende von Michele Catti (1855–1914) Aufmerksamkeit; sein wunderschönes Bild *Ultime foglie* (Die letzten Blätter; 1906) zeigt eine nasse Viale della Libertá im Spätherbst. In der zweiten Etage wird die italienische Kunst zu Beginn des 20. Jhs. beleuchtet. Sehenswert sind z. B. Felice Casoratis *Gli scolari* (Die Schüler; 1927/28) und Lia Pasqualino Notos *L'infermiera* (Die Krankenschwester; 1931).

Die Galerie ist für Rollstuhlfahrer zugänglich. An den Computern können Besucher Online-Puzzle lösen, die Werke aus der Sammlung zeigen – super für kleine Besucher. Die nützlichen Audioguides kosten 4 €.

MUSEO INTERNAZIONALE DELLE MARIONETTE ANTONIO PASQUALINO // ALLES ÜBER DAS TRADITIONSREICHE PALERMITANISCHE PUPPENSPIEL LERNEN

Das **Internationale Marionettenmuseum Antonio Pasqualino** (Karte S. 50 f.;

(☎ 091 32 80 60; www.museomarionettepalermo.it, italienisch; Piazzetta Antonio Pasqualino 5, über die Via Butera zu erreichen; Erw./erm. & Kind 5/3 €; ⏲ Mo–Fr 9–13 & 15.30–18.30, Sa 9–13 Uhr) wurde von der lokalen Vereinigung für die Bewahrung volkstümlicher Traditionen gegründet und beherbergt mehr als 4000 Marionetten, Puppen, Handpuppen und Schattenspielfiguren aus Palermo, Catania und Neapel, aber auch aus China, Indien, dem südlichen Asien, der Türkei und Afrika. Das Puppentheater ist hier eine ernsthafte Angelegenheit: Man stellt Forschungen zu der Kunstform an, liefert informative Beschriftungen zu den verschiedenen Exponaten und richtet jedes Jahr die **Festa di Morgana** (www.festivaldimorgana.com) aus. Sie wird von Puppenspielern aus der ganzen Welt besucht und umfasst Vorträge und Shows.

Im Herbst und Winter findet sonntags um 17.30 Uhr hin und wieder ein **Marionettenspiel** (Erw./Kind 6/4 €) statt; als Kulisse dient dann das wunderschön dekorierte, traditionelle Theater im Obergeschoss des Museums. Es gibt sogar eine Drehorgel!

PASSEGGIATE TOMASIANE ITINERARI STORICO LETTERARI

// EINEM LITERATURKENNER DURCH DIE STADT FOLGEN

Der **Parco Culturale del Gattopardo Giuseppe Tomasi di Lampedusa** (Karte S. 50 f.; ☎ 091 616 07 96; www.parcotomasi.it; Vicolo

PALERMO

DIE PALERMITANISCHE OPERA DEI PUPI

Die beliebteste Form traditioneller Unterhaltung auf Sizilien ist die *opera dei pupi* (Marionettentheater) – und nirgendwo gibt es bessere Vorführungen als in Palermo.

Die Spanier brachten die Marionetten im 18. Jh. auf die Insel, die unter den Einheimischen schon bald begeisterten Liebhaber fanden. Ihre Leidenschaft galt den nachgestellten Erzählungen von Karl dem Großen und seinen mutigen Rittern Orlando und Rinaldo – sie waren so etwas wie die Seifenopern der damaligen Zeit. Es ging um starke Emotionen: unerwiderte Liebe, Verrat, den Schrei nach Gerechtigkeit und den Zorn und die Verzweiflung der Unterdrückten. Die Puppen durften Kritik zum Ausdruck bringen – etwas, was der Bevölkerung verboten war.

Es gibt zwei Arten von *opera dei pupi* auf Sizilien: die palermitanische (zu sehen in Palermo, Agrigento und Trapani) und die catanische (in Catania, Messina und Siracusa). Die Puppen sind 1,5 m hoch, haben Drahtgelenke und bestehen aus Buchen-, Oliven- oder Zitronenbaumholz. Sie tragen herrlich bunte Kleidung: Die Ritter sind in schimmernde Metallrüstungen gewandet, die ordentlich scheppern, wenn es auf der Bühne zu Schwertkämpfen mit blutrünstigen Sarazenen oder mythischen Monstern kommt.

Ob ein Puppenspieler sein Handwerk versteht, wird an ihrer Fähigkeit gemessen, eine Szene mit Leben zu füllen; es wird mit den Füßen gestampft, Donnergrollen produziert oder eine packende Geschichte erzählt. Auch ihre Geschwindigkeit und Geschicklichkeit bei Kampfszenen sind ein Kriterium. Mittlerweile gibt es nur noch wenige *opera-dei-pupi*-Ensembles. Sie spielen in erster Linie für Touristen und Kinder. Gute Anlaufstellen für Interessierte sind das **Museo Internazionale delle Marionette Antonio Pasqualino** (S. 52) oder das **Teatro dei Pupi Cuticchio** (Karte S. 50 f.; ☎ 091 32 34 00; www.figlidartecuticchio.com; Via Bara all'Olivella 95; Erw./Kind 8/5 €), ein Ensemble der Associazione Figli d'Arte Cuticchio (Infos zu den Vorstellungen gibt's auf der Website). Im Laden gegenüber vom Theater können Marionetten gekauft werden.

della Neve, über die Via Alloro zu erreichen) arrangiert zweistündige **literarische Spaziergänge** (40 € für kleine Gruppen; So 14.30 Uhr), die von dem di-Lampedusa-Experten Michele Anselmi geleitet werden (er spricht Englisch). Er gewährt Einblicke in das Leben und die Arbeit des berühmtesten sizilianischen Schriftstellers, bevor man den Bezirk Kalsa genauer unter die Lupe nimmt und der Zusammenhang zwischen di Lampedusas Roman *Der Leopard* und Palermo beleuchtet wird. Ebenfalls interessant: Die Organisation betreibt ein **Café** (Mi–Fr & So–Mo 11–21, Sa 18–1 Uhr), in dem einmal wöchentlich Musik- bzw. Literaturveranstaltungen stattfinden (zumeist samstagabends).

KURSAAL KALHESA // WIE WÄR'S MIT EINEM COCKTAIL IN DER STIMMUNGSVOLLSTEN BAR VON PALERMO?

Die Lieblingsbar der städtischen Avantgarde ist der **Kursaal Kalhesa** (Karte S. 50 f.; ☎ 091 616 22 82; www.kursaalkalhesa.it, italienisch; 21 Foro Italico Umberto I; Cocktails 6 €; Di–Fr 12–15 & 18–1.30, Sa & So 12–1.30 Uhr). Untergebracht ist er in den „Überbleibseln" eines schönen Palasts aus dem frühen 19. Jh., der direkt neben der prächtigen Porta dei Greci e dei Bastioni (Tor der Griechen und Bastionen) aus dem 16. Jh. in die Stadtmauer hineingebaut wurde. Am besten kommt man gegen Abend und nimmt auf einen der mit Seide überzogenen Diwane unter hohen Gewölbedecken Platz, um dort zu den Klängen von Livemusik oder den Platten des hauseigenen DJs ein paar Getränke von der umfassenden (und verführerischen!) Karte zu wählen.

ORTO BOTANICO DI PALERMO // OASE DER RUHE

Der **Botanische Garten** (Karte S. 50 f.; ☎ 091 623 82 41; www.ortobotanico.palermo.it; Via Abramo Lincoln 2b; Erw./Kind unter 10 Jahren/erm. & Kind 10–16 Jahre 5/1/3 €; Mai–Aug. 9–20, April & Sept. 9–19, März & Okt. 9–18 Uhr, Nov.–Feb. 9–17, So bis 14 Uhr), der seine Tore 1795 öffnete, ist ein tropisches Paradies mit riesigen Feigenbäumen, hohen Palmen und umwerfend schönen Hibiskusbäumen. Zwischendrin stehen prachtvolle neoklassizistische Gebäude und Skulpturen. Ein Weg wird von bizarr anmutenden Flaschen, Kaffee- und Zimtbäumen sowie Platanen, Seifenpalmlilien und Papayas gesäumt. Achtung: Bei Sonnenuntergang bilden Stechmücken regelrechte Kampfgeschwader.

DAS PALERMO DES 19. JHS.

Nördlich der Piazza Giuseppe Verdi werden die Straßen breiter, die Gebäude länger und die Geschäfte, Restaurants und Cafés eleganter … und auch teurer. Ganz anders als das enge, in sich gekehrt wirkende historische Zentrum der Stadt erinnern hier wunderschöne neoklassizistische und Belle-Époque-Bauten an das letzte goldene Zeitalter der sizilianischen Architektur und vermitteln ein Gefühl von Überschwang und Pomp.

TEATRO MASSIMO // STARKER AUFTRITT IN EINEM BERÜHMTEN THEATER

Das **Teatro Massimo** (Karte S. 50 f.; ☎ 06 48 07 84 00, gebührenfrei 800 907080; www.teatromassimo.it; Piazza Giuseppe Verdi 9;Karten 25–125 €; Ticketverkauf Di–So 10–15 Uhr) wurde zwischen 1875 und 1897 errichtet, um die Einigung Italiens zu feiern. Den Triumph und die Tragik Palermos verkörpernd, ist es das drittgrößte europäische Theater aus dem 19. Jh. (einzig die Theater in Paris und Wien sind größer). In seiner langen Geschichte drehte sich vieles um die Konflikte zwischen unterschiedlichen Parteien im Kampf um die Vorherrschaft inner-

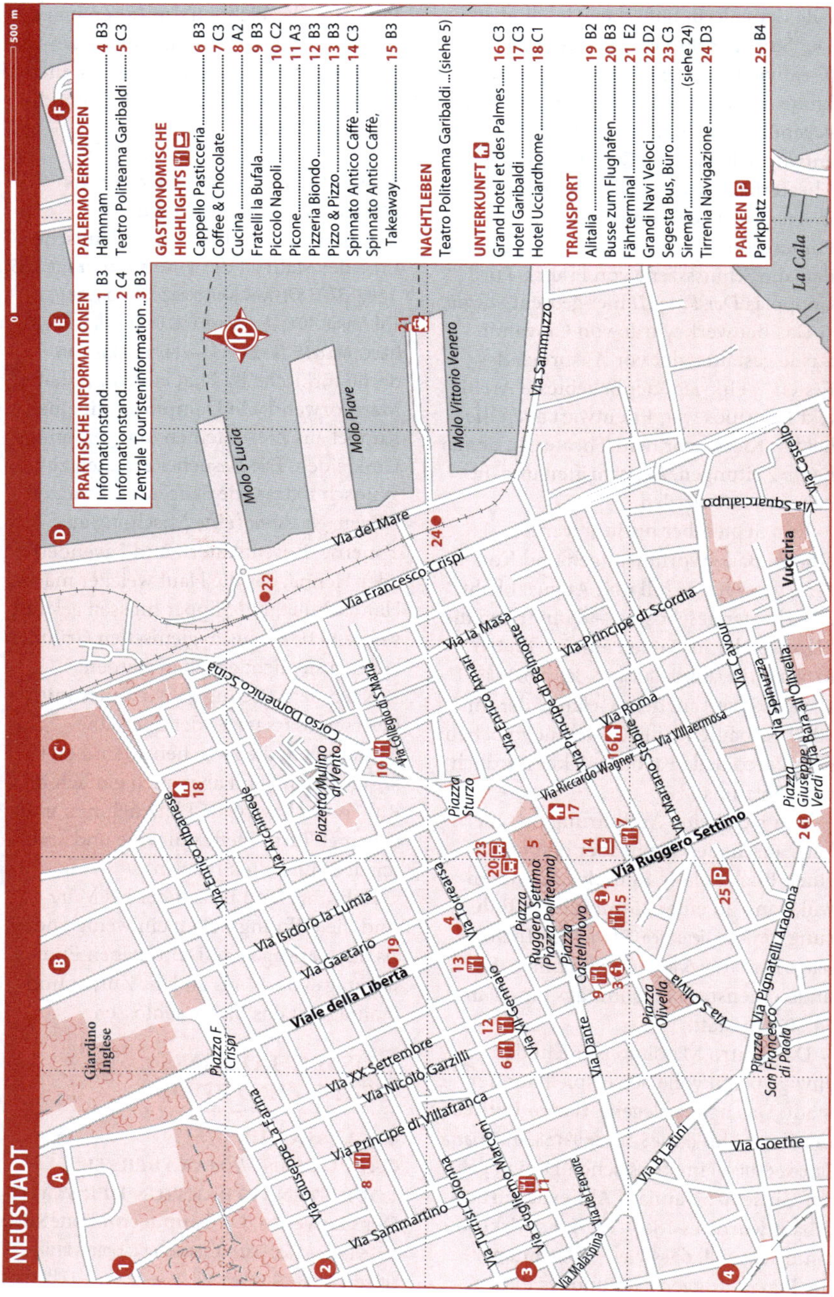
NEUSTADT
500 m
PRAKTISCHE INFORMATIONEN
Informationsstand 1 B3
Informationsstand 2 C4
Zentrale Touristeninformation 3 B3
PALERMO ERKUNDEN
Hammam 4 B3
Teatro Politeama Garibaldi 5 C3
GASTRONOMISCHE HIGHLIGHTS
Cappello Pasticceria 6 B3
Coffee & Chocolate 7 C3
Cucina 8 A2
Fratelli la Bufala 9 B3
Piccolo Napoli 10 C2
Picone 11 A3
Pizzeria Biondo 12 B3
Pizzo & Pizzo 13 B3
Spinnato Antico Caffè 14 C3
Spinnato Antico Caffè, Takeaway 15 B3
NACHTLEBEN
Teatro Politeama Garibaldi (siehe 5)
UNTERKUNFT
Grand Hotel et des Palmes 16 C3
Hotel Garibaldi 17 C3
Hotel Ucciardhome 18 C1
TRANSPORT
Alitalia 19 B2
Busse zum Flughafen 20 B3
Fährterminal 21 E2
Grandi Navi Veloci 22 D2
Segesta Bus, Büro 23 C3
Siremar (siehe 24)
Tirrenia Navigazione 24 D3
PARKEN
Parkplatz 25 B4
Giardino Inglese
Piazza F Crispi
Viale della Libertà
Via XX Settembre
Via Nicolò Garzilli
Via Principe di Villafranca
Via Sammartino
Via Giuseppe La Farina
Via Enrico Albanese
Via Archimede
Via Isidoro la Lumia
Via Gaetano
Via Torrearsa
Via XII Gennaio
Via Turrisi Colonna
Via Guglielmo Marconi
Via del Fervore
Via Malaspina
Via Dante
Via B Latini
Via Goethe
Piazza Ruggero Settimo (Piazza Politeama)
Piazza Castelnuovo
Piazza Olivella
Via S Oliva
Piazza San Francesco di Paola
Via Pignatelli Aragona
Via Ruggero Settimo
Via Mariano Stabile
Via Villaermosa
Via Riccardo Wagner
Via Roma
Piazza Giuseppe Verdi
Via Bara all'Olivella
Via Spinuzza
Via Cavour
Via Principe di Scordia
Via Principe di Belmonte
Via Enrico Amari
Via la Masa
Piazza Sturzo
Piazzetta Mulino al Vento
Via Collegio di S Maria
Corso Domenico Scinà
Via Francesco Crispi
Via del Mare
Molo S Lucia
Molo Piave
Molo Vittorio Veneto
Via Sammuzzo
Vucciria
Via Squarcialupo
Via Castello
La Cala

PALERMO

halb der palermitanischen Gesellschaft. Der Stolz der Bürger und kulturelle Kreativität standen eine verfilzte Bürokratie und die Machenschaften der Mafia gegenüber. Letztere ist wohl dafür verantwortlich, dass die Restaurierung des Theaterhauses sage und schreibe 24 Jahre in Anspruch genommen hat! Vor diesem Hintergrund scheint es nur allzu passend, dass die Schlussszene von Francis Ford Coppolas *Der Pate III* hier gedreht wurde.

Das Bauwerk wurde von Giovanni Basile gestaltet, der vor Ausbruch des Ersten Weltkriegs der beliebteste Architekt Palermos war. Er entwarf auch die beiden Kiosks vor dem Theater, in denen heute Zeitungen, Zeitschriften und Tabak verkauft werden.

Von September bis Juni werden Opern, Ballettvorführungen und Konzerte gezeigt. Im Juli und August bleibt das Theater geschossen – dann treten die Schauspieler im Freien auf: im **Teatro di Verdura** (außerhalb Karte S. 34; ☎ 091 688 41 37; Viale del Fante) auf dem Gelände der im 18. Jh. erbauten Villa Castelnuovo neben dem Parco della Favorita, 3 km nördlich des Zentrums.

Wer sich keine Aufführung im Opernhaus anschauen kann, aber dennoch einen Blick auf die Einrichtung werfen will, kann an einer 25-minütigen **Führung** (☎ Reservierungen 091 609 08 31; Erw./Kind unter 6 Jahren/erm. 5/frei/3 €) teilnehmen. Sie finden dienstags bis sonntags um 10 und 14.30 Uhr statt.

Das Teatro Massimo ist nicht das einzige prunkvolle Schauspielhaus der Stadt: Das nahe gelegene **Teatro Politeama Garibaldi** (Karte S. 55; ☎ 091 58 80 01; Piazza Ruggero Settimo) im klassischen Design geht auf Giuseppe Damiani Almeyda zurück, erbaut wurde es 1867–1874. Es wirkt so eindrucksvoll, dass viele Palermitaner die Piazza Ruggero Settimo als Piazza Politeama bezeichnen. Im Inneren des Gebäudes finden Sinfonie- und Kammerkonzerte statt, es werden aber auch Jazz und andere modernere Musikrichtungen gespielt.

HAMMAM // ENTSPANNEN IN EINEM TÜRKISCHEN BAD

Ein markantes Indiz für das islamische Erbe der Stadt ist der **Hammam** (Karte S. 55; ☎ 091 32 07 83; www.hammam.pa.it; Via Torrearsa 17d; Eintritt 40 €; Männer Di & Do 14–21, Sa 10–20, Frauen Mo & Mi 14–21, Fr 11–21 Uhr). Das moderne türkische Bad hat eine traumhafte Marmorwand, ein Dampfbad mit einer Kuppel aus Ziegelsteinen und geräumige Umkleiden. Die Besucher erhalten auf Wunsch Extras wie Seife aus schwarzen Oliven, *ghassoul* (eine Mischung aus Tonerde, Rosenblättern und Lavendel) oder Henna, das die Haut weicher macht. Handschuhe und Slipper müssen gekauft werden (10 €); aus hygienischen Gründen können sie nicht geliehen werden.

Nach dem Peeling geht's weiter mit diversen Massagen oder Spezialbehandlungen, die zwischen 40 und 60 € kosten. Man kann aber auch einfach im Ruheraum bzw. Café Platz nehmen und bei einer Tasse Pfefferminztee und arabischen Süßigkeiten relaxen.

Achtung: Von Dezember bis März sind die Öffnungszeiten ein wenig anders als oben angegeben: Dann haben Frauen sonntags von 14 bis 20 Uhr Zutritt und montags ist das Bad geschlossen.

AUSSERHALB DES STADTZENTRUMS

CATACOMBE DEI CAPPUCCINI // MAKABERSTE TOURISTENATTRAKTION DER STADT

Der **Convento dei Cappuccini** (Karte S. 34.; ☎ 091 652 41 56; Piazza Cappuccini 1; Eintritt in die Kirche & die Katakomben 3 €; 9–12 & 15–17 Uhr;

Winter So nachmittags geschl.) beherbergt die mumifizierten Körper von 8000 Palermitanern, die im 19. und 20. Jh. gestorben sind.

Die Katakomben waren zunächst die Vorratskammern der Mönche und wurden schließlich für ein auserwähltes und betuchtes Publikum geöffnet, das dem Kloster beachtliche Spenden in Form von Land oder Geld zukommen ließ. Für ihre Mühen wurden diese glücklichen Individuen nach ihrem Tod in einen dichten Trockenraum *(colatoio)* gelegt, bevor sie mit Essig gewaschen und mit Arsen und Kalkmilch bestrichen wurden. Danach wurden sie in ihre besten Sonntagsklamotten gesteckt und – wie ein unheimliches Kunstwerk – in ihrer eigenen Nische aufgebahrt.

Irdische Macht, Geschlecht, Konfession und Beruf sind hier strikt voneinander getrennt. Männer und Frauen liegen in unterschiedlichen Korridoren, bei den Frauen gibt es einen Erste-Klasse-Bereich für Jungfrauen. Der schockierendste Anblick ist wohl der nahezu perfekt erhaltene Körper von Rosalia Lombardo, die 1920 im zarten Alter von zwei Jahren starb – einfach den Schildern mit der Aufschrift „*bambina*" oder „kleines Mädchen" folgen).

Man darf hier keine Fotos machen. Wegbeschreibung: Nach einem 30-minütigen Fußmarsch den Corso Vittorio Emanuele gen Westen biegt man hinter der Piazza Indipendenza in die Via Cappuccini und dann nördlich in die Via Ippolito Pindemonte, bis man schließlich die Piazza Cappuccini erreicht.

VILLA MALFITANO // HIER FEIERTEN UND FLIRTETEN DIE PALERMITANER DER BELLE ÉPOQUE

Ein Vorzeigestück des Belle-Époque-Stils ist die prächtige **Villa** (Karte S. 34; Via Dante 167; Erw./Student & Kind 5/3 €; Mo–Sa 9–13.30 Uhr), die 1886 von Joseph Whitaker erbaut wurde. Er gehörte der englischen Unternehmerdynastie an, die sich im 19. Jh. mit dem Marsalahandel eine goldene Nase verdiente. Joseph und seine Frau Tina waren führende Mitglieder der gehobenen Gesellschaft von Palermo und feierten mit ihren einflussreichen Freunden opulente Feste. Auf der Gästeliste standen selbst König Eduard VII. (1907) und Georg V. (1925). Die Villa hat einen gepflegten, 9 ha großen Garten voller seltener und exotischer Pflanzen, ist aber vor allem wegen des neckischen Dekors bekannt: Sehenswert sind z. B. das einem Konservatorium gleichende „Sommerzimmer" und das mit Wandteppichen aus dem 15. Jh. ausgestattete Musikzimmer (die Teppiche zeigen Szenen aus Vergils *Aeneis*). Es ist ein 20-minütiger Spaziergang zur Villa – von der Piazza Castelnuovo der Via Dante folgen.

FESTE & EVENTS

Festino di Santa Rosalia Das größte Fest in Palermo steigt zu Ehren der Schutzpatronin der Stadt, der hl. Rosalia. Vom 10. bis 15. Juli werden ihre Reliquien durch die Straßen getragen, es werden Feuerwerke gezündet und gefeiert.

Provincia in Festa Im August und September wird ein buntes Programm mit Kunst-, Musik- und Sportveranstaltungen geboten.

GASTRONOMISCHE HIGHLIGHTS

Die Palermitaner essen üblicherweise spät zu Abend: Obwohl die Restaurants ab ca. 19.30 warme Gerichte anbieten, wird man vor 21.30 Uhr meistens allein speisen. Das gilt vor allem für die Sommermonate.

Zu den hiesigen Spezialitäten zählen *bucatini con le sarde* (Pasta mit Sardi-

PALERMO

TOP FIVE

CAFÉS

Palermos Cafékultur ist verdientermaßen über die Stadtgrenzen hinaus berühmt. Wer einen perfekten Espresso mit einem *cannolo* oder einer herrlich süßen *cassata* genießen möchte (Achtung: Kalorienbomben!), könnte folgende Adressen ansteuern:

- ★ **Pasticceria Alba** (außerhalb der Karte S. 34; ☎ 091 30 90 16; Piazza Don Bosco 7; ⏰ Di–So 7–23 Uhr) Echte Kenner behaupten, dass es hier den besten Kaffee der Stadt gibt. Auch die durch und durch maurischen *arancine* (frittierte Reisbällchen) stehen hoch im Kurs.
- ★ **Caffetteria Massaro** (Karte S. 45; ☎ 091 42 05 86; Via Brasa 6-8; ⏰ Mo–Fr 7–16, Sa 7–12 Uhr) Eine palermitanische Institution, die man nach oder vor der Besichtigung des nahe gelegenen Palazzo dei Normanni besuchen könnte. Es gibt Kuchen ohne Ende (absolut verführerisch), eine große Auswahl an *panini* und viele andere „Kleinigkeiten".
- ★ **Cappello Pasticceria** (Karte S. 55; ☎ 091 611 37 69; Via Niccoló Garzilli 10; ⏰ Do–Di 7–21.30 Uhr) Die Schokoladen und Kuchen, die hier aufgetischt werden, sind wahrlich Meisterwerke – sie sehen nicht nur schön aus, sondern sind auch noch unverschämt lecker. In dem an ein Boudoir erinnernden Salon im hinteren Teil des Lokals tummeln sich nachmittags stilbewusste Stadtbewohner und erliegen den süßen Versuchungen.
- ★ **Coffee & Chocolate** (Karte S. 55; ☎ 091 32 92 20; Via Principe di Belmonte 108; ⏰ Mo–Fr 7–21, Sa 7–24 Uhr, Aug. geschl.) Was wäre Ginger Rogers ohne Fred Astaire. Und was wäre Kaffee ohne Schokolade? Die Antwort auf beide Fragen ist ganz einfach: Sie gehören zusammen. Davon kann man sich in diesem Laden überzeugen (und anschließend beschwingt durch die Eingangstür tanzen).
- ★ **Spinnato Antico Caffé** (Karte S. 55; ☎ 091 32 92 20; Via Principe di Belmonte 107-15; ⏰ 7–1 Uhr) Das berühmteste und kultivierteste Café der Stadt. In der **Filiale** (Karte S. 55; Piazza Castelbuono) gibt's Leckereien zum Mitnehmen, man kann aber auch an der Bar ein Tässchen trinken.

nen), *babbaluci* (ein „Straßensnack": in Olivenöl marinierte Babyschnecken mit frischer Petersilie und Knoblauch), *calzoni* (frittierte Teigtaschen mit Fleisch- oder Käsefüllung) und *frutta martorana* (bunt dekorierter Marzipan in phantasievollen Formen; der Name geht auf La Martorana zurück).

CASA DEL BRODO €

Karte S. 50 f.; ☎ 091 32 16 55; Corso Vittorio Emanuele 175; Gerichte 20 €; ⏰ Di geschl.

Eine altmodische Trattoria mit entspannter Atmosphäre. Suppen sind seit mehr als einem Jahrhundert die hiesige Spezialität. Nach einem harten Sightseeing-Tag sind die *tortellini in brodo* (Tortellini in Brühe) genau das Richtige; genialerweise sind sie Teil eines der beiden preisgünstigen Menüs (für 16 bzw. 18 €) mit zwei Gängen, Wasser und Wein. Die Casa del Brodo nicht mit der nahe gelegenen Trattoria Il Maestro del Brodo (S. 60) verwechseln!

CUCINA €

Karte S. 50 f.; ☎ 091 626 84 16; Via Principe di Villafranca 54; Gerichte 15 €; ⏰ So & 2 Wochen im Aug. geschl.

Das schicke Restaurant stellt eine willkommene Alternative zu den Batterien palermitanischer Lokale dar, die nahezu identische Speisekarten haben (hat irgendjemand Lust auf *involtino*?). Hier gibt's tolle, moderne italienische Küche, und die Gerichte sind leicht, frisch und lecker. Mittags warten die Stammgäste – vor allem Künstler, Designer und Medienleute – geduldig in der Schlange. Fürs Abendessen reservieren sie lieber – eine gute Idee.

PICCOLO NAPOLI €€

Karte S. 55; ☎ 091 32 04 31; Piazetta Mulino al Vento 4; Gerichte 30 €; Mo–Sa mittags, Fr & Sa abends

Das Piccolo Napoli ist eines jener Restaurants, die echte Gourmets auf keinen Fall verpassen sollten! Es ist in der ganzen Stadt für herrlich frischen Fisch und Meeresfrüchte, fantastische Oliven und exzellente Hausweine bekannt. Während man die Speisekarte nach dem Pastagerichtet durchforstet, das einem am meisten zusagt, kann man schon mal ein paar Oliven verspeisen. Und dann sollte man natürlich die Meeresfrüchtetheke ansteuern, um den *secondo* (zweiter Gang) auszusuchen. Zur tollen, lebendigen Atmosphäre trägt auch der nette Besitzer bei, der fast alle Gäste beim Namen kennt – ein Zeichen dafür, dass sein Essen süchtig macht. Wird von der Slow Food-Bewegung empfohlen.

PIZZERIA BIONDO €

Karte S. 55; ☎ 091 58 36 62; Via Nicolò Garzilli 27; Pizzas 5–12 €; Do–Di Abendessen, Aug.–Mitte Sept. geschl.

Alteingesessene Pizzeria mit Prädikat „Lieblingslokal", die sich erfolgreich gegenüber der ernstzunehmenden Konkurrenz durch die nahe gelegene Filiale der Kette Fratelli la Bufala behauptet

PALERMO

STRASSENMÄRKTE

Nicht nur der Geräuschpegel in den Straßen der Altstadt, sondern auch das bunte Treiben auf den Märkten erinnert an Palermos historische Verbindung mit der arabischen Welt und an die geographische Nähe zu Nordafrika.

Jeder der vier historischen Bezirke wartet mit einem eigenen Straßenmarkt auf. Die „Großen Drei" in puncto Tradition und Beliebtheit findet man in Vucciria, Ballaró und Capo.

Am chaotischsten geht es auf dem **Mercato della Vucciria** (La Vucciria; Karte S. 50 f.; Piazza Caracciolo) zu. Die Käufer sind eher ruppig, an mobilen Ständen werden Snacks „auf die Hand" verkauft und es gibt eine kleine Anzahl von Ständen mit Frischwaren, deren Besitzer häufig ziemlich mies gelaunt sind. Auf dem **Mercato di Ballarò** (Karte S. 45; Straßenzüge rund um die Via Ballarò) wimmelt es von Ständen mit Haushaltswaren, Kleidung und Lebensmitteln jeglicher Art. Hier erledigen viele Einheimische ihre täglichen Einkäufe. Der **Mercato del Capo** (Karte S. 45) erstreckt sich in dem Wirrwarr aus Straßen und Gassen von Albergheria und Capo; er ist wohl der atmosphärischste der drei Märkte. Frischfleisch baumelt von Metallhaken, schimmernder Thun- und Schwertfisch werden, fachmännisch zerlegt, feilgeboten und Anchovis filetiert. An langen, ordentlichen Reihen von Ständen können die Besucher geruchsintensiven Käse, fleischige Oliven, saftiges Obst und Gemüse kaufen.

Die Märkte sind montags bis sonntags von 7 bis 20 Uhr geöffnet (Ausnahme: Mi bis 13 Uhr). Am Vormittag ist generell mehr los. Aber Achtung: immer schön auf die Wertsachen achten!

hat. Man kann entweder drinnen in dem schlichten Speisesaal oder an einem Tisch an der Straße Platz nehmen und aus dem großen Pizzasortiment wählen. Achtung: Die Trattoria Biondo gleich um die Ecke hat zwar dieselben Besitzer wie das Biondo, ist aber überteuert; die Qualität des Essens ist nur mittelmäßig.

PIZZO & PIZZO €€

Karte S. 55; ☎ 091 601 45 44; Via XII Gennaio 1-5; So geschl.

Wer vorbeigekommen ist, um bloß ein Gläschen Wein zu genießen und dann weiterzuziehen, wird die ursprünglichen Pläne fürs Abendessen womöglich über den Haufen werfen. Zu verlockend sind in dieser stilvollen Bar die umfangreiche Weinkarte, die lebendige Atmosphäre und das umwerfende Angebot an Käsesorten, gepökeltem Fleisch, geräuchertem Fisch und Foie gras. Gehört zusammen mit dem nahe gelegenen **Picone** (Karte S. 55; ☎ 091 33 13 00; Via G Marconi 36; So geschl.) zu den besten *enoteche* Palermos.

SANT'ANDREA €€

Karte S. 50 f.; ☎ 091 33 49 99; Piazza Sant'Andrea 4; Gerichte 30 €; Mo–Sa abends

Versteckt im Epizentrum Vuccirias liegt das schicke Restaurant, in dem Lebensmittel frisch vom Markt zubereitet werden. Den Soundtrack aus Jazz und dem zufriedenen Murmeln der übrigen Gäste gibt's gratis dazu. Wir empfehlen, sich für einen Klassiker zu entscheiden. Bei unserem letzten Besuch haben uns die gemischten Antipasti und die Pasta mit Garnelen und Orangenöl restlos überzeugt, die abgefahrenen Kreationen waren jedoch eine Spur zu schräg („übers Ziel hinaus geschossen" wäre eine gute Umschreibung). Peter Robb kehrte regelmäßig hier ein, als er an *Sizilianische Schatten* arbeitete. Nach wie vor wird der Laden von Schriftstellern und Künstlertypen frequentiert.

TRATTORIA AI CASCINARI €

Karte S. 45; ☎ 091 651 98 04; Via D'Ossuna 43–45; Gerichte 25 €; Di–So mittags, Do–Sa abends

Karierte Tischdecken, eine lebendige Atmosphäre und ein charmantes Management machen das Ai Cascinari zu dem Inbegriff für die „Trattoria um die Ecke". Die *antipasti misti* (gemischter Vorspeisenteller) sind fast schon ein Muss, beim Hauptgang hat man dann eine große Auswahl. Wie wär's z. B. mit *involtini* (sizilianische Rouladen) oder einem der vegetarischen Gerichte? Auch dieses Lokal wird von der Slow-Food-Bewegung gelobt. Es werden keine Kreditkarten akzeptiert.

TRATTORIA IL MAESTRO DEL BRODO €€

Karte S. 50 f.; ☎ 091 32 95 23; Via Pannieri 7; Gerichte 25 €; Di–So mittags, Fr & Sa abends

Ein weiteres Slow-Food-Restaurant in Vucciria. Es gibt bodenständige Küche, darunter ein sensationelles Antipasti-Buffet (5 €), köstliche Suppen und superfrischen Fisch und Meeresfrüchte. Die Bedienung ist sehr nett und die Qualität des Essens ein ganzes Stück besser als in den Lokalen der Nachbarschaft.

TRATTORIA PRIMAVERA €€

Karte S. 45; ☎ 091 32 94 08; Piazza Bologni 4; Menü 25 €; Di–Sa mittags & abends, So mittags

Ein Favorit der Slow-Food-Enthusiasten. Das Menü sollte man nur bestellen, wenn man richtigen Kohldampf hat. Vorweg gibt's leckere Antipasti (inkl. Caponata und Auberginen-Parmigiana), danach werden *primo* und *secondo* nach Wahl serviert (die Fischgerichte sind besonders gut!). Zuletzt steht Obst auf dem Programm. Wein, Wasser und Gedeck sind im Preis inbegriffen – ein echtes

Schnäppchen. Wer weniger Appetit hat, sollte à la carte bestellen.

VERKEHRSMITTEL & -WEGE

VOM/ZUM FLUGHAFEN

AUTO // Am Flughafen sind alle größeren Autovermietungen vertreten.

BUS // **Prestia e Comandè** (☎ 091 58 63 51; www.prestiaecomande.it, italienisch) bietet von 5 bis 23 Uhr alle 30 Minuten eine Pendelbusverbindung zwischen Flughafen und Zentrum. Die Passagiere können vorm Teatro Politeama Garibaldi (Karte S. 55) und am Bahnhof (Karte S. 50 f.) ein- bzw. aussteigen. Schilder weisen einem den Weg zur Haltestelle (am Taxistand unten vorbei und um die Ecke). Die Fahrkarten kosten 5,80 € und werden im Bus gekauft. Die Fahrt dauert je nach Verkehrsaufkommen 35 bis 50 Minuten. Ohne Zweifel die beste Transportmöglichkeit vom/zum Flughafen. **Segesta** (Karte S. 50 f.; ☎ 091 616 79 19; www.segesta.it, italienisch) Busse nach Trapani (7,30 €, 1¾ Std., 3-mal tgl.) **Societá Autolinee Licata** (SAL; ☎ 0922 401 360; www.autolineesal.it, auf Italienisch) Verbindungen nach Agrigento (9,10 €, 2¼ Std., 2-mal tgl.).

FLUGHAFEN // **Aeroporto Falcone Borsellino** Der Flughafen (außerhalb der Karte S. 34; ☎ 091 702 01 11; www.gesap.it) befindet sich in Punta Raisi, 30 km westlich von Palermo an der A29.

TAXI // Vor der Ankunftshalle befindet sich ein Taxistand. Es gibt einen Fixpreis für die Strecke Flughafen-Zentrum: 45 €.

ZUG // Auch der **Trinacria Express** (☎ 091 704 40 07) pendelt zwischen Flughafen und Bahnhof (Verbindungen alle 20–65 Minuten; Abfahrt am Bahnhof zw. 4.45 & 20.09 Uhr, Abfahrt am Flughafen zw. 5.54 & 20.05 Uhr). Die Fahrt dauert 45 Minuten und kostet 5,50 €.

UNTERWEGS VOR ORT

AUTO & MOTORRAD // Palermo ist von Messina aus über die mautpflichtige Autobahn A20-E90 zu erreichen, von Catania aus nimmt man die A19-E932 (via Enna); die letztgenannte Route ist schneller. Trapani und Marsala sind von Palermo aus schnell über die A29 zu erreichen, zwischen Agrigento und Palermo verläuft die SS121/189, eine passable Bundesstraße, die durchs Inselinnere führt.

BUS // Die Büro der Busunternehmen und Haltestellen befinden sich in oder unweit der Via Paolo Balsamo, östlich des Bahnhofs. **Cuffaro** (☎ 091 616 15 10; www.cuffaro.info) bietet Fahrten nach Agrigento an(8,10 €, 2 Std., Mo–Sa 9-mal tgl, So 3-mal). **SAIS** (Karte S. 50 f.; ☎ 091 704 12 11; www.saistrasporti.it, italienisch) steuert zwei- bis dreimal pro Tag Petralia Soprana (9,40 €), Petralia Sottana (9,40 €) und Polizzi Generosa (8,50 €) in der Madonie an und fährt außerdem nach Cefalù (5,40 €, 1 Std., 4-mal tgl.), Corleone (4,50 €, 80 Min., 3-mal tgl.), Enna (9,40 €, 1¾ Std., Mo–Fr bis zu 7-mal tgl., Sa 4-mal) und Catania (14,20 €, 2½ Std., Mo–Sa 13-mal tgl., So 9-mal). Mit **Salemi** (Karte S. 50 f.; ☎ 0923 98 11 20; www.autoservizisalemi.it, italienisch) gelangt man zwischen 6.15 und 21.15 Uhr stündlich nach Mazara del Vallo (8,30 €, 2½ Std.) und Marsala (8,80 €, 2½ Std.); sonntags und an Feiertagen sind weniger Busse unterwegs. Bei Salemi erhält man zudem Tickets für die Busse von **Azienda Siciliana Trasporti** (AST; www.aziendasicilianatrasporti.it, italienisch) nach Ragusa (12,80 €, 4 Std., Mo–Sa 4-mal tgl., So 2-mal). **Segesta** (Karte S. 50 f.; ☎ 091 616 79 19; www.segesta.it, italienisch) bedient die Routen nach Trapani (8,60 €, 2 Std., zw. 6 & 21 Uhr min. stündl.) und Rom (33 €, 12 Std., 1-mal tgl.). Segesta verkauft zudem Fahrkarten für die **Interbus**-Verbindungen (www.interbus.it, italienisch) nach Syrakus (13 €, 3¼ Std., 2 Std., Mo–Sa 2-mal tgl., So 3-mal).

ÖFFENTLICHE VERKEHRSMITTEL // Die orangefarbenen **AMAT-Busse** (☎ 848 800817; www.amat.pa.it, italienisch) sind überfüllt und kriechen mitunter im Schneckentempo durch die chronisch verstopften Straßen Palermos. Bei den Touristeninformationen ist eine Broschüre zu den Buslinien erhältlich; die meisten Busse halten am Bahnhof. Fahrkarten sollte man vor Fahrtantritt kaufen: Man bekommt sie in Tabakläden oder den Buden am Terminal; sie kosten 1,20 € (beim Busfahrer 1,60 €), sind 90 Minuten gültig und müssen im Bus an den orangefarbenen Geräten entwertet werden (sie stempeln die Uhrzeit des Fahrtantritts auf das Ticket).

PARKEN // Wer ein Hotelzimmer reserviert, sollte auch gleich nach einem Parkplatz fragen. Ansonsten wird man sich einen Platz in den Straßen oder an den Piazzas suchen müssen. Sie sind durch blaue Linien kenntlich gemacht. Montags bis samstags muss man ein Parkticket lösen. Selbsternannte Aufpasser bewachen die Parkplätze. Für ihre Dienste verlangen sie ein paar Euro pro Tag. Um diese Extrakosten sollte man sich nicht drücken – die inoffiziellen Parkplatzwächter haben in Palermo Tradition.

SCHIFF // Der **Hafen** (Karte S. 55; ☎ 091 604 31 11) liegt abseits der Via Francesco Crispi. Dort legen Fähren nach Cagliari, Civitavecchia, Genua, Livorno, Malta, Neapel, Salerno, Tunis und Ustica ab; Infos hierzu auf S. 361.

ZUG // Regelmäßig fahren von Palermos **Bahnhof** (Karte S. 50 f.; ☎ Fahrkartenverkauf 091 603 11 11; 5.30–20.40 Uhr) aus Züge nach Messina (ab 11,45 €; 3–3½ Std., stündl.), Catania (ab 14,95 €, 4½–6¾ Std., 8-mal tgl.) und Agrigent (7,90 €, 2¼ Std., 9-mal tgl.) sowie in nahe gelegene Städte wie Cefalù (ab 4,90 €, 45 Min–1¼ Std., 13-mal tgl.). Darüber hinaus steuern Intercity-Züge Reggio di Calabria, Neapel und Rom an. Im Bahnhof findet man Geldautomaten, Toiletten und eine Gepäckaufbewahrung (1. Std. 4 €, die nächsten 11 Std. 0,60 €/Std., danach 0,20 €/Std.; 7–23 Uhr).

RUND UM PALERMO

Palermo ist gleichermaßen berauschend und anstrengend. Viele Besucher verspüren nach ein paar Tagen das Bedürfnis, den lauten, schmutzigen und ewig wuseligen Straßen eine Weile den Rücken zu kehren. Ein paar nette Ausflugsziele in der näheren Umgebung sorgen für Abhilfe.

MONDELLO

In den Sommermonaten hat es manchmal den Anschein, als zöge die gesamte Stadtbevölkerung, mit Strandtuch, iPod und schnieker D&G-Sonnenbrille bewehrt, in diesen beliebten Badeort um. Er ist gerade mal 20 Autominuten vom Stadtzentrum entfernt.

Früher war Mondello (außerhalb der Karte S. 34) ein schmuddeliger, von Malaria gebeutelter Hafen. Im 19. Jh. reisten jedoch immer mehr Angehörige der städtischen Elite in ihren Kutschen an – ihrer Anwesenheit sind die auffällige Belle-Époque-Anlegestelle und die opulenten Sommervillen geschuldet. Die meisten Strände sind in Privatbesitz (zwei Liegestühle plus Sonnenschirm ca. 10 €/Tag), es gibt aber auch einen großen öffentlichen Bereich, an dem es von Sonnenanbetern, Schwimmern, Tretbooten und knatternden Jet Skis nur so wimmelt.

Der *lido* (Viale Regina Elena) ist von Fischrestaurants und Imbissbuden gesäumt, an der zentralen Piazza gehen zahllose Cafés mit Sitzplätzen im Freien ihren Geschäften nach. Eines der angesagtesten Restaurants von ganz Sizilien, das **Bye Bye Blues** (☎ 091 684 14 15; www.byebyeblues.it; Via del Garofalo 23; Gerichte 50 €; Do–Di abends, Jan. größtenteils geschl.), ist ein paar Straßen vom Strand entfernt. Die weniger elegante, aber verlässlich gute Trattoria/Pizzeria **Da Peppino** (☎ 091 45 49 75; Via Torre di Mondello 36; Gerichte 25 €) findet man neben dem historischen Turm am *lido*.

Öffentliche Verkehrsmittel nach Mondello: AMAT-Bus Nr. 806 (1,20 €, 20 Min., zw. 4 & 23.30 alle 20–30 Min., So seltener) fährt an der Piazza Politeama (Piazza Ruggero Settimo; Karte S. 55) ab.

MONREALE

Inspiriert von der heiligen Jungfrau und angetrieben von irdischem Ehrgeiz, begann Wilhelm II. 8 km südwestlich von Palermo mit der Errichtung der kostbaren **Duomo di Monreale** (☎ 091 640 44 13; Piazza Duomo; Eintritt zum Dom frei, nördliches Querschiff 15 €; Dom 8–18 Uhr, nördliches Querschiff 9–12.30 & 15.30–17.30 Uhr). Wilhelm lebte im

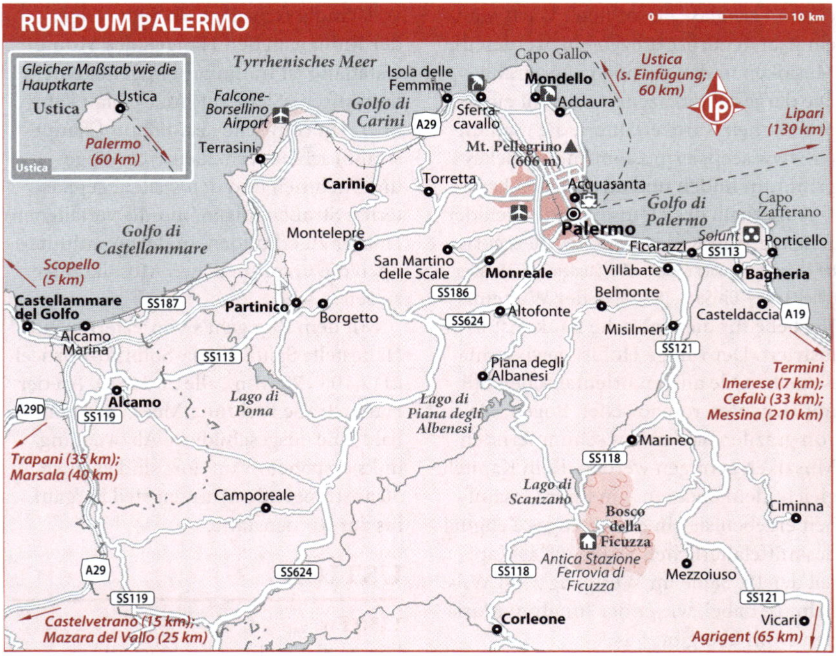

Schatten seines Großvaters Roger II., der für den Dom in Cefalù und die Cappella Palatina verantwortlich war, und wetteiferte mit dem Bischof Walter, der den Bau eines großen Duomo in Palermo beaufsichtigte. So war er wild dazu entschlossen, das größte und schönste Gotteshaus erbauen zu lassen. Das Ergebnis ist der Dom in Monreale, angeblich das herrlichste Beispiel für normannische Architektur in Sizilien. Die Mosaizisten kamen aus Sizilien und Konstantinopel, ein byzantinischer Einfluss der Bildwerke, die mehr als 6000 m² in Beschlag nehmen, ist unverkennbar. Die prächtigen Mosaike wurden in rekordverdächtiger Zeit zwischen 1179 und 1182 fertig gestellt und sind ein unmissverständlicher und angemessener Tribut an Wilhelms Ehrgeiz und an die Pracht der sizilianischen Kultur seiner Zeit.

Der Innenraum des Doms dürfte eines der eindrucksvollsten Zeugnisse des italienischen Mittelalters sein. Die mystisch schimmernden Mosaiken erzählen in 42 verschiedenen Episoden biblische Szenen von der Erschaffung Adams bis zur Himmelfahrt Christi. Die Schönheit der Mosaiken ist unbeschreiblich – man muss es einfach mit eigenen Augen gesehen haben, wie die Arche Noah über die Wellen hüpft und Christus einen Leprakranken heilt. Wunderbar dargestellt ist auch die Geschichte von Adam und Eva: Eine mürrisch dreinblickende Eva sitzt nach der Vertreibung aus dem Paradies auf einem Felsen, während Adam im Hintergrund arbeitet. Und das riesige Christus-Mosaik unter der Kuppel wird einem zunächst einmal die Sprache verschlagen. Wer die Details genau unter die Lupe nehmen möchte, sollte sich mit einem Fernglas „bewaffnen". Wirft man ein paar 1-Euro-Münzen ein, werden die Mosaiken in den Apsiden angestrahlt. Die dargestellten Szenen sind auf einer praktischen Karte erläutert, die man unter www.seepalermo.com/monrealekey print.htm finden und ausdrucken kann.

Außerhalb des Doms befindet sich der Eingang zum **Kreuzgang** (Erw./EU-Bürger unter 18 Jahren & über 65 Jahre/EU-Student 18–25 Jahre 6/frei/3 €; ⌚ Di–So 9–18.30 Uhr), der Wilhelms Vorliebe für die arabische Baukunst illustriert. Der ruhige Hof ist gewissermaßen eine Ode an den orientalischen Stil mit eleganten romanischen Bogen, die von grazilen Säulen mit schimmernden Mosaiken getragen werden. Kein Kapitell gleicht dem anderen – in ihrer Gesamtheit ergeben sie ein einzigartiges Zeugnis des mittelalterlichen Sizilien. Das Kapitell der 19. Säule im Westgang zeigt Wilhelm II. dabei, wie er der Jungfrau Maria den Dom übergibt.

In Monreale gibt es keine überzeugenden Restaurants. Die beste Wahl ist wahrscheinlich die **Taverna del Pavone** (☎ 091 640 62 09; www.tavernadelpavone.eu; Vicolo Pensato 18; Gerichte 26 €; ⌚ Di–So mittags & abends). Nach Verlassen des Doms links die Hauptstraße hinaufgehen. Die Taverne liegt an der kleinen Piazza zur Rechten.

Bus Nr. 389 (1,20 €, 30–40 Min., alle 25–60 Min.) fährt von der Piazza Indipendenza in Palermo (Karte S. 45) aus nach Monreale und hält vom Dom an der Piazza Duomo.

SOLUNT

Ca. 20 km östlich von Palermo befinden sich die Überreste einer hellenistisch-römischen Stadt. **Solunt** (☎ 091 90 45 57; Eintritt 2 €; ⌚ Mo–Sa 9–18, So 9–13 Uhr) wurde im 4. Jh. v. Chr. errichtet (davor hatte sich an dieser Stelle eine phönizische Siedlung erhoben). Die antike Stadt wurde nicht vollständig freigelegt, doch die Lage der Ruinen an den Hängen des Monte Catalfano ist traumhaft; man hat eine fantastische Sicht aufs Meer. Man kann über den römische *decumanus* (Hauptstraße) schlendern, kleine Umwege unternehmen und den steilen, gepflasterten Straßen folgen, um die verfallenen Häuser zu erkunden, in denen mitunter noch die ursprünglichen Mosaikböden zu sehen sind.

Mit dem Zug geht's von Palermo zur Haltestelle Santa Flavia-Solunto-Porticello (2,10 €, 20 Min., alle 30 Min.). An der Hauptstraße Richtung Meer wird man bald eine ausgeschilderte Abzweigung links erspähen. Von dort sind es noch 30 anstrengende Minuten steil bergauf bis zur Ruinenstätte.

USTICA

1330 Ew.

Diese winzige Insel liegt fast 60 km nördlich von Palermo im Tyrrhenischen Meer. Genaun genommen handelt es sich um die Spitze eines Vulkans: Ustica gehört zur Liparischen Vulkankette und ist von schwarzem Gestein und kräftigen Farbtupfern in Form von rosaroten Hibiskusblüten und grünen Kakteen geprägt. Schroffe, kantige Grotten haben sich in die Küste gefressen, das Wasser ist dank der Atlantikströmung wunderbar klar und wird von unzähligen Fischen und Korallen bevölkert. Küstengebiet und Gewässer werden daher im *Riserva naturale marina Isola di Ustica* (Meeresreservat Ustica) geschützt.

Im Juli und August strömen Heerscharen von Palermitanern herbei, um ihre Sommerferien auf der Insel zu verbringen. Wer den Menschenmassen aus dem Weg gehen will, sollte lieber im Juni oder September nach Ustica reisen. Von Oktober bis Ostern bleibt ein Großteil der Restaurants und Unterkünfte unter der Woche geschlossen und bei schlechtem Wetter werden die Fährfahrten vom Festland manchmal gestrichen.

Im Hauptquartier des **Meeresreservats** (☎ 091 844 94 56; Piazza Umberto 1) erhält man Infos zu Freizeitangeboten, Bootsfahrten und Tauchschulen.

USTICA ERKUNDEN

TAUCHEN & SCHNORCHELN // IN TIEFBLAUES WASSER ABTAUCHEN

Von Mai bis September reisen Taucher aus aller Herren Länder nach Ustica, um die faszinierende Unterwasserwelt zu erleben. Zu den Highlights gehört der archäologische „Unterwasserpfad" vor der Punta Cavazzi, wo es Artefakte in Form von Ankern, römischen Amphoren u. v. m. zu entdecken gibt. Weitere beliebte Tauchreviere sind der Scoglio del Medico, ein Basaltfelsen voller Höhlen und tiefer Schluchten, und die Secca di Colombara, eine faszinierende Ansammlung regenbogenfarbener Schwämme und Gorgonien. Es gibt eine ganze Reihe von Tauchschulen, die Tauchtouren organisieren und Ausrüstung vermieten; s. dazu www.ampustica.it.

Der Meerespark ist in drei Zonen unterteilt: Zone A erstreckt sich entlang der Westseite der Insel von Cala Sidoti

EINEN ABSTECHER WERT

Corleone, 60 km von Palermo entfernt, wurde durch Francis Ford Coppolas Klassiker *Der Pate I–III* weltberühmt. Die Stadt war jahrhundertelang von Armut gebeutelt und hat einen bestens belegten Ruf als Bastion der Mafia. Seit ein paar Jahren wird nun der Versuch unternommen, dieses negative Image abzuschütteln. Teil dieser Kampagne ist das **Centro Internazionale di Documentazione sulla Mafia e Movimento Antimafia** (☎ 091 845 242 87; Via Orfanotrofio 7; Eintritt 5 €; Führungen Sommer Mo–Fr 10.30, 11.30, 12.30, 15.30, 16.30 & 17.30 Uhr, Winter morgens keine Führungen), ein fesselndes und sehr bewegendes Anti-Mafia-Museum. Es ist in einer kleinen Straße mit Kopfsteinpflaster abseits der Piazza Garibaldi zu finden. In dem Zentrum will man dazu ermutigen, offen gegen das organisierte Verbrechen anzugehen, statt sich der von der Mafia verfolgten Politik der *omertà* (Schweigen) anzuschließen. Englischsprachige Führer beleuchten die erschreckende Geschichte der hiesigen Mafia, legen aber vor allem ein Augenmerk auf die Arbeit mutiger Mafia-Gegner und -Richter. Am Eingang werden die Besucher von einem großen „No Mafia"-Schild und dem Zitat des ermordeten Richters Giovanni Falcone begrüßt, das in etwa Folgendes besagt: Es ist notwendig, seine Pflicht zu erfüllen, auch wenn der Preis noch so hoch sein mag. Das ist die Essenz menschlicher Würde.

Die Ausstellung ist in drei Räume unterteil: Der erste beherbergt die Unterlagen zu den Maxi-Prozessen 1986/87, im zweiten sind Bilder der Fotojournalistin Letizia Battaglia ausgestellt, die Mafia-Verbrechen aus den 1970er- und 1980er-Jahren dokumentierte, und im dritten Raum können Aufnahmen von Mafia-Bossen, ihren Verfolgern und Menschen betrachtet werden, die durch den Mafia-Terror geliebte Personen verloren haben, .

Zwischen Corleone und Palermo verkehren AST-Busse (4,50 €, 80 Min., 3-mal tgl.). Wer hier übernachten oder etwas essen möchte, sollte die Antica Stazione Ferrovia di Ficuzza (S. 331) ansteuern.

bis Caletta und bis zu 350 m aufs offene Meer hinaus – gelbe Bojen begrenzen das Areal. Man darf schwimmen gehen, Fischen und Bootfahren sind jedoch verboten. Zwei der schönsten Grotten der Insel befinden sich in diesem Gebiet: die Grotta Segreta (Geheime Grotte) und die Grotta Rosata (rosa Grotte).

An die Zone A schließt sich Zone B an (von der Punta Cavazzi bis zur Punta Omo Morto); dort darf geschwommen und geangelt werden. Außerdem ist es erlaubt, Unterwasseraufnahmen zu machen. Der Rest der Küste gehört zur Zone C; man kann schwimmen und mit Booten umherschippern und es gelten die italienischen Angelbestimmungen. Vor dem Tauchen sollte man seine Pläne mit den Angestellten einer Tauchschule oder des Büros des Meerespark absprechen.

Wer nicht selbst ins Nass abtauchen, aber nicht komplett auf den Anblick der Unterwasserwelt verzichten will, kann an Bord eines Acquario-Glasbodenboots gehen (mehr Infos gibt's im Büro des Meeresreservats).

WANDERUNG ÜBER DIE INSEL // HERRLICHE AUSSICHTEN UND NATÜRLICHE SCHWIMMBECKEN

Ustica ist gerade einmal 8,7 km² groß und kann entsprechend gut zu Fuß erkundet werden. Es gibt eine Reihe von Wanderwegen. Die malerischsten Routen führen durch Kiefernwälder zum Gipfel des **Guardia di Mezzo** (248 m) und dann bergab zum schönsten Küstenabschnitt bei **Spalmatore**. Dort laden natürliche Felsbecken zum Schwimmen ein. Auf anderen Pfaden gelangt man zum **Rocca della Falconiera**, einem Wehrturm oberhalb der Kirche, zum Aussichtspunkt **Punta Omo Morto** oberhalb des Leuchtturms und zum **Torre Santa Maria**, einem Turm aus der Bourbonenzeit, der heute ein kleines Archäologiemuseum beherbergt. Wegbeschreibungen erhält man im Büro des Meeresparks.

GASTRONOMISCHE HIGHLIGHTS

AL CLELIA DELL'HOTEL CLELIA €€

☎ 091 844 90 39; www.hotelclelia.it; Via Sindaco I 29; Gerichte 30 €; Sept.–Aug. geschl.

Das beste Restaurant von Ustica ist im Obergeschoss eines der beliebtesten Hotels untergebracht. Dort hat man einen wunderbaren Blick aufs Wasser und die Häuserdächer. Es überrascht kaum, dass Fisch die Spezialität des Hauses ist – das Fisch-Couscous ist besonders begehrt. Zum Nachtisch empfehlen wir Eis: Das *gelato* wird fast täglich frisch aus Biozutaten von der Insel zubereitet.

VERKEHRSMITTEL & -WEGE

SCHIFF // **Siremar** (☎ 091 58 24 03; www.tirrenia.it/it/siremar, italienisch) betreibt das ganze Jahr über eine Autofähre zwischen Ustica und Palermo (einfache Strecke 19,85 €, 2½ Std., 2-mal tgl.). Von Juni bis September werden zusätzlich Tragflügelboote eingesetzt (einfache Strecke 23,05 €, 1¼ Std., 2-mal tgl.). **Ustica Lines** (☎ 0923 87 38 13; www.usticalines.it) bedient zwischen Juni bis Ende September bis zu viermal in der Woche mit einem Tragflügelboot die Strecke Trapani-Favignana–Ustica–Neapel. Die Fahrt von Neapel nach Ustica dauert vier Stunden und kostet 72,40 € pro Strecke.

3 PERFEKTE TAGE

TAG 1 // ÜBER DEN WOLKEN

Mit der Seilbahn geht es den mythischen Berg Eryx hinauf, wo man in luftiger Höhe das bezaubernde, mittelalterliche Bergdorf Erice entdeckt (S. 82). Beim Spaziergang durch die verwinkelten Gassen sollte man bei Maria Grammatico (S. 85) vorbeischauen und ihr legendäres Naschwerk kosten. Danach genießt man zum Abschied von der Burgruine den herrlichen Panoramablick. Ein Abendessen im gastronomischen Schatzkästlein Trapani (S. 75) rundet den Tag ab.

TAG 2 // WUNDERBARES MARSALA

Die freundlichen Einwohner, eine gut erhaltene, historische Altstadt und natürlich der berühmteste Wein der Insel machen die Stadt Marsala (S. 91) zu einem absoluten Muss für alle Besucher der Westküste. Nach der Besichtigung der Weinkellerei Cantine Florio (S. 94) am Vormittag fährt man auf der berühmten Via del Sale (Salzstraße) zur alten Inselstadt Mozia (S. 90). Wieder zurück in Marsala reiht man sich in der Via XI Maggio in die *passeggiata* (Abendspaziergang) der Einheimischen ein, bevor man in La Sirena Ubriaca (S. 95) einen Aperitif nimmt und dann in der Osteria Il Gallo e l'Innamorata (S. 95) zu Abend isst.

TAG 3 // EIN TAG IM SÜDWESTEN

Alleine für den grandiosen Blick über die Weiten des Mittelmeers lohnt sich ein Besuch des archäologischen Parks von Selinunt (S. 108). Am Vormittag besichtigt man die beeindruckenden Ruinen der antiken griechischen Stadt, bevor man zum Mittagessen ins Restaurant La Bettola (S. 96) das nahe gelegene Mazara del Vallo (S. 96) ansteuert. Als Verdauungsspaziergang bietet sich ein Bummel durch die stimmungsvolle Kasbah und danach ein Besuch des faszinierenden Museo del Satiro (S. 105) an.

WEST-SIZILIEN

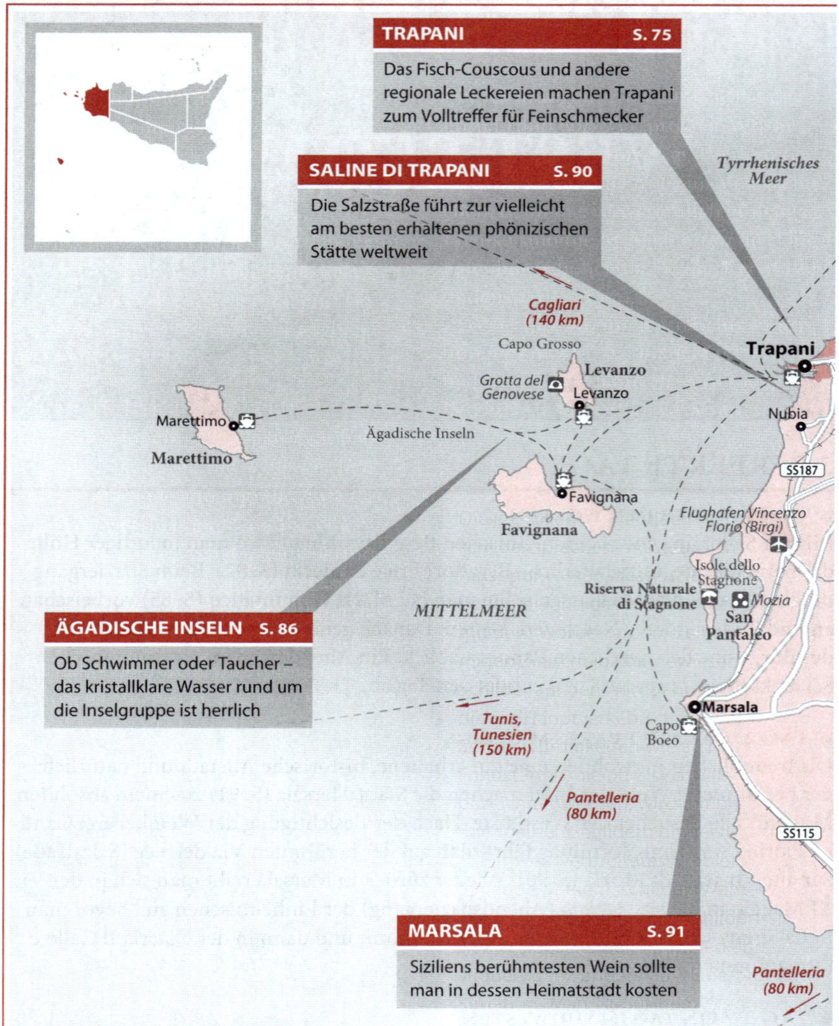

TRAPANI S. 75

Das Fisch-Couscous und andere regionale Leckereien machen Trapani zum Volltreffer für Feinschmecker

SALINE DI TRAPANI S. 90

Die Salzstraße führt zur vielleicht am besten erhaltenen phönizischen Stätte weltweit

ÄGADISCHE INSELN S. 86

Ob Schwimmer oder Taucher – das kristallklare Wasser rund um die Inselgruppe ist herrlich

MARSALA S. 91

Siziliens berühmtesten Wein sollte man in dessen Heimatstadt kosten

UNTERWEGS VOR ORT

Am besten erkundet man diese Ecke Siziliens mit dem Auto, auch wenn die meisten Ziele mit Bus oder Zug zu erreichen sind. Die *autostrada* A29 verläuft von Palermo durch das Inselinnere nach Mazara del Vallo, die SS115 schmiegt sich an der Küste entlang – leider ist keine der beiden Strecken besonders malerisch. Ferries pendeln das ganze Jahr über zwischen Trapani und den Ägadischen Inseln hin und her; im Sommer steuern Schiffe die Inselgruppe auch von Marsala aus an.

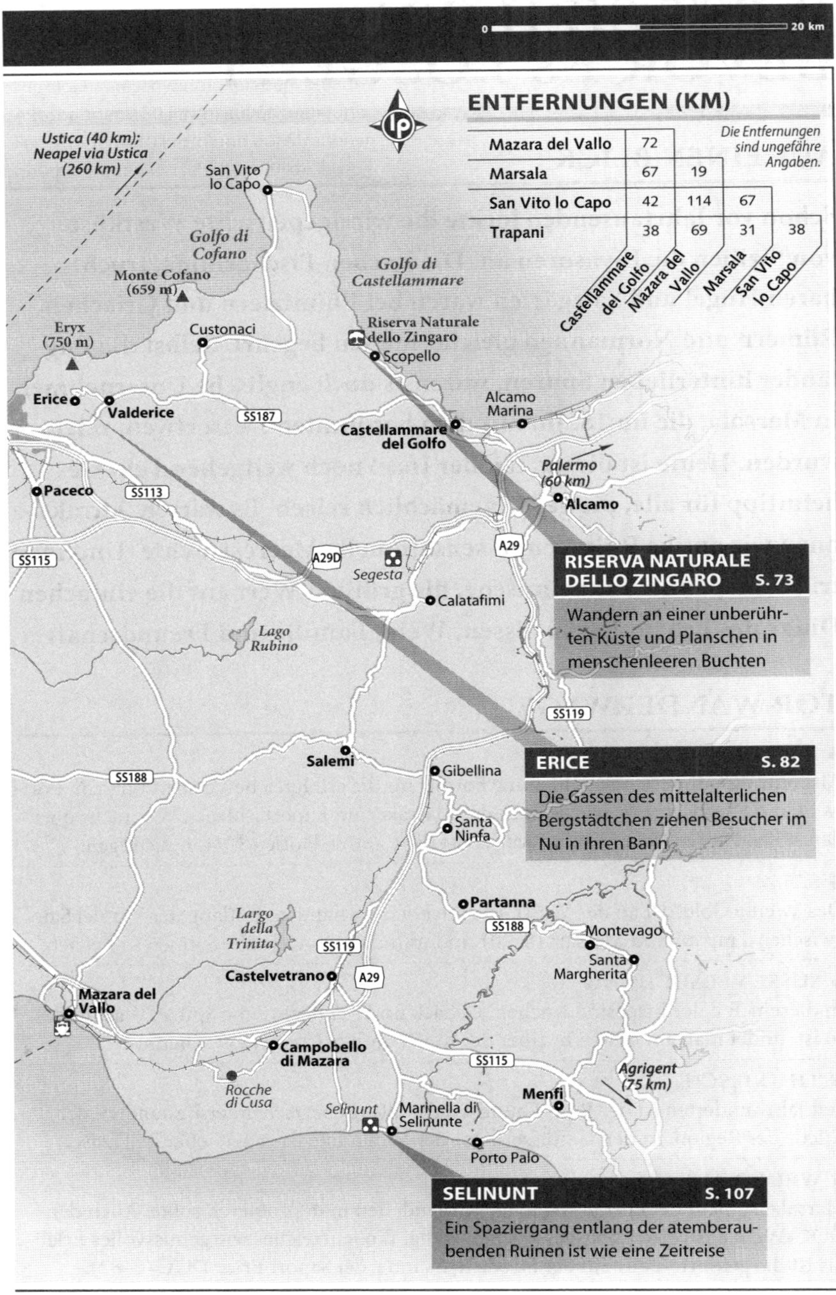

ENTFERNUNGEN (KM)

	Castellammare del Golfo	Mazara del Vallo	Marsala	San Vito lo Capo
Mazara del Vallo	72			
Marsala	67	19		
San Vito lo Capo	42	114	67	
Trapani	38	69	31	38

Die Entfernungen sind ungefähre Angaben.

WEST-SIZILIEN BEVOR ES LOSGEHT

AUF EINEN BLICK

Schon vor Jahrtausenden lockte die windgepeitschte Westküste von Sizilien die Invasoren an. Die reichen Fischgründe, fruchtbaren Hügel und Salzgärten waren bei Phöniziern und Griechen, Römern und Normannen gleichermaßen begehrt. Selbst die Engländer hinterließen Spuren, waren es doch englische Unternehmer in Marsala, die im 18. Jh. mit dem berühmten Dessertwein reich wurden. Heute ist dieser Teil der Insel noch weitgehend ein Geheimtipp für alle, die gerne gemächlich reisen. Es warten Attraktionen wie antike Ruinen und sensationelle Meeresfrüchte. Und man trifft entspannte Einheimische, die größten Wert auf die einfachen Dinge des Lebens legen: Essen, Wein, Familie und Freundschaft.

TOP-WANDERWEGE

MARSALA-WEIN
Als John Woodhouse im 18. Jh. seine Formel für die erfolgreiche Verschiffung von Portwein und Sherry ersann, wurde auch der Marsala zum Exportschlager. Wer mehr über den süßen Dessertwein erfahren will, sollte die Cantine Florio (S. 94) besichtigen.

SALZ
Das „weiße Gold" ist an der Westküste reichlich vorhanden. Entlang der Via del Sale zwischen Trapani und Marsala (S. 90) sind immer noch viele alte Salinen in Betrieb.

SÜSSE VERSUCHUNG
In diesem Teil der Insel sind Kuchen, Gebäck und *gelato* einsame Spitze. Warum das so ist, findet man am besten in einer der fünf Top-*pasticcerie* (S. 91) heraus.

THUNFISCH
Seit Jahrhunderten ist der Rote Thunfisch der alles beherrschender Bestandteil der Küche der Region. In den Gewässern vor der Westküste ist er seit jeher zu Hause.

WEINSTRASSE
Marsala ist nicht der einzige Wein der Gegend, den man probieren sollte: Auch der DOC-Wein aus Erice ist ausgesprochen süffig. Ein lehrreiches wie genussvolles Erlebnis ist die geführte Tour auf der Strada del Vino e dei Sapori Erice DOC (S. 82).

ABSEITS DES TRUBELS

- **Mozia erkunden** Auf der winzigen Insel befand sich einst eine blühende Siedlung der Phönizier. Heute sind hier Unmengen von Vögeln und einige archäologische Stätten zu sehen (S. 90).
- **Segesta entdecken** Den Anblick des majestätischen Tempels in dem einsamen Gebirgstal wird man so schnell nicht vergessen (S. 84).
- **Picknicken in den Rocche di Cusa** In dem antiken Steinbruch unweit von Selinunt (S. 106) ist die Zeit stehen geblieben.
- **Im Riserva Naturale dello Zingaro wandern** An der Küste zwischen Scopello und San Vito lo Capo laden kleine, abgeschiedene Buchten zu einem erfrischenden Bad ein (S. 73).

DIE BESTEN STRÄNDE

Die besten Strände der Westküste befinden sich am Golfo di Castellammare und auf den Ägadischen Inseln.

- **Cala Minnola** Der Kieselstrand mit kristallklarem Wasser erstreckt sich in einer Bucht der Insel Levanzo (S. 89).
- **Castellammare del Golfo** Feine Sandstrände und ausgezeichnete Restaurants machen das Fischerdorf zu einem beliebten Ferienort (S. 72).
- **Lido Burrone** Der breite Sandstreifen ist der beliebteste Strand auf der Ferieninsel Favignana (S. 87).
- **San Vito lo Capo** Ein halbkreisförmiger Strand und allgegenwärtiges Couscous sind die Markenzeichen dieses Badeorts (S. 74).

TOP-GAUMENFREUDEN

AL SOLITO POSTO
Regionale Spezialitäten dominieren die Karte der heißgeliebten Trattoria (S. 80).

CANTINA SICILIANA
Das beste Meeresfrüchte-Couscous in ganz Trapani (S. 80).

LA BETTOLA
In Mazara del Vallo (S. 106) steht eines der besten Restaurants auf ganz Sizilien.

OSTERIA IL GALLO E L'INNAMORATA
Hier werden die echten besten *scaloppine con marsala* gebraten (S. 95).

OSTERIA LA BETTOLACCIA
Ausgezeichnete Küche und schönes Ambiente im historischen Stadtzentrum von Trapani (S. 80).

INFOS IM INTERNET

- **EgadiWeb** (www.egadiweb.it) Alles über die Ägadischen Inseln.
- **Riserva Naturale dello Zingaro** (www.riservazingaro.it, italienisch) Offizielle Website des Naturschutzgebiets Zingaro.
- **Selinunte On Line** (www.selinunte.net) Infos über den Archäologischen Park von Selinunt und das Fischerdorf Marinella di Selinunte.
- **Strada del Vino e dei Sapori Erice DOC** (www.stradavinomarsala.it) Alles über die Weinstraße und den DOC-Wein aus Erice.
- **Trapani Welcome** (www.trapaniwelcome.it) Ausführliche Infos über die ganze Region.

GOLFO DI CASTELLAMMARE

Die Bucht im Westen von Palermo ist vermutlich der westlichste Ort der Insel, den viele Sizilianer je erreichen – und das auch nur wegen der Strände. Wem das zu eintönig ist, erkundet das unberührte Naturschutzgebiet Zingaro, besucht die urigen Siedlungen rund um historische *baglios* (Herrenhäuser) und *tonnare* (Thunfischfabriken) und entdeckt die vielen hübschen Badebuchten entlang der Küste. Und nicht zu vergessen: die Ruinen von Segesta (S. 84) im Landesinneren!

CASTELLAMMARE DEL GOLFO

14 863 Ew.

Das atemberaubende Kap zwischen Castellammare del Golfo und Monte Cofano (659 m) ist einer der schönsten Küstenabschnitte von ganz Sizilien. Dessen östliches Ende markiert das Fischerdorf Castellammare del Golfo, das die Elymer einst als Hafen für Segesta (S. 84) anlegten. Heute erheben sich über dem hübschen Hafen die Überreste einer immer wieder veränderten Festung der arabischen Eroberer. Die feinen Sandstrände rund um den Hafen machen das Städtchen zu einem sehr beliebten Urlaubsziel.

Dank der Nähe zum wichtigsten Flughafen auf Sizilien (26 km) ist Castellamare für viele Touristen Sprungbrett oder letzte Station auf der Insel.

GASTRONOMISCHE HIGHLIGHTS

AL RISTORANTINO DEL MONSÙ €€

☎ 0924 53 10 31; Via Pisani 2; Gerichte 30 €; Mo & jeweils 2 Wochen im Feb. & Nov. geschl.

Das Del Monsù ist eines von zwei Restaurants des Ortes, die von Slow Food empfohlen werden. Auf der Aussichtsterrasse mit Blick auf den Hafen werden Meeresfrüchte und Fischgerichte wie *busiate con bottarga di tonno e gamberi rossi* (Frische Pasta mit luftgetrocknetem Thunfischrogen und roten Garnelen), *cuscus al nero di sepia* (Couscous mit schwarzer Sepiatinte) oder *pesce spada alla pantesca* (Schwertfisch mit Kirschtomaten, Kapern und Oliven) serviert.

RISTORANTE DEL GOLFO €€

☎ 0924 3 02 57; Via Segesta 153; Gerichte 35 €; Di geschl. (nicht im Sommer)

Das zweite Restaurant mit Slow-Food-empfehlung. Es kredenzt nicht nur klassische sizilianische Gerichte wie *sarde in agrodolce* (Sardinen in süß-saurer Sauce) oder *fettuccine con bottarga e zucchine* (Pasta mit luftgetrocknetem Fischrogen und Zucchini), sondern auch ganz einfach zubereitete *gamberi imperiali* (Riesengarnelen). Mit ein bisschen Glück gibt's zum Nachtisch *cassatedde* (mit Ricotta gefülltes, frittiertes Gebäck).

TROPICAL BAR €

☎ 0924 3 29 80; www.tropicalbar.info; Via Umberto I, 2; Mo geschl.

Das beste Café in Castellammare ist bekannt für ausgezeichneten Kaffee, hausgemachte *cornetti* (Croissants), köstliches, typisch sizilianisches Gebäck wie die sagenhafte *cassatedde* mit Ricotta und Honig und erfrischendes *gelato*. Zudem gibt's eine *tavola calda* mit leckerer Auswahl an warmen Snacks.

VERKEHRSMITTEL & -WEGE

BUS // Busse fahren in der Via della Repubblica ab. **Autoservizi Russo** (☎ 0924 3 13 64; www.russoautoservizi.it) fährt zur Piazza Marina in Palermo (5,20 €, 1¼ Std., Mo–Sa 6-mal tgl., Juli & Aug. häufiger) und nach Scopello (2,10 €, 10 Min., 4-mal tgl.). **Azienda Siciliana Trasporti** (AST; ☎ 840 110323; www.aziendasicilianatrasporti.it, italienisch) verkehrt regelmäßig nach Trapani (3,90 €, Mo–Sa 5-mal tgl.). Von Juni bis September bedienen Busse die Strecke auch sonntags.

ZUG // Der Bahnhof befindet sich wenig günstig 3 km außerhalb der Stadt. Es verkehrt allerdings ein Shuttle-Bus (1,50 €). Von Palermo (5,50 €, 1¾ Std., 9-mal tgl.) und Trapani (4,40 €, 50 Min., 4-mal tgl.) fahren häufig Züge nach Castellamare.

SCOPELLO

Das Dorf Scopello ist so bezaubernd wie ein sizilianisches Dorf nur sein kann. Gebaut wurde es rund um ein *baglio* aus dem 18. Jh., das mit einer hohen Mauer und riesigen Toren gesichert ist. Mit den weißen Häusern und gepflasterten Straßen erinnert es an italienische Filme aus den 1950er-Jahren. Tatsächlich ist die historische *tonnara* am Strand unterhalb des Dorfs ein beliebter Filmdrehort: 2004 wurde hier der Hollywood-Streifen *Ocean's Twelve* gedreht, nachdem bereits eine Episode der Fernsehserie *Commissario Montalbano* (s. S. 313) hier spielte.

In Scopello kann man nicht viel mehr unternehmen als einen Espresso auf der zentralen Piazza trinken oder im unglaublich blauen Wasser einer der schönsten Buchten Siziliens schwimmen. Die Bucht bei der *tonnara* hat einen groben Kieselstrand und wird von zwei hohen Felstürmen begrenzt, von denen der eine mit einem mittelalterlichen Turm gekrönt ist. Offiziell dürfen in der Bucht nur die Gäste der *tonnara* (s. S. 332) baden, doch die Einheimischen scheinen wenig Notiz von den Schildern zu nehmen, die den Strand als „Privatbesitz" ausweisen.

Man sollte möglichst nicht im August nach Scopello kommen – dann nämlich ist der winzige Ort hoffnungslos überfüllt.

GASTRONOMISCHE HIGHLIGHTS

Wer in der Pensione Tranchina (S. 331) übernachtet, sollte dort auch unbedingt zu Abend essen. Nur die Pensionsgäste kommen in den Genuss der hochgelobten Küche.

❦ BAR PASTICCERIA SCOPELLO €
☎ 0924 54 11 49; Via Diaz 13
Die verführerische *pasticceria* hat nicht nur eine Riesenauswahl an sizilianischen Süßigkeiten, sondern ist auch gesellschaftlicher Mittelpunkt des Orts. Am besten setzt man sich an einen der Tische auf der Straße, genießt Kaffee und Kuchen, ein erfrischendes *gelato* oder eine *granita* (zerstoßenes Eis in verschiedenen Geschmacksrichtungen) und beobachtet das Geschehen.

VERKEHRSMITTEL & -WEGE

BUS // Die Busse von AST fahren von und nach Trapani (3,60 €, 1¼ Std., 2-mal tgl.). Autoservizi Russo bedient die Strecke zwischen Castellammare del Golfo und Scopello (2,10 €, 10 Min., 4-mal tgl.).

RUND UM SCOPELLO

❦ RISERVA NATURALE DELLO ZINGARO // DURCHS LANDESINNERE WANDERN UND NACH SCHIFFSWRACKS TAUCHEN
Proteste der Bevölkerung gegen die ungezügelte Landerschließung führten zur Gründung der **Riserva Naturale dello Zingaro** (☎ 0924 3 51 08; www.riservazingaro.it; italienisch; Erw./Senior über 65 Jahre & Kind unter 10 Jahren/Kind 10–14 Jahre 3/frei/2 €; ⏲ April–Sept. 7–21 Uhr, Okt.–März 8–16 Uhr). Inzwischen hat sich das Naturschutzgebiet zur größten Attraktion am Golf von Castellammare gemausert.

Der 7 km lange Küstenstreifen des ursprünglich belassenen Naturparks

UNTERKUNFT

An der Westküste gibt es deutlich weniger Unterkünfte als in anderen Teilen der Insel – und diese sind im Sommer die meiste Zeit ausgebucht. Daher unbedingt rechtzeitig im Voraus buchen! Hier eine kleine, feine Auswahl an Unterkünften in der Region:

* Das **Albergo Egadi** (S. 333) ist eine äußerst stilvolle Unterkunft auf den Ägadischen Inseln.
* Das bezaubernde **Hotel Carmine** (S. 334) in Marsala ist eines der besten Mittelklassehotels auf Sizilien.
* Gemütliche Zimmer und eine familienfreundliche Atmosphäre zeichnen das **Hotel San Domenico** (S. 333) in Erice aus.
* Ein herzlicher Empfang und ausgezeichnetes Essen erwarten die Gäste der **Pensione Tranchina** (S. 331) in Scopello.

Eine umfassende Liste der Unterkünfte findet sich ab S. 331.

Zingaro ist nicht nur die Heimat des seltenen Habichtadlers, sondern auch von 40 weiteren Vogelarten und 700 verschiedenen Pflanzen, die teilweise nur hier zu finden sind. Die Hügel sind bedeckt mit mediterraner Flora wie wilden Johannisbrotbäumen und leuchtend gelber Wolfsmilch. In den versteckten Buchten kann man herrlich baden. Das **Tauchzentrum Cetaria** (☎ 0924 54 11 77; www.cetaria.com; Via Marco Polo 3) in Scopello organisiert von April bis Oktober geführte Tauchgänge in den Gewässern vor dem Naturschutzgebiet. Dabei werden Unterwasserhöhlen und zwei Schiffswracks erkundet. Ebenfalls im Angebot sind Bootsfahrten mit Gelegenheit zum Schnorcheln.

Der Hauptzugang zum Park ist 2 km von Scopello entfernt. Ein gut markierter Küstenwanderweg führt vom Parkzugang in Scopello zum vier Gehstunden entfernten Zugang bei San Vito lo Capo. Aber Achtung: Der Zugang San Vito ist 20 km von dem Ort San Vito lo Capo entfernt und es fahren keine öffentlichen Verkehrsmittel dorthin! Im Landesinneren gibt es verschiedene Wanderwege, die alle in den kostenlosen Karten verzeichnet sind, die man in den Informationsbüros an den beiden Parkeingängen bekommt. Oder man lädt die Karten von der Website herunter.

Baglio La Luna (☎ 335 8362856; www.bagliolaluna.com; DZ 80–140 €; April–Nov.; P) ist ein B & B am Rand des Naturparks mit Blick auf den Golf, das auch geführte Wanderungen und Fahrradtouren organisiert; bei den ebenfalls angebotenen Kochkursen werden regionale Zutaten verarbeitet.

SAN VITO LO CAPO

4108 Ew.

Der Badeort San Vito lo Capo markiert die Spitze des Kaps am Golf von Castellammare. Im Sommer wimmelt es hier von Strandläufern und Sonnenanbetern, im Winter gleicht der Ort einem Friedhof. Berühmt ist San Vito lo Capo vor allem für seinen halbkreisförmigen, feinsandigen Strand, weit sehenswerter ist allerdings die festungsähnliche Kirche **Chiesa di San Vito** aus dem 13. Jh., die sich mitten an der Via Savoia befindet.

FESTIVAL INTERNAZIONALE DEL CUSCUS // DER ULTIMATIVE KULINARISCHE KICK

San Vito ist weithin bekannt für sein Fisch-Couscous, das alljährlich im September sechs Tage lang gefeiert wird (www.couscousfest.it). Dabei widmet sich das Festival nicht nur dem berühmten nordafrikanischen Gericht, sondern wird als Fest der kulturellen Integration angepriesen, zu dem Musiker und Köche aus der ganzen Welt eingeladen werden. Zu den Highlights gehören ein Couscous-Wettkochen (Italien gegen den Rest der Welt), kostenlose Konzerte mit Musik aus aller Welt und Couscous-Workshops, die von Köchen aus San Vito, Trapani und Nordafrika geleitet werden. Und natürlich kann man jede Menge Couscous in allen erdenklichen Variationen probieren.

GASTRONOMISCHE HIGHLIGHTS

AL RITROVO €€

☎ 0923 97 56 56; www.alritrovo.it; Viale Cristoforo Colombo 314; Gerichte 30 €; ⌚ jeweils 2 Wochen im Nov. & Jan. geschl.

Wie in praktisch jedem Restaurant der Stadt steht Couscous ganz oben auf der Speisekarte, aber es gibt auch eine gute Auswahl an Meeresfrüchten und Fleischgerichten. Die Spezialität des Hauses sind *fritto misto* (gemischte frittierte Meeresfrüchte), zu denen ein guter Tropfen der ausgezeichneten Weinkarte passt. Außerdem werden 13 Zimmer mit moderner Einrichtung vermietet (inkl. Frühstück & Abendessen 48–93 €/Pers.).

POCHO €€

☎ 0923 97 25 25; www.pocho.it; Gerichte 30 €; ⌚ So mittags & Mi–Mo abends, Okt.–März geschl.

Das Hotelrestaurant befindet sich hoch über dem Strand Isulidda der kleinen Ortschaft Makari, 2 km von San Vito entfernt. Bei gutem Wetter speisen die Gäste auf der Terrasse und genießen das herrliche Panorama des Golfo di Cofano. Schwerpunkt der täglich wechselnden Speisekarte sind regionale Spezialitäten mit Meeresfrüchten – ein Fisch-Couscous darf da natürlich nicht fehlen. Es lohnt sich durchaus, einige Tage in einem der zwölf Zimmer des gemütlichen Hotels mit dem riesigen Swimmingpool zu verbringen (EZ inkl. Frühstück & Abendessen 115–160 €; DZ 150–210 €). Von Mitte Juni bis Mitte September ist das Restaurant jeden Abend geöffnet, dafür aber sonntagmittags geschlossen.

THÀAM €€

☎ 0923 97 28 36; www.sanvitoweb.com/thaam, italienisch; Via Duca degli Abruzzi 32; Gerichte 35 €; ⌚ Winter Mi geschl.

In dem äußerst beliebten Restaurant ist sowohl das Ambiente als auch die Küche nordafrikanisch geprägt. In Baldachinzelten auf der Straße wird – was sonst? – Fisch- und Hühnchen-Couscous serviert. Außerdem werden das ganze Jahr über hübsch eingerichtete Zimmer vermietet (60–120 €).

VERKEHRSMITTEL & -WEGE

BUS // Abfahrt und Ankunft der Busse direkt beim Strand in der Via Piersanti Mattarella, einer Parallelstraße der Via Savoia; die Haltestellen sind gut markiert. Die Busse von AST verkehren regelmäßig zwischen San Vito lo Capo und Trapani (3,70 €, 1½ Std., Mo–Sa 8-mal tgl., So 4-mal). Ab/zur Piazza Marina in Palermo fahren Busse von Autoservizi Russo (7,90 €, 2½-3¼ Std., 3-mal tgl.).

TRAPANI

70 648 Ew.

Trapanis Hafen, in dem Peter von Aragón 1282 landete und die spanische Besetzung Siziliens einleitete, wird

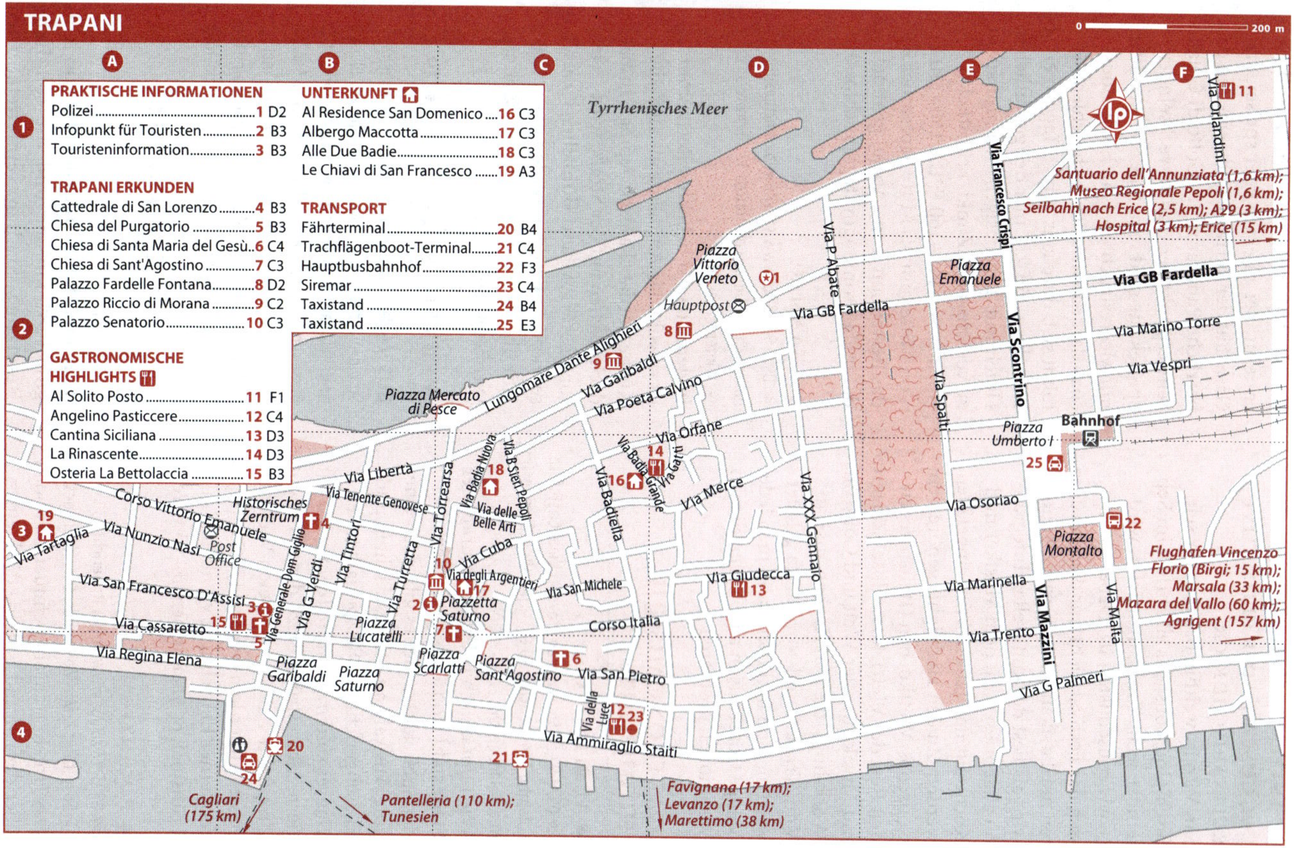
TRAPANI
0 200 m
PRAKTISCHE INFORMATIONEN
Polizei 1 D2
Infopunkt für Touristen 2 B3
Touristeninformation 3 B3
TRAPANI ERKUNDEN
Cattedrale di San Lorenzo 4 B3
Chiesa del Purgatorio 5 B3
Chiesa di Santa Maria del Gesù 6 C4
Chiesa di Sant'Agostino 7 C3
Palazzo Fardelle Fontana 8 D2
Palazzo Riccio di Morana 9 C2
Palazzo Senatorio 10 C3
GASTRONOMISCHE HIGHLIGHTS
Al Solito Posto 11 F1
Angelino Pasticcere 12 C4
Cantina Siciliana 13 D3
La Rinascente 14 D3
Osteria La Bettolaccia 15 B3
UNTERKUNFT
Al Residence San Domenico 16 C3
Albergo Maccotta 17 C3
Alle Due Badie 18 C3
Le Chiavi di San Francesco 19 A3
TRANSPORT
Fährterminal 20 B4
Trachflägenboot-Terminal 21 C4
Hauptbusbahnhof 22 F3
Siremar 23 C4
Taxistand 24 B4
Taxistand 25 E3
Tyrrhenisches Meer
Santuario dell'Annunziata (1,6 km); Museo Regionale Pepoli (1,6 km); Seilbahn nach Erice (2,5 km); A29 (3 km); Hospital (3 km); Erice (15 km)
Flughafen Vincenzo Florio (Birgi; 15 km); Marsala (33 km); Mazara del Vallo (60 km); Agrigent (157 km)
Favignana (17 km); Levanzo (17 km); Marettimo (38 km)
Pantelleria (110 km); Tunesien
Cagliari (175 km)
Piazza Vittorio Veneto
Hauptpost
Piazza Emanuele
Piazza Umberto I
Bahnhof
Piazza Montalto
Piazza Mercato di Pesce
Historisches Zentrum
Post Office
Piazzetta Saturno
Piazza Lucatelli
Piazza Scarlatti
Piazza Sant'Agostino
Piazza Garibaldi
Piazza Saturno
Via Orlandini
Via Francesco Crispi
Via GB Fardella
Via Marino Torre
Via Vespri
Via P Abate
Via Scontrino
Via Spalti
Via Osoriao
Via Marinella
Via Mazzini
Via Trento
Via Malta
Via G Palmeri
Via XXX Gennaio
Via Giudecca
Via Merce
Via Orfane
Via Gatti
Via Badia Grande
Via Badiella
Via Poeta Calvino
Via Garibaldi
Lungomare Dante Alighieri
Via Liberta
Via Tenente Genovese
Via Torrearsa
Via Badia Nuova
Via B Sieri Pepoli
Via delle Belle Arti
Via Cuba
Via degli Argentieri
Via San Michele
Corso Italia
Via San Pietro
Via della Luce
Via Ammiraglio Staiti
Corso Vittorio Emanuele
Via Tartaglia
Via Nunzio Nasi
Via Generale Dom Giglio
Via G Verdi
Via Tintori
Via Turretta
Via San Francesco D'Assisi
Via Cassaretto
Via Regina Elena

von einer sichelförmigen Landmasse umarmt. Hier befindet sich die Altstadt von Trapani, die einst im Zentrum einer mächtigen Handelsvereinigung lag, die von Karthago bis nach Venedig tätig war. Seit alters her florierte die Stadt dank Korallen und Thunfisch, Salz und Wein. Im letzten Jahrhundert wurde enorm viel und in den meisten Fällen recht unansehnlich gebaut. Es wird gemunkelt, dies sei nur durch kräftige Finanzspritzen mit gewaschenen Mafiageldern möglich gewesen. Der geschäftige Hafen ist die wichtigste Anlegestelle für Fähren zu den Inseln des Ägadischen Archipels, der abgelegenen maurischen Insel Pantelleria und nach Tunesien.

PRAKTISCHE INFORMATIONEN

NOTFÄLLE // **Krankenhaus** (Ospedale Sant'Antonio Abate; ☎ 0923 80 94 50; Via Cosenza; 24 Std.) **Polizei** (Questura; ☎ 0923 59 81 11; Piazza Vittoria Veneto; ☎ 24 Std.)

TOURISTENINFORMATION // **Touristeninformation** (☎ 0923 54 55 08; www.trapaniwelcome.it; Via San Francesco d'Assisi 27; 8–14 Uhr) **Infostelle der Touristeninformation** (☎ 0923 2 90 00; Piazzetta Saturno; März–Mitte Nov. Mo–Sa 8–20, So 9–12 Uhr) Die Infostelle organisiert Stadtführungen mit dem Fahrrad, verleiht Fahrräder, verteilt Kartenmaterial, vermittelt Fremdenführer und organisiert geführte Trekkingtouren.

ORIENTIERUNG

Trapani ist eng, kompakt und ragt auf einer Landzunge weit ins Meer hinaus. Die Stadt ist zweigeteilt: Auf der Spitze der Landzunge befindet sich die Altstadt, zu der auch der Hafen gehört. Die Neustadt erstreckt sich östlich der Via XXX Gennaio. Ihre Hauptachse ist die größte Prachtstraße der ganzen Stadt, die Via Giovanni Battista Fardella. Der Busbahnhof befindet sich an der Piazza Montalto, der Bahnhof ist gleich um die Ecke an der Piazza Umberto I.

TRAPANI ERKUNDEN

ALTSTADT // ABENDSPAZIERGANG VOR BAROCKER KULISSE

Das enge Straßengewirr im historischen Stadtzentrum von Trapani erinnert zwar an eine arabische Kasbah, doch den eigentlichen Charakter der Stadt machen die prächtigen Barockbauten der Spanier aus dem 18. Jh. aus. Besonders schöne Exemplare sind der **Palazzo Riccio di Morana** und der **Palazzo Fardelle Fontana**, beide in der Fußgängerzone der Via Garibaldi. Die beste Zeit für einen Spaziergang ist am frühen Abend, wenn die allgemeine *passeggiata* in vollem Gange ist.

Eine ebenso beliebte und belebte Bühne des *passeggiata* ist der Corso Vittorio Emanuele, wo sich die riesige **Cattedrale di San Lorenzo** (Corso Vittorio Emanuele; Eintritt frei; 8–16 Uhr) mit ihrer herrlichen Barockfassade erhebt. Am östlichen Ende des Corso steht mit dem **Palazzo Senatorio** ein weiteres Schmuckstück des Barock.

Geht man in Richtung Hafen, gelangt man an der Piazzetta Saturno zur **Chiesa di Sant'Agostino** (Eintritt frei; 8–13 Uhr). Die strenge Schlichtheit der Kirche aus dem 14. Jh. wird nur durch die fein gearbeitete Rosette und das gotische Portal aufgelockert. Ein paar Schritte weiter befindet sich die wesentlich schmuckvollere **Chiesa di Santa Maria del Gesù** (Via San Pietro; Eintritt frei; 8–13 Uhr). Die Kirche im Stil der katalanischen Gotik beherbergt die wundervolle *Madonna degli angeli* (Madonna der Engel), eine glasierte Terrakotta-Statue des Florentiners Andrea della Robbia.

LA PROCESSIONE DEI MISTERI

Seit dem 18. Jh. erinnern die Bürger von Trapani – repräsentiert durch 20 traditionelle *maestranze* (Gilden) – mit viertägigen Prozessionen an den Leidensweg Christi. Bei der ersten Prozession am Dienstag vor Ostern wird eine imposante, lebensgroße Holzstatue der Jungfrau Maria durch die Straßen der Stadt getragen. An den folgenden drei Tagen werden in nächtlichen Prozessionen die restlichen *misteri* (lebensgroße Holzstatuen) durch die Altstadt und den Hafen zu einer eigens hierfür errichteten Kapelle an der Piazza Lucatelli getragen, wo sie über Nacht verwahrt werden. Jede Prozession wird von den Massen der Einheimischen und einer Kapelle aus Trapani begleitet, die Trauerlieder zum langsamen, eintönigen Schlag einer Trommel spielen.

Die Feierlichkeiten erreichen ihren Höhepunkt am Nachmittag des Karfreitags. Dann kommen die Angehörigen der 20 Gilden mit allen Statuen aus der Chiesa del Purgatorio heraus, steigen die Stufen hinunter und tragen die Statuen in einer 1 km langen Prozession bis zur Via Giovanni Battista Fardella hinauf. Am nächsten Morgen kehrt die Prozession dann in die Kirche zurück. Die gewaltigen Menschenmassen, die sich zu dem langsamen Marsch versammeln, geraten oft in eine Art religiöse Trance, die man so nur von den Prozessionen der Semana Santa im spanischen Sevilla kennt.

Wer die Prozessionen miterleben möchte, muss seine Unterkunft lange im Voraus buchen. Für den Rest des Jahres stehen die Statuen in der Chiesa del Purgatorio. Weitere Informationen gibt's im Internet unter www.processionemisteritp.it (italienisch, französisch & spanisch).

CHIESA DEL PURGATORIO // ALLES ÜBER TRAPANIS BERÜHMTE PROZESSION DER MISTERI ERFAHREN

Wer vom Corso Vittorio Emanuele in die Via Generale Dom Giglio Richtung Süden einbiegt, trifft auf die kleine **Kirche** (☎ 0923 43 22 00; Via San Francesco D'Assisi; Eintritt 1 €; 16–18.30 Uhr), in der die großartigen *misteri* aufbewahrt werden: Die 20 lebensgroßen Holzstatuen, die die Leidensgeschichte Jesu Christi darstellen, werden bei den alljährlichen Osterprozessionen durch die Straßen von Trapani getragen. Einige der Statuen sind noch die Originale, beim Großteil handelt es sich allerdings um Kopien von Figuren, die entweder von den alliierten Bomben im Zweiten Weltkrieg zerstört wurden oder zu Bruch gingen, weil sie die Träger während einer Prozession fallen ließen. Das passiert wohl öfter, sind die Statuen doch extrem schwer und unhandlich.

Jede Statue entstand im Auftrag einer bestimmten Gilde des Mittelalters und wird heute von den Mitgliedern der immer gleichen Innung durch die Straßen der Stadt getragen: So wurde *Jesus vor Hanna* von der Gilde der Landvermesser und Gerber in Auftrag gegeben und wird heute von den Obst- und Gemüsehändlern getragen. *Jesus vor Herodes* war die Statue der Müller und Getreidesieber und ist heute im Besitz der Fischhändler. Viele Figuren werden auch heute noch von den Gilden getragen, die sie einst in Auftrag gaben, so z. B. *Die Dornenkrönung* der Müller und Bäcker oder *Die Geißelung* der Maurer und Steinmetze. Eine der Statuen – *Der Weg nach Golgatha* – wird von keiner bestimmten Gilde beansprucht und daher von Menschen getragen und begleitet, die keiner Zunft oder Innung angehören. Zu jeder Figur gibt's eine Tafel mit ausführlichen Erläuterungen in Italienisch und Englisch.

SANTUARIO DELL'ANNUNZIATA // DER MADONNA VON TRAPANI DIE EHRE ERWEISEN

Die **Wallfahrtskirche** (Basilica Maria SS Annunziata; ☎ 0923 53 91 84; www.madonnaditrapani.com, italienisch; Via Conte Agostino Pepoli 178; Eintritt frei; ⌚ 8–12 & 16–19 Uhr) aus dem 14. Jh. befindet sich im neuen Teil der Stadt, gut 45 Gehminuten von der Altstadt entfernt. Wem das zu weit ist: Die Busse 25, 26, 28 oder 30 fahren die Via Giovanni Battista Fardella entlang bis zur Kirche. Bei der Umgestaltung der Kirche im Barockstil des 17. Jhs. blieben vom gotischen Original nur die Rosette und das Portal erhalten. Die Kirche ist der Madonna von Trapani geweiht, der Patronin der Stadt und traditionellen Schutzheiligen der Seeleute. Die hochverehrte marmorne Madonna, die in der Cappella della Madonna hinter dem Hochaltar steht, wurde vermutlich von Nino Pisano geschaffen. Ihr Ebenbild ist noch in zwei weiteren Kapellen zu sehen: der Cappella dei Marinai (Kapelle der Seeleute) aus dem 16. Jh. und der Cappella dei Pescatori (Fischerkapelle) aus dem 15. Jh.

MUSEO REGIONALE AGOSTINO PEPOLI // HIER GIBT ES KNALLBUNTE KUNSTWERKE ZU BESTAUNEN

Im ehemaligen Karmeliterkloster neben der Santuario dell'Annunziata ist heute das **Museo Regionale Pepoli** (☎ 0923 55 32 69; www.regionale.sicilia.it/beniculturali; Via Conte Agostino Pepoli 180; Erw./Kind & Senior über 65 Jahre 4 €/frei; ⌚ Di-Sa 9–13.30, So 9–12.30 Uhr) untergebracht, in dem Kunst und Kunsthandwerk, Gemälde, Skulpturen und Schmuckgegenstände aus der Region ausgestellt sind. Die interessantesten Stücke stammen aus der Sammlung des Conte Pepoli, der es sich zur Aufgabe gemacht hatte, möglichst viel an Kunst und Kunsthandwerk aus Trapani zu bewahren. Zu den Exponaten gehören etwa die knallbunten Korallenschnitzereien, die einmal der letzte Schrei in ganz Europa waren, aber auch die Korallenbänke vor Trapani und San Vito lo Capo stark in Mitleidenschaft zogen.

Absolut sehenswert ist die protzige, farbenfrohe *presepe* (Geburt Christi od. Weihnachtskrippe) des Andrea Pipa e Aiuti aus dem 18. Jh., die aus Alabaster, Korallen, Muscheln und sonstigen Meeresprodukten gefertigt wurde. Weniger üppig verziert, dafür aber umso schöner, sind die Korallenschnitzereien des Fra Matteo Bavera. Weitere Highlights der Ausstellung sind die einzigartige *cassetta reliquiaria* (Reliquiar) aus der Werkstatt von Alberto und Andrea Tipa sowie Reste der Majolika-Fußböden aus der Chiesa di Santa Maria delle Grazia (mit Fischerszenen) und der Chiesa di Santa Lucia (mit Darstellungen des Stadtzentrums von Trapani).

GASTRONOMISCHE HIGHLIGHTS

Durch Trapanis exponierte Lage am Seeweg nach Tunesien wurde Couscous – oder *cuscus*, wie es hier geschrieben wird – zu einer echten Spezialität der Stadt, vor allem wenn es in der Variante *alla trapanese* zubereitet ist: in einer Fischsuppe mit Knoblauch, Chili, Tomaten, Safran, Zimt und Muskatnuss. Ein weiteres, unwiderstehlich leckeres Grundnahrungsmittel ist *pesto alla trapanese*, ein Pesto, das aus frischen Tomaten, Basilikum, Knoblauch und Mandeln hergestellt und mit *busiate*, kleinen, von Hand gedrehten Nudeln, gegessen wird.

AL SOLITO POSTO €€

0923 2 45 45; www.trattoria-alsolitoposto.com, italienisch; Via Orlandini 30a; Gerichte 28 €; So & 15.–31. Aug. geschl.

Die überaus beliebte Trattoria, die sich am Ende der Via Orlandini versteckt, trägt das Abzeichen der Slow-Food-Bewegung völlig zu Recht. Die *busiate con pesto alla trapanese* sind die besten der ganzen Stadt, die Meeresfrüchte sind durchweg frisch und schmackhaft zubereitet. Im Mai und Juni sollte man vor allem Thunfisch essen, Schwert- oder anderen Fisch das restliche Jahr über. Es empfiehlt sich zu reservieren.

ANGELINO PASTICCERE €

0923 2 69 22; www.angelino.it; Via Ammiraglio Staiti 87; Mi geschl.

Das Café gegenüber der Anlegestelle für die Tragflächenboote ist immer brechend voll. Kein Wunder: Hier gibt's den besten Kaffee in ganz Trapani und dazu eine tolle Auswahl an leckeren Kuchen, frischem Gebäck (z. B. *bombolone di ricotta,* eine Art Krapfen mit süßer Ricotta-Füllung) und pikante Snacks wie *arancine* (gebackene Reisbällchen).

CANTINA SICILIANA €€

0923 2 86 73; www.cantinasiciliana.it, italienisch; Via Giudecca 36; Gerichte 28 €

Das von Slow Food wärmstens empfohlene Lokal befindet sich im ehemaligen jüdischen Ghetto. Es ist auf der ganzen Insel für seine einfache, aber himmlisch leckere Küche bekannt. Sehr zu empfehlen sind *sarde allinguate* (gebratenes Sardinenfilet) und *busiate con pesce spada e melanzane* (Busiate mit Schwertfisch und Auberginen). Als *secondi* (Hauptgang) gibt es vor allem Fischgerichte und natürlich hervorragend gewürztes *cuscus alla trapanese*, aber auch einige wenige Fleischgerichte. Da die *enoteca* (Weinhandlung) nebenan zum Restaurant gehört, ist es nicht weiter verwunderlich, dass auch die Weinkarte hervorragend ist. Mit etwas Glück spendiert der freundliche Inhaber Pino Maggiore zum Nachtisch ein Glas Passito di Pantelleria, einen süßen Wein von der Insel Pantelleria.

LA RINASCENTE €

0923 2 37 67; Via Gatti 3; Do–Di 9–13 & 15–19 Uhr

Wer wissen will, wie *cassata*, *cannoli* und andere sizilianische Leckereien hergestellt werden, ist in der stimmungsvollen *pasticceria* mitten in der Altstadt genau richtig. Vor den Augen ihrer begeisterten Kundschaft verarbeiten Signore Costadura und sein Gehilfe in der altmodischen Backstube nur beste Zutaten zu ausgezeichneten Kuchen, Keksen und *gelato*.

OSTERIA LA BETTOLACCIA €€€

0923 2 16 95; Via Generale Enrico Fardella 25; Gerichte 40 €; ganzjährig Sa & So mittags & Nov.-Ostern So abends geschl.

Hier ist vor allem das Couscous zu empfehlen, das mit enorm viel Fisch und Meeresfrüchten zubereitet wird. Eine Portion reicht locker für zwei Personen. Doch damit nicht genug: Auf der sündhaft verführerischen Speisekarte finden sich viele weitere Gerichte, die im La Bettolaccia wesentlich raffinierter zubereitet werden als sonst in Sizilien üblich. Zu den Highlights gehören ein perfekt gegartes und ansprechend serviertes *trancio di pesce spada in salsa di agrumi* (Schwertfischfilets in einer Sauce aus Zitrusfrüchten) oder das *tagliata di vitello in aceto blasamico e radicchio* (Kalbsfilet an Balsamico und Radicchio). Auch dieses Restaurant wird von Slow Food empfohlen.

VERKEHRSMITTEL & -WEGE

VOM/ZUM FLUGHAFEN

BUS // Von 5 bis 23 Uhr fährt etwa einmal pro Stunde ein AST-Bus (4,50 €, 20 Min., 17-mal tgl.) vom Hafen über den Busbahnhof an der Piazza Montalto bis zum Flughafen. **Salemi** (☎ 0923 98 11 20; www.autoservizisalemi.it) verkehrt von montags bis samstags ein- bis fünfmal täglich vom Flughafen nach Marsala (3,90 €, 45 Min.) und nach Palermo (8,80 €, 2 Std.). Die genauen Fahrzeiten sind abhängig von der Jahreszeit; im Sommer fahren die Busse häufiger. Die Busse von **Terravision** (☎ 0923 98 11 20; www.terravision.eu), die zwischen dem Flughafen Birgi und der Piazza Politeama und dem Bahnhof in Palermo (12 €, 2 Std., 6–8-mal tgl.) verkehren, halten in Trapani beim Hafen und am Busbahnhof (einfache Strecke/hin & zurück 8/12 €).

FLUGHAFEN // Siziliens drittgrößter Flughafen **Vincenzo Florio Airport** (☎ 0923 84 25 02; www.airgest.it) liegt 15 km südlich von Trapani bei Birgi und wird deshalb auch oft nur Flughafen Birgi genannt. **Air One** (www.alitalia.com/ap_it) fliegt von und nach Mailand, **Meridiana Fly** (www.meridiana.it) verkehrt zwischen Birgi und der Insel Pantelleria. **Ryanair** (www.ryanair.com) steuert von Trapani aus eine Reihe italienischer Städte an; auch ab/nach Frankfurt-Hahn gibt es Verbindungen.

TAXI // Ein Taxi vom Flughafen in Birgi nach Trapani kostet etwa 35 €.

UNTERWEGS VOR ORT

BUS // Alle Fernbusse kommen am **Busbahnhof** an der Piazza Montalto an und fahren auch von dort ab. Fahrkarten werden in der Bar im Bahnhofsgebäude verkauft. Die Busse von AST fahren nach Erice (2,10 €, 50 Min., Mo–Sa 8-mal tgl., So 4-mal tgl.), San Vito lo Capo (3,70 €, 1½ Std., Mo–Sa 8-mal tgl., So 4-mal tgl.), Marsala (2,60 €, 40 Min., 1-mal tgl.) und Mazara del Vallo (5,40 €, 1¾ Std., 1-mal tgl.). **Autoservizi Tarantola** (☎ 0924 3 10 20; www.tarantolabus.it) steuert regelmäßig Segesta an (4,20 €, 50 Min., 4–5-mal tgl.), **Lumia** (☎ 0922 2 04 14; www.autolineelumia.it, italienisch) Agrigent (11,30 €, 4 Std., Mo–Sa 3-mal tgl., So 1-mal). **Segesta** (☎ 091 616 79 19; www.segesta.it, italienisch) verkehrt mit Expressbussen zwischen Trapani und Palermo (8,60 €, 2 Std., 6–21 Uhr min. 1-mal stündl.). Deutlich weniger Verbindungen gibt's an Sonn- und Feiertagen und in der Nebensaison (Okt.–Mai).

ÖFFENTLICHE VERKEHRSMITTEL // Ein Fahrschein für einen Stadtbus der ATM kostet 1 € und ist 90 Minuten lang gültig; verkauft werden die Tickets in den *tabacchi* (Tabakläden). In der Trapani Welcome Card (8,80 €), die man bei der Touristeninformation und in einigen Hotels bekommt, ist ein Drei-Tages-Pass für die Stadtbusse und eine Hin- und Rückfahrt mit der Seilbahn nach Erice enthalten.

PARKEN // Am Hafen und beim Bahnhof stehen jede Menge Parkplätze zur Verfügung. Parkscheine werden an den Automaten auf der Straße gelöst (0,60 €/Std., ab der 4 . Std. und für jede weitere Std. 0,30 €).

SCHIFF/FÄHRE // Der **Fährhafen** von Trapani (☎ 0923 54 54 11) befindet sich gegenüber der Piazza Garibaldi. Das Terminal der Tragflächenboote östlich davon ist über die Via Ammiraglio Staiti zu erreichen. **Grimaldi Lines** (☎ 081 496444; www.grimaldi-ferries.com) schippert einmal pro Woche nach Tunis in Tunesien (85 €, 9 Std.). **Siremar** (☎ 892 123; www.siremar.it, italienisch; Via Ammiraglio Staiti 61) setzt mit Tragflächenbooten nach Favignana (9,80 €, 40 Min.), Levanzo (9,80 €, 20 Min.) und Marettimo (17,30 €, 1½ Std.) über. Einmal täglich fährt auch eine Fähre nach Pantelleria (39,50 €, 5 Std., Juni–Sept. tgl., übriges Jahr So–Fr). **Tirrenia** (☎ 892 123; www.tirrenia.it) unterhält eine Fährverbindung nach Cagliari auf Sardinien (je nach Saison und Klasse 43–82 €, 10 Std., 1-mal wöchentl.). **Ustica Lines** (☎ 0923 87 38 13; www.usticalines.it; Via Ammiraglio Staiti 23) fährt regelmäßig mit Tragflächenbooten nach Favignana (9,80 €, 40 Min., 11-mal tgl.), Levanzo (9,80 €, 20 Min., 10-mal tgl.) und Marettimo (17,30 €, 1½ Std., 2-mal tgl.), im Sommer auch nach Ustica (26,40 €, 2½ Std., 4-mal wöchentl.) und Neapel (89,40 €, 6¾ Std., 3-mal wöchentl.). Die Tickets bekommt man am Terminal der Tragflächenboote. Wer übers Internet oder eine Agentur bucht, bezahlt bei Ustica und Siremar Lines jeweils 1,50 € pro Ticket mehr.

ZUG // Von Trapani fahren Züge nach Palermo (7,70 €, 2½ Std., 5-mal tgl.), Marsala (3,25 €, 30 Min., 14-mal tgl.) und Mazara del Vallo (4,40 €, 50 Min., 14-mal tgl.).

RUND UM TRAPANI

Trapani selber hat für Touristen nicht allzuviel zu bieten, das gute Angebot an Hotels und Restaurants machen den Ort allerdings zu einem ausgezeichneten Ausgangspunkt für die Erkundung der Umgebung. So zählt ein Ausflug ins mittelalterliche Bergdorf Erice bestimmt zu den unvergesslichen Erlebnissen einer Sizilienreise. Oder man begibt sich auf eine kulinarische Entdeckungstour, gehören doch das Essen und der Wein von Trapani zu den erlesensten in ganz Sizilien.

STRADA DEL VINO E DEI SAPORI ERICE DOC // SICH DURCH DIE REGION ESSEN UND TRINKEN

Die Wein- und Genussstraße inszeniert vor allem den DOC-Wein Erice, der in der Provinz Trapani erzeugt wird – *Denominazione di Origine Controllata* ist eine Ursprungsbezeichnung für Lebensmittel und Wein aus Italien. Man kann die Straße auf eigene Faust abfahren oder aber an der viertägigen, geführten Tour teilnehmen, die die Vereinigung der **Strada del Vino e dei Sapori Erice DOC** (☎ 0923 81 17 00;www.stradadelvinoericedoc.it) anbietet.

Erice DOC bezeichnet Weine, die aus verschiedenen, in der Region heimischen Traubensorten wie Catarratto, Nero d'Avola, Grillo, Insolia, Frappato, Perricone, Zibibbo u. a. gekeltert werden. Die Trauben dieser Region verdanken ihren einzigartigen Geschmack der Tatsache, dass sie in einer Höhe von 250 bis 500 m wachsen und dabei von frischer, salziger-Seeluft umweht werden.

Aber auch andere regionale Erzeugnisse können entlang der Straße für Genießer verkostet werden, allen voran Thunfisch und Salz – beide schon zu Zeiten der Phönizier elementare Grundnahrungsmittel im Westen Siziliens. Und nicht zu vergessen die aromatischen Erdbeeren, das duftende Olivenöl und das süße Mandel- und Marzipangebäck, das immer noch nach denselben Rezepten wie einst im Kloster von Erice hergestellt wird.

ERICE

28 763 Ew. / 751 m

Vom legendären Berg Eryx, der sich nur wenige Kilometer von der Küste entfernt stolze 750 m hoch über den Meeresspiegel erhebt, blickt Erice auf den Hafen von Trapani hinunter. Der Zauber der faszinierenden, mittelalterlichen Bergstadt mit ihren dicken Mauern, finsteren Festungen und düsteren Kirchen wird noch durch das unberechenbare Wetter verstärkt: In nur wenigen Minuten kann aus einem sonnigen Nachmittag ein nebelverhangener Abend werden.

Die Stadt bietet nicht nur einen atemberaubenden Ausblick aufs Tal und das Meer tief unter ihr, sondern beherbergt mit Maria Grammaticos Backstube auch die berühmteste Konditorei Siziliens.

In früheren Zeiten war Erice ein berühmt-berüchtigtes Zentrum des Liebeskultes der Venus (oder der Astarte der Phönizier bzw. Aphrodite der Griechen). Die geheimnisvollen Elymer, ein vorgriechisches Volk auf Sizilien, behaupteten, im Gefolge Aeneas', dem berühmten trojanischen Sohn der Venus, nach Sizilien gelangt zu sein. In der *Aeneis* lässt Vergil denn auch den Aeneas das Heiligtum als religiöses Wahrzeichen bezeichnen. In dem heiligen Tempel wurde tatsächlich ein spezieller Kult der sakralen Prostitution praktiziert, wobei die Liebesdienerinnen im Tempel selber untergebracht waren. Trotz der zahllosen Überfälle auf

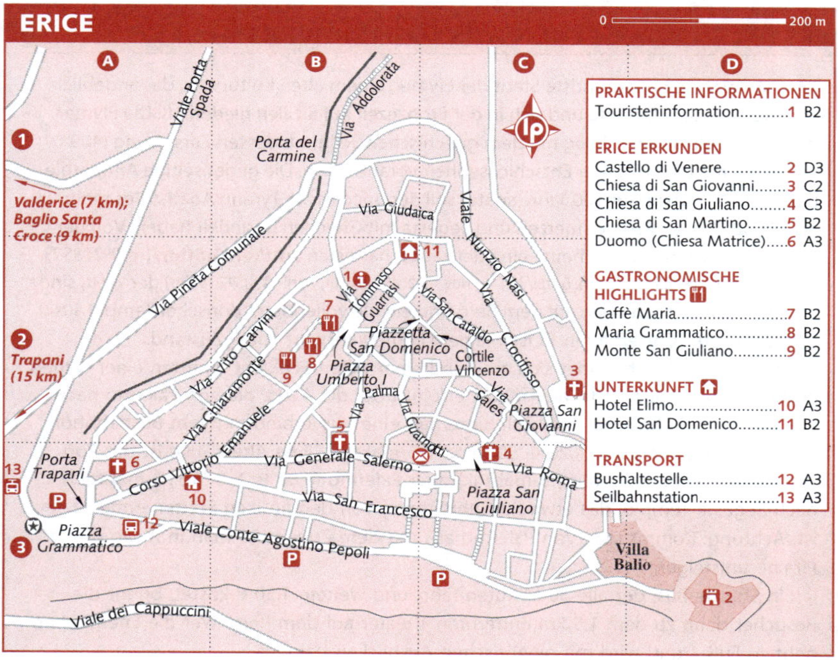

die Stadt blieb das Heiligtum lange Zeit unversehrt – schwer zu erraten, warum!

PRAKTISCHE INFORMATIONEN

NOTFÄLLE // Polizei (Questura; ☎ 0923 55 50 00; Piazza Grammatico; 24 Std.)

TOURISTENINFORMATION // Touristeninformation (☎ 0923 86 90 25; Via Tommaso Guarrasi 1; Mo–Sa 8–14 Uhr)

ORIENTIERUNG

Alle Busse und sonstigen Fahrzeuge kommen an der Piazza Grammatico an. Von dort gelangt man durch die Porta Trapani in die Stadt. An der Piazza befinden sich auch die Seilbahnstation und die Bushaltestelle. Auf der anderen Seite des Tores beginnt der Corso Vittorio Emanuele, die steile Hauptstraße hinauf zur Piazza Umberto I, dem zentralen Platz der Stadt. Von der Vittorio Emanuele zweigt die zweite Hauptstraße ab, die Via Generale Salerno, auf der man zur Burg gelangt.

ERICE ERKUNDEN

Aufgrund seiner Höhe und spirituellen Bedeutung verglich Vergil den Eryx einst mit dem Berg Athos. Das heutige Erice hat aber nichts mehr von einem Heiligtum an sich: Tempel und Klöster sind Souvenir- und Teppichläden gewichen, die vor allem die berühmten *frazzate* verkaufen (leuchtend bunte Teppiche, die aus farbigen Stofffetzen gewebt werden). Dennoch sorgen die engen Gassen zwischen hohen, mit Votivnischen versehenen Mauern und die versteckten Innenhöfe für einen ganz eigenen Zauber. Dieser ist am besten abends und frühmorgens zu spüren, wenn keine Scharen von Tagesausflüglern unterwegs sind.

~ EINEN ABSTECHER WERT ~

Segesta war die bedeutendste Stadt der Elymer, einem alten Kulturvolk, das angeblich von Trojanern abstammte und sich in der Bronzezeit auf Sizilien niederließ. Die Elymer befanden sich im Dauerkrieg mit dem griechischen Selinunt, dessen Zerstörung (409 v. Chr.) sie mit blutrünstiger Entschlossenheit vorantrieben. Die gegenseitige Antipathie hatte fatale Folgen: Gut 100 Jahre später soll der griechische Tyrann Agathokles mehr als 10 000 Elymer niedergemetzelt und Segesta mit Griechen besiedelt haben. Von der ehemaligen Elymer-Stadt, heute eine der zauberhaftesten **antiken Stätten** (☎ 0924 95 23 56; Erw./Senior über 65 Jahre/erm. 6/frei/3 €; ⌚ Nov.–März 9–16 Uhr, April–Aug. 9–18 Uhr) der Welt, sind u. a. ein Theater hoch oben auf dem Berg und ein nie vollendeter dorischer Tempel aus dem Jahr 430 v. Chr. erhalten. Er ist in einem bemerkenswert guten Zustand.

Die antike Stätte befindet sich am Rand einer tiefen Schlucht inmitten einer wilden, einsamen Berglandschaft. Die Anfahrt erfolgt über die A29d, die von Palermo nach Trapani führt. Autoservizi Tarantola unterhält eine Busverbindung vom Busbahnhof in Trapani nach Segesta (4,20 €, 50 Min., 4–5-mal tgl.). Eine Alternative ist der Zug von Trapani (3,25 €, 25 Min., 3-mal tgl.) oder Palermo (6,80 €, 2–3 Std., 3-mal tgl.) nach Segesta Tempio, das etwa 20 Gehminuten von den antiken Stätten entfernt ist. Achtung: Kommt man von Palermo aus mit dem Zug, muss man in Alcarno oder Piraine umsteigen!

Ein Shuttle-Bus, der alle 30 Minuten fährt und weitere 1,50 € kostet, bringt die Besucher dann zu dem 1,5 km entfernten Theater auf dem Berg. Wer die Energie hat, geht zu Fuß – und wird mit gigantischen Ausblicken belohnt.

WEST-SIZILIEN

CASTELLO DI VENERE // ES WAR EINMAL EIN VENUSTEMPEL

Hoch oben auf dem Berg stehen die Überreste des normannischen **Castello di Venere**. Errichtet wurde die „Venusburg“ im 12. und 13. Jh. anstelle des antiken Venustempels, den Roger I. bei der Eroberung der Stadt hatte zerstören lassen. Im Winter sind die Ruinen oft in dichten Nebel gehüllt, den die Einheimischen *Il velo di Venere*, den Schleier der Venus, nennen. Bei klarer Sicht hat man von der Terrasse, die rund um die Burg verläuft, einen sagenhaften Fernblick, der im Nordosten bis nach San Vito lo Capo und Monte Cofano (659 m), im Südwesten bis nach Trapani reicht.

DIE KIRCHEN VON ERICE // AUF SCHATZSUCHE IN DEN KIRCHEN DER STADT

Das **Erice Monuments Ticket** (Eintritt 5 €; ⌚ Feb. 10–12.30 Uhr, März 10–16 Uhr, April–Juni & Okt. 10–18 Uhr, Juli & Aug. 10–20 Uhr, Sept. 10–19 Uhr, Nov.–Dez. 10–13 Uhr) gilt für die fünf wichtigsten religiösen Sehenswürdigkeiten der Stadt: den Campanile (Glockenturm) und die Schatzkammer des Doms (Chiesa Matrice), die Holzskulpturen in San Martino, die *Gruppa Misteri* (Figurengruppen für die Karfreitagsprozession) in San Giuliano und die Marmorstatuen in San Giovanni. Das Kombiticket kann in jeder der vier Kirchen gekauft werden.

Von den gut 60 Kirchen, die es in Erice gibt, ist der **Duomo** (Via Vito Carvini; Eintritt frei; ⌚ 9.30–13 & 15–17.15 Uhr) am interessantesten. Er wurde 1312 auf Veranlassung des dankbaren Friedrich III. errichtet, der während der Aufstände der Sizilianischen Vesper (1282–1314) in Erice

MARIA GRAMMATICO

Die **Pasticceria** (☎ 0923 86 93 90; www.mariagrammatico.it, italienisch; Via Vittorio Emanuele 14) ist Eigentum und Arbeitsplatz der wunderbaren Maria Grammatico, Siziliens berühmtester Konditorin und Heldin des Buchs *Bitter Almond* von Mary Taylor Simeti.

Anfang der 1950er-Jahre starb der Vater von Maria Grammatico an einem Herzinfarkt. Ihre verarmte Mutter, die ihr sechstes Kind erwartete, beschloss, die elfjährige Maria und ihre jüngere Schwester in das Waisenhaus des Klosters San Carlo in Erice zu schicken, wo sie von den Nonnen die Kunst des Backens lernen sollten. Die Mädchen schufteten unter brutalsten Bedingungen. Sie mussten in aller Frühe aufstehen, um die Öfen anzuheizen, sechs Stunden lang ununterbrochen Zuckermischungen schlagen und kiloweise Mandeln schälen. Zu essen bekamen sie immer nur Pasta ohne Fleisch oder eine dünne Gemüsesuppe. Mit 22 verließ Maria nach einem Nervenzusammenbruch das Waisenhaus und begann, ihren Lebensunterhalt mit der Herstellung von Naschwerk und Gebäck zu verdienen. Der Rest, so heißt es, ist allgemein bekannt.

In der weltberühmten *pasticceria* und dem dazugehörenden **Caffè Maria** (Sommer 8–22 Uhr, Winter 8–22 Uhr, Di geschl.) mit der schönen Panoramaterrasse kann man die herrlichsten sizilianischen Leckereien genießen: mit frischem Ricotta gefüllte *cannoli*, grüne *cassata*-Kuchen mit Mandeln, Zucker, Vanille, Buttermilchquark und kandierten Früchten, *cuscinetti* (gebratenes Kleingebäck) mit Zitronengeschmack, *buccellati* (knusprig gebackene Kekse) mit einem Kern aus Feigen-, Zimt- und Nelkenkonfekt, Marzipanfrüchte, die wie frisches Obst aussehen, u. v. m. An Ostern stehen in der Konditorei reihenweise kleine, niedliche Lämmchen aus Mandeln und Zitronat, die extra für die *misteri*–Prozessionen in Erice hergestellt werden. Für die Zähne und die Figur ist ein Besuch in der Konditorei allerdings nicht so gut – all die Leckereien enthalten hier noch mehr Zucker als anderswo.

Zuflucht fand. Als das Innere des Doms 1865 im neogotischen Stil umgebaut wurde, blieben nur die Seitenkapellen aus dem 15. Jh. im Original erhalten. Die Aussicht vom 28 m hohen **Campanile** (Turm von König Friedrich; Eintritt 2 € oder Erice Monuments Ticket), dessen Fenster mit Stabmaßwerk versehen sind, ist atemberaubend.

GASTRONOMISCHE HIGHLIGHTS

Das Caffè Maria (S. s. oben) bietet ein einfaches, preiswertes Touristenmenü für 13 € mit Antipasti, *primo* (erster Gang), Nachtisch, Kaffee und Wasser. Damit ist es eine gute Alternative zu den vielen anderen Restaurants der Stadt, die nur mittelmäßiges, ganz auf den Geschmack der Touristen abgestimmtes Essen servieren.

MONTE SAN GIULIANO €€
☎ 0923 86 95 95; www.montesangiuliano.it; Viccolo San Rocco 7; Gerichte 32 €; Mo geschl.
Das hinter dem Corso Vittorio Emanuele versteckte Restaurant betritt man durch einen baufälligen Torbogen, der in einen kühlen Innenhof mit halbvertrockneten Hortensien führt. Im Sommer kann man auf der Terrasse unter einem Weinlaubdach speisen, im Winter stehen drei Speiseräume im Inneren zur Auswahl. Auf der Speisekarte finden sich klassische Gerichte aus der Provinz Trapani wie diverse *busiate*-Gerichte und Fisch-Couscous.

VERKEHRSMITTEL & -WEGE

BUS // AST-Busse verkehren regelmäßig zwischen Trapani und Erice (2,10 €, 50 Min., Mo–Sa 8-mal tgl., So 4-mal tgl.). Ankunft und Abfahrt der Busse ist an der Porta Trapani.

PARKEN // Parkplätze gibt es an der Porta Trapani und in der Viale Conte Pepoli (Okt.–Juli kostenlos, Aug. & Sept. gebührenpflichtig).

SEILBAHN // Nach Erice kommt man am besten mit der **Seilbahn** (☎ 0923 56 93 06, 0923 86 97 20; www.funiviaerice.it, italienisch; Piazza Umberto I; einfache Strecke/hin & zurück 2,70/5 €; 🕑 Mo 12–1, Di–Fr 7.45–1, Sa & So 8.45–2 Uhr, Juli & Aug. Do 8.45–4, Fr ab 9 Uhr, 1. Nov.–10. März wegen Wartungsarbeiten geschl.). Um von Trapani zur Seilbahn zu gelangen, nimmt man Bus 23, der die Via GB Fardella hinunter bis zum Ende der Via Alessandro Manzoni fährt. Dort endet Trapani und beginnt Erice. Vom Stadtzentrum Trapanis bis zur Talstation der Seilbahn sind es gut 45 Gehminuten.

WEST-SIZILIEN

ÄGADISCHE INSELN

4383 Ew.

Seit Jahrhunderten leben die Bewohner der Ägadischen Inseln vom Meer. Das beweisen die prähistorischen Höhlenmalereien auf Levanzo. Später, als die Inseln ein wichtiges Bollwerk der Karthager waren, fand in der hiesigen Cala Rossa (Rote Bucht) 241 v. Chr. eine der entscheidenden Schlachten des Ersten Punischen Krieges statt. Sie erhielt ihren Namen nach dem von den Karthargern so reichlich vergossenen Blut. Als die Araber begannen, Sizilien zu erobern, nutzten sie die Inseln als Sprungbrett für ihre Überfälle und befestigten sie ordentlich, damit nicht andere auf dieselbe Idee kamen.

Im 17. Jh. wurden die Inseln an genuesische Bankiers verkauft, die sie 1874 an die Familie Florio weitergaben. Die Florios errichteten eine Niederlassung ihres einträglichen Thunfischunternehmens und verhalfen den Inselbewohnern damit zu großem Wohlstand. Erst seit 1937 gehören die Inseln zu Italien.

Heute sind die Ägadischen Inseln (Isole Egadi) beliebte Urlaubsziele – hier lässt es sich herrlich baden, tauchen, essen und richtig entspannen. Das Meer rund um die Inseln ist jedoch mittlerweile stark überfischt (was auch zu schweren Einbußen für die örtliche Wirtschaft führte).

ANFAHRT

Die Fährgesellschaften Siremar und Ustica fahren mit Tragflächenbooten von Trapani zu den Inseln, ausführliche Informationen hierzu gibt's auf S. 81. Ustica bietet auch Fährverbindungen von Marsala nach Favignana (9,80 €, 30 Min., Sommer 5-mal tgl., Winter 3-mal tgl.) und von Marsala nach Marettimo (17,30 €, 90 Min., Sommer 3-mal tgl.) an. Beide Gesellschaften verkehren auch zwischen den einzelnen Inseln. Von Favignana aus kommt man sehr gut nach Levanzo (5,80 €, 10 Min.) und Marettimo (10,40 €, 30 Min.).

FAVIGNANA

Die größte der Inseln ist die wie ein Schmetterling geformte Favignana. Im Westen vom Monte Santa Caterina (287 m) beherrscht, ist die Insel im Osten praktisch topfeben, sodass man sie gut mit dem Fahrrad erkunden kann. Tiefe Einschnitte in den Klippen entlang der Küste erinnern an die Tuffsteinbrüche, die sich hier einst befanden. Heute sind sie vom kristallklaren Wasser umspült, in dem man herrlich schwimmen kann. Die schönsten Buchten befinden sich rund um die **Cala Rossa** und **Cavallo**.

PRAKTISCHE INFORMATIONEN

NOTFÄLLE // **Krankenwagen** (☎ 0923 92 12 83) **Polizei** (Carabinieri; ☎ 0923 92 12 02; Via Simone Corleo)

TOURISTENINFORMATION // **Touristeninformation** (☎ 0923 92 16 47; www.egadiweb.it; Piazza Madrice 3; Juni–Sept. Mo–Sa 9–12.30 & 16.30–19, So 9.30–12.30 Uhr) In dem freundlichen Büro in der Stadt Favignana bekommt man nützliche Infos über Unterkünfte, Ausflüge und Veranstalter von Tauchgängen und Bootstouren.

FAVIGNANA ERKUNDEN

Direkt am Fähranleger steht die ehemalige Thunfischfabrik der Stadt, die **Stabilimento Florio Tonnara**. Vincenzo Florio Senior (1799–1886) war ein brillanter Geschäftsmann aus Palermo, der sich zunächst sehr erfolgreich in der Schwefel-, Schiffsbau- und Marsalaindustrie betätigte. Später erfand er dann ein Verfahren zum Dämpfen und Konservieren von Thunfisch, das die industrielle Fischverarbeitung komplett revolutionierte und den Erfolg seines Familien- und Firmenimperiums dauerhaft sicherte. Die 1977 geschlossene *tonnara* von Favignana war nur eine von vielen Fabriken, die die Familie Florio auf ganz Sizilien betrieb. Das zweite bedeutsame Gebäude der Stadt ist der **Palazzo Florio**, der 1876 für Vincenzos Sohn Ignazio errichtet wurde. Dieser hatte zwei Jahre zuvor die Ägadischen Inseln gekauft.

Die schönsten Strände befinden sich im Süden der Insel in **Miramare** und am **Lido Burrone**; aber auch in der Bucht von Cala Rossa kann man herrlich baden.

GASTRONOMISCHE HIGHLIGHTS

Wie nicht anders zu erwarten, ist Thunfisch das Hauptnahrungsmittel schlechthin auf den Inseln und wird in unzähligen Variationen angeboten. Die Küche der Albergo Egadi (S. 333) wird sehr gelobt. Aber auch am Hafen gibt es eine Reihe beliebter Restaurants, von denen das **Ristorante Amici del Mare** (☎ 0923 92 25 96; Piazza Marina 6) wohl das beste ist.

LA BETTOLA €€

☎ 0923 92 19 88; Via Nicotera 47; Gerichte 34 €; Do (nicht im Sommer) & 2 Wochen im Dez. geschl.
Der von der Slow-Food-Bewegung empfohlene Familienbetrieb serviert lecker zubereitete Meeresfrüchte wie etwa *zuppa di cozze* (Muschelsuppe), *linguine con sarde* (Linguine-Nudeln mit Sardinen) oder *tonno in agrodolce* (Thunfisch in süßsaurer Sauce). Außerdem gibt's Couscous, *busiate* und andere Spezialitäten aus Trapani. Die Auswahl an lokalen und regionalen Weinen ist etwas beschränkt.

VERKEHRSMITTEL & -WEGE

BUS // Die Busse von Tarantola starten an der Piazza Marina in der Stadt Favignana und gondeln über die ganze Insel. Es gibt eine Küsten- und eine Inlandsroute, die beide in der Nähe des Haupthafens beginnen.

FAHRRAD & ROLLER // Das beste Transportmittel auf Favignana ist ein Zweirad, mit dem man zu all den kleinen Buchten und Stränden kommt, die die Insel säumen. **SDB Motors** (☎ 347 9155376;www.sdbmotors.it; Piazza Madrice 16) ist nur einer von vielen Anbietern, die auf der Insel Fahrräder, Roller und Motorräder verleihen. In der Hochsaison kostet ein Fahrrad rund 7 € pro Tag, ein Roller 30 bis 35 €, in der Zwischen- und Nebensaison ist es günstiger.

LEVANZO

Es gibt zwei Gründe, warum man Levanzo besuchen sollte: die prähistorischen Höhlenmalereien in der Grotta del Genovese und die schönen Kieselstrände der Insel.

LEVANZO ERKUNDEN

GROTTA DEL GENOVESE // **HERRLICH ERHALTENE PRÄHISTORISCHE KUNSTWERKE**

Die Malereien aus der Altsteinzeit und Gravuren aus der Jungsteinzeit, die die Grotta del Genovese schmücken, wurden 1949 von Francesca Minellono entdeckt. Die Malerin aus Florenz verbrachte ihre Ferien auf Levanzo und erkundete die vielen Höhlen der Insel. Die zwischen 6000 und 10 000 Jahre alten Zeichnungen und Gravuren zeigen zumeist Tiere, ei-

LA MATTANZA

Trotz des steten Rückgangs der Thunfischbestände in den Gewässern rund um die Ägadischen Inseln hat die uralte Tradition der *mattanza*, des rituellen Schlachtens von Thunfischen, bis heute überlebt.

Seit Jahrhunderten ist das Meer im Westen von Sizilien das Paarungsgebiet des Roten Thunfischs. Die Einheimischen erinnern sich noch gut an die goldenen Zeiten der Fischereiindustrie, als riesige Exemplare mit einem Gewicht von 200 bis 300 kg in den Fangnetzen an der Tagesordnung waren. Heute sind Thunfische dieser Größe rar. Und auch die Fangmenge schrumpft wegen der weltweiten Überfischung von Jahr zu Jahr.

Beim traditionellen Thunfischfang wurden nur einmal im Jahr die Netze vor den Küsten Siziliens ausgelegt. Die mit dieser Methode gefangene Menge war immer relativ klein und der Fischfang damit nachhaltig. Die Tatsache, dass die *mattanza* rund 900 Jahre praktiziert wurde, ohne die Gewässer zu überfischen, ist der klare Beweis. Das änderte sich in den 1960er-Jahren mit dem Aufkommen des kommerziellen Fischfangs: Nun wurde der Thunfisch das ganze Jahr über gefangen, wobei in der Hochseefischerei die äußerst effektiven Langleinen, Treib- und Wandnetze zum Einsatz kamen. Damit wurde alles gefangen, was vorbeischwamm, und der komplette Bestand an Meerestieren abgefischt. Nach Meinung einiger Wissenschaftler wird dem Bestand des Roten Thunfischs aufgrund der hohen legalen Fangquoten und der illegalen Fischerei bis heute ein „irreversibler" Schaden zugefügt.

Nachdem die Fischer ihre Lebensgrundlage größtenteils verloren hatten, ließen einige von ihnen *La Mattanza* als Touristenattraktion wieder aufleben. So strömen nun die Touristen vom 20. Mai bis 10. Juni auf die Ägadischen Inseln, um das Schauspiel zu verfolgen. Gegen Entgelt dürfen sie auf den Booten der Fischer mitfahren und den Thunfischfang hautnah miterleben. Allerdings gibt es keine Garantie für Beute, denn in den letzten Jahren blieben die Netze immer öfter leer.

Wer dennoch mitfahren will, sollte sich im Klaren darüber sein, dass das keine normale Angeltour ist. Die Fischer bilden mit ihren Booten und Netzen eine komplizierte Formation, die den Thunfisch zwingt, durch eine Reihe von Einzäunungen zu schwimmen, bis er schließlich in der *camera della morte* (Todeskammer) festsitzt. Sobald genügend Thunfische gefangen sind, verschließen die Fischer die Netze und die eigentliche *mattanza* beginnt. Diese ist eine äußerst blutige Angelegenheit: Bis zu acht oder noch mehr Fischer schlagen riesige Haken in die Tiere und ziehen sie daran an Bord. Wer jemals Rossellinis Filmklassiker *Stromboli* gesehen hat, wird sich zweifellos an die *mattanza*-Szene erinnern, eine der berühmtesten Darstellungen dieser uralten Tradition.

nige jüngere auch Menschen und Thunfische. Die Höhle darf nur im Rahmen einer **Führung** besichtigt werden (☎ 0923 92 40 32, 339 7418800; www.grottadelgenovese.it; Erw./Kind unter 5 Jahren/5–10 Jahre 20/frei/10 €; ganzjährig tgl. 10.30 Uhr, Juli & Aug. auch 15 Uhr). Bei gutem Wetter fährt man mit dem Boot zur Höhle, ansonsten mit einem Geländewagen; unbedingt im Voraus buchen! Alternativ kann man auch zu Fuß vom Hafen zur Höhle gehen; das dauert etwa eineinhalb Stunden (Eintritt Erw./Kind unter 5 Jahren/5–10 Jahre 10/frei/6 €). Auch in diesem Fall muss man im Voraus buchen.

SCHWIMMEN // IM KRISTALLKLAREN WASSER ABTAUCHEN

Es gibt zwei großartige Badeplätze auf der Insel, die alle einen strammen Fußmarsch von der Stadt entfernt sind. Um nach **Faraglione** zu gelangen, hält man sich in der Stadt links und geht etwa 1 km an der Straße entlang, bis man wenige Meter vor der Küste ein paar aus dem Meer ragende Felsen sieht. Wer es ruhiger mag, geht weiter bis zum **Capo Grosso** auf der nördlichen Inselseite, wo sich auch ein Leuchtturm befindet. Alternativ verlässt man die Stadt auf der rechten Seite und geht die Schotterstraße entlang. 300 m nach der ersten Kurve gabelt sich die Straße; man nimmt den Felspfad hinunter zum Meer und geht weiter bis zur **Cala Minnola**, einer kleinen Landebucht mit kristallklarem Wasser, in der man außer im August in Ruhe plantschen kann.

GASTRONOMISCHE HIGHLIGHTS

RISTORANTE PARADISO €€

☎ 0923 92 40 80; www.albergoparadiso.eu; Via Lungomare 8; Gerichte 38 €; 10. Nov.–10. März geschl.

Das von Slow Food empfohlene Familienrestaurant verfügt über eine bezaubernde Terrasse mit Blick auf den Hafen und eine Speisekarte voller Meeresdelikatessen, z. B. *spaghetti con i ricci* (Spaghetti mit Seeigel), *lasagne di mare* (Meeresfrüchte-Lasagne) oder *calamari fritti* (gebratener Kalmar). Es werden auch einfache Zimmer vermietet (s. S. 333).

MARETTIMO

Marettimo, die westlichste der Ägadischen Inseln, ist eine Collage aus grünen Berggipfeln und weißgetünchten Häusern. Diese reichen bis an den kleinen Hafen heran, in dem die Fischerboote sanft hin und her schaukeln. Noch ist Marettimo die wildeste und am wenigsten erschlossene Insel. Da das Einkommen der Fischer durch die Überfischung der Thunfischbestände immer weiter zurückgeht, bemühen sich die Inselbewohner zunehmend, das wirtschaftliche Potenzial des Tourismus zu erschließen. Auch wenn in den letzten Jahren daher immer mehr Unterkünfte entstanden, bedeutet das nicht, dass Marettimo nun das ganze Jahr über proppenvoll ist. Ganz im Gegenteil: Nach wie vor dominiert ungezügelte Wildnis das winzige Eiland.

In den Wintermonaten ist auf der Insel praktisch alles dicht.

MARETTIMO ERKUNDEN

Marettimo ist der ideale Ort zum Entspannen und Baden. Schöne Strände gibt es an der **Cala Sarda**, **Cala Nera** und der atemberaubenden **Cala Bianco**. In der unberührten Natur kann man auch herrlich wandern. Auf der Insel gibt's nur eine Straße und nicht allzu viele Autos – das Hauptverkehrsmittel sind Elektrofahrzeuge.

GASTRONOMISCHE HIGHLIGHTS

TRATTORIA IL VELIERO €€

☎ 0923 92 32 74; Via Umberto 22; Gerichte 30 €

Il Veliero trägt das Slow-Food-Abzeichen voller Stolz und verdient es in jeder Hinsicht. Eigentümer und Küchenchef Peppe Bevilacqua pilgert jeden Tag auf den Markt, um die frischesten Zutaten auszusuchen. Dank seiner Mühen können die Gäste mit Oktopus-Salat oder marinierten Sardinen als Vorspeise beginnen, dann das Fisch-Couscous oder einen Teller Spaghetti mit *frutti di mare* (Meeresfrüchten) genießen, bevor sie sich dem Hauptgang aus gegrilltem Tintenfisch widmen und das Ganze mit frischem Obst oder leckerem Eis beschließen.

SALINE DI TRAPANI

Die Küstenschnellstraße SP21 (Via del Sale – Salzstraße) von Trapani nach Marsala führt durch eine flache, recht eintönige Landschaft, in der sich die *saline* (flaches Salzbecken), weiß schimmernde Salzhügel und kleine, stillgelegte *mulini* (Windmühlen) aneinanderreihen. Das hier gewonnene Salz gilt als das beste auf der Apenninenhalbinsel. Schon im 12. Jh. war es eine wichtige Quelle des Reichtums von Trapani. Mittlerweile ist die Salzgewinnung drastisch zurückgegangen und nur noch wenige kleine Betriebe beliefern eine anspruchsvolle Klientel in ganzen Italien. Am besten besucht man die Salinen im Sommer, wenn die gleißende Sonne die Salzgärten rosarot färbt und die Salzhügel zum Glitzern bringt. Im Winter hingegen werden die Salzhügel zum Schutz vor dem Regen mit Plastikplanen und Ziegeln abgedeckt – ein alles andere als malerischer Anblick.

DIE SALINE DI TRAPANI ERKUNDEN

Der schönste Ort an dieser Küstenstraße ist das **Riserva Naturale di Stagnone** (www.salineditrapani.it, italienisch). Das weithin bekannte Sumpfgebiet, in dem die Salzgärten noch unberührt von modernen Anlagen glitzern, umfasst die Stagnone-Inseln (Isole delle Stagnone) – auf einer von ihnen befindet sich die berühmte Ausgrabungsstätte von Mozia – und die langgestreckte Isola Lunga, die die seichte Lagune schützt.

MOZIA // DEN ALTEN PHÖNIZIERN AUF DER SPUR

Die antike Stadt **Mozia** (auch als Motya oder Mothia bekannt) befand sich einst auf der winzigen Insel San Pantaleo, die der englische Ornithologe und Hobby-Archäologe Joseph Whitaker (1850–1936) Anfang des 20. Jhs. erwarb. Nach dem Tod seiner Tochter Delia ging die Insel in den Besitz der Joseph Whitaker Foundation über. Whitaker, dessen Familie im Marsala-Handel ein Vermögen erworben hatte, ließ sich auf der Insel häuslich nieder und verbrachte die nächsten Jahrzehnte damit, eine einzigartige Sammlung phönizischer Fundstücke ausbuddeln zu lassen. Die Ausgrabungen des Hobby-Archäologen belegen die Bedeutung Mozias, das eine der bedeutendsten Siedlungen der Phönizier im gesamten Mittelmeerraum war. Im 8. Jh. v. Chr. wurde Mozia aus strategischen Gründen angelegt, 397 v. Chr. von Dionysios von Syrakus erobert und ein Jahr später von den Phöniziern zurückerobert. In der Folge wurde die Siedlung jedoch freiwillig zugunsten des benach-

TOP FIVE

PASTICCERIE

An der Westküste sind einige der besten *pasticcerie* (Konditoreien) Siziliens zu Hause. Das Reisen kann so zum köstlich dekadenten Erlebnis werden. Ohne Rücksicht auf unsere Figur haben wir in intensiven Recherchen vor Ort diese fünf Vertreter zu den Favoriten erkoren:

- **Bar Pasticceria Scopello** (S. 73) – Die mit frischen Früchten zubereiteten *granite* sind eine Offenbarung, besonders mit einem Brioche zum Frühstück.
- **Enzo & Nino (E&N)** (S. 95) – Das beliebteste Café von Marsala ist ideal für eine süße Pause beim *passeggiata*.
- **La Rinascente, Trapani** (S. 80) – Zuschauen ist erlaubt, wenn die *cassata* noch genau wie früher zubereitet wird.
- **Maria Grammatico, Erice** (S. 85) – Die in einem Kloster ausgebildete Maria ist die berühmteste – und vielleicht auch netteste – Konditorin von Sizilien.
- **Tropical Bar** (S. 72) – Eine echte Qual der Wahl: Kuchen oder *gelato* – oder vielleicht doch beides?

barten Lilybaion (Marsala) aufgegeben und bis zum Ende des 1. Punischen Krieges nur noch von einigen Gutsherren besiedelt. Heute ist Mozia die am besten konservierte phönizische Siedlung.

Ein hübscher Spazierweg führt rund um die Insel und folgt dem Pfad zu den Ausgrabungsstätten. Im ehemaligen Hafen, der mit einem Trockendock ausgestattet war, ist der Anfang einer phönizischen Straße zu sehen, die einst die Insel San Pantaleo mit dem Festland verband, heute aber etwa 1 m unter dem Meeresspiegel liegt. Beim Bootsanleger der Insel befindet sich das vor Kurzem renovierte **Whitaker Museum** (☎ 0923 71 25 98; Erw./erm. 9/5 €; ⌚ Okt.–Feb. 9–13 Uhr, März–Sept. 9–13 & 15–18.30 Uhr); es ist in der Villa untergebracht, die einst Joseph Whitaker errichtet und bewohnt hat. Es sind etliche Fundstücke ausgestellt, die auf der Insel ausgegraben wurden. Getränke und Snacks gibt's in der Café-Bar nebenan.

Nach Mozia fahren die Boote von **Arini e Pugliese** (☎ 347 7790218; hin & zurück 5 €; ⌚ März–Okt. 9–13.30 & 14.30–19 Uhr, Nov.–Feb. 9–16 Uhr), die an der Anlegestelle gegenüber der Insel starten. In der Nähe des Anlegers befindet sich in einer wunderbar restaurierten *mulino* (Windmühle) das kleine **Salzmuseum Saline Etore e Infersa** (☎ 0923 71 25 98; Erw./Student 3/1 €; ⌚ 9.30–13 & 15–Sonnenuntergang, im Winter manchmal geschl.).

WEST-SIZILIEN

DER SÜDWESTEN

Wenngleich diese Gegend die am wenigsten besuchte Region der Provinz Trapani ist, so hat sie doch in vielerlei Hinsicht die interessantesten Attraktionen zu bieten. Die elegante Stadt Marsala ist nicht nur die Heimat des berühmten Dessertweins, sondern auch ein idealer Ausgangspunkt für Erkundungstouren. Sehenswürdigkeiten wie die Saline di Trapani, der weltberühmte archäologische Park von Selinunt oder der multikulturelle Fischerhafen Mazara del Vallo sind nur einen Katzensprung entfernt.

MARSALA

82 337 Ew.

Viele kennen den süßen Dessertwein, aber nur wenige wissen, wie zauberhaft seine Heimatstadt ist. Im Gegensatz zu den vielen stattlichen Barockgebäuden und eleganten Piazzas sind die Unternehmungen eher schlichter Natur: fast jeden Abend ein netter *passeggiata*, jede Menge Bars für den Aperitif und nicht weniger familienfreundliche Restaurants.

Phönizier gründeten 397 v. Chr. Marsala, nachdem Dionysios I. von Syrakus den phönizischen Stützpunkt im nahen Mozia zerstört hatte. Ihre neue Stadt am heutigen Capo Lilibeo nannten sie Lilybaion. Dank der Befestigung mit 7 m dicken Mauern konnte sie sich schließlich im 1. Punischen Krieg lange Zeit behaupten und fiel als letzte karthagische Siedlung Siziliens erst 241 v. Chr. an die Römer, die sie in Lilybaeum umbenannten. 830 n. Chr. wurde die Stadt von den Arabern erobert, die ihr ihren heutigen Namen Marsa Allah (Hafen Gottes) gaben.

PRAKTISCHE INFORMATIONEN

NOTFÄLLE // **Krankenhaus** (☎ 0923 95 14 10) **Polizei** (Questura; ☎ 0923 92 43 71; Corso Antonio Gramsci; 🕑 24 Std.)

TOURISTENINFORMATION // Die **Touristeninformation** (☎ 0923 71 40 97; Via XI Maggio 100; 🕑 Mo–Sa 8.30–13.30 & 15–20 Uhr) hält gute Karten und Broschüren bereit.

ORIENTIERUNG

Die Stadt liegt auf einem kleinen Kap, das ins Mittelmeer hinausragt. Die Altstadt erstreckt sich rund um die Spitze des Kaps, die Via Lungomare Boeo verläuft direkt am Meer entlang. Der Hauptzugang erfolgt durch die monumentale Porta Nuova (Neues Tor) an der Piazza della Vittoria. Hier beginnt die als Fußgängerzone ausgewiesene Hauptstraße der Stadt, die Via XI Maggio. Ein weiterer Zugang ist die Porta Garibaldi an der Piazza Mameli. Um vom Bahnhof ins Stadtzentrum zu gelangen, folgt man der Via Roma bis zur Piazza Matteotti, an der die Via XI Maggio beginnt.

MARSALA ERKUNDEN

MUSEO ARCHAEOLOGICO BAGLIO ANSELMI // AN BORD EINES PUNISCHEN KRIEGSSCHIFFS

Das teilweise rekonstruierte karthagische Kriegsschiff, das im **Museo Archaeologico Baglio Anselmi** (☎ 0923 95 25 35; Via Lungomare Boeo; Eintritt 3 €; 🕑 Mo, Di & Do 9–13.30, Mi & Fr–So 9–18 Uhr) zu bewundern ist, sank im 1. Punischen Krieg vor fast 3000 Jahren vor den Ägadischen Inseln. Die brüchigen Überreste sind der einzige materielle Beweis für die geniale Schiffsbaukunst der Phönizier. Nachdem der Kapitän eines Schwimmbaggers 1969 Holzstücke des Wracks in der Lagune von Stagnone entdeckt hatte, dauerte es weitere zehn Jahre, bis der Schiffsrumpf gefunden wurde. Genau genommen ist es nur ein kleiner Teil der ursprünglichen Galeere – dieser aber wurde sorgfältig rekonstruiert und vermittelt nun einen guten Eindruck davon, wie das Schiff einmal ausgesehen haben muss. Man nimmt an, dass das mit 68 Ruderern besetzte, 35 m lange Kriegsschiff zu der karthagischen Flotte gehörte, die 241 v. Chr. in der Schlacht bei den Ägadischen Inseln von den Römern besiegt wurde. Zusammen mit der Ausgrabungsstätte auf Mozia bietet das geschichtsträchtige Wrack einen interessanten Einblick in die von den Römern ausgelöschte Zivilisation.

In der Ausstellung sind des Weiteren Gegenstände zu sehen, die an Bord gefunden wurden, z. B. Taue, Kochgeschirr, Olivenkerne, Korkstöpsel von Amphoren, eine Bürste, der Holzknopf eines Matrosen und sogar ein kleiner Vorrat

an Cannabis. Im Raum nebenan sind die bekannte Marmorstatue *La venere di lilybaeum* (Die Venus von Lilybaeum), zwei schöne Mosaiken aus dem 3. und 5. Jh. und weitere Gegenstände zu sehen, die aus der **Insula Romana** (auf unbestimmte Zeit geschl.) stammen. Die römische Villa aus dem 3. Jh. wurde in der Nähe des Museums entdeckt und ausgegraben.

PIAZZA DELLA REPUBBLICA // MITTEN INS HERZ DER ALTSTADT

Der eleganteste Platz Marsalas wird von der imposanten **Chiesa Madre** (www.chiesamadremarsala.it; 7.30–21 Uhr) beherrscht. Obwohl mit dem Bau der Kirche bereits 1628 begonnen wurde, konnte die Fassade erst 1956 fertiggestellt werden (überhaupt erst möglich machte dies eine großzügige Geldspende eines zurückgekehrten Auswanderers). Im höhlenartigen Innenraum, den riesige Säulen in ein Haupt- und zwei Seitenschiffe unterteilen, gibt es mit Ausnahme einiger Skulpturen der Gebrüder Gagini nicht viel zu sehen.

Im Osten des Platzes erhebt sich der mit Arkaden geschmückte **Palazzo VII**

Aprile, der einst den Namen Palazzo Senatorio (Senatspalast) trug und nun als Rathaus dient.

Direkt hinter der Chiesa Madre befindet sich das **Museo degli Arazzi Fiamminghi** (☎ 0923 71 29 03; Via Giuseppe Garraffa 57; Eintritt 2,50 €; ⏰ Di–Sa 9.30–13 & 16.30–18, So 9.30–12.30 Uhr). Es zeigt acht wunderbare flämische Bildteppiche, die zwischen 1530 und 1550 in Brüssel gefertigt wurden.

PINACOTECA COMUNALE MARSALA // ZEITGENÖSSISCHE KUNST IN MITTELALTERLICHEM AMBIENTE

Das **Museum für zeitgenössische Kunst** (☎ 0923 71 16 31; www.pinacotecamarsala.it; Piazza Carmine; Eintritt frei; ⏰ 10–13 & 17–19 Uhr) befindet sich in einem restaurierten Karmeliterkloster. Dieses wurde 1155 von den ersten Karmeliten gegründet, die mit Adelheid, der Gemahlin von Roger I., einige Jahrzehnte zuvor nach Marsala gekommen waren. Die Ausstellung umfasst in erster Linie die relativ unbedeutende, städtische Sammlung von Gemälden und Skulpturen italienischer Künstler des 20. Jhs., darunter Mario Sironi, Giacomo Baragli, Arnaldo Pomodoro, Fausto Pirandello, Corrado Cagli und Domenico Maria Lazzaro.

COMPLESSO MONUMENTALE SAN PIETRO // ERINNERUNGEN AN DEN RISORGIMENTO

Das in einem wunderbar restaurierten Kloster aus dem 15. Jh. untergebrachte **Kunstzentrum** (☎ 0923 71 87 41; Via Ludovico Anselmi Correale; Eintritt frei; ⏰ Di-So 9.30–13.30 & 16–20 Uhr) ist bei Touristen und Einheimischen gleichermaßen beliebt. Hier befinden sich die Bibliothek der Stadt und ein kleines Museum, das Giuseppe Garibaldi gewidmet ist. Der Freiheitskämpfer landete am 11. Mai 1860 mit seiner Armee der 1000 Rothemden in Marsala und begann seinen Siegeszug zur Eroberung des Königreichs beider Sizilien. Zu sehen sind Waffen, Uniformen, Dokumente und Porträts, allerdings nur mit italienischsprachigen Erläuterungen.

CANTINE FLORIO // GESCHICHTE, GENUSS UND GESCHMACK DES MARSALA-WEINS

Bei einer Führung durch die 1833 von Vincenzo Florio Senior begründete **Kellerei** (☎ 0923 78 13 06; www.cantineflorio; Via Vincenzo Florio 1; Führung auf Englisch je nach Weinprobe 5–10 €; ⏰ Mo–Fr 11 & 16.30, Sa 10.30 Uhr) erfährt man alles über den berühmten Dessertwein. Beim Gang durch die großen, betörend süß riechenden Kellergewölbe, in denen die riesigen Fässer aus slowenischer Eiche lagern, warten die Führer mit jeder Menge faszinierender Details auf. So erfährt man u. a., dass es den Marsala in drei Süßegraden – *secco* (trocken), *semisecco* (halbtrocken) und *dolce* (süß) – gibt und 25 bis 30 % der jährlich in Sizilien erzeugten Menge in Italien selbst getrunken wird; dabei bevorzugen die Italiener den trockenen Marsala. Die restlichen 70 bis 75 % werden in alle Welt exportiert, im Ausland jedoch ist vor allem der süße Marsala gefragt. Die Führungen enden im Verkostungsraum, in dem auch das Originaldokument aufbewahrt wird, mit dem Lord Nelson im Jahre 1800 John Woodhouse den Auftrag erteilte, die britische Kriegsmarine mit Marsala zu beliefern. Zu den verschiedenen Marsala-Weinen, die probiert werden dürfen, gehört auch die Premiummarke des Hauses: Florio Superiore.

Die Weinkellerei ist 30 Gehminuten von der Piazza della Vittoria entfernt – der Rückweg dauert unter Umständen etwas länger.

DER SÜSSE GESCHMACK DES ERFOLGS

Kaum aus dem Sherry-Land Südspanien angekommen, konnte die „süße Nase" von John Woodhouse ein gutes Geschäft schon von Weitem riechen. Der englische Seifenfabrikant ließ sich direkt in Marsala nieder, um die scheinbar unersättlichen, nach Süßem lechzenden Gaumen im England des 18. Jh. mit dem Wein aus Westsizilien zu versorgen. Dabei gab es aber ein Problem: Wie konnte er den Wein nach England transportieren, ohne dass er schlecht wurde? Er fügte einfach einen Schuss reinen Alkohol hinzu und, *voilà,* der aufgespritete Marsala-Wein war geboren (genauso hatte man zuvor schon Portwein und Sherry erfunden).

Den großen Durchbruch schaffte der Wein, als sich die britische Kriegsmarine für Marsala und gegen Portwein entschied, um das den Matrosen zustehende Glas Wein pro Tag ausschenken zu können. Nachdem Lord Nelson im Jahre 1800 eine Riesenmenge Marsala geordert hatte, wollten auch andere Unternehmer etwas vom Kuchen abhaben. Benjamin Ingham und sein Neffe Joseph Whitaker gründeten 1806 die erste Konkurrenzkellerei und exportierten den Wein in die USA und nach Australien. Der dritte im Bunde war der gewiefte Vincenzo Florio, dem bereits die Ägadischen Inseln mit ihren lukrativen Thunfischfabriken gehörten. Schließlich wurden in den 1920er-Jahren alle drei Kellereien von Cinzano aufgekauft, das sie unter dem Markennamen Florio zusammenführte. 1988 verkaufte Cinzano das Unternehmen an Illva Saronno, das den Wein nun unter den drei Marken Florio, Duca di Salaparuta und Corvo vertreibt.

Weitere Infos über den Marsala-Wein und die Firmen, die ihn heute produzieren, finden sich unter www.stradavinomarsala.it.

GASTRONOMISCHE HIGHLIGHTS

ENZO & NINO (E&N) €

☎ 0923 95 19 69; Via XI Maggio 130; Mi geschl. (nicht im Sommer)

Die strategisch günstig am wichtigsten *passeggiata*-Boulevard gelegene *pasticceria* mit Bar hat guten Kaffee und eine ausgezeichnete Auswahl an Kuchen, *calzoni,* Pizza und *arancine.* Mittags gibt's einfache Gerichte wie *timballi di pasta e di verdure* (Nudelpastete mit Gemüse) oder *torte salate* (pikante Kuchen).

LA SIRENA UBRIACA €

☎ 0923 02 05 00; www.lasirenaubriaca.it; Via Garibaldi 39; Jan. & Feb. geschl.

Ideal für einen Aperitif vor dem Essen oder einen kleinen Imbiss: Die noble *enoteca* hat eine Riesenauswahl an Wein, Olivenöl, Dips, Oliven und anderen regionalen Köstlichkeiten, die man alle an der Bar oder einem der Tische auf der Straße genießen darf. Aber Vorsicht beim Genuss der Alkoholika: Der Name des Lokals bedeutet „Die betrunkene Meerjungfrau"!

OSTERIA IL GALLO E L'INNAMORATA €€

☎ 0923 195 44 46; www.osteriailgalloelinnamorata.com; Via Stefano Bilardello 18; Gerichte 25 €; Di geschl.

Das einzige Restaurant in Marsala, das das Slow-Food-Abzeichen trägt, ist einfach, aber sehr gemütlich und gastfreundlich. Auf der täglich wechselnden Karte stehen so sensationelle Gerichte wie *arancinette* (kleine, frittierte, mit

Fleisch oder Fisch gefüllte Reisbällchen), *calamari fritti e caponata* (gebratene Calamares mit gedämpften Tomaten, Auberginen, Zwiebeln und Zucchini in süßsaurer Sauce) und *pasta fresca gamberi, ricci e pistachio* (frische Pasta mit kleinen Garnelen, Seeigel und Pistazien). Alles ist superlecker, wird aber vom besten *scaloppine con marsala* (Kalbsschnitzel in Marsalasauce) in ganz Sizilien übertroffen – was in der von Marsala gänzlich eingenommenen Stadt nicht anders zu erwarten ist.

TRATTORIA GARIBALDI €€

☎ 0923 95 30 06; Piazza dell'Addolorata 35; Gerichte 31 €; ⌚ Sa mittags & So abends geschl.

Die Tische der traditionellen Trattoria werden die meiste Zeit von einheimischen Großfamilien in Beschlag genommen, die nicht nur das umfangreiche Vorspeisenbuffet mit Gemüse und frischem Seafood lieben, sondern auch die ebenso meeresfrüchtelastigen Hauptgerichte und die Riesenauswahl an Desserts. Das Personal ist schon mal im Stress und dementsprechend mürrisch. Es empfiehlt sich, eher konservativ zu bestellen und auf Experimente zu verzichten – die Küche scheint mit Spezialitäten wie *cuscus* oder *involtini* (Fleischrollen) nicht ganz so vertraut zu sein wie mit einfachem, gegrilltem Fisch oder klassischen Pastagerichten.

VERKEHRSMITTEL & -WEGE

BUS // Die Busse von AST fahren regelmäßig ab/nach Trapani (2,60 €, 40 Min.) und Mazara del Vallo (2,60 €, 35 Min., 4-mal tgl.). Salemi bietet tägliche Verbindungen nach Palermo (8,80 €, 2½Std.). An- und Abfahrt der Busse ist an der Piazza del Popolo, in der Nähe der Via Mazzini in der Stadtmitte.

SCHIFF/FÄHRE // Ustica unterhält eine regelmäßige Fährverbindung von Marsala nach Favignana (9,80 €, 30 Min., Sommer 5-mal tgl., Winter 3-mal tgl.).

ZUG // Am besten bereist man diesen Teil der Küste mit dem Zug. Es gibt regelmäßige Verbindungen nach Trapani (3,25 €, 30 Min., 14-mal tgl.), Mazara del Vallo (2,70 €, 15–30 Min., 13-mal tgl.) und Palermo (8 €, 3¼–3¾ Std., 8-mal tgl.). Auf dem Weg nach Palermo muss man eventuell in Alcamo, Trapani oder Piraine umsteigen.

MAZARA DEL VALLO

51 369 Ew.

Das Altstadtviertel von Mazara erinnert vage an eine nordafrikanische Kasbah (tatsächlich ist es bekannt als La Casbah). Die engen Gassen werden hier und da gesäumt von Barockgebäuden und Bauwerken aus dem Normannenzeitalter. Die verfallenen, alten Gebäude verleihen dem historischen Kern einen rauen Charme. Es ist so klein, dass man sich eigentlich nicht verlaufen kann.

In Mazara, das für das arabische Sizilien eine Schlüsselstadt war, ist der nordafrikanische Einfluss noch immer stark zu spüren – Mazara soll den höchsten Anteil an Immigranten in Italien haben. Jährlich kommen Hunderte Menschen aus Tunesien und dem Maghreb, um für die Fischfangflotte Mazaras zu arbeiten. Die meisten Einwanderer leben im Labyrinth der Altstadtstraßen und verleihen der Stadt eine multikulturelle Atmosphäre.

PRAKTISCHE INFORMATIONEN

NOTFÄLLE // **Krankenhaus** (Ospedale Civico A Ajello; ☎ 0923 90 12 33; Via Salemi 175) **Polizei** (☎ 0923 93 27 66; Via Carlo Alberto della Chiesa 10)

TOURISTENINFORMATION // Die **Touristeninformation** (☎ 0923 94 27 76; www.comune.mazara-del-vallo.tp.it/turismo, italienisch; Piazza Mokarta; ⌚ Di 10–12.30, Mi, Fr & Sa 10–12.30 & 16–18, So 16–18 Uhr) befindet sich unweit des *lungomare* (Hafenpromenade) in der Nähe des Kastells.

(Fortsetzung auf S. 105)

DAS BESTE VON SIZILIENS KUNST & ARCHITEKTUR

Jahrhunderte der Fremdherrschaft haben Sizilien kunstvolle, architektonische Reichtümer beschert. Antike griechische Tempel reihen sich an der langen Südküste aneinander, glitzernde Mosaike schmücken römische Villen und byzantinische Kirchen, Furcht einflößende normannische Burgen bewachen entlegene Bergdörfer. Und später fügten sizilianische Barockmeister neue Highlights hinzu.

Der Uhrenturm der großartigen Cattedrale di San Nicolò (S. 233) in Noto

3

DIE FASZINIERENDSTEN ANTIKEN STÄTTEN

1 TAL DER TEMPEL// AGRIGENT
Der Tempio della Concordia (S. 275), stand für das Logo der Unesco Modell und ist einer der am besten erhaltenen griechischen Tempel. Er bildet die Hauptattraktion dieses umwerfenden Areals mit den Ruinen von Akragas.

2 PARCO ARCHEOLOGICO DELLA NEAPOLIS // SYRAKUS
In Syrakus steht eines der fantastischsten antiken Monumente Siziliens: das Teatro Greco (S. 221). Im Schatten des gut erhaltenen griechischen Amphitheaters kann man auch die Höhlen erforschen, in denen die Sklaven früher schuften mussten.

4

3 SELINUNT // DER SÜDWESTEN
Die außergewöhnlichen griechischen Tempel in Selinunt (S. 107) gehören zu den beeindruckendsten Siziliens und bilden eine traumhafte Kulisse an der sonnenbeschienenen Küste, die im Frühjahr mit ihren Wildblumen besonders schön ist.

4 SEGESTA // RUND UM TRAPANI
Die Ruinen des antiken Segesta (S. 84) stehen majestätisch inmitten von zerklüfteten, grünen Hügeln. Einen Ehrenplatz nimmt der stattliche Tempel aus dem 5. Jh. v. Chr. ein. Aber auch das beeindruckend in den Hang gehauene Amphitheater ist unbedingt einen Besuch wert.

5 SOLUNT // RUND UM PALERMO
Das ursprünglich von den Phöniziern im 8. Jh. v. Chr. gegründete antike Solunt (S. 64) musste mehrere Veränderungen über sich ergehen lassen. So war es beispielsweise eine Zeit lang auch die römische Stadt Soluntum. Die an den steilen Hängen über dem Meer liegenden Ruinen stammen größtenteils aus römischer Zeit.

OBEN Die Ruinen von Selinunt im Frühling (S. 108) **UNTEN LINKS** Eine dramatische Landschaft umgibt den Tempel von Segesta (S. 84) **UNTEN RECHTS** Der Tempio della Concordia im Tal der Tempel (S. 275)

5

DIE SCHÖNSTEN BAROCKKIRCHEN

1 DUOMO // SYRAKUS

Der prächtige Dom (S. 216) von Syrakus beherrscht den Vorzeigeplatz der Stadt. Die Fassade ist typisch barock. Die Säulen an den Seiten zeugen aber von seinem früheren Dasein als griechischer Tempel.

2 CATTEDRALE DI SAN NICOLÒ // NOTO

Selbst in einer Stadt, die für ihre grandiosen Barockgebäude bekannt ist, stellt die atemberaubende Cattedrale di San Nicolò (S. 233) alles andere in den Schatten. Die monumentale Pracht am Ende eines majestätischen Treppenaufgangs vereint elegant das Beste, was die barocke und neoklassische Architektur zu bieten haben.

3

RICCARDO LOMBARDO/CUBOIMAGES/PHOTOLIBRARY

3 CATTEDRALE DI SAN GIORGIO // RAGUSA

Der Dom (S. 240) von Ragusa ist das Werk von Rosario Gagliardi, dem großen sizilianischen Meisters des Barocks, und ein ausgezeichnetes Beispiel für einen überladenen Stil und hemmungslose Leidenschaft.

4 CHIESA DI SAN GIORGIO // MODICA

Modicas große Kirche (S. 237) thront über den Serpentinenstraßen und dem mittelalterlichen Zentrum. Ihre barocke Fassade überragt alles, der hallende Innenraum erstrahlt in Gold und Silber.

5 CATTEDRALE DI SANT'AGATA // CATANIA

Das Highlight von Catanias Innenstadt ist der dreistöckige Dom (S. 190), der der hl. Agata, Schutzpatronin der Stadt, geweiht ist. Er ist einzigartig, leuchtet er doch in den Schwarz-Weiß-Tönen des Vulkangesteins, das für seinen Bau verwendet wurde.

4

OBEN Das überladene Innere der Cattedrale di Sant'Agata, Catania (S. 190) **UNTEN LINKS** Ragusas stattliche Cattedrale di San Giorgio (S. 240) **UNTEN RECHTS** Barockkunst in der Chiesa di San Giorgio, Modica (S. 237)

1

DIE PRACHTVOLLSTEN MOSAIKE

1 CAPPELLA PALATINA // PALERMO
Die mit Mosaiken übersäte Kapelle im Palazzo dei Normanni (S. 44) ist Siziliens großartigstes Werk arabisch-normannischer Kunst. Jeder Zentimeter des Innenraums ist mit Mosaiken und biblischen Figuren geschmückt. Kostbare Marmorintarsien vervollständigen das Bild.

2 VILLA ROMANA DEL CASALE // PIAZZA ARMERINA
In dieser Villa (S. 257) befinden sich einige der schönsten römischen Mosaiken der Welt. Sie beeindrucken durch ihre Vielfältigkeit, ihre kraftvollen Farben und die fantastisch gearbeiteten Szenen mit Ungeheuern und Bikini-Mädchen.

3

RUSSELL MOUNTFORD

3 DUOMO DI MONREALE // MONREALE

Monreales berühmter Dom (S. 62) ist ein hervorragendes Beispiel für normannische Architektur. Innen sind byzantinisch beeinflusste Mosaiken mit Episoden aus dem Alten Testament zu bewundern.

4 DUOMO // CEFALÙ

Das festungsähnliche Äußere dieser normannischen Kirche (S. 116) bewacht eines der berühmtesten Mosaike Siziliens – die Figur des Christus Pantokrator in der Apsis. Das lebensechte Mosaik aus dem 12. Jh. zeigt einen ernsten Mann mit eingefallenen Wangen und dunklem Bart.

5 LA MARTORANA // PALERMO

In Palermos berühmtester Kirche (S. 42) wird gern geheiratet. Sie ist eine wahre Schatztruhe voll mit byzantinischen Mosaiken. Zu den Highlights gehören die Porträts von König Roger II., der die Krone von Christus in Empfang nimmt, und von Georg von Antiochia, dem syrischen Begründer der Kirche.

OBEN Die erstaunliche Cappella Palatina, Palermo (S. 44) **UNTEN LINKS** Lebendige Farben im Duomo di Monreale (S. 62) **UNTEN RECHTS** Mosaike in der Villa Romana del Casale, Piazza Armerina (S. 257)

OBEN Caccamos eindrucksvolle Burg (S. 120)
RECHTS Das Castello di Lombardia in Enna blitzt zwischen sattem Grün hervor (S. 253)

DIE BESTEN BURGEN DES MITTELALTERS

1 PALAZZO DEI NORMANNI // PALERMO

In diesem Palast (S. 44) schlug lange Zeit das Herz der Inselmacht. Er beherbergte einen der glanzvollsten Höfe Europas und ist heute Sitz des sizilianischen Parlaments. Politik wird Religion, und die wird in der Cappella Palatina Kunst.

2 CASTELLO DI LOMBARDIA // ENNA

Die Festung (S. 253) aus dem 14. Jh. ist beeindruckend, das wahre Highlight aber ist das Panorama, das man vom Torre Pisana hat, dem höchsten der sechs noch erhaltenen Türme der Festung. Soweit das Auge reicht nichts als eine wunderschöne, hügelige, grüne Landschaft.

3 CASTELLO // CACCAMO

Caccamos unbezwingbares Fort (S. 120), das zu den größten Burgen Italiens zählt, diente als normannisches Bollwerk. Später wurde es Sitz der im 14. Jh. mächtigen Chiaramonte-Familie. Es ist umgeben von unüberwindbaren Wällen und Befestigungsanlagen und bietet einen tollen Blick.

4 CASTELLO VENTIMIGLIA // CASTELBUONO

In dieser riesigen Burg (S. 123), die dem Ort Castelbuono ihren Namen gab, soll es spuken. Jeden Monat geistert eine schon lange verstorbene Königin durch die Flure. Heute sind hier ein kleines Museum und eine Kunstgalerie untergebracht.

(Fortsetzung von S. 96)

MAZARA DEL VALLO ERKUNDEN

HISTORISCHE STÄTTEN // IN DER ALTSTADT VON MAZARA

Auch wenn sie nachts in zauberhaftes Flutlicht getaucht wird, hat die stark zerstörte Ruine des **Kastells** des Normannenkönigs Roger schon bessere Tage erlebt. Gleiches gilt für die niedliche, kleine **Chiesa di San Nicolò Regale** (Porta Palermo; Eintritt frei), vor deren Eingang der geschäftige Fischmarkt stattfindet. Die Kirche, ein perfekter Kubus, blieb seit ihrer Errichtung 1124 praktisch unverändert.

Nordwestlich der Kirche erstreckt sich die **Kasbah**, ein Labyrinth aus winzigen Straßen und Gassen, das einst den Mittelpunkt der arabischen Stadt bildete. Heute ist die Gegend zwar völlig heruntergekommen, aber dennoch sehenswert. Dies ist nicht zuletzt den vielen hier beheimateten Tunesiern zu verdanken, die das arabische Flair am Leben erhalten.

Im Sommer wird die Stadt von Urlaubern überrollt, die zum Strand von Tonnarella westlich der Innenstadt wollen.

MUSEO DEL SATIRO // AUS DEM MEER GEBORGENES MEISTERWERK

Die Hauptattraktion von Mazara ist das **Museo del Satiro** (☎ 0923 93 39 17; Piazza Plebiscito; Eintritt 6 €; Sommer 9–13.30 & 15–21.30 Uhr, Winter 9–18 Uhr), das in der säkularisierten Chiesa di Sant'Egidio untergebracht ist.

Im Zentrum des Satyrmuseums steht das Glanzstück der Ausstellung, eine Bronzestatue, die als *Il satiro danzante* (der tanzende Satyr) bekannt ist. Bevor man sich auf den Rundgang durchs Museums begibt, sollte man unbedingt zuerst den 25-minütigen Film anschauen. Auf Italienisch mit englischen Untertiteln wird die Geschichte einer Gruppe von Fischern erzählt, die 1997 ihre Netze 40 km vor der tunesischen Küste auslegten und darin das Bein einer Bronzestatue fanden. In der Folgezeit fischten sie immer wieder in dieser Gegend und hofften, den Rest der Statue zu finden. Und tatsächlich gelang ihnen ein Jahr später die Sensation: Sie fanden eine originale Gussstatue aus hellenistischer Zeit. Von romantischer Schwärmerei überwältigt, spricht der Kapitän in die Kamera: „Als die Statue auf dem Bootsdeck lag, das Gesicht dem Himmel zugewandt, sah sie aus, als ob sie sich lange an etwas festgeklammert hätte, um eines Tages gerettet zu werden." In den folgenden viereinhalb Jahren, in denen die Statue sorgfältig restauriert wurde, rang die Stadt Mazara mit den Mächtigen in Rom um die Rückgabe des Satyrs. 2003 war es endlich soweit: Der Satyr kehrte heim.

Und zwar als strahlende Schönheit. Die Statue zeigt einen bacchantisch-ekstatischen Satyr, der wie ein wilder Derwisch tanzt, mit fliegenden Haaren, die Arme weit ausgestreckt, den Kopf zurückgeworfen. Sie wurde wohl ursprünglich bei Prozessionen zu Ehren des Weingottes Dionysos eingesetzt, heute ist sie indes selbst Gegenstand nicht minder leidenschaftlicher Verehrung.

PIAZZA DELLA REPUBBLICA // EIN SCHÖNES STADTBILD … MIT EINER AUSNAHME!

Die zentrale Piazza von Mazara ist ein hübscher Platz, der von eleganten Gebäuden in einheitlichem Stil umgeben ist. Selbst die **Cattedrale del San Salvatore** (Piazza della Repubblica; Eintritt frei; wechselnde Öffnungszeiten), die aus dem 11. Jh. stammt, wurde im barocken Stil des 17. Jhs. umgestaltet. Über dem Portal zeigt ein Relief aus dem 16. Jh. König Roger, der einen Araber niederreitet.

An der Piazza steht auch das elegante, zweistöckige **Seminario dei Chierici** von 1710. Es beheimatet das **Museo Diocesano** (Diözesanmuseum; ☎ 0923 90 94 31; Via dell'Orologio; Eintritt frei; ⌚ Mo–Sa 9–13.30 Uhr), in dessen Bibliothek Schriften aus dem 18. Jh. aufbewahrt werden. Auf der gegenüberliegenden Seite des Platzes befindet sich das **Seminario Vescovile** aus dem 18. Jh., dessen beeindruckender Portikus aus elf Bögen besteht.

Auf die Westseite der Piazza schaut man besser nicht: Wie die Baugenehmigung für den 1970 errichteten Büroturm – eine einzige Beleidigung fürs Auge – erteilt werden konnte, wird wohl für immer ein Geheimnis bleiben.

GASTRONOMISCHE HIGHLIGHTS

LA BETTOLA €€

☎ 0923 94 64 22; www.ristorantelabettola.it; Via Maccagnone 32; Gerichte 38 €; ⌚ Mi geschl.

Mazara ist Siziliens größter Fischereihafen. So ist es nicht weiter überraschend, dass sich die meisten Restaurants der Stadt auf Fisch und Meeresfrüchte spezialisiert haben. La Bettola macht da keine Ausnahme, aber es unterscheidet sich von seinen Konkurrenten in einem wichtigen Punkt: Es ist viel, viel besser. Küchenchef Pietro Sardo gilt als einer der besten Köche auf ganz Sizilien. Das Essen, das seine tadellos saubere Küche verlässt, ist einfach sensationell. Los geht's mit einem Vorspeisenteller – wenn mehrere Leute mitessen, auf jeden Fall die warmen und die kalten Antipasti nehmen! Danach gibt's frische Pasta mit dem besten Meeresgetier, das auf dem morgendlichen Fischmarkt zu bekommen war. Ebenso verführerisch lecker sind die Hauptgerichte wie einfacher, gegrillter Fisch oder der sizilianische Klassiker *involtini di pesce spada* (Schwertfisch-Roulade). Die Desserts schmecken köstlich, die Weinkarte (auch der offenen Weine) ist beeindruckend und der Service sehr aufmerksam. Der Gourmettempel befindet sich gegenüber dem alten Bahnhofsgebäude.

RISTORANTE DEL PESCATORE €€€

☎ 0923 94 75 80; www.ristorantedelpescatore.com; Via Castelvetrano 191; Gerichte 40 €; ⌚ Mo geschl.

Der Küchenchef des eleganten Restaurants verwendet für seine Kreationen nur regionale Zutaten. So werden einfache Garnelen in einer Sauce aus einheimischen Zitronen, schwarzen Pfefferkörnern und Olivenöl aus Castelvetrano mariniert. Auch die Desserts müssen sich keinesfalls verstecken, vor allem die *cassata*.

VERKEHRSMITTEL & -WEGE

BUS // Die Busse von AST fahren ab/nach Marsala (2,60 €, 35 Min., 4-mal tgl.) und Trapani (5,40 €, 1¾ Std., 1-mal tgl.). Lumia verkehrt zwischen Mazara und Agrigent (8,50 €, 2 Std., Mo–Sa 3-mal tgl., So 1-mal). Ab/nach Palermo fährt Salemi (8,30 €, 2½ Std.). Die Haltestelle für alle Busse befindet sich in der Nähe des Bahnhofs.

FÄHRE // Von Juni bis September unterhält Ustica eine regelmäßige Fährverbindung von Mazara del Vallo nach Pantelleria (34 €, 2 Std., an 6 Tagen in der Woche 2-mal tgl.).

ZUG // Es gibt regelmäßige Verbindungen nach Trapani (4,40 €, 50 Min., 14-mal tgl.), Marsala (2,70 €, 15–30 Min., 13-mal tgl.) und Palermo (8,30 €, 3–3½ Std., 6-mal tgl.). Auf dem Weg nach Palermo muss man eventuell in Piraine oder Alcamo umsteigen.

RUND UM MAZARA DEL VALLO

ROCCHE DI CUSA // PICKNICK IN ANTIKEM STEINBRUCH

Der Großteil der hellgelben Steine, mit denen die prachtvollen Tempel in

Selinunt gebaut wurden, stammt aus diesen antiken griechischen Steinbrüchen. Das Gelände ist zauberhaft – wild und ursprünglich und übersät von Wildblumen unter uralten Olivenbäumen. Überall warten riesige Säulentrommeln noch immer auf ihren Abtransport nach Selinunt. Zwei dieser Säulen sind zwar schon fertig verziert, aber noch mit dem Untergrund verbunden. Vom Steinbruch wurden die Säulen dann auf rund geschliffenen Baumstämmen von Ochsen oder Sklaven nach Selinunt gezogen.

Anfahrt: von Mazara del Vallo auf der SS115 bis nach Campobello di Mazara fahren und dann den Wegweisern zum Rocche di Cusa (auch: Cave di Tufo) folgen.

SELINUNT

Die Ruinen von Selinunt gehören zu den beeindruckendsten Überresten des antiken Griechenland und der archäologische Park ist einer der faszinierendsten Orte Siziliens. Leider finden Besucher im nahe gelegenen Dorf Marinella di Selinunte rein gar nichts von der Pracht und Schönheit der antiken Vorgängerstadt vor. Wenn irgendwie möglich, sollte man sich den übel riechenden Bootshafen, die schlampig gebauten Feriendomizile und überfüllten Strände nicht antun.

Rund um den Parkplatz der antiken Stätte gibt's ein paar Touristencafés. Das beste Restaurant an der Uferpromenade ist wahrscheinlich das **Al Ristorante Pierrot** (☎ 09244 62 05; www.ristorantepierrotselinunte.it; Via Marco Polo 108; Gerichte 25–30 €; ⌚ im Winter geschl.).

Ebenfalls am Parkplatz befindet sich eine **Touristeninformation** (⌚ Sommer 9–18.30 Uhr, Winter 9–16 Uhr), wo man eine Karte des archäologischen Parks, verschiedene Broschüren und Busfahrpläne (alles nur auf Italienisch) bekommt.

SELINUNT ERKUNDEN

Mit mehr als 100 000 Einwohnern und einem beispiellosen Tempelbauprogramm war das antike Selinunt eine der reichsten und mächtigsten Städte der damaligen Welt. Die westlichste griechische Kolonie auf Sizilien wurde 628 v. Chr. von einer Gruppe Siedler aus dem nahe gelegenen Megara Hyblaia gegründet. Die Siedlung lag wunderbar auf der Spitze eines Kaps zwischen zwei großen Flüssen (die heute versandet sind), dem Modione und dem Cottone; letzterer bildete einen geschützten natürlichen Hafen. In den Ebenen der Umgebung wucherte wilder Sellerie (auf Griechisch *selinon*), weshalb die Griechen ihre neue Kolonie Selinunt nannten.

Ursprünglich mit Karthago verbündet, wechselte Selinunt nach der karthagischen Niederlage gegen Gelon von Syrakus in Himera im Jahr 480 v. Chr. seinen Verbündeten. Unter dem Protektorat von Syrakus vergrößerte sich seine Macht und sein Ansehen. Das Wachstum der Stadt führte zu einer Litanei von Territorialstreitigkeiten mit ihrem nördlichen Nachbarn Segesta, die 409 v. Chr. abrupt endeten, als Segesta Karthago um Hilfe bat. Der einst verstoßene Verbündete von Selinunt willigte glücklich ein und eilte zu Hilfe, um Rache zu nehmen.

Die von Hannibal befehligten karthagischen Truppen machten die Stadt nach einer neuntägigen Belagerung dem Erdboden gleich und ließen nur diejenigen am Leben, die in den Tempeln Zuflucht gesucht hatten. Sie wurden nicht aus humanitären Gründen verschont, sondern aus Angst, sie könnten die Tempel anzünden und eine beutereiche Plünderung verhindern. In einer berühmten Retourkutsche an die Botschafter von Agrigent, die die Verhandlungen über

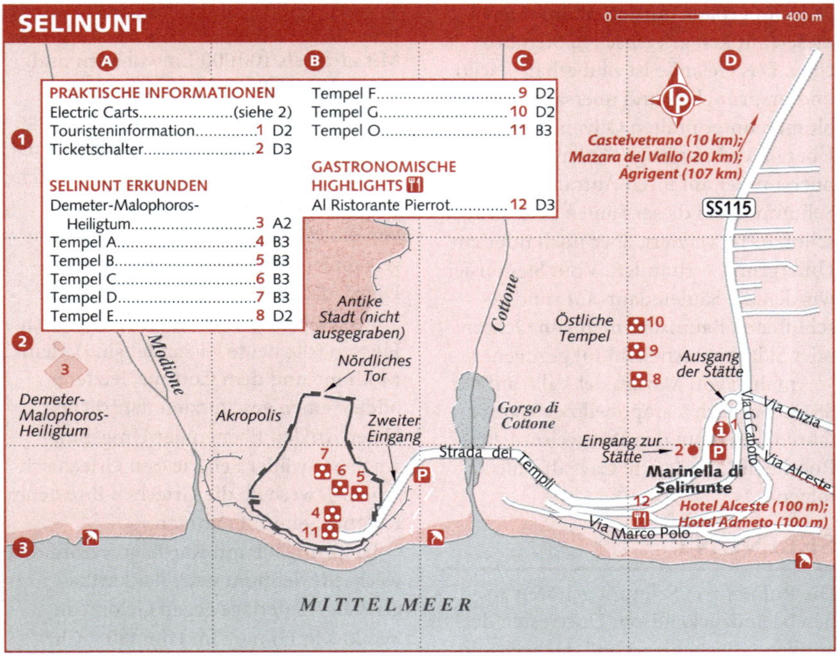

das Schicksal der Überlebenden führten, erwiderte Hannibal Mago (nicht zu verwechseln mit dem berühmten Hannibal des 2. Punischen Kriegs), dass diejenigen den Gang in die Sklaverei verdienten, die nicht imstande dazu seien, ihre Freiheit zu verteidigen. Ein Jahr später übernahm Hermokrates von Syrakus die Stadt und begann mit ihrem Wiederaufbau. Als sich 250 v. Chr. die Römer anschickten, die Stadt zu erobern, wurden die Bewohner nach Lilybaion (Marsala) umgesiedelt, der karthagischen Hauptstadt Siziliens – allerdings nicht, bevor so viel wie möglich zerstört worden war. Was sie stehen ließen, überwiegend Tempel, erhielt durch ein Erdbeben im Mittelalter den Gnadenstoß.

Die Stadt wurde vergessen, bis Mitte des 16. Jhs. ein Dominikanermönch ihre Lage rekonstruierte. 1823 begann man mithilfe der beiden englischen Archäologen William Harris und Samuel Angell mit Ausgrabungen. Sie hoben die ersten Metopen aus.

DIE TEMPELRUINEN // AUF DEN SPUREN DER ALTEN GRIECHEN WANDELN

Die **archäologische Stätte** (☎ 0924 4 62 51; www.selinunte.net; Erw./erm. 6/3 €; ⏰ Sommer 9–18.30 Uhr, Winter 9–16 Uhr) gliedert sich in die Akropolis, die antike Stadt, den östlichen Tempelbezirk und das Heiligtum der Demeter Malophoros. Das weitläufige Gelände erstreckt sich rund um den Hügel Manuzza, auf dem sich die eigentliche Stadt der Antike befand. Um der Bedeutung der Anlage gerecht zu werden, sollte man sich mindestens drei Stunden Zeit für einen Rundgang nehmen. Der Eingang mit Kartenhäuschen befindet sich beim östlichen Tempelbezirk, am westlichen Ortsrand von Marinella di Selinunte. Nicht nur für gehbehinderte Besucher stehen Elektrofahrzeuge (3 €/30 Min.) für die Besichtigung der Anlage bereit.

Akropolis

Die Akropolis, der Mittelpunkt des politischen und sozialen Lebens von Selinunt, erhebt sich auf einem abgeschrägten Plateau mit Blick auf den heute versandeten Fluss Gorgo di Cottone. Zwei sich rechtwinklig kreuzende Hauptstraßen unterteilen den Akropolis-Bereich in vier Abschnitte.

Im südöstlichen Teil befinden sich fünf Tempel (A, B, C, D & O). **Tempel D**, der am weitesten nördlich gelegene, wurde gegen Ende des 6. Jhs. v. Chr. gebaut und war wahrscheinlich der Athene (oder Neptun bzw. Venus) geweiht. **Tempel C**, zum Redaktionsschluss wegen Restaurationsarbeiten in Baugerüsten eingepackt, ist der älteste Tempel der Stätte; er entstand Mitte des 6. Jhs. v. Chr. Die atemberaubenden Metopen, die Harris und Angell fanden, waren einst ein Teil dieses eindrucksvollen Gebäudes, ebenso die riesige Gorgonenmaske, die das Giebeldreieck verzierte. Die spektakulären Funde kann man heute im Museo Archeologico Regionale in Palermo (S. 48) bewundern. Experten gehen davon aus, dass der Tempel Apollo geweiht war. Direkt daneben befindet sich der kleinere **Tempel B**, der aus der griechischen Ära stammt und dem Agrigenter Arzt und Philosophen Empedokles geweiht gewesen sein könnte, dessen Wasserableitungssystem die Stadt vor der Geißel der Malaria bewahrte (eine bittere Ironie: William Harris infizierte sich während der ersten Ausgrabungen an Malaria und starb kurz darauf). Die beiden anderen Tempel, **Tempel A** und **Tempel O**, sind dem Meer am nächsten und zugleich die jüngsten, erbaut zwischen 490 und 480 v. Chr. Sie sind in Stil und Ausmaß praktisch identisch, weshalb vermutet wird, dass sie den Zwillingen Castor und Pollux geweiht gewesen sein könnten.

Antike Stadt

Nördlich der Akropolis erstreckt sich die antike Stadt über den Hügel von Manuzza. Die einstige Heimat der meisten Einwohner Selinunts ist noch am wenigsten archäologisch erkundet. Die Grabungen begannen erst in den letzten Jahren. Erste Funde legen den Schluss nahe, dass die Überlebenden der Katastrophe von 409 v. Chr. die Stadt als Nekropole benutzt haben könnten.

Heiligtum der Demeter

Geht man von der Akropolis aus nach Westen über den heute versandeten Fluss Modione (früher Selinon) und eine Schotterpiste hinauf, erreicht man nach circa 20 Minuten die Ruinen eines Tempels, der der Göttin der Fruchtbarkeit, Demeter Malophoros, geweiht war. Zwischen dem Schutt kann man zwei Altare ausmachen; der größere diente als Opferaltar. Auch wenn es nicht mehr viel zu sehen gibt, handelt es sich bei dem Heiligtum um die vielleicht wichtigste Fundstelle der Stätte, da sie einen Einblick in die Sozialgeschichte von Selinunt bietet. Man fand in der Umgebung Tausende von Opfergaben für Demeter, die zusammen mit ihrer Tochter Persephone Hauptgöttin des griechischen Siziliens war. Die Funktion des Heiligtums ist wohl mit der nahe gelegenen Nekropole in Verbindung zu bringen.

Östlicher Tempelbezirk

Nördlich des Eingangs zum Park befinden sich die faszinierendsten Ruinen von ganz Selinunt, allen voran der majestätische

Tempel E. Der im 5. Jh. v. Chr. erbaute und 1958 rekonstruierte Tempel besticht vor allem durch seine Vollständigkeit. Er ist der erste von drei Tempeln, die direkt hinter dem Kassenhäuschen stehen. Direkt daneben erhebt sich **Tempel F**, der Mitte des 6. Jhs. v. Chr. errichtet wurde und ursprünglich mit Metopen verziert war, die heute im Museo Archeologico Regionale in Palermo ausgestellt sind. **Tempel G** schließlich ist das nördlichste Gebäude dieser Dreiergruppe. Er stammt ebenfalls aus dem 6. Jh. v. Chr. und war – wenngleich nie vollendet – einer der größten Tempel der griechischen Antike. Heute ist nur noch ein riesiger, durchaus beeindruckender Schutthaufen zu sehen, der von einem Olivenhain umgeben ist.

Blick vom Strand

Bei einem Besuch von Selinunt darf ein Spaziergang entlang des wunderschönen Strandes nicht fehlen. Von diesem hat man einen atemberaubenden Blick auf die Tempel hoch oben auf dem Felsvorsprung.

Der Weg zum Strand hinunter beginnt links neben dem Parkplatz an der Akropolis.

VERKEHRSMITTEL & -WEGE

AUTO // Auf der A29 bis zur Ausfahrt Castelvetrano fahren und dann 6 km lang den braunen Wegweisern folgen. Wer von Agrigent aus kommt, fährt auf der SS115 und folgt ebenfalls den Schildern.

BUS // Die Busse von Salemi (1 €, 30 Min., 6-mal tgl.) fahren von Marinella di Selinunte zum Bahnhof in Castelvetrano.

ZUG // Von Castelvetrano fahren Züge nach Mazara del Vallo (2,70 €, 20 Min., 14-mal tgl.), Marsala (3,80 €, 45 Min., 14-mal tgl.) und Palermo (7,40 €, 2½ Std., 7-mal tgl.). Auf dem Weg nach Palermo muss man eventuell in Cinisi, Alcamo oder Piraine umsteigen.

3 PERFEKTE TAGE

TAG 1 // CEFALÙ & DIE KÜSTE
Den Vormittag verbringt man mit der Besichtigung der schönen normannischen Burg in Caccamo (S. 120). Nach dem Mittagessen im A Castellana geht's auf der Autostrada gen Osten nach Cefalù (S. 116), einer malerischen Küstenstadt mit historischen Sehenswürdigkeiten und einer lebendigen Strandszene. Wer die Mühen des steilen Anstiegs hinauf nach La Rocca (S. 118) nicht scheut, wird mit einem grandiosen Panoramablick belohnt. Wieder unten angekommen, sollte man sich im Dom (S. 116) die faszinierenden byzantinischen Mosaiken anschauen. Am Ende des Tages genießt man dann auf der Piazza del Duomo einen *aperitivo*.

TAG 2 // KURZTRIP IN DIE MADONIE
Nun ist es an der Zeit, die Berge zu besuchen. Man kann sich an unseren Tour-Tipp (S. 127) halten oder sich auf ein oder zwei Orte konzentrieren. Wer einen Tag lang die Zwillingsorte Petralia Soprana (S. 124) und Petralia Sottana (S. 125) erkundet, bekommt einen umfangreichen Einblick in die Kultur der Madonie. Auch ein Ausflug nach Castelbuono (S. 123) und Collesano (S. 127), einst Residenz der Herzöge von Ventimiglia, ist recht informativ.

TAG 3 // ANTIKE RUINEN
Wer die Liparischen Inseln auf seiner Reiseroute stehen hat, sollte vor Abfahrt der Fähre in Milazzo einen Tag für den Besuch der nahe gelegenen archäologischen Stätte in Tyndaris (S. 134) einplanen. Die spektakuläre Lage oben auf einer Felskuppe und die imposanten Reste der Basilika, des Theaters und der *agora* (Marktplatz) entschädigen für die Mühe. Danach geht's dann weiter nach Marina di Patti (S. 134), wo sich die Reste einer großen römischen Villa mit schönen Mosaiken aus dem 4. Jh. befinden.

TYRRHENISCHE KÜSTE

CEFALÙ S. 116

Über unbefestigte Straßen dort schlendern, wo einst *Cinema Paradiso* gedreht wurde

CACCAMO S. 120

Ein normannisches Castello erobern – als Preis locken tolle Panoramen und ein exzellentes Restaurant

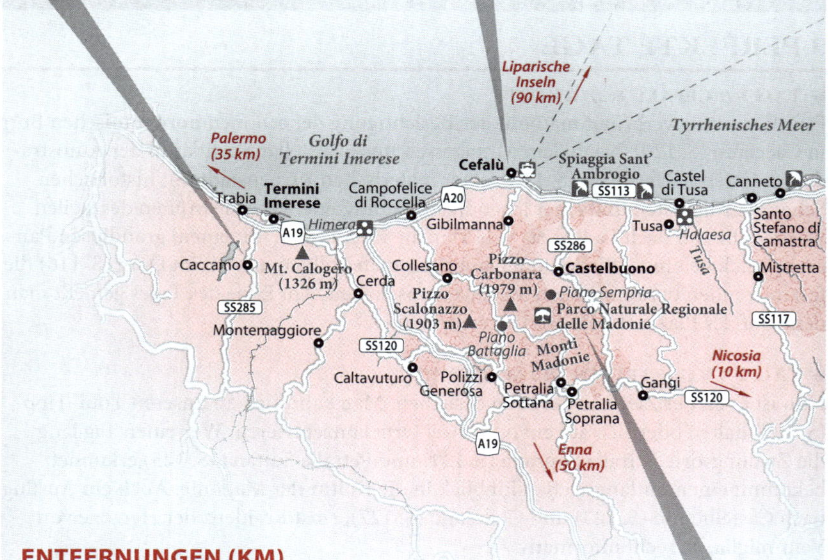

PARCO NATURALE REGIONALE DELLE MADONIE S. 122

Umgeben von einer traumhaften Landschaft einige der besten regionalen Gerichte Siziliens verkosten

ENTFERNUNGEN (KM)

Die Entfernungen sind ungefähre Angaben.

	Termini Imerese	Castelbuono	Cefalù	Milazzo
Castelbuono	48			
Cefalù	30	18		
Milazzo	158	130	128	
San Marco d'Alunzio	92	65	64	69

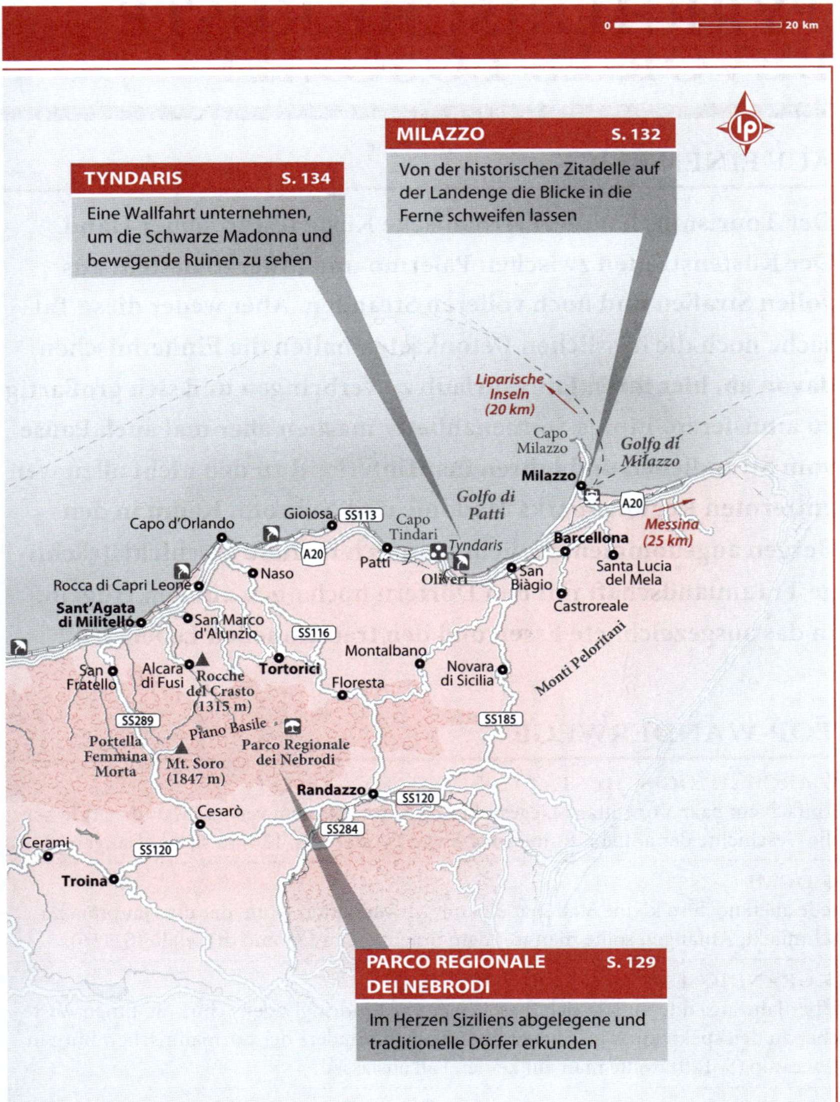

UNTERWEGS VOR ORT

Die mautpflichtige *autostrada* A20-E90 wie auch Siziliens meistgenutzte Zuglinie folgen dem Küstenverlauf zwischen Palermo und Milazzo. Züge halten in Cefalù, Milazzo und neun anderen Orten. Wer die Naturparks Madonie und Nebrodi besuchen will, sollte am besten einen fahrbaren Untersatz haben – nur einige wenige Bergdörfer sind von der Küste aus gut mit Bussen zu erreichen.

TYRRHENISCHE KÜSTE BEVOR ES LOSGEHT

AUF EINEN BLICK

Der Tourismus hat die Tyrrhenische Küste fest in seiner Hand. Der Küstenstreifen zwischen Palermo und Milazzo besteht aus vollen Straßen und noch volleren Stränden. Aber weder diese Tatsache noch die hässlichen Betonkästen halten die Einheimischen davon ab, hier ihren Jahresurlaub zu verbringen und sich großartig zu amüsieren. Einige Sonnenanbeter machen aber mal auch Pause vom Strandleben und fahren ins Hinterland zu den nicht allzu weit entfernten Regionalparks Madonie und Nebrodi. Kaum in den Bergen angekommen, verliebt man sich in diese geschichtsträchtige Traumlandschaft mit den Dörfern hoch oben auf den Hügeln, in das ausgezeichnete Essen und den traditionellen Lebensstil.

TOP-WANDERWEGE

ARCHÄOLOGISCHE STÄTTEN
Einfach ein paar Vormittage Liegestuhl und Sonnenschirm vergessen und stattdessen die Geschichte der antiken Ruinenstädte wie Tyndaris (S. 134) in sich aufsaugen.

DOME
Jede auch noch so kleine Stadt hat einen reich verzierten Dom, der die Hauptpiazza schmückt. Anfangen sollte man mit dem prachtvollen Duomo di Cefalù (S. 116).

GRANDIOSE FESTUNGEN
Über Jahrtausende musste sich diese Küste vor Eindringlingen schützen. Einen Abstecher zu den spektakulär gelegenen Festungen, besonders der normannischen Burg in Caccamo (S. 120), sollte man auf keinen Fall auslassen.

MONTI MADONIE
Der Tour-Tipp führt durch die Madonie-Berge und in historische Bergdörfer. In einem der hochgelobten Restaurants sollte man sich ein Abendessen gönnen (S. 127).

SLOW FOOD
Wer die Freuden der regionalen Speisen kennenlernen will, sollte sich durch die Restaurants in den Regionalparks der Madonie (S. 122) und Nebrodi (S. 129) futtern.

ABSEITS DES TRUBELS

- **Mistretta erkunden** Wer durch den ruhigen Ort am Ostrand des Parco Regionale dei Nebrodi (S. 123) schlendert, meint, hier sei die Zeit stehen geblieben.
- **Die Ruhe in Petralia Soprana genießen** Die Kopfsteinpflasterstraßen des bezaubernden Örtchens in den Madonie-Bergen sind oft menschenleer (S. 124).
- **Sich in den Thermalquellen von Termini Imerese verwöhnen lassen** Das historische Grand Hotel delle Terme (S. 120) weiß das passende Programm.
- **In Piano Battaglia wandern** Wenn sich die Skihasen im Frühjahr an den Strand verzogen haben, spaziert man durch einen Teppich von Blumen (S. 126).

DIE BESTEN STRÄNDE

An mehreren Orten wartet ein sandiges Paradies, wo man die Stimmung der sizilianischen Sommerszene genießen kann.

- **Cefalù** Der extrem beliebte Ort schafft den Spagat zwischen tollem Kulturangebot und *dolce vita* am Strand, der mit dem von Taormina zu vergleichen ist (S. 116).
- **Oliveri** An diesem Strand unterhalb des antiken Tyndaris tummeln sich weniger Urlauber als an den Nachbarstränden (S. 134).
- **Sant'Agata di Militello** Ein knallbunter Rummelplatz, *gelato*-Verkäufer, eine sanfte Brandung und eine Uferpromenade, die sich perfekt für eine *passeggiata* (Abendspaziergang) eignet. Dieser quirlige Ort ist besonders bei Familien sehr beliebt (S. 132).

TOP-GAUMENFREUDEN

A CASTELLANA
In dem einstigen Getreidespeicher kommt Köstliches aus der Küche (S. 121).

AL BAGATTO
Die stimmungsvollste *enoteca* (Weinbar) an der ganzen Küste (S. 133).

CASALE DRINZI
In dem netten Chalet werden herzhafte Madonie-Klassiker serviert (S. 127).

DA SALVATORE
Eine familienbetriebene Trattoria hoch oben auf dem Berg (S. 125).

FIASCONARO
Hierher kommt man wegen des himmlischen Manna-Kuchens (S. 124).

NANGALARRUNI
Ein absolutes Muss sind die Gerichte mit frischen Pilzen (S. 124).

INFOS IM INTERNET

- **AAST Milazzo** (www.aastmilazzo.it) Stadtplan von Milazzo und sonstige Infos.
- **Cefalù.it** (www.cefalu-sicily.it) Stadtplan von Cefalù und sonstige Infos.
- **Parco dei Nebrodi** (www.parcodeinebrodi.it, italienisch) Offizielle Website des Parco Regionale dei Nebrodi.
- **Parco delle Madonie** (www.parcodellemadonie.it, italienisch) Offizielle Website des Parco Naturale Regionale delle Madonie.
- **Parks.it** (www.parks.it) Englischsprachige Infos über die Regionalparks Madonie und Nebrodi.

CEFALÙ

13 764 Ew.

Die Plätze, Straßen und Kirchen dieser mittelalterlichen Stadt könnten gar nicht schöner sein. Kein Wunder also, dass der Regisseur Giuseppe Tornatore Teile seines viel gerühmten Films *Cinema Paradiso* in Cefalù gedreht hat. Aber leider muss man die honigfarbenen Gebäude, die mit Mosaiken geschmückten Kathedralen und die grandiose Kulisse des La Rocca (der Fels) Seite an Seite mit vielen Anderen bewundern – im Sommer reisen die Urlauber aus allen Ecken des Landes an, um sich in den Resorts zu erholen, durch die schmalen Kopfsteinpflastergassen zu schlendern und sich an dem langen Sandstrand in der Sonne zu aalen.

Die Stadt lässt sich wunderbar zu Fuß erkunden. In dem kleinen Hafen liegen eng aneinandergereiht kleine Fischerboote, an denen die Fischer basteln, ihre Netze flicken und über den Fang des Tages plaudern. Die *lungomare* (Strandpromenade) ist ein sehr beliebtes Ziel für eine *passeggiata*, genauso wie die Hauptstraße Corso Ruggero.

Von Palermo erreicht man Cefalù mit dem Zug in nur einer Stunde. Neben dem Bahnhof befindet sich ein recht praktischer Parkplatz. Wenn man aus dem Bahnhof kommt und die Via Gramsci nach rechts geht, kommt man zur Via Matteotti, die direkt ins Zentrum der Altstadt führt. Wer ohne Umweg an den Strand will, biegt am Bahnhof links ab und läuft die Via Gramsci entlang, geht dann rechts die Via N Martoglio und die Via Vazzano hinunter, bis schließlich das westliche Ende des *lungomare* erreicht ist.

PRAKTISCHE INFORMATIONEN

NOTFALL // Krankenwagen (☎ 118 oder ☎ 0921 42 45 44) **Krankenhaus** (☎ 0921 92 01 11; Contrada da Pietra Pietrapollastra) **Polizei** Notruf (☎ 113); Questura (☎ 0921 92 60 11; Via Roma 15)

TOURISTENINFORMATION // Presidio Parco delle Madonie (☎ 0921 92 33 27; www.parcodellemadonie.it, italienisch; Corso Ruggero 116; 7.30–20 Uhr) Kompetente, freundliche Angestellte informieren über den Madonie-Regionalpark. **Touristeninformation** (☎ 0921 42 10 50; www.cefalu-sicily.it; Corso Ruggero 77; Mo–Fr 8–20, Sa 8–14, So 9–13.30 Uhr) Das englischsprachige Personal ist extrem hilfsbereit.

CEFALÙ ERKUNDEN

Die meisten Sehenswürdigkeiten von Cefalù liegen im historischen Stadtzentrum rund um den Corso Ruggero und die Piazza del Duomo. Die einzige Ausnahme ist La Rocca – wer in den Genuss der tollen Aussicht kommen will, die einem von diesem Felsen zu Füßen liegt, muss zuvor einen steilen, einstündigen Aufstieg über die berühmte **Salita Saraceno** (sarazenische Treppe) auf sich nehmen, die sich durch die drei Ringe der Stadtmauern nach oben windet. Einen großartigen Blick aufs Meer hat man von der aus dem 17. Jh. stammenden **Bastione Capo Marchiafava** abseits der Via Bordenaro.

DUOMO DI CEFALÙ // EIN REICH MIT MOSAIKEN GESCHMÜCKTER VORPOSTEN NORMANNISCHER MACHT

Zusammen mit der Cattedrale di Monreale und der Cappella Palatina in Palermo gehört Cefalùs **Dom** (☎ 0921 92 20 21; Piazza del Duomo; Eintritt frei; April–Sept. 8–19 Uhr, Okt.–März 8–17 Uhr) zu den wohl prachtvollsten und schönsten Relikten der arabisch-normannischen Architektur. Der Legende nach ließ Roger II. den Dom im 12. Jh. erbauen. Es heißt, er habe damit ein Gelübde erfüllt, das er abgelegt habe, als er mit seiner Flotte in einen heftigen Sturm vor Cefalù geraten sei. Der wahre Grund aber dürften wohl eher Rogers wechselhaften Beziehungen zum Erzbistum Palermo gewesen sein. In seinem Bestreben, den wachsenden Einfluss des Papstes, dessen enger Verbündeter der Erzbischof Palermos war, in Sizilien einzudämmen, sollte der Bau eines mächtigen Doms in so großer Entfernung von Palermo ein guter Hinweis auf Rogers Macht sein, die er auf der ganzen Insel ausübte. Außerdem sollte sie potenzielle Eindringlinge abschrecken. Es ist kein Wunder, dass der Dom von außen eher einer mächtigen Festung gleicht.

Die kunstvollen byzantinischen Mosaiken in der Apsis zeigen die überragende Figur des allmächtigen Christus als Herrscher der Welt (Pantokrator) – es ist das älteste und am besten erhaltene Mosaik auf Sizilien (und 20 oder 30 Jahre älter als die Mosaiken in Monreale). Der barmherzig dreinschauende Jesus

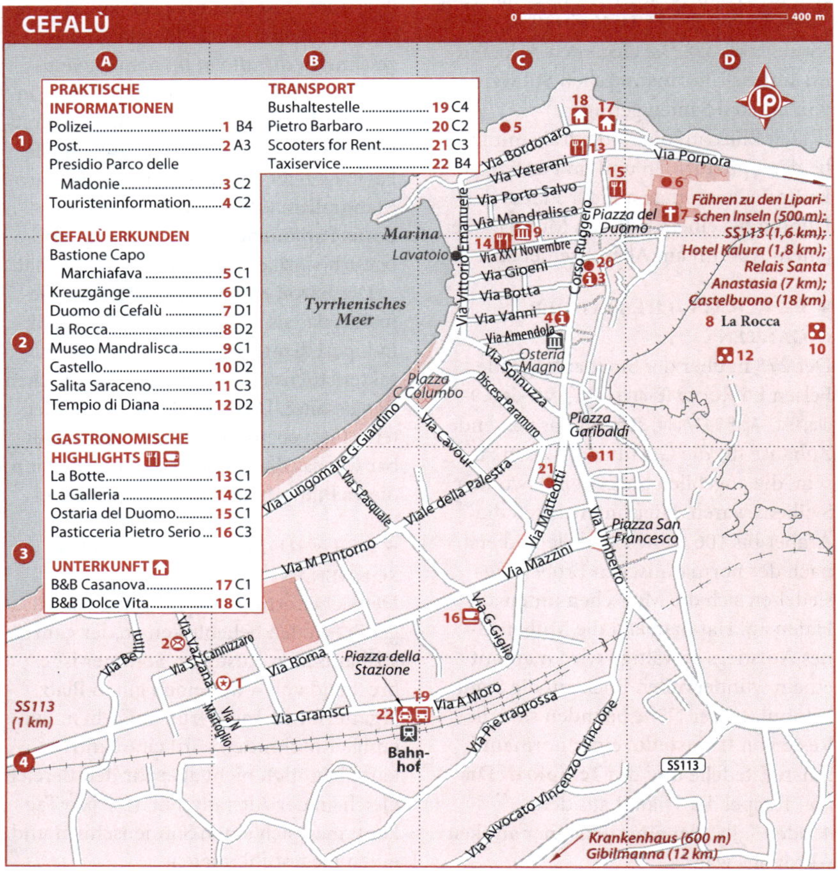

hält in seiner Hand eine geöffnete Bibel, in der in lateinischer und griechischer Sprache zu lesen ist: „Ich bin das Licht der Welt; wer mir folgt, wird nicht in der Finsternis wandeln, sondern das Licht des Lebens haben" (Joh. 8,12). Weitere Mosaiken zeigen die Jungfrau mit den vier Erzengeln, die wie byzantinische Amtsträger gekleidet sind.

Der Innenraum beherbergt 16 Säulen mit römischen Kapitellen, die wahrscheinlich aus dem Tempio di Diana auf dem La Rocca (S. 118) stammen.

Links vom Haupteingang befinden sich die **Kreuzgänge** der Kathedrale (Erw./Student 3/1 €; 10–13 & 14–16 od. 18 Uhr, je nach Sonnenscheindauer). Die eleganten Arkaden im arabisch-normannischen Stil werden von antiken Säulen getragen.

Den Blick auf die Kathedrale mit ihren beiden Spitztürmen und im Hintergrund La Rocca kann man auf der Piazza del Duomo bei einem *caffè* am Morgen oder einem Aperitif am Abend genießen.

LA ROCCA // HEIMAT DER GIGANTEN

Der 278 m über der Stadt aufragende Felsen **La Rocca** (Eintritt frei; Mai–Sept. 9–19 Uhr, Okt.–April 9–17 Uhr) scheint das passende Zuhause für die Giganten gewesen zu sein, die angeblich die ersten Bewohner Siziliens waren. Hier unterhielten die Araber bis 1063 eine Zitadelle und erst nach der normannischen Eroberung siedelten sich die Menschen unten am Hafen an. Hat man erst die Mühen eines Aufstiegs bewältigt, wird man mit einem wundervollen Blick auf die Stadt belohnt. In der Nähe befinden sich die Reste von **Il Castello**, einer normannischen Zitadelle und des **Tempio di Diana** (Tempel der Diana) aus dem 4. oder 5. Jh., der einst Teil einer antiken Akropolis war.

Die Treppe nach oben beginnt an der Piazza Garibaldi, rechts der Banco di Sicilia. Ab hier ist der Weg zum Gipfel gut ausgeschildert. Die Anlage ist eingezäunt und bei Regenwetter geschlossen, da die Stufen extrem glitschig sein können.

MUSEO MANDRALISCA // DAS LÄCHELN EINES UNBEKANNTEN

Die Sammlung von griechischen Keramiken und arabischen Töpferwaren im **Museo Mandralisca** (0921 42 15 47; www.museomandralisca.it; Via Mandralisca 13; Erw./Kind unter 6 Jahren/Kind 6–10 Jahre/Kind 11–15 Jahre 5/frei/1/3 €; 9–13 & 15–19 Uhr, Juli & Aug. verlängerte Öffnungszeiten) ist eher unspektakulär, wäre da nicht Antonello da Messinas ausgezeichnetes *Ritratto di un uomo ignoto* (Portrait eines Unbekannten; 1465). Ein Besuch des kleinen, in Privathand befindlichen Museums lohnt sich also auf alle Fälle. Es zeigt allerlei Exponate, die Baron Mandralisca (1809–1864), seines Zeichens Parlamentarier, Archäologe und Naturhistoriker, zusammengetragen hat.

Der Baron entdeckte da Messinas Gemälde, das als provisorische Schranktür in Lipari diente. Es gilt als eines der charakteristischsten Porträts der italienischen Renaissance. Das Lächeln des Porträtierten ist fast ebenso rätselhaft und undeutbar wie das der Mona Lisa – nur wird um dieses Bild kein Brimborium gemacht.

STRAND // EIN PARADIES FÜR SONNENANBETER

Der sichelförmige Strand von Cefalù gehört zu den beliebtesten an der ganzen sizilianischen Küste. Im Sommer ist er brechend voll – wer einen guten Platz ergattern will, muss früh aufstehen. Für einige Abschnitten wird eine Eintrittskarte benötigt, nicht aber für den Bereich gleich an der Altstadt. Für 15 € pro Tag kann man sich einen Sonnenschirm und einen Liegestuhl mieten.

GASTRONOMISCHE HIGHLIGHTS

Obwohl das Zuhause vieler Restaurants, ist Cefalù doch die einzige größere Stadt der Insel, die in den Restaurantführern Gambero Rosso und Osteria D'Italia (Slow-Food-Bewegung) komplett ignoriert wird. Aus gutem Grund: Hier herrscht das Motto „Masse statt Klasse", nur wenige Restaurants stechen hervor.

LA BOTTE €€

0921 42 43 15; Via Veterani 20; Gerichte 29 €; Mo geschl.

Der kleine Familienbetrieben gleich neben dem Corso Ruggero hat eine gute Auswahl an Antipasti, Pastagerichten mit saisonalen Zutaten und Hauptgerichten mit Meeresfrüchten. Das dreigängige Fisch-Menü mit Beilagen (26 €) ist sein Geld wert.

LA GALLERIA €€

0921 42 02 11; www.lagalleriacefalu.it; Via XXV Novembre 22–24; Gerichte 35 €; ganzjährig Do & im Winter Mo geschl.

Hipperes gibt's in Cefalù nicht. Das La Galleria mit seiner legeren Atmosphäre ist Restaurant, Café, Internetcafé, Buchladen und Galerie in einem. In dem eleganten Garten werden Speisen wie frische Pasta mit Pilzen und schwarzen Trüffeln serviert. Der Küchenchef liebt kulinarische Innovationen und offeriert gern seine viergängigen Probiermenüs (Fisch 30 €, Fleisch 25 €).

OSTARIA DEL DUOMO €€

0921 42 18 38; www.ostariadelduomo.it; Via Seminario 5; Gerichte 30 €; Mo geschl.

Die Tische im Freien mit Blick auf den Dom und der Ruf, dass hier nur frisch aus regionalen Zutaten bereitete Speisen serviert werden, machen dieses Restaurant zu einer guten Wahl. Unbedingt die Spezialität des Hauses probieren: *carpaccio de pesce* (roher, in dünne Scheiben geschnittener Fisch). Dazu passt ein leckerer Wein von der riesigen Weinkarte.

PASTICCERIA PIETRO SERIO €

0921 42 22 93; Via G Giglio 29; Mi ganztägig & Sept.–Juli 13–15.30 Uhr geschl.

In der beliebten *pasticceria* (Konditorei) in Bahnhofsnähe gibt's den besten Kaffee, das leckerste *gelato* und den göttlichsten Kuchen der Stadt.

UNTERKUNFT

An der Küste gibt's unzählige Unterkünfte, die aber im Sommer die meiste Zeit ausgebucht sind. In den Bergen kann es schwierig werden, ein einfaches Zimmer zu finden, besonders im Parco Regionale dei Nebrodi. Nachstehend vier Tipps:

- Das **Relais Santa Anastasia** (S. 335) ist eine Luxusunterkunft in einem ehemaligen Benediktinerkloster. Es liegt zwischen Cefalù und Castelbuono.
- Die **Albergo Il Castello** (S. 335) in Petralia Sottana bietet faire Preise.
- Das **Atelier sul Mare** (S. 336) direkt am Meer in Castel di Tusa ist eines der ersten Art-Hotels auf Sizilien.
- Das einladende **Green Manors Country Hotel** (S. 336) ist ein *agriturismo* (Ferien auf dem Bauernhof) 9 km außerhalb der mittelalterlichen Stadt Castroreale.

Detaillierte Liste mit Unterkünften s. S. 334.

VERKEHRSMITTEL & -WEGE

AUTO & MOTORRAD // Cefalù liegt an der mautpflichtigen A20-E90, die von Messina nach Palermo führt. **Scooters for Rent** (☎ 0921 42 04 96; www.scootersforrent.it; Via Matteotti 13b; 50cc-Vespa pro Tag/Woche 35/175 €, Fahrrad 10/45 €) verleiht Fahrräder, Vespas und Motorräder.

BUS // Busse starten montags bis samstags regelmäßig, sonntags gelegentlich, vor dem Bahnhof. **AST** (☎ 840 000323; www.aziendasicilianatrasporti.it, italienisch) und **Lombardo & Glorioso** (☎ 0921 92 11 79; www.lombardoeglorioso.it, italienisch) fahren in unregelmäßigen Abständen nach Castelbuono. Mit **SAIS** (☎ 091 704 12 11; www.saistrasporti.it, italienisch) kommt man nach Palermo (5,40 €, 1 Std., 4-mal tgl.), Castelbuono (2,50 €, 90 Min., 6-mal tgl.) und in die Orte der Madonie. **Sommatinese** (☎ 0921 42 43 01; www.sommatinese.it, italienisch) fährt nach Gibilmanna.

PARKEN // Im Sommer kann die Suche nach einem Parkplatz zum Albtraum werden. Es gibt einen recht praktischen Parkplatz in der Nähe des Bahnhofs (die ersten 2 Std. 2 €, jede weitere Std. 1 €). Am *lungomare* kann man auch sein Glück versuchen.

SCHIFF/FÄHRE // Ustica Lines (☎ 0923 87 38 13; www.usticalines.it) verkehrt vom 1. Juni bis zum 16. September täglich mit Tragflügelbooten zwischen Cefalù und den Liparischen Inseln (einfache Strecke 20,25–43 €, je nach Ziel). In der gleichen Zeit verkehren Tragflächenboote auch zwischen Cefalù und Palermo (17,95 €, 1 Std., 1-mal tgl.). Tickets gibt's bei **Pietro Barbaro** (☎ 0921 42 15 95; Corso Ruggero 82).

ZUG // Züge fahren regelmäßig nach Palermo (ab 4,90 €, 45 Min.–1¼ Std., 13-mal tgl.) und in buchstäblich jeden Ort an der Küste.

RUND UM CEFALÙ

TERMINI IMERESE // ERHOLUNG IN THERMALQUELLEN

Die Römer entdeckten bereits 252 v. Chr. die heilenden Kräfte des mineralhaltigen Wassers in Termini Imerese. Seit dieser Zeit ist der Ort ein beliebtes Thermalbad. Heutzutage findet das Wellness-Programm im **Grand Hotel delle Terme** (☎ 091 811 35 57; www.grandhoteldelleterme.it; Piazza delle Terme 2; 120–820 €/Pers. mit Halbpension; P) statt, einem Jugendstilgebäude von 1890. Es steht an der Stelle der römischen Bäder und bietet Dampfbäder und Pools. Italiener lassen ihre Krankheiten wie Fettsucht, Rheuma, Schuppenflechten und Bronchialbeschwerden hier gern behandeln. Zur Anlage gehört auch eine „Beauty Farm", in der kosmetische Behandlungen und Entspannungstherapien angeboten werden.

Vom Grand Hotel delle Terme in der Unterstadt kann man in die Oberstadt hinaufschlendern. Dort kann man den **Dom** aus dem 17. Jh., die **Chiesa di Santa Maria della Misericordia** (Kirche der hl. Maria der Barmherzigkeit) und die **Chiesa di Santa Caterina** (Kirche der hl. Katharina) aus dem 14. Jh. bewundern. Die hübschen Fresken aus dem 15. Jh. zeigen das Leben der Heiligen und sind das Werk der einheimischen Künstler Nicolo und Giacomo Graffeo. Leider wird die hiesige Küste durch einen unschönen Handelshafen verschandelt.

Züge verkehren zwischen Termini Imerese und Cefalù (3,25 €, 30 Min., 13-mal tgl.) sowie zwischen Termini Imerese und Palermo (3,25 €, 25–45 Min., alle 20 Min.). Mit den Bussen von AST kommt man nach Cefalù (3,20 €, 1 Std., 3-mal tgl.) und Palermo (3,20 €, 1 Std., 4-mal tgl.). Der Bahnhof befindet sich südöstlich des Zentrums an der Küste. Die Busse kommen direkt vor dem Bahnhof an und fahren dort auch wieder ab.

CACCAMO // EIN TAG IN EINER NORMANNISCHEN FESTUNG

Das auf einem Hügel gelegene Caccamo mit der imposant über ihr thronenden

Burg (☎ 0918 14 92 52; Eintritt 2 €; ⏲ Mai–Sept. Mo–Sa 9.30–13 & 16–20.30 Uhr, Okt.–April Mo–Sa 9.30–13 & 15–19.30 Uhr) ist ein beliebtes Ziel für einen Tagesausflug ab Cefalù oder Palermo. Obwohl die Gegend schon im Altertum besiedelt war, wurde die Stadt offiziell erst 1093 gegründet, als die Normannen auf dem Felsvorsprung des Monte San Calogero eine Festung errichteten. Die Burg wurde im 14. Jh. von der Adelsfamilie Chiaramonte ausgebaut und gehört heute zu den größten und beeindruckendsten Burgen ganz Italiens. Sehenswert sind die Wälle und Befestigungsanlagen. Zu diesen gehörten einst auch einfallsreiche Fallen, in die diejenigen tappen sollten, denen es gelang, den äußeren Befestigungsring zu durchbrechen.

Oberhalb des ersten Burgtores führt ein Anstieg zu einem großen Hof, über den man in den Torre Mastra gelangt. Von hier hat man einen grandiosen Panoramablick auf die umliegende Landschaft

Im Schatten der Burg befindet sich die malerische Piazza Duomo, die man über den Corso Umberto I erreicht. Hier steht auch der **Dom**, die Chiesa Madre aus dem 11. Jh., die St. Georg gewidmet ist. Sie wurde zweimal umgestaltet (1477 & 1614). In der Sakristei sind die hübschen Reliefs *Madonna con bambino e angeli* (Madonna mit Jesuskind und Engeln) und *Santi Pietro e Paolo* (hll. Petrus und Paulus) zu besichtigen. Beide Werke stammen von Francesco Laurana.

Richtig gut zu Mittag essen kann man im Slow-Food-Restaurant **A Castellana** (☎ 091 814 86 67; www.castellana.it; Piazza dei Caduti 4; Menü 20–24 €; ⏲ Mo geschl.), das sich in dem ehemaligen Getreidespeicher der Burg befindet. Die Terrasse mit dem Rundumblick eignet sich wunderbar für ein sommerliches Abendessen. Das Restaurant ist berühmt für seine verlässlich gute Zubereitung klassischer sizilianischer Gerichte. Man speist à la carte, kann sich aber auch ein ausgezeichnetes Vier-Gänge-Menü bestellen; der Kaffee hinterher gehört selbstverständlich dazu.

Caccamo liegt an der SS285 zwischen Palermo und Agrigent. Mit den Bussen von **Randazzo** (☎ 091 814 82 35; www.autobusrandazzo.altervista.org, italienisch) kommt man nach Cefalù (3,90 €, 70 Min., 1-mal tgl.), Palermo (3,90 €, 70 Min., 4-mal tgl.) und Termini Imerese (2,90 €, 30 Min., 8-mal tgl.). Sonntags verkehren keine Busse.

HIMERA // BESUCH DES ANTIKEN SCHLACHTFELDS, AUF DEM DIE GRIECHEN GEGEN DIE KARTHAGER KÄMPFTEN

Diese meist menschenleere **archäologische Stätte** (Eintritt 2 €; ⏲ Mo–Sa 9–18, So 9–13 Uhr), die 648 v. Chr. von Griechen aus Zankle (dem heutigen Messina) gegründet wurde, ist nach dem nahe gelegenen Fluss Imera benannt. Sie war die erste griechische Siedlung in diesem Teil der Insel und bildete einen strategischen Vorposten an der Grenze zu dem von den Karthagern kontrollierten Westen. Die Siedlung war 480 v. Chr. Schauplatz einer entscheidenden Schlacht, bei der die vereinten Armeen Therons von Agrigent und Gelons von Syrakus einen Sieg über ein großes, von Hamilkar geführtes karthagisches Heer errangen. Als die gefallenen Karthager verbrannt wurden, warf sich Hamilkar heroisch in den Scheiterhaufen. Die Schlacht setzte einen Schlusspunkt unter die karthagischen Expansionspläne, die ganze Insel den Griechen zu entreißen. Himera allerdings musste den Preis für die Niederlage der Karthager zahlen – 409 v. Chr. zerstörte Hamilkars Neffe Hannibal die Stadt, um den Tod seines Onkels zu rächen.

Verglichen mit anderen griechischen Stätten auf der Insel sind die Überreste unscheinbar. Die einzige erkennbare Ruine ist der **Tempio della Vittoria** (Siegestempel), ein dorischer Bau, der wohl zur Erinnerung an die Niederlage der Karthager errichtet wurde. Warum auch immer er erbaut wurde, Hannibal hat ihn jedenfalls gründlich zerstört.

Einige hier ausgegrabene Artefakte sind in dem kleinen **Antiquarium**, etwa 100 m westlich vom Eingang, ausgestellt (auf der gegenüberliegenden Seite der Hauptstraße eine kleine Gasse hinauf). Auch wenn sich die eindrucksvolleren Stücke in Palermo im Museo Archeologico Regionale (S. 48) befinden, so bekommt man hier doch aus Stein gemeißelte Wasserspeier in Form von Löwenköpfen zu sehen, die dazu dienten, das Regenwasser vom Dach des Tempels abzuleiten.

Die Busse von **Nancini & Saso** (☎ 091 814 44 97; www.nancinisaso.com), die zwischen Termini Imerese und Villaura verkehren, legen in Himera (2,30 €, 15 Min., Mo–Sa 3-mal tgl.) einen Zwischenstopp ein.

PARCO NATURALE REGIONALE DELLE MADONIE

Wer zwischen Palermo und Cefalù unterwegs ist, kann in nur wenigen Tagen zwei sehr unterschiedliche Ziele besuchen. Nach einiger Zeit Seite an Seite mit unzähligen Sonnenhungrigen, die sich scharenweise an der zugebauten Küste tummeln, werden wissensdurstige Urlauber mit Sicherheit irgendwann ihren Liegestuhl verlassen und sich auf den Weg in die Berge machen. Der 400 km² große Regionalpark Madonie bietet das exakte Gegenteil zur Küste: eine spektakuläre Landschaft und viel Ruhe.

Über den Monti Madonie (Madonie-Berge) mit seinen Bauernhöfen, Bergdörfern und Skigebieten thront der Pizzo Carbonara, mit 1979 m der zweithöchste Berg Siziliens nach dem Ätna.

In dieser Gegend kann man die verschiedenen Jahreszeiten wirklich genie-

AN- & WEITEREISE: PARCO DELLE MADONIE

Am besten erkundet man den Park mit einem eigenen fahrbaren Untersatz. Die wichtigsten Orte sind allerdings auch von der Küste aus per Bus zu erreichen.

AUTO

Von Termini Imerese geht's in östlicher Richtung 22 km auf der Küstenstraße SS113 bis Campofelice di Roccella, dann biegt man ab nach Collesano, 13 km im Landesinneren. Von Cefalù aus ist's noch einfacher: Man folgt einfach den Schildern zum Santuario di Gibilmanna (Heiligtum von Gibilmanna), 14 km weiter südlich an der SP54bis.

BUS

SAIS und AST fahren von Palermo über Termini Imerese und Collesano nach Castelbuono (5,40 €, 2½ Std., Mo–Sa 8-mal tgl., So 1-mal). Sowohl die Busse von AST als auch die von Lombardo & Glorioso steuern von Cefalù aus Collesano (2,90 €, 45 Min., 5-mal tgl.) und dann Castelbuono (2,50 €, 90 Min., 4-mal tgl.) an. SAIS verkehrt einmal täglich zwischen Cefalù und der Madonie. Zwischenstopps werden in Polizzi Generosa, Petralia Sottana und Petralia Soprana eingelegt.

ßen. Im Frühjahr sind die Berghänge mit einem Teppich von Wildblumen übersät, im Herbst wachsen Pilze en masse und das Laub leuchtet in allen nur erdenklichen Herbsttönen. Im Winter locken Skipisten, während es im Juni und Juli angenehm kühl und die Madonie so genau das richtige Ziel ist, wenn man die Massen an den Stränden hinter sich lassen will.

Die Berglandschaft ist nicht nur ein Naturschutzgebiet, hier wird auch gelebt und gearbeitet. Für Traveller hat dies den angenehmen Nebeneffekt, dass man Wanderungen mit dem Besuch historischer Bergdörfer und einem Essen in einigen der besten Restaurants Siziliens verbinden kann. Die Gegend eignet sich perfekt für einige ruhige, mit kulturellen Highlights gespickte Urlaubstage.

Verantwortlich für den Park ist die **Ente Parco delle Madonie** (☎ 0921 68 40 11; www.parcodellemadonie.it, italienisch; Corso Paolo Agliata 16, Petralia Sottana; ⌚ So & Mo 9–15.30, Di–Sa 3.30–19.30 Uhr), deren Zentrale – kurz das Presidio – ihren Sitz in Petralia Sottana hat. Eine Zweigstelle des **Presidio Parco delle Madonie** (☎ 0921 92 33 27; Corso Ruggero 116; ⌚ 7.30–20 Uhr) gibt's in Cefalù. Sie versorgt Interessierte mit Infos über den Park und verschiedene Tageswanderungen, über Verkehrsverbindungen und Unterkünfte. Außerdem verkauft sie die Wanderkarte *Madonie/Carta dei Sentieri e del Paesaggio* im Maßstab 1:50 000.

CASTELBUONO

9296 Ew. / 423 m

Die bezaubernde Hauptstadt der Madonie liegt inmitten alter Manna-Eschen und Kastanienwäldern. Viele Gebäude und auch sein Flair hat der Ort der mächtigen Adelsfamilie der Ventimiglias zu verdanken, die hier vom 14. bis zum 16. Jh. herrschte.

Die **Touristeninformation des Parks** (☎ 0921 67 11 24; www.comune.castelbuono.pa.it, italienisch; ⌚ Mo–Sa 9–13 & 15–18, So 9–13 Uhr) befindet sich in der Hauptstraße Via Umberto 1.

CASTELBUONO ERKUNDEN

BURG // NUR MUT – IN DIESER MITTELALTERLICHEN FESTUNG SOLL ES SPUKEN

Die riesige, ursprünglich unter dem Namen *Castello del Buon Aere* (Burg der Guten Luft) bekannte **Burg** (☎ 0921 67 12 11; Piazza Castello) thront erhaben über den Häusern des Ortes, dem sie zu seinem Namen verholfen hat. Nach wie vor ist sie dessen stolzes Wahrzeichen. Die 1316 von Francesco I. Ventimiglia erbaute Feste war zum Zeitpunkt der Recherchen wegen Renovierungsarbeiten geschlossen. Nach ihrer Wiedereröffnung sollen Ausstellungen über die lokale Archäologie und Castelbuonos Geschichte zu sehen sein.

Man munkelt, dass es in der Burg spukt: Jeden ersten Dienstag im Monat soll immer um dieselbe Zeit – man könne die Uhr danach stellen – Königin Constance Chiaramonte aus dem 14. Jh. durch die Flure geistern. Den Mittelpunkt der Anlage bildet die **Cappella di Sant'Anna** (Kapelle der hl. Anna) von 1683, die einige fantastische Stuckarbeiten von Serpotta ihr Eigen nennt. Außerdem ist sie die Heimat einer Silberurne mit dem vermeintlichen Schädel der Heiligen.

MUSEO NATURALISTICO FRANCESCO MINÀ PALUMBO // NATURGESCHICHTE DER MADONIE EN MASSE

Das unaufdringliche **Museum** (☎ 0921 67 18 95; www.museominapalumbo.it; Via Roma 72; Erw./Erm. 6/3 €; ⌚ 9–13 & 15–19 Uhr), das nach dem

TYRRHENISCHE KÜSTE

Naturforscher Francesco Minà Palumbo (1837–99) benannt ist, befindet sich in dem ehemaligen Kloster von Santa Venera. Es beherbergt eine Sammlung von Artefakten, die einen umfassenden Einblick in die Botanik, Naturgeschichte, Mineralienvorkommen und Archäologie der Madonien gewähren.

GASTRONOMISCHE HIGHLIGHTS

In Castelbuonos ländlicher Küche wird alles verarbeitet, was die Madonien zu bieten haben: z. B. *funghi di bosco* (Waldpilze) und *cinghiale* (Wildschwein).

A RUA FERA €

0921 67 67 23; Via Roma 71; Di (nicht im Sommer) & Okt. geschl.

Antonio Marannanos Pizzas sind konkurrenzlos. Es werden nur die leckersten heimischen Produkte verwendet. Auch die Pastagerichte, z. B. *pappardelle fresche con funghi di stagione* (frische Pappardelle mit Pilzen der Saison), sind köstlich. Die Speisekarte ist klein, aber fein.

FIASCONARO €

0921 67 12 31; www.fiasconaro.com; Piazza Margherita 10; Mi geschl.

Die Spezialität dieser beliebten *pasticceria* an der Hauptstraße zur Burg ist *mannetto* (Mannakuchen). Aber auch die anderen Leckerbissen wie die mit viel Butter hergestellten *cornetti* (Croissants), die wunderbar süße *cassata siciliana*, die außergewöhnliche *testa di Turco* (Türkenkopf; Pudding mit Blätterteig in der Mitte) und das hausgemachte *gelato* sind ein Genuss. Die *pasticceria* befindet sich auf der einen Straßenseite und das Café Fiasconaro auf der gegenüberliegenden Seite – niemand hat hier etwas dagegen, wenn man mit einer süßen Leckerei aus der *pasticceria* ins Café kommt.

NANGALARRUNI €€

0921 67 14 28; www.hostarianangalarruni.it; Via Alberghi delle Confraternite 10; Gerichte 35 €; Mi geschl.

Das Nangalarruni ist auf ganz Sizilien nicht nur für die hervorragenden Speisen (Waldpilze & Wildschwein) bekannt, sondern auch für die große Auswahl an Weinen. Im Angebot sind sowohl sizilianische Tropfen als auch Weine aus ganz Italien. Man sollte unbedingt eine der Spezialitäten des Hauses probieren, das Vier-Gänge-Menü (32 €) ist keine schlechte Idee. Empfehlenswertes Slow-Food-Restaurant.

ROMITAGGIO €€

0921 67 13 23; www.romitaggio.it; Contrada da San Guglielmo; Gerichte 30 €; Mi geschl.

Das Restaurant ist in einem alten Benediktinerkloster beheimatet, das 4 km von Castelbuono entfernt an der Straße nach San Guglielmo liegt. Es tischt traditionelle Madonita-Gerichte auf, u. a. Antipasti mit *salsicce secche* (getrocknete Wurst), *ricotta fresca* (frischer Ricotta), *provola della madonie* (Provolone-Käse aus den Madonien) und selbst eingelegte Oliven. Highlights auf der Speisekarte sind Slow-Food-Leckereien wie *capretto aggiassato* (geschmortes Zicklein) und *coniglio alla menta* (Kaninchen mit Minze). Achtung: keine Kreditkartenzahlung möglich!

PETRALIA SOPRANA

3562 Ew. / 1147 m

Petralia Soprana (abgeleitet von dem italienischen Wort *sopra* für „auf“ bzw. „über“) liegt traumhaft schön auf einem Hügel oberhalb eines Pinienhains. Es ist eine der am besten erhaltenen Kleinstädte im Norden Zentralsiziliens, schmiedeeiserne Balkone voller Geranien zieren die malerischen Steinhäuser. Der Ort ist zugleich das höchstgelegene Städtchen in den Madonien. Viel zu tun hat man hier nicht – man wandert einfach nur durch die schmalen Kopfsteinpflastergassen, besichtigt ein paar Kirchen und geht mittags im Da Salvatore (S. 125) essen.

PETRALIA SOPRANA ERKUNDEN

SPAZIERGANG DURCH DEN ORT // KIRCHEN BESICHTIGEN

Für einen so kleinen Ort hat Petralia Soprana erstaunlich viele Kirchen. Die schönste, die **Chiesa di Santa Maria di Loreto** aus dem 18. Jh., steht am Ende der Via Loreto neben dem Hauptplatz Piazza del Popolo (den Schildern nach Da Salvatore folgen). Im Inneren befinden sich ein Altargemälde von Gagini und eine *Madonna* von Giacomo Mancini. Geht man gleich rechts neben der Kirche durch den Torbogen, kommt man zum Belvedere, von wo aus man einen schönen Blick über das Tal hat. Bei klarem Wetter kann man sogar den Ätna erspähen. Der **Dom** des Orts befindet sich auf der gegenüberliegenden Seite der Piazza del Popolo neben der Piazza dei Quattro Cannoli. Sie wurde 1497 geweiht, hat einen eleganten Portikus aus dem 18. Jh. und einen *campanile* (Glockenturm) aus dem 15. Jh. und ist den Heiligen Peter und Paul gewidmet.

GASTRONOMISCHE HIGHLIGHTS

DA SALVATORE €

☎ 0921 68 01 69; Piazza San Michele 3; Gerichte 20 €; ⏲ Di (nicht im Sommer), im Winter abends, 2 Wochen im Juli & 2 Wochen im Sept. geschl.

Salvatore Ruvutuso, seine Frau Maria und ihre drei Kinder betreiben die oft gelobte, einladende, familienfreundliche Trattoria in der Nähe der Chiesa di Santa Maria di Loreto. Anfangen sollte man mit den köstlichen Antipasti – unbedingt den scharfen, allseits geliebten *provola delle madonie* (Slow Food) und das Frittata probieren. Weiter geht's mit einem der Gerichte von der Tageskarte, auf der höchstwahrscheinlich ein einfaches Pastagericht, eine Gemüsesuppe und ein herrlicher Eintopf stehen. Pizza gibt's nur abends. Achtung: Keine Kreditkartenzahlung möglich!

VERKEHRSMITTEL & -WEGE

AUTO & MOTORRAD // Von Petralia Sottana aus erreicht man Petralia Soprana, indem man über den Corso Paolo Agliata zur Piazza Umberto fährt und dann der kurvigen Straße folgt, die rechts neben der Chiesa Madre den Berg hinaufführt. An der ersten Abzweigung muss man dann rechts abbiegen.

PARKEN // An der Piazza del Popolo gibt's ein paar kostenlose Parkplätze. Alternativ kann man sein Gefährt aber auch in der Straße abstellen, die nach oben in die Stadt führt.

PETRALIA SOTTANA

3143 Ew. / 1000 m

Unterhalb von Petralia Soprana liegt der Ort Petralia Sottana (abgeleitet von dem italienischen Wort *sotto* für „unter"), das Tor zum Regionalpark. Im Foyer des Rathauses befindet sich das Hauptbüro der **Ente Parco delle Madonie** (☎ 0921 68 40 11; www.parcodellemadonie.it, italienisch; Corso Paolo Agliata 16; ⏲ So & Mo 9–15.30, Di–Sa 15.30–19.30 Uhr), in dem man Karten und Infos über Wanderrouten in den Madonie bekommt. Auch das Personal im Museo Civico Antonio Collisani (S. 126) hält Broschüren und Infomaterial über die Stadt und den Park bereit.

PETRALIA SOTTANA ERKUNDEN

EIN SPAZIERGANG DURCH DIE STADT // WARUM NICHT UNTER DIE EINHEIMISCHEN MISCHEN UND

EINE ABENDLICHE PASSEGGIATTA (SPAZIERGANG) MACHEN?
Petralia Sottanas Hauptstraße, der Corso Paolo Agliata, ist tagsüber eine beliebte Einkaufsstraße. Am frühen Abend mausert sie sich dann zu einer erstaunlich betriebsamen *passeggiata* (Promenade) Wie auch in Petralia Soprana gibt's hier ein paar schöne Kirchen, u. a. die barocke **Chiesa di San Francesco** am Corso und die aus dem 17. Jh. stammende **Chiesa Madre** am Ende des Corso am Piazza Umberto, deren *campanile* das Wahrzeichen des Städtchens ist. An der Straße nach Petralia Soprana steht die **Chiesa di Santissima Trinità alla Badia,** in der sich ein kunstvolles Marmorrelief von Giandomenico Gagini befindet.

MUSEO CIVICO ANTONIO COLLISANI // STIPPVISITE BEI FOSSILIEN

☎ 0921 64 18 11; www.petraliasottana.net, italienisch; Corso Paolo Agliata 100; Erw./Erm. 2/1 €; ⏲ normalerweise 9–19 Uhr, wechselnde Öffnungszeiten möglich

Das kleine, aber interessante Museum hat sich der Archäologie und Geologie der Madonie verschrieben. Es bietet eine beeindruckende Sammlung von Fossilien, die in dieser Gegend gefunden wurden. Ein kurzer Besuch lohnt sich unbedingt. Für Kinder gibt's ein ausgezeichnetes Lernzentrum, das allerdings nur italienischsprachig ist.

GASTRONOMISCHE HIGHLIGHTS

PETRAE LEJUM €

☎ 0921 04 19 47; Corso Paolo Agliata 113; Gerichte 19 €; ⏲ Fr abends geschl. (nicht im Aug.)

Die Atmosphäre lässt hier etwas zu wünschen übrig (knallbunte Wandgemälde, hässlicher Nippes und ein lärmender Fernseher). Die nette Begrüßung, das hervorragende Essen und die guten Preise machen das allerdings wieder wett. Zu den Highlights auf der Speisekarte gehören kreative Salate, unzählige Wildschweingerichte und eine leckere Antipasti-Platte. Slow Food pur.

VERKEHRSMITTEL & -WEGE

PARKEN // Ein Parkplatz mit Blick über das Tal befindet sich an genau der Stelle, wo die Straße in den Corso Paolo Agliata mündet.

RUND UM PETRALIA SOTTANA

PIANO BATTAGLIA // IN DEN MADONIE SKIFAHREN, WANDERN ODER RADELN

In dem kleinen Skiort Piano Battaglia (www.pianobattaglia.it, italienisch) wähnt man sich eher in der Schweiz als auf Sizilien. Überall stehen Chalets, in denen sich im Winter die stetig wachsende Zahl an sizilianischen Skiläufern einquartiert.

Das Skigebiet Mufara (Nordhang) reicht hinauf bis zu einer Höhe von 1840 m und bietet Pisten mit einer Gesamtlänge von 3,5 km. Der Mufaretta (Südwesthang) reicht bis 1680 m hinauf, die dortige Piste ist 500 m lang. Es gibt zwei Skilifte. Man kann sowohl Alpinski fahren als auch langlaufen.

Im Frühjahr verwandelt sich Piano Battaglia dann in ein Wander- und Mountainbikegebiet. Auf Outdoor-Begeisterte warten etlich ausgeschilderte Wege und ein Meer von Wildblumen. Eine beliebte Wanderstrecke beginnt an der Rifugio Ostella della Gioventù Piero Merlino in Piano Battaglia und führt in nordnordwestlicher Richtung über den Pizzo Scalonazzo (1903 m) und den Pizzo Carbonara zu einem Eichenwald bei Piano Sempria (1300 m). Das Hostel

(S. 335) kann Auskunft über Wanderrouten geben und Führer vermitteln.

COLLESANO

4144 Ew. / 917 m

Der obere Teil der bezaubernden, mittelalterlichen Stadt wird von der rosa- und sandfarbenen Basilica San Pietro am Corso Vittorio Emanuele und den verwitterten Ruinen der in der Nähe gelegenen normannischen Burg beherrscht. Wie auch in Castelbuono herrschten lange Zeit die Ventimiglias über den Ort – daher das aristokratische Flair Collesanos. Es gibt ein paar Kirchen, in die man einen Blick werfen sollte, u. a. den mit zahlreichen Fresken verzierten **Duomo** (alias Santa Maria la Nuova) aus dem 15. Jh., die **Chiesa di St Maria la Vecchia** aus dem 12. Jh., die **Chiesa di St Maria del Gesù** aus dem 17. Jh. und die **Chiesa di St Giacomo** aus dem frühen 16. Jh.

COLLESANO ERKUNDEN

MUSEO TARGA FLORIO // EINE REISE DURCH DIE GESCHICHTE DES AUTOMOBILS

Nach der Besichtigung der Kirchen kann man das **Museo Targa Florio** (☎ 0921 66 46 84; www.museotargaflorio.it; Corso Vittorio Emanuele 3; Erw./über 65 Jahre 2/1 €; April–Okt. Di–So 9.30–12.30 & 16–19.30 Uhr, Nov.–März 9.30–12.30 & 15–18.30 Uhr, Nov.–März Do nachmittags geschl.) besuchen. Es zeigt Fotografien und Erinnerungsstücke vom ältesten Sportwagenrennen der Welt, der Targa Florio: Der wohlhabende Autofan Vincenzo Florio rief das Rennen 1906 ins Leben. Die 72 km lange Strecke über die heimtückisch schmalen Straßen der Monti Madonie war extrem schwer. Die Haarnadelkurven stellten nicht nur an die Fahrer, sondern auch an ihre fahrbaren Untersätze höchste Anforderungen (meistens gewann Porsche, dicht gefolgt von Alfa Romeo). Aus Sicherheitsgründen wurde das Rennen 1977 eingestellt.

GASTRONOMISCHE HIGHLIGHTS

CASALE DRINZI €

☎ 0921 66 40 27; www.casaledrinzi.it; Contrada Drinzi, SP9; Pizzas 3,50–6,50 €, Gerichte 17 €; nahezu den kompletten Febr. geschl.

Das Holzchalet in den Hügeln gleich oberhalb von Collesano ist ein wahres Juwel. Aus der betriebsamen Küche kommen deftige Speisen aus regionalen Slow-Food-Zutaten, z. B. *Fagiolo Badda Nera* (Bohnen aus der Gegend um Polizzi Generosa). Gaumenfreuden wie *degustazione di antipasti* (ein Teller mit gefüllten Zucchini-Blüten, frittiertem Ricotta, Bruschetta mit *lardo* und einheimischen Zwiebeln vom Holzkohlengrill) und *pappardelle al sugo di selvaggina* (hausgemachte Bandnudeln mit Wildsoße) sind nur zwei der beliebten Gerichte. Abends bekommt man auch Pizza – noch ein guter Grund, ein Zimmer im dazugehörigen B&B (EZ/DZ 30/50 €) zu reservieren.

TOUR-TIPP: MONTI MADONIE

Karte S. 128
Länge: ca. 113 km
Dauer: ein, zwei oder drei Tage

Die Tour führt in fast alle malerischen Städte in den Madonien. Sofern man zwei oder drei Tage Zeit zur Verfügung hat, ist sie eine gemütliche Entdeckungsreise. Man schafft es aber auch, sich alles an einem Tag anzusehen – das wird dann jedoch ziemlich anstrengend.

Von Cefalù folgt man für etwa 15 km der kurvigen SP54bis zum **Santuario di Gibilmanna** (**1**; ☎ 0921 42 18 35; 8.30–13 & 15.30–17, Sommer bis 20 Uhr), das in 800 m über dem Meeresspiegel auf dem Gipfel des

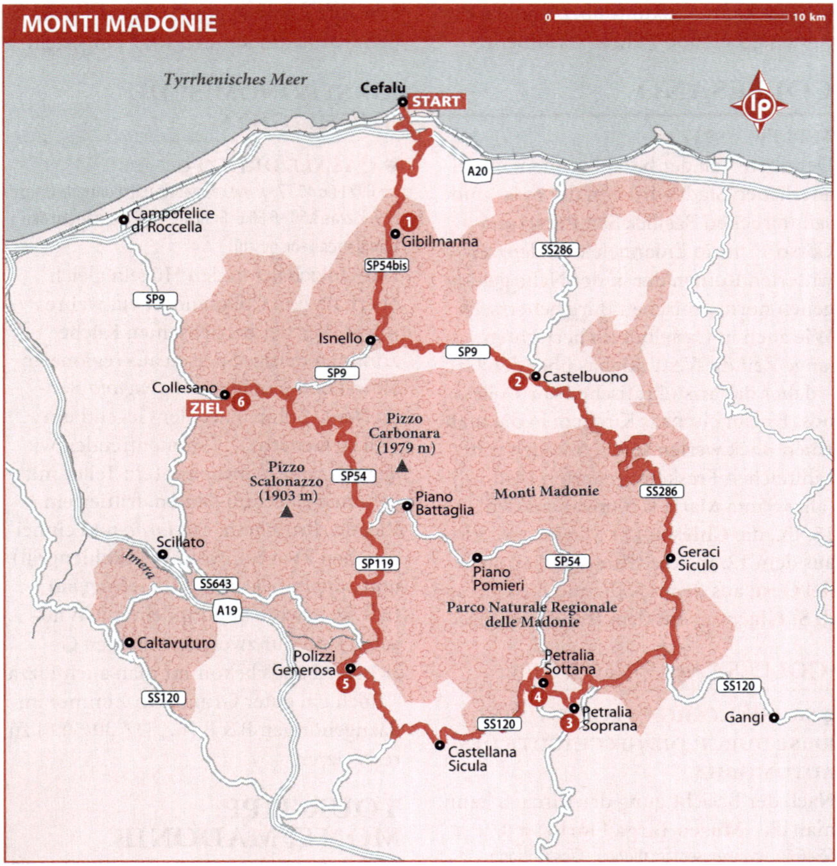

Pizzo Sant'Angelo thront. Die Jungfrau Maria soll hier im 17. Jh. zwei Blinden das Augenlicht geschenkt und einem Stummen zum Sprechen verholfen haben. Das Wunder wurde später vom Vatikan bestätigt, weshalb die Kirche eines der bedeutendsten Heiligtümer Siziliens ist. Der Blick vom Belvedere vor der Kirche über die Madonie ist ziemlich spektakulär.

Von Gibilmanna geht's auf der SP9 weiter in südöstliche Richtung. Nach etwa 18 km erreicht man **Castelbuono** (**2**; S. 123) mit seiner prachtvollen Burg aus dem 14. Jh. Über die kurvige SS286 gelangt man dann in das 35 km südlich gelegene Bergdorf **Petralia Soprana** (**3**; S. 124) mitten im Regionalpark. Die Straße ist in einem ziemlich miesen Zustand und mit Schlaglöchern übersät. Sie führt vorbei an dichten Wäldern und bietet traumhafte Blicke über die Täler.

Nach dem Mittagessen in Petralia Soprana oder in der Schwesterstadt **Petralia Sottana** (**4**; S. 125) fährt man über die SS120 in das bezaubernde Städtchen **Polizzi Generosa (5)** am Anfang des Imera-Tals. Für die 19 km lange Strecke benötigt man etwa 30 Minuten. Die Stadt, der Friedrich II. um 1230 den Titel *generosa* (großmütig) verlieht, dient heutzutage hauptsächlich als Ausgangspunkt für Wanderungen in den Madonien. Die Bergregion wartet zudem mit zahlreichen Kirchen auf, die oft vom Nebel verhüllt sind. Sehenswert ist die **Chiesa Madre**, in der man ein flämisches Gemälde *Maria mit Jesuskind und Engeln* aus dem frühen 16. Jh. und die *Rosenkranzmadonna* von Giuseppe Salerno bewundern kann.

Der letzte Stopp auf dieser Tour ist die mittelalterliche Stadt **Collesano** (**6**; S. 127), die ca. 26 km nordwestlich liegt; erst der SP119 und dann der SP54 folgen (alternativ kommt man auch über die SS643 und die SP9bis hin). Nachdem man die kompakte Oberstadt erkundet hat, besteht die Möglichkeit, sich in einem der einfachen Zimmer im **Casale Drinzi** (S. 127) am Ostrand der Stadt einzuquartieren. Oder man folgt noch für eine Stunde der malerischen SP9 zurück nach Castelbuono und checkt dort im **Relais Santa Anastasia** (S. 335) ein. So oder so ist es sicher keine vergeudete Zeit, wenn man in dieser idyllischen Gegend ein oder zwei ruhige Tage verbringt.

PARCO REGIONALE DEI NEBRODI

Der Regionalpark Nebrodi wurde 1993 gegründet und bildet die größte bewaldete Fläche auf Sizilien. Tatsächlich ist das Gebiet, wie der sizilianische Schriftsteller Gesualdo Bufalino bemerkt, eine richtige „Insel auf einer Insel" mit abgelegenen, traditionellen Dörfern, in die sich nur wenige Besucher verirren.

Der Wald liegt auf einer Höhe von 1200 bis 1500 m. Zum Baumbestand gehören Buchen, Eichen, Ulmen, Eschen,

AN- & WEITERREISE: REGIONALPARK NEBRODI

Am besten erkundet man diesen Park im eigenen Auto – es sind nur äußerst wenige Busse unterwegs.

MIT DEM AUTO

Los geht's an der Küste in Capo d'Orlando auf der SS116 hinauf nach Floresta (1275 m), dem höchstgelegenen Dorf im Park. Von hier folgt der spektakuläre Abstieg nach Randazzo mit unvergesslichen Blicken auf den Ätna.

Die bezaubernde SS289 führt mitten durch den Park und verbindet Sant'Agata di Militello mit dem weiter im Landesinneren gelegenen Cesarò. An dieser Strecke liegt San Fratello, ein typisches Nebrodi-Städtchen, das ursprünglich von Adelaide di Monferrato, der dritten Frau von Roger I., für ihre lombardischen Cousins gegründet wurde (daher der merkwürdige örtliche Dialekt).

MIT DEM BUS

Interbus (☎ 0935 22460; www.interbus.it, italienisch) verkehrt zwischen Santo Stefano di Camastra und Mistretta (35 Min., Mo–Fr 5-mal tgl., am Wochenende seltener), Messina und Cesarò (3 Std., Mo–Sa 1-mal tgl.), Messina und Mistretta (2 Std., 1-mal tgl.) sowie zwischen Messina und Randazzo (2 Std., 1-mal tgl.).

TOP FIVE

AUSSICHTSPUNKTE

Wer durch diesen Teil der Insel reist, wird von ständig neuen, wunderschönen Ausblicken überrascht, sei es über das Tyrrhenische Meer bis hin zu den Liparischen Inseln oder über die spektakulären Wälder der Regionalparks Madonie und Nebrodi.

- **Antike Ruinen, Tyndaris** (S. 134) Vom Gipfel der archäologischen Stätte hat man einen umwerfenden Blick aufs Meer
- **Belvedere, Petralia Soprana** (S. 124) Grandiose Aussicht auf die Monti Madonie
- **Belvedere, Santuario di Gibilmanna** (S. 127) Man überblickt die ganze Strecke hinauf bis zum Pizzo Carbonara
- **Befestigungsmauern, Burg in Caccamo** (S. 120) Auf der einen Seite das Meer, auf der anderen die Berge
- **Ruinen von La Rocca, Cefalù** (S. 118) Stadt und Meer aus der Vogelperspektive

Korkeichen, Ahorn und Eiben. Zwischen den Bäumen verstecken sich die auf Sizilien noch heimischen Wildtiere: Stachelschweine, San-Fratello-Pferde und Wildkatzen sowie jede Menge Raubvögel wie Steinadler, Lanner- und Wanderfalken und Gänsegeier. Die Hochgebirgsweiden waren schon immer die Heimat von emsigen Bauern, die leckere Pilze sammeln, cremigen Ricotta herstellen und Kühe, Schafe, Pferde, Ziegen und Schweine hüten.

Der höchste Gipfel im Park ist der Monte Soro (1847 m). Am lieblichen Natursee Lago di Biviere tummeln sich Reiher und Stelzenläufer.

Es ist schwer, an Informationen über den Park heranzukommen. Die wenigen **Touristeninformationen** (Alcara di Fusi ☎ 0941 79 39 04, Via Ugo Foscolo 1; Bronte ☎ 338 299 30 77, Castello di Nelson; Cesarò ☎ 095 773 20 61, Via Bellini 79; Mistretta Via T Aversa 26; Radazzo ☎ 095 799 16 11, Corso Umberto 197) haben unregelmäßige Öffnungszeiten und das Personal spricht in den meisten Fällen nur Italienisch. Weitere Infos gibt's unter www.parks.it/parco.nebrodi oder www.parcodeinebrodi.it.

SAN MARCO D'ALUNZIO

2098 Ew. / 550 m

Dieses Bergdorf in atemberaubender Lage ist gerade einmal 9 km von der Küste entfernt. Es wurde im 5. Jh. v. Chr. von Griechen gegründet und später von den Römern besetzt, die dem Ort den Namen Aluntium gaben und Gebäude wie den **Tempio di Ercole** (Tempel des Herkules) am Ortseingang errichteten. Später bauten die Normannen auf dem roten Marmorsockel des Tempels eine Kirche, der inzwischen das Dach abhanden gekommen ist.

Südöstlich des Orts liegt **Longi**, die Ausgangsbasis für Wanderer. In südwestlicher Richtung gelangt man nach **Alcara di Fusi**, ein kleines Dorf unterhalb der eindrucksvollen **Rocche del Crasto** (1315 m); diese wiederum sind eine Brutstätte der Steinadler.

Die **Touristeninformation** (9–13 & 15–19 Uhr) von San Marco d'Alunzio befindet sich gegenüber der Chiesa Madre in der Via Aluntia. Leider können in dem Ort weder Cafés noch Restaurants empfohlen werden.

SAN MARCO D'ALUNZIO ERKUNDEN

SPAZIERGANG DURCH DIE STADT // ES GIBT EINIGES AUS NORMANNISCHER UND BYZANTINISCHER ZEIT ZU ENTDECKEN

Buchstäblich alle älteren Gebäude in San Marco d'Alunzio wie auch die 22 Kirchen wurden aus dem vor Ort geschlagenen Marmor erbaut. In der beeindruckendsten Kirche, der **Chiesa di Santa Maria delle Grazie**, steht die Domenico-Gagini-Statue *Madonna con bambino e San Giovanni* (Maria mit Jesuskind und dem hl. Johannes) von 1481. Neben der Chiesa di San Teodora aus dem 16. Jh. befindet sich das **Museum für Byzantinische & Normannische Kultur & Bildende Kunst** (☎ 0941 79 77 19; Badia Nica, Via Ferraloro; Eintritt 1,60 €; ⏰ 9–13 & 15.30–19 Uhr), in dem Freskenteile aus den Kirchen des Städtchens und eine bunt zusammengewürfelte Sammlung von Säulen, Kapitellen und anderen kleinen Stücken zu sehen sind, die in der Umgebung des Orts ausgegraben wurden. Oben auf dem Hügel kann man einige wenige Überreste der ersten von den Normannen auf Sizilien errichteten **Burg** bewundern.

RUND UM DEN REGIONALPARK NEBRODI

MISTRETTA // MALERISCHER ABSTECHER IN EINEN ORT, IN DEM DIE ZEIT ANSCHEINEND STEHEN GEBLIEBEN IST

Das am Westrand des Parks gelegene, bezaubernde Bergstädtchen Mistretta ist von Santo Stefano di Camastra aus über die SS117 zu erreichen. Hier scheint die Zeit stehen geblieben zu sein. In den Straßen und Gassen hat sich in den letzten 300 Jahren kaum etwas verändert – und auch die hier lebenden Menschen machen den Eindruck, als seien sie fast schon genauso lange hier. Nur wenig trübt die idyllische Ruhe in den Bergen. Die einzige Action steigt in der **Gran Bar** (164 Via Libertà; ⏰ Mi–Mo 5.45–13 & 14.35–22 Uhr), einer altmodische Bar/*pasticceria* in einem Gebäude von 1660. Das hausgemachte Gebäck ist köstlich – unbedingt probieren!

FERIENORTE AN DER KÜSTE

An dem 83 km langen Küstenstreifen zwischen Cefalù und dem östlich gelegenen Capo d'Orlando reihen sich scheinbar endlos kleine Buchten, relativ saubere Strände und familienfreundliche Ferienorte aneinander. Hinter Capo d'Orlando mehren sich die Zeichen der Urbanisierung und Industrialisierung an der Küste – dies gilt umso mehr, je mehr man sich Milazzo nähert, dem Hauptstartpunkt für die Überfahrt zu den Liparischen Inseln.

CASTEL DI TUSA // NEBENEINANDER VON KLASSISCHEN RUINEN UND ZEITGENÖSSISCHER KUNST

Der kleine Ferienort liegt etwa 25 km östlich von Cefalù. Über dem Ort thronen in 600 m Höhe die Ruinen der Burg, der das Dorf seinen Namen verdankt. Castel di Tusa hat vor allem durch das umstrittene Projekt **Fiumara d'Arte** Berühmtheit erlangt, einem Skulpturenpark unter freiem Himmel mit einer Sammlung von zeitgenössischen Kunstwerken, die verstreut im *fiumara* (Flussbett) des Flusses Tusa stehen. Vom Strand führt eine kleine Straße 9 km ins Landesinnere zu dem Mutterdorf

Tusa. Auf dem Weg vom Ferienort an der Küste zum Dorf kommt man an einem Schild vorbei, das den Weg nach **Halaesa** (Eintritt 2 €; 9 Uhr–1 Std. vor Sonnenuntergang) weist, einer griechischen Siedlung aus dem späten 5 Jh. v. Chr. Die herrlich auf einem Hügel gelegene Stätte bietet eine hervorragende Aussicht auf die umliegende Landschaft; an klaren Tagen erblickt man am Horizont sogar die Liparischen Inseln. Am deutlichsten sind die Überreste der Agora mit ihren massiven Mauern zu erkennen. Weiter unten am Hang des Hügels befinden sich die nur noch zu erahnenden Reste eines kleinen Theaters.

Aus Milazzo (7 €, 1½–1¾ Std., 10-mal tgl.) und Palermo (6,10 €, 1½ Std., 9-mal tgl.) fahren Züge hierher. Der Bahnhof ist in Tusa.

SANT'AGATA DI MILITELLO // TOR ZU DEN NEBRODI-BERGEN

Dieser beliebte Ferienort erstreckt sich um den Torre della Marina, einen im 13. Jh. errichteten Wachturm. Im Sommer tummeln sich in dem Ort viele italienische Urlauber, die eifrig den langen Kieselsteinstrand abklappern. Außer dem mehrmals umgebauten **Castello Gallego** (Di–Sa 8.30–12.30 & 15.30–19.30 Uhr) im Zentrum hat der Ort nur wenige Sehenswürdigkeiten zu bieten.

Sant'Agata ist das Tor zum Parco Regionale dei Nebrodi. Wer auf dem Weg in den Park ist, sollte zuvor dem **Museo Etno-Antropologico dei Nebrodi** (☎ 0941 72 23 08; Via Cosenz 70; Eintritt frei; Mo–Sa 8.30–13.30 Uhr) einen kurzen Besuch abstatten und sich über das traditionelle Leben in den Bergen informieren.

Anfahrt: mit einem der häufig fahrenden Züge aus Milazzo (4,95 €, 1 Std., 18-mal tgl.) und Palermo (ab 7,70 €, 1¾–2 Std., 15-mal tgl.).

CAPO D'ORLANDO // TREFFPUNKT DER WASSERRATTEN

Capo d'Orlando ist nach Cefalù der meistbesuchte Ferienort an der Küste. Das Städtchen wurde – so behauptet zumindest die Legende – gegründet, als einer der Generäle von Karl dem Großen, ein Typ namens Orlando, auf der Landspitze stand und erklärte, dass man hier doch wunderbar eine Burg hinstellen könnte. Die Ruinen der Burg sind noch zu sehen. 1299 wurde Friedrich II. von Aragón hier von dem rebellischen Baron Roger von Lauria geschlagen, der von den vereinten Streitkräften von Katalonien und Anjou unterstützt wurde. Rebellen jüngeren Datums waren die Ladenbesitzer und Händler des Orts, die sich in den 1990er-Jahren einen Namen damit machten, dass sie sich gegen die Schutzgeldforderungen (*pizzo*) der Mafia auflehnten.

Die sich zu beiden Seiten des Städtchens erstreckenden Sand- und Kiesstrände ziehen viele Gäste an. Der schönste Badestrand liegt im Osten.

Weitere Auskünfte erteilt die **Touristeninformation** (☎ 0941 90 33 29; www.aastcapodorlando.it, italienisch; Via A Volta 11; Mo–Fr 9–13 & 16–19, Sa 9–13 Uhr) . Das beste Restaurant im Ort ist **La Tartaruga** (☎ 0941 95 50 12; www.hoteltartaruga.it; Via Lido San Gregorio 41; Gerichte 35 €; Mo & Nov. geschl.) in dem Hotel gleichen Namens direkt am Strand.

Anfahrt: mit dem Zug aus Milazzo (4,40 €, 40–50 Min., 19-mal tgl.) oder Palermo (ab 7,95 €, 2¼ Std., 14-mal tgl.).

MILAZZO

32 590 Ew.

Milazzo ist gewiss nicht die schönste Stadt Siziliens. An ihrem östlichen Rand liegen Industriegebiete, die selbst hartgesottene Besucher in die Flucht

auf das nächste Tragflügelboot treiben. Tatsächlich ist der Hauptgrund für einen Abstecher in diese Stadt die Fährverbindung zu den Liparischen Inseln. Aber außer den Raffinerien und dem geschäftigen Dock gibt's in Milazzo auch noch einen netten *borgo antico* (Altstadt). Die sich nach Norden erstreckende Landzunge bietet viele Naturschönheiten und felsige Buchten.

Die Eröffnung des neuen archäologischen Museums war für Ende 2010 geplant. Weitere Infos über den Stand der Dinge bekommt man bei der Touristeninformation an dem netten Hauptplatz Piazza Caio Duilio.

PRAKTISCHE INFORMATIONEN

NOTFALL // **Ambulanz** (☎ 118) **Krankenhaus** (☎ 090 929 52 62; Contrada Grazia) **Polizei** Notruf (☎ 113); Questura (☎ 090 923 03 11)

TOURISTENINFORMATION // **Touristeninformation** (☎ 090 922 28 65; www.aastmilazzo.it; Piazza Caio Duilio 20; Mo–Sa 8.30–13.30 & Mo 15–18 Uhr) In einem ehemaligen Karmeliterkloster aus dem 16. Jh.

MILAZZO ERKUNDEN

IL CASTELLO // GARIBALDIS STURM AUF DIE BEFESTIGUNGSMAUERN

Milazzos riesige **Burg** wurde 1239 von Friedrich II. errichtet und später von Karl V. von Aragón erweitert. Ursprünglich stand hier eine griechische Akropolis, später dann eine arabisch-normannische Zitadelle. Früher fand einmal ganz Milazzo hinter den gewaltigen Burgwällen Platz, von denen aus man eine tolle Aussicht auf die Bucht und die Liparischen Inseln hat. 1860 stürmten Garibaldis Truppen erfolgreich die Burg, die zu dieser Zeit von bourbonischen Soldaten besetzt war.

Zur Burg kommt man über die **Salita Castello**, die durch die stimmungsvolle Altstadt nach oben führt. Da die Burg zum Zeitpunkt der Recherchen gerade renoviert wurde, können leider keine Angaben zu Öffnungszeiten und Eintrittspreisen gemacht werden.

CAPO MILAZZO // MALERISCHE FAHRT UM DIE LANDZUNGE

Mit einem eigenen Auto lohnt sich die Fahrt auf der **Strada Panoramica** rund um das **Capo Milazzo**; die zerfurchte Küstenlinie ist wunderschön. Alternativ kann man auch eine Bootsfahrt rund um das felsige Kap nach **Baia del Tonno** an der Westseite der Landzunge machen (in der Touristeninformation nachfragen). Direkt am Ende der Landzunge steht der Leuchtturm, von dem aus ein kurzer Wanderweg hinunter zum **Santuario Rupestre di San Antonio da Padova** (So) direkt am kristallklaren Meer führt.

GASTRONOMISCHE HIGHLIGHTS

AL BAGATTO €€

☎ 090 922 42 12; Via Massimiliano Regis 11; Gerichte 30 €; mittags, sonntags & 2 Wochen im Sept. geschl.

Kaum dass man diese viel besuchte *enoteca* durch die Milchglastüren betreten hat, weiß man, dass dies die richtige Wahl für ein Abendessen ist. Gäste werden von sanften Jazzklängen, einer noch sanfteren Beleuchtung und einer fantastischen Weinkarte empfangen. Der äußerst freundliche Wirt kommt an jeden Tisch, um sich selbst davon zu überzeugen, dass alles o. k. ist (was stets der Fall ist). Aus der Küche kommen lokale Slow-Food-Gerichte wie *costolette di maialino nero in salsa di senape all'antica* (Kotelett vom schwarzen Schwein mit Senf-Obst-Soße). Es gibt nur sieben

Tische – man sollte also unbedingt reservieren. Wer keinen Tisch bekommt, kann sich auch unter die einheimische Bohème an der Bar mischen und dort eine leckere Antipasti-Platte und einen guten Tropfen genießen.

SALAMONE E MARE €€€
☎ 090 928 12 33; Strada Panoramica 36; Gerichte 55 €; Mo geschl., nicht im Sommer
Dieses Restaurant auf der Landzunge hat eine über das Wasser ragende Terrasse mit herrlicher Aussicht. Auf der Speisekarte stehen vor allem frisch gefangene Meeresfrüchte, die einfach, aber meisterhaft zubereitet werden. Gerichte wie *carpaccio di pescespada* (roher, in dünne Scheiben geschnittener Schwertfisch) und *spaghetti ai gamberi* (Spaghetti mit Shrimps) sind wahrhaft köstlich.

VERKEHRSMITTEL & -WEGE

AUTO & MOTORRAD // Milazzo liegt an der gebührenpflichtigen Straße A20-E90, die von Messina nach Palermo führt.

FERNVERKEHRSBUS // Die Busse starten an der Piazza della Repubblica in der Nähe des Hafens. **Giuntabus** (☎ 090 67 57 49; www.giuntabustrasporti.com) fährt stündlich ab/nach Messina (3,80 €, 50 Min., Mo–Sa 15-mal tgl., So 3-mal tgl.).

EINEN ABSTECHER WERT

Wer die wunderschönen Ruinen am Capo Tindari besuchen will, verlässt die *autostrada* an der Ausfahrt nach Oliveri und folgt den Schildern zum **Santuario della Madonna** (Madonna-Heiligtum; ☎ 0941 36 90 03; www.santuariotindari.it; Mo–Sa 6.45–12.45 & 2.30–18, So bis 19 Uhr, Juli & Aug. bis 20 Uhr). Wer aus westlicher Richtung kommt, erreicht die Stätte von Patti aus nach 6 km über die SS113.

Schon aus kilometerweiter Entfernung sieht man die riesige Kirche und ihre in der Sonne funkelnde Kuppel. Hier direkt auf der Landspitze wurde bereits im 16. Jh. eine heilige Stätte für die Reliquien der *Bruna Madonnina del Tindari* (Schwarze Madonna von Tindari) errichtet; das heutige, knallbunt verzierte Gebäude stammt aber größtenteils aus dem 20. Jh. Die Inschrift unterhalb der Ikone lautet: *Nigra sum, sed hermosa* (ich bin schwarz, aber wunderschön).

Von der Kirche aus führt ein Weg zum Eingang eines noch heiligeren Ortes aus der Antike: **Tyndaris** (☎ 0941 36 90 23; Erw./EU-Schüler unter 18 Jahren und über 65-Jährige/EU-Student 2/frei/1 €; 9–19 Uhr). Die Stätte wurde von Dionysios von Syrakus nach seinem Sieg über die Karthager im Jahre 396 v. Chr. errichtet. Die Ruinen – eine Basilika, eine Agora, ein römisches Haus und ein griechisches Theater – liegen abgeschieden am Rand der Klippe inmitten von Feigenkakteen, Olivenbäumen und Zypressen. Im Sommer kann man die Liparischen Inseln und die hübsche Lagune von Oliveri unten in der Bucht deutlich erkennen. Und natürlich gibt's auch ein kleines Museum mit einer Sammlung von Artefakten, die hier ausgegraben wurden.

Wer Lust hat, sich noch mehr römische Ruinen anzuschauen, sollte das Kombi-Ticket (3/frei/1,50 €) für Tyndaris und die Überreste der **Villa Romana** (☎ 0941 36 15 93; 9 Uhr–1 Std. vor Sonnenuntergang) nehmen. Die Villa befindet sich in Patti unterhalb der Autobahnüberführung. Über dem Originalfußboden dieser großen Villa wurden Laufstege angelegt, von denen aus man die Reste der kunstvollen Mosaiken mit Jagdszenen und Blumenmustern bewundern kann.

NAHVERKEHRSBUS // Die Busse 4 und 5 von AST verkehren zwischen 6.35 und 20.10 Uhr alle 35 Minuten zwischen dem Bahnhof und dem Hafen (So seltener, letzter Bus 16.35 Uhr). Bus 6 fährt zum Capo Milazzo. Fahrkarten (0,90 €, 2 Std. gültig) gibt's am Bahnhof oder in dem Laden mit AST-Schild gegenüber vom Hafen.

PARKEN // Autos können während eines Insel-Trips für ca. 12 € pro Tag auf einem der privaten Parkplätze abgestellt werden. Parken am Straßenrand (in den blau gekennzeichneten Bereichen!) kostet 0,35 € pro 30 Minuten.

SCHIFF/FÄHRE // Die Unternehmen des Fähr- und Tragflügelbootverkehrs (Ustica Lines, Siremar und NGI) unterhalten an der Via dei Mille gegenüber vom Hafen Ticketschalter. Details zu den Fähren zwischen Milazzo und den Liparischen Inseln stehen auf S. 152.

TAXI // Ein Taxi vom Bahnhof zum Hafen schlägt mit ca. 13 € zu Buche.

ZUG // Es gibt regelmäßige Zugverbindungen nach Palermo (ab 10,10 €, 2¼–3½ Std., 14-mal tgl.) und Messina (3,25 €, 20–40 Min., 19-mal tgl.).

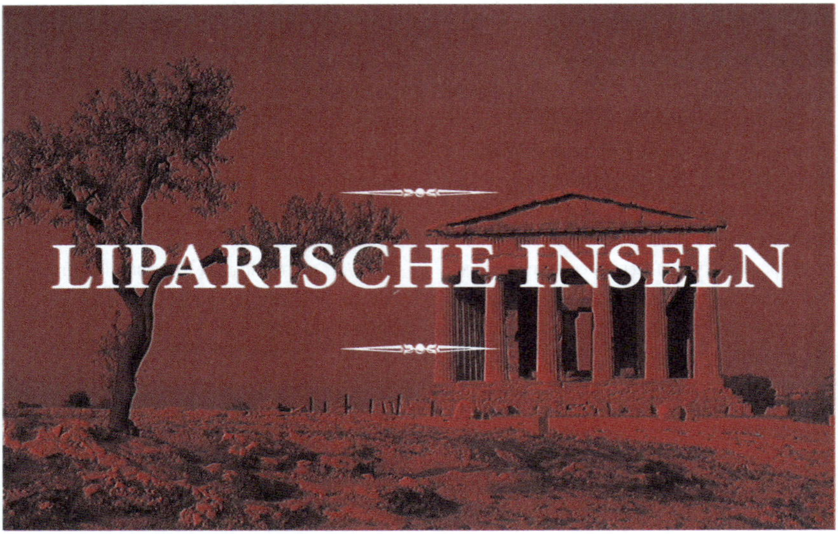

3 PERFEKTE TAGE

TAG 1 // LIPARI & VULCANO ERKUNDEN

Der Tag beginnt entspannt mit Gebäck und einem Cappuccino bei der Pasticceria Subba (S. 146), bevor man zur Zitadelle in Lipari (S. 143) aufbricht, um das Museo Archeologico Eoliano (S. 144) mit seinen vielen archäologischen Fundstücken zu erkunden. Danach sucht man sich eine Kleinigkeit zum Essen und begibt sich für eine Bootsfahrt rund um die Insel und die Nachbarinsel Vulcano (S. 152) zur Marina Corta (S. 146). Badesachen nicht vergessen, da man in den berühmten Schlammbädern von Vulcano (S. 154) in die Fluten hüpfen kann! Abends essen in Lipari.

TAG 2 // DER FEURIGE STROMBOLI

Mit einem Tragflächenboot setzt man nach Stromboli (S. 163) ganz im Norden des Archipels über. Morgens wird an den schwarzen Sandstränden (S. 167) entspannt und durch die winzigen Gassen gebummelt. Meeresfrüchte stehen zu Mittag auf dem Speiseplan, während man sich auf das Highlight des Tages vorbereitet: eine Wanderung bei Sonnenuntergang auf den Vulkan (S. 165). Der Aufstieg dauert fünf bis sechs Stunden, dafür wird man (hoffentlich) mit spektakulärem Feuerspucken über der Sciara del Fuoco (S. 166) belohnt.

TAG 3 // DIE ENTSPANNTE INSEL SALINA

Den eher ruhigen Tag verbringt man auf Salina (S. 157), der zweitgrößten und grünsten der Inseln. Nach einem kurzen Bummel durch Santa Marina Salina (S. 158) geht's nach Malfa (S. 159), wo man den einheimischen Malvasia-Wein probiert. Der nah gelegene Strand von Pollara (S. 159) ist berühmt für seine Rolle im Film *Il Postino (Der Postmann)*. Zum Abschluss geht's nach Lingua (S. 158) – hier genießt man den Abend bei *granita* und Seafood.

VERKEHRSMITTEL & -WEGE

AUTO & MOTORRAD // Besucht man die Inseln nur für ein paar Tage, ist es eventuell zu teuer, ein eigenes Auto mitzubringen. Man kann es in Milazzo im Parkhaus stehen lassen (ab 12 €/Tag; s. S. 134). Für längere Aufenthalte ist es aber vermutlich günstiger als ein Mietauto. Autos sind auf Lipari, Vulcano und Salina erlaubt. Hier werden auch Roller und Autos vermietet. Von Juli bis September gibt es Einschränkungen: Man darf nur ein Auto mit auf die Insel bringen, wenn man für mindestens sieben Tage eine Unterkunft gebucht hat.
BUS // Von April bis September betreibt **Giuntabus** (☎ 090 67 37 82; www.giuntabustrasporti.com) einen täglichen Shuttlebus zwischen dem Flughafen Catania und Milazzo. Los geht's in Milazzo um 8.45 Uhr und in Catania um 17 Uhr. Die Fahrt dauert eine Stunde und 50 Minuten. Tickets erhält man für 12 € beim Einsteigen. Alternativ kann man auf www.eoliebooking.com Tickets für einen privaten Shuttlebus buchen (25 €/Pers., min. 2 Pers., bis 5-mal tgl.), der auf derselben Strecke fährt.
FLUGZEUG // Auf dem Luftweg kommt man nur per Hubschrauber zu den Liparischen Inseln. Von Juni bis September fliegt **Air Panarea** (☎ 090 983 44 28; www.airpanarea.com) vom Flughafen Reggio di Calabria nach Lipari, Vulcano, Salina und Panarea (je 200 €), Filicudi (240 €), Stromboli und Alicudi (je 300 €).
SCHIFF/FÄHRE // Der wichtigste Ausgangspunkt zu den Liparischen Inseln ist Milazzo (S. 133), von wo aus das ganze Jahr über regelmäßig Autofähren und Tragflächenboote ablegen. Außerdem gibt es das ganze Jahr über Fährverbindungen von Messina, Reggio di Calabria und Neapel und im Sommer auch von Cefalù und Palermo. Am häufigsten fahren die Fähren von Juni bis September, im Winter, wenn die See rau sein kann, deutlich weniger häufig. Fähren fahren seltener und sind günstiger und deutlich langsamer als Tragflächenboote, jedoch bei schlechtem Wetter auch weniger anfällig. Die wichtigsten Fährbetreiber sind **Ustica Lines** (☎ 0923 87 38 13; www.usticalines.it), der nur Tragflächenboote betreibt, **Siremar** (☎ 892123; www.siremar.it) mit seiner Flotte aus Tragflächenbooten und Fähren und **NGI** (☎ 800 250000; www.ngi-spa.it), der nur Fähren hat. Die hier angegebenen Informationen beziehen sich auf Überfahrten in der Hauptsaison und sind nicht allumfassend – auf der Website des jeweiligen Fährbetreibers nach detaillierteren Informationen schauen! Von Milazzo aus fahren Tragflächenboote nach Vulcano (14,90 €, 45 Min., 17-mal tgl.), Lipari (15,80 €, 1 Std., 18-mal tgl.), Salina (17,25 €, 1½–2 Std., 12-mal tgl.), Panarea (17,80 €, 2¼ Std., 8-mal tgl.), Stromboli (21,45 €, 3 Std., 8-mal tgl.), Filicudi (22,75 €, 2½ Std., 3-mal tgl.) und Alicudi (22,75 €, 3¼ Std., 3-mal tgl.). Tickets erhält man im Verkaufsbüro in der Via dei Mille. Das ganze Jahr über verkehren Tragflächenboote von Ustica Lines von Messina (22,90 €, 1½–3¾ Std., 5-mal tgl., Winter 1-mal tgl.) und Reggio di Calabria (23,90 €, 2–3 Std., Sommer 4-mal tgl., Winter 1-mal tgl.) nach Lipari, zusätzlich nur im Sommer auch ab Cefalù (29,90 €, 3½ Std., 1-mal tgl.) und Palermo (38,70 €, 4 Std., 2-mal tgl.). Siremar betreibt Schiffe von Neapel nach Lipari (59 €, 13½ Std., 2-mal wöchentl.) und zu den anderen Inseln. Lipari ist der Hauptverkehrsknotenpunkt der Liparischen Inseln. Von hier aus gibt es Anbindungen zu allen anderen Inseln – weitere Details s. S. 152.

LIPARI

11 240 Ew.

Lipari ist die größte, am dichtesten bevölkerte und am einfachsten zugängliche der Liparischen Inseln. Ihr Mittelpunkt ist die Stadt Lipari, der wichtigste Verkehrsknotenpunkt des Archipels und das, was einer Hauptstadt auf den Inseln am nächsten kommt. Die geschäftige kleine Hafenstadt mit schönen pastellfarbenen Häusern am Meer und zahlreichen Unterkünften ist der beste Ausgangspunkt fürs Insel-Hopping. Außerhalb der Stadt weist Lipari eine zerklüftete, typisch mediterrane Landschaft aus niedriger *macchia* (dichtem Buschland), ruhigem, vom Wind zerzausten Hochland, steil abfallenden Klippen und verträumtem blauen Meer auf.

Lipari wurde nach Liparus benannt, dem Schwiegervater von Aiolos (dem

(Fortsetzung auf S. 142)

LIPARISCHE INSELN

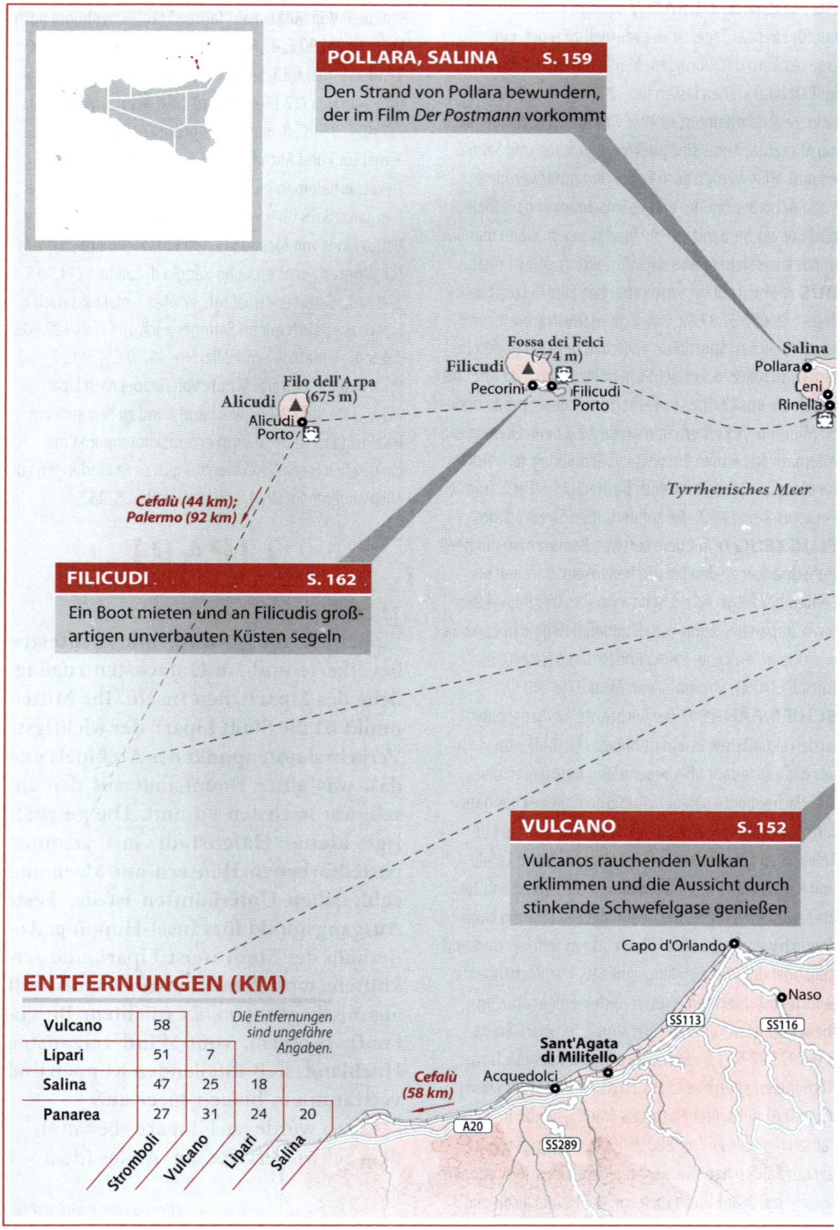

POLLARA, SALINA S. 159

Den Strand von Pollara bewundern, der im Film *Der Postmann* vorkommt

FILICUDI S. 162

Ein Boot mieten und an Filicudis großartigen unverbauten Küsten segeln

VULCANO S. 152

Vulcanos rauchenden Vulkan erklimmen und die Aussicht durch stinkende Schwefelgase genießen

ENTFERNUNGEN (KM)

	Stromboli	Vulcano	Lipari	Salina
Vulcano	58			
Lipari	51	7		
Salina	47	25	18	
Panarea	27	31	24	20

Die Entfernungen sind ungefähre Angaben.

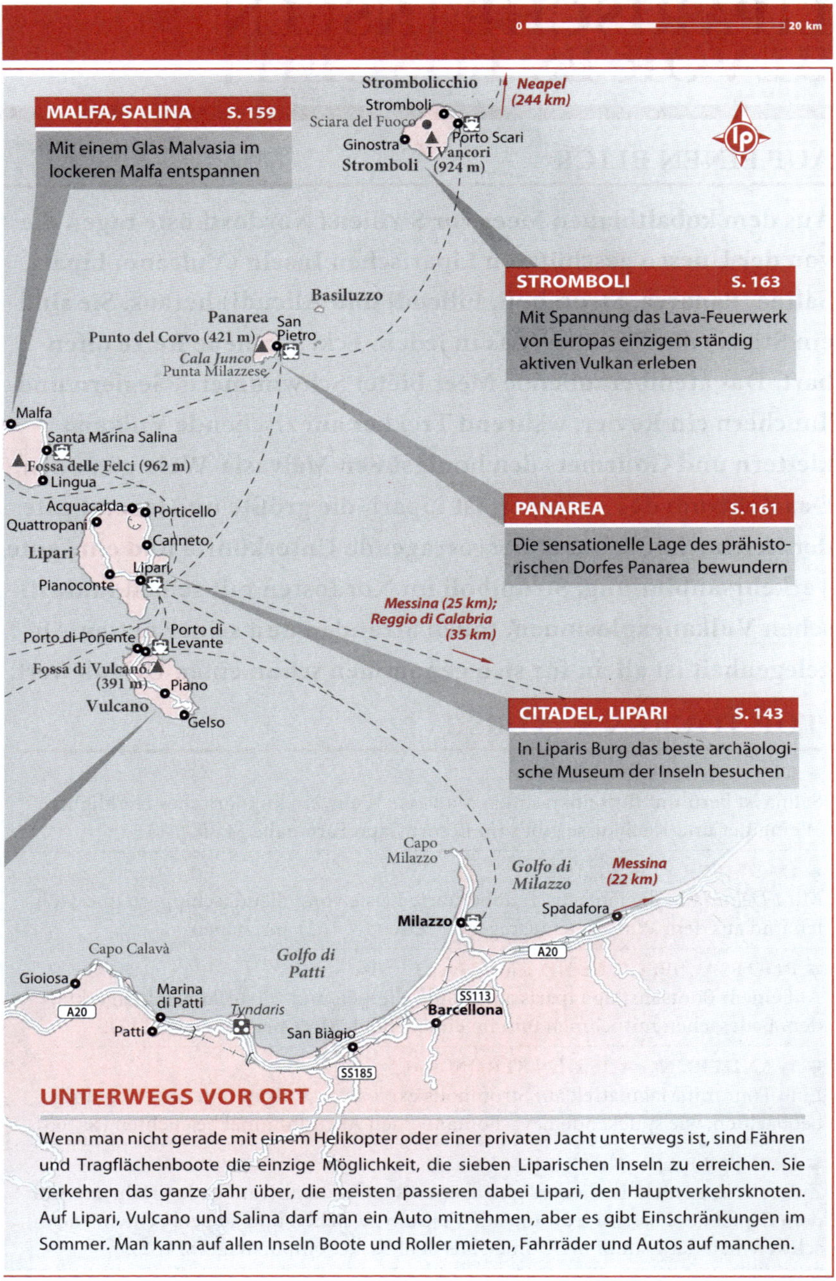

UNTERWEGS VOR ORT

Wenn man nicht gerade mit einem Helikopter oder einer privaten Jacht unterwegs ist, sind Fähren und Tragflächenboote die einzige Möglichkeit, die sieben Liparischen Inseln zu erreichen. Sie verkehren das ganze Jahr über, die meisten passieren dabei Lipari, den Hauptverkehrsknoten. Auf Lipari, Vulcano und Salina darf man ein Auto mitnehmen, aber es gibt Einschränkungen im Sommer. Man kann auf allen Inseln Boote und Roller mieten, Fahrräder und Autos auf manchen.

LIPARISCHE INSELN
BEVOR ES LOSGEHT

AUF EINEN BLICK

Aus dem kobaltblauen Meer vor Siziliens Nordostküste ragen die von der Unesco geschützten Liparischen Inseln (Vulcano, Lipari, Salina, Panarea, Stromboli, Filicudi und Alicudi) heraus. Sie sind ein Stück vom Paradies, das in jedem Eckchen neue Reize offenbart. Das atemberaubende Meer bietet Schwimmern, Seglern und Tauchern ein Revier, während Trekker auf zischende Vulkane klettern und Gourmets den honigsüßen Malvasia-Wein genießen. Das Zentrum des Archipels ist Lipari, die größte und lebendigste der Inseln. Salina bietet hervorragende Unterkünfte und eine gute Verkehrsanbindung, Stromboli im Nordosten mit seinen fantastischen Vulkanexplosionen, tollen Stränden und seiner netten Abgelegenheit ist allein für sich genommen schon einen Urlaub wert.

TOP-TOUREN & -KURSE

KULINARISCHES SALINA
Salina ist berühmt für seinen süßen Malvasia-Wein, ein kulinarisches Highlight. Weingüter und Kochkurse gibt's im Resort Capo Faro nahe Malfa (S. 159).

DAS MEER VOR FILICUDI
Mit *I Delfini* um die fantastisch unberührte Küste von Filicudi schippern und Höhlen und aus dem Wasser herausragende Felsen (S. 162) anschauen.

BOOTSAUSFLUG RUND UM LIPARI
Auf einem Bootsausflug Liparis abfallende Klippen und versteckte Höhlen erkunden. Badesachen mitnehmen und im einladenden Meer planschen (S. 147)!

WANDERUNG AUF DEN STROMBOLI
Eine Tour mit Magmatrek auf Strombolis explosiven Vulkan unternehmen und beobachten, wie spuckende Lava-Fontänen den Abendhimmel beleuchten (S. 165).

DER VULKAN AUF VULCANO
Zwar riecht es nicht besonders gut, aber es ist eine atemberaubende Erfahrung, auf dem Gipfel des Fossa di Vulcano auf Vulcano zu stehen und zu beobachten, wie schwefelhaltiger Dampf in Strömen aus dem Krater emporsteigt (S. 152).

ABSEITS DES TRUBELS

Die meiste Zeit sind die Liparischen Inseln herrlich menschenleer, doch sobald der Sommer beginnt, verdoppelt sich die Einwohnerzahl beinahe. Kennt man sich aus, findet man aber immer ruhige Fleckchen.

- **Flucht ins Hinterland von Salina** Abseits der Küste ist Salinas ländliches Inland eine ruhige grüne Oase (S. 159).
- **Sich auf Filicudi verstecken** Auf der winzigen Insel ist kaum richtig viel los, nicht mal in der Hauptsaison (S. 162).
- **Mit dem Boot nach Alicudi absetzen** Wer wirklich allem Trubel entkommen will, findet Abgeschiedenheit auf Alicudi, einer der isoliertesten Inseln des Mittelmeers (S. 162).

REISEPLANUNG

Hat man eine Unterkunft gebucht (S. 328), was immer zu empfehlen ist, muss man ansonsten nicht viel vorbereiten. Über einiges sollte man sich jedoch Gedanken machen:

- **Das Auto mitbringen** Überlegen, ob es sinnvoll ist, mit dem Auto zu kommen und überprüfen, ob es Einschränkungen gibt (S. 151).
- **Wetterbericht verfolgen** Am einfachsten kommt man per *aliscafo* (Tragflächenboot) zu den Liparischen Inseln. Bei schlechtem Wetter fahren jedoch manchmal keine Boote.
- **Wandern auf dem Stromboli** Den Stromboli kann man nur mit einem Führer besteigen. In der Regel reicht es, einen Tag vorher eine Tour zu buchen, aber in der Hauptsaison sollte man eine Woche im Voraus reservieren (S. 165).

TOP-BADESTRÄNDE

CAMPOBIANCO (LIPARI)
Natürliche Bimssteinrutschen in kristallklares blaues Wasser hinabrutschen (S. 147).

FORGIA VECCHIA (STROMBOLI)
Der schönste schwarze Vulkanstrand auf Stromboli liegt zwischen dem Meer und grünen Berghängen (S. 167).

PISCINA DI VENERE (VULCANO)
Klares türkisblaues Meer in einem natürlichen Amphitheater aus Stein (S. 155).

POLLARA (SALINA)
Der steinige Strand vor einem Vulkankrater erlangte Berühmtheit durch den Film *Der Postmann* (S. 159).

SPIAGGIA VALLE I MURIA (LIPARI)
Liparis schönster Kieselstrand liegt vor dunklen, abfallenden Klippen (S. 148).

INFOS IM INTERNET

- **Eolie Booking** (www.eoliebooking.com) Shuttlebusse vom Flughafen in Catania nach Milazzo und Quartiere buchen.
- **Estate Eolie** (www.estateeolie.net) News und praktische Tipps zu allen sieben Inseln.
- **Lipari Comune** (www.comunelipari.it) Infos zu Verkehrsmitteln, Verzeichnisse der Unterkünfte und Karten der Inseln.
- **Touristeninformation Lipari** (www.aasteolie.191.it) Zahlreiche praktische und anregende Infos zu allen Inseln.

(Fortsetzung von S. 137)

griechischen Gott des Windes). Im 4. Jh. v. Chr. wurde Lipari von den ersten bekannten Einwohnern Siziliens besiedelt. Die frühen Inselbewohner entwickelten eine florierende Inselwirtschaft mit Obsidian, einem vulkanischen Gesteinsglas, aus dem sie primitive Werkzeuge herstellten. Der Handel wurde unter den Griechen fortgeführt, als jedoch im 3. Jh. v. Chr. die Römer auf die Insel kamen, war es um das Glück der Inselbewohner geschehen. Nachdem sich das Inselvolk im Ersten Punischen Krieg gegen sie gestellt hatte, waren die Römer in Rachestimmung und ließen die Insel durch hohe Strafsteuern der Armut verfallen. In den kommenden tausend Jahren versetzten Vulkanausbrüche und Piratenangriffe – vor allem der 1544, als der osmanische Seefahrer Barbarossa die Stadt Lipari bis auf die Grundmauern niederbrannte und beinahe alle Frauen mitnahm – die Inselbewohner in Angst und Schrecken. Unaufhörliche Armut führte bis ins 20. Jh. hinein zu einer hohen Abwanderung der Bevölkerung, sodass die Insel einsam und verlassen dalag. Während des Faschismus' in den 1930er-Jahren ließ Mussolini seine politischen Gegner in der Stadtburg von Lipari inhaftieren. In den 1950er-Jahren ging es mit dem einsetzenden Tourismus schrittweise bergauf und heute gehört Lipari zu einem der beliebtesten Reiseziele Siziliens.

PRAKTISCHE INFORMATIONEN

NOTFÄLLE // Ambulanz (☎ 090 988 54 67) **Farmacia Sparacino** (☎ 090 981 13 92; Via

UNTERKUNFT

Die meisten Unterkünfte auf den Liparischen Inseln haben in der Saison von Ostern bis Oktober geöffnet. Hotels (auf den Inseln gibt es vorwiegend Hotels) haben meist drei Sterne oder mehr und die Preise sind generell hoch. Dementsprechend hoch ist aber auch der Standard und man hat die Auswahl zwischen wunderschönen Unterkünften. Die größte Vielfalt bieten Lipari, Stromboli und Salina.

- Ein großartiges Quartier ist das **Hotel Signum** (S. 338) auf Salinas mit allem, was man sich wünscht: Infinity Pool, geschmackvollen Zimmern, Wellnessbereich und Terrassenrestaurant.
- Zahlreiche Zimmer im Herzen der Stadt Lipari bietet das **Diana Brown** (S. 337) mit gutem Preis-Leistungs-Verhältnis und prima Lage.
- Schlicht, schwierig zu erreichen und vom Rest der Welt abgeschnitten ist die **Pensione La Sirena** (S. 339) auf Filicudi mit sonnigen Zimmern in einer ruhigen Ecke des Paradieses.
- In perfekter Lage zum Strand bei Canneto (3 km von Lipari entfernt) liegt das **Casajanca** (S. 336) mit viel rustikalem Charme.
- Strombolis entspannte Strandatmosphäre kann man im **La Sirenetta Park Hotel** (S. 339) genießen, einem stylishen Komplex am Wasser.

Detaillierte Verzeichnisse mit Unterkünften gibt's auf S. 336.

Vittorio Emanuele 174; 10–13 & 17–21 Uhr) **Ospedale Civile** (090 988 51 11; Via Sant'Anna) Hat eine Notaufnahme. **Polizeiwache** (090 981 13 33; Via Guglielmo Marconi)

TOURISTENINFORMATION // Touristeninformation (090 988 00 95; www.aasteolie.191.it; Via Vittorio Emanuele 202; Juli & Aug. Mo–Fr 9–13 & 16.30–19.30, Sa & So 8.30–13.30 Uhr) Die einzige Touristeninformation auf den Liparischen Inseln. Die kostenlose Broschüre *Ospitalità in Blu* liefert detaillierte Infos zu Unterkünften und Dienstleistungen auf allen Inseln.

ORIENTIERUNG

Tragflächenboote und Fähren laufen in der Marina Lunga ein, einem der zwei Häfen der Stadt Lipari (der andere ist die Marina Corta auf der anderen Seite der Zitadelle auf der Felskuppe). Von der Anlegestelle der Tragflächenboote aus geht man zum kleinen Kreisel nahe der Esso-Tankstelle und sieht die Hauptstraße Via Vittorio Emanuele Richtung Süden verlaufen. Alle Sehenswürdigkeiten von Lipari sind mühelos zu Fuß von der Hauptstraße aus erreichbar. Die Marina Corta liegt südlich des Stadtzentrums am Ende der Via Garibaldi. Der nächste Strand ist rund 3 km entfernt. Man folgt der Straße am Meer entlang Richtung Norden und fährt durch den Tunnel nach Canneto. Die Straße führt um die Insel herum und ist 30 km lang.

LIPARI ERKUNDEN

Die wichtigsten Sehenswürdigkeiten der Insel findet man in der Stadt Lipari. Die schönsten Schwimmstellen und sensationelle Blicke bieten sich, wenn man ins zerklüftete Hinterland fährt.

DIE STADT LIPARI

Zwar ist Lipari das Haupttouristenzentrum der Liparischen Inseln, es ist sich jedoch treugeblieben und hat seine charmante, entspannte Inselatmosphäre beibehalten. Sehenswürdigkeiten gibt es wenige außer der hoch emporragenden Zitadelle auf der Felskuppe und einem Archäologiemuseum, jedoch ist es herrlich, durch die labyrinthartigen Gässchen zu bummeln, sich die Sonne aufs Gesicht scheinen zu lassen und einfach die entspannte Atmosphäre zu genießen.

ZITADELLE // ARCHÄOLOGISCHE SCHÄTZE IN LIPARIS STADTBURG AUF DEM HÜGEL ERFORSCHEN

Nachdem der Pirat Barbarossa 1544 Lipari verwüstet, die meisten Männer umgebracht und die Frauen versklavt hatte, befestigten die spanischen Lehnsherren Lipari durch den Bau einer **Zitadelle** (auch als „die Burg“ bekannt) rund um das Stadtzentrum. Seitdem ist die Stadt nach unten abgesackt, doch die undurchdringlichen Mauern der Zitadelle trotzen dem größtenteils.

Cattedrale di San Bartolomeo

Der schönste Weg zur Zitadelle ist über die Via Concordato, eine Treppe, die von der Via Garibaldi hinauf zur **Cattedrale di San Bartolomeo** führt. Die Kirche ist ein hübsches Beispiel für die Barockarchitektur des 17. Jhs. Sie wurde gebaut, um den ursprünglichen normannischen Dom zu ersetzen, der von Barbarossa zerstört wurde. Trotz seines arabischen Namens (Khair-ed-din Barbarossa), stammte Barbarossa tatsächlich von einer griechischen Insel, die von den Osmanen beherrscht wurde, und wurde schließlich osmanischer Admiral. Vom Originalbauwerk aus dem 12. Jh. ist außer einem Teil eines Benediktinerklosters rechts des Haupteingangs wenig übrig geblieben. Im Inneren kann man Kronleuchter und eine silberne Statue des hl. Bartholomäos aus dem Jahr 1728 sehen, des Schutzpatrons von Lipari, mit seiner abgezogenen Haut unter dem Arm.

Rund um die Kirche finden sich weitere Barockkirchen, interessanter ist jedoch die **Ausgrabungsstätte**. In dem abgesunkenen Bereich gegenüber der Kathedrale sieht man Überreste von runden Hütten, von denen die ältesten aus dem 17. Jh. v. Chr. stammen. Am südlichen Ende der Zitadelle sind im **Parco Archeologico** griechische Sarkophage ausgestellt, außerdem steht hier ein Freiluft-Amphitheater von 1978.

Museo Archeologico Eoliano

Wer sich für die frühe Geschichte des Mittelmeerraums interessiert, sollte dem **Museo Archeologico Eoliano** (☎ 090 988 01 74; Via del Castello; Eintritt Erw./unter 18 Jahren & über 65 Jahre/18–25 Jahre 6 €/frei/3 €; ⏲ Mo–Sa 9–13.30 & 15–19, So 9–13.30 Uhr) einen Besuch abstatten. Mit seinen prähistorischen und antiken Fundstücken zählt es zu den vollständigsten Sammlungen in Europa. Das Museum ist in mehrere Bereiche unterteilt, die alle in verschiedenen Gebäuden liegen. Zwei der wichtigsten sind die Sezione Preistorica (Prähistorische Abteilung) im Palazzo Vescovile (Bischofspalast) neben der Cattedrale und die Sezione Classica (Klassische Abteilung) auf der anderen Seite der Kirche. Als dieses Buch geschrieben wurde, hatte nur die Sezione Classica nachmittags geöffnet.

In der **Sezione Preistorica** werden liparische Fundstücke ausgestellt. Die Sammlung beginnt in der Jungsteinzeit und der Bronzezeit im oberen Stockwerk, dann geht's chronologisch weiter bis zur Zeit der Griechen in den unteren Stockwerken. Die Abteilung bietet einen faszinierenden Einblick in die Entwicklung der frühesten Kulturen der Insel. Unter den Unmengen von Artefakten befinden sich einige Stücke fein gearbeiteter Obsidiane, der ansehnliche Beweis für den recht hohen Entwicklungsstand der prähistorischen Zivilisation auf der Insel. Vorgeschichtliche Funde der anderen Inseln sind in dem kleinen Pavillon direkt vor dem Palazzo Vescovile zu sehen.

Auf der anderen Seite der Kathedrale findet man die **Sezione Classica**. Hier sind Funde von Liparis Nekropole aus dem 11. Jh. v. Chr. ausgestellt; zu sehen sind u. a. eine ansehnliche Sammlung von Urnen sowie Modelle eines Friedhofs aus der Bronzezeit und von Liparis Nekropole. Oben bewundert man ein beeindruckendes Aufgebot an dekorierten Vasen und den größten Schatz des Museums: die weltweit größte Sammlung griechischer Theatermasken.

LIPARI (STADT)

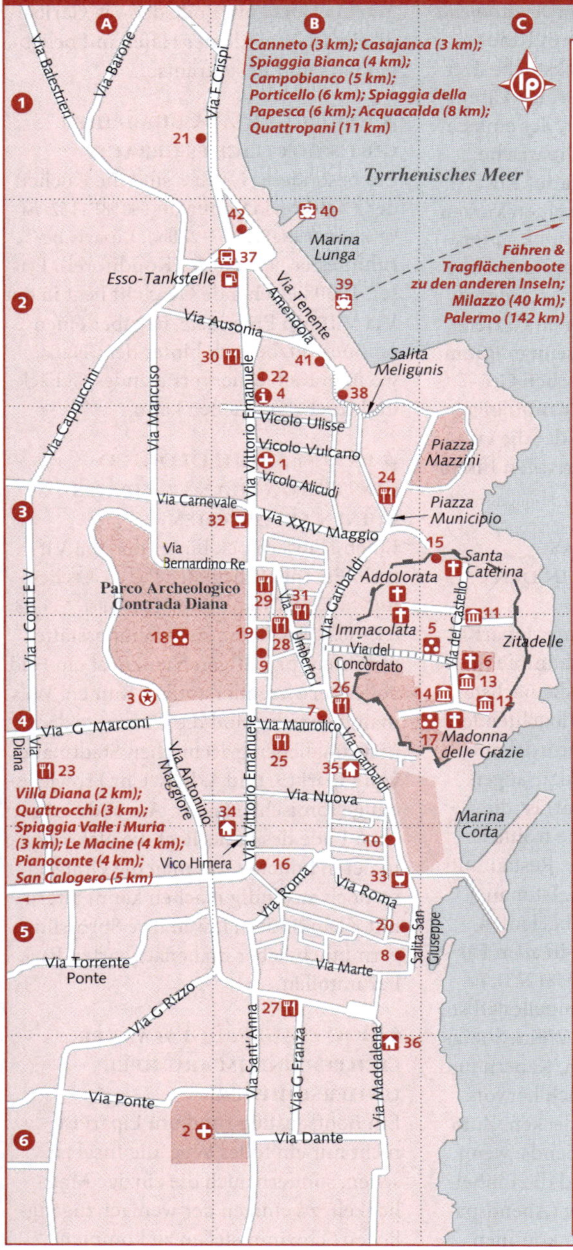

PRAKTISCHE INFORMATIONEN
Farmacia Sparacino 1 B3
Ospedale Civile 2 A6
Polizei 3 A4
Touristeninformation 4 B2

LIPARI ERKUNDEN
Ausgrabungsstätte 5 C4
Cattedrale di San Bartolomeo .. 6 C4
Da Massimo Dolce Vita (Bootsausflüge) 7 B4
Tauchzentrum La Gorgonia 8 B5
Fratelli Laise 9 B4
Gruppo di Navigazione (Bootsausflüge) 10 B5
Museo Archeologico Eoliano (Sezione Classica) 11 C4
Museo Archeologico Eoliano (Sezione Epigrafica) 12 C4
Museo Archeologico Eoliano (Sezione Preistorica) 13 C4
Museo Archeologico Eoliano (Sezione Vulcanologica) ... 14 C4
Museo Archeologico Eoliano (Ticketbüro) 15 C3
Nesos 16 B5
Parco Archeologico 17 C4
Parco Archeologico Contrada Diana 18 A4
Pasticceria Subba 19 B4
Popolo Giallo (Bootsausflüge) . 20 B5
Roberto Foti 21 A1
SISA-Supermarkt 22 B2

GASTRONOM. HIGHLIGHTS
E Pulera 23 A4
Filippino 24 B3
Kasbah 25 B4
La Cambusa 26 B4
La Nassa 27 B5
La Piazzetta 28 B4
Osteria Mediterranea 29 B3
Pescecane 30 B2
Trattoria d'Oro 31 B3

NACHTLEBEN
Bar La Precchia 32 B3
Il Gabbiano 33 B5

UNTERKUNFT
Diana Brown 34 B5
Enzo Il Negro 35 B4
Hotel Giardino sul Mare 36 B6

TRANSPORT
Autobus-Urso-Guglielmo-Bushaltestelle 37 B2
Da Marcello 38 B2
Marina-Lunga-Fährhafen 39 B2
Marina-Lunga-Tragflächenboothafen 40 B2
NGI-Ticketbüro 41 B2
Siremar- & Ustica-Lines-Ticketbüro 42 B2

Außerdem gibt es noch Statuetten – besonders schön ist die der *Andromeda con bambino* (Andromeda mit Kind) – und einige elegante Schmuckstücke. Der nächste Raum enthält vielfarbige Vasen, verziert von einem Künstler, der einfach als Il Pittore Liparoto (Der liparische Maler; 300–270 v. Chr.) bekannt ist.

Weitere Abteilungen, die einen kurzen Besuch lohnen, sind die **Sezione Epigrafica** (epigraphische Abteilung) gegenüber der Sezione Preistorica auf der anderen Straßenseite mit einem kleinen Garten voller gravierter Steine und einem Raum mit griechischen und römischen Gräbern sowie die **Sezione Vulcanologica** (vulkanische Abteilung), in der die vulkanische Geologie der Liparischen Inseln dargestellt wird.

STADTZENTRUM // DAS AUSGELASSENE TREIBEN IN DEN STRASSEN GENIESSEN

Eins der größten Vergnügen in Lipari ist es, durch die Straßen zu bummeln, nach Souvenirs zu stöbern, die nächste Mahlzeit zu planen und die leuchtenden Farben zu genießen – kurzum: die entspannte Inselatmosphäre aufzusaugen. Die belebteste Straße in Lipari ist die **Via Vittorio Emanuele**, eine fröhliche Hauptstraße mit Bars, Cafés, Restaurants und Delikatessengeschäften. Ist man zwei Drittel der Straße hinabgelaufen, wirbt ein buntes Obstschild in allen Farben für **Fratelli Laise** (☎ 090 981 27 31; Via Vittorio Emanuele 118), ein traditionelles Obst- und Gemüsegeschäft voller Wein, Süßigkeiten, Aniskeksen, Pasteten, Kapern und Olivenöl – hier kann man sich hervorragend für ein Picknick eindecken. Zum Leben erwacht die Straße abends, wenn sie für Autos gesperrt ist und die Einheimischen für eine *passeggiata* (Abendspaziergang) aus ihren Häusern kommen.

Nicht weniger atmosphärisch ist die **Marina Corta** am Ende der Via Garibaldi, ein schöner kleiner Hafen mit beliebten Bars und Restaurants.

PASTICCERIA SUBBA // HIER GIBT'S GÖTTLICHES GEBÄCK

Ein besonderer Genuss sind die Kuchen der **Pasticceria Subba** (☎ 090 981 13 52; Via Vittorio Emanuele 92; ⏰ 7–22 Uhr), Liparis berühmtester *pasticceria* (Konditorei). Das seit 1930 bestehende Geschäft liegt in der Via Vittorio Emanuele, hat aber einen schönen Sitzbereich hinter dem Haus, wo man Kaffee, hervorragendes Gebäck und Kuchen genießen kann.

PARCO ARCHEOLOGICO CONTRADA DIANA // LIPARIS RUINEN ERFORSCHEN

Einen Häuserblock hinter der Via Vittorio Emanuele liegt der **Parco Archeologico Contrada Diana** (Eintritt frei; ⏰ 9–13 & 15–18.30 Uhr). Diese Ausgrabungsstätte mit ihrem prächtigen Namen ist ein Feld voller verwirrender antiker Ruinen. Was man hier sieht, sind die Überreste der ursprünglichen griechischen Stadtmauer von Lipari (5. und 4. Jh. v. Chr.) sowie einige römische Häuser. Am südwestlichen Ende des Parks liegt die Nekropolis, in deren hohem Gras man die Grabsteine noch ausfindig machen kann. Eltern mit Kleinkindern lassen ihre Sprösslinge vermutlich lieber im benachbarten Park herumtollen.

BOOTSAUSFLÜGE // ANKER LICHTEN UND IM ARCHIPEL UMHERSCHIPPERN

Ein Bootsausflug rund um Lipari ist nicht nur ein toller Weg, die Insel zu sehen, sondern auch die einzige Möglichkeit, zu einigen der weniger zugänglichen Schwimmstellen zu kommen (sofern man kein eigenes Boot mietet). Zahlreiche Reisebüros in der Stadt bieten Touren rund um Lipari und Umgebung an. Die Ausflüge finden von März bis Oktober statt. Anbieter sind u.a. **Gruppo di Navigazione** (☎ 338 2931986; www.navigazioniregina.com; Via Garibaldi), **Popolo Giallo** (☎ 338 7208988; www.popologiallo.it; Salita San Giuseppe) und **Da Massimo Dolce Vita** (☎ 090 981 30 86, 333 2986624; www.damassimo.it; Via Maurolico 2), der auch geführte Treks zum Stromboli anbietet und Boote und Schlauchboote vermietet. Die Preise variieren je nach Saison. Touren rund um Lipari und Vulcano sollten rund 15 € kosten, eine abendliche Besteigung des Stromboli zwischen 35 und 40 €.

OSTERN // DIE GEFÜHLVOLLEN OSTERPROZESSIONEN DER INSEL ERLEBEN

Liparis traditionelle Osterprozessionen sind herzlich und theatralisch. Los geht's am **Palmsonntag**, wenn sich die Inselbewohner zur **Via Crucis** versammeln, einer kostümierten, mit Kerzen beleuchteten Prozession von der Piazza Mazzini hinauf zur Zitadelle, deren Höhepunkt die Nachstellung der Kreuzigung ist. Ähnlich düster geht es an **Karfreitag** zu, wenn sich Gruppen barfüßiger Büßer stillschweigend rund um die Christustatuen in der Stadt versammeln. Am **Ostersonntag** ist die Stimmung bei zwei Prozessionen ausgelassener. Die eine wird angeführt vom auferstandenen Jesus, die andere von der Jungfrau Maria. Unter lautem Jubel treffen sie an der Marina Corta aufeinander.

RUND UM LIPARI

In der Stadt Lipari allein könnte man mühelos seinen gesamten Urlaub verbringen, doch auch der Rest der Insel ist eine Erkundung wert – vor allem, wenn man die schönsten Badestellen ausfindig machen möchte. Die Insel ist so klein, dass ihre Umrundung mit dem Auto nur etwa eine Stunde dauert.

STRÄNDE & SCHWIMMEN // IN TÜRKISBLAUES WASSER ABTAUCHEN

Ostküste

Der am dichtesten bei Lipari gelegene Strand ist der lange Kieselstrand bei **Canneto**, 3 km von Lipari entfernt jenseits einer herausragenden Landzunge. Die 1 km weiter nördlich gelegene **Spiaggia Bianca** (Weißer Strand) ist der beliebteste Strand der Insel. Seinen Namen verdankt er den Schichten von Bimssteinstaub, die einst hier lagen. Sie wurden von der heftigeren Brandung im Winter nach und nach weggespült, bis nur noch eine dunklere Grauschattierung übrig blieb.

Von Canneto aus führt die Straße an der Küste entlang bergauf Richtung Norden. Nach ein paar Kilometern kommt man nach **Campobianco**. Hier durchziehen riesige weiße Felsspalten die grünen Hügel. Sie sind die Folge massiven Bimssteinabbaus, bis vor Kurzem ein wichtiges Standbein der heimischen Industrie. Dieser unglaubliche Ort eignet sich prima zum Schwimmen, da man auf **Bimssteinrutschen** direkt ins Wasser hinabsausen kann. Die Rutschbahnen erreicht man nur vom Meer aus, man muss also entweder ein Boot mieten oder an einer Tour teilnehmen.

Oberhalb von Campobianco liegt der **Monte Pilato** (476 m), ein Bimsstein- und Obsidianberg, der durch eine Vulkanexplosion im Jahr 700 n. Chr. entstand. Rund um den Krater, den man über einen Fußweg vom nördlichen Ende von Campobianco aus erreicht, liegen Felder von erstarrtem Obsidian, bekannt als **Rocche Rosse** (Rote Felsen).

Hinter Campobianco liegt bei **Porticello** ein weiterer Kieselstrand, die **Spiaggia della Papesca**, die ebenfalls vom feinen weißen Bimsstaub geprägt ist, der dem Wasser sein durchsichtiges türkisfarbenes Aussehen gibt.

Westküste

Einer der schönsten Strände von Lipari ist die **Spiaggia Valle i Muria** fast direkt westlich von Lipari auf der anderen Seite der Insel. Der dunkle Kieselstand mit herrlich sauberem Wasser, umgeben von spektakulären Klippen, ist nicht einfach zu erreichen. Wer ihn dennoch besucht, sollte sich auf einen ganztägigen Ausflug vorbereiten. Von Lipari aus nimmt man die Straße Richtung Pianoconte bis man Schilder sieht. Hier lässt man das Auto/den Roller stehen und läuft etwa zehn bis 15 Minuten durch eine idyllische Landschaft aus hohem Gras, Blumen und Kakteen. Alternativ kann man sich mit einem Boot hier absetzen (und abholen) lassen. Es gibt eine kleine Bude, an der Getränke und Essen verkauft werden. Oder man bringt sein eigenes Picknick mit – Lebensmittel gibt's im **SISA-Supermarkt** (☎ 090 981 15 87; Via Vittorio Emanuele) in Lipari.

SEEKRANKHEIT

Bei einer Reise zu den Liparischen Inseln kommt man nicht ums Meer herum, sei es an Bord eines Tragflächenboots, einer Fähre oder eines Ausflugsboots. Seekrankheit verleidet einem die Fahrt (wie wir auch erfahren haben!). Wer unter Seekrankheit leidet, sollte im hinteren Teil des Tragflächenboots/Schiffs sitzen und etwas Trockenes, Salziges essen. Hilft das nicht, in der Apotheke nach *qualcosa per mal di mare* (Mittel gegen Seekrankheit) fragen!

QUATTROCCHI // DEN FANTASTISCHEN BLICK AUF DIE KÜSTE GENIESSEN

Den besten Ausblick hat man vom berühmten Aussichtspunkt **Quattrocchi** (Vier Augen) 3 km westlich von Lipari. Um dorthin zu kommen, folgt man der Straße nach Pianoconte. Quattrocchi liegt rund 300 m hinter der Abzweigung zur Spiaggia Valle i Muria. Entfaltet sich ein sensationelles Küstenpanorama vor einem, ist man richtig. Richtung Süden tauchen riesige graue Klippen ins Meer hinab, während in der Ferne finstere Rauchwolken aus den dunklen Höhen des benachbarten Vulcano emporsteigen.

WANDERN // DIE WANDERSCHUHE SCHNÜREN UND DAS HÜGELIGE HINTERLAND ERKUNDEN

Neben den offensichtlicheren Highlights entlang der Küste bieten sich auf Lipari auch schöne Wandermöglichkeiten. Bei den meisten Wanderungen muss man recht steile Hügel bezwingen, wobei die Sommerhitze und das Terrain vermutlich ganz schön anstrengen. Die üblichen Vorsichtsmaßnahmen ergreifen: Hut aufsetzen, Sonnenschutz verwenden, viel Wasser trinken und die Mittagshitze meiden! Eine beliebte Wanderung ist die einstündige Tour zwischen Quattropani und Acquacalda an der Nordküste mit einem spektakulären Blick auf Salina und den entfernten Stromboli. Eine weitere führt von der aufgegebenen alten Kaolinmine zwischen Pianoconte und Quattropani zu den römischen Bädern von **San Calogero**, das in der Antike wegen seiner konstant 60 °C heißen Thermalquelle berühmt war.

In Lipari organisiert **Nesos** (☎ 338 4793064; www.nesos.org; Via Vittorio Emanuele 24) geführte Touren.

TAUCHEN // IN EINE UNTERWASSERWELT EINTAUCHEN

Das kristallklare Meer rund um die Liparischen Inseln bietet Schnorchlern und Tauchern unzählige Möglichkeiten. Informationen zu Kursen und Leihausrüstung erhält man im **Diving Center La Gorgonia** (☎ 090 981 26 16; www.lagorgoniadiving.it; Salita San Giuseppe, Marina Corta) in Lipari. Ein einzelner Tauchgang kostet mit eigener Ausrüstung 32 €, mit Leihausrüstung 50 €. Kurse kosten zwischen 55 und 200 €.

GASTRONOMISCHE HIGHLIGHTS

Im Meer rund um den Archipel wimmelt es nur so von Fischen, darunter Thunfisch, Meeräsche, Tintenfisch und Seezunge, die am Ende des Tages auf den Tellern der Restaurants landen. Besonders beliebt ist Schwertfisch, obwohl dieser frisch nur zwischen Mai und Juli serviert wird und außerhalb dieser Zeit mit recht hoher Wahrscheinlichkeit aus der Tiefkühltruhe kommt. Eine weitere Spezialität der Insel ist *pasta all'eoliana*, eine einfache Mischung aus Kapern, Olivenöl und Basilikum. Der lokale Wein ist der Malvasia, der das Gütesiegel DOC *(Denominazione di Origine Controllata)* trägt und einen süßen Honiggeschmack hat.

Viele Restaurants schließen Ende Oktober und machen Winterpause. Alle hier aufgeführten Restaurants liegen in Lipari, sofern nicht anders angegeben.

E PULERA €€€

☎ 090 981 11 58; www.pulera.it; Via Diana; Gerichte 35–50 €; April–Sept. nur abends

Eins der romantischsten Restaurants in Lipari mit Tischen mit Keramikintarsien in einem schönen Innenhof im Freien. In der Luft hängt der schwere Geruch von Orangen- und Zitronenbäumen. Hier kann man hervorragend beliebte Spezialitäten wie Pecorinokäse mit Balsamico und frischer Minze und Schwertfisch in Erdmandelkruste genießen. Der Service ist ebenso erstklassig wie die durchdachte Weinkarte. Reservierung erforderlich!

FILIPPINO €€€

☎ 090 981 10 02; www.filippino.it; Piazza Municipio; Gerichte 35–50 €; Okt.–März Mo geschl.

TOP FIVE

TAUCHGRÜNDE RUND UM LIPARI

- **Punta Castagna** (schwierig; Tiefe 10–40 m) Ein spektakulärer Tauchgrund mit einem 10 m breiten weißen Bimsplateau, das von vielfarbigen Kanälen durchzogen ist.
- **Secca del Bagno** (schwierig; Tiefe 40–45 m) Eine atemberaubende Ansammlung bunter Wände, vor denen sich Fischschwärme in allen erdenklichen Farben tummeln.
- **Pietra Menalda** (mittel; Tiefe 18–40 m) Ein Besuch bei Familie Tintenfisch daheim; außerdem gibt es hier an der Südseite der Insel Aale, Zackenbarsche und andere Meeresbewohner.
- **Pietra del Bagno** (alle Schwierigkeitsgrade; 20–40 m) Bunte Felsoberflächen und allerlei Meeresgetier rund um den Bagno-Felsen.
- **La Parete dei Gabbiani** (mittel; 20–45 m) Ein Tauchgang in Schwarz-Weiß: schwarze Lava, durchzogen von weißem Bimsstein, in dessen Spalten Hummer wohnen.

2010 feierte das Filippino sein hundertjähriges Bestehen. Es ist ein fester Bestandteil der Gastronomieszene von Lipari und gilt bei vielen als das beste Restaurant der Insel. Man sitzt schick in einem eleganten Glaspavillon und eine kleine Armee von Kellnern mit weißen Westen bedient die internationalen Gäste. Der Schwerpunkt liegt auf innovativer sizilianischer Küche, und auf der Karte stehen reizvolle originale Gerichte wie Ricottasoufflé und Mousse *al gelsomino* (Jasminmousse). Angemessen kleiden und reservieren!

KASBAH €€

090 981 10 75; Via Maurolico 25; Pizzas ab 6 €, Gerichte 35 €; Mitte März–Okt. 19–3 Uhr

Man hat die Wahl, ob man die schicken, modernen weißen Bänke im Speiseraum oder den mit Kerzen beleuchteten und von Wein umrankten Garten hinter dem Gebäude vorzieht. Die Gerichte sind ausgezeichnet, u. a. gibt es hervorragende Pizzas und Delikatessen wie *orecchiette con carciofi* (Pasta mit Artischocken) und *involtini di tonno* (Thunfischröllchen). Ein Hochgenuss für Fleischesser ist das *agnello stracotto in umiodo alla siciliana* (Lammeintopf mit Mandeln und Datteln).

LA CAMBUSA €

349 4766061; Via Garibaldi 72; Gerichte 20–25 €; Nov.–Ostern geschl.

Würde ein Fischer im Ruhestand eine Trattoria eröffnen, sähe sie wohl so aus – gemütlich, mit Seefahrerbildern an den Wänden und traditionellen Fischgerichten auf der Karte. Erwartungsgemäß ist das Essen gesund, schlicht und beliebt. Einheimische und Besucher zwängen sich in den winzigen Raum, um Klassiker wie Spaghetti *con gamberetti* (mit Garbelen) und *sarde a beccaficco* (frische Sardinen gefüllt mit Brotwürfeln, Rosinen, Pinienkernen und Petersilie, die leicht angebraten werden) zu genießen.

LA NASSA €€

090 981 13 19; Via G Franza 41; Gerichte 35–40 €; Nov.–Ostern geschl.

In diesem charmanten Restaurant in einem schönen Familienhaus abseits der lebendigen Via Vittorio Emanuele wird authentische Inselküche zubereitet. Zu den leckersten Gerichten gehören frischer Fisch wie *cernia*, *sarago* und *dentice*, aber auch tolle Fleisch- und vegetarische Gerichte stehen auf der Karte, u. a. liparische Würstchen mit Gewürzen von der Insel und *caponata*, Siziliens berühmte süß-saure Auberginenratatouille. Reservierung empfohlen!

LA PIAZZETTA €€

090 981 25 22; abseits der Via Vittorio Emanuele; Pizzas 4,50–7 €, Gerichte 25 €; Sept.–Juni Di geschl.

Lebendige Pizzeria/Restaurant mit Sitzplätzen im Freien auf einer schönen Piazza hinter der Pasticceria Subba. Die fröhlichen gelben Wände im Inneren sind mit bunten Kacheln verziert und zufriedene Gäste essen an voll besetzten Tischen leckere große, knusprige Pizzas. Nahrhafter ist die Spezialität des Hauses, *risotto alla piazzetta* (Risotto mit Garnelen, Sahne, Petersilie, Apfel, Safran und Knoblauch).

LE MACINE €€

090 982 23 87; www.lemacine.org; Via Stradale 9, Pianoconte; Gerichte 35–40 €; Di geschl.

Restaurant auf dem Land im Dorf Pianoconte rund 4,5 km außerhalb von Lipari. Es ist mit Terrakottatöpfen und alten landwirtschaftlichen Werkzeugen geschmückt und am schönsten im Sommer, wenn das Essen auf der Terrasse serviert wird. Obwohl es auf dem Land liegt, sind die besten Gerichte mit Meeresfrüchten, z. B. Fisch in *ghiotta*-Sauce (eine Mischung aus Olivenöl, Kapern, Tomaten, Knoblauch und Basilikum) oder Ravioli mit Hummerfüllung. Reservierungen und der kostenlose Shuttlebus werden empfohlen. Restaurants mit Slow-Food-Empfehlung.

OSTERIA MEDITERRANEA €€

☎ 090 981 25 11; Via Vittorio Emanuele 148; Gerichte 25 €; Ostern–Okt.

Hervorragendes Preis-Leistungs-Verhältnis, schneller, freundlicher Service und hervorragende Küche – was will man mehr? Zum Wein gibt es große saftige Oliven als Appetitanreger für wunderbare Gerichte mit Meeresfrüchten wie *bistecca di tonno con cipolatta in agrodolce* (Thunfischsteak mit süßsauren Zwiebeln). Auch mit der Lage punktet das Lokal und bietet zudem noch einen direkten Blick auf die *passeggiata* an der Via Vittorio Emanuele.

PESCECANE €

☎ 090 981 27 06; Via Vittorio Emanuele 223; Pizzas ab 4,50 €, Gerichte 20–25 €

Das Pescecane ist eine der vielen Pizzerias und Trattorien an der Hauptflaniermeile und ein lokaler Favorit. In dem entspannten Lokal bekommt man köstliche Holzofenpizzas und typisches Inselessen. Das große Antipasto-Buffet bietet eine Auswahl an köstlich eingelegten Gemüsesorten und einigen hervorragenden Pastagerichten, u. a. scharfe Spaghetti *al fuoco* (mit Knoblauch, Chili, Cherrytomaten und gebackenem Ricotta).

TRATTORIA D'ORO €€

☎ 090 981 13 04; Via Umberto I 28-32; Gerichte 25–30 €; Nov.–März Di geschl.

Diese altmodische Trattoria kommt daher wie eine typische Touristenfalle, aber hier essen oft Liparis Seemänner zu Abend. Drinnen sieht die Trattoria mit Keramiktellern, ausgestellten Weinflaschen und Meeresdeko typisch sizilianisch aus. Auf der Speisekarte stehen hauptsächlich Gerichte mit Meeresfrüchten, es gibt eine große Auswahl Tintenfisch, Anchovis und Thunfisch. Das Personal effizient, aber grob und wird keinen Preis für seine Herzlichkeit gewinnen.

NACHTLEBEN

BAR LA PRECCHIA

☎ 090 981 13 03; Via Vittorio Emanuele 191

Wer abends spät noch etwas trinken oder Menschen bei ihrer *passeggiata* beobachten möchte, ist in dieser äußerst beliebten Bar genau richtig. Die Getränkeliste ist unglaublich lang und reicht von *Café frappé* und Frucht-Milchshakes bis zu Cocktails und Wein. Die Bar hat lange geöffnet und gelegentlich sorgt Livemusik für Partystimmung.

IL GABBIANO

☎ 090 981 14 71; Marina Corta

Il Gabbiano ist eine der zahlreichen Bars und Cafés an der Marina Corta. Es sieht typisch liparisch aus und hat einen winzigen, unauffälligen Innenraum und Tische an einer schönen Piazza. Das Gabbiano ist zwar touristisch, macht aber eine hervorragende *spremuta d'arancia* (frisch gepresster Orangensaft, 4 €) und ist toll zum Sitzen und Entspannen bei einem kühlen Getränk. Es gibt auch Snacks und Eis.

VERKEHRSMITTEL & -WEGE

AUTO & MOTORRAD // Mit einer Fläche von 38 km² ist Lipari nicht groß. Um es zu erkunden, braucht man allerdings sein eigenes Fahrzeug. Zahlreiche Agenturen rund um den Hafen vermieten Fahrräder, Roller und Autos, darunter **Da Marcello** (☎ 090 981 12 34; www.noleggiodamarcello.com; Via Tenente Amendola) und **Roberto Foti** (☎ 090 981 23 52; www.robertofoti.it; Via F Crispi 31). Ein Fahrrad kostet rund 10 € pro Tag, ein Roller zwischen 15 und 25 € pro Tag und ein kleines Auto ab 30–50 € pro Tag.

BUS // Die Busse auf der Insel betreibt **Autobus Urso Guglielmo** (☎ 090 981 12 62; Via Cappuccini 9; Tickets 1,50–1,90 €). Los geht's an der Bushaltestelle nahe der Esso-Tankstelle. Eine Hauptroute verläuft entlang der Ostküste der Insel von Canneto nach Acquacalda, eine andere zu den Siedlungen Quattrocchi, Pianoconte und Quattropani im westlichen Hochland. Wer viel mit dem Bus reisen möchte, fährt günstiger mit einem Ticketheft (6/10 Tickets für 7/10 €).

SCHIFF/FÄHRE // Der Haupthafen ist die Marina Lunga. Hier gibt es ein gemeinsames Ticketbüro von **Siremar** (☎ 090 981 12 20; www.siremar.it) und **Ustica Lines** (☎ 090 981 24 48; www.usticalines.it) an der Spitze der Anlegestelle für Tragflächenboote. Einen Fahrplan gibt es hier und in der Touristeninformation. Von Lipari aus fahren Fähren und Tragflächenboote zu allen anderen Inseln: Vulcano (Schiff/Tragflächenboot 4,40/5,80 €, 25/10 Min.), Santa Marina Salina (Schiff/Tragflächenboot 6,70/8,80 €, 45/25 Min.), Panarea (Schiff/Tragflächenboot 7,50/10,40 €, 2/1 Std.), Stromboli (Schiff/Tragflächenboot 12,40/17,80 €, 4/1¾ Std.), Filicudi (Schiff/Tragflächenboot 11,10/15,80 €, 2¾/1¼ Std.) und Alicudi (Schiff/Tragflächenboot 13,95/18,85 €, 4/2 Std.). Außerdem gibt es Verbindungen nach Milazzo, nach Sizilien und zum italienischen Festland.

VULCANO

720 Ew.

Bei der Anreise nach Vulcano läuft einem vielleicht ein kleiner Schauer über den Rücken, wenn man weißen Rauch aus den ominösen Bergkuppen der Insel aufsteigen sieht. Jegliche Unruhe wird jedoch sofort durch eine herzhaftere Reaktion verdrängt, wenn man zum ersten Mal die sulfathaltigen Gase schnuppert, die in der Luft hängen. Vulcanos Vulkancharakter beeindruckt schon lange Besucher – die alten Römer glaubten, hier sei der Schornstein der Werkstätte des Feuergotts Vulcan. Heute ist die Insel berühmt für ihre therapeutischen Schlammbäder und Thermalquellen. Das Top-Highlight der Insel ist die Fossa di Vulcano oder Gran Cratere (Großer Krater), der rauchende Vulkan, der sich über der nordöstlichen Küste der Insel erhebt.

Sehenswürdigkeiten an sich hat Vulcano nicht zu bieten, dafür kann man hier prima ein oder zwei Tage an den dunklen Vulkanstränden verbringen und baden, die wilde Küste entlangsegeln oder auf den steilen Krater steigen. Am meisten ist im touristischen Porto di Levante und an den schwarzen Stränden bei Porto di Ponente los. Fernab dieser Orte ist die Insel jedoch ländlich und ruhig

LIPARISCHE INSELN

mit Kleingärten, singenden Vögeln und überraschend viel Grün.

PRAKTISCHE INFORMATIONEN

NOTFÄLLE // **Notarzt** (☎ 090 985 22 20; Via Favaloro) **Farmacia Bonarrigo** (☎ 090 985 22 44; Via Favaloro 1) **Polizei** (☎ 090 985

ORIENTIERUNG

Schiffe laufen im Porto di Levante ein. Von hier aus ist es ein kurzer Spaziergang – vom Hafengebiet läuft man nach rechts – zu den *fanghi* (Schlammbäder), die sich hinter einem kleinen Felshügel verstecken. Jenseits der Schlammbäder führt die Straße weiter nach Porto di Ponente. Hier gibt es einige Hotels sowie die lange Spiaggia Sabbia Nera (Schwarzer Sandstrand). Zur Fossa di Volcano geht's vom Hafen aus nach links und geradeaus weiter, bis ein Schild mit der Aufschrift „*escursioni cratere*" den Weg weist.

VULCANO ERKUNDEN

FOSSA DI VULCANO // **AUF DEN RAUCHENDEN VULKAN KLETTERN**
Die größte Attraktion der Insel ist die Besteigung des schlummernden Hauptvulkans, der 391 m hohen **Fossa di Vulcano** (Eintritt zum Weg 3 €). Der Krater ist eins von drei Vulkansystemen auf der Insel und das einzige noch aktive. Der Vulkan ist seit 1890 nicht mehr ausgebrochen und trotz der fauligen Dämpfe, die aus seinem Krater emporsteigen, wird er das auch aller Wahrscheinlichkeit nie mehr tun. Der Weg ist gut besucht und problemlos alleine machbar. Zum tiefsten Punkt des Kraterrands ist man etwa eine Stunde unterwegs.

Zum Ausgangspunkt kommt man, indem man den gelben Schildern mit der Aufschrift „*escursioni cratere*" folgt. Sie führen 500 m die Via Provinciale hinab, bis links ein Schotterweg nach oben abzweigt. Der schwarze sandige Boden macht das Laufen am Anfang etwas anstrengend, bald kommt man jedoch über lehmähnliche Felsen, auf denen das Vorwärtskommen deutlich leichter ist. Besondere Gefahren lauern nicht, aber man sollte kräftige, geschlossene Schuhe tragen und sich gegen die Sonne schützen: Der Pfad bekommt keinen Schatten, sodass man sowohl Hut als auch Sonnenmilch und viel Wasser im Gepäck haben sollte.

Der Gipfel besteht aus braun-roten Trümmern rund um den Hauptkrater, der rund 50 m in die Tiefe geht und über einen steilen Pfad zu erreichen ist. Für atemberaubende Panoramablicke auf alle

SCHLAMMBAD-TIPPS

- Wegen der leichten Radioaktivität im Pool sollte man nicht länger als zehn bis 15 Minuten im Wasser bleiben. Schwangere sollten gar nicht erst hineingehen.
- Nicht mit dem weichen Hotelhandtuch abtrocknen! Auf Nachfrage bekommt man dort spezielle *fanghi*-Handtücher.
- Wer eine Schwefelallergie hat, sollte aufs Schlammbad verzichten.
- Uhren und Schmuck ablegen!
- Flip-Flops oder Sandalen tragen, denn sonst kann man sich an den Heißluftspalten die Füße verbrennen.
- Alte Badesachen anziehen, die kaputt gehen dürfen: Riechen sie erst einmal nach Schwefel, ist es einfacher, sich neue zu kaufen als den Gestank herauszubekommen.

Inseln im Norden geht man im Uhrzeigersinn um den Krater herum. Auf dem Weg kommt man an einigen Fumarolen vorbei, aus denen konstant Gas austritt. Auf keinen Fall zu dicht herangehen – die heißen Gase können schnell zu Verbrennungen führen!

Wer keine Lust auf Kraxelei hat, kann den Vulkan auch im kleinen Museum **Vulcano Informa** (☎ 090 985 25 28; Via Porto di Ponente; Eintritt frei; ⌚ Juni–Sept. 9.30–12.30 & 17–20 Uhr) erforschen. Hier gibt es Schautafeln zu Vulcano und ein Video (auf Englisch, Französisch und Italienisch) zum letzten großen Ausbruch des Stromboli.

DIE FANGHI // SICH IN KLEBRIGEM, GEOTHERMALEM SCHLAMM AALEN

Wüsste man nicht, dass es gesund sein soll (und wohl auch ist), wäre ein Besuch der berühmten **fanghi** (Eintritt 2 € inkl. Besuch des faraglione 2,50 €, Dusche 1 €; ⌚ Sommer 7–23 Uhr, Winter 8–17 Uhr) in Vulcano nicht besonders verlockend. Ein kleines rundes Becken voll mit kaffeefarbenem Schlamm liegt am Fuß eines *faraglione* (eines langen Felsfingers, der in den Himmel zeigt) und stinkt nach faulen Eiern – bestimmt keine Fünf-Sterne-Schönheitsfarm. Aber der warme, schwefelhaltige Schlamm gilt schon lange als hervorragend für die Behandlung rheumatischer Schmerzen und von Hautkrankheiten. Wenn man kein Problem damit hat, für paar Tage etwas seltsam zu riechen, ist so ein Schlammbad eine durchaus angenehme Erfahrung.

Wenn man sich lang genug im Schlamm entspannt hat, fischt man etwas Material vom Boden des Beckens und verteilt es auf Körper und Gesicht. Keinen Schlamm in die Augen bekommen: Der Schwefel ist säurehaltig und kann die Netzhaut beschädigen (und auch in die Haare sollte nichts gelangen). Wenn der Schlamm getrocknet ist, wäscht man ihn mit Wasser ab und hüpft dann schnell in den natürlichen Wellnessbereich nebenan. Er besteht aus heißen sprudelnden Quellen in einem Meerwasserbecken. Hier kann man dann noch mal fünf bis zehn Minuten entspannen.

PORTO DI PONENTE // SICH AN VULCANOS BERÜHMTEM SCHWARZEN STRAND AALEN

Vulcanos Strandszene konzentriert sich auf die **Spiaggia Sabbia Nera** (Schwarzer Sandstrand), einen weichen schwarzen Sandstrand bei **Porto di Ponente**. Er liegt zehn Gehminuten hinter den Schlammbecken auf der anderen Seite der Halbinsel und gehört zu einem der wenigen Sandstrände auf den Liparischen Inseln. Die Spiaggia liegt landschaftlich reizvoll an einer Bucht mit durchsichtigem, glasklarem Meer, aus dem *faraglioni* emporragen. Vom Strand führt eine Straße über eine kleine Landenge nach Vulcanello (123 m), eine kleine Landmasse, die durch einen Vulkanausbruch 183 v. Chr. entstanden ist. Hier liegt das berühmte **Valle dei Mostri** (Tal der Monster), das aus einer Gruppe von dunklen Felsen besteht, die vom Wind zu grotesken Gebilden geformt wurden.

GELSO & DAS INLAND // AN GELSOS RUHIGEN STRÄNDEN DEN MASSEN ENTKOMMEN

An der Südküste der Insel liegt **Gelso**, ein traumhafter kleiner Hafen mit ein paar schwarzsandigen Stränden, die nie überfüllt sind. Hierhin fährt zwar ein Bus, deutlich einfacher ist es jedoch, ein Auto oder einen Roller zu mieten (s. den Abschnitt „Verkehrsmittel & -wege“, S. 156), da öffentliche Verkehrsmittel nur selten fahren und man 15 km zurücklaufen muss, wenn man sie verpasst.

Gelso selbst hat nicht allzu viel zu bieten, doch kurz bevor man zum Dorf kommt, führt ein steiler Feldweg (nur für Fußgänger) zur **Spiaggia dell'Asina** (Eselsstrand), einem halbmondförmigen schwarzen Sandstrand. Der zweite Strand, die **Spiaggia Cannitello**, ist umgeben von dichtem, beinahe tropischem Grün. Beide haben schlichte Bars oder Cafés, in denen man Sonnensegel und -schirme ausleihen kann.

Auf dem Weg nach Gelso lohnt sich ein Abstecher nach **Capo Grillo**, das man von der Hauptsiedlung der Insel, Piano, erreicht. Von Capo Grillo kann man unglaubliche Aussichten auf Lipari und Salina genießen.

BOOTSAUSFLÜGE & TAUCHEN // RUND UM DIE INSEL SCHIPPERN UND IM MEER BADEN

Im Sommer kann man vom Hafen aus für rund 15 € pro Person Bootsausflüge rund um die Insel machen – lokale Anbieter findet man in kleinen Buden am Hafen. Highlights sind ein Besuch der **Grotta del Cavallo**, einer für ihre Lichteffekte bekannte Meereshöhle, und die **Piscina di Venere**, einer Reihe natürlicher Schwimmbecken in einem felsigen Amphitheater. Dieser magische Ort erhielt seinen Namen von einer Legende, nach der Venus, die Göttin der Liebe, hier schwamm, wobei sie versuchte, ihre Jungfräulichkeit wiederherzustellen (wie genau sie das anstellen wollte, wurde nicht überliefert). Wer lieber alleine loszieht, kann ein Boot bei **Noleggio da Tonino** (☎ 335 5859790; www.noleggiodatonino.it, italienisch; Via Porticciolo di Ponente) in Porto di Ponente oder beim **Centro Nautica Baia di Levante** (☎ 339 3372795; www.baialevante.it; April–Okt.) links der Anlegestelle der Tragflächenboote mieten. Ein Boot für vier Personen kostet pro Tag zwischen 60 und 120 €.

Verschiedene Tauchgänge bietet das **Tauchzentrum Saracen** (☎ 090 985 21 89; www.divingcentersaracen.com; Via Porto di Ponente; Ostern–Okt.). Sie kosten ab 45 € (inkl. Ausrüstung), Schnorchelausflüge ab 35 €.

GASTRONOMISCHE HIGHLIGHTS

Vulcanos Restaurants sind in der Regel überteuerte Touristenfallen, es gibt jedoch einige positive Ausnahmen. Alle angeführten Lokale liegen, sofern nicht anders angegeben, in Porto di Levante.

DA VINCENZINO €€

☎ 090 985 20 16; Via Porto di Levante 125; Gerichte 30–35 €; Nov.–April geschl.

Das lebendige Restaurant an der Hauptflaniermeile hat als eins der wenigen das ganze Jahr über geöffnet. Durch einen von Pflanzen gesäumten Eingangsbereich kommt man in eine große, lichtdurchflutete Halle, in der Tischreihen zwischen weißen Säulen stehen. Das Lokal richtet sich vor allem an große Gruppen, was dem Essen jedoch keinen Abbruch tut – es ist hervorragend und wird in reichlichen Portionen serviert. Auf der Speisekarte findet man so ziemlich alles von Grillsteak über Meeresfrüchtesalat bis hin zu einer Auswahl lokaler Käse.

LA FORGIA MAURIZIO €€

☎ 090 985 24 26; Via Porto di Levante; Gerichte 30 €; Nov.–Ostern geschl.

Der Besitzer dieses teuflisch guten Restaurants verbrachte 20 Winter in Indien, und dieses Restaurant ist eins der wenigen in Sizilien (geschweige denn auf den Liparischen Inseln), in denen man *riso al curry* (Curryreis) bekommt. Im Großen und Ganzen ist die Küche aber regional

TOP FIVE

GASTRONOMISCHE HIGHLIGHTS

- ★ **Ein cannolo bei Ritrovo Remigio, Vulcano** (S. 156) – *Cannoli* (Biskuitröllchen gefüllt mit süßem Ricotta) bekommt man in ganz Sizilien. Die in dieser Bar auf Vulcano gehören zu den besten.
- ★ **Eine Mandel-Granita bei da Alfredo, Salina** (S. 160) – Von nah und fern kommen die Menschen, um Alfredos legendäre *granita* (geeistes Getränk mit Mandeln oder frischen Früchten) zu probieren.
- ★ **Abendessen bei Filippino, Lipari** (S. 149) – Moderne sizilianische Küche in Liparis bestem Restaurant.
- ★ **Malvasia-Wein in Salina probieren** (S. 159) – Der berühmte Wein der Liparischen Inseln wird aus Trauben hergestellt, die an Salinas Vulkanhängen reifen.
- ★ **Eine Pizza bei L'Osservatorio, Stromboli** (S. 168) – die Pizzas sind gut, aber die eigentliche Attraktion ist der Blick auf die rauchenden Flanken des Stromboli.

inspiriert und auf der Speisekarte stehen beliebte Gerichte wie *maccheroni alla norma* (mit Auberginen) und *involtini di pesce spada* (gefüllte Schwertfischröllchen). Das Probiermenü für 30 € inklusive Wein und Dessert hat ein hervorragendes Preis-Leistungs-Verhältnis.

RITROVO REMIGIO €

☎ 090 985 20 85; Porto di Levante; Cannoli 2 €

Was sind schon Vulkane, Strände und spektakuläre Aussichten? Der unwiderstehlichste Grund, Vulcano zu besuchen, sind die *cannoli* (mit gesüßtem Ricotta gefüllte Gebäckröllchen) dieser ansonsten unauffälligen Bar/*gelateria* (Eisdiele) in Hafennähe. Sie gehören zu den besten in ganz Sizilien. Vielleicht unterscheiden sie sich nicht von anderen *cannoli* … aber irgendwie ist die Biskuitrolle besonders knusprig und der cremige Ricotta noch weicher als sonst! Außerdem gibt es verschiedene Eissorten.

TRATTORIA MANIACI PINA €

☎ 368 668555; Gelso; Gerichte 20–25 €; Mai–Okt.

Diese stimmungsvolle, bodenständige Trattoria an der Südseite der Insel neben dem schwarzsandigen Strand von Gelso könnte mit ihren blau-weiß karierten Tischdecken und Holztischen nicht traditioneller sein. Hier bekommt man tollen frischen Fisch und dazu eine Karaffe lokalen Weins. Die Speisekarte hängt vom Fang ab, aber wenn sie auf der Karte stehen, sind die *totani ripieni* (gefüllte Tintenfische) sehr zu empfehlen.

VERKEHRSMITTEL & -WEGE

AUTO & MOTORRAD // Noleggio Paolo (☎ 090 985 21 12; Via Porto di Levante) vermietet Autos ab 25 € pro Tag.

BUS // Bus Vulcania Tour di Scaffidi (☎ 090 985 30 73) betreibt Busse auf der gesamten Insel, nach Porto di Ponente (1,55 €), Piano und Capo Grillo (2 €, Mo–Sa ca. 7-mal tgl., So 2-mal) und von Mitte Juni bis Mitte September auch nach Gelso (2,30 €, 20 Min., ca. 3-mal tgl.). Ein Fahrplan hängt am Anfang der Via Provinciale nahe dem Ritrovo Remigio. Fahrkarten kauft man im Bus. Wer zu den Stränden in Gelso möchte, bittet den Fahrer, ihn an der nicht gepflasterten Straße abzusetzen.

FAHRRAD // Fahrräder, Roller und Quads kann man bei **Noleggio Sprint da Luigi** (☎ 090 985 22 08, Ecke Via Provinciale & Via Porto di Levante) und **Noleggio Paolo** (☎ 090 985 21 12; Via Porto di Levante) ausleihen, die beide auch Inseltouren organisieren. Für ein Fahrrad muss man pro Tag 15 € einrechnen, für einen Roller zwischen 15 und 35 €.

SCHIFF/FÄHRE // Vulcano ist ein Zwischenstopp auf der Route von Milazzo (Schiff/Tragflächenboot 10,80/15 €, 2 Std./45 Min.) nach Lipari (Schiff/Tragflächenboot 4,40/5,80 €, 25/10 Min.). In beide Richtungen verkehren regelmäßig Schiffe. Ticketbüros findet man nahe der Anlegestelle in Porto di Levante.

TAXI // **Santi** (☎ 366 3028712) anrufen.

SALINA

2200 Ew.

Im Gegensatz zur Vulkanlandschaft der anderen Liparischen Inseln hat Salina eine üppig grüne Vegetation. Wälder, dicke gelbe Ginsterbüsche und enge Reihen von Weinreben überziehen die Hügel in leuchtenden Farben und kühlen Grüntönen, während die hohen Klippen an der Küste steil ins Meer abfallen. Salina ist die zweitgrößte Insel des Archipels und die einzige mit einer Süßwasserquelle. Dies macht sie in Kombination mit dem Vulkanboden so besonders fruchtbar. Hier wird der berühmte Malvasia-Wein der Liparischen Inseln hergestellt und Salinas fette, saftige Kapern würzen viele lokale Gerichte.

Obwohl sie ihren Namen der *saline* (Salzabbau) von Lingua verdankt, ist die Insel Salina vor allem von ihren beiden erloschenen Vulkanen geprägt, dem Monte dei Porri (850 m) und dem Monte Fossa delle Felci (962 m), den beiden höchsten Gipfeln der Liparischen Inseln. Sie ragen in der Mitte der Insel empor,

bilden eine natürliche Grenze zwischen den beiden wichtigsten Siedlungen und sorgen dafür, dass die verschlafenen Dörfer jeweils ihre eigene Atmosphäre behalten. Der Tourismus hat das Inselleben erreicht, vor allem in Santa Marina Salina und Lingua, doch außerhalb dieser Orte wirkt Salina einsam und der Rest der Welt weit, weit entfernt. Wen dies reizt, der wird Salina lieben.

PRAKTISCHE INFORMATIONEN

NOTFÄLLE // **Notarzt** (☎ 090 984 40 05) **Farmacia Comunale** (☎ 090 984 30 89; Via Risorgimento, Santa Marina Salina) **Polizei** (☎ 090 984 30 19; Via Lungomare, Santa Marina Salina)

ORIENTIERUNG

Die meisten Boote legen in Santa Marina Salina an, der größten Siedlung der Insel. Die Hauptstraße durch die Stadt, die Via Risorgimento, verläuft einen Häuserblock hinter dem Hafen parallel zum Ufer. Die anderen größeren Siedlungen auf Salina sind Lingua, 3 km südlich von Santa Marina Salina, Malfa an der Nordküste, die Insel Leni, und Rinella, ein winziges Fischerdörfchen an der Südküste. Tragflächenboote legen in Rinella und in Santa Marina Salina an.

SALINA ERKUNDEN

SANTA MARINA SALINA // DURCH DIE WEISS GETÜNCHTEN STRASSEN BUMMELN

Santa Marina Salina ist Salinas wichtigster Hafen und eine typische Inselsiedlung mit einer lebendigen Hauptmeile und steil am Hang liegenden Häusern. Der Ort ist nicht groß und hat keine besonderen Sehenswürdigkeiten, ist aber recht reizvoll und eignet sich prima als Ausgangspunkt für Entdeckungstouren zum Rest der Insel. Die Hauptstraße ist die **Via Risorgimento**, eine schöne Fußgängerzone, die gesäumt ist von prächtigen liparischen Häusern (mehrfarbige Würfel mit runden Fenstern), Einrichtungsläden, Cafés und ein paar *alimentari* (Lebensmittelläden). Meldet sich der Hunger, folgt man seiner Nase zu **Il Fornaio** (Via Risorgimento 150), einer fantastischen Bäckerei mit köstlichen *cornetti* (italienische Croissants), Keksen und *sfincione palermitana* (luftige Pizza aus Palermo mit Zwiebel und Tomate).

LINGUA // EINE GRANITA AM HAFEN VON LINGUA GENIESSEN

3 km südlich von Santa Marina Salina liegt das winzige Dorf **Lingua**, ein beliebter Sommerort mit einigen Hotels (eins davon bemerkenswert luxuriös), ein paar Trattorien und einem kleinen Strand. Wichtigstes Merkmal des Orts ist die **Salzlagune** unter einem alten Leuchtturm am Ende des Dorfs. Bis vor Kurzem war das Salzwerk noch ein wichtiger Arbeitgeber vor Ort, doch heute bietet die Lagune nur noch Zugvögeln Unterschlupf, die im Frühjahr und Herbst auf dem Weg von und nach Afrika über die Insel fliegen.

Das Sommerleben konzentriert sich auf die Piazza Marina Garibaldi am Meer. Besonders zu empfehlen ist **da Alfredo** (☎ 090 984 30 75; Piazza Marina Grande), eine Bar und *gelateria*, die in ganz Sizilien für ihre *granita* bekannt ist –s. S. 160.

MONTE FOSSA DELLE FELCI // DER HÖCHSTE GIPFEL DER LIPARISCHEN INSELN.

Einen atemberaubenden Blick hat man vom höchsten Punkt Salinas' (und der gesamten Liparischen Inseln), dem **Monte Fossa delle Felci** (962 m). Der zweistündige Aufstieg beginnt am **Santuario della Madonna del Terzito** (Heiligtum der Madonna von Terzito) in Valdichiesa, dem Tal, das die beiden Vulkane trennt. Das Heiligtum ist eine beeindruckende Kirche aus dem 19. Jh. und eine wichtige Pilgerstätte für die Inselbewohner, vor allem rund um Mariä Himmelfahrt am 15. August. Von der Kirche aus folgt man dem ausgeschilderten Pfad durch Kiefern- und Kastanienwälder und Farnhaine bis zum Gipfel hinauf. Auf dem Weg bekommt man eine bunte Pflanzenwelt zu sehen, darunter wilde Veilchen, Spargel und eine Pflanze, die hier als *cipudazza* (lateinisch *Urginea marittima*, Meerzwiebel) bekannt ist. Die Einheimischen verkauften den Kalabriern die Zwiebel als Suppenzutat, auf der Insel selber wurde sie als Mäusegift verwendet!

Wenn man erst einmal oben ist (die letzten 100 m sind besonders heftig), wird man mit einem unvergleichbaren Blick belohnt, vor allem vom Südwestrand aus, von dem man auf die Salzlagune von Lingua und bis Lipari und Vulcano schauen kann. Man erreicht das Heiligtum mit dem Bus von Santa Maria Salina nach Malfa, steigt dann in einen

Bus nach Rinella um und bittet den Fahrer, einen an der Kirche rauszulassen.

MALFA // DIE ENTSPANNTE ATMOSPHÄRE GENIESSEN

Malfa an der Nordküste der Insel ist die größte Siedlung auf Salina. Kommt man von Santa Maria Salina aus nach Malfa, erstreckt sich der Ort hügelabwärts zu einem kleinen Kieselstrand mit Ruinen alter Fischerhäuser. Auf den ersten Blick wirkt er nicht reizvoll, hat aber eine entspannte, ruhige Atmosphäre und zwischen seinen abfallenden Gässchen einige Highlights zu bieten. Dazu gehören das Hotel Signum (s. S. 338), in dessen fantastischem **Wellnesscenter** (☎ 090 984 42 22; www.hotelsignum.it; Via Scalo 15; Eintritt 40 €, Behandlungen zusätzl.; ⌚ Okt.–März) man ein revitalisierendes Bad in einer Thermalquelle oder einen entschlackenden Saunagang genießt. Eher ernüchternd ist ein Besuch des **Museo dell'Emigrazione Eoliana** (Einwanderermuseum; ☎ 090 34 42 93; Palazzo Marchetti, Via Conti; Eintritt frei; ⌚ Sommer Mo–Sa 9–13 & 16–19.30 Uhr, Winter Mo–Sa 9–13 Uhr), das die traurige Geschichte der Abwanderung von den Liparischen Inseln dokumentiert.

WEIN & KOCHEN // MALVASIA-WEIN PROBIEREN UND LERNEN, WIE MAN IM INSELSTIL KOCHT

Rund um Malfa liegen einige Weingüter, auf denen man den lokalen Malvasia-Wein probieren kann (s. Kasten S. 160). Ein Schild an der Hauptstraße nahe dem Ortseingang weist den Weg zu **Fenech** (☎ 090 984 40 41; www.fenech.it; Via Fratelli Mirabilo 41), einem preisgekrönten Weinhersteller, dessen Malvasia-Wein Jahrgang 2003 zu einem von Italiens 100 besten Weinen gekürt wurde. Im Voraus eine Weinprobe organisieren!

Ein weiterer wichtiger Malvasia-Wein wird im luxuriösen Ferienort **Capo Faro** (☎ 090 984 43 30; www.capofaro.it; Via Faro 3) auf dem 5,2 ha großen Gut Tasca d'Almerita hergestellt, das gleich außerhalb der Stadt liegt. Hier kann man die Weinberge besuchen und auch Kochkurse in der Kochschule Anna Tasca Lanza belegen. Angeboten werden u. a. zwei- bis viertägige Kurse inklusive Unterkunft von 800 bis 1300 €

SCHWIMMEN & SEGELN // SALINAS SCHÖNSTE SCHWIMMSTELLEN FINDEN

Salinas berühmtester Strand ist der von **Pollara**. Er hat eine atemberaubende Lage zwischen dem Meer und den steilen Hängen eines erloschenen Vulkans. Der Zugang zum Strand (der als Kulisse für den Film *Der Postmann* diente) wurde wegen Erdrutschgefahr geschlossen, man kommt jedoch nach wie vor über die steilen Stufen am nordwestlichen Ende des Dorfs hierher, und der Blick auf den Strand mit den vulkanischen Klippen im Hintergrund ist eine Wucht.

Ein paar schöne Badestellen gibt es an der Südküste der Insel in der Nähe von **Rinella**, einem winzigen Dorf mit pastellfarbenen Häusern und einem kleinen Hafen. Im Dorfzentrum gibt es einen Sandstrand, ist der jedoch zu voll, folgt man dem Pfad nach Punta Megna, von wo aus man an den Kieselstrand **Spiaggia Pra Venezia** kommt.

Einige der schönsten Badestellen der Gegend erreicht man nur über das Wasser, sodass man an einem Bootsausflug teilnehmen oder selber ein Boot mieten muss. **Salina Relax Boats** (☎ 338 6609640; Via Roma 86, Santa Marina Salina) bietet zahlreiche Touren rund um Salina und die anderen Inseln für 50 bis 80 € pro Person (inklusive Essen und Leihschnorchel), verleiht Boote und betreibt einen Wassertaxi-Service.

MALVASIA

Salinas Reichtum sind ihre Süßwasserquellen. Sie ist die einzige der Liparischen Inseln mit natürlichen Wasserquellen und das Ergebnis ist eine einzigartige Vegetation. Die Bewohner haben eine sinnvolle Nutzungsmethode gefunden: Sie bauen ihre eigene Weinsorte an, den Malvasia. Man glaubt, dass die Griechen die Trauben im Jahr 588 v. Chr. hierher brachten; der Name leitet sich mit Sicherheit von der griechischen Stadt Monenvasia ab.

Der Wein wird noch immer unter Verwendung der Malvasiatraube und der heute seltenen roten korinthischen Traube nach den traditionellen Verfahren hergestellt. Die Lese findet normalerweise in der zweiten Septemberwoche statt. Dann werden die Trauben gepflückt und zum Trocknen auf gewobenen Rohrmatten ausgelegt. Der Trocknungsprozess ist entscheidend: Die Trauben müssen lange genug trocknen, um ihren süßen Geschmack zu entwickeln, aber nicht zu lange, da sie sonst karamellisieren.

Das Resultat ist ein dunkelgoldener bis bernsteinfarbener Wein, der für manche nach Honig schmeckt. Er wird gewöhnlich in sehr kleinen Gläsern serviert und passt hervorragend zu Käse, süßen Keksen und Mandelgebäck.

GASTRONOMISCHE HIGHLIGHTS

Die meisten Restaurants gehören zu Hotels. Mit einer Reservierung kann man auch als Nicht-Gast dort essen. Alle angeführten Lokale sind, sofern nicht anders angegeben, in Santa Marina Salina.

A' CANNATA €€

☎ 090 984 31 61; Via Umberto I 13, Lingua; Gerichte 35 €

Dieses schlichte Restaurant am Ortseingang von Lingua wird von einer heimischen Fischerfamilie geführt. Man sitzt im sonnigen Pavillon am Meer und serviert werden spektakuläre Gerichte mit Meeresfrüchten, oft in Verbindung mit saftigem heimischen Gemüse und Salinas berühmten Malvasia-Wein. Beginnen sollte man mit der Spezialität des Hauses, *maccheroni*, bevor es mit dem *secondo* (Hauptgericht) aus *calamaretti* (Babytintenfisch) in Malvasia-Wein weitergeht. Das Restaurants hat eine Slow-Food-Empfehlung.

ALFREDO IN CUCINA €€

☎ 090 984 33 07; Via Pantano; Gerichte 35–40 €

Der Sohn des legendären Alfredo (s. da Alfredo, S. 160) betreibt um die Ecke von der Bar seines Vaters dieses elegante kleine Restaurant mit moderner Inselküche. Traditionelle Kombinationen werden mit Pfiff neu ausgelegt, das Ergebnis sind Köstlichkeiten wie Thunfisch mit karamellisierter Zwiebel in Orange. Der gemütliche Innenraum ist recht eng, dafür ist die Atmosphäre herzlich und im Sommer kann man auf der großen Terrasse unter dem Sternenhimmel sitzen.

DA ALFREDO €

☎ 090 984 30 75; Piazza Marina Grande; granita 2,50 €, Sandwiches ab 5 €

Alfredo ist vermutlich die bekannteste Person auf Salina. Seit Jahrzehnten lockt seine *granita* Sommergäste an. Sie sind alle umwerfend, aber die Krönung ist die *granita alla mandorla* mit Mandeln aus der Gegend. Eine weitere Spezialität des Hauses sind *pane cunzato*, eine Art offenes Sandwich mit verschiedenen Belägen – in der Regel eine Kombination aus Thunfisch, Ricotta, Auberginen, Tomaten, Kapern und Oliven auf knusprigem Brot.

'NNI LAUSTA €€

☎ 090 984 34 86; Via Risorgimento; Pizzas ab 5 €, Gerichte 35–40 €

Unten eine schicke Weinbar, oben ein gefeiertes Restaurant. Hier kann man am frühen Abend einen Aperitif trinken, bevor man im Obergeschoss moderne Varianten von Meeresfrüchten wie Thunfisch-Tatar oder Miesmuschel-Farro-Salat bestellt. Es ist schick, wie jedoch die meisten Restaurants auf der Insel nicht übermäßig formell. Mit seinen hohen Decken, lackierten Tischen und einer Terrasse im Freien wirkt es hell und sommerlich. Reservierung empfohlen!

TRATTORIA CUCINOTTA €€

☎ 090 984 35 23; Via Risorgimento 6; Gerichte 25–30 €

Die nette familienbetriebene Trattoria mit einem sonnigen Sitzbereich im Freien und gelassener Atmosphäre ist eine hervorragende Adresse für authentische Inselküche. Ein ganz typisches Gericht z. B. sind Spaghetti *all'eoliana* (mit Thunfisch, Kapern, Oliven und Cherrytomaten) – das Beste, was der vielseitige Gemüsegarten der Insel hergibt. Das Lokal liegt am Ende der Via Risorgimento. Zwar hat es das ganze Jahr über geöffnet, im Winter fragt man jedoch besser telefonisch an.

VERKEHRSMITTEL & -WEGE

AUTO & MOTORRAD // **Antonio Bongiorno** (☎ 090 984 34 09; www.noleggiobongiorno.it; Via Risorgimento 240, Santa Marina Salina) vermietet Autos für 60 € pro Tag.

BUS // **Citis** (☎ 090 984 41 50; www.trasportisalina.it) betreibt Busse von Santa Marina Salina nach Lingua (1,70 €, 5 Min., Mo–So 9-mal tgl., So 6-mal), Malfa (1,70 €, 35 Min., Mo–Sa 9-mal tgl., So 6-mal), Rinella (2,40 €, 45–60 Min., Mo–Sa 9-mal tgl., So 6-mal), Pollara (2,10 €, 50 Min., Mo–Sa 7-mal tgl., So 5-mal), Valdichiesa (2,10 €, 35–50 Min., So–Sa 9-mal tgl., So 6-mal) und Leni (2,40 €, 40–55 Min., Mo–Sa 9-mal tgl, So 6-mal). Fahrpläne hängen überall auf der Insel. Wer von Santa Maria Salina aus nach Rinella oder Pollara fahren möchte, muss in Malfa umsteigen.

FAHRRAD // Mountainbikes und Roller vermietet **Antonio Bongiorno** (☎ 090 984 34 09; www.noleggiobongiorno.it; Via Risorgimento 240, Santa Marina Salina; Fahrradverleih pro Std./Tag 3,50/10,50 €, Roller 8,50/31 €).

SCHIFF/FÄHRE // **Siremar** (www.siremar.it) und **Ustica Lines** (www.usticalines.it) betreiben Tragflächenboote nach Santa Marina Salina von Lipari (8,80 €, 25 Min., 12–16-mal tgl.) und Milazzo (17,25 €, 1½–2 Std., 12–16-mal tgl.). Weniger häufig fahren außerdem Schiffe nach/von Stromboli und Panarea, außerdem zwei pro Tag nach/von Messina und Reggio di Calabria. Die meisten Schiffe legen unterwegs in Rinella an. Siremar und Ustica haben ein gemeinsames **Ticketbüro** (☎ 090 984 30 03; Piazza Santa Marina Salina 2, Santa Marina Salina).

PANAREA

320 Ew.

Das exklusive und teure Panarea ist die kleinste und schickste der Liparischen Inseln, die den internationalen Jet-Set und Modeleute aus Mailand für ein bisschen *dolce far niente* (süßes Nichtstun) anzieht. Im Sommer füllen Luxusjachten den Hafen und Scharen von Tagesausflüglern flanieren durch die autofreien Straßen der Hauptsiedlung San Pietro mit ihrem Hafen. Panarea ist nur im Sommer ein Reiseziel. Außerhalb der Saison ist sehr wenig los. Zwischen November und Ostern, hat nicht viel geöffnet.

PANAREA ERKUNDEN

VILLAGGIO PREISTORICO // PRÄHISTORISCHE RUINEN UND HERRLICHE HÖHLEN ENTDECKEN

Ist man eine Weile durch San Pietro geschlendert, geht's Richtung Süden zur

Cala Junco und zu Panareas **Villaggio Preistorico** (Prähistorisches Dorf) – Schilder weisen den Weg. Unterwegs passiert man die **Spiagetta Zimmari**, einen kleinen braunen Sandstrand vor einer steilen Sanddüne. Vom Strand führen Stufen rauf zur **Punta Milazzese**. Hier liegen die Ruinen des Villaggio Preistorico auf einer natürlichen erhöhten Plattform, die rundum vom Meer umgeben ist. 23 Hütten wurden zutage gefördert und man nimmt an, dass die Landspitze seit dem 14. Jh. v. Chr. bewohnt ist. Hier gefundene Tonscherben zeigen minoischen Einfluss, was darauf schließen lässt, dass die Inselbewohner mit den Kretern in Kontakt standen.

Kurz vor den Ruinen führen Treppenstufen hinab zur **Cala Junco**, einer schönen kleinen Bucht mit Kieselstrand und traumhaftem aquamarinblauem Wasser. Wer überschüssige Energie loswerden möchte, folgt dem ausgeschilderten Pfad hinauf bis zur **Punta del Corvo** (421 m). Panareas höchster Punkt liegt zu Fuß rund zwei Stunden entfernt.

VOR DER KÜSTE // IN EINEM BOOT UM PANAREAS EIGENEN ARCHIPEL HERUMSCHIPPERN

Um die fünf Inselchen zu erkunden, die vor Panareas Ostküste liegen, muss man ein Boot mieten – dazu erkundigt man sich an den Buden am Meer in San Pietro oder wendet sich an **Nautilus** (☎ 333 4233161; Baia di Drautto) in Drautta, südlich von San Pietro; Boote bekommt man ab ca. 65 € pro Tag.

Am nächsten an Panarea liegt **Dattilo** mit seinem hübschen kleinen Strand Le Guglie. Besonders schön baden kann man auf **Lisca Bianca** an einem kleinen

EINEN ABSTECHER WERT

Filicudi und **Alicudi** sind die am wenigsten besuchten und entwickelten der Liparischen Inseln. Sie entstanden bei Vulkanaktivitäten vor 700 000 Jahren und sind somit auch die ältesten. Filicudi ist die reizvollere der beiden mit einer wilden schönen Küste, kristallklarem Wasser und tiefen Grotten. Vor der Küste bieten die Wracks alter griechischer und römischer Schiffe hervorragende Tauchgründe. Anlaufstelle auf der Insel ist **Pecorini**, ein winziges Fischerdorf an einem kleinen Kieselstrand. Hier kommt man im extrem netten **La Sirena** (s. S. 339) unter und kann hervorragende Meeresfrüchte im gelobten dazugehörigen **Restaurant** (☎ 090 988 99 97; Gerichte 30–35 €) essen.

Aktivitäten auf dem Wasser bietet Nino Terrano von **I Delfini** (☎ 090 148 46 45; www.idelfinifilicudi.it; Pecorini), den man in der Regel im kleinen Jachthafen von Pecorini antrifft. Er vermietet Boote (100 €/Tag inkl. Sprit) oder schippert Besucher auf dem Wasser um die Insel (40–80 €, ca. 1 Std.), wobei man unterwegs die **Grotta del Bue Marino** und den 71 m hohen Felsturm **Scoglio della Canna** besucht. Er organisiert auch Tauchgänge rund um das **Museo Sottomarino**, wo man die gesunkenen Überreste von neun zerfallenen Schiffen erkunden kann. 1 km südwestlich des Hafens an der Küste liegt **Capo Graziano**, die Überreste eines prähistorischen Dorfs. Tragflächenboote fahren von Lipari nach Filicudi (15,80 €, 1¼ Std., min. 2-mal tgl.).

Alicudi ist die wohl abgelegenste Insel des Mittelmeers mit nur minimalen Einrichtungen und ohne markierte Straßen. Das einzige, was man hier machen kann, ist auf den **Monte Filo dell'Arpa** (675 m) zu steigen und den Blick zu genießen.

weißen Strand an der Südseite der Insel. Auf dem Meeresboden neben dem schmalen Kanal zwischen Lisca Bianca und **Bottaro** (das eigentlich nicht viel mehr als ein vorstehender Felsen ist) liegt das Wrack eines englischen Schiffs aus dem 19. Jh. Taucher können bei **Amphibia** (☎ 335 1245332; www.amphibia.it, italienisch; Via Comunale) in San Pietro Ausrüstung leihen und Tauchgänge organisieren. Südlich von Dattilo liegt **Lisca Nera**, im Norden **Basiluzzo**, die größte der fünf Inselchen, die sich dem Anbau von Kapern verschrieben hat. Auf der Rückseite der Insel liegt vom Land aus sichtbar das beeindruckende Wrack eines römischen Schiffes.

SPIAGGIA FUMAROLA // AN EINEM STEINSTRAND SONNE TANKEN

Nördlich von San Pietro weisen Schilder zur **Spiaggia Fumarola**, einem Steinstrand am Fuß eines heimtückischen, überwachsenen Gefälles. Außerhalb der Hauptsaison ist sie ein verlassenes Fleckchen und toll zum Schwimmen. Im Juli und August kommen die Sonnenanbeter in Scharen herbeigeströmt und unaufhörlich klingeln Handys.

DA FRANCESCO // AM HAFEN ZU ABEND ESSEN

Ein paar Treppenstufen oberhalb des Hafens (den Schildern folgen) liegt das **Da Francesco** (☎ 090 98 30 23; Via San Pietro; Gerichte 30 €; März–Nov.), das Lokal auf Panarea mit dem besten Preis-Leistungs-Verhältnis. Die entspannte Trattoria hat eine Terrasse im Freien, einen wunderschönen Blick übers Meer nach Stromboli und eine unprätentiöse Speisekarte mit Pasta- und Fischgerichten. Toll ist die Spezialität des Hauses, Spaghetti *alla disgraziata* (mit Tomaten, Auberginen, Chili, Kapern und Oliven).

VERKEHRSMITTEL & -WEGE

AUTO & MOTORRAD // Autos sind auf Panarea nicht erlaubt. Man braucht jedoch auch keins, da die Insel so klein ist, dass man überall zu Fuß hinkommt. Das beliebteste Fortbewegungsmittel sind Golfcarts. Ein Taxi ruft man über **Pantaxi** (☎ 333 3138610).

SCHIFF/FÄHRE // Im Sommer betreiben **Siremar** (☎ 090 98 30 07; www.siremar.it) und **Ustica Lines** (☎ 090 98 33 44; www.usticalines.it) bis zu acht Tragflächenboote täglich nach/von Lipari (10,40 €, 1 Std.) und Milazzo (17,80 €, 2¼ Std.). Im Winter fahren täglich nur zwei Schiffe. Von Panarea kommt man ebenfalls nach/von Stromboli (11 €, 30–40 Min. mit dem Tragflächenboot, 1¼ Std. mit dem Schiff, 1–4-mal tgl.). Das Ticketbüro liegt im Hafen in San Pietro.

STROMBOLI

400 Ew.

Der Stromboli erhebt sich wie eine bedrohliche Pyramide aus dem Meer. Seine rauchende Silhouette entspricht genau den Klischeevorstellungen davon, wie ein ordentlicher Vulkan auszusehen hat. Die ganze Insel Stromboli ist ein Vulkan bzw. die Spitze eines riesigen Unterwasser-Vulkans, der 924 m über die Wasseroberfläche emporragt, vom Grund des Meeres aus aber insgesamt rund 3000 m hoch ist. Die abgelegenste und fesselndste der Liparischen Inseln ist beliebt als Ziel von Tagesausflüglern. Die Designer Dolce und Gabbana, die hier ein Ferienhaus haben, verbringen den Sommer am liebsten auf der Insel. Am besten genießen kann man die Schönheit der Insel und die Romantik, die Roberto Rossellini und seine Geliebte Ingrid Bergman 1949 hierher zog, wenn man ein paar Tage bleibt.

Durch vulkanische Aktivität ist ein Großteil der Insel vernarbt und geschwärzt, ihre Nordostecke jedoch ist

STROMBOLI ERKUNDEN
Chiesa di San Vincenzo.......... 1 D2
La Sirenetta Diving Centre...(siehe 14)
Magmatrek............................ 2 D2
Motonautica Mandarano....... 3 D2
Rotes Haus............................ 4 D2

GASTRONOM. HIGHLIGHTS
Ai Gechi.............................. 5 D2
La Lampara........................... 6 C1
La Locanda del Barbablù........ 7 C2
La Tartana Club..................... 8 C1
L'Osservatorio........................ 9 B2
Punta Lena........................... 10 D2
Ritrovo Ingrid........................ 11 D2

UNTERKUNFT
Albergo Brasile..................... 12 C1
Casa del Sole........................ 13 C1
La Sirenetta Park Hotel......... 14 C1

TRANSPORT
Siremar- & Ustica-Lines-Ticketbüro....................... 15 D2

bewohnt. Hier liegen die berühmten schwarzen Strände (von denen manche toll sind und hervorragenden Sand haben) und die größte Siedlung der Insel attraktiv an den unteren Hängen des Vulkans. Doch trotz der postkartenähnlichen Kulisse ist das Inselleben hart: Essen und Trinken müssen vom Festland hergebracht werden, es gibt keine Straßen über die Insel und bis vor Kurzem gab es in Ginostra an der Südwestküste nicht einmal Strom. Wenn das Wetter stürmischer wird und das Meer ein bisschen wilder tobt, fahren keine Fähren und Tragflächenboote mehr und die Insel ist komplett abgeschnitten. Und als ob das nicht genug wäre, besteht die dauerhafte Gefahr, dass der Vulkan ausbrechen könnte wie auch im Februar 2007. Glücklicherweise war der Ausbruch harmlos.

PRAKTISCHE INFORMATIONEN

NOTFÄLLE // Notarzt (☎ 090 98 60 97; Via Vittorio Emanuele) **Polizei** (☎ 090 98 60 21; Via Roma) Linker Hand, wenn man die Via Roma hinaufgeht.

ORIENTIERUNG

Boote legen am Porto Scari unterhalb des Zentrums an. Die meisten Unterkünfte sowie der Treffpunkt für geführte Wanderungen liegen einen kurzen Fußmarsch den Scalo Scari an der Via Roma hinauf. Am oberen Ende der Via Roma liegt die zentrale Piazza San Vincenzo, von wo aus die Via Vittorio Emanuele gen Westen weiterläuft. Um zum Weg zu kommen, der zum Krater führt, folgt man der Via Vittorio Emanuele, bis Schilder nach links zum L'Osservatorio weisen. Außer in einigen Hauptstraßen und auf der Piazza San Vicenzo gibt es auf Stromboli keine Straßenbeleuchtung, deshalb eine Taschenlampe mitbringen!

STROMBOLI ERKUNDEN

DER VULKAN // EUROPAS AKTIVSTEN VULKAN BESTEIGEN

Der Stromboli ist der jüngste der Vulkane der Liparischen Inseln. Er entstand erst vor 40 000 Jahren und fast durchgängig sorgen seine Gase für den Austritt flüssigen Magmas. Dieser Prozess wird von Vulkanologen als *attività Stromboliana* (Strombolianische Aktivität) bezeichnet.

Die letzten Ausbrüche fanden am 27. Februar 2007 statt. Zwei neue Krater bildeten sich am Gipfel und Lava floss an der Westflanke des Vulkans hinab, es entstand jedoch nur sehr wenig Schaden. Bei einem Ausbruch im April 2003 wurde Ginostra mit Steinen überschüttet, im Dezember 2002 verursachte eine Eruption einen Tsunami, der die Stadt Stromboli beschädigte, sechs Menschen verletzte und dazu führte, dass die Insel über Monate nicht für Besucher zugänglich war.

Seit 2005 wird der Zugang zum Gipfel streng reguliert. Man darf ungehindert bis zu einer Höhe von 400 m steigen, um auf die Spitze (924 m) weiter zu klettern, braucht man jedoch einen Führer (s. Kasten oben). Der anstrengende Aufstieg zur Spitze und der Rückweg dauern fünf bis sechs Stunden. Folgende Ausrüstung ist erforderlich: anständige Wanderschuhe, ein Rucksack, der Armfreiheit gewährt, Kleidung für kaltes und nasses Wetter, ein T-Shirt zum Wechseln, ein Taschentuch, das gegen Staub schützt (Brille anstelle von Kontaktlinsen tragen!), eine Taschenlampe, 1 bis 2 l Wasser und Proviant. Fehlt Ausrüstung, verleiht **Totem Trekking** (☎ 090 986 57 52; www.totemtrekking.stromboli.com; Piazza San Vincenzo 4; ⌚ 10–13 & 16–19.30 Uhr) alles Notwendige: Stiefel (6 €), Rucksäcke (5 €), Taschenlampen (3 €) und Windjacken (5 €).

Geführte Wanderungen starten je nach Jahreszeit zwischen 15.30 und 18 Uhr, sodass man die Spitze bei Sonnenuntergang erreicht und bei Einbruch der Dunkelheit dem brodelnden Vulkan 45 Minuten zuschauen kann. Der Abstieg zur Piazza

GEFÜHRTE TOUREN

Um auf den Gipfel des Stromboli zu klettern, braucht man einen Führer oder muss an einem organisierten Trek teilnehmen. Diesen immer im Voraus organisieren, um Enttäuschungen zu vermeiden!

Magmatrek (☎ 090 986 57 68; www.magmatrek.it; Via Vittorio Emanuele; Ausflug 28 €/Pers., ⌚ Ostern–Nov.) Erfahrene Führer, die auch Deutsch sprechen, begleiten täglich Treks auf den Vulkan (max. 20 Pers.). Stellt auch individuelle Treks für Einzelpersonen oder Gruppen zusammen. Rechtzeitig buchen, wenn möglich eine Woche vorher!

Stromboli Guide (☎ 090 98 61 44; www.stromboliguide.it; c/o Agenzia Il Vulcano a Piede, Via Roma; ⌚ 10–12.30, 16–19.30 Uhr) Die angesehene Konkurrenz wird von einem Führer geleitet, der der Associazione Guide Alpine Italiane angehört.

KURZINFOS STROMBOLI

- Der Stromboli ist der einzige permanent aktive Vulkan Europas und der jüngste des Archipels.
- In der Regel finden pro Jahr zwei größere Ausbrüche statt.
- Die Insel ist seit der Jungsteinzeit bewohnt, doch noch nie hat ein Vulkanausbruch die Stadt Stromboli zerstört.
- Stromboli wurde benutzt, um wichtige Handelswege im Tyrrhenischen Meer zu kontrollieren, da die Insel die anderen Liparischen Inseln, das italienische Festland und die Straße von Messina überblickt. Aus diesem Grund und wegen der Explosionen im Krater wird Stromboli auch „der Leuchtturm des Mittelmeers" genannt.
- Strombolicchio heißt die Felsspitze, die man von der Küste nahe Ficogrande gut sehen kann. Sie ist ein Überbleibsel des ursprünglichen Vulkans, der ins Meer stürzte. Strombolicchio ist der Rest des zentralen Vulkanschlots, in dem die Lava versteinerte.
- *Sciara* kommt vom arabischen *sharia* (Straße); Sciara del Fuoco = Straße des Feuers.
- Am 30. Dezember 2002 wurden durch Vulkanaktivität Erdrutsche verursacht, die wiederum zwei Flutwellen von 5 bis 10 m Höhe zur Folge hatten. Sowohl die Stadt Stromboli als auch Ginostra waren betroffen.
- Die Ausbrüche 2002 und 2003 vergrößerten den Krater von 35 m auf 125 m.
- Die Eruption von 2007 öffnete zwei neue Krater am Gipfel.

San Vincenzo dauert ca. 2 Std., man kommt gegen 22.30 Uhr wieder an.

Wer nicht bis nach oben steigen will, kann zu L'Osservatorio (s. S. 168) laufen, von wo aus man einen tollen Blick auf die **Sciara del Fuoco** (die schwarze Lavanarbe, die an der Flanke des Vulkans hinabläuft) und die Explosionen im Krater hat. Sie finden etwa alle 20 Minuten statt und kündigen sich durch ein lautes Brummen an, wenn die Gase das Magma in die Luft schleudern. Das ist unglaublich aufregend! In einer ruhigen Nacht bieten die lebendig rote Sciara und der explodierende Kegel ein beeindruckendes Bild.

BOOTSAUSFLÜGE // DEN FEUERSPUCKENDEN VULKAN VON EINEM BOOT AUS BEOBACHTEN

Eine der beliebtesten Arten, das nächtliche Feuerwerk zu beobachten, ist eine Schiffstour rund um die Insel. **Società Navigazione Pippo** (☎ 090 98 61 35) und **Antonio Cacetta** (☎ 339 5818200) gehören zu den vielen Veranstaltern von Touren ab Porto Scari. Man kann zwischen zwei Touren wählen: einer dreistündigen Fahrt um die Insel mit Pausen zum Baden in Strombolicchio (dem Inselchen vor der Nordküste) und einem kurzen Besuch von Ginostra (diese Tour findet tagsüber statt) und einer 2½-stündigen Tour bei Sonnenuntergang, um vom Meer aus die Explosionen über der Sciara del Fuoco zu beobachten. Beide kosten 20 € pro Person.

SCHWIMMEN & TAUCHEN // AN DEN SCHWARZEN STRÄNDEN DES STROMBOLI BRAUN WERDEN

Strombolis schwarze Sandstände gehören zu den schönsten des Archipels.

Besonders schön ist die **Forgia Vecchia** rund 300 m südlich des Hafens, ein ruhiger schwarzer Kieselstrand an einer friedlichen Bucht vor den grünen Hängen des Vulkans. Der beliebteste Strand ist **Ficogrande**, ein Abschnitt aus Felsen und schwarzem Vulkansand rund zehn Gehminuten von der Anlegestelle der Tragflächenboote entfernt; aus dem Hafen kommend biegt man nach rechts ab und läuft an der gewundenen Küste entlang Richtung Nordwesten. Gegenüber dem Strand werden im **La Sirenetta Diving Center** (☎ 338 8919675; www.lasirenettadiving.it; La Sirenetta Hotel, Via Marina 33; ⏲ Ende Mai–Mitte Sept.) beim La Sirenetta Park Hotel Tauchkurse und begleitete Tauchgänge angeboten. Ein weiterer schlichter Strand liegt weiter westlich bei **Piscità**.

ROTES HAUS // HIER SPIELTE SICH DIE ROMANZE VON ROSSELLINI UND INGRID BERGMAN AB

Abgesehen von der **Chiesa di San Vincenzo** (Piazza San Vincenzo) am Hauptplatz gibt es in Stromboli nicht viel zu sehen. Allerdings steht hier das rote Haus, in dem Ingrid Bergman und Roberto Rossellini 1949 während der Dreharbeiten zu *Stromboli, Terra di Dio* gemeinsam wohnten. Filmfans sind bestimmt vertraut mit dem Skandal, den ihre Affäre auslöste – Rossellini und Bergman waren damals beide verheiratet. Zwar kann man kann das Haus, das gleich unterhalb der Piazza San Vincenzo rechts steht, nicht besichtigen, es ist jedoch interessant, die Kulisse der berühmten Romanze zu sehen.

GASTRONOMISCHE HIGHLIGHTS

Essen ist in Stromboli ein teures Vergnügen, da die meisten Lebensmittel angeliefert werden müssen. Meeresfrüchte gibt es überall, Pizza ist eine gute Alternative.

AI GECHI €€

☎ 090 98 62 13; Vico Salina 12, Porto Scari; Gerichte 35 €; ⏲ Di–So abends

Dieses tolle Lokal liegt am Ende einer Gasse, die von der Via Roma abzweigt. Das geschmackvoll eingerichtete liparische Haus, dessen schattige Veranda als Speiseraum dient, ist ein Liebling der Einheimischen. Ein hoher Kaktus und die weiß getünchte Optik verleihen ihm ein leicht südamerikanisches Flair, aber die Schiffslampen, das freundliche barfüßige Personal und die fantastischen Meeresfrüchte sind durch und durch mediterran. Auf der Karte stehen moderne Varianten traditioneller Gerichte.

LA LAMPARA €

☎ 090 98 60 19; Via Vittorio Emanuele 27; Pizzas 8–10 €; ⏲ 18 Uhr–open end

Eine Pizza auf der lauten, von Wein umrankten Terrasse des La Lampara ist eine hervorragende, günstige Alternative zu den teureren Meeresfrüchten. Es gibt die üblichen Beläge und dazu einige Spezialitäten der Insel wie saftige Garnelen. Die entspannte Atmosphäre im Freien eignet sich besonders gut für Familien mit kleinen Kindern.

LA LOCANDA DEL BARBABLÙ €€€

☎ 090 98 61 18; www.barbablu.it; Via Vittorio Emanuele 17; Menüs 38 od. 50 €; ⏲ Mitte April–Mitte Okt.

Eins der Top-Restaurants in Stromboli. Es liegt in einem rot-gelben pompeianischen Haus nahe der Piazza San Vincenzo und ist mit seiner lebendigen Bar und einem rustikal-schicken Restaurant ein angesagter Treffpunkt für die schicken Sommergäste. Gerichte à la carte gibt es nicht – man wählt eins der beiden Fischmenüs (man kann jedoch auch ein vegetarisches Menü reservieren), das entsprechend dem Fang des Tages und der Inspiration des Kochs ausfällt. Reservierung erforderlich! Es gibt auch fünf elegante B&B-Zimmer (DZ 140–240 €).

LA TARTANA CLUB €€€

☎ 090 98 60 25; Via Marina; Gerichte ab 35 €; Ende Mai–Okt.

In diesem alteingesessenen, schicken Lieblingsrestaurant der Schönen von Stromboli mit Bar treffen der italienische Staatspräsident und Dolce und Gabbana aufeinander. Zu Mittag gibt's ein lockeres Buffet auf der Terrasse am Meer, abends geht es mit Aperitifs, Cocktails an der Pianobar und romantischem Abendessen bei Kerzenlicht vornehmer zu. Auf der traditionellen Speisekarte stehen Klassiker wie Linguine mit Anchovis und Kalbskoteletts mit Malvasia-Wein.

L'OSSERVATORIO €€

☎ 090 98 63 60; Pizzas ab 7 €, Gerichte 25–30 €

Eine Mahlzeit hier ist unvergesslich. Nicht wegen der Scheunenatmosphäre und auch nicht wegen des Essens, das lecker, aber nichts Besonderes ist. Nein, der wahre Grund, warum man die 1 km zum Restaurant hinaufläuft (abends eine Taschenlampe mitnehmen!) ist der fantastische Blick auf die Sciara del Fuoco und ihr abendliches Feuerwerk. Auf der Speisekarte stehen reguläre Pasta- und Meeresfrüchtegerichte, aber die Pizza ist hervorragend und zu Mittag gibt's leckere *panini* (belegte Brötchen; 3,50 €).

PUNTA LENA €€

☎ 090 98 62 04; Via Marina; Gerichte 35 €; April–Okt.

Mit seiner Terrasse am Wasser und hervorragenden Meeresfrüchten ist das Punta Lena ein tolles familiengeführtes Restaurant. Schick ist es nicht – die Deko besteht aus frischen Blumen und einem reizvollen Meeresblick auf Strombolicchio, aber das Essen ist genauso gut wie anderswo auf der Insel. Auf der Karte stehen typische Gerichte wie *gamberetti marinati* (marinierte Garnelen) und Spaghetti *alla stromboliana* (mit wildem Fenchel, Cherrytomaten und Brotkrümeln).

RITROVO INGRID €

☎ 090 98 63 85; Piazza San Vincenzo; Pizza ab 6,50 €; 8–24 Uhr, Juli & Aug. bis 3 Uhr

Schöner als auf der Panoramaterrasse dieser alteingesessenen Stromboli-Institution kann man kaum frühstücken. Das Ritrovo Ingrid ist gleichzeitig Café, *gelateria* und Pizzeria, und den ganzen Tag über ist viel los. Morgens kommen die Inselbewohner für einen Cappuccino her, später Touristen auf ein Eis und Trekker vergleichen ihre Unterlagen bei einer abendlichen Pizza.

VERKEHRSMITTEL & -WEGE

AUTO & MOTORRAD // Auf Stromboli sind keine Autos erlaubt, nur Roller, elektrische Carts und dreirädrige Fahrzeuge namens *ape*. Roller vermietet Motonautica Mandarano (☎ 090 98 62 12; Via Marina; ca. 20 €/Tag). Vom Hafen folgt man der Straße nach links und kommt nach 300 m zum Verleih.

SCHIFF/FÄHRE // Stromboli ist die abgelegenste der Liparischen Inseln. Boote fahren von der Insel nach Lipari (Schiff/Tragflächenboot 12,40/17,80 €, 4/1¾ Std.) und Milazzo (Tragflächenboot 21,45 €, 3 Std.). In der Hauptsaison fahren bis zu acht täglich, im Winter nur noch zwei. Bei schlechtem Wetter sind die Verbindungen oft eingeschränkt oder werden gänzlich eingestellt. Ticketbüros von **Ustica Lines** (☎ 090 98 60 03; www.usticalines.it) und **Siremar** (☎ 090 98 60 16; www.siremar.it) findet man am Hafen.

TAXI // Ein Taxi ruft man über **Sabbia Nera Taxi** (☎ 090 98 63 90).

IONISCHE KÜSTE

3 PERFEKTE TAGE

TAG 1 // GRIECHISCHE RUINEN VON TAORMINA & TRAUMHAFTE AUSBLICKE
In Taormina (S. 179), der Perle unter den Badeorten an der ionischen Küste, übernachten und am nächsten Tag die Lage des Teatro Greco (S. 181) mit der tollen Aussicht auf den Ätna bewundern. Den Rest des Vormittags sieht man sich die mittelalterlichen Straßen der Stadt an, stattet den Feinkostläden auf dem Corso Umberto I (S. 181) einen Besuch ab und besucht die Villa Comunale (S. 182). Nach dem Mittagessen geht's nach Isola Bella (S. 182) ans Meer.

TAG 2 // DIE SCHWINDELNDEN, FEUERSPUCKENDEN HÖHEN DES ÄTNA
Aus der Ferne hat man ihn bereits am Vortag betrachtet, und jetzt ist es an der Zeit, den Ätna (S. 202) genauer unter die Lupe zu nehmen. Touren starten in Taormina (S. 183) oder Catania, am besten ist es aber, sich auf eigene Faust mit einem Leihwagen auf den Weg zu machen. Am einfachsten ist der Zugang über die Südseite via Rifugio Sapienza (S. 205); mit einer Seilbahn gelangt man auf 2500 m. Dort geht's mit oder ohne Guide weiter in eine schwarze Wildnis. Nach der Rückkehr empfehlen wir eine gemütliche Übernachtung in Nicolosi (S. 342).

TAG 3 // DIE LEBENDIGEN STRASSEN VON CATANIA
Lust auf energiegeladenes Stadtflair und leckeres Essen? Dann ist Catania (S. 189) das Richtige. Zuerst stehen die Barockkirchen in der Via Crociferi (S. 191) und die Palazzi (Paläste oder Herrenhäuser) an der Piazza del Duomo (S. 189) auf dem Programm. Danach bieten sich ein Besuch des Fischmarkts La Pescheria (S. 190) und ein Mittagessen mit Fisch bzw. Meeresfrüchten in der Osteria Antica Marina (S. 195) an. Den Nachmittag kann man damit verbringen, über die Via Etnea (S. 191) zu schlendern. Und abends, zum Ausgehen, ist die Piazza Bellini (S. 196) eine gute Anlaufstelle.

IONISCHE KÜSTE

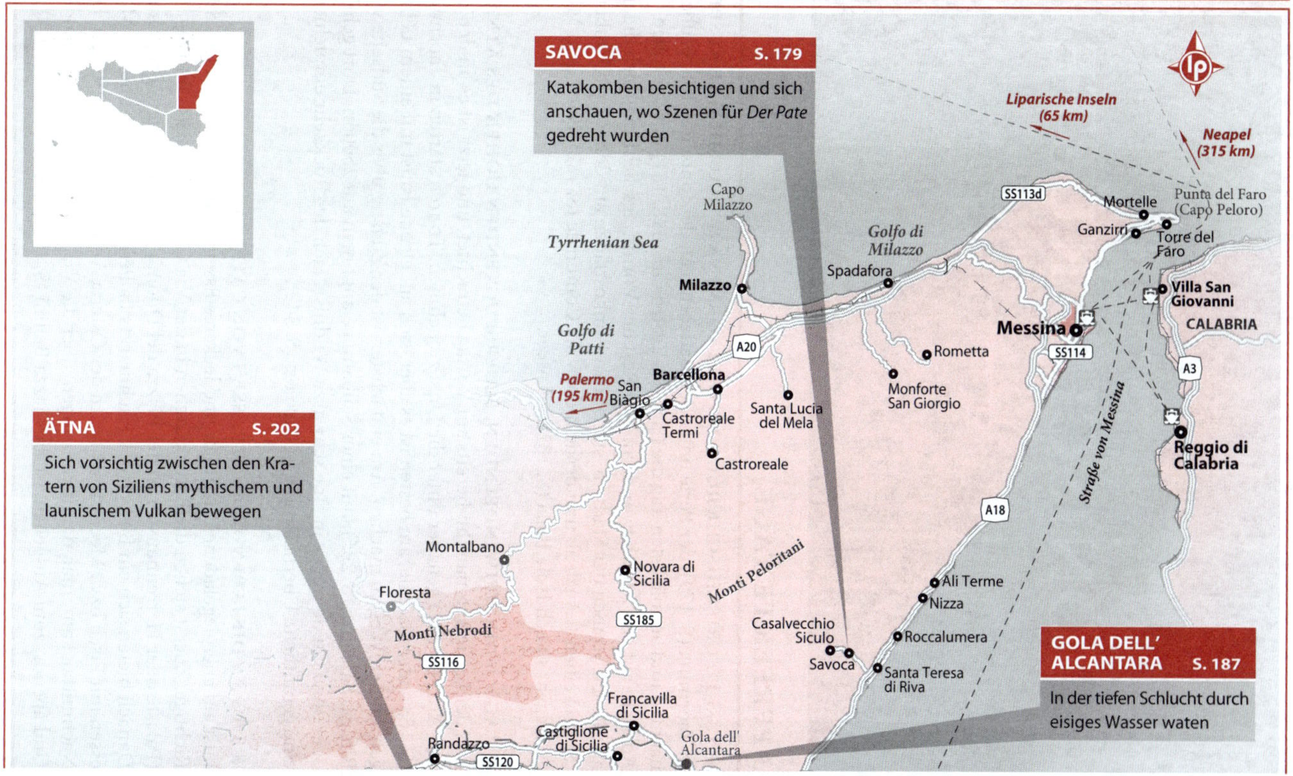

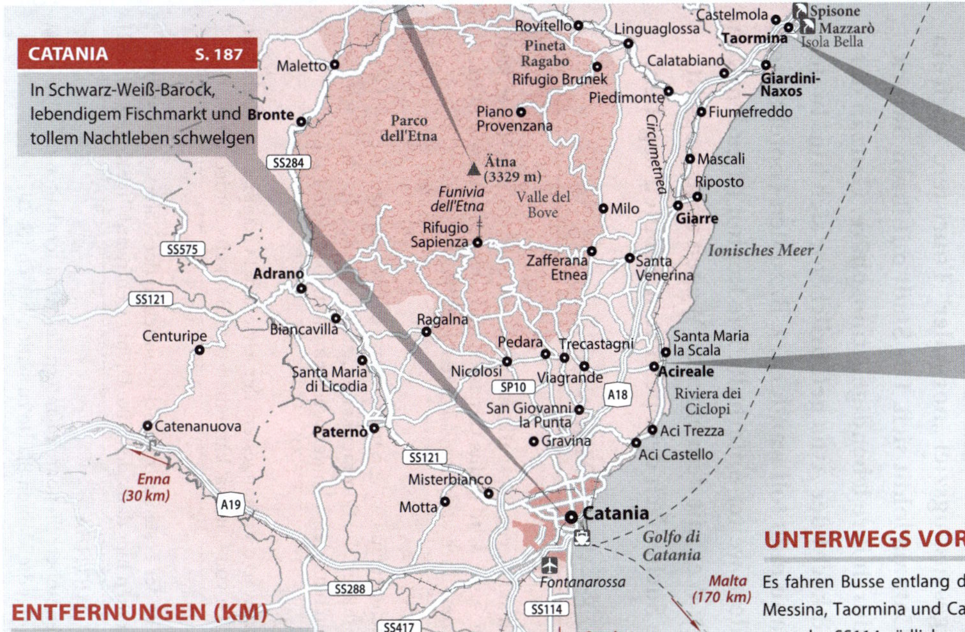

CATANIA S. 187

In Schwarz-Weiß-Barock, lebendigem Fischmarkt und tollem Nachtleben schwelgen

TAORMINA S. 179

Durch die mittelalterlichen Straßen schlendern und den Blick vom Teatro Greco genießen

ACIREALE S. 199

Königliche Barockgebäude und bacchanale Karnevalsfeierlichkeiten an der Riviera dei Ciclopi

ENTFERNUNGEN (KM)

	Messina	Taormina	Acireale	Catania
Taormina	53			
Acireale	86	33		
Catania	95	47	18	
Randazzo	92	39	54	65

Die Entfernungen sind ungefähre Angaben.

UNTERWEGS VOR ORT

Es fahren Busse entlang der Küste und man kommt zwischen Messina, Taormina und Catania gut rum. Mit einem Auto kann man der SS114 südlich von Messina folgen, aber man kommt langsam voran und der Verkehr kann im Sommer übel sein. Eine schnellere Alternative ist die gebührenpflichtige Autostrada A18. Parken ist schwierig und die Einbahnstraßen in Catania und Messina bedeuten echten Stress. Den Ätna selbst kann man per öffentlichem Nahverkehr erkunden, aber für die Umgebung braucht man ein Auto.

IONISCHE KÜSTE BEVOR ES LOSGEHT

AUF EINEN BLICK

Zwischen Messina und Catania liegen der berühmteste Badeort Siziliens, der höchste Vulkan und die zweitgrößte Stadt. An einem Berghang befindet sich das mondäne Taormina, VIP-Urlaubsort und beliebtes Tagesausflugsziel „normaler" Touristen. Auch ein Abstecher nach Catania lohnt sich. Die Stadt mit ihren Barockbauten besticht durch ihre lebendige Atmosphäre. Ganz in der Nähe brodelt und kocht der Ätna gefährlich vor sich hin. In der Vulkangegend kann man toll wandern, z. B. zu den Gipfelkratern oder in den Wäldern weiter unterhalb. Die Region ist zudem vom Weinbau geprägt. Wer mit dem eigenen Wagen unterwegs ist, kann sich auf die Suche nach dem perfekten Tropfen begeben.

TOP-TOUREN & -WANDERWEGE

DEN ÄTNA ENTDECKEN

Der Vulkan kann auch auf eigene Faust erkundet werden, aber wer sich führen lässt, darf sich sicher fühlen – man wird nichts verpassen und auch nicht versehentlich in einen rauchenden Krater hineinstolpern (s. Kasten S. 207)!

GOLA DELL'ALCANTARA

Die tiefe, felsige Schlucht ist ein Ort von bemerkenswerter Schönheit. Sie wird vom Fluss Alcantara durchflossen. Im Sommer kann man problemlos durchs Wasser waten, in der Sonne liegen oder den Wanderwegen ringsum folgen (S. 187).

DIE SEGEL HISSEN

Die Höhlen und das schwarze Vulkangestein der Riviera dei Ciclopi, einem beliebten Strandabschnitt nördlich von Catania, kann man vom Boot aus entdecken (S. 199).

ISOLA BELLA

Die Postkarten-Bucht ist der beste Ort zum Schwimmen in der Nähe von Taormina, und auch Taucher kommen hier dank des Nike Diving Centre auf ihre Kosten (S. 182).

FERROVIA CIRCUMETNEA

Wer sich lieber von den unberechenbaren Kratern des Ätna fernhalten möchte, steigt in den Zug und besichtigt die kleinen Städte zu seinen Füßen (S. 207).

ABSEITS DES TRUBELS

Hier ist während der Sommermonate der Teufel los; dann überschwemmen Touristen die Badeorte und den Ätna. Im Chaos findet man aber auch vereinzelte Oasen der Ruhe.

- **Auf den Spuren des Paten** In den Hügeln bei Taormina liegt versteckt das atmosphärische Savoca, in dem Szenen von *Der Pate* gedreht wurden (S. 179).
- **Seafood im stillen Hafen** Den Massen den Rücken kehren und im winzigen Fischerdorf Santa Maria la Scala ein leckeres Mittagessen genießen (S. 200).
- **Picknicken in der Pineta Ragabo** An den ruhigeren Nordhängen des Ätna erstreckt sich dieser riesige Wald, der perfekte Ort für ein Picknick (S. 206).

REISEPLANUNG

Für die schönsten Feste sollte man Veranstaltungskalender sichten, falls notwendig Tickets kaufen und Unterkünfte reservieren.

- **Festa di Sant'Agata** Vom 3. bis 5. Februar geht in Catania nichts mehr – die Schutzpatronin der Stadt wird gefeiert und Tausende Menschen schieben sich durch die Straßen. Unterkunft weit im Voraus buchen (S. 194)!
- **Carnevale** Sorgfältig vorausplanen muss man auch für den Karneval in Acireale. Er ist mit der schönste und beliebteste in Sizilien. Bei imposanten Umzügen werden Figuren aus Pappmaché durch die Stadt getragen (S. 200).
- **Taormina Arte** Früh reservieren und Karten besorgen heißt es auch anlässlich des Film-, Musik- und Theaterfestivals in Taormina im Juli und August (S. 183).

TOP-TRATTORIEN

TRATTORIA DI DE FIORE
Dieses nette Restaurant in Catania ist die Topadresse für *pasta alla Norma*, einen sizilianischen Klassiker (S. 196).

TRATTORIA LA GROTTA
Die Trattoria in Santa Maria la Scala ist auf Seafood spezialisiert. Authentischer geht's eigentlich nicht (S. 200).

ANTICO ORTO DEI LIMONO
Rustikale Küche „vom Lande" in einer ehemaligen Ölproduktionsstätte in Nicolosi (S. 208).

OSTERIA ANTICA MARINA
Erstklassiges Seafood unweit des lauten Fischmarkts von Catania (S. 195).

LA PIAZZETTA
Einheimische lieben diese familienbetriebene Trattoria in Taormina (S. 184).

INFOS IM INTERNET

- **Parks.it** (www.parks.it/parco.etna/) Liefert einen guten Überblick über den Parco dell'Etna und Umgebung.
- **Taormina Touristeninformation** (www.gate2taormina.com) Eine umfassende Website; historisches Hintergrundwissen und praktische Infos.
- **Trasporti sullo Stretto** (www.trasportisullostretto.it, italienisch) Aktuelle Fahrpläne der Fähren von/nach Messina.
- **Comune di Catania** (www.comune.catania.it) Umfassende Verzeichnisse, Vorschläge für Urlaubsprogramme und Infos zu Verkehrsmitteln und -wegen.

MESSINA

243 380 Ew.

Der Hafen von Messina liegt an der nördlichsten Spitze der ionischen Küste und ist nur wenige Kilometer vom italienischen Festland entfernt. Viele Jahrhunderte war die Stadt ein bedeutender Verkehrsknotenpunkt, und noch heute ist Messina ein wichtiges Tor zur Insel. Die große, hektische Stadt mit ihrem chaotischen Verkehr lädt eigentlich nicht zum Verweilen ein, doch wenn man eh schon mal hier ist, könnte man sich das beeindruckende Zentrum mit den breiten Alleen und eleganten Gebäuden (erb. um 1900) und die Kathedrale ansehen – eine der schönsten in ganz Sizilien. Das kulinarische Highlight ist Schwertfisch. Er wird von Feinschmeckern auf der ganzen Insel in den höchsten Tönen gelobt. Historische Denkmäler sind in Messina spärlicher gesät, da die Stadt 1908 bei einem Erdbeben und später, während des Zweiten Weltkriegs, durch flächendeckende Bombardierungen quasi dem Erdboden gleichgemacht wurde.

In Messina dreht sich nach wie vor alles um die Straße von Messina, den schmalen Streifen Wasser zwischen Sizilien und dem italienischen Festland. Die Griechen interpretierten die Strömungen, die in der Meerenge aufeinander treffen, als zwei Monster, Charybdis (das Sprudelbecken) und Skylla (das sechsköpfige Ungeheuer). Noch heute ist es nicht ungefährlich, hier schwimmen zu gehen. Die Strömungen sind nicht die einzige Gefahr: Unter der unruhigen Wasseroberfläche verläuft ein geologischer Graben, der das große Erdbeben von 1908 verursacht hat (das schlimmste Erdbeben in der Geschichte Europas). Dabei sackte die Landmasse einen halben Meter ab und zwischen 84 000 und 200 000 Menschen kamen ums Leben.

Seismologen äußern aufgrund des Meeresgrabens konstant Bedenken gegen einen Brückenbau über den Kanal. Auf dem Reißbrett existiert diese Brücke schon seit vielen Jahren, sie soll die längste Hängebrücke der Welt werden. Das Projekt ist ein Zankapfel der häufig wechselnden italienischen Regierungen. Regelmäßig wird grünes Licht gegeben, um die Arbeiter dann doch wieder zurückzupfeifen – und immer weiter. Zur Zeit der Recherche hieß es gerade mal wieder „Bahn frei" für das Mammutbauwerk.

PRAKTISCHE INFORMATIONEN

NOTFALL // Ospedale Piemonte (☎ 090 22 21; Viale Europa) **Polizei** (☎ 090 3 66 11; Via Placida 2)

TOURISTENINFORMATION // Touristeninformation (☎ 090 67 29 44; infotur@comune.messina.it; Piazza Repubblica 44; Mo–Fr 9–13.30, Di & Do 15–17 Uhr) Linker Hand, wenn man vor dem Bahnhof steht, diesem zugewandt.

ORIENTIERUNG

Mit dem Wagen durch Messina zu kurven, ist nicht gerade angenehm. Immerhin wird es einfacher, sobald man es durchs Zentrum geschafft hat und die gitterförmig angeordneten Straßen erreicht. Gut zu wissen ist, dass die Hauptverkehrsadern, die Via Garibaldi und die Via Vittorio Emanuele II, parallel zum Meer verlaufen, und dass der wichtigste Umsteigepunkt die Piazza della Repubblica ist; dort findet man den Bahnhof, Haltestellen der Intercity-Busse und, ganz in der Nähe, auch die Anlegestelle der Bluvia-Fähren. Um von der Piazza della Repubblica ins Zentrum zu gelangen (Piazza Cairoli), biegt man links in die Via Giuseppe La Farina und dann bei der ersten Gelegenheit rechts in die Via Tommaso Cannizzaro ein.

MESSINA ERKUNDEN

❦ PIAZZA DEL DUOMO // DAS GLOCKENSPIEL AM DUOMO MITERLEBEN

Messinas wichtigste Sehenswürdigkeit ist der normannische **Duomo** (Piazza del Duomo; ⌚ Mo–Sa 7–19, So 7.30–13 & 14–19.30 Uhr), eine der schönsten Kathedralen Siziliens – oder besser gesagt, eine der originalgetreusten Nachbildungen einer der schönsten sizilianischen Kathedralen. Das Original entstand im 12. Jh. und wurde 1254 versehentlich niedergebrannt. Anschließend wurde das Gebäude mehrfach wieder aufgebaut (nach den Erdbeben von 1783 und 1908 und dann noch einmal nach einem Brandbombenangriff 1943). Von dem ursprünglichen Gotteshaus ist mit Ausnahme der Marmorintarsien, des Maßwerks an der Fassade und des umwerfend schönen katalanisch-gotischen Portals kaum etwas erhalten. Im Innen-

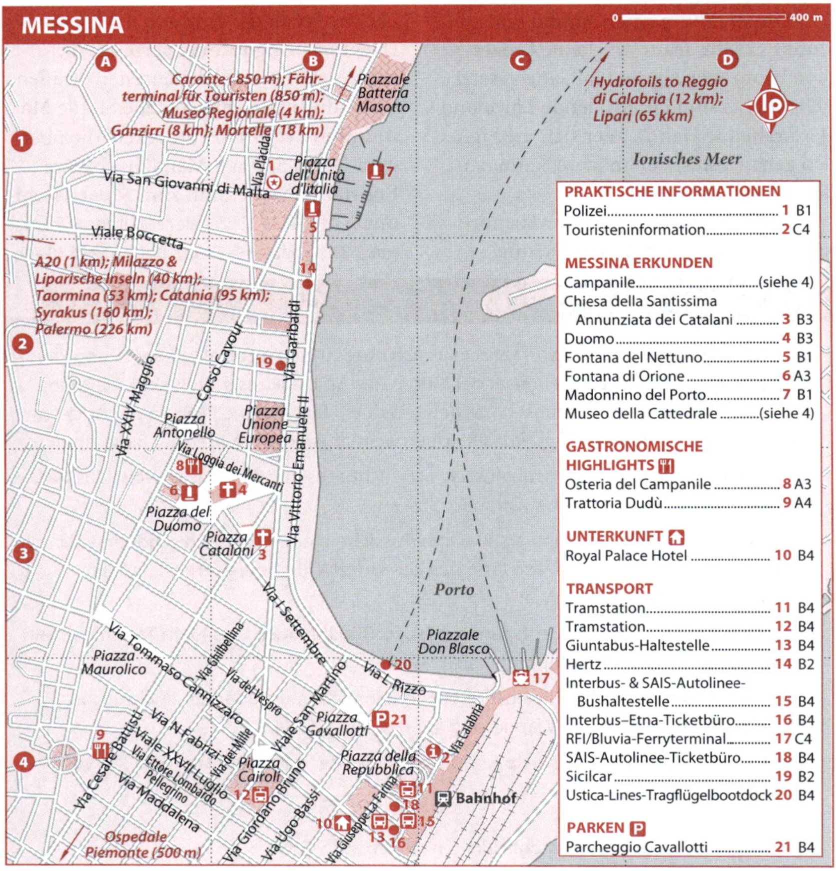

raum können ein beeindruckender Altar und eine mit Einlegearbeiten versehene Orgel bestaunt werden. Sie ist riesig (die drittgrößte Europas)! Weitere Schätze, z. B. die berühmte **Manta d'Oro** (goldener Umhang), in den während religiöser Zeremonien heilige Bilder eingehüllt wurden, werden im **Museo della Cattedrale** (☎ 090 67 51 75; Eintritt 3 €; ⌚ Mo–Sa 10–13 Uhr) aufbewahrt.

Nicht verpassen darf man den 60 m hohen **campanile** (Glockenturm; Eintritt 3,50 €; ⌚ Mo–Sa 10–13 Uhr) und die nicht wirklich dazu passende **astronomische Uhr**, angeblich die größte weltweit. Sie wurde 1733 in Straßburg gefertigt und schlägt Punkt 12 Uhr. Dann wird eine Prozession bronzener Figuren in Gang gesetzt (Highlights sind der brüllende Löwe und der krähende Hahn). Wer sich die Figuren genauer ansehen möchte, kann den Turm erklimmen.

Vor dem Turm prangt der Marmorspringbrunnen **Fontana di Orione** (1553). Er wurde zu Ehren Orions errichtet; er ist der Legende zufolge der Gründer Messinas. Die **Chiesa della Santissima Annunziata dei Catalani** (⌚ Messe nur zu besonderen Anlässen) an der nahe gelegenen Piazza Catalani stammt aus dem 12. Jh. und ist ein schönes Beispiel für den arabisch-normannischen Baustil.

MUSEO REGIONALE // MESSINAS KUNSTSAMMLUNG IM STADTMUSEUM BESICHTIGEN

An der Piazza Cairoli nimmt man eine Tram und fährt am sichelförmigen Hafen entlang gen Norden. Auf halber Strecke wird man die **Fontana del Nettuno** (Neptunspringbrunnen; erb. 16. Jh.) zwischen zwei stark befahrenen Straßen sowie die imposante goldene Statue **Madonnino del Porto** entdecken, die über dem Hafen aufragt. Man fährt bis zur Endstation weiter, um zum **Museo Regionale** (☎ 090 36 12 92; Viale della Libertà 465; Erw./erm. 5/3 €; ⌚ Mo–Fr 9–13.30 & Di, Do & Sa 16.30–19,

UNTERKUNFT

In dieser beliebten Urlaubsregion kann man sich über zu wenig Schlafgelegenheiten kaum beklagen. Taormina ist teuer, ein paar der Mittel- und Spitzenklassehotels sind allerdings auch wirklich umwerfend. Catania besticht indes durch fantastische B&Bs. In der Ätnaregion findet man Hotels und *agriturismi* (Übernachtungsmöglichkeiten auf Bauernhöfen).

- ★ Modernes Design und Retrostil müssen sich nicht ausschließen; das beweist das **BAD** (S. 341), ein attraktives B&B in Catania.
- ★ Elegantes Ambiente und eine erstklassige Aussicht in einer klassisch schönen Villa (erb. um 1900) in Taormina – so lässt sich das **Hotel Villa Belvedere** (S. 340) am besten beschreiben.
- ★ In dem Sprudelbecken des entspannten **Isoco Guest House** (S. 340) in Taormina kann man Stress und Hektik leicht hinter sich lassen.
- ★ Das **Hotel Alle Pendici** in Nicolosi ist ein anheimelnder, einladender Rückzugsort nach einer anstrengenden Wanderung auf den Ätna (S. 342).
- ★ Entspannen mit Stil im **Il Principe** (S. 341) in einer der angesagtesten Straßen von Catania.

Mehr Infos zu Übernachtungsmöglichkeiten stehen auf S. 339.

TOP FIVE

SPEZIALITÄTEN DER REGION

- **Schwertfisch, Messina** (s. unten) – *Pesce spada* (Schwertfisch) wird in Restaurants in ganz Sizilien zubereitet, doch die leckersten Exemplare werden zwischen Mai und Juli in der Straße von Messina gefangen.
- **Pasta alla Norma, Catania** (S. 194) – Diese Spezialität aus Catania ist nach der Oper von Bellini benannt und besteht aus gebratener Aubergine, Tomaten und gesalzenem Ricotta
- **Honig, Zafferana Etnea** (S. 206) – Diese kleine Stadt an den Südhängen des Ätna ist für den dort produzierten Honig bekannt, der aus den Pollen verschiedener Obstbäume der Region gemacht wird.
- **Wein, Ätna** (S. 206) – Aus den Trauben, die in der Ätnaregion geerntet werden, wird Etna DOC gewonnen, einer der bekanntesten sizilianischen Weine.
- **Muscheln, Ganzirri** (S. 178) – Gourmets aus Messina strömen nach Ganzirri, um *cozze* (Muscheln) in Salzlake zu genießen.

So 9–12.30 Uhr) zu gelangen, das Messinas beachtliche Kunstsammlung beherbergt. Das berühmteste Stück ist das Polyptychon des *San Gregorio* (hl. Gregor) von Antonello da Messina (1430–79), einem Sohn der Stadt. Es ist in einem ziemlich schlechten Zustand, doch die Darstellungen auf den fünf Teilen sind trotzdem sehr anschaulich. Ebenfalls sehenswert sind die *Madonna con bambino e santi* (Jungfrau mit Kind und Heiligen), geschaffen vom selben Künstler, und zwei schöne Arbeiten von Caravaggio (1571–1610): *L'Adorazione dei pastori* (Die Huldigung der Schafhirten) und *Risurrezione di Lazzaro* (Die Wiederauferstehung des Lazarus).

GASTRONOMISCHE HIGHLIGHTS

Messina ist berühmt für hochwertigen *pesce spada* (Schwertfisch), der typischerweise *agghiotta* zubereitet wird, also mit Pinienkernen, Rosinen, Knoblauch, Basilikum und Tomaten.

OSTERIA DEL CAMPANILE €€

☎ 090 71 14 18; Via Loggia dei Mercanti 9; Pizzas 6 €, Mahlzeiten 25 €; So geschl.

Ein gemütliches, warmes Holzdekor und der tolle Standort gleich hinter dem Duomo machen dieses Wirtshaus zu einer guten Anlaufstelle für regionaltypische Küche. Es gibt Klassiker wie Pizza, Pasta mit Meeresfrüchten, gegrilltes Fleisch und Fisch sowie modernere Kreationen wie *risotto gamberi e curry* (Krabben-Curry-Risotto). Im Sommer stehen draußen jede Menge Tische, wodurch eine lebendige Straßencafé-Atmosphäre geschaffen wird.

TRATTORIA DUDÙ €

☎ 090 67 43 93; Via Cesare Battisti 122-124; Gerichte 20 €; So geschl.

Ein heimeliger Familienbetrieb, ideal für ein herzhaftes Mittagessen. Das Dekor ist nicht elegant, aber gemütlich: verblassende Familienfotos, *presepi*-(Krippen-) Figuren, Puppen und anderer Krimskrams schmücken den Innenraum. Das

Essen ist lecker und preisgünstig. Bei den Pastagerichte haben es uns die Spaghetti *con vongole e cozze* (mit Venus- und Miesmuscheln) am meisten angetan, und auch der Schwertfisch genügt höchsten Ansprüchen.

VERKEHRSMITTEL & -WEGE

AUTO & MOTORRAD // Wenn man nach Palermo, Milazzo (für Verbindungen zu den Äolischen Inseln), Taormina, Catania und Syrakus fahren möchte, muss man an den Docks rechts abbiegen und der Via Vittorio Emanuele II am Wasser entlang bis zur Piazza dell'Unità d'Italia folgen. Dort geht's in Gegenrichtung weiter auf dem Corso Cavour, auf dem man dann rechts in die Viale Boccetta abbiegt (immer den grünen A20 *autostrada*-Schildern nach). Autos können bei **Hertz** (☎ 090 34 44 24; www.hertz.it; Via Vittorio Emanuele II 113) und **Sicilcar** (☎ 090 4 69 42; www.sicilcar.net; Via Garibaldi 187) gemietet werden.

BUS // **Giuntabus** (☎ 090 67 57 49; Piazza della Repubblica) bedient die Strecke nach Milazzo (3,80 €, 50 Min., Mo–Sa 15-mal tgl., So 3-mal). Von dort gelangt man zu den Äolischen Inseln. Die Busse von **Interbus** (☎ 090 66 17 54; www.interbus.it; Piazza della Repubblica 6) nehmen regelmäßig Kurs auf Taormina (3,90 €, 1½ Std., Mo–Sa stündl., So 2-mal), und mit **SAIS Autolinee** (☎ 090 77 19 14; www.saisautolinee.it, italienisch; Piazza della Repubblica 6) geht's nach Palermo (5,10 €, 2 Std., Mo–Sa min. 4-mal tgl., So 3-mal), Catania (7,70 €, 1½ Std., Mo–Sa alle 30 Min., So 8-mal) und zum Flughafen von Catania (8,50 €, 2 Std., Mo–Sa min. 9-mal tgl., So 6-mal).

PARKEN // Wer keinen Parkplatz an der Straße finden konnte (zwischen den blauen Markierungen; mit Parkuhr/-automat!), kann das praktische, mehrstöckige Parkhaus **Parcheggio Cavallotti** (Via I Settembre; 🕑 Mo–Sa 5–23.30 Uhr) nahe der Piazza Cairoli ansteuern.

SCHIFF/FÄHRE // Messina ist die Hauptanlaufstelle für Fähren und Tragflügelboote vom italienischen Festland. Detaillierte Fahrpläne findet man online unter www.trasportisullostretto.it (italienisch). **Caronte & Tourist** (☎ 800 627414; www.carontetourist.it) fährt nach Villa San Giovanni (Passagier/Auto 1,50/31 €, 25 Min.). **RFI/Bluvia** (www.rfi.it; Porto di Messina, Piazzale Don Blasco) betreibt häufig verkehrende Passagierfähren nach/ab Reggio di Calabria (3,30 €, 35 Min.) und Autofähren nach/ab Villa San Giovanni (Passagier/Auto 1,50/28 €, 35 Min.). Die Tragflügelboote von **Ustica Lines** (☎ 090 36 40 44; www.usticalines.it; Via Vittorio Emanuele II) fahren nach/ab Reggio di Calabria (4,30 €, 15 Min., 2-mal tgl.) und Lipari (23,90 €, 1½ Std., Sommer 5-mal tgl., Winter 1-mal tgl.).

ZUG // Generell kommt man mit Bussen besser ans Ziel als mit Zügen, insbesondere, wenn man nach Milazzo oder Taormina reisen will. Mehrmals täglich fahren Züge nach Catania (6,70 €, 1½–2 Std.), nach Syrakus (9,35–20,50 €, 2½–3 Std.) und nach Palermo (11,45 €, 3½ Std.).

TRAM // In der Stadt fährt eine Straßenbahn von der Piazza Cairoli am Bahnhof vorbei nach Norden zum Museo Regionale. Fahrkarten (einfache Strecke 1,20 €) bekommt man in den *tabacchi* (Tabakläden).

RUND UM MESSINA

GANZIRRI // MUSCHELN IN EINEM RESTAURANT AM SEE GENIESSEN

Jenseits von Messina beschreibt das Land einen Bogen. An der nordöstlichsten Spitze von Sizilien liegt die **Punta del Faro** (auch Capo Peloro genannt); sie ist gerade mal 3 km vom italienischen Festland entfernt. Südlich des Kaps befindet sich die Stadt **Ganzirri**, ein beliebter Sommerort am See. Er eignet sich perfekt für ein leckeres Abendessen mit Fisch oder Meeresfrüchten. Die hiesige Spezialität sind Muscheln. Sie werden im salzigen Seewasser gezüchtet. Wer sie kosten möchte, könnte z. B. **La Napoletana** (☎ 090 39 10 32; Via Lago Grande 29; Gerichte 30–35 €; 🕑 Mi geschl.) ansteuern. Der Familienbetrieb ist in einer neoklassizistischen Villa untergebracht und auf Meeresfrüchte aus der Region spezialisiert, man darf sich also auf jede Menge Mies- und

Venusmuscheln, Schwertfisch und *stoccafisso* (Stockfisch) freuen.

Auf der anderen Seite des Kaps liegt der beliebteste Sommerbadeort, **Mortelle**. Dorthin zieht es die Einwohner von Messina zum Entspannen und Sonnenbaden.

SAVOCA // DAS DORF ERKUNDEN, IN DEM „DER PATE" GEDREHT WURDE

Die SS114 verläuft zwischen den Peloritani-Bergen und dem Meer und folgt der Küste auf dem Weg gen Süden nach Taormina. Die Fahrt wird einiges an Zeit in Anspruch nehmen; es geht an unzähligen Städten vorbei, die förmlich ineinander übergehen, doch angesichts des tiefblauen Meeres zur anderen Seite ist die Strecke dennoch recht angenehm (sehr viel schneller kommt man auf der erhöhten *autostrada* A18 voran). Wer einen interessanten Abstecher unternehmen möchte, könnte sich das winzige Dorf **Savoca** in den Hügeln 4 km landeinwärts von Santa Teresa di Riva ansehen. Dort scheint die Zeit stehengeblieben zu sein.

Rundum erheben sich grüne Gipfel, und in dem Dorf selbst sieht alles noch genauso aus wie im Mittelalter: Es gibt Stadtmauern mit Toren, rustikale Steinhütten und bildhübsche Kirchen zu bestaunen, ja sogar ein paar **Katakomben** (Eintritt gegen Spende; Di–Sa 9–12 & 15–19, So 15–19 Uhr) unter einem Kapuzinerkloster. In ein paar Wandnischen stehen die mumifizierten Leichname wichtiger Persönlichkeiten und bieten einen makabren Anblick.

Eigentlich ist das Dorf jedoch durch etwas ganz anderes zu Berühmtheit gelangt: durch den Film *Der Pate*. In Savoca wurde Michael Corleones Hochzeit mit Apollonia gedreht. Einer der Drehorte war die rustikale **Bar Vitelli** nahe dem Ortseingang. Dort könnte man sich eine eiskalte Zitronen-*granita* (Getränk mit zerstoßenem Eis) bestellen. Mehr Infos zum Dorf liefern die Mitarbeiter der kleinen **Touristeninformation** (☎ 0942 76 11 25; http://turismo.comune.savoca.me.it; Via San Michele; Di–So 9.40–13 & 15–18.20 Uhr).

TAORMINA

11 095 Ew. / 204 m

Taormina befindet sich in spektakulärer Lage an einem Berghang und ist der mondänste Sommerort von ganz Sizilien. Die schicke Urlaubsstadt wird von Angehörigen der High Society und von diversen VIPs frequentiert. Sie ist unverhohlen touristisch, und dennoch geradezu betörend malerisch. Die Besucher dürfen sich auf wunderschöne mittelalterliche Kirchen, ein atemberaubendes griechisches Theater und Panoramablicke auf den Golf von Naxos und den Ätna freuen.

Taormina wurde im 4. Jh. v. Chr. gegründet und war eine sehr wohlhabende Siedlung, zuerst unter dem griechischen Herrscher Gelo II., dann unter den Römern. Nach der Eroberung durch die Normannen 1087 wurde es jedoch still um die Stadt. Der Touristenboom begann im 18. Jh. Zu jener Zeit wurde Taormina von Nordeuropäern „Grand Tour" entdeckt. Frühe Fans waren z. B. Goethe und D. H. Lawrence; Letzterer lebte hier von 1920 bis 1923. Über die Jahre hat die Kleinstadt diverse Schriftsteller, Künstler und Aristokraten in ihren Bann gezogen.

Achtung: Im Juli und August ist hier der Teufel los, von November bis Ostern ist dagegen absolut tote Hose. Die beste Reisezeit ist zu Beginn bzw. Ende der Hauptsaison, also zwischen April und Mai bzw. September und Oktober.

TAORMINA

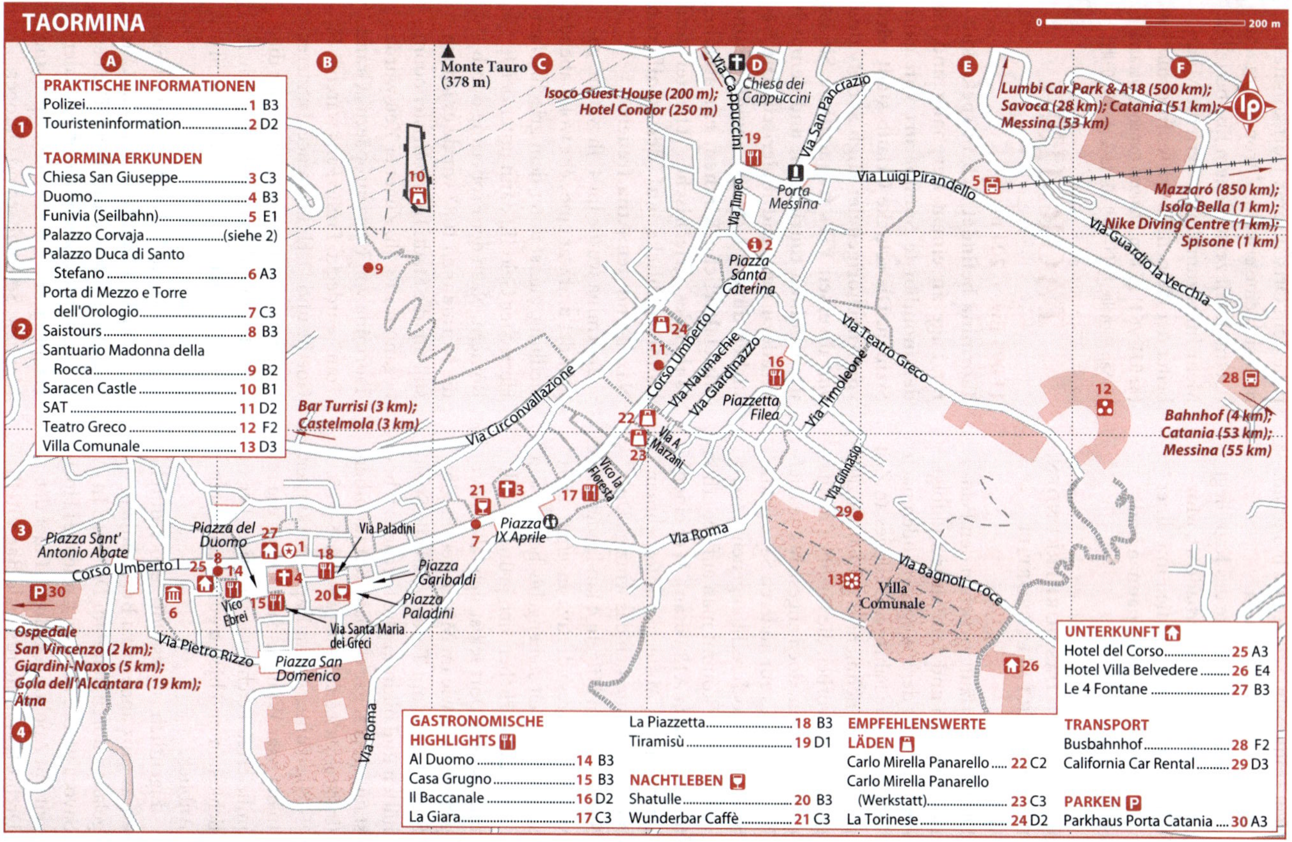
0 200 m
A
B
C
D
E
F
1
2
3
4
PRAKTISCHE INFORMATIONEN
Polizei........1 B3
Touristeninformation........2 D2
TAORMINA ERKUNDEN
Chiesa San Giuseppe........3 C3
Duomo........4 B3
Funivia (Seilbahn)........5 E1
Palazzo Corvaja........(siehe 2)
Palazzo Duca di Santo Stefano........6 A3
Porta di Mezzo e Torre dell'Orologio........7 C3
Saistours........8 B3
Santuario Madonna della Rocca........9 B2
Saracen Castle........10 B1
SAT........11 D2
Teatro Greco........12 F2
Villa Comunale........13 D3
GASTRONOMISCHE HIGHLIGHTS
Al Duomo........14 B3
Casa Grugno........15 B3
Il Baccanale........16 D2
La Giara........17 C3
La Piazzetta........18 B3
Tiramisù........19 D1
NACHTLEBEN
Shatulle........20 B3
Wunderbar Caffè........21 C3
EMPFEHLENSWERTE LÄDEN
Carlo Mirella Panarello........22 C2
Carlo Mirella Panarello (Werkstatt)........23 C3
La Torinese........24 D2
UNTERKUNFT
Hotel del Corso........25 A3
Hotel Villa Belvedere........26 E4
Le 4 Fontane........27 B3
TRANSPORT
Busbahnhof........28 F2
California Car Rental........29 D3
PARKEN
Parkhaus Porta Catania........30 A3
Monte Tauro (378 m)
Isoco Guest House (200 m); Hotel Condor (250 m)
Chiesa dei Cappuccini
Via Cappuccini
Via San Pancrazio
Lumbi Car Park & A18 (500 km); Savoca (28 km); Catania (51 km); Messina (53 km)
Via Luigi Pirandello
Porta Messina
Via Timeo
Mazzarò (850 km); Isola Bella (1 km); Nike Diving Centre (1 km); Spisone (1 km)
Via Guardio la Vecchia
Piazza Santa Caterina
Via Teatro Greco
Corso Umberto I
Via Naumachie
Via Giardinazzo
Piazzetta Filea
Via Timoleone
Bahnhof (4 km); Catania (53 km); Messina (55 km)
Bar Turrisi (3 km); Castelmola (3 km)
Via Circonvallazione
Via A Marzani
Vico la Floresta
Via Ginnasio
Piazza IX Aprile
Via Roma
Via Bagnoli Croce
Villa Comunale
Piazza Sant' Antonio Abate
Piazza del Duomo
Via Paladini
Piazza Garibaldi
Piazza Paladini
Vico Ebrei
Via Santa Maria dei Greci
Via Pietro Rizzo
Piazza San Domenico
Ospedale San Vincenzo (2 km); Giardini-Naxos (5 km); Gola dell'Alcantara (19 km); Ätna

PRAKTISCHE INFORMATIONEN

NOTFÄLLE // **Ospedale San Vincenzo** (☎ 0942 57 92 97; Contrada Sirina) Vom Stadtzentrum geht's 2 km bergab. **Polizei** (☎ 0942 61 11 11; Corso Umberto I 219)

TOURISTENINFORMATION // **Touristeninformation** (☎ 0942 2 32 43; www.gate2taormina.com; Palazzo Corvaja, Corso Umberto I; Mo–Fr 8.30–14, Mo–Do 16–19 Uhr) Hier arbeiten sehr hilfsbereite Leute, die mehrere Sprachen sprechen und jede Menge praktische Infos parat haben.

ORIENTIERUNG

Wenn das auserkorene Hotel keine Parkplätze zur Verfügung stellt, muss der fahrbare Untersatz in einem der ausgewiesenen Parkhäuser außerhalb der Altstadt abgestellt werden (Porta Catania oder Lumbi); von dort geht's zu Fuß in die City. Alle Sehenswürdigkeiten und die meisten Hotels und Restaurants sind nur einen kurzen Fußweg von der Hauptstraße, dem Corso Umberto I, entfernt; diese Straße führt durchs mittelalterliche Zentrum (eine Fußgängerzone).

TAORMINA ERKUNDEN

TEATRO GRECO // EIN ANTIKES GRIECHISCHES THEATER IN SPEKTAKULÄRER LAGE

Taorminas **Teatro Greco** (Griechisches Theater; ☎ 0942 2 32 20; Via Teatro Greco 40; Erw./erm. 6/3 €, Audioguide 5 €; Mai-Aug. 9–19, April & Sept. 9–18.30, Okt. & März 9–17, Nov.–Feb. 9–16 Uhr), ein nahezu makelloses, antikes Amphitheater mit einem umwerfenden Blick auf den schneebedeckten Ätna, ist eine der Hauptattraktionen Siziliens. Es wurde im 3. Jh. v. Chr. gebaut und ist das zweitgrößte griechische Theater auf der Insel (das in Syrakus ist größer). Und viele Stimmen sagen, dass die fantastische Lage des antiken Gebäudes weltweit ihresgleichen sucht.

Dem Namen zum Trotz ist ein Großteil des erhaltenen Komplexes römischen Ursprungs; im 1. Jh. wurde das Bauwerk von Grund auf restauriert. Ein wichtiges Element des griechischen Originaldesigns war der wirklich atemberaubende Panoramablick, doch die Römer errichteten einen hohen *scaenae frons* (Säulenkulisse) und verwandelten die Bühne und den Orchestergraben in eine halbmondförmige Gladiatorenarena. Im 12. Jh. ließ eine spanische Aristokratenfamilie dann eine Villa auf dem Theatergelände bauen (rechter Hand, wenn man auf die Bühne blickt). Glücklicherweise hat der Zahn der Zeit an den später hinzugefügten Strukturen genagt; mittlerweile hat man wieder eine tolle Aussicht durch das löchrige Säulengerüst.

Im Sommer finden anlässlich des Taormina-Filmfestivals und der Taormina Arte (s. S. 183) Vorführungen im Theater statt. In der Hauptsaison kommt man am besten am frühen Morgen her, um den Menschenmassen zu entgehen.

CORSO UMBERTO I // DEN ALLTAG AUF DER HAUPTSTRASSE MITVERFOLGEN

Mit das Schönste, was man in Taormina machen kann, ist über die Hauptstraße, den Corso Umberto I, zu schlendern, einen Blick in die schicken Feinkostläden zu werfen, die mittelalterlichen Kirchen zu besichtigen und andere Urlauber zu beobachten. Am nördlichen Ende des Corso befindet sich der **Palazzo Corvaja**, ein solides Gebäude aus dem 14. Jh., in dem das sizilianische Parlament 1411 erstmalig zusammenkam. Heute ist hier die Touristeninformation untergebracht.

Auf halber Strecke liegt, flankiert von der Rokoko-Kirche **Chiesa San Giu-**

seppe (⏰ 9–12 & 16–20 Uhr), die **Piazza IX Aprile**, eine beliebte Anlaufstelle und ein toller Aussichtspunkt mit Blick auf die Küste. Den kann man z. B. mit einem teuren Cocktail im **Wunderbar Caffè** (s. S. 185) genießen. Neben dem Café steht der Uhrenturm **Porta di Mezzo e Torre dell'Orologio** aus dem 12. Jh.. Er ist das Tor zum Borgo Medievale, dem ältesten Viertel von Taormina, und zur **Piazza del Duomo**, einem hübschen Platz mit einem barocken Springbrunnen. An der Ostseite der Piazza erhebt sich der **Duomo** (⏰ 9–12 & 16.30–20 Uhr), eins der schönsten Gebäude von Taormina. Die dezent gestaltete Kirche aus dem 13. Jh. hat eine strenge, zinnenbewehrte Fassade. Der nahe gelegene **Palazzo Duca di Santo Stefano** wartet mit ein paar eleganten normannisch-gotischen Fenstern auf.

VILLA COMUNALE // ÜPPIGE VEGETATION IN EINEM GARTEN MIT PANORAMABLICK

Der Stadtpark von Taormina, die **Villa Comunale** (Via Bagnoli Croce; ⏰ Sommer 9–24, Uhr Winter 9–22 Uhr), gewährt einen traumhaften Ausblick und ist einfach genial. Er wurde von Lady Florence Trevelyan Cacciola in Auftrag gegeben, einer schottischen Aristokratin aus dem 19. Jh., die in Folge einer Affäre mit dem englischen Thronfolger nach Taormina geflohen war. Die Grünanlage stellt ein wunderbares Gegengewicht zu den überfüllten Straßen der Stadt dar. Gehwege führen vorbei an Rabatten voller Magnolien, Hibiskusbäumen und Bougainvilleen, hoch aufragende Zypressen spenden Schatten.

STRÄNDE // SONNENBADEN UND IN KRISTALLKLAREM WASSER PLANSCHEN

Der Taormina am nächsten gelegene Strand in **Mazzarò** ist von der Via Luigi Pirandello aus mit der **funivia** (Seilbahn einfache Strecke/hin & zurück 2/3 €; ⏰ Sommer Di–So 8–1.30 & Mo 9–1.30 Uhr, Winter Di–So 8–20.15 & Mo 9–20.15 Uhr) zu erreichen. An dem beliebten Kieselsteinstrand werden Sonnenschirme und Liegestühle vermietet (ab ca. 6 €/Tag). Südlich des Strands (am Sant'Andrea Hotel vorbeispazieren) liegt die winzige **Isola Bella** in einer bildschönen Bucht. In dem Haus, das sich in stiller Einsamkeit auf der felsigen Insel erhebt, lebte einst Florence Trevelyan.

Im kristallklaren Wasser kann man wunderbar schnorcheln gehen. Wer darauf keine Lust hat, mietet ein Boot und schippert in den felsigen Buchten herum. Will man die Unterwasserwelt erkunden, ist das **Nike Diving Centre** (☎ 339 1961559; www.diveniketaormina.com; Contrada Isola Bell) am nördlichen Ende des Strands eine gute Adresse; es bietet verschiedene Tauchausflüge an (ab 40 € für einen einzelnen Tauchgang).

Urlauber auf der Suche nach einem „richtigen" Sandstrand müssen bis **Spisone** fahren, gleich unterhalb der Autostrada-Abfahrt. An der Seilbahnstation hält man sich links, dann sind es noch zehn Minuten zu Fuß.

MONTE TAURO // DEN GIPFEL „STÜRMEN" UND DIE UNVERGESSLICHE AUSSICHT GENIESSEN

Die 20-minütige Wanderung zur Spitze des **Monte Tauro** (378 m) ist nicht unbedingt das, was man eine Himalaja-Exkursion nennen würde, doch der Weg ist steil und die letzten Meter muss man sich wirklich erarbeiten. Die Belohnung ist ein umwerfender Panoramablick auf die Dächer von Taormina, das Teatro Greco und die Küste. Von der Via Circonvallazione führt ein ausgewiesener Weg am **Santuario Madonna della**

Rocca vorbei und dann in Richtung der windgepeitschten Ruinen einer Sarazenen-**castello** (Burg). Bis zur Burg kommt man leider nicht – ein verschlossenes Tor macht das Weitergehen unmöglich –, doch das eigentliche Highlight ist auch tatsächlich die Aussicht.

CASTELMOLA // BERGAUF SPAZIEREN UND MANDELWEIN KOSTEN

Etwa 5 km oberhalb von Taormina liegt das kleine Dorf **Castelmola**, über dem ein verfallenes, mittelalterliches Schloss thront. Es ist ein nettes Ausflugsziel, insbesondere, wenn man in der **Bar Turrisi** (☎ 0942 2 81 81; Via Pio IX 16) einkehrt, um ein Glas von dem köstlichen Mandelwein zu kosten. Die wunderliche, vierstöckige Bar mit Blick auf den Kirchplatz beherbergt eine abwechslungsreiche Sammlung sizilianischer Memorabilien, darunter bemalte Karren und ein schockierender *minchia* aus Stein (was das ist, weiß man sofort, wenn man davor steht!). Von Taormina aus benötigt man zu Fuß etwa eine Stunde bis Castelmola, es fahren aber auch Busse.

GEFÜHRTE TOUREN // EINEN AUSFLUG ZUM ÄTNA UNTERNEHMEN

Wer in Taormina übernachtet und sich die nähere Umgebung ein wenig ansehen möchte, ohne gleich einen Wagen zu mieten oder mit öffentlichen Verkehrsmitteln durch die Gegend zu eiern, könnte einen Tagesausflug in Erwägung ziehen. **SAT** (☎ 0942 2 46 53; www.satgroup.it; Corso Umberto I 73) ist einer von vielen Veranstaltern, die Tagestouren zum Ätna und zur wunderschönen Gola dell'Alcantara (40 €), nach Syrakus (45 €) sowie nach Palermo und Cefalù (55 €) oder Agrigent (50 €) organisieren. **Saistours** (☎ 0942 62 06 71; www.saistours.com; Corso Umberto I 222) bedient mit Quad- und Mountainbike-Touren zum Ätna (jeweils 89 €) das sportlichere Segment.

FESTE & EVENTS

Taormina Arte (www.taormina-arte.com) Im Juli und August finden im Teatro Greco Opern-, Tanz- und Theatervorführungen statt.

Taormina Film Fest (www.taorminafilmfest.it) Mitte Juni kommen selbst Hollywood-Größen zu diesem sechstägigen Festival mit Filmvorführungen und -premieren sowie Pressekonferenzen im Teatro Greco. Tickets gibt's ab 5 € (online unter www.ticketone.it).

Giuseppe Sinopoli Festival (www.sinopoli festival.it) Das Festival der Klassischen Musik wurde erstmals 2005 ausgerichtet. Wichtige italienische Orchester geben sich hier die Ehre und werden von einem enthusiastischen Publikum beklatscht. Die Konzerte finden an vier Tagen Anfang Oktober im Palazzo Corvaja und im Teatro Greco statt.

GASTRONOMISCHE HIGHLIGHTS

Man kann es nicht schönreden: Essen gehen ist teuer in Taormina. Die Preise sind hier generell höher als im übrigen Sizilien, der Service ist aber nicht unbedingt besser. Das bedeutet jedoch nicht, dass es keine guten Restaurants gäbe – man muss sich einfach von den leicht zu identifizierenden „Touri-Fallen" fernhalten. In den exklusiveren Läden braucht man übrigens unbedingt eine Reservierung!

AL DUOMO €€

☎ 094 262 56 56; Vico Ebrei 11; Hauptgerichte 35–40 €, Verkostungsmenü 60 €; Mo geschl.

Im Zentrum des Geschehens befindet sich dieses hoch gelobte Restaurant, in dem traditionelle, ja, geradezu historische Gerichte aus der Region zubereitet werden: Eine der Spezialitäten, *fava a maccu* (Favabohnenpüree), findet z. B.

in Aristophanes' Komödie *Die Frösche* aus dem 5. Jh. v. Chr. Erwähnung. Davon abgesehen ist Al Duomo ein stimmungsvolles Lokal mit romantischer Terrasse und einem ansprechenden Backsteindekor. Wir empfehlen den Lammeintopf und den frischen Fisch mit Oliven und Kapern.

CASA GRUGNO €€€

☎ 094 22 12 08; Via Santa Maria dei Greci; Hauptgerichte 60–80 €

Zeitgenössische mediterrane Küche in anregendem mittelalterlichem Ambiente –das ist das Erfolgsrezept der Casa Grugno. Das Restaurant ist in einem katalanisch-gotischen Palazzo aus dem 16. Jh. untergebracht und wartet mit einem romantischen Innengarten auf. Hier schaltet und waltet der österreichische Koch Andreas Zangerl. Seine Spezialität sind moderne Interpretationen sizilianischer Klassiker. Absolute Highlights sind die sushi-artigen Vorspeisenhäppchen aus rohem Fisch und Meeresfrüchten und die herrlich leichte Ricottamousse. Unbedingt reservieren!

IL BACCANALE €€

☎ 0942 62 53 90; Piazzetta Filea 1; Hauptgerichte 25–30 €

Eine Art „Mottopark Sizilien" mit alten Schwarz-Weiß-Fotos, grellen Gemälden und einer kitschigen Caltagirone-Keramikplatte mit der Darstellung eines bacchanalischen Festbanketts. Diese farbenfrohe Trattoria weiß wirklich, wie man Eindruck schindet. Das Essen ist dagegen weniger kapriziös. Es gibt *insalata caprese* (Salat aus Tomaten und Mozzarella) und *pasta alla Norma* (Nudeln mit Aubergine, Tomaten und Ricotta) und eine ganze Reihe von Fischgerichten. Einen Mandellikör bekommt man zum Essen gratis dazu.

LA GIARA €€€

☎ 094 22 33 60; Vico la Floresta 1; Hauptgerichte 60 €

Ein Essen auf der Dachterrasse des La Giara gehört eigentlich zu einem Besuch in Taormina dazu. Dies ist eins der schönsten Restaurants der Stadt. Die Art-déco-Einrichtung in Elfenbeinweiß ist stimmig und die Pianobar schafft eine tolle *Casablanca*-Stimmung. Die sizilianischen Wurzeln kann das moderne Essen nicht verleugnen. Wie wär's also mit einem Wildkräuterrisotto oder Tintenfisch in Marsalawein? Nur mit Reservierung!

LA PIAZZETTA €€

☎ 094 262 63 17; Via Paladini 5; Hauptgerichte 25–30 €; Winter Mo geschl.

Bittet man Einheimische um eine Empfehlung, werden viele *si mangia bene a Piazzetta* (bei La Piazzetta isst man gut) antworten. Der einladende Familienbetrieb bietet authentische sizilianische Küche zu vernünftigen Preisen, die u. a. an den Tischen auf dem malerischen Platz serviert werden. Vorweg könnte man das *risotto con cozze e finochietto selvatico* (Risotto mit Miesmuscheln und wildem Fenchel) bestellen, bevor man sich auf eine Portion Fisch, in Meersalz gebacken oder filetiert mit Mandelkruste, stürzt.

TIRAMISÙ €€

☎ 0942 2 48 03; Via Cappuccini 1; Pizzas ab 7 €, Hauptgerichte 30–40 €; Di geschl.

Stilvoll und schlicht zugleich präsentiert sich dieses Lokal unweit der Porta Messina. Egal, ob man Lust auf eine einfache Pizza und ein Bier oder etwas anspruchsvollere Kreationen wie *linguine cozze, menta e zucchine* (flache Spaghetti mit Miesmuscheln, Minze und Zucchini) und saftiges Steak vom Holzkohlegrill hat, man wird das Tiramisù auf jeden Fall rundum zufrieden verlassen – vor allem, wenn man das Festmahl mit einer Portion – na was wohl? – Tiramisu abrundet!

NACHTLEBEN

Das hiesige Nachtleben spielt sich in den zahllosen Bars und Cafés ab, die meistens auch Tische unter freiem Himmel bieten.

SHATULLE

☎ 0942 2 30 56; Piazza Paladini 4; Mo geschl.

Die Piazza Paladini unweit des Corso Umberto I hat eine lauschige Atmosphäre und ist ein Dauerbrenner der jungen, gut gekleideten Nachteulen aus Taormina. Eine der besten und beliebtesten Bars an dem Platz ist das hippe Shatulle. Man kann im Freien sitzen und Cocktails schlürfen (ab 5,50 €). Schwulen- und lesbenfreundlich.

WUNDERBAR CAFFÈ

☎ 0942 62 50 32; Piazza IX Aprile 7

Ein Wahrzeichen seit den 1960er-Jahren, die ganz im Zeichen der *dolce vita* standen. Das glamouröse und geradezu schmerzhaft teure Wunderbar Caffè ist nach wie vor so etwas wie die „Bar Nummer 1" in Taormina und hat sie alle gesehen: Tennessee Williams, der gern das Treiben auf dem Platz beobachtete, Greta Garbo, Richard Burton und Elizabeth Taylor. Die Tische sind über die lebendige Piazza verteilt und Kellner in weißer Livree nehmen die Bestellungen entgegen.

EMPFOHLENE LÄDEN

In Taormina wird viel und gern geshoppt, insbesondere auf dem Corso Umberto I. Diese Straße ist gesäumt von einladenden Feinkostgeschäften und ansprechenden Boutiquen, in denen hochwertige Porzellanwaren, Tischdecken aus Spitze und Leinen, antike Möbel und Schmuck verkauft werden.

CARLO MIRELLA PANARELLO

Corso Umberto I 122 & Via A Marzani

In Sizilien hat die Porzellanherstellung Tradition, und dies ist eine gute Adresse für authentische Keramikdesigns. Die Werkstatt befindet sich in der Via A Marzani (einfach klingeln). In dem Laden um die Ecke, auf dem Corso Umberto I, werden Schmuck, Taschen und Hüte feilgeboten.

LA TORINESE

☎ 094 22 33 21; Corso Umberto I 59

Einer von diversen Feinkostläden in der Hauptstraße. La Torinese ist eine wahre Schatzkiste voller kulinarischer Juwelen. In Apothekerschränken sind Wein-, Likör- und Olivenölflaschen aufgereiht, und die Regale ächzen unter der Last von Konserven, Kapern- und Honiggläsern.

VERKEHRSMITTEL & -WEGE

AUTO & MOTORRAD // Taormina liegt an der *autostrada* A18 und an der SS114. In der Altstadt dürfen nur Anwohner fahren, der Corso Umberto I ist eine Fußgängerzone. Autos und Roller können bei **California Car Rental** (☎ 0942 2 37 69; Via Bagnoli Croce 86) unweit der Villa Comunale gemietet werden. Für einen Fiat Panda/eine Verspa muss man ca. 60/30 € pro Tag einkalkulieren.

BUS // Taormina ist am besten mit dem Bus zu erreichen. Der Busbahnhof befindet sich in der Via Luigi Pirandello, 400 m von der Porta Messina entfernt, am nordöstlichen Eingang zur Altstadt. **Etna Trasporti** (☎ 0942 62 53 01; www.etnatrasporti.it) bedient die Strecke vom/zum Flughafen Catania (5,60 €, 1½ Std., Mo–Sa 6-mal tgl., So 4-mal), **Interbus** (☎ 0942 62 53 01; www.interbus.it) fährt nach Messina (3,90 €, 1½ Std., Mo–Sa stündl., So 2-mal), Catania (4,60 €, 1½ Std., Mo–Sa 14-mal tgl., So 8-mal) und Castelmola (15 Min., min. 7-mal tgl.) und zurück.

PARKEN // Ein paar Spitzenklassehotels haben eine Handvoll Parkplätze, ansonsten muss der Wagen in einem der beiden Parkhäuser (Porta Catania oder Lumbi) außerhalb der Altstadt abgestellt werden. Beide kann man vom Corso Umberto I zu Fuß erreichen.

ZUG // DER BAHNHOF VON Taormina liegt etwa 2 km unterhalb der Stadt, die Anreise mit dem Zug ist also eher unpraktisch. Es gibt Direktverbindungen aus/nach Catania und Messina. Vom Bahnhof bringen einen Busse von Interbus (einfache Strecke 1,50 €) in den Ort. Sie fahren etwa alle 30 bis 90 Minuten (So seltener).

RUND UM TAORMINA

GIARDINI-NAXOS

9560 Ew.

Der schlichte Ferienort Giardini-Naxos ist eine beliebte Alternative zum teureren Taormina. Am meisten Leben herrscht an der Küste. Am Strand findet man eine ganze Reihe von Hotels, Bars, Pizzerien und Souvenirläden. Im Sommer ist hier der Teufel los und während der Nebensaison das genaue Gegenteil – man verpasst nichts, wenn man von Ostern bis Oktober einen Bogen um die Gegend macht.

PRAKTISCHE INFORMATIONEN

TOURISTENINFORMATION // Touristeninformation (☎ 0942 25 10 10; Via Tysandros 54; ⌚ Mo–Fr 9–13, Mo–Do 15.30–18.30 Uhr) Praktische Karten und Infos zu Unterkünften.

GIARDINI-NAXOS ERKUNDEN

STRAND // AN DEM LANGEN SANDSTREIFEN VON GIARDINI IN DER SONNE BADEN

Der lange Strand von Giardini (vornehmlich Sand mit groben, grauen Kieselsteinen) schmiegt sich an die sichelförmige Bucht zwischen Capo Taormina und Capo Schisò, einem Fleckchen aus prähistorischer Lava am südlichen Ende. Ein kleiner Abschnitt ist *spiaggia libera* (kostenloser Strand), der Großteil des Strands gehört jedoch zu den *lidos* (private Strandclubs), für die man ca. 2 € Eintritt zahlt und dann noch mal 4 € für einen Liegestuhl und 2 € für einen Sonnenschirm. Wer ein wenig Sport treiben möchte, kann sich ein Kanu für um die 6 € pro Stunde ausleihen.

GRIECHISCHE RUINEN // DIE ÜBERRESTE DER ÄLTESTEN GRIECHISCHEN SIEDLUNG AUF SIZILIEN BESICHTIGEN

Man würde es nicht denken, doch Giardini-Naxos ist die älteste griechische Siedlung Siziliens – von 735 v. Chr. Die Überreste der Originalsiedlung am südlichen Ende der Uferstraße – eine 300 m lange Mauer, ein kleiner Tempel und ein paar weitere Bauwerke – sind kaum der Rede wert. Es gibt ein kleines **Museum** (☎ 0942 5 10 01; Via Schisò; Erw./erm. 2/1 €; ⌚ 9–19 Uhr) mit Dingen, die während der Ausgrabungen freigelegt wurden.

RISTORANTE PIZZERIA ROYALE // PIZZAGENUSS AM UFER

Am Meer liegen diverse Restaurants. Eine exzellente mittelteure Option ist das **Ristorante Pizzeria Royale** (☎ 0942 36 68; Lungomare Schisò 34; Pizzas ab 5 €, Hauptgerichte 25 €; ⌚ Mi geschl.). Es ist touristisch, wie so ziemlich alles in Giardini, doch das tut der netten, familiären Atmosphäre und dem Essen keinen Abbruch. Auf der Speisekarte stehen die üblichen Verdächtigen: Pastagerichte mit Meeresfrüchten, gegrilltes Fleisch und Fisch sowie Pizzas, und Letztere sind das eigentliche Highlight. Sie kommen frisch aus dem Holzofen auf den Tisch.

VERKEHRSMITTEL &-WEGE

BUS // Regelmäßig pendeln Busse von **Interbus** (☎ 0942 62 53 01; www.interbus.it) zwischen Giardini-Naxos und dem Busterminal von Taormina. Sie halten unterwegs am Bahnhof.

ZUG // DIE ANWOHNER VON Giardini und Taormina nutzen denselben Bahnhof. Er liegt am nördlichen Ende der Uferstraße, zehn Gehminuten vom Stadtzentrum entfernt.

CATANIA

296 470 Ew.

Von Catania, der zweitgrößten Stadt Siziliens, schwärmt nur selten mal jemand. Es stimmt schon – die Vororte sind nicht gerade hübsch, sondern vor allen Dingen laut, chaotisch und ungepflegt, doch das ist nicht alles. Catania hat ein lebendiges, energiegeladenes Flair und eine wunderschöne Altstadt, die von der Unesco zum Welterbe erklärt wurde. Prächtige schwarz-weiße Palazzo-Türme erheben sich über barocken Piazze und wuseligen Märkten, und die hedonistische Bevölkerung tummelt sich in den zig Bars, Clubs und Restaurants. Gar nicht weit entfernt brodelt und schwelt derweil der Ätna vor sich hin, was der Atmosphäre gewissermaßen einen Extrakick verpasst.

Catania (früher Katane genannt) wurde 729 v. Chr. von den Chalkiden gegründet und mauserte sich im 4. und 5. Jh. v. Chr. zu einem großen regionalen Machtzentrum. In den folgenden Jahrhunderten wurde es von verschiedenen ausländischen Völkern kontrolliert; erst kamen die Römer, dann die Byzantiner, Sarazenen und Normannen. Mitte des 17. Jhs. hatte sich Catania erneut als blühende Handelsstadt etabliert, doch Ende des 17. Jhs. ereigneten sich gleich zwei Katastrophen: 1669 brach der Ätna aus und bedeckte die Stadt mit einem Teppich aus glühender Lava (12 000 Menschen starben!), dann, 1693, verloren weitere 20 000 Menschen ihr Leben während eines schweren Erdbebens. Danach musste sich die Stadt neu erfinden und erhob

~ EINEN ABSTECHER WERT ~

Von Giardini-Naxos aus sind es ca. 15 km bis zur landeinwärts gelegenen **Gola dell'Alcantara**, einer 25 m tiefen, natürlichen Schlucht, durch die sich das Wasser des Flusses Alcantara windet (der Name geht auf das arabische Wort *al qantara*, Brücke, zurück). Charakteristisch für die Schlucht sind die seltsam symmetrischen Gesteinsformationen. Sie entstanden, als ein glühend heißer Lavastrom auf das Wasser traf und den Basalt in Lavaprismen spaltete – ein spektakulärer Anblick!

Die Schlucht gehört heute zum Parco Botanico e Geologico Terralcantara, der sich wiederum auf dem Gelände des Regionalparks Parco Fluviale dell'Alcantara befindet. Von November bis März kann sie nicht besichtigt werden, da das Risiko einer Springflut zu hoch ist. Ein Aufzug (5 €) unweit des Parkplatzes bringt einem zum Grund der Schlucht. Wer nichts zahlen möchte, muss die Treppe 200 m oberhalb des Aufzugs nehmen (224 Stufen!). Wenn man den Fluss erreicht hat, kann man Stiefel ausleihen, um im eiskalten Wasser herumzuwaten, oder einfach eine Runde am Ufer in der Sonne liegen. In der Umgebung verlaufen auch einige Wanderwege (insgesamt 3,5 km lang). Weitere Infos gibt's im **Parkbüro** (☎ 0942 98 50 10) oder auf der praktischen Website www.terralcantara.it.

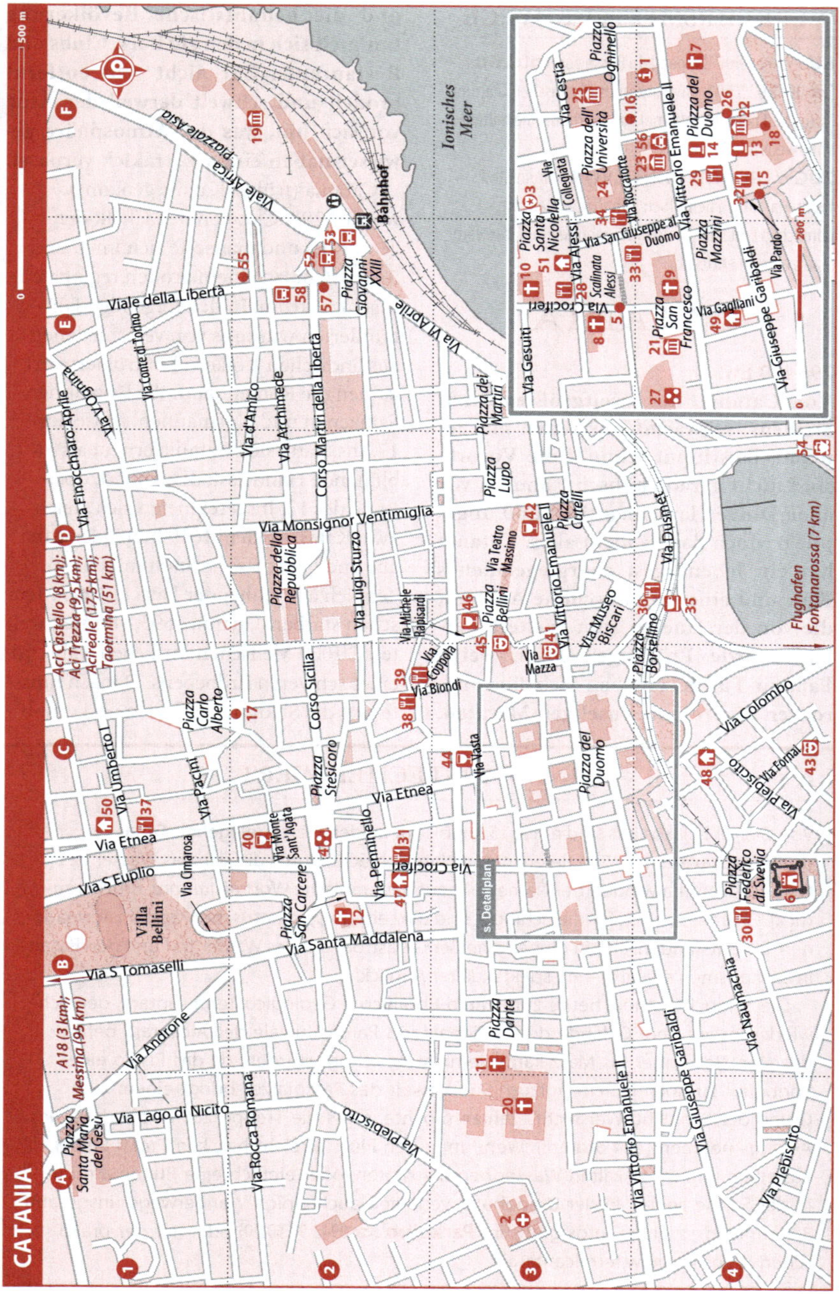
CATANIA
500 m
Ionisches Meer
Bahnhof
Piazza Giovanni XXIII
Piazzale Asia
Viale Africa
Viale della Libertà
Via VI Aprile
Piazza dei Martiri
Via Finocchiaro Aprile
Via V Ognina
Via Conte di Torino
Via d'Amico
Via Archimede
Corso Martiri della Libertà
Piazza Lupo
Via Monsignor Ventimiglia
Piazza della Repubblica
Via Luigi Sturzo
Aci Castello (8 km); Aci Trezza (9,5 km); Acireale (17,5 km); Taormina (51 km)
Corso Sicilia
Piazza Carlo Alberto
Via Michele Rapisardi
Via Coppola
Via Biondi
Piazza Bellini
Via Teatro Massimo
Piazza Cutelli
Via Vittorio Emanuele II
Via Museo Biscari
Via Mazza
Piazza Borsellino
Via Dusmet
Flughafen Fontanarossa (7 km)
Via Umberto I
Via Pacini
Piazza Stesicoro
Via Etnea
Via Vasta
Piazza del Duomo
Via Colombo
Via Plebiscito
Via Fornai
Via S Euplio
Via Cimarosa
Via Monte Sant'Agata
Via Penninello
Via Crociferi
Piazza San Carcere
Villa Bellini
Via Santa Maddalena
s. Detailplan
Piazza Federico di Svevia
Via S Tomaselli
A18 (3 km); Messina (95 km)
Via Androne
Piazza Dante
Via Naumachia
Via Lago di Nicito
Via Rocca Romana
Via Giuseppe Garibaldi
Piazza Santa Maria del Gesù
Via Plebiscito
Via Gesuiti
Piazza Santa Nicolella
Via Alessi
Scalinata Alessi
Via Collegiata
Via Cestai
Piazza dell'Università
Piazza Ognina
Via Roccaforte
Via San Giuseppe al Duomo
Piazza San Francesco
Piazza Mazzini
Piazza del Duomo
Via Gagliani
Via Pardo
200 m

PRAKTISCHE INFORMATIONEN

- Städtische Touristeninformation... 1 F4
- Ospedale Vittorio Emanuele... 2 A3
- Polizei... 3 F3

CATANIA ERKUNDEN

- Anfiteatro Romano... 4 C2
- Arco di San Benedetto... 5 E3
- Castello Ursino... 6 B4
- Cattedrale di Sant'Agata... 7 F4
- Chiesa di San Benedetto... 8 E3
- Chiesa di San Francesco... 9 E4
- Chiesa di San Giuliano... 10 E3
- Chiesa di San Nicolò all'Arena... 11 B3
- Chiesa di Sant' Agata al Carcere... 12 B2
- Fontana dell'Amenano... 13 F4
- Fontana dell'Elefante... 14 F4
- Lebensmittelmarkt... 15 F4
- Grand Café Tabbacco... 16 F3
- La Fiera... 17 C2
- La Pescheria... 18 F4
- Le Ciminiere... 19 F2
- Monastero di San Nicolò all'Arena... 20 A3
- Museo Belliniano... 21 E4
- Museo Civico... (siehe 6)
- Museo del Cinema... (siehe 19)
- Museo Storico dello Sbarco in Sicilia... (siehe 19)
- Odeon... (siehe 27)
- Palazzo Chierici... 22 F4
- Palazzo degli Elefanti... 23 F4
- Palazzo dell'Università... 24 F3
- Palazzo Sangiuliano... 25 F3
- Porta Uzeda... 26 F4
- Teatro Romano... 27 E4

GASTRONOM. HIGHLIGHTS

- Al Cortile Alessi... 28 E3
- Ambasciata del Mare... 29 F4
- Il Borgo di Federico... 30 B4
- Metró... 31 C2
- Osteria Antica Marina... 32 F4
- Osteria i Tre Bicchieri... 33 E3
- Osteria Pizzeria Antica Sicilia... 34 F3
- Seltz Kiosk... 35 D4
- Sicilia in Bocca alla Marinara... 36 D4
- Spinella... 37 C1
- Trattoria Casalinga... 38 C2
- Trattoria di De Fiore... 39 C2

NACHTLEBEN

- Energie Café... 40 C2
- Enola Jazz Club... 41 C3
- Heaven... 42 D3
- La Lomax... 43 C4
- Perbacco Wine Bar... 44 C3
- Teatro Massimo Bellini... 45 D3
- Tertulia... 46 D3
- Zò... (siehe 19)

UNTERKUNFT

- B&B Crociferi... 47 B2
- BAD... 48 C4
- City Lounge B&B... 49 E4
- Hotel Etnea 316... 50 C1
- Il Principe... 51 E3

TRANSPORT

- AST-Bushaltestellen... 52 E2
- Stadtbusse... 53 E2
- Fährterminal... 54 D4
- SAIS-Autolinee-Ticketbüro... 55 E2
- Taxistand... (siehe 53)
- Taxistand... 56 F4
- Terminal Bar... 57 E2
- Busbahnhof... 58 E2
- Ticketbüro für Interbus-Etna Trasporti... (siehe 55)

sich aus den Trümmern wie Phoenix aus der Asche. Die Architekten Giovanni Vaccarini und Stefano Ittar beaufsichtigten den Wiederaufbau, bei dem ein neues Straßennetz mit großzügigen Plätzen und unterschiedlich breiten Straßen geschaffen wurde, die im Falle eines neuerlichen Vulkanausbruchs als Fluchtwege und Schutzzonen dienen sollten. Aus dem schwarzen Gestein, das aus den Eingeweiden des Ätna stammt und auf die Stadt hinabregnete, wurden prachtvolle Palazzi und Kirchen im Barockstil gebaut.

Später wurden viele großartige Gebäude dem Verfall preisgegeben, doch dank der Renovierungsarbeiten zu Beginn des neuen Jahrtausends erstrahlen einige bereits wieder in ihrem früheren Glanz.

PRAKTISCHE INFORMATIONEN

NOTFÄLLE // **Ospedale Vittorio Emanuele** (☎ 095 743 54 52; Via Plebiscito 628) Notfälle werden rund um die Uhr behandelt. **Polizei** (☎ 095 736 71 11; Piazza Santa Nicolella)

TOURISTENINFORMATION // **Touristeninfo am Flughafen** (☎ 095 093 70 23; 9–21 Uhr) **Städtische Touristeninformation** (☎ 095 742 55 73; www.comune.catania.it; Via Vittorio Emanuele II 172; Mo–Fr 8.15–19.15, Sa 8.15–12.15 Uhr)

ORIENTIERUNG

Der Bahnhof und der Busbahnhof liegen 15 Gehminuten östlich des Zentrums, nahe dem Hafen an der Piazza Giovanni XXIII. Südwestlich des Platzes führt die Via Vittorio Emanuele II von Osten nach Westen durch den Stadtkern, die Via Etnea verläuft in nord-südlicher Richtung (von der Piazza del Duomo gen Norden). Die meisten Sehenswürdigkeiten liegen bei oder westlich der Piazza del Duomo.

CATANIA ERKUNDEN

PIAZZA DEL DUOMO // UMWERFENDE BAROCKE ARCHITEKTUR GENIESSEN

Catanias Vorzeigeplatz, die **Piazza del Duomo**, bietet einen umwerfenden

Anblick. Er ist das Kernstück des städtischen Restaurationsprogramms im 18. Jh. unter der Leitung von Giovanni Vaccarini. Er wird gesäumt vom prächtigen **Palazzo degli Elefanti**, in dem das Rathaus von Catania untergebracht ist, vom **Palazzo Chierici**, einem ehemaligen Priesterseminar, und dem barocken Dom. All diese Gebäude bestehen aus grauschwarzem Lavagestein, ein Markenzeichen Catanias. Auf der Piazza befindet sich das auffälligste Monument der Stadt, die **Fontana dell'Elefante** (Elefantenbrunnen). Die witzige Statue besteht aus einem Elefanten, der den Einheimischen als „Liotru" bekannt und zu einem Wahrzeichen der Stadt geworden ist. Überragt wird er von einem fehl am Platz wirkenden ägyptischen Obelisken. Der Legende zufolge gehörte das Elefantenstandbild ursprünglich dem Magier Eliodorus, der im 8. Jh. lebte, und besitzt Zauberkräfte, die Schutz vor der Lava und Asche des Ätna bieten.

Gegenüber der Statue befindet sich eine weitere Bastion gegen diese Naturgewalt: Die **Cattedrale di Sant'Agata** (☎ 095 32 00 44; ⌚ Mo–Sa 7–12 & 16–19, So 7.30–12 & 16.30–19 Uhr) hat eine beeindruckende Marmorfassade mit zwei Säulenordnungen aus dem römischen Amphitheater (s. S. 193). In dem riesigen überwölbten Innenraum ruhen die Reliquien der städtischen Schutzpatronin, der jugendlichen Jungfrau Agata, die sich den Avancen des ruchlosen Quintian (250 n. Chr.) widersetzte und deshalb fürchterlich verstümmelt wurde; man hackte ihre Brüste ab und rollte ihren Körper durch glühende Kohlen. Das Verlies, in dem diese Grausamkeiten verübt wurden, kann besichtigt werden. Es erstreckt sich unterhalb der **Chiesa di Sant'Agata al Carcere** (Piazza San Carcere; ⌚ Di–Sa 8.30–13 & 15–20 Uhr) hinter dem römischen Amphitheater an der Piazza Stesicoro. Dem mit Juwelen besetzten Abbild der Heiligen wird am 5. Februar im Rahmen eines der größten Feste auf der Insel auf opulente Weise gehuldigt; s. S. 194.

STRASSENMÄRKTE // SICH IM GEWIMMEL DER STÄNDE VERLIEREN

Die herrlichen Straßenmärkte von Catania sind wie große Theaterbühnen, auf denen sich der Alltag der Einheimischen von seiner aufregendsten Seite präsentiert. Die beste Adresse ist der laute Fischmarkt, **La Pescheria** (Via Pardo; ⌚ Mo–Sa 7–14 Uhr). Er findet werktags (immer morgens) statt und nimmt die Straßen hinter der Piazza del Duomo ein. Die Tische biegen sich unter der Last der enthaupteten Schwertfische, rosaroten Garnelen und Styroportabletts voller Venus- und Miesmuscheln, Seeigel und anderer ungewöhnlicher Meeresbewohner, während die Fischhändler allenthalben silberglänzende Fische ausnehmen und schicke Hausfrauen mit hohen Hacken würdevoll über die Pfützen aus blutfleckigem Wasser hinwegschreiten – ein absolut fesselnder Anblick! Wer dabei Hunger auf Exotisches aus den Tiefen des Ozeans bekommt, hat die Qual der Wahl zwischen den zahlreichen exzellenten Fischrestaurants vor Ort.

Das war aber noch nicht alles: Das Spektakel geht weiter auf dem **Lebensmittelmarkt** in den angrenzenden Gassen. Dort warten große Stücke rohen Fleischs, gehäutete Schafsköpfe, Würstchenketten, gewaltige Käselaiber und Berge von saftigem Obst und Gemüse auf Käufer.

Um zu den beiden Märkten zu gelangen, muss man die Treppenstufen an der Südseite der Piazza del Duomo unweit der **Fontana dell'Amenano** hinuntergehen; sie wurde zur Erinnerung an den Fluss Amenano errichtet, an dessen Ufern Katane (Catania) von den Griechen gegründet wurde. Alternativ könnte man die angrenzende **Porta Uzeda** passieren, ein beeindruckendes Tor aus dem 17. Jh. Es wurde gebaut, um eine Verbindung zwischen der Via Etnea und dem Hafen zu schaffen.

Der dritte große Markt von Catania, von den Einheimischen **La Fiera** (Mo–Fr 8–13, Sa 8–19 Uhr) genannt, findet auf der Piazza Carlo Alberto statt (über die Via Etnea zu erreichen). Dort wird ein chaotisches Durcheinander aus Obst und Gemüse, CDs (Raubkopien) und billigen Kopien teurer Designer-Handtaschen verkauft.

VIA ETNEA // SCHAUFENSTERBUMMEL UND LEUTE BEOBACHTEN AUF DER HAUPTEINKAUFSSTRASSE

Woher die wichtigste Einkaufsstraße Catanias ihren Namen hat, ist ganz offensichtlich: Bei gutem Wetter sieht man den Ätna bedrohlich an ihrem Ende aufragen. Die **Via Etnea** führt geradewegs von der Piazza del Duomo zu den Hügeln unterhalb des Vulkans und wird von modernen Kaufhäusern, Bars und Straßencafés gesäumt. Hier ist eigentlich immer einiges los, doch samstagnachmittags brummt es besonders: Dann strömen Shoppinglustige aus den Vororten herbei, um ihre Garderobe aufzumotzen oder einfach nur ein wenig zu bummeln. Am südlichen Ende der Straße liegt die **Piazza dell'Università**, die zu einem Päuschen mit Kaffee und Kuchen einlädt. Es gibt eine ganze Reihe von Cafés vor Ort, doch den Ehrenplatz hat das **Grand Café Tabbacco** (095 31 04 29; Via Etnea 28), eine elegante, altmodische *pasticceria* (Konditorei) mit Tischen im Freien und einer wirklich teuflisch guten Auswahl an *dolci* (Süßwaren), Obsttorten und anderen Kuchen. Auf der anderen Seite des Platzes erhebt sich der **Palazzo dell'Università**. Das von Vaccarini entworfene Gebäude beherbergt die Universität. Im Osten kann ein weiteres Bauwerk von Vaccarini bewundert werden, der **Palazzo Sangiuliano**.

Wer den Menschenmassen entgehen möchte, könnte zu den hübschen Gärten der **Villa Bellini** (6–22 Uhr) spazieren und von einer Bank im Schatten aus den eindrucksvollen Ätna bewundern.

MUSEO BELLINIANO // CATANIAS GROSSEM OPERNKOMPONISTEN VINCENZO BELLINI TRIBUT ZOLLEN

Einer der bedeutendsten Opernkomponisten Italiens, Vincenzo Bellini, wurde 1801 in Catania geboren, in einem Haus an der Piazza San Francesco, das zu einem Museum umfunktioniert wurde. Das kleine **Museo Belliniano** (095 715 05 35; Eintritt frei; Piazza San Francesco 3; Mo–Sa 9–13 Uhr) wartet mit einer interessanten Sammlung aus Bellini-Memorabilien auf, darunter Original-Partituren, Fotos und seine Totenmaske. Während seines kurzen Lebens (er starb im Alter von 34 Jahren) schrieb Bellini zehn Opern, u. a. das berühmte Trio aus *La sonnambula* (Die Schlafwandlerin), *I puritani* (Die Puritaner) und *Norma*; nach diesem Werk wurde die *pasta alla Norma*, das berühmteste Gericht Siziliens, benannt.

Wer eine Bellini-Oper sehen möchte, sollte das **Teatro Massimo Bellini** (095 715 09 21; www.teatromassimobellini.it; Piazza Bellini) aufsuchen, das mit opulenten Goldelementen versehene Opernhaus.

BAROCKE KIRCHEN // BAROCKE SCHÖNHEIT IN DER VIA CROCIFERI

Eine der schönsten Straßen der Stadt und ein wunderbarer, ruhiger Ort für einen morgendlichen Spaziergang ist die **Via Crociferi.** Sie ist berühmt für überladene Barockkirchen und imposante Palazzi aus dem 18. Jh. An ihrem unteren Ende liegt die Piazza San Francesco mit der **Chiesa di San Francesco** (8.30–12 & 16–19.30 Uhr). Dort werden sechs der elf riesigen Kandelaber aufbewahrt, die anlässlich der Festa di Sant'Agata (s. S. 194) durch die Straße getragen werden. In der Nähe steht der **Arco di San Benedetto**, der 1704 von Benediktinern errichtet wurde. Hier nimmt die Via Crociferi ihren Anfang. Es heißt, dass der Torbogen in nur einer Nacht entstand, um eine Gemeindeverordnung zu umgehen, die seinen Bau untersagte – immerhin befand sich das Bauwerk in einer für Erdbeben anfälligen Region.

Links hinter dem Bogen steht die **Chiesa di San Benedetto** (Do 7–12 & 15.30–18, So 10–12 Uhr). Sie wurde zwischen 1704 und 1713 erbaut. Der Innenraum trumpft mit wunderbaren Stuck- und Marmorarbeiten und dem Fresko einer Frau auf, die vor einem seltsamen Sultan gefoltert wird.

Folgt man der Straße, stößt man bald rechter Hand auf die **Chiesa di San Giuliano** (erb. 1738–1751). Sie ist be-

48 STUNDEN IN CATANIA

FÜR GOURMETS

Catania ist genau das Richtige für Fans echter Gaumenfreuden. Als Appetitanreger empfehlen wir den Besuch des Fischmarkts **La Pescheria** (S. 190), bevor es zu einem ausgedehnten Mittagessen in eins der Restaurants am Markt geht. Nach einer wohlverdienten Pause ist es am späten Nachmittag Zeit für einen Kaffee und *dolci* im **Grand Café Tabbacco** (S. 191). Am zweiten Tag steht der Markt **La Fiera** (S. 191) auf dem Programm. Wie wär's danach mit *arancini* (gebratene Reisbällchen) im nahe gelegenen **Spinella** (S. 196)? Als Abendessen bietet sich dann eine Portion *pasta alla Norma* an; die lokale Spezialität gibt's z. B. in der **Trattoria di De Fiore** (S. 196).

AUF DEN SPUREN DER STADTGESCHICHTE

Catania war bereits ein etabliertes Machtzentrum, als die Römer im 3. Jh. v. Chr. vor den Toren der Stadt auftauchten; aus der klassischen Periode ist kaum etwas erhalten. Wer mag, kann die abgesackten Ruinen des ehemals stattlichen **Anfiteatro Romano** (S. 193), eines römischen Amphitheaters, oder das **Teatro Romano** (römisches Theater; S. 193) aus dem 2. Jh. besichtigen. Offensichtlicher ist das barocke Erbe Catanias: Die hoch aufragende **Cattedrale di Sant'Agata** (S. 190) verdient besondere Erwähnung, doch auch die Palazzi rund um die **Piazza del Duomo** (S. 189) und Kirchen in der **Via Crociferi** (S. 191) sind beeindruckend.

IM SCHATTEN DES VULKANS

Der **Ätna** (S. 202) bietet einen atemberaubenden Anblick und ragt bedrohlich über der Stadt auf. Dieser Vulkan ist alles andere als erloschen. Er könnte jederzeit wieder Feuer und Asche spucken – hoffentlich nicht gerade dann, wenn man ihn im Rahmen eines Tagesausflugs von Catania aus besucht! Am zweiten Tag ist Entspannen angesagt, wenn man durch die Weinberge und Wälder an den unteren Hängen des Vulkans streift (S. 206).

rühmt für ihre konvexe Fassade, die von Vaccarini gestaltet wurde. Gegenüber führt die Via Gesuiti zur Piazza Dante und der größten Kirche Siziliens hinauf, der selten hässlichen **Chiesa di San Nicolò all'Arena** (⌚ 9–13 Uhr). Ihr Bau wurde 1687 in Auftrag gegeben, doch aufgrund des Erdbebens 1693 einerseits und der problematischen Abmessungen (105 m lang, 48 m breit und 62 m hoch) andererseits kam es zu einem Baustopp. Tatsächlich wurde die Kirche nie fertig gestellt. Viel imposanter als das Gotteshaus ist das angrenzende **Monastero di San Nicolò all'Arena**, das zweitgrößte Kloster Europas. Es stammt aus dem Jahr 1703 und gehört heute zur Universität. Neben einem prächtigen inneren Kreuzgang wartet es mit einer der bedeutendsten Bibliotheken Siziliens auf. Der Kreuzgang darf nicht betreten werden, aber von den Gängen ringsum kann man einen Blick auf ihn werfen.

RÖMISCHE RUINEN // HINTER DEN KULISSEN – DIE RÖMISCHEN RUINEN

Nur wenig erinnert an die wohlhabende römische Siedlung, die Catania früher einmal war, doch immerhin kann man auf der **Piazza Stesicoro** in den Ruinen des **Anfiteatro Romano** (Römisches Amphitheater; Eintritt frei; ⌚ 9–13.30 & 14.30–18 Uhr) umherspazieren. Das Ganze macht nicht gerade viel her, doch während der Blütezeit der alten Stadt im 2. Jh. v. Chr. befand sich hier ein weitläufiger Komplex, der sich im Süden bis zur Via Penninello erstreckte und bis zu 16 000 Besuchern Platz bot. Wer zu den Gewölben hinuntergeht, kann sich eine Vorstellung davon machen, was für ein vielschichtiges Bauwerk dies einst gewesen sein muss.

Entlang der Via Vittorio Emanuele II findet man die Ruinen des **Teatro Romano** (römisches Theater) aus dem 2. Jh. und des dazugehörenden, kleinen Probetheaters, des **Odeon** (Via Vittorio Emanuele II 266; Theater & Odeon 3 €; ⌚ Mo–Sa 9–13 & 14.30–18, So 9–13.30 Uhr).

CASTELLO URSINO // SKULPTUREN IM STADTSCHLOSS

Catanias Stadtschloss, das **Castello Ursino**, stammt aus dem 13. Jh. und stand einst wie ein Wächter auf einer Klippe am Meer. 1693 veränderte sich die Landschaft infolge des großen Erdbebens: Das Gelände südlich der Klippe wurde mit Lava aufgefüllt, und seither ist das Schloss vollständig von Land umschlossen. Heutzutage beherbergt das Schloss das **Museo Civico** (☎ 095 34 58 30; Piazza Federico di Svevia; Eintritt frei; ⌚ Mo–Sa 9–13 & 15–19 Uhr) mit seiner kostbaren archäologischen Sammlung. Sie wurde von der wichtigsten Aristokratenfamilie Catanias zusammengestellt, den Biscaris, und umfasst ein paar geniale Skulpturen aus klassischer Zeit, griechische Vasen und feine Mosaiken.

LE CIMINIERE // EIN STREIFZUG DURCH DIE MUSEEN IN DEM AUFFÄLLIGEN KULTURZENTRUM

Dies ist Catanias Antwort auf das Tate Modern in London. Der moderne Museumskomplex Le Ciminiere ist in einem ehemaligen Schwefelwerk untergebracht und wartet mit zwei Museen und zwei Dauerausstellungen mit Schwerpunkt alte Radios bzw. historische Karten auf. Darüber hinaus gibt's ein Café-Restaurant und genug Raum für unterschiedliche Veranstaltungen. Von den beiden Museen ist das **Museo Storico dello Sbarco in Sicilia** (☎ 095 53 35 40; Eintritt 4 €; ⌚ Di–So 9–12.30, Di & Do 15–17 Uhr) gewiss interessanter. Dort wird die Geschichte der Landungen der Alliierten in Sizilien während des Zweiten Weltkriegs beleuchtet. Im **Museo del Cinema** wird die Geschichte der Filmindustrie Catanias im frühen 20. Jh. unter die Lupe genommen. Bei der städtischen Touristeninformation erfährt man Genaueres zu den aktuellen Wechselausstellungen.

FESTE & EVENTS

Festa di Sant'Agata 1 Mio. Menschen feiern ausgelassen vom 3. bis 5. Februar und folgen dem Fercolo (einer silbernen Reliquienbüste der Heiligen) in einer Prozession durch die Straßen der Stadt. Ringsum wird ein spektakuläres Feuerwerk gezündet.

Estate Catanese Zwischen Ende Juni und September werden klassische Musik, Jazz, Tanz und Theater unter freiem Himmel an verschiedenen Orten in der Stadt geboten.

Etnafest Ebenfalls von Juni bis September gibt's Ausstellungen, Konzerte, Film- und wissenschaftliche Vorführungen in Le Ciminiere und an anderen Veranstaltungsorten rund um den Ätna.

Sicily Jazz and More Italienische und internationale Jazzgrößen performen im November in Le Ciminiere.

GASTRONOMISCHE HIGHLIGHTS

In Catania essen gehen ist ein wahres Vergnügen. Es gibt eine große Auswahl an Imbissen, Trattorien und Restaurants, und die Snacks, die man auf der Straße kaufen kann, sind erstklassig. Auf jeden Fall kosten sollte man die leckeren *arancini* (gebratene Reisbällchen), *cartocciate* (Brot mit einer Füllung aus Schinken, Mozzarella, Oliven und Tomaten) und *pasta alla Norma*, die in Catania „erfunden" wurde.

AL CORTILE ALESSI €€

☎ 095 31 54 44; Via Alessi 34-36; Pizzas ab 6 €, Hauptgerichte 30 €; Mo geschl.

In einer Seitenstraße, die von der Via Crociferi abgeht, befindet sich diese Mischung aus Pizzeria und Restaurant mit entspannter Atmosphäre. An den Wochenenden wimmelt es hier von Leuten aller Altersgruppen. Auf der Speisekarte stehen alle möglichen Klassiker, doch das eigentliche Highlight sind die köstlichen Pizzas, die direkt aus dem Holzofen kommen. Im Winter sorgen die nackten Ziegelsteine im Innenraum für Gemütlichkeit, im Sommer lädt der Hof im Freien mit Bananenpflanzen und Dekostoffen aus Seide zum Zusammensitzen und Genießen ein.

AMBASCIATA DEL MARE €€

☎ 095 34 10 03; www.ambasciatadelmare.it; Piazza Duomo 6; Hauptgerichte 35–40 €; Mo geschl.

Dieses elegante Restaurant mit Blick auf den Fischmarkt La Pescheria hat sich mit fantasievollen Fisch- und Meeresfrüchtekreationen einen Namen gemacht. Die Qualität ist ohne Zweifel hoch – die Austern und schön angerichteten Antipasti sind ein Gedicht –, nur die Nudelgerichte lassen manchmal zu wünschen übrig. Gleiches gilt für den weinroten Speisesaal, der zwar super aussieht, aber sehr beengt ist, wenn alle Tische besetzt sind. Besser vorher reservieren!

IL BORGO DI FEDERICO €

☎ 095 67 98 19; Piazza Federico di Svevia 100; Pizzas ab 5 €, Hauptgerichte 18 €

Die Restaurants rund um das Castello Ursino sind für leckere Fleischgerichte bekannt, insbesondere für Feines vom Grill, und Il Borgo di Federico ist eins davon. Das bescheidene, einfache Restaurant hat eine lebendige Wohnzimmeratmosphäre à la Ecklokal und wartet mit einem sättigenden Antipasti-Buffet auf: Es gibt Oliven, gebratene Kroketten, Frittata, Pökelfleisch und Tintenfischsalat und danach z. B. eine ordentliche Portion *polpette* (Fleischbällchen).

METRÓ €€

☎ 095 32 20 98; www.ristorantemetro.it; Via Crociferi 76; Hauptgerichte 30–35 €; Sa mittags & So. geschl.

Ein ansprechendes Restaurant mit Sitzplätzen im Freien in der Via Crociferi. Es sieht eher schlicht aus mit der hellen Beleuchtung und den an den Wänden aufgereihten Weinflaschen, doch die Speisekarte zeigt die Ambitionen des Besitzers. Nach einem herrlichen Carpaccio als Vorspeise kann man sich die köstliche *lasagnette con ricotta infornata e pinoli* (Lasagne mit gebackenem Ricotta und Pinienkernen) zu Gemüte führen. Die Weinkarte ist ebenfalls fantasievoll, wobei der Schwerpunkt doch auf lokal hergestellten Marken liegt. Von der Slow-Food-Bewegung empfohlen.

OSTERIA ANTICA MARINA €€

☎ 095 34 81 97; www.anticamarina.it; Via Pardo 29; Hauptgerichte 30–35 €; Mi geschl.

Die Lage am Fischmarkt lässt bereits erahnen, dass dies eins der beliebtesten Fischrestaurants von Catania sein muss. Hierhin bringen Einheimische ihre Besucher, wenn sie sie mit einem umwerfenden Mittagessen beeindrucken wollen. Die schweren Holztische und rauen Steinmauern erinnern an eine rustikale Hütte in den Bergen, doch das Essen ist ein durch und durch mediterraner Traum. Wir empfehlen den Anchovisalat als Vorspeise und danach *strozza preti* (handgerollte Pastastreifen) mit rotem Thun. Hier muss man auf jeden Fall reservieren!

OSTERIA I TRE BICCHIERI €€€

☎ 095 715 35 40; Via S Giuseppe al Duomo 31; Hauptgerichte 60 €; Di–So 20–24 Uhr

Von dem Namen darf man sich nicht täuschen lassen – dies ist ein echtes Spitzenklasserestaurant. Es ist in einem imposanten Stadthaus aus dem 18. Jh. untergebracht, und die drei Speisesäle mit den Gewölbedecken schaffen ein elegantes Ambiente für den Verzehr innovativer, regionaltypischer Gerichte. Nicht zu verachten ist auch die Weinkarte mit 600 (!) verschiedenen Tropfen. Vorzeigespeisen sind *tartare di pesce* (Fischtatar aus Schwertfisch, rotem Thun und Garnelen) und *risotto al pesto e cozze* (Risotto mit Pesto und Miesmuscheln). Unbedingt reservieren.

OSTERIA PIZZERIA ANTICA SICILIA €€

☎ 095 715 10 75; Via Roccaforte 15; Pizzas 6 €,Hauptgerichte 30 €

Mit den kräftigbunten Fresken, grellweißen Lichtern und der geschäftigen Atmosphäre ist diese gut besuchte Trattoria nicht gerade die Topanlaufstelle für ein romantisches Candlelight-Dinner. Wenn man allerdings einfach nur gutes, preisgünstiges Essen haben möchte, wird man hier nicht enttäuscht werden. Die Spezialität des Hauses sind Fisch und Meeresfrüchte, darunter *linguine ai ricci* (dünne Pastastreifen mit Seeigeln) und *calamari arrosto* (gebratene Tintenfischringe).

SICILIA IN BOCCA ALLA MARINARA €€

☎ 095 250 02 08; Via Dusmet 35; Hauptgerichte 30–35 €; Mo Mittag geschl.

Die Strandmauern von Catania (erb. im 14. Jh.) liefern die stimmungsvolle Kulisse für dieses populäre Restaurant, in dem – natürlich – Fisch und Meeresfrüchte die absoluten Stars sind. Das Schwertfisch-Carpaccio mit Zitrusdressing ist ein Gedicht! Aber auch die Pizzas sind nicht zu verachten. Man kann entweder im Speisesaal mit seinen Backsteinbögen zusammensitzen oder auf der Terrasse oben den Blick auf den Duomo genießen.

SPINELLA €

☎ 095 32 72 47; Via Etnea 300; Snacks ab 1,80 €

Wer keine Lust hat, sich hinzusetzen, aber gern mittags etwas Leckeres „auf die Hand" hätte, ist in dieser unspektakulär anmutenden Bar genau richtig, denn hier gibt's die besten *arancini* der Stadt. Diese kugel- oder eher noch kegelförmigen Gebilde aus Reis, *ragù* und Erbsen zu verzehren ist gar nicht so leicht, aber sie verschaffen einem ein Sättigungsgefühl für ein paar Stunden. Anschließend könnte man noch etwas Süßes bestellen – die hiesigen *dolci* sind berühmt.

TRATTORIA CASALINGA €€

☎ 095 31 13 19; Via Biondi 19; Hauptgerichte 25–30 €; Mo–Sa

Dies ist eine der bekanntesten und beliebtesten Trattorien von Catania. Der Chef des gemütlichen Familienbetriebs ist Nino. Er sorgt dafür, dass die Unmengen hungriger Büroangestellten mittags und die Theaterbesucher am Abend (das Teatro Massimo Bellini ist ganz in der Nähe) etwas zu essen bekommen. Der Fokus liegt auf bodenständig-rustikaler, regionaler Küche. Man darf sich auf Salami und Käse als Vorspeise und Pastagerichte mit Gemüse der Saison oder saftiges Fleisch und Fisch als Hauptgang freuen. Für einen cremigsüßen Abschluss sorgen *cannoli* (Teigröllchen mit einer Füllung aus süßem Ricotta).

TRATTORIA DI DE FIORE €

☎ 095 31 62 83; Via Coppola 24-26; Hauptgerichte 20 €; Mo geschl.

Die *pasta alla Norma* ist nach Bellinis berühmter Oper benannt. Sie ist das Vorzeigegericht Catanias. Die Sauce besteht aus Auberginen, Tomaten und salzigem Ricotta. Pasta alla Norma wird überall in Sizilien angeboten, doch nirgendwo schmeckt sie besser als in der heimeligen, altmodischen Trattoria von Mamma Rosanna. Wer anschließend noch einen gemischten Grillteller bestellt, wird vermutlich im Trattoria-Himmel ankommen. Weitere Pluspunkte gibt's für das supernette Personal und das angenehm dezente Dekor. Außerdem muss man keinen *coperto* (Gebühr für Brot und Besteck) zahlen.

VIELLEICHT EIN SELTZ?

Genau das Richtige an einem heißen Tag, aber auch zu so ziemlich jeder anderen Zeit, heißt Seltz und kostet nur 1 € an den Kiosken in der Via Dusmet, beim Fischmarkt La Pescheria. Seltz, das ist ein nichtalkoholisches Mischgetränk aus Sprudelwasser, frisch gepresstem Zitronensaft und natürlichem Fruchtsirup. Von den diversen Geschmacksrichtungen hat uns *seltz mandarino* (mit Mandarine) am besten geschmeckt.

NACHTLEBEN

Catania ist eine Universitätsstadt und das Nachtleben ist entsprechend abwechslungsreich. Es gibt Dutzende von Cafés, Bars und Konzertbühnen in der Stadt. Eine besonders hohe Konzentration an Locations findet man um die Piazza Bellini (sehr beliebt bei Studenten), Via Montesano und Via Penninello. Sie sind generell von ca. 21 bis 2 Uhr geöffnet, normalerweise herrscht aber erst ab Mitternacht Partystimmung.

Bei der Touristeninformation gibt's den Veranstaltungskalender *Lapis*.

BARS & ENOTECHE

ENERGIE CAFÉ

☎ 331 4054510; www.myspace.com/energiecafe; Via Monte Sant'Agata 10

Das Energie Café ist sehr beliebt bei Catanias durchgestylten Aperitivo-Liebhabern. Die schicke Bar mit Großstadtflair und einem kaleidoskopischen Dekor im Stil der 1970er-Jahre bietet Sitzplätze an der Straße und eine relaxte Atmosphäre mit Jazzklängen. Wer am Sonntagnachmittag nicht recht weiß wohin, könnte die nette Happy Hour namens Fashion Aperitif inkl. reichhaltigem Buffet und Live-DJ mitnehmen.

HEAVEN

Via Teatro Massimo 39; 21–2 Uhr

In der Via Teatro Massimo, einer Fußgängerzone, wimmelt es spät abends von Menschen, die vor den zahlreichen Bars stehen und sich unterhalten. Eine der bekanntesten Anlaufstellen hier ist das Heaven, eine angesagte Loungebar mit einem verrückten Schwarz-Weiß-Dekor und einem 12 m langen Tresen mit schicker LED-Beleuchtung. Draußen (dort landet man sowieso früher oder später) kann man auf riesigen schwarzen Ledersofas Platz nehmen. DJs heizen dem Publikum mittwoch-, freitag- und samstagabends ein.

PERBACCO WINE BAR

095 250 34 78; Via Vasta 12-14; 20 Uhr–open end

Dies ist eins der populärsten Weinlokale von Catania. Einheimische jeden Alters bevölkern die Sofas und Korbstühle unter den burgunderroten Baldachinen bis in die frühen Morgenstunden, unterhalten sich, trinken Wein und essen ein paar Kleinigkeiten. Die Atmosphäre ist warm und anheimelnd, es gibt eine gute Auswahl an Cocktails, Weinen (vornehmlich aus Sizilien bzw. Italien generell) und Rum.

TERTULIA

095 715 26 03; Via Michele Rapisardi 1-3; Mo–Fr 10–1, Sa & So 17–1 Uhr

Das Tertulia ist ein vollwertiges Mitglied der städtischen Kulturszene: eine Mischung aus Buchladen und Café mit entspannter Atmosphäre, in der man seine E-Mails bei einem Cappuccino oder Wein checken (kostenloses WLAN), einer Lesung beiwohnen oder einen Programmkinofilm anschauen kann. Hier finden zudem gelegentlich Ausstellungen und Jazzkonzerte statt.

LIVEMUSIK & THEATER

ENOLA JAZZ CLUB

095 32 62 47; Via Mazza 14

Die Mutter der hiesigen Jazzclubs ist das Enola, in dem Künstler mit Rang und Namen aus Italien und dem Ausland, aber auch Nachwuchsmusiker aus der Umgebung auftreten. Wie alle Jazzclubs, die etwas auf sich halten, ist das Enola eng und klein mit einer winzigen Bühne und einer nichtssagenden Aufmachung. Das tut der aufgeheizten, elektrisierenden Atmosphäre jedoch keinen Abbruch!

LA LOMAX

095 286 28 12; http://alanlomaxct.blogspot.com; Via Fornai 44

Das Kulturzentrum ist Austragungsort verschiedenster Events von Clubnächten über Folkmusic-Festivals bis zu Ausstellungen mit moderner Kunst. Darüber hinaus befindet sich hier eine Gesangs- und Tanzschule. Es werden verschiedene Kurse angeboten. La Lomax ist noch relativ neu und befindet sich unweit des Castello Urbino; es liegt versteckt in einem Sträßchen, das von der Via Plebiscito abgeht. Infos zu aktuellen Veranstaltungen findet man im *Lapis* oder auf der Website des Zentrums.

TEATRO MASSIMO BELLINI

095 715 09 21; www.teatromassimobellini.it; Piazza Bellini

Catanias Theater Nr. 1 wurde nach dem berühmtesten Sohn der Stadt benannt, dem Komponisten Vincenzo Bellini. Das Bauwerk präsentiert sich stolz in Rot und Gold. Hier werden das ganze Jahr über Opern aufgeführt und von November bis Juni wird zusätzlich klassische Musik geboten. Karten erhält man online; die günstigsten kosten ca. 13 €, für einen Sitzplatz in der ersten Reihe bei der Premiere zahlt man bis zu 84 €.

ZÒ

☎ 095 53 38 71; www.zoculture.it; Piazzale Asia 6

Das Zò ist Teil des Le-Ciminiere-Komplexes (s. S. 193). Hier dreht sich alles um die Förderung moderner Kunst und Aufführungen. Das abwechslungsreiche Angebot umfasst Clubnächte, Konzerte, Film- und Tanzvorführungen, Kunstausstellungen, Installationen und Theaterseminare. Auf der Website findet man Infos zu aktuellen Events; viele davon sind kostenlos!

VERKEHRSMITTEL & -WEGE

AUTO & MOTORRAD // Catania ist von Messina aus über die Autostrada A18 und von Palermo aus über die A19 zu erreichen. Die Schilder zum Stadtzentrum an der Autostrada weisen einem den Weg zur Via Etnea. Wer sich mit dem eigenen Wagen durch die Stadt schlagen möchte, muss sich auf ein verwirrendes Einbahnstraßensystem gefasst machen: Die Via Vittorio Emanuele II kann z. B. nur von Westen nach Osten befahren werden, die parallel verlaufende Via Giuseppe Garibaldi führt von Osten nach Westen.

BUS // Es gibt zwei große Busterminals in Catania: Interbus, Etna und SAIS Autolinee fahren zum/ab dem Busbahnhof an der Via Archimede, die AST-Busse steuern die Piazza Giovanni XXIII vor dem Bahnhof (für den Zugverkehr) an. Generell sind die Busse flotter als die Züge. **AST** (☎ 095 746 10 96; www.aziendasiciliana trasporti.it) bedient viele Provinzstädte rund um Catania, darunter Nicolosi (2,40 €, 1 Std., alle 30 Min.). Fahrkarten werden in der Terminal Bar auf der anderen Straßenseite gegenüber von den Bushaltestellen verkauft. **Interbus – Etna Trasporti** (☎ 095 53 03 96; www.interbus.it) betreibt Busse nach Syrakus (5,70 €, 1¼ Std., Mo–Sa stündl., So 6-mal) und Taormina (4,60 €, 1½ Std., Mo–Sa 14-mal tgl., So 8-mal), **SAIS Autolinee** (☎ 095 53 61 68; www.saisautolinee.it) fährt nach Palermo (14,20 €, 2½ Std., Mo–Sa 13-mal tgl., So 9-mal) und Messina (7,70 €, 1½ Std., Mo–Sa alle 30 Min., So 8-mal). Fahrkarten erhält man in dem Büro in der Via d'Amico (Nr. 181). Wer in der Stadt unterwegs ist: Die Buslinien 1 bis 4 fahren vom Bahnhof zur Via Etnea, die Linien 4 bis 7 zur Piazza del Duomo. Fahrkarten gibt's in den *tabacchi*; sie kosten 1 € und sind 90 Minuten lang gültig.

FLUGZEUG // Der **Flughafen Fontanarossa** (CTA; ☎ 095 723 91 11; www.aeroporto.catania.it) liegt 7 km südwestlich des Stadtzentrums. Der **AMT Alibus 457** (1 €, 30 Min., alle 20 Min.) fährt vom Bahnhof aus zum Flughafen. Eine Taxifahrt (4 Pers. plus Gepäck) kostet ca. 28 €.

PARKEN // Im Stadtzentrum einen Parkplatz zu finden, ist extrem schwierig. Wer mit dem eigenen Wagen anreist, sollte sich vielleicht in einem Hotel/B&B mit Parkgelegenheiten einquartieren. Wer über einen Mietwagen (für Tagesausflüge) nachdenkt, sollte das Auto erst nach Verlassen der Stadt abholen und vor der Rückkehr wieder abgeben.

SCHIFF/FÄHRE // Vom Fährterminal am südöstlichen Ende der Altstadt starten Fähren nach Neapel und Civitavecchia. Letzterer Ort wird auch von **Grimaldi** (☎ 081 49 64 44; www.grimaldi-ferries.com) angesteuert. Für einen *poltrona* (Sessel wie im Flugzeug) zahlt man in der Neben-/Hauptsaison 54/84 € pro Person (Auto 90 €). **TTT Lines** (☎ 800 915365; www.ttt lines.it) bietet täglich Fährfahrten nach Neapel (*poltrona* Nebe-/Hauptsaison 38/60 € pro Pers.).

TAXI // Wer ein Taxi braucht, sollte **CST** (☎ 095 33 09 66) anrufen. Taxistände findet man am Bahnhof und an der Piazza del Duomo.

ZUG // Regelmäßig verkehren sehr langsame Züge auf der Strecke zwischen Catania und Messina (6,70 €, 1½–2 Std.) sowie Syrakus (6 €, 1¼ Std.). Außerdem gibt's ein oder zwei Direktverbindungen nach Palermo (12 €) und Agrigento (11,10 €). Die private Circumetnea-

Zuglinie fährt um den Ätna herum und hält in den Städten und Dörfern an den Hängen des Vulkans. Mehr Infos s. S. 207.

RIVIERA DEI CICLOPI

Nördlich von Catania erstreckt sich die Riviera dei Ciclopi, ein hübscher Küstenabschnitt, der eine nette, preiswerte Alternative zu Taormina darstellt. Vor gar nicht langer Zeit war dies noch eine furchtbar arme Gegend voller einsamer Fischerdörfer, doch der Tourismus hat der Region kräftig unter die Arme gegriffen. Nun ist die Riviera ein beliebtes Ziel für Sommerurlauber. Es gibt zwar nur wenige Sandstrände, doch die Bademöglichkeiten sind hervorragend. Außerdem findet man hier Hotels, Restaurants und Bars en masse. Der Name des Küstenstreifens geht auf eine Erzählung von Homer zurück, der zufolge die hoch aufragenden schwarzen Steine, die aus dem Wasser schauen (tatsächlich handelt es sich um große Stücke erstarrter Lava), vom blinden Zyklopen Polyphem ins Meer geschleudert wurden; verzweifelt versuchte er, den flüchtigen Odysseus aufzuhalten.

ACIREALE

52 855 Ew.

Die größte Stadt an der Riviera, Acireale, erhebt sich auf einer Reihe Lavaterrassen, die ca. 17 km nördlich von Catania zum Meer hin abfallen. Die Gegend ist nicht unbedingt ein ursprüngliches Fleckchen Erde, doch nach wie vor hält sich die Touristenzahl in Grenzen, was ein echtes Wunder ist angesichts der Tatsache, dass die Stadt wirklich hübsch ist: Sie hat ein ansehnliches barockes Zentrum und wartet mit einigen imposanten öffentlichen Bauten auf. 2 km bergab liegt das kleine Fischerdorf Santa Maria la Scala, die perfekte Anlaufstelle für eine Portion Meeresfrüchte zum Mittagessen.

Acireale ist schon lange bekannt für die hiesigen Thermalbäder, mittlerweile gibt es aber noch ein weiteres Highlight: die spektakulären Karnevalsfestivitäten.

PRAKTISCHE INFORMATIONEN

TOURISTENINFORMATION // Touristeninformation (☎ 095 89 52 49; Via Romeo 2; 8–14 & 15–21 Uhr)

ORIENTIERUNG

Die Piazza Duomo markiert das Herz der Stadt. Der Corso Umberto I, die Hauptverkehrsader von Acireale, führt gen Norden, die Via Ruggero Settimo gen Süden und aus der Stadt hinaus. Über die Via Cavour gelangt man zur Piazza San Domenico und zum Markt.

ACIREALE ERKUNDEN

ALTSTADT // UNTERWEGS IM BAROCKEN ZENTRUM

Wer die umwerfende Architektur von Acireale erleben möchte, wählt am besten die **Piazza Duomo** als Ausgangspunkt, eine tolle Piazza, die auf drei Seiten von prächtigen Gebäuden gesäumt wird. An der Westseite erhebt sich der **Dom** (8–12.30 & 15.30–20 Uhr). Er entstand um 1600 und wird von Spitztürmen mit konisch geformten Dächern gekrönt. Die Gewölbe und Kapellen im Innenraum sind mit aufwendigen Fresken ausgemalt. Neben dem Dom besticht die **Basilica dei Santi Pietro e Paolo** (8–12.30 & 15.30–20 Uhr) durch eine überladene Fassade aus dem 18. Jh. Auf der anderen Straßenseite beeindruckt der **Palazzo Municipale** (Rathaus) mit seinen schmiedeeisernen Balkons und dem imposanten zentralen Portal.

Von der Piazza führt die Via Ruggero Settimo nach Süden zur Piazza Lionardo Vigo und der wunderschönen **Basilica di San Sebastiano** (8–12.30 & 15.30–20 Uhr), einem der schönsten Barockgebäude der Stadt. Jenseits der majestätischen Fassade mit der Balustrade und Statuen von Figuren aus dem Alten Testament erwarten die Besucher im Innenraum ein paar schöne, wenn auch verblassende Fresken, die Szenen aus dem Leben des hl. Sebastian zeigen.

In der Nähe findet man die laute *pescheria* (Fischmarkt) von Acireale in den Straßen rund um die Piazza Marconi.

PUPPENTHEATER // SICH EINE VORFÜHRUNG ANSEHEN UND MEHR ÜBER DIE PUPPENSPIELERTRADITION VON ACIREALE ERFAHREN

Acireale blickt auf eine lange Puppenspielertradition zurück, und es gibt ein paar Orte, an denen man mehr über diese Kunstform lernen kann, z. B. das **L'Antico Teatro dei Pupi** (www.teatropupimacri.it; Via Alessi 5; Eintritt frei; 9.30–12.30 & 16.30–19.30 Uhr). Dort ist eine Sammlung von Marionetten und Theaterutensilien untergebracht. Im **Teatro-Museo dell'Opera dei Pupi** (095 764 80 35; www.operadeipupi.com; Via Nazionale 195; Eintritt frei; Sommer Mi, Sa & So 9–12 & 18–21 Uhr, Winter 9–12 & 15–18 Uhr) finden im Juli und August immer donnerstags und sonntagsabends Vorführungen statt.

CARNEVALE // RICHTIG AUFDREHEN AUF DER GROSSEN STRASSENPARTY

Am besten besucht man Acireale im Februar, anlässlich des **Carnevale** (www.carnevaleacireale.com). Die hiesige Karnevalsparty ist eins der tollsten Spektakel von ganz Sizilien! Das Highlight sind die aufwendig dekorierten Umzugswagen. Manche sind über und über mit grellbunten Blumenmustern bedeckt, auf anderen thronen riesige Figuren aus Pappmachee – Karikaturen lokaler Größen. Ringsum wird Musik gemacht, kostümierte Tänzer wirbeln umher und es regnet Konfetti. Die Festtage variieren von Jahr zu Jahr; genaue Infos findet man auf der Website. Wer übrigens das „Original" zu Beginn des Jahres verpasst, kann immer noch an der kleineren Karnevalsparty Anfang August teilnehmen.

SANTA MARIA LA SCALA // EINEN SPAZIERGANG ZU EINEM FISCHERDORF UNTERNEHMEN

Es gibt zwei gute Gründe dafür, den 2 km langen Spaziergang zu dem winzigen Fischerdorf Santa Maria la Scala zu unternehmen. Einer ist der Weg selbst: Sobald man die Hauptstraße hinter sich gelassen hat, findet man sich in einer herrlich ländlichen Gegend mit wunderschönem Blick aufs Meer wieder. Nr. 2 sind die tollen Fisch- und Meeresfrüchte-Trattorien im Ort. Dieser besteht aus nicht viel mehr als einem winzigen Hafen, einer Kirche, ein paar Häusern und einem schwarzen Strand. Um dorthin zu gelangen, spaziert man die Via Romeo von der Piazza Duomo aus hinunter, überquert die Hauptstraße und dann heißt es immer der Nase nach.

GASTRONOMISCHE HIGHLIGHTS

LA TAVERNA €€

095 60 12 61; Via Ercole 4, Acireale; Pizzas ab 5 €, Hauptgerichte 25–30 €

La Taverna ist eine bodenständige Trattoria mitten auf dem Fischmarkt, in der traditionelles sizilianisches Essen zu vernünftigen Preisen zubereitet wird. Am besten kommt man zur Mittagszeit her. Dann wimmelt es hier von hungrigen Einheimischen, die sich an fangfrischem Fisch oder *calamari arrosto* (gebratenem Tintenfisch) laben. Außer Meeresbewohnern stehen noch ein paar weitere leckere Gerichte auf der Karte, z. B. *pasta con funghi porcini* (Pasta mit Steinpilzen) und, natürlich, Pizzas.

L'OSTE SCURO €€

☎ 095 763 40 01; Piazza Lionardo Vigo 5-6, Acireale; Hauptgerichte 30–35 €

Ein tolles Lokal für eine Portion Fisch oder Meeresfrüchte –man hört die Rufe der Verkäufer auf dem Fischmarkt in der Nähe und blickt auf die Basilica di San Sebastiano. Wir empfehlen vorweg den Klassiker *pasta con gamberi, zucchini e zafferano* (Pasta mit Krabben, Zucchini und Safran), gefolgt von einem Berg sautierter Mies- und Venusmuscheln oder dem Fisch des Tages, gekocht in Meerwasser.

TRATTORIA LA GROTTA €€

☎ 095 764 81 53; Via Scalo Grande 46, Santa Maria la Scala; Hauptgerichte 30 €; Di geschl.

In La Grotta zu essen, dem besten Restaurant von Santa Maria la Scala, ist ein echtes Erlebnis. Beim Betreten des Lokals passiert man die Fischtheke; dort werden die Zutaten für die Gerichte ausgesucht und ohne viel Aufhebens gewogen, bevor sie in den Kochtopf wandern. Dann geht man zu seinem Tisch im stimmungsvollen Speisebereich, an dem etwas später das hervorragende Essen serviert wird. Die Spezialität des Hauses ist die *insalata di mare* (Meeresfrüchtesalat), eine verführerische Mischung aus Krabben, Calamares und Oktopus. Auch der gegrillte Fisch ist eine echte Offenbarung.

ACI TREZZA

Ein paar Kilometer südlich von Acireale liegt Aci Trezza, ein kleines Fischerdorf mit einer Uferpromenade und guten Restaurants. Vor der Küste ragen einige surreal anmutende, gezackte Basaltfelsen auf, die Scogli dei Ciclopi. Sie sind die „Wurfgeschosse" aus der Legende, mit denen der blinde Zyklop Polyphem (er lebte am Ätna) versuchte, den flüchtenden Odysseus aufzuhalten. Aci Trezza wird darüber hinaus als Schauplatz des literarischen Meisterwerks *I Malavoglia* von Giovanni Verga (1840–1922) gefeiert, in dem das Leben in einer armen, Fischergemeinde beschrieben wird.

ACI TREZZA ERKUNDEN

MEERESUFER // SCHWIMMEN, TRINKEN UND BRAUN WERDEN

Die Hauptaktivitäten in Aci Trezza sind am Meer entspannen und Sonnenbaden (über dem schwarzen Vulkangestein sind Holzplattformen aufgebaut) und Ausgehen am Abend. Wer mag, kann eine der *lungomare*-Bars (an der Uferpromenade) aufsuchen, z. B. das **Café de Mar** (Lungomare Ciclopi; 20 Uhr–open end), neben dem Grand Hotel i Faraglioni. Dort sind weiße Sofas und Sessel über einen von Palmen gesäumten Garten verteilt.

Will man die Küstenhöhlen und Buchten erkunden, hat man die Wahl zwischen verschiedenen Anbietern am Hafen, die Bootstouren durchführen. **Vaporetto Polifemo** (☎ 095 27 73 70; www.vaporettopolifemo.it) organisiert z. B. täglich Ausflüge entlang der Küste (ab 10 €).

LA CASA DEL NESPOLO // IN DIE WELT DES GIOVANNI VERGA EINTAUCHEN

La Casa del Nespolo (☎ 095 711 66 38; www.museocasadelnespolo.info; Via Arciprete De Maria

15; Eintritt 1,55 €; ⌚ Juli–Aug. 9.30–13 & 17–21 Uhr, übriges Jahr kürzere Öffnungszeiten) ist ein typisches Bauwerk aus dem 19. Jh. und beherbergt ein kleines Museum, in dem sich alles um Giovanni Vergas großartiges Buch *I Malavoglia* dreht und um den Film *La Terra Trema* (1948) von Luchino Visconti, der auf dem Roman basiert. Die Sammlung umfasst Haushaltsgegenstände und Werkzeuge aus dem 19. Jh., die tollsten Exponate sind allerdings die Fotos von Aci Trezza, die der Autor selbst geschossen hat.

TRATTORIA VERGA DA GAETANO // KÖSTLICHEN FISCH GENIESSEN

Eins der zahlreichen Restaurants in der Hafengegend ist die **Trattoria Verga da Gaetano** (☎ 095 27 63 42; Via Provinciale 119; Hauptgerichte 30–35 €). Sie liegt mitten im Herzen der Stadt mit Blick auf die ankernden Boote und genießt einen hervorragenden Ruf bei den Einheimischen. Hunderte von gerahmten Fotos, Bildern und Postern prägen die Einrichtung, und auf der Speisekarte stehen regionaltypische (fischige) Speisen, darunter marinierte Anchovis, Linguine mit Scampis und köstlichen Krabben-Kebabs.

ACI CASTELLO

18 195 Ew.

Am Anfang bzw. Ende der Riviera dei Ciclopi liegt Aci Castello. Von Catania aus kann der Ort problemlos im Rahmen eines Tagesausflugs besucht werden (er ist gerade mal 9 km vom Stadtzentrum entfernt); es fahren sogar öffentliche Verkehrsmittel dorthin (Buslinie 534 ab der Piazza Borsellino). Man kann schwimmen gehen und unter schwarzem Vulkangestein sonnenbaden oder das **Castello** (Erw./unter 7 Jahren & über 60 Jahre/7–10 Jahre 1,50/frei/0,50 €; ⌚ Mai–Sept. 9–13 & 15–20 Uhr, Okt.–April 9–13 & 15–17 Uhr) auf dem riesigen schwarzen Felsblock besichtigen. La Rocca di Acicastello, so wird der Felsen genannt, ist scheinbar so etwas wie vulkanologische Rarität – er entstand aus einer Erdspalte unterhalb der Wasseroberfläche. Die düstere normannische Burg wurde im 13. Jh. auf den Fundamenten einer arabischen Befestigungsanlage errichtet. Sie ist angesichts ihres Alters in einem verblüffend guten Zustand und beherbergt heutzutage ein kleines **Museum**, in dem geologische Gesteinsproben und bizarre prähistorische Schädel zu sehen sind.

ÄTNA

3329 m

Der Ätna dominiert die Landschaft im Osten Siziliens mit seiner erhabenen, unheilverkündenden Präsenz. Er ist 3329 m hoch und damit der höchste Berg Italiens südlich der Alpen. Noch dazu ist er der größte aktive Vulkan Europas – aktiv im wahrsten Sinne des Wortes: Er brodelt und schwelt munter vor sich hin und muss manchmal für den Publikumsverkehr geschlossen werden, denn er bricht regelmäßig aus. Besonders spektakulär ist es, wenn sich die Eruptionen in den vier Gipfelkratern ereignen, häufiger (und gefährlicher) sind jedoch die Ausbrüche in den Spalten und alten Kratern entlang der Berghänge. 120 Kontrollstationen und Satelliten überwachen die seismischen Aktivitäten des Ätna.

Der Vulkan heißt im Volksmund Mongibello (das lateinische Wort *mons* bedeutet Berg und *gibel* ist der arabische Ausdruck für Berg). Er ist vor ca. 35 000 Jahren entstanden. Damals betrachteten die Menschen den Feuer speienden Berg voller Ehrfurcht. Die Griechen glaubten, dass sich hier die Werkstatt von Vulcanus, dem Gott des Feuers und der Handwerker, befand, und dass Polyphem, der einäugige Zyklop, in einer Höhle an den Hängen des Vulkans lebte. Einer anderen Legende zufolge sperrte Zeus Typhon, ein hundertköpfiges Monster, unter dem Berg ein, der seither Lava und Asche spuckt.

Die erste dokumentierte Eruption ereignete sich ca. 1500 v. Chr. Seitdem wurden mehr als 200 Ausbrüche verzeichnet. Der Schlimmste fand 1669 statt: Ein gewaltiger Lavastrom kroch am Südhang des Ätna zu Tal und begrub dabei 16 Städte unter sich. Er verschlang auch einen großen Teil von Catania und forderte um die 12 000 Menschenleben. Bei Ausbrüchen in jüngerer Zeit wurde die Infrastruktur an der Südseite des Vulkans erheblich in Mitleidenschaft gezogen (2002) und bei einer besonders gewaltigen Eruption (September 2007) bildete sich eine 400 m hohe Aschesäule, die die vorübergehende Schließung des Flughafens von Catania nach sich zog.

Seit 1987 ist der komplette Vulkan Teil eines 590 km² großen Nationalparks mit Namen Parco dell'Etna. Auf seinem Gelände befinden sich 21 Städte und verschiedene Landschaftsformen, vom wuchtigen, schneebedeckten Gipfel über Buchenwälder bis hin zu kahlen „Wüsten" aus schwarzem Lavagestein und fruchtbaren Weinbergen, in denen der hoch gelobte DOC-Wein hergestellt wird.

PRAKTISCHE INFORMATIONEN

NOTFÄLLE // **Soccorso Alpino della Guardia di Finanza** (☎ 095 53 17 77) Bergrettung.

TOURISTENINFORMATION // **Touristeninformation Linguaglossa** (☎ 095 64 30 94; www.prolocolinguaglossa.it, italienisch; Piazza Annunziata 5; ⏲ Sommer Mo–Sa 9–13 & 16–20 Uhr, Winter Mo–Sa 9–13 & 15–19 Uhr, So das ganze Jahr über 9–12 Uhr) An der Nordseite des Ätna. **Touristeninformation Nicolosi** (☎ 095 91 44 88; www.aast-nicolosi.it; Piazza Vittorio Emanuele, Nicolosi; ⏲ Mo–Fr 9–13, Mo, Di & Do 16–18 Uhr) **Büro des Parco dell'Etna** (☎ 095 82 11 11; www.parcoetna.ct.it, italienisch; Via del Convento 45, Nicolosi; ⏲ 9–14 & 16–19.30 Uhr) Ca. 1 km von Nicolosis Zentrum entfernt.

ORIENTIERUNG

Die meisten Besucher nähern sich dem Ätna von Norden oder Süden her. Die Südroute, ausgewiesen als „Etna Sud", führt über Nicolosi und vorbei am Rifugio Sapienza, 18 km weiter bergaufwärts. Die Nordroute (entsprechend „Etna Nord") verläuft via Piano Provenzano, 16 km südwestlich von Linguaglossa.

TOUR-TIPP: DER WESTHANG DES ÄTNA

Länge: 78 km
Dauer: 1 Tag

Die fünf kleinen Städte im westlichen Teil des Parco dell'Etna bieten eine willkommene Abwechslung zu den Menschenmassen, die sich auf den besser bekannten Pfaden rund um den Ätna tummeln. Zwar gibt es keine wirklichen Sehenswürdigkeiten in diesen Städten, doch sie alle bezaubern mit ihrem ganz eigenen Flair. Der Tourismus hat in dieser Gegend noch nicht so viel Einfluss wie in vielen anderen Orten rund um den Vulkan.

Wenn man von **Catania** (**1**; S. 189) aus auf der SS121 Richtung Westen fährt, gelangt man nach **Paternò (2)**. Das ist eine heruntergekommene Arbeiterstadt, die um ein riesiges normannisches **Castello** herum gewachsen ist. Es wurde 1072 zum Schutz gegen die Sarazenen erbaut

WESTHANG DES ÄTNA

und im Lauf der Jahrhunderte mehrfach umgestaltet. Heutzutage ist nur noch der Burgfried erhalten. Mehr noch als das Bauwerk beeindruckt der Ausblick auf den Vulkan.

Weiter geht's nach Norden auf der SP229, vorbei an weitläufigen Hainen, in denen *fichi d'india* (Kaktusfeigen) und Orangen reifen (und sich Berge von Müll auftürmen!), nach **Biancavilla (3)**. Die kleine Stadt wurde 1480 von albanischen Flüchtlingen gegründet. Heute präsentiert sie sich im für Sizilien typischen Stil (voller Barockkirchen). 3 km weiter wartet die Marktstadt **Adrano (4)** mit einer der auffälligsten Attraktionen der Gegend: einem normannischen **Castello**, das über einem bewehrten Fundament aufragt. Sein Bau wurde im späten 11. Jh. von Graf Roger II. in Auftrag gegeben. Mittlerweile ist hier ein kleines **Museum** (☎ 095 769 26 61; Piazza Umberto; Eintritt 2 €; ⏲ Di–Sa 9–13 & 16–19, So 9–13 Uhr) mit archäologischen Funden aus der Gegend untergebracht. In der Nähe, in der Via Catania, können die Überreste von Adranon besichtigt werden, einer griechischen Siedlung aus dem 4. Jh. v. Chr.

Ab Adrano führt die SS284 geradewegs nach Norden. Auf dem Weg nach **Bronte (5)** passiert man unzählige Nussplantagen. Bronte ist in ganz Italien für die hervorragenden Pistazien bekannt, die hier wachsen. Bevor man weiterfährt, sollte man unbedingt eine Kugel Pistazieneis in einem der Läden entlang der Hauptstraße, dem Corso Umberto, kosten. Jenseits von Bronte verläuft die Straße auf dem Weg bergauf nach **Randazzo (6)**, der interessantesten Stadt am Ätna, durch eine zunehmend rauere Landschaft mit vereinzelten Inseln aus Lavagestein.

Obwohl Randazzo dem Gipfel des Vulkans am nächsten liegt, haben seine zerstörerischen Eruptionen der Stadt bislang nichts anhaben können, im Zweiten Weltkrieg machten Bombenhagel jedoch einen Großteil des grauen, mittelalterlichen Zentrums dem Erdboden gleich. Es musste wieder aufgebaut werden. Die wichtigsten Sehenswürdigkeiten sind die mit Zinnen bewehrten Kirchen: die **Cattedrale di Santa Maria**, die **Chiesa di San Nicolò** und die **Chiesa di San Martino**, die im 16. Jh. abwechselnd als städtische Kathedralen fungierten. Als schönen Abschluss eines ereignisreichen Tages empfehlen wir ein Abendessen in der Trattoria **San Giorgio e Il Drago** (☎ 095 92 39 72; Piazza San Giorgio; Hauptgerichte 30 €; 🕑 Di geschl.) in der Altstadt. Sie wird von der Slow-Food-Bewegung angepriesen und bietet Tische im Freien.

DEN ÄTNA ERKUNDEN

RIFUGIO SAPIENZA // DIE GUT BESUCHTE SÜDROUTE

Egal ob man mit dem eigenen Wagen unterwegs ist oder die öffentlichen Verkehrsmittel nimmt (Näheres hierzu s. S. 208), Ausgangspunkt der Südroute ist das **Rifugio Sapienza** (1923 m), eine Ansammlung von Andenkenläden und Bars rund um eine Schutzhütte. Von dort hat man mehrere Möglichkeiten, zum Krater zu gelangen: Am einfachsten ist die Fahrt mit der **Funivia dell'Etna** (☎ 095 91 41 41; www.funiviaetna.com; Seilbahn 28,50 €, Seilbahn, Bus & Guide 53 €; 🕑 9–16.30 Uhr) bis zur Station auf 2500 m. Dort fahren Minibusse bis zum Torre del Filosfoat auf 2920 m ab.

Man kann das letzte Stück von der Seilbahnstation aus auch zu Fuß in Angriff nehmen. Die 2 km lange Wanderung ist steil; für den Hin- und Rückweg sollte man gut vier Stunden einkalkulieren, damit man auf jeden Fall noch eine Seilbahn ins Tal erwischt. Wanderer können auch die gesamte Strecke ab dem Rifugio Sapienza laufen, das ist allerdings anstrengend (bergauf: ca. 4 Std., bergab etwas kürzer). Wenn es sehr windig ist, fährt statt der Seilbahn ein Minibus.

Der Gipfel des Ätna hat vier Krater: Bocca di Nord-Est (Nordostkrater), Voragine, Bocca Nuova und Cratere Sud-Est (Südostkrater). Die meisten Besucher besuchen den Cratere Sud-Est, einen perfekt geformten, schwarzen Kegel, der besonders aktiv ist, und die Bocca Nuova, den jüngsten. Wie nahe man sich an die Krater heranwagen kann, hängt vom jeweiligen Grad der vulkanischen Aktivität ab. Wer ohne Führer unterwegs ist, sollte lieber übervorsichtig sein – mit Vulkanen ist definitiv nicht zu spaßen. Östlich der Kratergegend erstreckt sich das Valle del Bove, eine gewaltige Senke. Sie entstand vor mehreren tausend Jahren, als ein Kegel in sich zusammenfiel. Sie ist 1000 m tief, und Rauch steigt aus dem schwärzlichen Tal auf.

PIANO PROVENZANO // DIE NORDROUTE

Das Tor zu den ruhigeren und dabei malerischeren Nordhängen ist **Piano Pro-**

venzano (1800 m), eine kleine Skistation ca. 16 km oberhalb von Linguaglossa. Von dort fahren zwischen Mai und Oktober Jeeps von **STAR** (☎ 347 4957091) zum Gipfel. Man hat die Wahl zwischen zwei Touren: einem zweistündigen Trip zum Pizzi Deneri und dem Vulkanobservatorium auf 2800 m oder einem dreistündigen Ausflug zum Hauptkrater auf 3200 m. Ums Wandern kommt man bei beiden nicht herum, aber dafür wird man mit tollen Aussichten auf die Bergketten Peloritani, Nebrodi und Madonie und das Valle del Bove belohnt. Weiter unterhalb lockt die **Pineta Ragabo** im Sommer zu Spaziergängen unter Kiefern, Birken und Lärchen. Der riesige Wald ist über die Mareneve-Straße zwischen Linguaglossa und Milo zu erreichen.

Man braucht ein eigenes Auto, um nach Piano Provenzano und zur Pineta Ragabo zu kommen; öffentliche Verkehrsmittel verkehren hier keine.

WEIN- & HONIGPROBE // KULINARISCHE HIGHLIGHTS VOM ÄTNA

Der Ätna ist ein wichtiges Weinanbaugebiet, in dem Etna DOC produziert wird, einer von 22 sizilianischen Weinen mit Prädikat *Denominazione di Origine Controllata*. In der Gegend befinden sich zahlreiche Winzerbetriebe, in denen der lokal hergestellte Wein verkostet werden kann, z. B. **Gambino** (☎ 095 227 26 78; www.vinigambino.it; Contrada Petto Dragone; 8.30–17.30 Uhr, Reservierung erbeten) nahe Linguaglossa. Die Touristeninformation von Linguaglossa (S. 203) stellt weitere Adressen zur Verfügung.

Ein anderer Leckerbissen ist der Honig aus **Zafferana Etnea**. Die kleine Stadt an der Ostflanke des Ätna blickt auf eine lange Tradition der Bienenzucht zurück. Angeblich stammen bis zu 35 % des italienischen Honigs aus Zafferana. Wer wissen möchte, was an dem Goldsaft so besonders ist, könnte **Oro d'Etna** (☎ 095 708 14 11; www.orodetna.it; Via San Giacomo 135) einen Besuch abstatten. Dort gibt's verschiedene Sorten aus Orangenblüten, Kastanien oder Zitrone.

SKI- & FAHRRADFAHREN // UNTERWEGS AUF DEN PISTEN UND PFADEN RUND UM DEN ÄTNA

Dass man auf Sizilien Skifahren kann (Abfahrt und Langlauf), klingt erst mal seltsam, ist aber am Ätna tatsächlich

TOP-TIPPS

Reisezeit Zum Wandern eignen sich der April und Mai sowie der September und Oktober am besten. Im Hochsommer wird es sehr voll (und sehr heiß!).

Die richtige Ausrüstung Selbst wenn es in der Ebene brütend heiß ist, können weiter oben Minusgrade herrschen und kräftige Winde pfeifen, weshalb man feste Wanderschuhe, eine windabweisende Jacke, eine Mütze und Handschuhe benötigt. Die Ausrüstung kann im Rifugio Sapienza ausgeliehen werden. Im Sommer sollte man Sonnenmilch, eine Sonnenbrille und einen Hut einstecken und ausreichend Wasser mitnehmen. Achtung Kontaktlinsenträger: Besser die Brille aufsetzen, da hier normalerweise eine Menge Staub umherwirbelt!

Eine vernünftige Karte Die Beste ist von Selca (Maßstab 1:25 000). In den Touristeninformationen ist zudem die kostenlose Karte *Mt Etna and Mother Nature* erhältlich.

Handy und Kompass einstecken Wer alleine loswandert, sollte aus Sicherheitsgründen ein Handy mitnehmen, auch wenn man nicht überall Empfang hat. Häufig tritt Nebel auf; in solchen Fällen ist ein Kompass Gold wert.

Bargeld oder Kreditkarte Am Seilbahn-Ticketschalter kann mit beidem gezahlt werden.

GEFÜHRTE TOUREN

Es gibt verschiedene Veranstalter, die Krater- und andere Ätna-Führungen anbieten. Auch wenn man gar kein Tourenfan ist, sollte man ihnen eine Chance geben: Die Guides kennen den Berg wie ihre Westentasche, können einem die tollsten Ecken zeigen und liefern zusätzlich interessante Informationen. Darüber hinaus sorgen sie für mehr Sicherheit. Üblicherweise wird man ein wenig laufen müssen und wird ansonsten in einem Wagen mit Allradantrieb herumkutschiert. Verlässliche Anbieter sind z. B.:

Acquaterra (☎ 095 50 30 20; www.acquaterra.com) Hat auch Schneeschuhwanderungen und Kanufahren auf dem Alcantara im Programm.

Etna Experience (☎ 095 723 29 24; www.etnaexperience.com)

Etna Sicily Touring (☎ 392 5090298; www.etnasicilytouring.com)

Gruppo Guide Alpine Etna Nord (☎ 095 64 78 33; www.guidetnanord.com; Piazza Santa Caterina 24, Linguaglossa)

Gruppo Guide Alpine Etna Sud (☎ 095 791 47 55; www.etnaguide.com; Via Etnea 49, Nicolosi)

Die Exkursionen kosten gewöhnlich ab 45 € pro Person für den halben Tag (normalerweise am Morgen oder bei Sonnenuntergang) bzw. 60 € für den kompletten Tag.

von Dezember bis März möglich. Der Zustand der Pisten und die Zahl der funktionierenden Lifte hängen davon ab, wie viel vulkanische Aktivität gerade verzeichnet wird. Aktuelle Infos hierzu findet man unter www.etnasci.it (italienisch). Bei normalen Bedingungen können fünf Pisten an der Südseite und drei an der Nordseite genutzt werden. Ein Tagespass kostet 23 € in Nicolosi (Südseite) und 15 € in Linguaglossa (Nordseite).

Wer gern Fahrrad fährt, könnte die tollen (wenn auch ziemlich anspruchsvollen) Radwege rund um den Vulkan hinuntersausen; Leihräder gibt's bei **Etna Touring** (☎ 095 791 80 00; www.etnatouring.com; Via Roma 1) in Nicolosi (12 €/Tag). Dort können auch geführte Radtouren organisiert werden.

FERROVIA CIRCUMETNEA // MIT DEM ZUG UM DEN FUSS DES VULKANS

Eine tolle Art, den Ätna zu erleben, ist eine Fahrt mit dem **Ferrovia Etnea** (FCE; ☎ 095 54 12 50; www.circumetnea.it). Der langsame Zug macht sich von Catania aus auf den 114 km langen Weg rund um den Fuß des Vulkans. Unterwegs wird in ein paar kleinen Städten Halt gemacht (s. S. 203) und man hat einen genialen Ausblick. Von Catania aus sind es zwei Stunden bis Randazzo (einfache Strecke/hin & zurück 4,85/7,80 €) an der Nordseite des Vulkans. Am Bahnhof von Catania nimmt man die Metro bis zur FCE-Station an der Via Caronda (Haltestelle Borgo) oder die Buslinien 429 bzw. 432, die die Via Etnea hinauffahren (den Fahrer bitten, an der Metrostation Borgo aussteigen zu dürfen).

GASTRONOMISCHE HIGHLIGHTS

AGRITURISMO SAN MARCO €€

☎ 389 4237294; www.agriturismosanmarco.com; Hauptgerichte 23 €

In dieser einladenden *agriturismo*-Anlage in der Nähe von Rovitello werden die Besucher mit authentischer, bodenständiger Küche in einem herrlich ländlichen Ambiente verwöhnt. Vorweg gibt's eine Auswahl gepökelter Fleischsorten und lokal hergestellten Käse, dann stürzt man sich auf frische Pasta mit *ragú* und einen *secondo* (zweiter Gang), z. B. saftiges gegrilltes Fleisch. Ohne Reservierung geht gar nichts, aber man muss sowieso vorher anrufen, um die Wegbeschreibung zu bekommen.

ANTICO ORTO DEI LIMONO €€

☎ 095 91 08 08; Via Grotte 4; Pizzas ab 5 €, Menü 26 €; Di geschl.

Nach einem Tag auf dem Ätna gibt es eigentlich nichts Besseres als eine Mahlzeit in diesem tollen Restaurant in Nicolosi. Es ist in einer umgebauten Wein- und Ölgewinnungsanlage untergebracht. Spezialität des Hauses ist köstliche und altbewährte Küche vom Lande. Alle Gerichte sind lecker, doch besonders zu empfehlen sind die großzügige Antipastiplatte (eine Mischung aus cremigem Ricotta, Salami und mariniertem Gemüse) und die Pasta mit *ragù*, Erbsen und Pilzen. Wer richtig Kohldampf hat, könnte das reichhaltige Menü bestellen, das für 26 € ein echtes Schnäppchen ist.

VERKEHRSMITTEL & -WEGE

AUTO & MOTORRAD // Nicolosi liegt ca. 17 km nordwestlich von Catania an der SP10. Von Nicolosi aus sind es weitere 18 km bis zum Rifugio Sapienza. Nach Linguaglossa nimmt man ab Catania die A18, fährt in Fiumefreddo ab und folgt der SS120 Richtung Randazzo.

BUS // Täglich fährt ein Bus von **AST** (☎ 095 746 10 96; www.aziendasicilianatrasporti.it) von Catania via Nicolosi nach Rifugio Sapienza (hin & zurück 5,60 €). Abfahrt ist um 8.15 Uhr, die Rückfahrt um 16.30 Uhr. Vom 15. Juni bis 15. September gibt's noch eine weitere Abfahrt in Catania um 23.20 Uhr. Wochentags verkehren Busse von **Ferrovia Etnea** (FCE; ☎ 095 54 12 50; www.circumetnea.it) unregelmäßig zwischen Catania und Linguaglossa (4,20 €, 1¼ Std.).

SYRAKUS & DER SÜDOSTEN

3 PERFEKTE TAGE

TAG 1 // SYRAKUS MIT ALLEN SINNEN GENIESSEN

Bevor es zu heiß wird, besichtigt man am Vormittag die herrlichen antiken Ruinen von Syrakus im Parco Archeologico della Neapolis (S. 220). Danach geht es in eines der besten archäologischen Museen Siziliens, das Museo Archeologico Paolo Orsi (S. 221). Nach dem Mittagessen in Ortigia (S. 223) bummelt man gemütlich durch die schönen barocken Straßen, bevor man sich zur Piazza del Duomo (S. 216) begibt, um etwas zu trinken und sich ein spätes Abendessen mit Meeresfrüchten schmecken lässt.

TAG 2 // BAROCKSTÄDTE MIT WELTERBE-STATUS

Mit dem Auto geht's in den Süden zu den großartigen Barockstädten Siziliens. Die erste Station ist Noto (S. 232) mit seiner unvergesslichen Hauptstraße, dem Corso Vittorio Emanuele. Hier muss man unbedingt ein Eis bei Corrado Costanzo (S. 235) essen, der wohl besten *gelateria* in ganz Sizilien. Von Noto geht es weiter nach Modica (S. 236), wo man mit den Einheimischen in der Osteria dei Sapori Perduti (S. 238) zu Mittag essen kann. Die letzte Etappe führt nach Ragusa (S. 239) bzw. Ragusa Ibla (S. 240). Die atemberaubende Kathedrale ist ein Meisterwerk der barocken Architektur.

TAG 3 // EIN AUSFLUG AN DIE KÜSTE

Die schöne, ruhige Küstengegend verdient es, einen ganzen Tag lang entdeckt zu werden. Im Riserva Naturale Oasi Faunistica di Vendicari (S. 244) kann man herrlich Vögel beobachten, wandern oder in der Sonne faulenzen. Wer mehr unternehmen und sehen will, fährt weiter in Richtung Süden bis nach Marzamemi (S. 236) in der Kapregion, wo es zum Mittagessen gute Meeresfrüchte und ein Glas Wein aus der Region gibt. Buchstäblich am Ende der Straße liegt Portopalo di Capo Passero (S. 236), ein beliebter Ferienort mit schönem Strand und glasklarem Wasser.

SYRAKUS & DER SÜDOSTEN

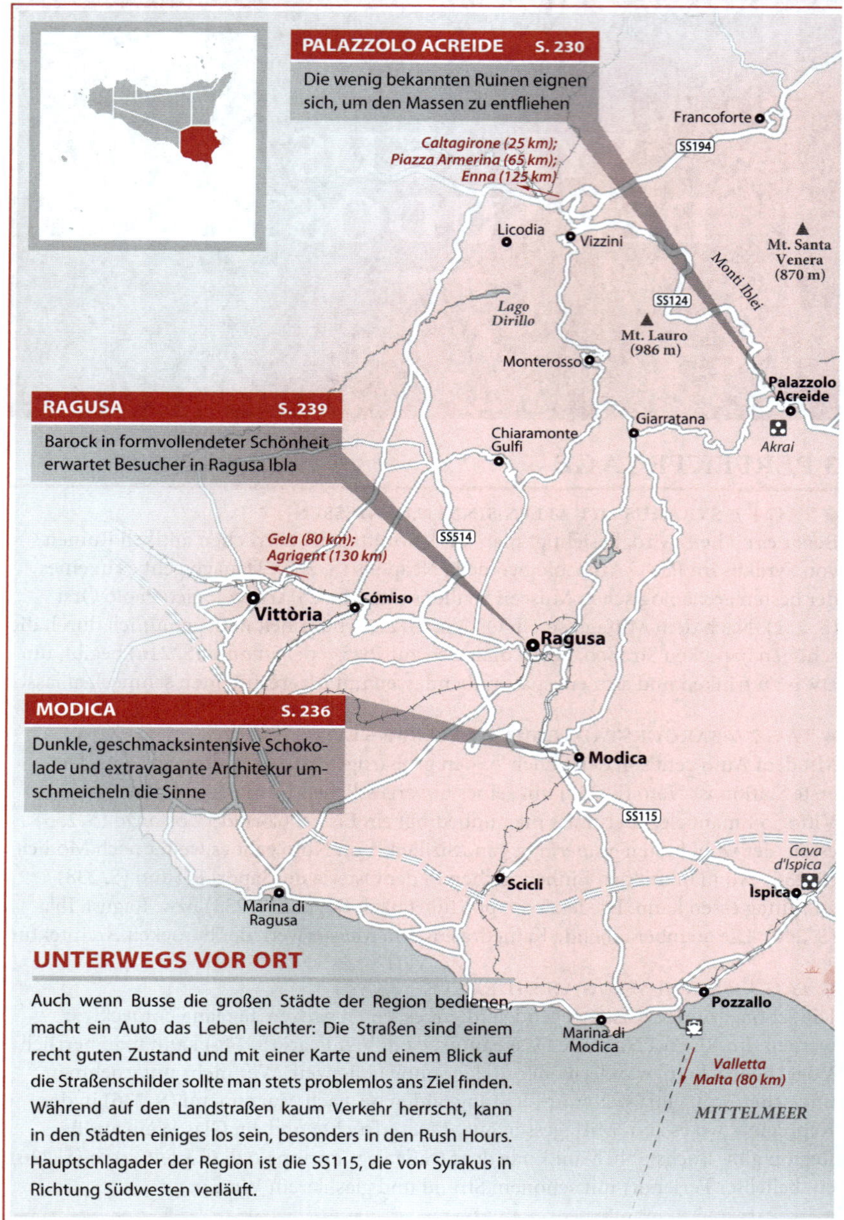

UNTERWEGS VOR ORT

Auch wenn Busse die großen Städte der Region bedienen, macht ein Auto das Leben leichter: Die Straßen sind einem recht guten Zustand und mit einer Karte und einem Blick auf die Straßenschilder sollte man stets problemlos ans Ziel finden. Während auf den Landstraßen kaum Verkehr herrscht, kann in den Städten einiges los sein, besonders in den Rush Hours. Hauptschlagader der Region ist die SS115, die von Syrakus in Richtung Südwesten verläuft.

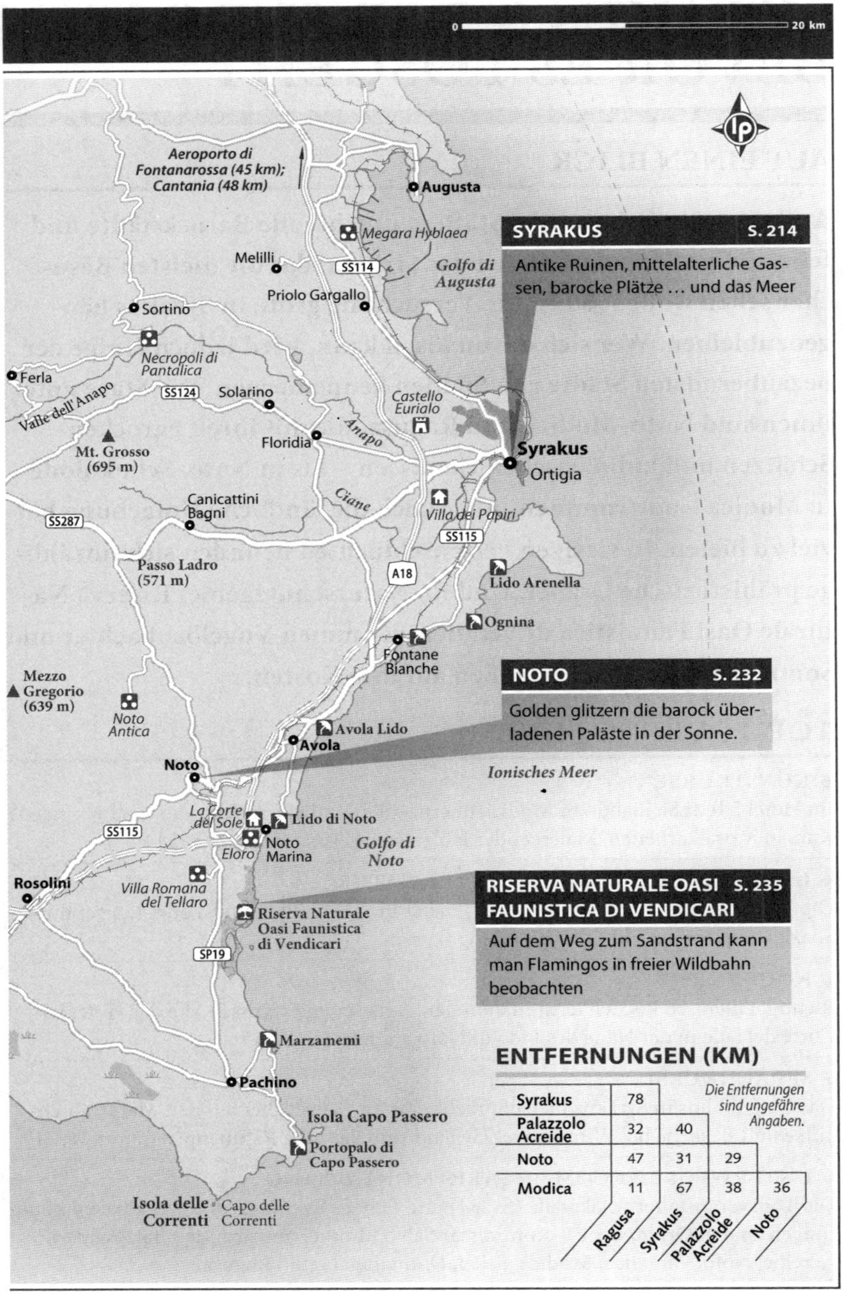

ENTFERNUNGEN (KM)

	Ragusa	Syrakus	Palazzolo Acreide	Noto
Syrakus	78			
Palazzolo Acreide	32	40		
Noto	47	31	29	
Modica	11	67	38	36

Die Entfernungen sind ungefähre Angaben.

SYRAKUS & DER SÜDOSTEN BEVOR ES LOSGEHT

AUF EINEN BLICK

Außergewöhnliche antike Stätten, prachtvolle Barockstädte und feinsandige Strände – das ist das Sizilien, das die meisten Besucher sehen wollen. So ist die Versuchung groß, in Syrakus hängenzubleiben. Wer sich davon lösen kann, wird jedoch einige der bezauberndsten Städte von Sizilien kennenlernen. Die Stars unter ihnen sind Noto, Modica und Ragusa, die mit ihren barocken Schätzen und kulinarischen Genüssen – Eis in Noto, Schokolode in Modica – auftrumpfen. Aber auch die ländliche Umgebung hat viel zu bieten. In riesigen Felsenschluchten befinden sich unzählige prähistorische Gräber. Und im Naturschutzgebiet Riserva Naturale Oasi Faunistica di Vendicari kommen Vogelbeobachter und Sonnenanbeter gleichermaßen auf ihre Kosten.

TOP-TOUREN & -KURSE

KUNSTKURSE

Im Hotel I Tetti Siciliando in Modica übernachten und einen ein- oder zweiwöchigen Kurs in Mosaikarbeiten, Malerei oder Holzrestaurierung belegen (S. 344).

GEFÜHRTE SPAZIERGÄNGE IN DIE NATUR

Die Vereinigung Natura Sicula (S. 223) bietet Einheimischen und Touristen geführte Spaziergänge in der Umgebung von Syrakus an.

KOCHKURSE

Richtig italienisch kochen lernt man in den dreistündigen Kursen, die das Hotel La Corte del Sole in der Nähe des Lido di Noto anbietet (S. 235).

SPRACHKURSE

Das Café Biblios in Syrakus bietet Sprachkurse an – Abstecher auf den Markt, Kochkurse und Besuche bei Winzern der Gegend sind das tolle Rahmenprogramm (S. 219).

UNTERWEGS MIT COMMISSARIO MONTALBANO

Die Tourveranstalter Allakatalla (S. 234) und Echoes Events (S. 306) organisieren Führungen zu den Orten, wo TV-Kommissar Salvo Montalbano ermittelt hat: Palazzolo Acreide, Noto, Pantalica, Modica, Scicli, Donnafugata und Ragusa.

ABSEITS DES TRUBELS

In der Hochsaison können Syrakus und die anderen bedeutenden Barockstädte ganz schön voll sein, aber man muss nicht weit fahren, um den Massen zu entkommen.

- **Allein unter antiken Ruinen** Die kaum bekannten Überreste des antiken Akrai liegen einsam in der grünen Landschaft oberhalb von Palazzolo Acreide (S. 230).
- **Im Grand Canyon von Ispica** Frühchristliche Katakomben und mittelalterliche Wohnhöhlen spicken die Felswände der Schlucht Cava d'Ispica (S. 239).
- **Im Reich der Toten** Mucksmäuschenstill ist es bei den bronzezeitlichen Gräbern der Necropoli di Pantalica (S. 230).

BAROCKE KOSTBARKEITEN

Im Südwesten Siziliens befinden sich einige der schönsten Barockperlen der Insel.

- **Chiesa di San Giorgio in Modica** Die mehr als 25 Kirchen in Modica werden noch von dem prachtvollen Dom überragt (S. 237).
- **Corso Vittorio Emanuele in Noto** Nur wenige Straßen in Sizilien können es mit dem Prachtboulevard in der Altstadt von Noto aufnehmen (S. 232).
- **Dom von Syrakus** In die herrliche Fassade des majestätischen Doms wurden die Säulen seines Vorgängers, eines antiken Tempels, integriert – zu sehen am schönsten Platz der Stadt (S. 216).
- **Piazza Duomo in Ragusa** Der von einem bemerkenswerten Dom beherrschte Platz ist die perfekte Filmkulisse (S. 240).

TOP-GAUMENFREUDEN

ANTICA DOLCERIA BONAJUTO
Die älteste Schokoladenmanufaktur in Modica rührt eigenwillige und superleckere Kreationen zusammen (S. 238).

CAFFÈ SICILIA
Hier sollte man sich mit einer sorbetähnlichen *granita* erfrischen (S. 235).

CANTINA RUDINÌ
Weinverkostung in einer alteingesessenen Kellerei (S. 236).

JONICO-A RUTTA 'E CIAULI
Garniert mit einem großartigen Ausblick auf die Altstadt von Syrakus schmeckt das Seafood noch mal so gut (S. 224).

RISTORANTE DUOMO
Für einen besonderen Anlass – eines der besten Restaurants von Sizilien (S. 244).

INFOS IM INTERNET

- **Istituto Nazionale Dramma Antico** (www.indafondazione.org) Infos über klassische Theateraufführungen in Syrakus.
- **Modica Comune** (www.comune.modica.rg.it) Unterkünfte und Restaurants.
- **Noto Comune** (www.comune.noto.sr.it) Monumente, Events und Verkehrsmittel.
- **Ragusa Comune** (www.comune.ragusa.it) Ausführliche Infos über Ragusa und Umgebung.
- **Syracuse Comune** (www.comune.siracusa.it/essereturista/turismo/home.htm, italienisch) Listen und Verzeichnisse, Infos über Verkehrsmittel und die Hauptsehenswürdigkeiten.

SYRAKUS

124 085 Ew.

Mehr als jede andere Stadt verkörpert Syrakus die zeitlose Schönheit Siziliens. Antike griechische Ruinen stehen mitten in üppigen Zitronenplantagen, die herrlichen Barockplätze sind voller Cafétische und mittelalterliche Gassen führen zum strahlend blauen Meer hinunter. So schön sie auch ist, die Stadt ist kein Museum: wie schon vor 3000 Jahren leben die Menschen ihr alltägliches Leben, wie man unschwer am allmorgendlichen Verkehrschaos und den geschäftigen Märkten erleben kann.

Allerdings fällt es heute schwer, sich vorzustellen, dass Syrakus zu seiner Blütezeit die größte Stadt der griechischen Welt war, größer noch als Athen oder Korinth. Gegründet wurde es von korinthinischen Siedlern, die 734 v. Chr. auf der Insel Ortigia landeten und vier Jahre später die Stadt auf dem Festland gründeten. Sie boomte rasant, wurde größer und wohlhabend und war schließlich das wirtschaftliche Zentrum der Region. Der Sieg über die Karthager in der Schlacht von Himera 480 v. Chr. ebnete endgültig den Weg in ein goldenes Zeitalter, in dem Kunst und Kultur aufblühten und die grausamen Tyrannenkönige der Stadt öffentliche Gebäude in beeindruckender Zahl und Größe errichten ließen. Die klügsten Köpfe ihrer Zeit strömten nach Syrakus, das eine hochentwickelte städtische Lebensart pflegte. U. a. entstand hier die griechische Komödie.

Die Unabhängigkeit von Syrakus endete abrupt, als die Römer 212 v. Chr. eine Bresche in die genialen Verteidigungsanlagen des Archimedes schlugen und die Stadt einnahmen. Syrakus blieb zwar auch unter der römischen Herrschaft die Hauptstadt von Sizilien, doch die glorreichen Zeiten der Stadt waren vorbei, der Niedergang begann. Kurzzeitig war es zwar auch die Hauptstadt des Byzantinischen Reichs, wurde aber 878 von den Arabern erobert, die es zu einer mehr schlecht als recht befestigten Provinzstadt verkommen ließen. Die Einwohnerzahl ging drastisch zurück, Hunger, Seuchen und Erdbeben bestimmten die folgenden 800 Jahre. Einem solchen Erdbeben, das 1693 das Val di Noto und Syrakus vollständig zerstörte, verdankt die Stadt aber ihre energische Wiederbelebung, beschlossen doch die damaligen Stadtplaner ein massives Wiederaufbauprogramm im barocken Stil.

Nach der Vereinigung Italiens 1865 wurde Syrakus zur Provinzhauptstadt mit stetig wachsender Einwohnerzahl. Dieser Trend setzte sich in der Nachkriegszeit fort – wie die hässlichen Neubauviertel beweisen.

PRAKTISCHE INFORMATIONEN

NOTFÄLLE // **Ospedale Umberto I** (Karte S. 215; ☎ 0935 72 42 36; Via Testaferrata); **Polizei** (Karte S. 217; ☎ 0931 46 35 66; Piazza San Giuseppe 6)

TOURISTENINFORMATION // **Haupttouristeninformation** (Karte S. 217; ☎ 800 055500; Via Roma 31; Mo–Fr 9–13 & 14–17.30, Sa 9–12 Uhr); **Touristeninformation in Ortigia** (Karte S. 217; ☎ 0931 46 42 55; Via Maestranza 33; Mo–Fr 8–14 & 14.30–17.30, Sa 8–14 Uhr)

ORIENTIERUNG

Die wichtigsten Sehenswürdigkeiten von Syrakus konzentrieren sich auf zwei Viertel: den Stadtteil Ortigia und den 2 km entfernten Parco Archeologico della Neapolis am anderen Ende der Stadt. Mehrere Brücken verbinden die Insel Ortigia, das historische Zentrum und der stimmungsvollste Teil der Stadt,

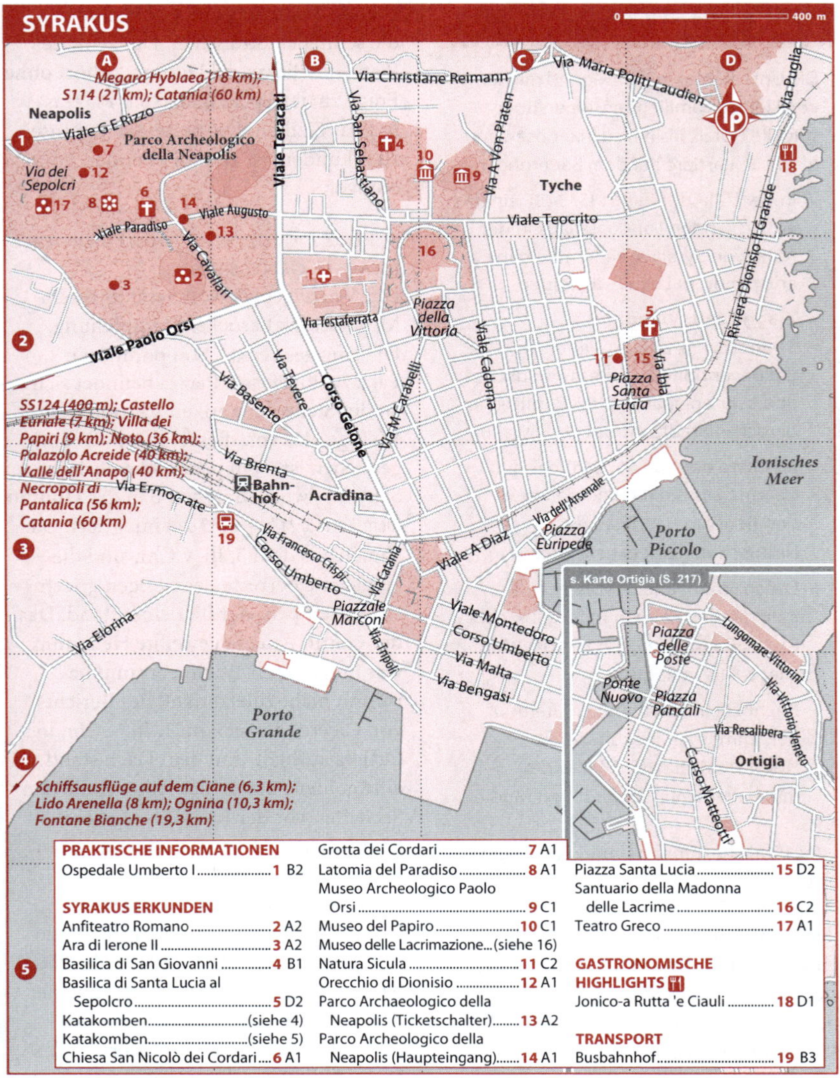

PRAKTISCHE INFORMATIONEN
Ospedale Umberto I 1 B2

SYRAKUS ERKUNDEN
Anfiteatro Romano 2 A2
Ara di Ierone II 3 A2
Basilica di San Giovanni 4 B1
Basilica di Santa Lucia al Sepolcro 5 D2
Katakomben ..... (siehe 4)
Katakomben ..... (siehe 5)
Chiesa San Nicolò dei Cordari 6 A1
Grotta dei Cordari 7 A1
Latomia del Paradiso 8 A1
Museo Archeologico Paolo Orsi 9 C1
Museo del Papiro 10 C1
Museo delle Lacrimazione ... (siehe 16)
Natura Sicula 11 C2
Orecchio di Dionisio 12 A1
Parco Archaeologico della Neapolis (Ticketschalter) 13 A2
Parco Archeologico della Neapolis (Haupteingang) 14 A1
Piazza Santa Lucia 15 D2
Santuario della Madonna delle Lacrime 16 C2
Teatro Greco 17 A1

GASTRONOMISCHE HIGHLIGHTS
Jonico-a Rutta 'e Ciauli 18 D1

TRANSPORT
Busbahnhof 19 B3

mit dem Festland. Ortigia ist gut ausgeschildert und verfügt über einen praktischen Parkplatz (Parcheggio Talete). Wer mit dem Bus ankommt, muss an der Busstation vor dem Bahnhof aussteigen. Von dort ist es 1 km nach Ortigia; entweder man geht zu Fuß den Corso Umberto entlang oder fährt mit dem kostenlosen Shuttle-Bus bis zur Piazza Archimede in Ortigia. Die Hauptstraße auf der Insel ist die Via Roma.

Die bedeutendsten antiken Stätten von Syrakus befinden sich im Parco Archeologico della Neapolis im Norden

UNTERKUNFT

Die Unterkünfte in der Gegend reichen von kleinen Familienpensionen über stilvolle Hotels bis hin zu luxuriösen *agriturismi* (Quartiere auf dem Bauernhof).

- ★ In der **Villa dei Papiri** (S. 343), einem entzückenden Landgasthaus in der Nähe von Syrakus, kann man ganz entspannt im Luxus schwelgen.
- ★ **Viaggiatori, Viandanti e Sognatori** (S. 343) ist ein etwas unkonventionelles, aber freundliches und sehr entspanntes B&B mitten im barocken Stadtzentrum von Syrakus.
- ★ **La Corte del Sole** (S. 344) hat den Charme eines alten Bauernhauses und liegt am Rande eines Naturschutzgebiets bei Noto.
- ★ Das in einem alten, typisch italienischen Palazzo untergebrachte **Risveglio Ibleo** (S. 345) ist das Maß aller B&Bs in Ragusa.
- ★ Nachhilfe in sizilianischer Literatur bekommt man im kultivierten **Hotel DeMohàc** (S. 344) in der mittelalterlichen Altstadt von Modica.

Ausführliche Infos zu Unterkünften gibt's auf S. 342

der Stadt. Wegweiser zum Park, der über einen eigenen Parkplatz verfügt, finden sich überall in der Stadt. Bus 12 verkehrt pendelt zwischen dem Archäologischen Park und Ortigia.

SYRAKUS ERKUNDEN

ORTIGIA

Es ist einfach herrlich, durch das verwirrende Labyrinth der stimmungsvollen Gassen und vornehmen Plätze in Ortigia zu bummeln. Hübsche Palazzi, ansprechende Trattorias und Cafés säumen die schmalen Sträßchen. Der zentrale Platz, die Piazza del Duomo, gehört ohne Frage zu den spektakulärsten Piazzas in ganz Sizilien. Die beste Art, die Insel zu erkunden, ist zu Fuß über den Ponte Nuovo.

❦ PIAZZA DEL DUOMO // BAROCKE PRACHT GENIESSEN

Der Vorzeigeplatz von Syrakus ist ein Meisterstück barocker Stadtplanung. Die lang gestreckte, von pompösen Palazzi eingefasste Piazza befindet sich an der Stelle der antiken Akropolis. Das Wenige, das von dieser Akropolis übrig geblieben ist – ein paar dicke dorische Säulen –, wurden in den Bau des **Duomo** (Dom; Karte S. 217; 8–18 Uhr) integriert. Die Säulen aus dem 5. Jh. v. Chr. sind die einzigen Überreste des riesigen griechischen Tempels, der hier einst stand. Das der Göttin Athena geweihte Heiligtum war im ganzen Mittelmeerraum berühmt, nicht zuletzt dank des Berichts von Cicero, der sich im 1. Jh. v. Chr. in Ortigia aufhielt. Auf dem Dach stand eine goldene Statue der Athena, die den Seeleuten vor der Küste als „Leuchtturm" diente. Heute steht die Jungfrau Maria an deren Stelle.

Das auffälligste Kennzeichen des Doms ist von den dorischen Säulen dominierte Fassade (1728–1753), die von Andrea Palma nach der Zerstörung der Kirche durch das Erdbeben von 1693 entworfen wurde. Im Baptisterium des Doms befindet sich ein mit sieben Bronzelöwen geschmücktes, normannisches Taufbecken aus dem 13. Jh.

Auf der gegenüberliegenden Seite der Via Minerva nördlich des Doms befindet sich der **Palazzo Municipale** (Karte S. 217) oder Palazzo Senatoriale, in dem heute die Stadtverwaltung von Syrakus

ORTIGIA

PRAKTISCHE INFORMATIONEN
Haupttouristeninformation 1 B4
Touristeninformation Ortigia 2 C3
Polizei 3 C4

ORTIGIA ERKUNDEN
Biblios Cafe 4 B3
Castello Maniace 5 C6
Chiesa di Santa Lucia alla Badia 6 B4
Compagnia del Selene 7 A3
Duomo 8 B4
Fontana Aretusa 9 B5
Forte Vigliena 10 C5
Fontana di Artemide 11 B3
Gran Caffè del Duomo 12 B4
Istituto Nazionale del Dramma Antico 13 B3
Jüdisches Mikwe .... (siehe 36)
Museo Aretuseo dei Pupi 14 C4
Museo Regionale d'Arte Medioevale e Moderna 15 B5
Palazzo Arcivescovile 16 B4
Palazzo Beneventano del Bosco 17 B4
Palazzo Lanza 18 B3
Palazzo Municipale 19 B4
Palazzo Platamone 20 B3
Piccolo Teatro dei Pupi 21 C4
Sailing Team 22 A3
Syrako Tourist Services 23 A3

GASTRONOMISCHE HIGHLIGHTS
La Gazza Ladra 24 B3
La Medusa 25 B5
Osteria da Mariano 26 B5
Osteria Vite e Vitello 27 C3
Sicilia in Tavola 28 B3
Solaria Vini & Liquori 29 B4
Taberna Sveva 30 B6
Trattoria Archimede 31 B3
Trattoria la Foglia 32 B5

NACHTLEBEN
Sanrocco 33 B4

EMPFOHLENE LÄDEN
Galleria Bellomo 34 B5
Massimo Izzo 35 B3

UNTERKUNFT
Alla Giudecca 36 C4
B&B L'Acanto 37 B3
Hotel Gutkowski 38 C2
Hotel Roma 39 B4
Viaggiatori, Viandanti e Sognatori 40 B5

PARKEN
Parcheggio Talete 41 B1
Parkplatz Piazza delle Poste 42 B1

TOP FIVE

PIAZZAS

- **Piazza del Duomo in Syrakus** (S. 216) – Das noble „Freilichtatelier" erstreckt sich rund um den grandiosen Dom.
- **Piazza Municipio in Noto** (S. 233) – Der elegante Platz ist von einzigartigen Barockgebäuden umgeben.
- **Piazza Duomo in Ragusa** (S. 240) Der leicht abschüssige Platz vor dem märchenhaften Dom ist ein architektonisches Meisterwerk.
- **Piazza del Popolo in Palazzolo Acreide** (S. 230) – Beeindruckender Barockplatz in einer bezaubernden, oft übersehenen Stadt auf dem Land.
- **Corso Umberto I in Modica** (S. 237) – Zwar ist die lebhafte Hauptstraße von Modica selbst keine Piazza, doch führt sie an vielen eleganten Piazzas vorbei.

ihren Sitz hat. Der 1629 von dem Spanier Juan Vermexio erbaute Palast trägt den Spitznamen „Il Lucertolone" (Die Eidechse). Der Architekt hat seine „Signatur" – eine kleine Eidechse – in einen Quader an der linken Ecke des Dachsims gemeißelt.

Auf der anderen Seite des Doms steht der elegante **Palazzo Arcivescovile** (Erzbischöflicher Palast; Karte S. 217) aus dem 17. Jh., in dem die Biblioteca Alagoniana mit seltenen Manuskripten aus dem 13. Jh. untergebracht ist.

An der gegenüberliegenden, nordwestlichen Ecke des Platzes ist die hübsche Fassade des **Palazzo Beneventano del Bosco** (Karte S. 217) aus dem 18. Jh. zu sehen. Das südliche Ende der Piazza markiert die **Chiesa di Santa Lucia alla Badia** (Karte S. 217). Sie ist der hl. Lucia geweiht, der Schutzheiligen der Stadt.

Die beste Aussicht auf den Platz bietet das beliebte **Gran Caffè del Duomo** (Karte S. 217; ☎ 0931 215 44; Piazza del Duomo 18) gegenüber des Doms. Hier kann man herrlich die Menschenmassen beobachten und dabei gemütlich an einem Glas Wein nippen.

LEGENDÄRE BRUNNEN // AN HISTORISCHEN QUELLEN ÜBER ALTE MYTHEN SINNIEREN

Schon in der Antike war das Quellwasser, das aus der **Fontana Aretusa** (Karte S. 217; Via Picherali) sprudelte, die Hauptwasserversorgung von Syrakus. Heute ist die in einem riesigen Bauwerk gefasste Quelle voller Meeräschen und Papyruspflanzen *der* Treffpunkt an lauen Sommerabenden. Im Mythos verwandelte die Göttin Artemis ihre hübsche Dienerin Arethusa in eine Quelle, um sie vor den Nachstellungen des Flussgottes Alpheios zu schützen. In ihrer Wassergestalt stürzte sich Arethusa in Arkadien ins Meer, dicht gefolgt von Alpheios. Als sie in Ortigia wieder auftauchte, vermischten sich ihre Wasser.

Artemis, die mythische Göttin der Jagd, ist die Hauptattraktion der prachtvollen **Fontana di Artemide** an der **Piazza Archimede** (Karte S. 217). Der Platz wird von imposanten Palästen im Stil der katalanischen Gotik umgeben, u. a. dem **Palazzo Lanza** (Karte S. 217) und dem **Palazzo Platamone** (Karte S. 217), in dem heute die Banca d'Italia residiert.

LA GIUDECCA // IN DEN VERBORGENEN WINKELN DES ALTEN JÜDISCHEN GHETTOS ABTAUCHEN

Östlich der Piazza Archimede führt die Via Maestranza zur Via della Giudecca, an der sich einst das als *Giudecca* bezeichnete jüdische Ghetto befand. Zu sehen ist nur noch eine ehemalige **Mikwe** (rituelles Bad; Karte S. 217; ☎ 0931 2 22 55; Via GB Alagona 52; Eintritt 5 €; ⏰ geführte Touren März–Okt. 11, 12, 16, 17 & 18 Uhr), ein jüdisches Bad, das 20 m unter dem Hotel Alla Giudecca ausgegraben wurde. Das Bad war einst mit der Synagoge verbunden, wurde jedoch von Mitgliedern der jüdischen Gemeinde verbarrikadiert, als sie 1492 aus Ortigia vertrieben wurden. Besucher erwartet ein faszinierender Anblick: In den drei Becken, die so tief sind, dass Frauen und Männer vollständig untertauchen konnten, sprudelt immer noch Quellwasser, das zum Schutz vor Überflutung abgepumpt werden muss. Daneben gibt es noch ein separates Becken, das nur der Rabbiner benutzen durfte.

Ein paar Schritte weiter befindet sich das in Syrakus äußerst beliebte Puppentheater **Piccolo Teatro dei Pupi** (Marionettentheater; Karte S. 217; ☎ 0931 46 55 40; www.pupari.it; Via della Giudecca 17; Tickets ab 7 €), das traditionelle Sagen und Märchen mit Zauberern, Drachen, verliebten Prinzessinnen und Rittern nachspielt. Die genauen Termine der Vorstellungen finden sich auf der Homepage. Die Werkstatt, in der die Marionetten hergestellt werden, befindet sich in der Via della Giudecca 19. Ein paar Häuser weiter am Ende der Straße erzählt das kleine **Museo Aretuseo dei Pupi** (Karte S. 217; ☎ 0931 46 55 40; Piazza San Giuseppe; Eintritt 2 €; ⏰ März–Mai, Sept. & Okt. Mo–Sa 11–13 & 16–18 Uhr, Juni–Aug. Mo–Sa 10.30–13 & 16–18.30 Uhr) die Geschichte des Marionettentheaters in Sizilien.

MUSEO REGIONALE D'ARTE MEDIOEVALE E MODERNA // MITTELALTERLICHE UND MODERNE KUNST NEU ENTDECKEN

Das im Palazzo Bellomo aus dem 13. Jh. untergebrachte **Museo Regionale d'Arte Medioevale e Moderna** (Karte S. 217; ☎ 09316 95 11; Via Capodieci 14; Erw./erm. 8/4 €; ⏰ Di–Sa 9–19, So 9–13 Uhr) zeigt einen bunten Mix aus Skulpturen, Gemälden, Keramiken, Schmuck und Kleidung. Die besten Stücke der Sammlung sind im Raum Sala V zu sehen, der Arbeiten aus dem 14. Jh. gewidmet ist. Zu den Glanzstücken gehören eine *Madonna col bambino* (Madonna mit Kind), die dem sizilianischen Künstler Domenico Gagini zugeschrieben wird, und das einzigartige Meisterwerk *L'Annunciazione* (Mariä Verkündigung, 1474) von Antonello da Messina, das erst vor Kurzem nach Syrakus zurückkehrte, nachdem es lange Zeit in Rom restauriert worden war.

SPRACHKURSE // ENDLICH WIE EIN EINHEIMISCHER SPRECHEN KÖNNEN

Im Mittelpunkt des Geschehens von Ortigia befindet sich das weithin bekannte **Café Biblios** (Karte S. 217; ☎ 0931 2 14 91; www.biblios-cafe.it; Via del Consiglio Reginale 11), das auch einen Buchladen betreibt und eine ganze Reihe kultureller Aktivitäten organisiert, u. a. Besuche bei den Winzern der Umgebung, Kunst- und Sprachkurse. Bei den Sprachkursen liegt der Schwerpunkt auf dem Erlernen der Umgangssprache im Alltag. Die Unterrichtsstunden können einzeln (25 €/Std.) oder als Teil eines ein- bis vierwöchigen Kurses (1/4 Wochen 220/700 €) gebucht werden.

DAS FESTLAND

Die Stadtteile, die auf dem Festland liegen, sind zwar lange nicht so malerisch schön wie Ortigia, haben dafür aber eine Reihe faszinierender archäologischer Sehenswürdigkeiten zu bieten. Am beeindruckendsten ist der Parco Archeologico della Neapolis nördlich des

Stadtzentrums, aber auch im berühmten Museo Archeologico Paolo Orsi finden sich eine Menge interessante archäologische Fundstücke. Außerdem sind unter den Straßen der Stadt noch die ausgedehnten Katakomben aus römischer Zeit zu besichtigen.

PARCO ARCHEOLOGICO DELLA NEAPOLIS // GRANDIOSE RUINEN ERZÄHLEN VON ANTIKEN DRAMEN

Die großartigsten antiken Ruinen von Syrakus befinden sich nordwestlich des Stadtzentrums im **Parco Archeologico della Neapolis** (Karte S. 215; ☎ 0931 6 62 06; Erw./erm.8/4 €, Kombiticket mit Museo Archeologico Paolo Orsi 9/4,50 €; ⏲ März–Sept. tgl. 9–18 Uhr, Okt.–Feb. Mo–Sa 9–15, So 9–13 Uhr). Die Neapolis („Neustadt") war eines von fünf Vierteln der antiken Stadt (die anderen vier hießen Ortigia, Akradina, Tyche und Epipoli). Hier wurden viele der wichtigsten zivilen und religiösen Bauten errichtet, darunter auch das atemberaubende Theater aus dem 5. Jh. v. Chr. Später kamen noch ein heute stark zerfallenes römisches Amphitheater und eine Reihe muffiger Höhlen dazu, die als Gefängnis dienten.

Das Kartenhäuschen des Archäologischen Parks befindet sich gegenüber dem Haupteingang an der Ecke Via Cavallari und Viale Augusto. Zudem gibt es hier Toiletten (0,30 €), ein Café und die obligatorischen Souvenirstände. Hinter dem Haupteingang geht neben der kleinen **Chiesa San Nicolò dei Cordari** (Karte S. 215) noch eine Pizzeria mit Bar ihren Geschäften nach.

Links hinter der Kirche ist das erste antike Monument zu sehen, das **Anfiteatro Romano** (Römisches Amphitheater; Karte S. 215) aus dem 3. Jh. n. Chr. Obwohl stark zerfallen, vermitteln die Überreste doch einen guten Eindruck von seiner ursprünglichen Größe – immerhin war es einmal das größte Amphitheater Süditaliens und nur wenig kleiner als die Arena von Verona. Die Römer veranstalteten darin Gladiatorenkämpfe und Pferderennen. Im 16. Jh. wurde die Arena fast vollständig zerstört, als die damals herrschenden Spanier die Steinquader für den Bau der Stadtmauern von Ortigia verwendeten.

Unmittelbar westlich des Amphitheaters erstreckt sich die riesige, rechteckige Anlage des **Ara di Ierone II** (Altar Hierons II.; Karte S. 215) aus dem 3. Jh. v. Chr. Von dem gigantischen Altar, auf dem einst öffentliche Opfer erbracht wurden, sind nur noch die Fundamente erhalten. Wie der griechische Geschichtsschreiber Diodor berichtete, wurden hier für das alljährliche Fest zur Erinnerung an den Sturz des Tyrannen Thrasybulos bis zu 450 Ochsen geschlachtet.

Latomia del Paradiso

Ein Stück weiter auf der Via Paradiso entlang gelangt man rechter Hand zum Eingang der **Latomia del Paradiso** (Paradiesgarten; Karte S. 215), eines antiken Kalksteinbruchs voller Gewölbestollen, in dem heute üppige Orangen- und Olivenbäume wachsen. Die Griechen betrieben diese Steinbrüche wie eine Art Konzentrationslager: Sie ließen die Gefangenen die Kalksteinblöcke aus den Höhlen schlagen und pferchten dann die Zwangsarbeiter in den so entstandenen unentrinnbaren Grotten ein. Eine dieser Grotten ist der weltberühmte **Orecchio di Dionisio** (Ohr des Dionysios; Karte S. 215), die die Form einer Ohrmuschel aufweist. Die von dem Maler Caravaggio anlässlich seines Besuchs 1608 so bezeichnete Grotte hat tatsächlich eine bemerkenswerte Akustik. Glaubt man der Überlieferung, so nutzte der tyrannische

König Dionysios von Syrakus die Höhle, um die Gespräche der Gefangenen zu belauschen. Tatsächlich wurde die 23 m hohe und 65 m lange Grotte wohl nur als Steinbruch genutzt.

Unweit davon befindet sich die für Besucher gesperrte **Grotta dei Cordari** (Seilergrotte; Karte S. 215), in deren feuchtem Mikroklima die Seiler schon in der Antike ihrem Handwerk nachgingen.

Teatro Greco

Vom Paradiesgarten ist es nicht weit bis zum strahlend weißen **Teatro Greco** (Griechisches Theater; Karte S. 215). Es ist nicht nur die Hauptsehenswürdigkeit des Parks, sondern auch eines der am besten erhaltenen griechischen Theater überhaupt. Das im 5. Jh. v. Chr. erbaute und im 3. und 2. Jh. v. Chr. erweiterte Auditorium bot bis zu 16 000 Zuschauern Platz. Seit dem 5. Jh. war das Theater der Mittelpunkt der sehr lebendigen kulturellen Szene von Syrakus. Hier wurden die Werke von Sophokles, Euripides und Aischylos aufgeführt; Letztgenannter war bei der Premiere seiner Tragödien *Die Perser*, *Der gefesselte Prometheus* und *Der entfesselte Prometheus* sogar persönlich anwesend.

Die Römer, die im 3. Jh. v. Chr. Syrakus erobert hatten, bauten das Theater im 1. Jh. n. Chr. so um, dass sie darin Gladiatorenkämpfe und *naumachiae* (nachgestellte Schiffsschlachten) in der hierfür gefluteten Arena veranstalten konnten. An einigen Sitzen sind noch die Inschriften zu erkennen, die für die Götter und Adligen von Syrakus, darunter die Familie Hierons II., angebracht worden waren. Den besten Ausblick auf die Anlage hat man von der von Gräbern gesäumten Via dei Sepolcri.

Liebhaber antiker Dramen sollten ihren Besuch in die Zeit des alljährlichen *Cycle of Classical Plays* von Mai bis Juni legen. Ausführliche Infos gibt's auf S. 223.

❦ MUSEO ARCHEOLOGICO PAOLO ORSI // SIZILIENS GRÖSSTE SAMMLUNG ARCHÄOLOGISCHER FUNDSTÜCKE

Das **Museo Archeologico Paolo Orsi** (Karte S. 215; ☎ 0931 46 40 22; Viale Teocrito; Erw./erm. 8/4 €, Kombiticket mit Parco Archeologico della Neapolis 9/4,50 €; ⏰ Di–Sa 9–18, So 9–13 Uhr) auf dem Gelände der Villa Landolina beherbergt die größte Sammlung archäologischer Fundstücke in ganz Sizilien. Mehr als 18 000 Artefakte sind zu sehen, von prähistorischen Fossilien über Töpferwaren bis hin zu griechischen und römischen Statuen.

Im Mittelpunkt der Ausstellung steht eindeutig die Bildhauerei, deren Entwicklung von ihren einfacheren Anfängen bei den Griechen bis zu den hoch anspruchsvollen Arbeiten der späten Römerzeit gut nachzuvollziehen ist. Schöne Beispiele sind die aus dem 6. Jh. v. Chr. stammende Statue der Großen Mutter *Dea Madre*, die ihre Zwillinge stillt und in der griechischen Kolonie Megara Hyblaea entdeckt wurde, und die berühmte *Venus Anadyomene*. Bei dieser recht sinnlichen, „aus dem Schaum des Meeres entstiegenen" Venus handelt es sich um eine im 1. Jh. entstandene, römische Kopie einer älteren griechischen Vorlage. Sehr sehenswert sind auch die hübschen, der Göttin Demeter dargebrachten Votivgaben und die wesentlich berühmtere Fratze einer geflügelten Gorgone Medusa; beide Arbeiten wurde aus Terracotta gefertigt.

❦ MUSEO DEL PAPIRO // IM PAPYRUS-MUSEUM ALLES ÜBER DIE GESCHICHTE DES PAPIERS ERFAHREN

In einem Wohngebäude neben dem Museo Archeologico Paolo Orsi ist das kleine **Museo del Papiro** (Karte S. 215; ☎ 0931 6 16 16; www.museodelpapiro.it; Viale Teocrito 66; Eintritt frei; ⌚ Di–So 9–13 Uhr) untergebracht. Die ganz der Papyruspflanze gewidmete Ausstellung zeigt Modellboote, Dokumente und viele andere Erzeugnisse aus Papyrus. Aus dem Papyrus, der in der Nähe von Syrakus rund um den Fluss Ciane in rauen Mengen wächst, wurde im 18. Jh. Papier hergestellt. Glanzstücke des Museums sind einige interessante Kanus aus Papyrus und eine Kopie des Steins von Rosette.

KIRCHEN AUF DEM FESTLAND // EINEN CARAVAGGIO BEWUNDERN UND IN DIE KATAKOMBEN HINABSTEIGEN

Die große **Basilica di Santa Lucia al Sepolcro** (Karte S. 215; ⌚ derzeit wegen Renovierung geschl.) an der gleichnamigen Piazza soll an der Stelle erbaut worden sein, wo die spätere Schutzheilige von Syrakus, die hl. Lucia, anno 304 den Märtyrertod erlitten hat. Kennzeichen der imposanten Basilika sind der große Säulenvorbau, der normannische Turm und die achteckige Sepolcro-Kapelle aus dem 18. Jh. Hauptanziehungspunkt aber ist das Gemälde *Seppellimento di Santa Lucia* (Begräbnis der hl. Lucia) von Caravaggio (1609), das nach langer Restaurierung im Palazzo Bellomo (s. S. 219) endlich wieder an seinem ursprünglichen Platz über dem Hauptaltar der Basilika hängt. Unter der Kirche erstreckt sich das ausgedehnte Labyrinth der **Katakomben**, in denen die ersten Christen Siziliens ihre Toten bestatteten.

Das römische Gesetz verbot es, Tote innerhalb des Stadtgebiets zu beerdigen, das sich in römischer Zeit nur auf Ortigia beschränkte. Aus diesem Grund wichen die Christen in das außerhalb des Pomerium (Stadtgrenze) liegende Viertel Tyche aus und bestatteten ihre Toten in unterirdischen Wasserkanälen, die seit der Zeit der Griechen nicht mehr benutzt wurden. Sie gruben auch neue Tunnel in den Untergrund, sodass mit der Zeit ein weit verzweigtes Labyrinth aus Grabkammern entstand.

Die weitläufigsten Katakomben liegen unter der hübschen **Basilica di San Giovanni** (Karte S. 215; Via San Sebastiano; ⌚ Di–So 9.30–12.30 & 14.30–17.30 Uhr), die einst die Hauptkirche der Stadt war, nun aber teilweise eingestürzt ist. Die größtenteils feuchten und ziemlich gruseligen **Katakomben** (Karte S. 215; ☎ 0931 6 46 94; www.kairos-web.com; Erw./erm. 6/4 €; ⌚ Di–So 9.30–12.30 & 14.30–17.30 Uhr) sind nur im Rahmen einer Führung zu besichtigen. Tausende kleiner Nischen wurden in die Wände der Tunnel gegraben. Diese führten von der Hauptkammer *(decumanus maximus)* in kleinere, runde Kammern (*rotonde*), in denen die Gläubigen beten konnten.

SANTUARIO DELLA MADONNA DELLE LACRIME // EIN ÜBERRAGENDES WAHRZEICHEN DER MODERNE

Der vermutlich einer Träne nachempfundene, 102 m hohe Turm des **Santuario della Madonna delle Lacrime** (Wallfahrtskirche der Heiligen Jungfrau der Tränen; Karte S. 215; www.madonnadellelacrime.it; Viale Teocrito; Eintritt frei; ⌚ 8–12 & 16–19 Uhr) überragt die Skyline von Syrakus. Die moderne und von vielen als „hässlich“ empfundene Kirche beherbergt eine Statue der Jungfrau Maria, die im Jahre 1953 angeblich fünf Tage lang geweint und dabei mehr als 300 Wunderheilungen vollbracht haben soll. Im **Museo delle Lacrimazione** (Museum des Tränenflusses; Eintritt 1,55 €; ⌚ 9–12.30 & 16–18 Uhr) im Untergeschoss der Kirche erfährt man die ganze Geschichte.

SCHIFFE & STRÄNDE // AB IN DIE BLAUEN FLUTEN

In der drückenden Sommerhitze bietet sich eine Abkühlung in den blau glitzernden Gewässern rund um Ortigia an. Der beste Badeplatz in der Stadt findet sich unterhalb der Felsen der **Forte Vigliena** (Karte S. 217). Wer einen richtigen Strand braucht, geht ein Stück weiter in Richtung Süden zu den mit einer blauen Fahne gekennzeichneten Sandabschnitten des **Lido Arenella** (außerhalb der Karte S. 215). Allerdings kann hier – vor allem an den Wochenenden im Sommer – ein ordentlicher Trubel herrschen. Ebenfalls gut schwimmen kann man noch weiter südlich, am Felsstrand von **Ognina** (außerhalb der Karte S. 215) und am beliebten Strand von **Fontane Bianche** (außerhalb der Karte S. 215).

Wer lieber auf dem Wasser unterwegs ist, findet an der Küste mehrere Veranstalter von Bootstouren. Von März bis Oktober umrunden die Boote von **Compagnia del Selene** (Karte S. 217; ☎ 340 0558769; www.compagniadelselene.it; Via Malta 63) Ortigia (50-minütige Tour 10 €/Pers.); Passagieren erhalten dabei einen herrlichen Blick auf das historische Stadtzentrum und das wuchtige **Castello Maniace** (Karte S. 217) aus dem 13. Jh., das nicht für die Öffentlichkeit zugänglich ist.

Wer's romantischer mag, bucht eine Koje auf einem der vier Segelboote des **Sailing Team** (Karte S. 217; ☎ 0931 6 08 08; www.sailingteam.biz; Via Savoia 14; Tagestour für bis zu 12 Pers. 350 €), die an der Südküste entlangsegeln und dabei an schönen Stränden und in unberührten Naturschutzgebieten Anker werfen. Im Angebot sind auch Touren zu den Liparischen Inseln und Segelkurse. Ausführliche Infos gibt's auf der Homepage. Beide Veranstalter legen in der Marina del Porto Grande von Ortigia unweit des Grand Hotel ab.

GEFÜHRTE TOUREN // DIE STADT MIT EINHEIMISCHEN ENTDECKEN

In Syrakus gibt es unzählige professionelle Fremdenführer, die Touren in der Stadt und der Umgebung anbieten. Da sie meistens nur Gruppen führen, sind die Preise für Individualreisende viel zu hoch: Für einen halben Tag werden 150 €, für einen ganzen Tag bis zu 225 € fällig – jeweils für Gruppen mit bis zu 18 Personen. Die Touristeninformation vermittelt in der Regel die lizenzierten Fremdenführer. Ansonsten kann man sich an **Syrako Tourist Services** (Karte S. 217; ☎ 0931 2 41 33; www.syrako.it; Largo Porta Marina) wenden, die die Buchung von Guides übernehmen. Die örtliche Vereinigung **Natura Sicula** (Karte S. 215; ☎ 328 8857092; www.naturasicula.it; Piazza Santa Lucia 24/C) organisiert Exkursionen und geführte Spaziergänge in die Natur der Umgebung (rund 6 €/Pers.).

FESTE & EVENTS

Cycle of Classical Plays (Karte S. 217; ☎ 0931 48 72 48 or 800 542644; www.indafondazione.org; Corso Matteotti 29; Tickets ab 15 €) Im antiken Teatro Greco werden klassische griechische Dramen aufgeführt. Jedes Jahr werden zwei Stücke inszeniert, die Vorstellungen (italienisch) finden im Mai und Juni statt. Infos zum Programm und den Eintrittskarten gibt's im Internet.

Festa di Santa Lucia Das Fest zum Gedenken an die Schutzheilige von Syrakus findet zwischen dem 13 und 20. Dezember statt und wird am ersten Sonntag im Mai noch einmal wiederholt. Den Höhepunkt des Festes markiert eine von Feuerwerk begleitete Prozession, bei der eine riesige Silberstatue der hl. Lucia vom Dom zur Piazza Santa Lucia getragen wird.

GASTRONOMISCHE HIGHLIGHTS

Am besten isst man in Ortigia. In den engen Gassen drängen sich Trattorias, Restaurants, Cafés und Bars, von denen viele ganz offensichtlich reine Touristenfallen sind, viele aber auch nicht. Es ist wirklich kein Problem, etwas Hübsches zu finden. Da sich die meisten Lokale auf Meeresfrüchte spezialisiert haben, sollte man sich auf Pasta mit reichlich Fisch und den gegrillten Fang des Tages einrichten.

JONICO-A RUTTA 'E CIAULI €€

Karte S. 215; ☎ 0931 6 55 40; Riviera Dioisio il Grande 194; Pizzas ab 5 €, Gerichte 30 €; Di geschl.

Der Weg zu dem Restaurant am Meer ist lang und nicht wirklich schön, dort angekommen wird man aber für jeden einzelnen Schritt belohnt. Innen schaffen unverputztes Mauerwerk und rostiges landwirtschaftliches Gerät eine rustikale Atmosphäre, auf der Terrasse draußen blitzt alles im Sonnenschein. Dazu weht eine frische Brise vom Meer und die Aussicht ist einfach traumhaft. Die Speisekarte – wen wundert's? – wird von Fisch beherrscht, der zu Gerichten wie Spaghetti *alla palermitana* (mit Sardinen und Fenchel) oder *orata c'aranci* (in Orangensaft geschmorte Seebrasse) verarbeitet wird. Es gibt allerdings auch Steaks vom Grill und abends Pizzas.

LA GAZZA LADRA €

Karte S. 217; ☎ 340 0602428; Via Cavour 8; Gerichte 20 €; Mo geschl.

Tolles Essen zu anständigen Preisen in einladender Umgebung: Das Erfolgsrezept klingt einfach, funktioniert aber selten so gut wie in dieser freundlichen, winzig kleinen Osteria. Das Personal des hellen, entspannten Lokals besteht nur aus den beiden Inhabern. An den weißen Wänden hängen bunte Fotos, die Tische sind aus Stahl und Glas und die Küche ist immer offen. Das Essen? Herzhaft, sättigend, zubereitet aus frischen Zutaten der Region: *pasta alla Norma* (mit samtweichen Auberginen), frische Meeresfrüchte und hausgemachter Pudding. Von Slow Food empfohlen.

LA MEDUSA €€

Karte S. 217; ☎ 0931 6 14 03; Via S Teresa 21–23; Gerichte 25–30 €; Mo geschl.

Eines der bekanntesten und beliebtesten Restaurants in Ortigia. Seinen guten Ruf verdankt es dem köstlichen Couscous, doch Inhaber und Küchenchef Kamel kann auch Fisch: Die *antipasto del mare* (Vorspeise mit Meeresfrüchten) und *fritto misto* (gemischte frittierte Fische) werden in den höchsten Tönen gelobt. Da die Portionen riesig sind, sollte man auf keinen Fall zu viel bestellen. Das Personal ist freundlich und zuvorkommend. Vorher reservieren.

OSTERIA DA MARIANO €

Karte S. 217; ☎ 0931 6 74 44; Vicolo Zuccolà 9; Gerichte 20 €; Mo geschl.

Ein Restaurant, das an einem Dienstagabend im Februar gut besucht ist, hat alles richtig gemacht. Und die Osteria Da Mariano ist rappelvoll! Ältere Kellner quetschen sich durch die vollbesetzten Tische, um den fröhlich-lärmenden Massen einfache, bodenständige Gerichte zu servieren. Auf Vorspeisen mit Bruschetta, Ricotta, Salami und mariniertem Gemüse folgen einfache Nudelgerichte mit *penne* (Röhrennudeln) in deftiger Fleischsauce. Und zum Abschluss gibt's *dolci* (Süssspeisen) mit Sesamkeksen und kandiertem Ingwer.

OSTERIA VITE E VITELLO €€

Karte S. 217; ☎ 0931 46 42 69; Piazza Francesco Corpaci 1; Gerichte 33 €; So geschl.

Gegen den allgemeinen Trend zu Meeresfrüchten hält diese freundliche Trattoria in Ortigia für alle die Fahne hoch, die gerne Fleisch essen. Und wie! Die köstlichen *involtini* (Rouladen) sind mit

Schinken, Käse und Zwiebeln gefüllt. Schweinesteaks bekommen eine Kruste aus grünen sizilianischen Pistazien. Mit Ricotta gefüllte Ravioli versinken in reichhaltigem Schweine-*ragù*. Alles ist dekadent köstlich, die Portionen sind üppig und die Weinkarte ist umfangreich genug, um die meisten Amateurverkoster zufrieden zu stellen. Von Slow Food empfohlen.

SICILIA IN TAVOLA €€

Karte S. 217; ☎ 392 4610889; Via Cavour 28; Gerichte 23 €; Mo geschl.

Eines von vielen beliebten Restaurants in der Via Cavour. Die gemütliche, kleine Trattoria hat sich mit ihrer hausgemachten Pasta und frischen Meeresfrüchten einen guten Namen in der Stadt gemacht. Wer sich selbst davon überzeugen will, probiert die mit Garnelen gefüllten Ravioli, die mit Cocktailtomaten und gehackter Minze serviert werden, oder die köstlichen Fettuccine *allo scoglio* (mit Meeresfrüchtesauce). Ebenso herrlich ist die geschäftige Atmosphäre und der Krimskrams, der die Holzwände ziert. Reservierung empfohlen.

SOLARIA VINI & LIQUORI €

Karte S. 217; ☎ 0931 46 30 07; www.enotecasolaria.com; Via Roma 86; Snacks ab 5 €; So geschl.

Die kleine rustikale *enoteca* (Weinhandlung) ist wunderbar traditionell eingerichtet mit langen Reihen rustikaler Holztische und dunklen Flaschen in Regalen, die vom Boden bis zur Decke reichen. Doch hier kann man nicht nur Wein kaufen, sondern ihn auch trinken und dazu eine Kleinigkeit essen. Als Grundlage für die Weinverkostung gibt es beispielsweise einen Teller voller Käse, Oliven, Schinken, Anchovis und Sardinen. Auf der umfangreichen Weinkarte, die auch im Internet einzusehen ist, sind neben den vorherrschenden italienischen und sizilianischen Tropfen auch eine Reihe französischer Spitzenweine und einige Sektsorten zu finden.

TABERNA SVEVA €€

Karte S. 217; ☎ 0931 2 46 63; Piazza Federico di Svevia 1–2; Gerichte 30 €; Mi geschl.

Abseits der Touristenströme versteckt sich die bezaubernde Taberna Sveva in einer ruhigen Ecke von Ortigia. An warmen Sommerabenden wird draußen auf dem ruhigen, kopfsteingepflasterten Platz vor der Burg von Syrakus aus dem 13. Jh. gespeist. Auf der Karte stehen traditionelle sizilianische Gerichte mit jeder Menge Thunfisch, Schwertfisch und wunderbarer Pasta. Besonders gut sind die Gnocchi *al pistacchio* (mit Olivenöl, Parmesan, Pfeffer, Knoblauch und gehackten Pistazien).

TRATTORIA ARCHIMEDE €€

Karte S. 217; ☎ 0931 6 97 01; Via Gemmellaro 8; Menüs 13–18 €, Gerichte 28 €; So geschl.

Auch wenn das Restaurant in Ortigia stark von Touristen frequentiert wird, verleugnet es doch nicht seine traditionellen Wurzeln – immerhin gibt es das Lokal schon seit 1938. Die Zeiten ändern sich zwar, aber an der Verwendung von Meeresfrüchten und Fisch aus der Region wird nicht gerüttelt. So stehen auf der immer noch stark fischlastigen Karte die Lieblingsgerichte der Massen, so z. B. *tagliolini al nero di seppie* (Fadennudeln mit Sepia-Tinte) und *pesce all'acqua pazza* (mit Knoblauch, Tomaten, Kapern und Oliven geschmorter Fisch).

TRATTORIA LA FOGLIA €€

Karte S. 217; ☎ 0931 6 62 33; www.lafoglia.it; Via Capodieci 21; Gerichte 30–35 €; Nov.–März Di geschl.

In diesem Restaurant in Syrakus, das eine bizarre Mischung aus Edwardischem Landsitz und unkonventionellem Künstlercafé darstellt, ist die Einrichtung genauso unvergesslich wie das Essen. In dem mit Brokattapeten ausgestatteten Speiseraum dudelt klassische Musik im Hintergrund. Das Menü wird zusammengestellt aus herzerwärmenden Vorspeisen – jemand Lust auf Kartoffel-Lauch-Suppe? –, hausgemachter Pasta und massenkompatiblen Gerichten mit Meerestieren wie gegrilltem *pesce spada* (Schwertfisch) oder *polpette di tonno* (Thunfischbällchen).

NACHTLEBEN

Als Universitätsstadt hat Syrakus eine lebendige Kneipenkultur, wovon die vielen Bars und Cafés in den hübschen Gassen von Ortigia zeugen. Besonders beliebte Treffs für Nachtschwärmer sind die Piazzetta San Rocco und die Uferpromenade rund um die Fontana.

SANROCCO

Karte S. 217; ☎ 333 9854177; Piazzetta San Rocco

Alle Welt strömt ins Sanrocco, der angesagtesten Bar an der Piazzetta San Rocco, um sich einen frühen Aperitif mit reichlich Knabbereien und kleinen Snacks oder einen späten Cocktail als Absacker zu genehmigen. Unter dem Steingewölbe im Inneren ist es ziemlich eng, der Bär steppt aber ohnehin draußen auf der lebhaften Piazzetta, auf der die Massen im Sommer bis in die frühen Morgenstunden feiern. Zur entspannten Stimmung trägt auch gelegentliche Live- oder DJ-Musik bei.

EMPFOHLENE LÄDEN

Es macht richtig Spaß, in Ortigias abgefahrenen Boutiquen zu stöbern. Lohnende Kaufobjekte sind Papyruspapier, Keramikartikel und handgefertigter Schmuck.

GALLERIA BELLOMO

Karte S. 217; ☎ 0931 6 13 40; www.bellomogallery.com; Via Capodieci 15

Die Galerie in der Nähe der Fontana Aretusa in Ortigia hat sich auf Papyruspapier spezialisiert. Sie verkauft eine gute Auswahl an Grußkarten, Lesezeichen, Briefpapier und anderen Schreibwaren und eine Reihe von Landschaftsaquarellen. Die Preise reichen von ca. 3 € für eine Postkarte bis zu einigen Hundert Euro für ein Originalkunstwerk.

MASSIMO IZZO

Karte S. 217; ☎ 0931 2 23 01; Piazza Archimede 25

Der pompöse Schmuck des in Messina geborenen Massimo Izzo ist nichts für Feiglinge. Das eigenwillige Design ist überaus kühn, um nicht zu sagen, protzig. Die handgefertigten Stücke aus Sciacca-Korallen, Gold und Edelsteinen sind zumeist von Themen inspiriert, die den Sizilianern am Herzen liegen: das Meer, das Theater und die klassische Antike.

VERKEHRSMITTEL & -WEGE

AUTO // Die Schnellstraße SS114 verläuft von Syrakus in Richtung Norden nach Catania, während die SS115 in Richtung Süden nach Noto und Modica führt. Auf den Zufahrtsstraßen nach Syrakus ist selten viel Verkehr – das ändert sich allerdings schlagartig, sobald man in der Stadt ist. Im Stadtzentrum herrscht dann oft das übliche Chaos.
BUS // Reisen mit dem Bus ist im Allgemeinen schneller und bequemer als mit dem Zug. Vom Busbahnhof (Karte S. 215) am Corso Umberto unweit des Bahnhofs fährt **Interbus** (☎ 09352 24 60; www.interbus.it) nach Noto (3 €, 1 Std., Mo–Sa 6-mal tgl., So 2-mal), Catania und zum dortigen Flughafen (5,70 €, 1¼ Std., Mo–Sa stündl., So 6-mal) und nach Palermo (13 €, 3¼ Std., Mo–Sa 2-mal tgl., So 3-mal). Tickets bekommt man jeweils am Kiosk bei den Bushaltestellen. Die Busse von **AST** (☎ 840 000323; www.aziendasiciliana trasporti.it) fahren nach Piazza Armerina (8,80 €, 4 Std.,

1-mal tgl.) und Ragusa (6,90 €, 2¼ Std., Mo–Sa 4-mal tgl., So 2-mal). Die Fahrkarten für die AST-Busse gibt's in der Bahnhofsbar.

Kostenlose (weiße) Shuttle-Busse verbinden den Bahnhof mit Ortigia und den großen Parkplätzen. Von Ortigia zum Parco Archeologico della Neapolis wiederum fahren Busse der Linie 12. Eine Fahrkarte für den Stadtbus kostet 1 € und ist zwei Stunden lang gültig.

PARKEN // Wer Ortigia besichtigen will, parkt am besten im **Parcheggio Talete** (Karte S. 217; 5–21 Uhr kostenlos, 21–5 Uhr 1 €) an der Via V Veneto. In der Nähe befindet sich auch der Parkplatz auf der Piazza delle Poste; hier bezahlt man allerdings 0,60 € pro Stunde. Achtung: In Ortigia dürfen zumeist nur Anwohner und Inhaber einer Sondergenehmigung mit dem Auto fahren. Einen Parkplatz an der Straße zu finden, ist unter der Woche schon schwierig, sonntags aber völlig aussichtslos, da dann die meisten kostenlos sind.

ZUG // Bis zu zehn Züge täglich fahren nach Messina (9,35 €, 2½–3 Std.) und Catania (6 €, 1¼ Std.). Weitere Verbindungen gibt es nach Rom, Turin, Mailand und anderen Fernzielen. Außerdem fahren Bummelzüge nach Noto (3,25 €, 35 Min., Mo–Sa 8-mal tgl., So 1-mal) und Ragusa (7,35 €, 2¼ Std., 3-mal tgl.).

RUND UM SYRAKUS

Die Umgebung von Syrakus ist größtenteils nicht sonderlich attraktiv. Dies gilt besonders für den Norden der Stadt, wo hässliche Ölraffinerien und Unternehmen der Schwerindustrie die Küste verschandeln. Doch es gibt auch einige wenige Sehenswürdigkeiten, die sich zu entdecken lohnen.

DIE UMGEBUNG VON SYRAKUS ERKUNDEN

CASTELLO EURIALO // DIE VERTEIDIGUNGSANLAGEN VON SYRAKUS EROBERN

Im Außenbezirk Epipolae, 7 km westlich der Stadt, befindet sich das **Castello Eurialo** (außerhalb Karte S. 215; ☎ 0931 71 17 73; Erw./erm. 4/2 €; Sommer tgl. 9–18 Uhr, Winter Mo–Sa 9–15, So 9–13 Uhr), das Bollwerk der griechischen Festungsanlagen in Syrakus. Es wurde zur Zeit des Königs Hieron II. errichtet, von Archimedes ausgerüstet und befestigt und galt als uneinnehmbar. Dumm nur für das griechische Syrakus, dass die Festung den Römern kampflos in die Hände fiel. Allein der Blick hinüber nach Syrakus ist den Ausflug wert.

MEGARA HYBLAEA // SICH IN ANTIKEN GRIECHISCHEN RUINEN VERLIEREN

Die Ruinen des antiken **Megara Hyblaea** (außerhalb Karte S. 215; Erw./erm. 4/2 €; 9 Uhr–1 Std. vor Sonnenuntergang) lohnen sich durchaus für einen Abstecher, vorausgesetzt, man findet sie inmitten des ausufernden Industriegebiets überhaupt. Die Stadt, die 728 v. Chr. von griechischen Siedler aus Megara gegründet wurde, blühte und gedieh, bis der Tyrann Gelon von Syrakus sie 483 v. Chr. dem Erdboden gleichmachte. 340 v. Chr. wurde sie wiederaufgebaut, um 213 v. Chr. erneut zerstört zu werden, dieses Mal von den Römern. Die meisten Ruinen sind daher Überreste der Stadt aus dem 4. Jh. v. Chr. Sie befinden sich 20 km nördlich von Syrakus – von der SS114 aus den Wegweisern folgen. Man braucht ein eigenes Fahrzeug, um zu der Stätte zu gelangen.

CIANE & DAS OLYMPIEION // EINE BOOTSFAHRT AUF DEM MYTHISCHEN FLUSS

Ein beliebter Zeitvertreib von Mai bis September ist eine **Bootsfahrt** (außerhalb Karte S. 215; 10 €/Pers.) auf dem mythischen Fluss Ciane. Er ist der Nymphe Kyane geweiht, die versuchte, die Entführung der Persephone durch den Gott Hades zu verhindern. Aus ihren Tränen soll eine

SYRAKUS & DER SÜDOSTEN

Quelle 2 km flussaufwärts entsprungen sein. Das von einem Dickicht aus Papyrusstauden überwucherte Flussgebiet ist der einzige Ort außerhalb Nordafrikas, wo Papyrus in freier Natur wächst. Unterwegs kann man einen Stopp bei den Ruinen des **Olympeion** einlegen, eines aus dem 6. Jh. v. Chr. stammenden Zeustempels.

Die Einstiegsstelle in die Boote ist 5 km außerhalb von Syrakus an der SS115 – einfach den Wegweisern nach Palazzolo Acreide folgen.

DER SÜDOSTEN

Der von den Hügeln der Monti Iblei beherrschte Südosten Siziliens kann mit einigen der schönsten Städte der Insel aufwarten, allen voran Noto, Modica und Ragusa. Die zum Unesco-Weltkulturerbe gehörenden Städte mit ihrer üppigen Barockarchitektur und den atemberaubenden historischen Zentren sind zwar kein touristisches Neuland mehr, aber auch noch nicht hoffnungslos überlaufen – außerhalb der Hauptstaison wird man nur sehr wenig anderen Touristen begegnen.

Abseits der Städte präsentiert sich die Region ruhig und ländlich. Die sanft zerklüftete Landschaft ist geprägt von verwitterten Kalksteinklippen und tiefen Felsenschluchten.

TOUR-TIPP: BAROCKE STÄDTE

Länge: 71 km
Dauer: zwei Tage

Abgelegene Felsenschluchten, stille Täler und atemberaubende Ausblicke prägen die Landschaft im Südosten Siziliens. Aber auch das „Barocke Dreieck" befindet sich hier, die von der Unesco zum Weltkulturerbe erhobenen Bergstädte mit ihrer ausschweifenden Barockarchitektur. Die folgende Tour verbindet die schönsten Barockstädten auf Sizilien, die jeweils nur eine kurze Fahrt voneinander entfernt sind.

Los geht's im gut 35 km südlich von Syrakus gelegenen **Noto** (**1**; S. 232), dem Zuhause der wohl schönsten Straße Siziliens, des **Corso Vittorio Emanuele** (S. 232). Die als Fußgängerzone ausgewiesene Prachtstraße säumen einzigartige Barockpaläste. Von Noto geht es auf der SS115 weiter nach Ispica, der Bergstadt hoch über der riesigen Schlucht der **Cava d'Ispica** (**2**; S. 239), in der jede Menge prähistorische Gräber die Jahrtausende überlebt haben. Nach weiteren 18 km auf der SS115 erreicht man das in einer tiefen Felsschlucht gelegene **Modica** (**3**; S. 236). Es empfiehlt sich, hier eine Bleibe für die Nacht zu suchen, gibt es doch in der geschäftigen Stadt ausgezeichnete Unterkünfte und etliche großartige Restaurants. Die schönsten barocken Perlen befinden sich in der Oberstadt **Modica Alta** (S. 237). Nach dem anstrengenden Auf- und Abstieg kann man sich beim *passeggiata* (Abendspaziergang) auf dem **Corso Umberto I** (S. 237) etwas erholen, bevor es in die **Osteria dei Sapori Perduti** (S. 238) zum Abendessen geht.

Am nächsten Morgen erreicht man nach einer kurzen und kurvenreichen Berg- und Talfahrt durch eine felsige Hügellandschaft **Ragusa** (**4**; S. 239), eine der neun Provinzhauptstädte auf Sizilien. Der interessantere Teil der zweigeteilten Stadt ist **Ragusa Ibla** (S. 240). Das bedrückend enge Labyrinth aus grauen Steinhäusern und eleganten Palazzi öffnet sich nur zur **Piazza Duomo** (S. 240) hin – ein Paradebeispiel städtebaulicher Planung im 18. Jh. In Ragusa haben sich zwar viele gute Restaurants ange-

BAROCKE STÄDTE

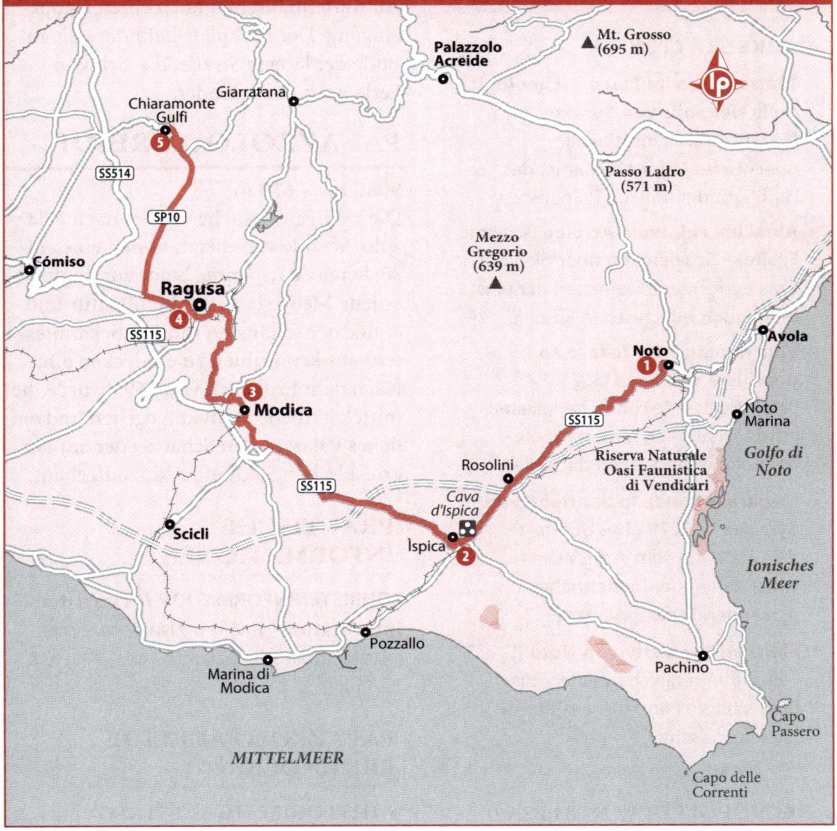

siedelt, es lohnt sich aber dennoch, zum Mittagessen nach **Chiaramonte Gulfi** (5; S. 242) weiterzufahren. Das ruhige Bergdorf, 20 km weiter nördlich an der SP10 gelegen, ist berühmt für sein gutes Olivenöl und köstliches Schweinefleisch.

VALLE DELL'ANAPO & UMGEBUNG

VALLE DELL'ANAPO //

WILDBLUMENTEPPICHE IN EINEM UNBERÜHRTEN TAL

Wer eine herrlich wilde und unberührte Landschaft erleben will, fährt auf der SS124 von Syrakus nach Nordwesten in Richtung Palazzolo Acreide. Nach 36 km zweigt rechts die Straße nach Ferla ab. Die ausgeschilderte Landstraße führt steil hinunter in die tief eingeschnittene Kalksteinschlucht des **Valle dell'Anapo** (Anapo-Tal). Unten angekommen, lässt man das Auto bei der Hütte der Forstverwaltung stehen und geht zu Fuß durch das grüne Waldgebiet. Die Wanderwege sind leicht zu meistern; eine Ausnahme stellen lediglich die mit einem „B" gekennzeichneten, etwas anspruchsvolleren Wege dar.

TOP FIVE

ANTIKE STÄTTEN

- ⋆ **Teatro Greco im Parco Archeologico della Neapolis von Syrakus** (S. 220) – Das sensationelle griechische Amphitheater ist das Highlight der antiken Ruinenstätte.
- ⋆ **Akrai bei Palazzolo Acreide** (s. rechte Spalte) – Spaziergang über die vom Gras bedeckten Überresten der einst blühenden griechischen Kolonie.
- ⋆ **Villa Romana del Tellaro an der Küste von Noto** (S. 236) – Beeindruckende römische Villa mit ausdrucksstarken Mosaiken, die mythologische Szenen darstellen.
- ⋆ **Megara Hyblaea in der Nähe von Syrakus** (S. 227) – Die Überreste der Stadt aus dem 4. Jh. v. Chr. widerstehen der immer näher rückenden Schwerindustrie.
- ⋆ **Eloro an der Küste von Noto** (S. 235) – Bezaubern gleichermaßen: die Ruinen Eloros und die verträumte Küstenlandschaft.

NECROPOLI DI PANTALICA // EINEN BLICK IN WEIT ENTFERNTE, PRÄHISTORISCHE GRÄBER WERFEN

Gut 5 km von der Talsohle entfernt liegt Ferla, eine kleine Stadt mit hübschem barockem Zentrum. Nach weiteren 11 km erreicht man die **Necropoli di Pantalica** (Eintritt frei), eine bedeutende Nekropole der Eisen- und Bronzezeit. Die weitläufige Totenstadt mit mehr als 5000 Grabhöhlen in den Kalksteinfelsen liegt einsam und abgeschieden auf einem riesigen Hochplateau. Die Gräber wurden zwischen dem 13. und 8. Jh. v. Chr. angelegt – es gilt als ziemlich sicher, dass sich hier das antike Hybla befand, die Hauptstadt der Sikuler. Es gibt weder ein Kartenhäuschen noch einen Haupteingang. Der Parkplatz befindet sich am Ende der langen Straße, die sich von Ferla nach oben windet.

PALAZZOLO ACREIDE

9085 Ew. / 670 m

Die wenigen Besucher, die es nach Palazzolo Acreide verschlägt, finden eine entzückende, entspannte Stadt vor, in der es jede Menge barocke Architektur und einige der schönsten (und unbekanntesten) antiken Ruinen zu entdecken gibt. Nach dem Erdbeben von 1693 wurde die mittelalterliche Stadt aufgegeben und ein neues Palazzolo im Schatten der antiken griechischen Siedlung Akrai aufgebaut.

PRAKTISCHE INFORMATIONEN

TOURISTENINFORMATION // Touristeninformation (☎ 0931 47 21 81; www.comune.palazzolo.acreide.sr.it; Piazza del Popolo 7; ⏲ 9–13 & 15–19 Uhr)

PALAZZOLO ACREIDE ERKUNDEN

HISTORISCHE ALTSTADT // DURCH SCHÖNE BAROCKSTRASSEN SCHLENDERN

Mittelpunkt der Stadt ist die **Piazza del Popolo**. Der äußerst imposante Platz wird beherrscht von der üppig verzierten **Chiesa di San Sebastiano** und dem imposanten Rathaus der Stadt, dem **Palazzo Municipale**. Nur ein paar Schritte weiter nördlich befindet sich die Piazza Moro mit zwei weiteren wunderbaren Barockkirchen, der **Chiesa Madre** an der Nordseite und der gegenüberliegenden **Chiesa di San Paolo**, die über und über mit Säulen, Wasserspeiern und königlichen Lilien geschmückt ist.

Am oberen Ende der Hauptstraße (die Via Annunziata führt über die Via Roma zur Piazza Moro) steht die vierte Barockkirche der Stadt: Der verschnörkelte ortikus der **Chiesa dell'Annunziata** ist nicht minder reich verziert.

Wieder im Kerngebiet des *centro storico* (historisches Stadtzentrum), widmet sich unweit der Via Carlo Alberto das Museum **Casa-Museo di Antonino Uccello** (☎ 0931 88 14 99; www.antoninouccello.it; Via Machiavelli 19; Eintritt frei; 9–13 & 14.30–19 Uhr) dem ländlichen Leben in der Region.

AKRAI // APPLAUS FÜR DAS ANTIKE GRIECHISCHE THEATER

Ein 20-minütiger Fußmarsch führt von der Piazza del Popolo hinauf zum **Archäologischen Park** (☎ 0931 88 14 99; Colle dell'Acromonte; Eintritt 4 €; April–Okt. Mo–Sa 9–19, So 9–17 Uhr, Nov.–März Mo–Sa 9–16 Uhr) von Akrai, einem der bestgehüteten Geheimnisse der Gegend. Syrakus gründete die Stadt Akrai einst als erste Kolonie im Landesinneren, um die Handelswege zu den anderen griechischen Siedlungen zu schützen. Die Überreste sind zwar recht anschaulich, aufgrund der fehlenden Infotafeln weiß man allerdings oft nicht so genau, um was es sich nun eigentlich handelt.

Die beeindruckendste und am problemlosesten zu identifizierende Ruine ist das **Griechische Theater**, das Ende des 3. Jhs. v. Chr. erbaut, später aber von den Römern stark verändert wurde. In dem perfekten Halbkreis fanden 600 Zuschauer Platz. Hinter dem Theater befinden sich zwei *latomie* (Steinbrüche), die später als frühchristliche Grabkammern dienten. Im größeren der beiden Steinbrüche namens **Intagliata** wurden Katakomben und Altäre in die Seitenwände gegraben, während in dem engeren, kleineren **Intagliatella** ein herrliches Relief mit opfernden Heroen zu sehen ist.

Südlich der archäologischen Ausgrabungsstätte stehen die zwölf **Santoni** (Heilige Männer), Steinbilder aus dem 3. Jh. v. Chr. Den 15-minütigen Fußmarsch zu den Reliefs darf man nur in Begleitung eines Führers zurücklegen, da die Gegend rund um die Statuen nicht öffentlich zugänglich ist.

GASTRONOMISCHE HIGHLIGHTS

IL PORTICO €€

☎ 0931 88 15 32; Via Orologio 6; Pizza ab 4 €, Gerichte 25 €, Degustationsmenü 35–45 €; Di geschl.

Das kleine, förmliche Restaurant hinter der Via Carlo Alberto hat rosa geraffte Vorhänge, Stühle mit hoher Rückenlehne und Blumenfresken an den Decken. Serviert werden vor allem Gerichte aus den Monti Iblei mit viel gegrilltem Fleisch, Pilzen und Käse. Zum Stil des Hauses passen die *ravioli casarecci di ricotta al sugo di maiale* (hausgemachte Ricotta-Ravioli in Schweinefleisch-*ragù*) und die Käseplatten.

PASTICCERIA CAPRICE €

☎ 0931 88 28 46; Corso Vittorio Emanuele 21; Snacks ab 1,50 €; tgl.

Das beliebte Café mit Konditorei ist ideal für ein kleines Mittagessen auf die Schnelle oder einen Snack am Nachmittag. Das Angebot an Pasta- und einfachen Fleischgerichten wechselt täglich. Zum Nachtisch gibt's Kuchen, Kekse oder Eis. Gegessen wird auf der schmalen Terrasse vor dem Haus oder in einem tollen Hinterzimmer mit Gewölbedecke und Kronleuchtern.

VERKEHRSMITTEL & -WEGE

AUTO // Palazzolo liegt an der landschaftlich reizvollen SS124, 40 km westlich von Syrakus, .

BUS // Die Busse von AST fahren regelmäßig ab/nach Syrakus (4 €, 1¼ Std.).

NOTO

23 765 Ew. / 160 m

Das knapp 40 km südlich von Syrakus gelegene Noto nennt eine der schönsten Altstädte Siziliens sein Eigen. Das absolute Schmuckstück ist der Corso Vittorio Emanuele, die überaus gepflegte, elegante Fußgängerzone, die umwerfende barocke Palazzi und Kirchen säumen. Auch wenn die Kulisse zu jeder Tageszeit zu beeindrucken weiß, so entfaltet sie doch besonders am frühen Abend ihren unverwechselbaren Reiz. Dann scheinen die herrlichen rotgoldenen Gebäude förmlich von innen heraus zu glühen.

Ein Noto bzw. Netum gab es schon vor vielen Jahrhunderten, das heutige Erscheinungsbild stammt allerdings aus dem frühen 18. Jh., als die Stadt nach dem verheerenden Erdbeben von 1693 fast vollständig wieder aufgebaut werden musste. Den Großteil der bezauberndsten Gebäude Notos entwarf Rosario Gagliardi, ein Architekt aus der Region, der sich mit seinem extrovertierten Stil auch an einigen Kirchen in Modica und Ragusa austobte.

PRAKTISCHE INFORMATIONEN

NOTFÄLLE // Polizeistation (☎ 0931 83 52 02; Via Brindisi 1)

TOURISTENINFORMATION // Touristeninformation (☎ 0931 57 37 79; www.comune.noto.sr.it; Piazza XVI Maggio; Winter 9–13 & 15–19 Uhr, Sommer 9–13 & 16–20 Uhr)

ORIENTIERUNG

Das historische Zentrum von Noto ist rasterförmig angelegt. Die meisten Sehenswürdigkeiten befinden sich am Corso Vittorio Emanuele: Die als Fuß-

NOTO

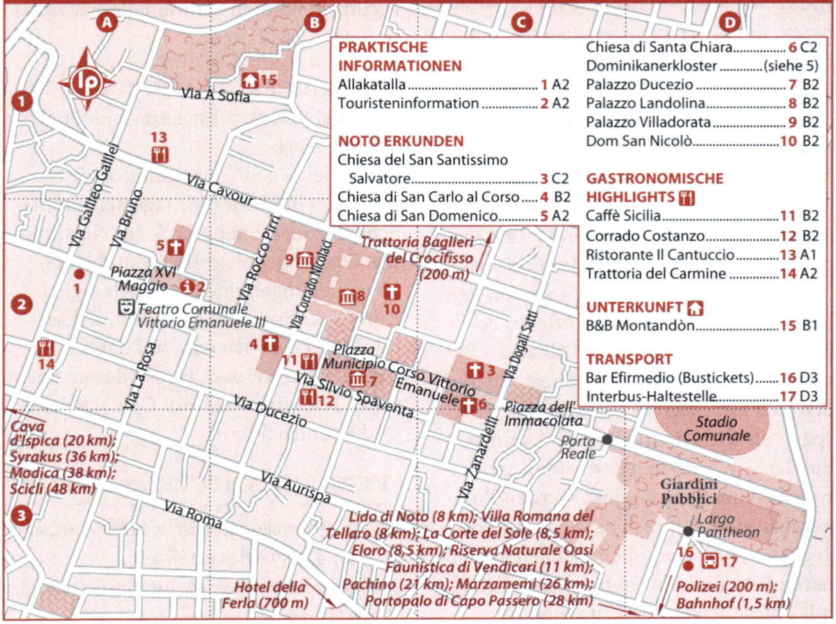

gängerzone ausgewiesene Prachtstraße erstreckt sich von der Porta Reale in Richtung Westen bis zu den Giardini Pubblici (Öffentlichen Gärten). Parallel zum Corso Vittorio Emanuele verlaufen im Norden die Via Cavourto und im Süden die Via Silvio Spaventato und die Via Ducezio.

NOTO ERKUNDEN

CATTEDRALE & PIAZZA MUNICIPIO // DIE SCHÖNHEIT DES BAROCKEN NOTO ÜBERWÄLTIGT JEDEN BESUCHER

Mehr oder weniger den Mittelpunkt des langen Corso Vittorio Emanuele markiert die elegante **Piazza Municipio**, die von den spektakulärsten Gebäuden Notos umgeben ist. An der Nordseite erhebt sich die prunkvolle **Cattedrale di San Nicolò** (www.cattedralenoto.it; Piazza Municipio, italienisch; 9–13 & 15–20 Uhr) mit der monumentalen Freitreppe von Paolo Labisi; der in einer Mischung aus Neoklassizismus und Barock errichtete Dom ist dem hl. Nikolaus geweiht. Ihr heutiges prächtiges Erscheinungsbild verdankt sie einer jahrzehntelangen, gründlichen Renovierung, die erst im Juni 2007 beendet wurde. Im Inneren werden in einer silbernen Urne die Reliquien des Schutzheiligen von Noto, des hl. Corrado Confalonieri, aufbewahrt.

Der Dom ist umgeben von einer Reihe eleganter Paläste. Links von ihr, also im Westen, steht der **Palazzo Landolina**, das ehemalige Wohnhaus der mächtigen Familie Sant'Alfano. Auf der anderen Straßenseite erhebt sich der **Palazzo Ducezio**; die Rundbögen der herrlichen Arkaden werden von Säulen mit ionischen Kapitellen eingefasst. In dem 1746 von Vincenzo Sinatra entworfenen Palast ist heute das Rathaus von Noto untergebracht.

PALAZZO VILLADORATA // SO LEBTE DER SIZILIANISCHE ADEL

Der **Palazzo Villadorata** (Palazzo Nicolaci; ☎ 338 7427022; Via Corrado Nicolaci; Eintritt 4 €; Mitte Okt.–Mitte März 10–13 & 15.30–18.30 Uhr, Mitte März–Mitte Okt. 10–13 & 15.30–20 Uhr), der einzige für die Öffentlichkeit zugängliche Palast in Noto, ist auch unter dem Namen Palazzo Nicolaci bekannt ist. Er zeigt den ganzen Luxus, in dem der örtliche Adel zu leben pflegte. Seinen pompösen Gesamteindruck verdankt er vor allem den vielen schmiedeeisernen Balkonen, die rundum von mythischen Monstern, Greifen, Sirenen, Cherubim und anderen grotesken Figuren gestützt werden. Die Innenausstattung ist nicht weniger opulent: schwere Kristalllüster, mit Fresken bemalte Decken und geschickt aufgemalte Wandmuster, die echtem Brokat täuschend ähnlich sehen.

KIRCHEN // AUF DEN GLOCKENTÜRMEN VON NOTO DIE ZEIT ANHALTEN

Der ovale Innenraum der 1745–1758 vom Barockmeister Rosario Gagliardi erbauten **Chiesa di Santa Chiara** (Corso Vittorio Emanuele; Eintritt für die Aussichtsplattform 1,50 €; Mo–Fr 10–12, Sa & So 10–12 & 15–17 Uhr) ist – wie sollte es in Noto anders sein? – äußerst ausschweifend gestaltet. Die eigentliche Attraktion ist aber das sagenhafte Panorama auf der Dachterrasse; u. a. hat man einen fantastischen Blick auf den Dom Notos. Eine ebenso tolle Aussicht hat man von der Spitze des *campanile* (Glockenturm) der **Chiesa di San Carlo al Corso** (Corso Vittorio Emanuele; Eintritt zum Glockenturm 1,50 €; 9–12.30 & 16–19 Uhr). Wer nicht schwindelfrei ist, sollte sich den Aufstieg besser sparen und die herrliche, konkav gewölbte Säulenfassade bewundern, die sich über drei Stockwerke gen Himmel hochschraubt.

Die Touristeninformation auf der Piazza XVI Maggio wird überragt von der **Chiesa di San Domenico** und dem einzigartigen **Dominikanerkloster**. Beide Gebäude wurden von Rosario Gagliardi entworfen.

Am Tor zur Altstadt, der **Porta Reale**, befindet sich schließlich die **Chiesa del Santissimo Salvatore** mit einem angeschlossenen Nonnenkloster, in das nur die adeligen Töchter der Stadt eintreten durften. Die Innenausstattung ist wohl die imposanteste in ganz Noto – leider aber ist sie der Öffentlichkeit nicht zugänglich.

GEFÜHRTE TOUREN & EXKURSIONEN // FÜHRUNG ZU DEN SCHÖNHEITEN DES SÜDLICHEN SIZILIEN

Allakatalla (☎ 0931 57 40 80; www.allakatalla.it; Corso Vittorio Emanuele 47) hat eine große Auswahl an geführten Touren, z. B. Exkursionen nach Syrakus, einwöchige Rundreisen zu den Weinbergen am Fuße des Ätnas oder zu den Drehorten der Fernsehserie *Commissario Montalbano*.

FESTE & EVENTS

Infiorata, das größte Fest von Noto, findet jedes Jahr rund um den dritten Sonntag im Mai statt. Zum Höhepunkt des Festes wird die Via Corrada Nicolaci mit kunstvollen Blumenteppichen geschmückt.

GASTRONOMISCHE HIGHLIGHTS

Im historischen Stadtzentrum gibt's eine einige Restaurants. Der ganze Stolz des Ortes ist aber ein Café, das für seine *granite* (zerstoßenes Eis in verschiedenen Geschmacksrichtungen) berühmt ist, und eine sagenhaft gute *gelateria* (Eisdiele).

RISTORANTE IL CANTUCCIO €€

☎ 0931 83 74 64; Via Cavour 12; Gerichte 35 €; Di–So abends, So mittags

Das im ehemaligen Lagerraum des noblen Palazzo Marchese del Cantuccio untergebrachte, hübsche und freundliche Restaurant ist bestens geeignet, um die innovative Küche der Region kennenzulernen. Küchenchefin Valentina verarbeitet klassische sizilianische Zutaten zu aufregend neuen Kreationen wie Gnocchi *al pesto del cantuccio* (mit Basilikum, Petersilie, Minze, Kapern, Mandeln und Kirschtomaten).

TRATTORIA DEL CARMINE €

☎ 0931 83 87 05; Via Ducezio 1; Gerichte 18 €; Mo geschl.

Der bescheidene Familienbetrieb bringt ehrliches, bodenständiges sizilianisches Essen auf den Tisch. Er ist bei Einheimischen und Promis gleichermaßen beliebt, wie das Foto mit Maria Grazia Cucinotta beweist, der sexy Schönheit aus dem Film *Der Postmann*. Als Vorspeise gibt's Antipasti mit Ricotta, Oliven und Salami, als Hauptspeise Pasta mit Fleisch-*ragù*, *involtini* oder einfach ein gebratenes Stück Fleisch.

TRATTORIA DEL CROCIFISSO €€

☎ 0931 57 11 51; www.ilcrocifisso.it; Via Umberto 48; Gerichte 30 €; Mi geschl.

Das schicke Restaurant ist eines der besten in Noto. Es befindet sich in der Oberstadt, zehn steile Gehminuten vom Corso Vittorio Emanuele entfernt. Im Mittelpunkt der sorgfältig zusammengestellten Speisekarte stehen saisonale Produkte aus der Region. Fisch und Fleisch sind gleichermaßen vertreten: So kann man sich etwa mit Spaghetti *con gamberi e cuori di carciofi* (mit Garnelen und Artischocken) oder *maiale al nero d'avola* (Schweinefleisch in reduzierter Weinsau-

GRANITE & EIS

Nicht wenige Einheimische sind der Meinung, dass es in Noto die zwei besten *gelaterie* (Eisdielen) des Planeten gibt. Gemeint sind das **Caffè Sicilia** (☎ 0931 83 50 13; Corso Vittorio Emanuele 125) und das **Corrado Costanzo** (☎ 0931 83 52 43; Via Silvio Spaventa 9) gleich um die Ecke. Dabei rührt das Corrado das bessere Eis an – vor allem die beiden Sorten Pistazie und *amaro* (ein Magenbitter) sind genial! –, während das Caffè Sicilia weithin bekannt ist für seine tollen *granite* (zerstoßenes Eis, das mit Fruchtsaft vermischt wird). Je nach Saison sollte man *fragolini* (mit winzigen Wilderdbeeren) oder *gelsi* (mit Maulbeeren) probieren oder aber bei den Klassikern *caffè* (Kaffee) oder *mandorla* (Mandeln) bleiben.

Beide Lokale machen gleichermaßen hervorragende *cassate* (aus Ricotta, Schokolade und kandierten Früchten), *dolci di mandorle* (Mandelkuchen und -gebäck) und *torrone* (Nugat).

ce) verwöhnen. Auch auf der erlesenen Weinkarte sind vor allem Erzeugnisse sizilianischer Herkunft zu finden. Von Slow Food empfohlen.

VERKEHRSMITTEL & -WEGE

AUTO // Noto liegt 36 km nordöstlich von Syrakus an der SS115.

BUS // Die Busse von **AST** (☎ 840 000323; www.aziendasicilianatrasporti.it) und **Interbus** (☎ 0935 2 24 60; www.interbus.it) verkehren regelmäßig nach Syrakus (3 €, 1 Std.) und Catania (6,70 €, 2½ Std.). Fahrkarten gibt's in der Bar Efirmedio (Via di Piemonte 6) bei der Bushaltestelle am Largo Pantheon. Das ganze Jahr über fahren auch Stadtbusse nach Noto Marina.

ZUG // Es gibt zwar eine regelmäßige Zugverbindung nach Syrakus (3,25 €, 35 Min., Mo–Sa 8-mal tgl., So 1-mal), der Bahnhof liegt jedoch 1,5 km südlich des historischen Stadtzentrums.

DIE KÜSTE VON NOTO

ELORO // GRIECHISCHE RUINEN IN ÜPPIG BEWACHSENER KÜSTENLANDSCHAFT

Lido di Noto ist Notos Satellitenstadt an der Küste: ein typischer Badeort mit unzähligen Ferienhäusern und Strandhotels, der zehn Monate im Jahr wie ausgestorben ist. Im Süden des Ortes liegt die archäologische Stätte **Eloro** (Eintritt frei; 9–13 Uhr), wo die spärlichen Überreste der syrakusischen Kolonie Helorus aus dem 7. Jh. v. Chr.aus dem saftig-grünen Gras zu wachsen scheinen. Von der eigentlich reizvollen Ruinenstätte ist leider kaum noch etwas zu erkennen. Immerhin wurde bis jetzt ein Teil der Stadtmauer, ein kleiner Demeter-Tempel und ein Theater ausgegraben. Zu beiden Seiten des Hügels erstreckt sich ein langer, feiner Sandstrand.

LA CORTE DEL SOLE // KOCHKURS IM SCHICKEN LANDHOTEL

Hoch über den grünen Wiesen von Eloro thront **La Corte del Sole** (☎ 0931 82 02 10; www.lacortedelsole.it; Contrada Bucachemi, Lido di Noto). In dem stilvollen Hotel, das in einer alten sizilianischen *masseria* (befestigter Bauernhof) untergebracht ist, kann man nicht nur herrlich übernachten, sondern auch einen **Kochkurs** (3 Std. 50 €) belegen, der vom Küchenchef des Hotels geleitet wird. Zu den vielen anderen angebotenen Unternehmungen gehören im Winter auch Touren, bei denen die Teilnehmer die rund 80 Arten der in der Region wild wachsenden Orchideen kennenlernen.

RISERVA NATURALE OASI FAUNISTICA DI VENDICARI // ZURÜCK ZUR NATUR

Das Naturschutzgebiet **Riserva Naturale Oasi Faunistica di Vendicari** (☎ 0931 6

74 50; Eintritt frei; ⌚ April–Okt. 7–20 Uhr, Nov.–März 7–17 Uhr), das bis an die Ruinen von Eloro heranreicht, erstreckt sich über einen wunderbar wilden, ursprünglich belassenen Küstenstreifen. U. a. gehören drei voneinander getrennte Feuchtgebiete und eine Reihe feiner Sandstrände zu der geschützten Oase. Vom Haupteingang, der von der Straße zwischen Noto und Pachino ausgeschildert ist, sind es rund zehn Gehminuten zum nächsten Strand; hier trifft man auch auf den Küstenweg.

Das Naturschutzgebiet, in dem ein Turm aus der Stauferzeit und eine verlassene Thunfischfabrik zu sehen sind, ist ein wichtiges Rückzugsgebiet für Stand- und Zugvögel wie Stelzenläufer, Störche, Wildgänse und Flamingos. Von den Beobachtungsständen aus können die gefiederten Zeitgenossen recht bequem betrachtet werden.

VILLA ROMANA DEL TELLARO // FABELHAFTE MOSAIKEN IN EINER RÖMISCHEN VILLA

Fährt man weiter gen Süden in Richtung Pachino, gelangt man an der Hauptstraße SP19 zur **Villa Romana del Tellaro** (☎ 338 9733084; www.villaromanadeltellaro.com; Erw./erm. 6/3 €; ⌚ 9–19 Uhr), eine ehemalige römische Villa mit faszinierenden Mosaiken. Die Villa wurde zwar im 4. Jh. von einem Feuer weitgehend zerstört, dank der mit äußerster Sorgfalt durchgeführten Ausgrabungen ist es aber dennoch gelungen, zahlreiche Fragmente der originalen Fußböden zu bergen und zu konservieren. Sie zeigen Jagdszenen und Episoden aus der griechischen Mythologie.

DIE KAPREGION // ESSEN, TRINKEN UND IN FARBEN SCHWELGEN

Auch wenn die Kapregion im Südosten Siziliens nicht viel Spektakuläres bietet, machen sie die elektrisierenden Farben, die entspannte Atmosphäre und das Fehlen einer touristischen Infrastruktur zu einer angenehm ruhigen Zwischenstation. Hauptort der Region ist **Pachino**, ein geschäftiger Marktflecken, der von fruchtbaren Weinbergen umgeben ist. Das 5 km entfernte **Marzamemi** dagegen ist ein ruhiger Fischer- und unauffälliger Ferienort, dessen Einwohnerzahl sich im Sommer schlagartig verdoppelt. An der Straße zwischen den beiden Orten liegt die **Cantina Rudinì** (☎ 0931 59 53 33; www.vinirudini.it; Contrada Camporeale), in der man sich gut mit dem heimischen Wein der Rebsorte Nero d'Avola eindecken kann. Ist man schon einmal in Marzamemi, sollte man im **Ristorante Giramapao** (☎ 0931 84 11 49; Via Marzamemi 77; Gerichte 38 €; ⌚ Mo geschl.) Fisch essen – dieser kommt hier fangfrisch vom Kutter, wird einfach nur gegrillt und mit einer Karaffe regionalen Weins serviert.

Von Marzamemi führt die Straße an der Küste entlang nach Süden, wo sie in dem beliebten Sommerferienort **Portopalo di Capo Passero** endet. Auf der **Isola Capo Passero**, der kleinen Insel vor der Küste, befinden sich eine Festung und ein Naturschutzgebiet.

MODICA

54 720 Ew. / 296 m

Dicht gestaffelte Häuserreihen im mittelalterlichen Stadtzentrum und ein spektakulärer barocker Dom machen Modica zu einer der stimmungsvollsten Städte Süd-Siziliens. Im Gegensatz zu den anderen, ebenfalls zum Weltkulturerbe der Unesco gehörenden Städte der Gegend konzentrieren sich die Schätze hier nicht auf eine einzige, leicht zu findende Hauptstraße oder zentrale Piazza. Stattdessen verteilen sie sich auf die ganze Stadt und erfordern einiges an Entdeckergeist. Es kann eine Weile dauern, bis man sich in Modica zurechtfindet. Wer sich aber einmal die geschäftigen Straßen und steilen Treppen erschlossen hat, erlebt eine warmherzige, natürliche Stadt mit einer einladenden Stimmung und einem ausgeprägten Selbstbewusstsein.

Zu Zeiten der Griechen und Römer war Modica bereits eine bedeutende Stadt. Ihre Glanzzeit erlebte sie jedoch im 14. Jh., als sie das persönliche Lehnsgut der Familie Chiaramonte und damit eine der mächtigsten Städte auf Sizilien war.

PRAKTISCHE INFORMATIONEN

NOTFÄLLE // Polizei (☎ 0932 76 92 11; Via del Campo Sportivo 48)

TOURISTENINFORMATION // Touristeninformation (☎ 0932 75 96 34; www.comune.modica.rg.it; Corso Umberto I 141; ⏲ Mo–Sa 9–13 & 15.30–19.30, So 10–13 Uhr)

ORIENTIERUNG

Modica unterteilt sich in Modica Alta (Oberstadt) und Modica Bassa (Unterstadt). Sowohl mit eigenem Fahrzeug als auch öffentlichen Verkehrsmitteln kommt man zuerst in Modica Bassa an. Die Hauptstraße der Unterstadt ist der Corso Vittorio Emanuele, der praktisch einen V-förmigen Keil als Begrenzung des historischen Stadtzentrum bildet. Die meisten Hotels und Restaurants befinden sich in Modica Bassa rund um den Corso Umberto. Der Dom und viele andere Kirchen stehen dagegen in der Oberstadt. Der Anstieg dort hinauf ist ganz schön steil.

MODICA ERKUNDEN

CHIESA DI SAN GIORGIO & MODICA ALTA // ÜBER DEN DÄCHERN VON MODICA

Das absolute Highlight eines Besuchs in Modica – und das auch im wörtlichen Sinne, da sie hoch oben in der Oberstadt liegt – ist die **Chiesa di San Giorgio** (Corso San Giorgio; ⏲ 8–13 & 15.30–19.30 Uhr), eine der außergewöhnlichsten Barockkirchen von Sizilien. Die Kirche, die als großartiges Meisterwerk von Rosario Gagliardi gilt, thront in ihrer ganzen Pracht über einem majestätischen Treppenaufgang mit 250 Stufen und blickt mit ihrer opulenten dreistöckigen Fassade über die mittelalterlichen Gässchen des historischen Stadtkerns. Der glanzvolle, von Sonnenlicht durchflutete Innenraum erstrahlt in verschwenderischem Gold, Silber, Elfenbeinweiß und zartem Blau und ist damit eines der schönsten Beispiele des sizilianischen Barock des frühen 18. Jhs.

Den höchsten Punkt in Modica Alta markiert allerdings eine andere Barockkirche, die ebenfalls großartige **Chiesa di San Giovanni Evangelista** (an der Piazza San Giovanni), die sich über einer geschwungenen Freitreppe erhebt. Ein Aussichtsbalkon am Ende der nahegelegenen Via Pizzo bietet einen tollen Panoramablick auf die gesamte Altstadt.

CORSO UMBERTO I // MIT DEN MASSEN DURCH MODICAS BELEBTE HAUPTSTRASSE FLANIEREN

Auf dem mitten durch die Unterstadt von Modica verlaufenden Corso Umberto I ist die lebendige Atmosphäre der Stadt am besten zu spüren. Die breite Prachtstraße wird von eleganten Palästen, Kirchen, Restaurants, Bars und Boutiquen gesäumt. Hier treffen sich die Einheimischen zur allabendlichen *passeggiata*. Ursprünglich rauschte hier ein wilder Fluss durch die Stadt, doch nach der verheerenden Überschwemmung von 1902 wurde er in einem Kanal gezähmt und mit dem Corso Umberto überbaut. Zu den auffälligsten Sehenswürdigkeiten gehören die **Chiesa Santa Maria del**

Carmine (Piazza Matteoti; 9–13 & 16–19 Uhr), die auch als Santa Maria dell'Annunziata bezeichnet wird, und die **Cattedrale di San Pietro** (Corso Umberto I; 9–13 & 16–19 Uhr). Der beeindruckende Dom der Stadt, der sich am Ende einer langen, steilen Freitreppe erhebt, ist mit lebensgroßen Apostelstatuen geschmückt.

Genug von Barockkirchen? Dann sollte man vom Corso in die Via Grimaldi abbiegen, wo sich die **Chiesa Rupestre di San Nicolò Inferiore** (Piazzetta Grimaldi; Eintritt 2 €; Mo–Sa 10–13 & 16–19, So 16–19 Uhr) mit ihren schönen byzantinischen Fresken befindet. Man muss klingeln, um das Innere besichtigen zu können.

Wieder auf dem Corso befindet sich in der Nähe der Touristeninformation im Palazzo della Cultura das **Museo Civico** (Corso Umberto I 149; Eintritt 3 €; Di–So 10–13 & 16–19 Uhr), in dem die Sammlung der bis in die Jungsteinzeit zurückreichenden archäologischen Fundstücke aus Modica und der Cava d'Ispica untergebracht ist.

ANTICA DOLCERIA BONAJUTO // VERRÜCKT NACH SCHOKOLADE

Modica ist von jeher bekannt für seine Schokolade. Und die beste Schokolade gibt's eindeutig in der berühmten Konditorei **Antica Dolceria Bonajuto** (0932 94 12 25; www.bonajuto.it; Corso Umberto I 159; 9–13.30 & 16–20.30 Uhr). In dieser Backstube, die sich direkt hinter der Ladentheke befindet, werden die edlen Köstlichkeiten noch von Hand nach uralten Rezepten hergestellt. Das Ergebnis – mit Salz, Chili, Zimt, Vanille und Orangenschale verfeinert – ist in ebenso alten Glasvitrinen zu begutachten. Unbedingt probieren sollte man zwei Spezialitäten des Hauses: *mpanatigghi* (ein mit Schokolade und Fleisch gefülltes Mürbeteiggebäck) und *aranciata e cedrata* (in Honig gekochte Orangenschalenbällchen).

GASTRONOMISCHE HIGHLIGHTS

FATTORIA DELLE TORRI €€

0932 75 12 86; Vico Napolitano 14, Modica Alta; Gerichte ab 35 €; So abends & Mo geschl.

Eines der nobelsten Restaurants in Modica. Im schönen Speisesaal des eleganten Palazzos aus dem 18. Jh. stehen die Tische unter steinernen Gewölbebogen. Durch die Erkerfenster blickt man in einen kleinen Innengarten. Die Meeresfrüchte sind einsame Spitze, vor allem wenn sie mit einem frischen, trockenen Weißwein wie dem Cerasuolo di Vittoria kombiniert werden.

I BACCANTI €

0932 94 65 94; Via Grimaldi 72; Gerichte 20 €; Mo geschl.

Unter der steinernen Gewölbedecke des in einem Gässchen des *centro storico* versteckten, kleinen, heimeligen Restaurants stehen Regale voller Weinflaschen an den kahlen Wänden. Passend zum zurückhaltenden Ambiente ist das Essen regional, aber kreativ. So werden die *Ravioli di ricotta* z. B. nicht in der üblichen Tomaten-Fleisch-Sauce, sondern – wesentlich leichter und bekömmlicher – mit Pilzen, Kirschtomaten und Basilikum serviert. Auf der sorgfältig zusammengestellten Weinkarte finden sich eine Reihe interessanter sizilianischer Tropfen.

OSTERIA DEI SAPORI PERDUTI €

0932 94 42 47; Corso Umberto I 228–30; Gerichte 20 €; Mo geschl.

Das Lieblingslokal der Einheimischen. Hier kommt ohne jeden Firlefanz leckeres, deftiges Essen zu ausgesprochen fairen Preisen auf den Tisch. Minestrone, Bohnensuppe, Pasta mit Würstchen, Fleischeintöpfe und Gemüse der Saison beherrschen die bodenständige Karte, die zudem in einem speziellen Dialekt geschrieben, aber mit hilfreichen Fotos versehen ist (und zwar nicht mit den ansonsten üblichen, miserablen Polaroid-Bildern von einem Haufen schlapper Spaghetti). Hier stimmt einfach alles, von der rustikalen Einrichtung über das tüchtige Personal bis hin zu den riesigen Portionen im groben Steingutgeschirr.

TAVERNA NICASTRO €

0932 94 58 84; Via S Antonino 28; Gerichte 15–20 €; Di–Sa abends

Das über 60 Jahre alte Restaurant ist eines der authentischsten und stimmungsvollsten in Modica Alta. Da es nur abends geöffnet ist, hat die Küche genügend Zeit, das *sugo di maiale* (Schweinefleisch-*ragù*) und die Spezialität des Hauses – *coniglio allo Nicastro* (Kanincheneintopf) – täglich frisch zuzubereiten. Die Karte ist sehr fleischlastig, es gibt aber auch Bohnen und jede Menge gegrilltes Gemüse. Die Desserts sind gut, ein Glas Süßwein ist noch besser.

VERKEHRSMITTEL & -WEGE

AUTO // Modica liegt an der SS115, 40 km entfernt von Noto.

BUS // Der Busbahnhof von Modica befindet sich an der Piazzale Falcone-Borsellino am oberen Ende des Corso Umberto I. Busse fahren regelmäßig nach Syrakus (6 €, 2½ Std., Mo–Sa 9-mal tgl, So 4-mal), Noto (3,90 €, 1½ Std., Mo–Sa 3-mal tgl., So 1-mal) und Ragusa (2,40 €, 25 Min., Mo–Sa stündl., So 4-mal).

PARKEN // Vor allem vormittags kann es schwierig werden, einen Parkplatz zu finden. Einen Versuch wert ist der Corso Garibaldi (hinter der Cattedrale di San Pietro rechts abbiegen), wo oft noch ein Plätzchen frei ist.

SÜDLICH VON MODICA

SCICLI // EINE STADT IM SCHÖNSTEN BAROCK

Etwa 10 km südwestlich von Modica liegt das freundliche Provinzstädtchen Scicli. Rund um den hübschen, von Palmen gesäumten Hauptplatz erstreckt sich das bezaubernde barocke Stadtzentrum. Hoch über der Stadt thront auf einem einsamen Felsen die verlassene **Chiesa di San Matteo**. Der etwa zehnminütige Weg hinauf zur Kirche, von der aus man einen herrlichen Blick auf die Stadt hat, ist nicht allzu anstrengend. Er ist ab dem Palazzo Beneventano mit gelben Schildern markiert.

CAVA D'ISPICA // HÖHLENFORSCHUNG IM GRAND CANYON VON SIZILIEN

In der grünen Schlucht der **Cava d'Ispica** (Eintritt 2 €; Mo–Sa 9–13.30 Uhr), die sich über eine Länge von gut 13 km zwischen Modica und Ispica erstreckt, warten unzählige natürliche Höhlen und Grotten. Seit ihrer ersten menschlichen Besiedelung um 2000 v. Chr. dienten diese Höhlen im Laufe der Jahrtausende als jungsteinzeitliche Gräber, christliche Katakomben und mittelalterliche Wohnhöhlen. Aus byzantinischer Zeit sind eine Reihe von Felsenkirchen erhalten. In Richtung Noto befindet sich der Einstieg in die Schlucht bei Ispica (ab der SS115 von Noto nach Ispica ausgeschildert). Da die Schlucht nicht immer zugänglich ist, sollte man vorab in der Touristeninformation in Modica Erkundigungen einholen.

RAGUSA

72 755 Ew. / 502 m

Nordwestlich von Modica liegt inmitten der felsigen Berglandschaft Ragusa, eine Stadt mit zwei Gesichtern. Oben auf dem Berg thront Ragusa Superiore, eine ganz alltägliche, geschäftige Stadt mit im praktischen Schachbrettmuster angelegten Straßen und allem, was zu einer modernen Provinzhauptstadt gehört. Weiter unten am Hügel klebt das alte Ragusa Ibla. Abschüssige, enge und verwinkelte Gassen, graue Steinhäuser und barocke Paläste bilden das eigentliche historische Stadtzentrum von Ragusa – einfach großartig.

Wie alle anderen Städte in der Region wurde auch Ragusa Ibla bei dem Erdbeben von 1693 zerstört. Die neue Stadt Ragusa Superiore wurde auf einem Hochplateau oberhalb der ursprünglichen Siedlung errichtet. Weil sich aber die alteingesessenen Adeligen der Stadt weigerten, ihre baufälligen Palazzi zu verlassen, wurde Ragusa Ibla an exakt derselben Stelle wieder aufgebaut. Schließlich wurden die beiden Städte 1927 vereinigt.

PRAKTISCHE INFORMATIONEN

NOTFÄLLE // **Polizei** (☎ 0932 62 49 22; Via Mario Raspardi)

TOURISTENINFORMATION // Die **Touristeninformation** (☎ 0932 68 47 80; www.comune.ragusa.it; Piazza San Giovanni; ⌚ Mo–Fr 9–13 & 15–19, Sa 9–13 Uhr) befindet sich im oberen Stadtteil Ragusa Superiore.

ORIENTIERUNG

Wer mit dem Auto anreist, folgt den Wegweisern nach Ragusa Ibla, wo sich die wichtigsten Sehenswürdigkeiten, Hotels und Restaurants befinden. Nachdem man das Auto in einem der gut ausgeschilderten Parkhäuser abgestellt hat, geht es dann zu Fuß in die Stadt. Von der Tiefgarage unter der Piazza della Repubblica sind es etwa zehn Gehminuten zur zentralen Piazza Duomo: zuerst die Via Del Mercato entlang, dann nach rechts in die Via XI Febbraio, nach links in die Via Ten Di Stefano und dann ihrer Verlängerung, der Via Capitano Bocchieri, bis zur Piazza folgen. Mit Bus oder Bahn kommt man in Ragusa Superiore an. Die dortigen Hauptstraßen sind die Via Roma und der Corso Italia. Von der Oberstadt fahren Stadtbusse zum Stadtpark Giardino Ibleo in Ragusa Ibla.

RAGUSA ERKUNDEN

RAGUSA IBLA // STREIFZUG DURCHS BAROCKE STADTZENTRUM

Es macht einen Riesenspaß, durch das Labyrinth der Straßen von Ragusa Ibla zu schlendern. Immer wieder öffnen sich die engen, grauen Häuserschluchten auf schöne, sonnenüberflutete Plätze. Man kann sich leicht verirren – das aber ist nicht wirklich ein Problem, denn früher oder später landet man immer wieder auf der **Piazza Duomo**, dem genialen zentralen Platz von Ragusa. Am oberen Ende des leicht abschüssigen Platzes steht der ganze Stolz der Stadt, die 1744 erbaute **Cattedrale di San Giorgio** (⌚ 0932 22 00 85; Piazza Duomo; ⌚ Mi–Mo 10–12.30 & 16–18.30, Di 10–12.30 Uhr). Der Dom erhebt sich über einer breiten Freitreppe, die, wie bei einem Palast, von einem schmiedeeisernen Tor umgeben ist (der Eingang befindet sich oben an der Treppe auf der linken Seite). Die außergewöhnliche, nach außen gewölbte Fassade – eines der schönsten Werke von Rosario Gagliardi – sieht aus wie eine dreistöckige Hochzeitstorte, deren einzelne Stockwerke von sich nach oben verjüngenden korinthischen Säulen gestützt und durch vorragende Simse betont werden. Das Innere der Kirche ist nicht ganz so prachtvoll, wenngleich zwei Gemälde von Dario Guerci und einer Reiterstatue des hl. Georgs durchaus ein genaueres Hinschauen verdienen.

Auf der Piazza kann man herrlich sitzen und die Zeit totschlagen, versüßt mit einem Rotweineis von **Gelati Di Vini**

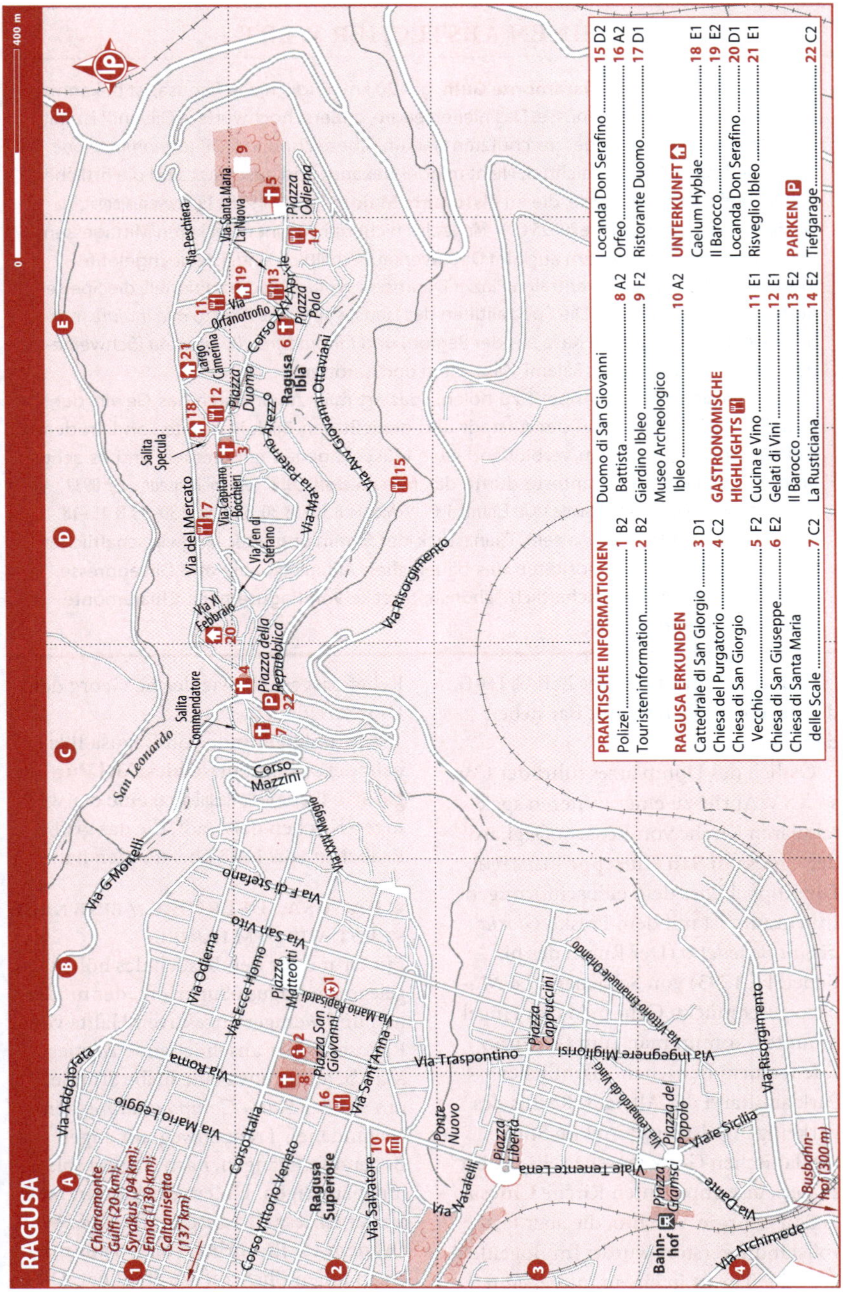
RAGUSA
400 m
Chiaramonte Gulfi (20 km); Syrakus (94 km); Enna (130 km); Caltanisetta (137 km)
Busbahnhof (300 m)
PRAKTISCHE INFORMATIONEN
Polizei 1 B2
Touristeninformation 2 B2
RAGUSA ERKUNDEN
Cattedrale di San Giorgio 3 D1
Chiesa del Purgatorio 4 C2
Chiesa di San Giorgio Vecchio 5 F2
Chiesa di San Giuseppe 6 E2
Chiesa di Santa Maria delle Scale 7 C2
Duomo di San Giovanni Battista 8 A2
Giardino Ibleo 9 F2
Museo Archeologico Ibleo 10 A2
GASTRONOMISCHE HIGHLIGHTS
Cucina e Vino 11 E1
Gelati di Vini 12 E1
Il Barocco 13 E2
La Rusticiana 14 E2
Locanda Don Serafino 15 D2
Orfeo 16 A2
Ristorante Duomo 17 D1
UNTERKUNFT
Caelum Hyblae 18 E1
Il Barocco 19 E2
Locanda Don Serafino 20 D1
Risveglio Ibleo 21 E1
PARKEN
Tiefgarage 22 C2
Ragusa Ibla
Ragusa Superiore
Piazza della Repubblica
Piazza Duomo
Piazza Pola
Piazza Odierna
Piazza San Giovanni
Piazza Matteotti
Piazza Cappuccini
Piazza Libertà
Piazza del Popolo
Piazza Gramsci
Bahnhof
Ponte Nuovo
Corso Mazzini
Corso Italia
Corso Vittorio Veneto
Via del Mercato
Via Risorgimento
Via Roma
Via Traspontino
Viale Tenente Lena
Viale Sicilia
Via Archimede
Via Dante
Via G Morelli
Via Addolorata
Via Mario Leggio
Via Odierna
Via Ecce Homo
Via San Vito
Via F di Stefano
Via XXIV Maggio
Via Sant'Anna
Via Salvatore
Via Natalelli
Via Ingegnere Migliorisi
Via Vittorio Emanuele Orlando
Via Leonardo da Vinci
Via Mario Rapisardi
Via Peschiera
Via Santa Maria La Nuova
Via Orfanotrofio
Largo Camerina
Salita Specula
Salita Commendatore
Via Capitano Bocchieri
Via Ten di Stefano
Via XI Febbraio
Via Paternò Arezzo
Via Avv Giovanni Ottaviani
Corso XXV Aprile
San Leonardo

EINEN ABSTECHER WERT

Das hübsche Bergdorf **Chiaramonte Gulfi**, gut 20 km nördlich von Ragusa, ist bekannt für seine kulinarischen Genüsse. Das hier erzeugte, äußerst hochwertige Olivenöl ist mit dem italienischen Siegel der geschützten Herkunftsbezeichnung DOP (*Denominazione d'Origine Protetta*) ausgezeichnet. Nicht minder bekannt und geschätzt sind die örtlichen Schweinefleischerzeugnisse, die im **Ristorante Majore** (☎ 0932 92 80 19; www.majore.it; Via dei Martiri Ungheresi 12; Gerichte 20–25 €; 🕑 Mo geschl.) nicht nur zu einem leckeren Mittagessen verarbeitet werden, sondern auch im Direktverkauf erhältlich sind. Die hochgelobte Trattoria in der Nähe der zentralen Piazza Duomo ist einfach und traditionell, die Speisekarte betont fleischlastig. Die Spezialitäten des Hauses sind das Risotto *alla majore* (mit Schweinefleisch-*ragù* und Käse aus der Region) und *falsomagro alla siciliana* (Schweinefleischbällchen gefüllt mit Salami, Käse, Eiern und Karotten).

Um sich den nötigen Appetit zu holen, spaziert man zuvor durch das Gewirr der mittelalterlichen Gassen in der Altstadt und genießt den Blick ins weite Land. In dem kleinen Ort gibt es zudem verblüffend viele Museen, genau genommen sind es acht an der Zahl. Das interessanteste dürfte das **Museo dell'Olio** (Olivenölmuseum; ☎ 0932 71 11 11; www.comune.chiaramonte.rg.it; Eintritt 1 €; 🕑 Mo–Fr 8.30–13.30, Sa & So 9.30–13 & 15–18 Uhr) im Palazzo Montesanto sein. Glanzstück der Sammlung alter landwirtschaftlicher Geräte und mancher Kuriositäten des bäuerlichen Alltags ist eine alte Olivenpresse.

Die kürzeste und landschaftlich schönste Strecke von Ragusa nach Chiaramonte Gulfi führt über die SP10.

(☎ 0932 22 89 89; Piazza del Duomo 20; Eis ab 1,80 €), der beliebten *gelateria* mit Bar neben dem Dom.

Östlich des Domplatzes führt der Corso XXV Aprile zu einer weiteren spektakulären Kirche von Rosario Gagliardi, der **Chiesa di San Giuseppe** (Piazza Pola). Die Kuppel über dem ellipsenförmigen Innenraum ist mit dem Fresko *Gloria di San Benedetto* (Der Ruhm des hl. Benedikt, 1793) von Sebastiano Lo Monaco geschmückt. Geht man den Hügel hinunter, kommt man zum **Giardino Ibleo**, einem hübschen, öffentlichen Park am Rand der Altstadt. Rechts des Parkeingangs ist ein Portal im Stil der katalanischen Gotik zu sehen. Es gehört zu der einst imposanten Kirche **Chiesa di San Giorgio Vecchio**, die aber fast vollständig zerstört wurde. Im Bogenfeld über der Tür ist in einem interessanten Relief dargestellt, wie der hl. Georg den Drachen tötet.

Am anderen Ende von Ragusa Ibla befindet sich mit der **Chiesa del Purgatorio** (Piazza della Repubblica) eine der wenigen Kirchen der Stadt, die das große Erdbeben von 1693 überstanden hat.

RAGUSA SUPERIORE // EINE NEUE STADT AUF DEM HÜGEL

Ein Grund für den Besuch des höher gelegenen Ragusa Superiore, der modernen und weniger attraktiven Hälfte von Ragusa, ist der anschließende Abstieg. Man benötigt etwa eine halbe Stunde, um auf der *Salita Commendatore*, den gewundenen Treppenweg mit engen Bogendurchgängen, nach Ragusa Ibla hinabzusteigen. Unterwegs kommt man an der **Chiesa di Santa Maria delle Scale** aus dem 15. Jh. vorbei, von wo aus man einen tollen Blick auf die Stadt hat. Die

Salita beginnt in der Via XXIV Maggio, die vom östlichen Ende des Corso Italia abzweigt.

Die bedeutendste Sehenswürdigkeit der Oberstadt ist der **Duomo di San Giovanni Battista** (☎ 0932 62 16 58; www.cattedralesangiovanni.it, italienisch; Piazza San Giovanni), eine riesige Kirche aus dem 19. Jh., deren überladene Fassade im Gegensatz zum hübschen *campanile* von Mario Spada steht. Ganz in der Nähe befindet sich unterhalb des Ponte Nuovo das **Museo Archeologico Ibleo** (☎ 0932 62 29 63; Via Natalelli; Eintritt 3 €; 9–13.30 & 16–19.30 Uhr). Es zeigt die archäologischen Fundstücke aus der griechischen Siedlung Kamarina, die im 6. Jh. v. Chr. an der Küste bestand.

GASTRONOMISCHE HIGHLIGHTS

Das Angebot an Restaurants in Ragusa reicht von noblen Feinschmeckertempeln bis zu fröhlich-lärmenden Trattorias. Mit einer Ausnahme sind die im folgenden aufgeführten Lokale allesamt in Ragusa Ibla zu finden.

CUCINA E VINO €€

☎ 0932 68 64 47; Via Orfanotrofio 91; Gerichte 33 €; Mi geschl.

Ob draußen im Schatten des Palazzo Battaglia aus dem 18. Jh. oder drinnen unter dem weißgetünchten Tonnengewölbe – es ist einfach schön, hier zu essen. Die Gerichte auf den beiden Speisekarten – eine für Fisch, eine für Fleisch –, sind wesentlich anspruchsvoller als die meisten anderen in dieser Preisklasse. Der Koch bereitet gewagte Vorspeisen und ungewöhnliche Hauptgerichte zu. Beispiel gefällig? Wie wäre es mit *cernia* (Barsch) mit Zwiebelmarmelade. Das freundliche Personal und eine ordentliche Weinkarte machen den Abend perfekt. Von Slow Food empfohlen.

IL BAROCCO €

☎ 0932 65 23 97; Via Orfanotrofio 29; Pizzas ab 4,50 €; Gerichte 20–25 €; Mi geschl.

Die einladende, freundliche Trattoria ist vielleicht kein ruhiges Plätzchen, dafür ist das Essen lecker und das Preis-Leistungs-Verhältnis hervorragend. Wer gern Fisch isst, nimmt die ausgezeichnete, typisch sizilianische Pasta *con le sarde* (mit Sardinen), während Fleischesser die Qual der Wahl zwischen gegrilltem Fleisch und regionalen Wurstgerichten haben. Eine verlockende Alternative sind auch die Pizzas aus dem Holzofen (nur abends).

LA RUSTICANA €€

☎ 0932 22 79 81; Corso XXV Aprile 68; Gerichte 20–25 €; Di geschl.

Für Fans der Fernsehserie *Commissario Montalbano* ist ein Abendessen im La Rusticana ein Pflichttermin, wurden doch hier die Szenen gedreht, die in der TV-Trattoria San Calogero spielen. In der realen Wirklichkeit ist es eine fröhliche, laute Trattoria, deren großzügige Portionen und entspannende, mit Weinlaub umrankte Terrasse die einheimische Stammkundschaft zu schätzen weiß. Das Essen ist durch und durch *casareccia* (Hausmannskost), will heißen: anspruchslose Pasta-Gerichte und schnörkellos gegrilltes Fleisch.

LOCANDA DON SERAFINO €€€

☎ 0932 24 87 78; Via Giovanni Ottaviano; Degustationsmenü 78 €; Di geschl.

Das unvergessliche Restaurant mag zwar in einer Reihe von Felsenhöhlen untergebracht sein, hat aber absolut nichts Primitives an sich. Die Einrichtung ist zurückhaltend elegant, mit warmem Licht, leuchtend weißen Tischen und kahlen Steinmauern. Aus der Küche kommt traditionelle Kost, die mit einem Hauch von moderner Kreativität aufgepeppt wurde. Sehr interessant sind die Lasagnette-Nudeln mit Ricotta und Kokos oder Kaninchen mit Speck und sizilianischen Pistazien. Reservierung empfohlen.

ORFEO €€

0932 62 10 35; Via Sant'Anna 117, Ragusa Superiore; Gerichte 25–30 €; So geschl.

Alteingesessenes Restaurant in Ragusa Superiore, dessen Ambiente nicht gerade das schönste der Stadt ist. Dafür hat die traditionelle Küche eine große Fangemeinde unter Einheimischen wie auswärtigen Geschäftsleuten. Beliebte Klassiker sind z. B. die *polpette con piselli* (Fleischbällchen mit Erbsen) und Gnocchi *radiccio e provola al fumo* (mit Radicchio und geräuchertem Käse).

RISTORANTE DUOMO €€€

0932 65 12 65; www.ristoranteduomo.it; Via Capitano Bocchieri 31; Gerichte 90 €, Degustationsmenü 120 €; So mittags & Mo geschl.

Gilt im Allgemeinen als eines der besten Restaurants von Sizilien. Hinter der Eingangstür aus Buntglas befinden sich insgesamt fünf kleine Räume, die alle wie private Wohnzimmer eingerichtet sind und das passende romantische Ambiente für die raffinierten Kreationen von Küchenchef Ciccio Sultano bieten. Dieser kombiniert die verschiedenen Zutaten auf sehr unkonventionelle, fantasievolle Art, wobei er stets die sizilianischen Klassiker wie Pistazien, Fenchel, Mandeln und den Wein Nero d'Avola verwendet. Reservierung ist unbedingt erforderlich.

VERKEHRSMITTEL & -WEGE

AUTO // Ragusa liegt 15 km entfernt von Modica und 90 km nordöstlich von Syrakus an der SS115.

BUS // Die Busse von **AST** (www.aziendasicilianatrasporti.it) und **Interbus-Etna Trasporti** (www.etnatrasporti.it) fahren die Busstation in der Via Zama in Ragusa Superiore an. Es gibt regelmäßige Verbindungen nach Catania (7,50 €, 1 Std. 50 Min.), Syrakus (6,90 €, 2¼ Std.) und Modica (2,40 €, 25 Min.). Die Stadtbusse 1 und 3 fahren von der Piazza del Popolo in der Oberstadt zur Piazza Pola und zum Stadtpark Giardino Ibleo in Ragusa Ibla.

PARKEN // Sofern das Hotel keinen Parkplatz hat und auch keinen empfehlen kann, parkt man das Auto am besten in der Tiefgarage unter der Piazza della Repubblica in Ragusa Ibla; der Stadtteil ist meistens dem Anliegerverkehr vorbehalten.

TAXI // Wer ein Taxi braucht, wählt 0932 24 41 09.

ZENTRAL-SIZILIEN

3 PERFEKTE TAGE

TAG 1 // URALTE RELIQUIEN

Früh in Piazza Armerina (S. 256) aufbrechen und vor den Touristenbussen bei der Villa Romana del Casale (S. 257) sein. Hat man die prächtigen römischen Mosaike der Villa bewundert, geht's weiter nach Morgantina (S. 262), um die Ruinen einer alten griechischen Stadt zu erforschen. Am späten Nachmittag bummelt man durch dir Altstadt von Piazza Armerina (S. 261) und besucht den auffälligen Dom auf dem Hügel (S. 260). Der Tag endet mit einem entspannten Abendessen in der Trattoria Amici Miei (S. 261) oder bei einem schickeren Abendessen im Al Fogher (S. 261).

TAG 2 // KERAMIK IN CALTAGIRONE

Ein Besuch der schönen, auf einem Hügel gelegenen Stadt Caltagirone (S. 263), die berühmt ist für ihre Keramikwaren, eröffnet den Tag. Zuerst klettert man die Scalinata di Santa Maria del Monte (S. 263) hinauf und nimmt das Museo della Ceramica (S. 264) unter die Lupe. Danach geht's zu einem Bummel durch den Giardino Pubblico (S. 264), einen schönen schattigen Park mit Blick auf den Ätna. Den Rest des Tages schlendert man durch die reizvolle Altstadt und schaut sich die hübschen Barockkirchen an.

TAG 3 // ENNA UND DURCH DIE HÜGEL

Enna (S. 250) liegt oberhalb der Hügel und Täler von Zentral-Sizilien und ist die schönste Hügelstadt der Region. Einem Besuch seines unbezwingbaren Castello di Lombardia (S. 253) und des beeindruckenden Duomo (S. 254) folgt die Fahrt durch das Tal nach Calascibetta (S. 250). Danach geht's weiter nach Nicosia (S. 252), eine weitere schöne Hügelstadt mit einem prächtigen zentralen Platz und einem Dom aus dem 14. Jahrhundert.

ZENTRAL-SIZILIEN

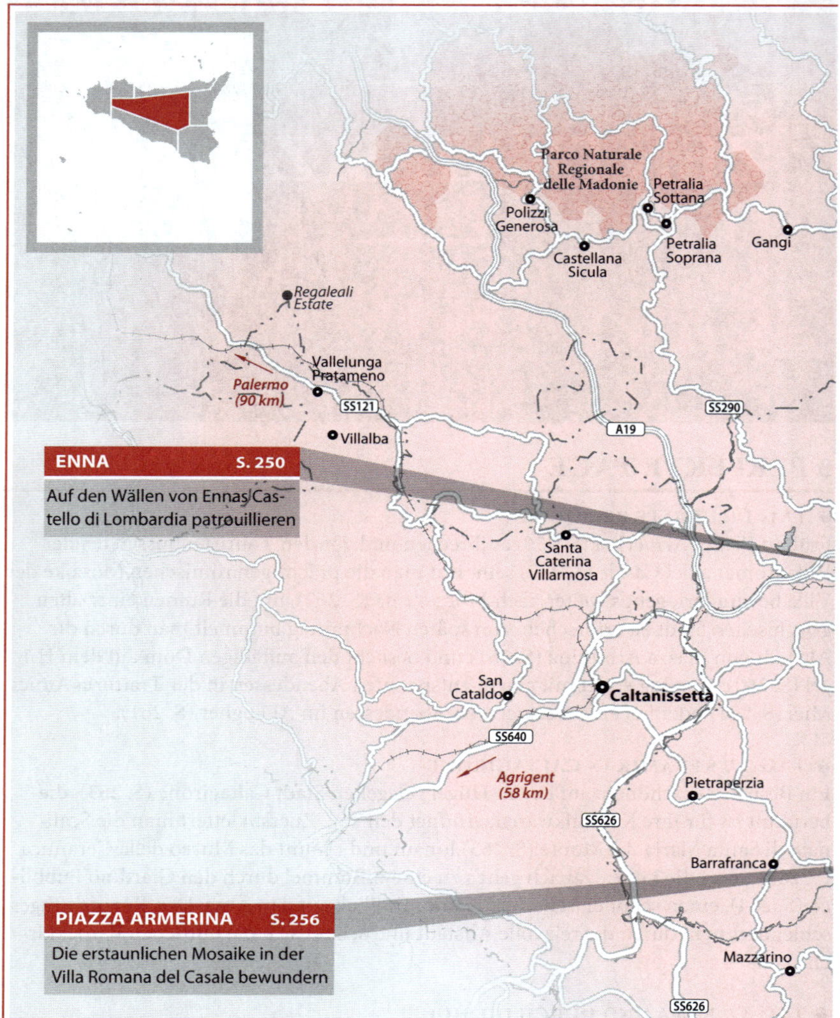

ENNA S. 250

Auf den Wällen von Ennas Castello di Lombardia patrouillieren

PIAZZA ARMERINA S. 256

Die erstaunlichen Mosaike in der Villa Romana del Casale bewundern

UNTERWEGS VOR ORT

In diesem Teil Siziliens mit öffentlichen Transportmitteln rumkommen zu wollen, ist eine zeitaufwendige Erfahrung. Busse sind noch beser als Züge, aber ein eigener fahrbarer Untersatz wird einem das Leben leichter machen. Die größeren Orte sind angeschrieben und leicht zu finden, aber wenn man in die Hügel kommt, muss man sich auf Schlaglöcher, lange, kurvige Aufstiege und schlechte Beschilderung einstellen. Ein Navi wäre eine gute Idee!

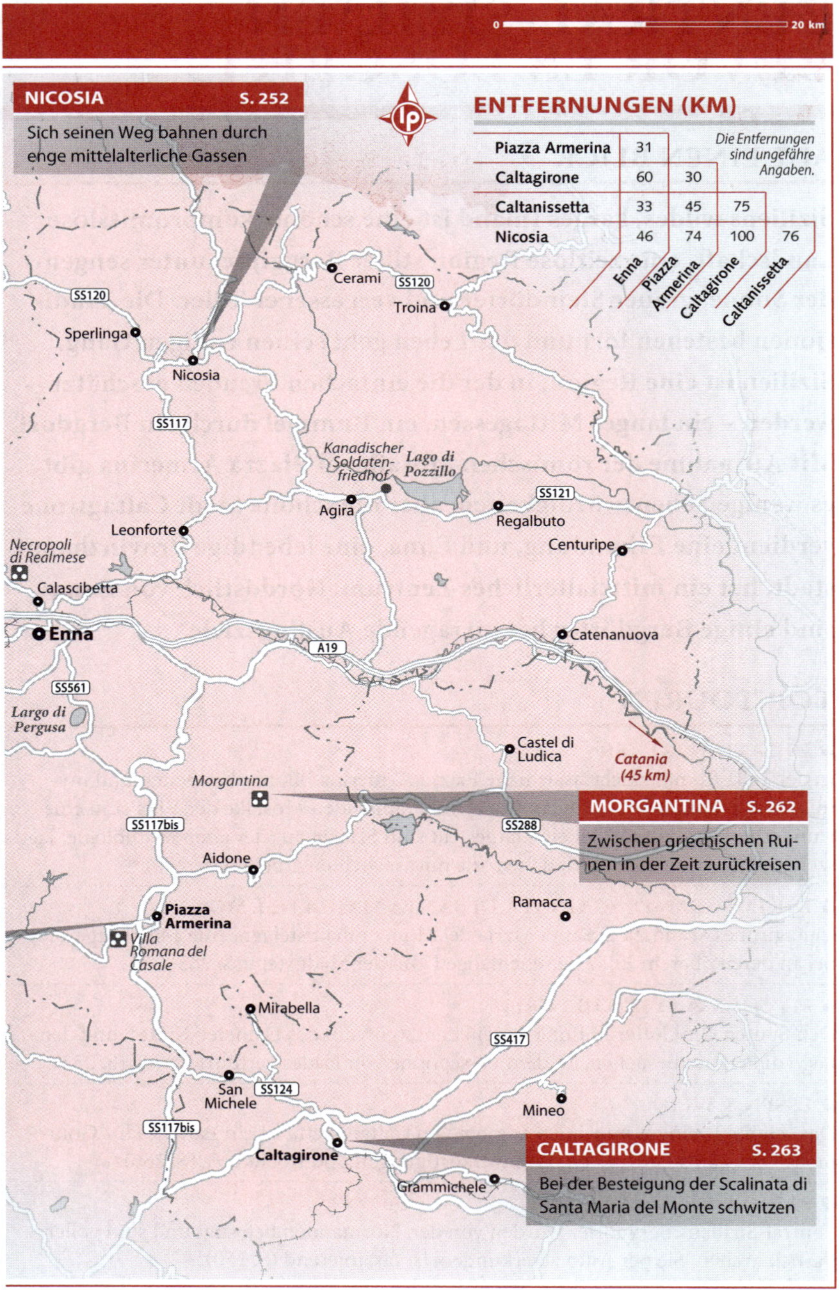

	Enna	Piazza Armerina	Caltagirone	Caltanissetta
Piazza Armerina	31			
Caltagirone	60	30		
Caltanissetta	33	45	75	
Nicosia	46	74	100	76

ZENTRAL-SIZILIEN BEVOR ES LOSGEHT

AUF EINEN BLICK

Siziliens wildes, karges Inland ist eine schöne, kompromisslose Landschaft, eine zeitlose Region stiller Berggipfel unter sengender Sonne, grauer Steindörfer und vergessener Täler. Die Traditionen bestehen fort und das Leben geht seinen ruhigen Gang. Sizilien ist eine Region, in der die einfachen Freuden geschätzt werden – ein langes Mittagessen, ein Bummel durch ein Bergdorf. Mit Ausnahme der römischen Mosaike in Piazza Armerina gibt es wenige Sehenswürdigkeiten, aber die schöne Stadt Caltagirone verdient eine Erkundung, und Enna, eine lebendige Provinzhauptstadt, hat ein mittelalterliches Zentrum. Nordöstlich von Enna sind einige Bergdörfer hervorragende Ausflugsziele.

TOP-TOUREN

DIE ALTEN RÖMER
In der Villa Romana del Casale nahe Piazza Armerina Bikinischönheiten und mythische Machomänner beäugen. Die atemberaubenden Mosaike der Villa sind eine wunderbare Sehenswürdigkeit. Dargestellt sind Szenen aus der alten Mythologie, Jagdszenen und Gruppen von Mädchen, die mit Gewichten arbeiten (S. 257).

DIE IMPOSANTE SCAINATA DI SANTA MARIA DEL MONTE
Caltagirones Scalinata di Santa Maria del Monte hinaufsteigen, eine 142-stufige Treppe, an deren oberem Ende der ehemalige Dom der Stadt steht (S. 263).

MYTHEN & ALTE KULTUREN
Den Spuren der Götter in Enna folgen, dem Zentrum des Demeter-Kultes, und den Lago di Pergusa besuchen, an dem Persephone von Hades verführt wurde (S. 253).

ESSEN & WEIN
Das schöne Weingut im wilden Westen von Caltanissetta ist ein Paradies für Gourmets. Hier gibt's Führungen, Weinverköstigungen und Kochkurse (S. 266).

BERGDÖRFER
Zentral-Siziliens Bergdörfer wurden von den Normannen befestigt und sind voller Barockkirchen. Sie per Auto zu erkunden, ist faszinierend (S. 250).

ABSEITS DES TRUBELS

In diesem dünn besiedelten Teil Siziliens ist es nicht schwierig, Ruhe zu finden.

- **Auf den Spuren der Antike wandeln** Den Menschenmengen entkommen bei den Ruinen des alten Morgantina, das sich über zwei vom Wind zerzauste Hügel erstreckt (S. 262).
- **Auf Regaleali köstlichen Wein nippen** Regaleali ist eins der wichtigsten Weingüter Siziliens und könnte kaum abgelegener sein (S. 266).
- **Picknick am Lago di Pozzillo** Essen kaufen und sich aufmachen zum See in der reizvollen Hügellandschaft zwischen Agira und Regalbuto (S. 253).

REISEPLANUNG

Traditionelle Feste werden in dieser Region mit Leib und Seele gefeiert und sind ein unvergessliches Erlebnis. Tickets muss man nicht im Voraus kaufen, sich um eine Unterkunft zu bemühen, wäre allerdings gut.

- **Karwoche** Eine der unheimlichen Prozessionen in der Karwoche verfolgt man am besten in Enna. Die lohnenswerteste findet am Karfreitag statt (S. 255).
- **Festa di San Giacomo** Rechtzeitig eine Unterkunft für Caltagirones ausgelassene jährliche Feier am 24. und 25. Juli besorgen! Das Highlight ist die spektakuläre Beleuchtung der berühmten Treppe der Stadt (S. 263).
- **Palio dei Normanni** Am teuersten sind Unterkünfte in Piazza Armerina am 13. und 14. August, wenn Menschenmengen zum alljährlichen mittelalterlichen Historienspiel anreisen (S. 261).

TOP-AUSSICHTSPUNKTE

CASTELLO DI LOMBARDIA, ENNA
Von Ennas prächtiger normannischer Burg (S. 253) hat man einen tollen Blick auf die von der Sonne versengten Hügel.

CENTURIPE
Das als Balcone di Sicilia (Balkon von Sizilien) bekannte Centuripe bietet einen einmaligen Blick auf den Ätna (S. 253).

SCALINATA DI SANTA MARIA DEL MONTE, CALTAGIRONE
Sich oben auf der gewaltigen Treppe inspirieren lassen (S. 263).

PIAZZA DUOMO, PIAZZA AMERINA
Den Blick genießen, während man vor dem Dom steht (S. 260).

AIDONE
Ein verschlafenes Dorf auf einem Hügel mit einer einmaligen Aussicht (S. 262).

INFOS IM INTERNET

- **Turismo Enna** (www.turismoenna.it, italienisch) Infos zu Sehenswürdigkeiten und Verkehrsmitteln in und um Enna.
- **Piazza Net** (www.piazzanet.it) Eher inspirierende als praktische Infos zu Piazza Armerina, seiner Geschichte und Festen.
- **Villa Romana del Casale** (www.romanadelcasale.it) Umfassende Website mit aktuellen und hilfreichen Informationen.
- **Comune di Caltagirone** (www.comune.caltagirone.ct.it, auf Italienisch) Unübersichtliche Website mit Veranstaltungstipps, Infos zu Verkehrsmitteln und Geschichte.

ENNA

28 075 Ew. / 931 m

Italiens am höchsten gelegene Provinzhauptstadt Enna thront über den Hügeln und Tälern Zentral-Siziliens. Von unten bietet sie einen beeindruckenden Anblick: Eine scheinbar undurchdringliche Stadt auf einem abschüssigen Hügel. Läuft man zum Gipfel des Hügels hinauf, öffnet sich einem eine schlichte Arbeiterstadt mit einem schönen mittelalterlichen Zentrum und, wenn es nicht wolkig ist, ein fantastischer Blick. Ewig lang muss man sich hier nicht aufhalten, aber Enna eignet sich sehr gut, um den Touristenmengen zu entkommen und kühle Bergluft zu schnuppern, vor allem im Sommer, wenn die gnadenlose Sonne die Landschaft austrocknet.

Die Stadt hat eine lange, bewegte Geschichte. In alten Zeiten war sie berühmt als Zentrum des Kultes der Demeter, doch wegen ihrer strategischen Lage war sie oft umkämpft und wurde von verschiedenen folgenden Kolonialmächten erobert, darunter von den Karthagern, Römern, Byzantinern und Arabern. 1087 entrissen die Normannen Enna den Arabern und machten eine befestigte Stadt aus ihr. Während ihrer gesamten Geschichte war die Stadt ein wichtiges Zentrum der Landwirtschaft und versorgte fernab gelegene Orte mit Getreide, Weizen, Baumwolle und Zuckerrohr. Diese Tradition hat sich bis heute gehalten, wird jedoch deutlich weniger praktiziert.

ZENTRAL-SIZILIEN

PRAKTISCHE INFORMATIONEN

NOTFÄLLE // Ospedale Umberto I (☎ 0935 51 61 11; Contrada Ferrante, Enna Bassa) **Polizei** (☎ 0935 52 21 11; Via San Giovanni 2)

TOURISTENINFORMATION // Touristeninfopunkt (☎ 0935 56 15 34; im Parkhaus neben dem Castello di Lombardia; März–Okt. tgl. 10–18 Uhr)

ORIENTIERUNG

Enna besteht aus zwei Stadtviertel: Die Altstadt, Enna Alta, liegt rund um den Gipfel des Hügels, die moderne Stadt Enna Bassa liegt zu ihren Füßen. Alle Sehenswürdigkeiten finden sich oben in Enna Alta. Der Busbahnhof liegt an der Viale Diaz. Um von dort ins Stadtzentrum zu kommen, geht man nach rechts und folgt der Viale Diaz bis zur Corso Sicilia. Dort biegt man noch einmal rechts ab und folgt ihr bis zur Via Sant'Agata, die zur Via Roma führt, Enna Altas Hauptstraße. Der Bahnhof liegt etwa 4 km außerhalb des Stadtzentrums.

TOUR-TIPP: VON ENNA ZUM ÄTNA

Länge: 115 km
Dauer: 1 oder 2 Tage

Von der Spitze des Castello di Lombardia in Enna hat man Aussicht auf ein weitläufiges Panorama aus scheinbar verlassenen, unter der Sonne brutzelnden Hügeln, die sich bis zum Horizont erstrecken. Durch diese reizvolle Landschaft führt die folgende Tour, vorbei an einigen Hügeldörfern und dichter an den brodelnden Ätna heran.

Von **Enna** (**1**; S. 250) geht's durch das Tal und ca. 2 km hinauf nach **Calascibetta** (**2**). Calascibetta ist ein dichtes Labyrinth aus engen Straßen, die oberhalb eines Steilhangs liegen. Die Stadt wurde 951 während der Belagerung von Enna von den Sarazenen gegründet und später vom Normannenkönig Roger I. befestigt. Die beeindruckendste Sehenswürdigkeit ist die **Chiesa Madre** (9–13 & 15–19 Uhr)

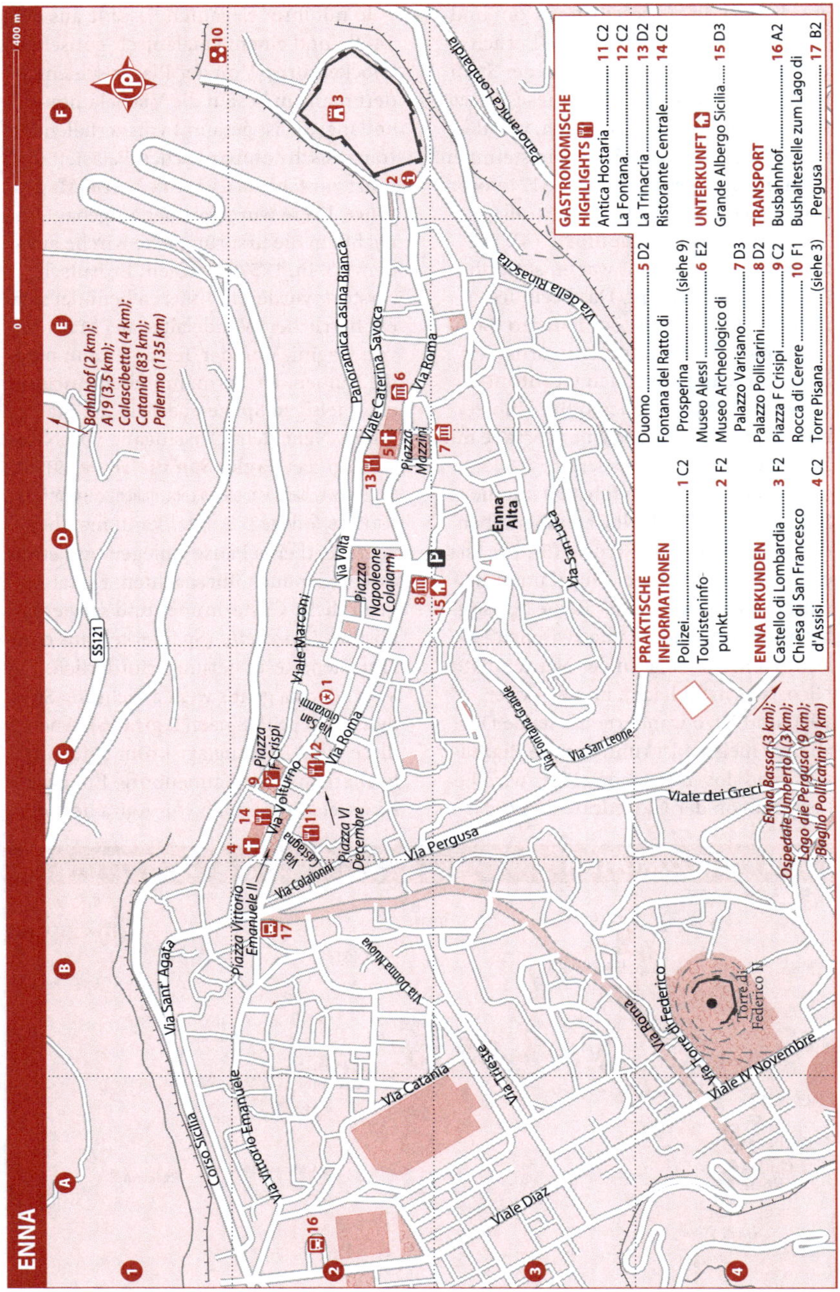
ENNA
0
400 m
A
B
C
D
E
F
1
2
3
4
Bahnhof (2 km); A19 (3,5 km); Calascibetta (4 km); Catania (83 km); Palermo (135 km)
Enna Bassa (3 km); Ospedale Umberto I (3 km); Lago die Pergusa (9 km); Baglio Pollicarini (9 km)
SS121
Enna Alta
Piazza Vittorio Emanuele II
Piazza F Crispi
Piazza Napoleone Colaianni
Piazza Mazzini
Piazza VI Decembre
Via Sant' Agata
Corso Sicilia
Via Vittorio Emanuele
Via Catania
Via Trieste
Viale Diaz
Via Donna Nuova
Via Colajonni
Via Castagna
Via Volturno
Via San Giovanni
Via Roma
Via Pergusa
Viale dei Greci
Via San Leone
Via Fontana Grande
Via San Lucca
Via Volta
Viale Marconi
Viale Caterina Savoca
Panoramica Casina Bianca
Via della Rinascita
Panoramica Lombardia
Via Torre di Federico
Viale IV Novembre
Torre di Federico II
PRAKTISCHE INFORMATIONEN
Polizei ... 1 C2
Touristeninfo-punkt ... 2 F2
ENNA ERKUNDEN
Castello di Lombardia ... 3 F2
Chiesa di San Francesco d'Assisi ... 4 C2
Duomo ... 5 D2
Fontana del Ratto di Prosperina ... (siehe 9)
Museo Alessi ... 6 E2
Museo Archeologico di Palazzo Varisano ... 7 D3
Palazzo Pollicarini ... 8 D2
Piazza F Crispi ... 9 C2
Rocca di Cerere ... 10 F1
Torre Pisana ... (siehe 3)
GASTRONOMISCHE HIGHLIGHTS
Antica Hostaria ... 11 C2
La Fontana ... 12 C2
La Trinacria ... 13 D2
Ristorante Centrale ... 14 C2
UNTERKUNFT
Grande Albergo Sicilia ... 15 D3
TRANSPORT
Busbahnhof ... 16 A2
Bushaltestelle zum Lago di Pergusa ... 17 B2

aus dem 14. Jh., Calascibettas Dom und Wahrzeichen. Ebenfalls einen Besuch wert ist die 3 km nordwestlich der Stadt gelegene **Necropoli di Realmese** (3; Eintritt frei) mit rund 3000 Felsgräbern, von denen die ältesten von 850 v. Chr. stammen.

Fährt man weiter auf der SS121 von Calascibetta, windet sich die Straße 20 km hinauf nach **Leonforte (4)**. Die attraktive Barockstadt war einst für ihre Pferdezucht berühmt. Das beeindruckendste Gebäude ist der **Palazzo Baronale**, doch die Hauptsehenswürdigkeit ist der prächtige Brunnen **Granfonte**. Er wurde 1651 von Nicolò Branciforte erbaut und besteht aus einer Fassade mit 24 einzelnen Wasserspeiern.

Die nächste Etappe führt 30 km die SS117 hinauf durch eine atemberaubende Landschaft nach **Nicosia (5)**. Nicosia erstreckt sich über vier Hügel und war einst die wichtigste einer Reihe befestigter normannischer Städte zwischen Palermo und Messina. In der Neuzeit hatte Nicosia es nicht leicht, und zwischen 1950 und 1970 wanderte das halbe Dorf ab. Am meisten ist rund um die **Piazza Garibaldi** los. Der schöne Platz wird beherrscht von der **Cattedrale di San Nicolò** mit ihrer eleganten Fassade aus dem 14. Jh. und einem katalanisch-gotischen Glockenturm. Von der Piazza schlendert man am besten die Via Salamone entlang. Sie ist gesäumt von zerfallenden französisch-lombardischen Palästen und führt zur **Chiesa di Santa Maria Maggiore**. Diese wurde wieder aufgebaut, nachdem die ursprüngliche Kirche aus dem 13. Jh. 1757 bei einem Erdrutsch zerstört wurde. Im Inneren befindet sich ein herrlicher Wandelaltar aus Marmor von Gagini. Von der Terrasse kann man die Ruinen der normannischen **Burg** auf einer felsigen Spitze oberhalb der Stadt sehen. Nahe dem Ortseingang von Nicosia liegt das **Baglio San Pietro** (☎ 0935 64 05 29; www.bagliosanpietro.com, italienisch; Contrada San Pietro; Gerichte 25 €). Hier kann man hervorragend eine Pause einlegen und etwas essen oder auch übernachten. Es hat gemütliche Gästezimmer und serviert köstliche *porchetta* (Spanferkel) aus dem Holzofen; Reservierung erforderlich.

Von Nicosia geht's weiter Richtung Süden auf der SP18 nach **Agira (6)**. Auch diese Stadt in Hanglage krönt eine mittelalterliche Normannenburg. Ein paar Kilometer außerhalb von Agira liegt der

ZENTRAL-SIZILIEN

VON ENNA ZUM ÄTNA

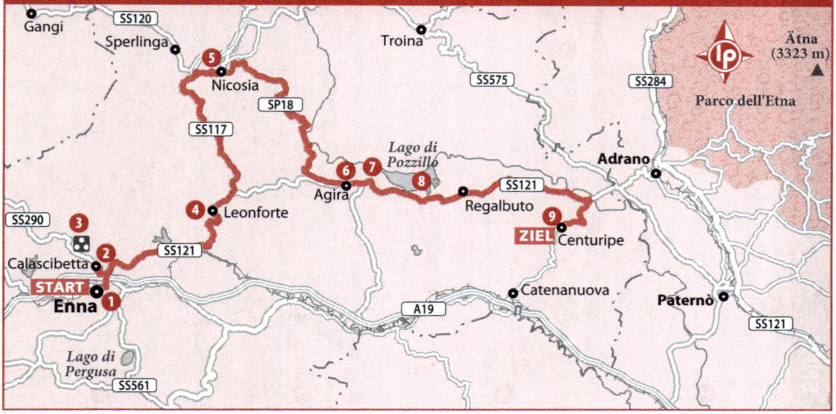

UNTERKUNFT

Diese Gegend Siziliens ist untouristisch und es gibt nur wenige Hotels. In den Städten übernachtet man oft besser in einem B&B, auf dem Land gibt es viele schöne *agriturismi* (Unterkünfte auf Bauernhöfen).

- ★ Quartier beziehen an Caltagirones *scalinata* (Treppe) im **B&B Tre Metri Sopra il Cielo** (S. 346), einem wunderbaren, freundlichen B&B.
- ★ Die **Suite d'Autore** (S. 346) ist gleichzeitig eine Galerie für zeitgenössische Kunst und ein Hotel in der Altstadt von Piazza Armerina.
- ★ Entspannende ländliche Ruhe kann man in der **Azienda Agriturismo Gigliotto** (S. 346) genießen, einem schicken *agriturismo* mit einem eigenen Weingut.
- ★ Der Bauernhof **Baglio San Pietro** (S. 345) ist noch als solcher in Betrieb. Hier werden rustikale Unterbringung und sättigende Bauernküche angeboten.
- ★ In einer Mönchszelle schlafen und von mythischen Jungfrauen träumen im **Baglio Pollicarini** (S. 345), einem historischen *agriturismo* nahe dem Lago di Pergusa.

Detaillierte Verzeichnisse mit Unterkünften s. S. 345.

gepflegte **kanadische Soldatenfriedhof (7)** an der SS121. Hier liegen 490 Soldaten, die im Juli 1943 umgebracht wurden. Später führt die SS121 vorbei am **Lago di Pozzillo (8)**, einem malerischen See zwischen Hügeln, Wäldchen und Mandelbäumen. Hier kann man toll picknicken!

Rund 13 km östlich von Regalbuto zweigt eine Straße nach **Centuripe (9)** ab. Die kleine Stadt ist wegen ihres großartigen Blicks auf den Ätna auch als Balcone di Sicilia (Balkon von Sizilien) bekannt. Dank ihrer strategischen Bedeutung war sie mehrfach umkämpft. 1943 eroberten die Alliierten Centuripe. Die Wehrmacht, die erkannte, dass sie ihre sicherste Stellung in Sizilien verloren hatte, zog sich auf das Festland zurück.

ENNA ERKUNDEN

❦ CASTELLO DI LOMBARDIA // ENNAS NORMANNISCHE BURG ERSTÜRMEN

Das **Castello di Lombardia** (Eintritt frei; ⌚ Sommer 9–20 Uhr, Winter 9–16 Uhr) ist eine der prächtigsten Burgen Siziliens. Sie thront am höchsten Punkt Ennas am östlichsten Ende der Altstadt. Die erste Burg war von den Sarazenen errichtet worden, später wurde sie von den Normannen verstärkt; der Stauferkönig Friedrich II. gab die mächtige Ringmauer mit Türmen rund um die Burg in Auftrag. Die Mauer ist immer noch intakt, von den 20 Türmen haben allerdings nur sechs bis heute überlebt. Der höchste davon ist der **Torre Pisana**, den man vom Cortile dei Cavalieri aus besteigen kann, einem der besterhaltenen Höfe der Burg. Von oben hat man einen wunderbaren Blick auf das Tal und die Stadt Calascibetta sowie den Ätna im Nordosten.

❦ ROCCA DI CERERE // VON EINEM URALTEN TEMPEL AUS DIE SONNE UNTERGEHEN SEHEN

Direkt unterhalb des Eingangs zur Burg liegt ein riesiger Felsen, die **Rocca di Cerere**. Hier stand einst Ennas Tempel der Demeter, der Göttin der Fruchtbarkeit und Landwirtschaft, die von den Römern Ceres genannt wurde. 480 v. Chr. baute der Tyrann Gelon den Tempel, in dem eine Statue des Königs Triptolemos gestanden haben soll. Der König ist in der Mythologie der einzige Sterbliche, der Zeuge der Verführung von Demeters Tochter Persephone wurde (s. Kasten S. 255).

Heute ist nicht mehr viel vom Tempel übrig geblieben, aber die Felsplattform, die man über Treppen erreicht, ist ein herrliches Plätzchen für ein Picknick oder um den Sonnenuntergang zu genießen.

DUOMO // DAS INNERE DES PRÄCHTIGEN DOMS VON ENNA BEWUNDERN

Der **Duomo** (Via Roma; 9–13 & 16–19 Uhr) ist das beeindruckendste der historischen Gebäude in der Via Roma, Ennas Vorzeigestraße. Gebaut wurde er 200 Jahre nachdem die eigentliche gotische Kirche 1446 niederbrannte. Er hat eine beeindruckende Fassade mit einem quadratischen Glockenturm aus dem 17. Jh. und einen wahrhaft prunkvollen Innenraum. Überreste der alten Kirche haben den Brand überlebt, darunter das Querschiff und die vieleckigen Apsisschiffe, der Rest der Kirche ist jedoch mit einer kunstvollen Holzkassettendecke, hängenden Kerzenleuchtern und einem besonders eindrucksvollen Altar im puren Barockstil gehalten. Ebenfalls interessant sind die grauen Basaltsäulen mit ihren grotesken Verzierungen in Form von Schlangen mit menschlichen Köpfen und die griechisch-römischen Überreste aus dem Tempel der Demeter: die Kanzel und das Weihwasserbecken. Ebenfalls sehenswert sind die presbytarianischen Malereien von Filippo Paladino aus dem 17. Jh. und die Altarstücke von Guglielmo Borremans.

MUSEEN // RELIGIÖSEN SCHMUCK UND ARCHÄOLOGISCHE FUNDSTÜCKE BEGUTACHTEN

Das **Museo Alessi** (Via Roma 465; derzeit geschl.) neben dem Dom beherbergt die wertvollen Stücke des Domschatzes, darunter eine mit Juwelen besetzte goldene Krone aus dem 17. Jh. von Leonardo und Giuseppe Montalbano.

Auf der anderen Seite der Piazza Mazzini liegt das **Museo Archeologico di Palazzo Varisano** (☎ 0935 50 7611; derzeit wegen Renovierungsarbeiten geschl.) mit einer kleinen Sammlung an Ausgrabungsstücken aus der Region.

Etwa 100 m weiter die Via Roma hinab befindet sich gegenüber der Grande Albergo Sicilia der katalanisch-gotische **Palazzo Pollicarini**, eins der schönsten Gebäude von Enna.

PIAZZA F CRISPI // DEN PANORAMABLICK VON DER PIAZZA GENIESSEN

Geht man weiter die Via Roma hinab, kommt man zur **Piazza Vittorio Emanuele II**, dem Hauptplatz von Enna. Einen großen Teil der Nordseite des Platzes nimmt die düstere **Chiesa di San Francesco d'Assisi** mit ihrem Glockenturm aus dem 15. Jh. ein. Unmittelbar neben der Piazza liegt ein weiterer kleiner Platz, die **Piazza F Crispi**, mit einem beeindruckenden Blick über das Tal nach Calascibetta. Mitten auf dem Platz steht die mit Graffiti beschmierte **Fontana del Ratto di Prosperina**, ein gewaltiger Brunnen, der an Ennas beständigsten Mythos erinnert (s. Kasten S. 255).

LAGO DI PERGUSA // DEN ORT BESUCHEN, AN DEM HADES PERSEPHONE VERFÜHRTE

Der Lago di Pergusa liegt mitten im Wald 9 km südlich von Enna und ist

DER PERSEPHONE-MYTHOS

Die Geschichte der Entführung von Demeters Tochter Persephone (auch als Proserpina bekannt) durch Hades gehört zu den berühmtesten griechischen Mythen. Nach der Erzählung von Homer stieg Hades (der Gott der Unterwelt) aus seiner Höhle auf und verführte Persephone, während sie am Ufer des Lago di Pergusa Blumen pflückte. Demeter (die Göttin der Ernte), die nicht wusste, wohin ihre Tochter verschwunden war, wanderte auf der Suche nach ihr durch die Welt und verbat der Erde, Früchte zu tragen. Schließlich wandte sie sich an Zeus und drohte, die Welt verhungern zu lassen, wenn er ihr ihre Tochter nicht zurückbrächte. Zeus nahm ihre Drohung ernst und befahl Hades, Persephone freizulassen, jedoch nicht ohne einen Kompromiss: Sie sollte jedes Jahr vier Monate mit Hades in der Unterwelt und acht Monate mit ihrer Mutter verbringen (bei Ovid sind es jeweils sechs Monate). Und so trauert Demeter seitdem während der Zeit, die Persephone in der Unterwelt verbringt, und bringt den Winter in die Welt; ihre Freude über die Rückkehr ihrer Tochter wird durch das Erwachen der Natur im Frühling verkündet.

einer der wenigen natürlichen Seen Siziliens. Im Sommer sind seine Sandstrände beliebte Treffpunkte und rund um den See gibt es einige große Hotels im Resort-Stil sowie eine unpassende Autorennbahn. Außerhalb der Saison lädt der triste Ort allerdings nur bedingt zum Verweilen ein. Mit der mythischen Geschichte von Persephone, durch die er so berühmt ist (s. Kasten oben), verbindet ihn nichts.

Von der Haltestelle an der Via Pergusa fährt der Linienbus 5 zum See. Mit dem Auto ist er von der SS561 ausgeschildert.

FESTE & EVENTS

Karwoche Die Woche vor Ostern ist geprägt von ernsten religiösen Feierlichkeiten: Die religiösen Gemeinschaften ziehen in unheimlichen Umhängen und mit weißen Kapuzen durch die Stadt. Die wichtigsten Veranstaltungen finden am Palmsonntag, Karfreitag und Ostersonntag statt.

Festa di Maria Santissima della Visitazione Feuerwerk und leicht bekleidete Bauern prägen den Tag des Schutzheiligen der Stadt am 2. Juli. Die Bauern tragen lange weiße Tücher und ziehen ein Abbild der Madonna der Heimsuchung auf einem La Nave d'Oro (goldenes Schiff) genannten Wagen durch die Stadt.

GASTRONOMISCHE HIGHLIGHTS

Anders als an der Küste wird hier hauptsächlich Fleisch gegessen. Zu den Spezialitäten der Region gehören in der Regel Lamm- oder Rindfleisch, zu denen leckere Pilze und gegrilltes Gemüse serviert werden. Typische einheimische Gerichte sind u. a. *castrato* (auf Holzkohle gegrillter kastrierter Bock) und *polpettone* (gefülltes Lamm oder Hackbraten). Suppen und Würste kommen auch gerne auf den Tisch.

ANTICA HOSTARIA €€

☎ 0935 2 25 21; Via Castagna 9; Gerichte 33 €; Di geschl.

Im Stall eines Palazzos aus dem 18. Jh. ist heute eins der besten Restaurants der Stadt untergebracht. Die rustikale Einrichtung ist nichts Besonderes, aber das Essen ist toll. Die Karte wechselt je nach Jahreszeit. U. a. wurden schon Köstlichkeiten wie Risotto mit wildem Spargel, Saubohnenpüree und Schweinebraten mit Mandeln serviert. Auch die Weinkarte, auf der auch edle sizilianische Weine stehen, ist überdurchschnittlich gut.

LA FONTANA €

0935 2 54 65; Via Volturno 6; Gericht 20 €; Mo geschl.

In der alteingesessenen Trattoria gegenüber der Piazza F Crispi wird in einer entspannten Atmosphäre sättigende sizilianische Landküche serviert, beispielsweise *minestrone di verdura* (Gemüseminestrone) und danach gegrilltes Hähnchen oder *fegato arrosto* (gebratene Leber). Man sitzt im fröhlichen Innenraum oder im Sommer auf der Piazza mit Panoramablick.

LA TRINACRIA €€

0935 50 20 22; Viale Caterina Savoca 20; Gerichte 30 €; So geschl.

La Trinacria ist ein tolles neues Restaurant an der malerischen Straße, die von der Burg hinabführt. Gäste werden mit einem freundlichen Lächeln begrüßt und bekommen üppig bemessene Portionen köstlichen Landessens aufgetischt. Auf Antipasti aus Schinken, Salami, frittierten Kroketten, Käse, Oliven und eingelegtem Gemüse folgen Pastagerichte und saftiger Braten. In dem beliebten Restaurant herrscht eine ausgelassene Stimmung, und dank der zentralen Lage kann man nach dem Essen mühelos sein Hotel erreichen.

RISTORANTE CENTRALE €€

0935 50 09 63; www.ristorantecentrale.net; Piazza VI Dicembre 9; Gerichte 25 €; Sa geschl.

Dieses historische familienbetriebene Restaurant hat schon zahlreiche Berühmtheiten gesehen, darunter Italiens letzten König Vittorio Emanuele III. und Opernstar Placido Domingo. Weder die Einrichtung noch die Gerichte sind schick, dafür werden altbewährte Gerichte mit köstlichen lokalen Zutaten wie Würstchen, Pilzen und Gemüse der Saison zubereitet.

VERKEHRSMITTEL & -WEGE

AUTO // Enna liegt an der Autobahn A 19 von Catania nach Palermo, ca. 83 km von Catania und 135 km von Palermo entfernt.

BUS // Der Bus ist das einfachste öffentliche Verkehrsmittel, um nach Enna zu kommen. Der **Busbahnhof** (Viale Diaz) liegt in der Oberstadt, allerdings fahren häufiger Busse ab Enna Bassa 3 km hügelabwärts. **SAIS** (0935 50 09 02; www.saisautolinee.it) hat Busse nach Catania (7,30 €, 1¼ Std., Mo–Fr 10-mal tgl. Sa 7-mal) und Palermo (9,40 €, 1¾ Std., Mo–Fr bis zu 7-mal tgl., Sa 4-mal). Für Agrigent steigt man in Caltanissetta (3,90 €, 1 Std., Mo–Fr 6-mal tgl., Sa 4-mal um. Linienbusse fahren auch nach Piazza Armerina (3,20 €, 30 Min., Mo–Fr 9-mal tgl., Sa 5-mal). Sonntags fahren zu allen Zielen deutlich weniger Busse. Stündlich fährt ein Bus von Enna Bassa in die Oberstadt, samstags nur alle zwei Stunden.

SÜDLICH VON ENNA

Südlich von Enna wird die Landschaft weniger spektakulär. Die raue Bergszenerie flacht ab und wird schließlich abgelöst von sanfteren Feldern, die mit lebhaften Orten gesprenkelt sind. Die zwei Hauptattraktionen sind Piazza Armerina, bekannt für seine römischen Mosaike, und Caltagirone, ein Zentrum der traditionellen Keramikherstellung. Beide haben anständige Unterkünfte und interessante Altstädte. Die Überreste der griechischen Stadt Morgantina nordöstlich von Aidone sind bemerkenswert und verdienen mehr Besucher, als die paar, die sich hierher verirren.

PIAZZA ARMERINA

20 840 Ew. / 697 m

Piazza Armerina liegt inmitten von fruchtbarem Agrarland. Die charmante Marktstadt verdankt ihrem Namen dem

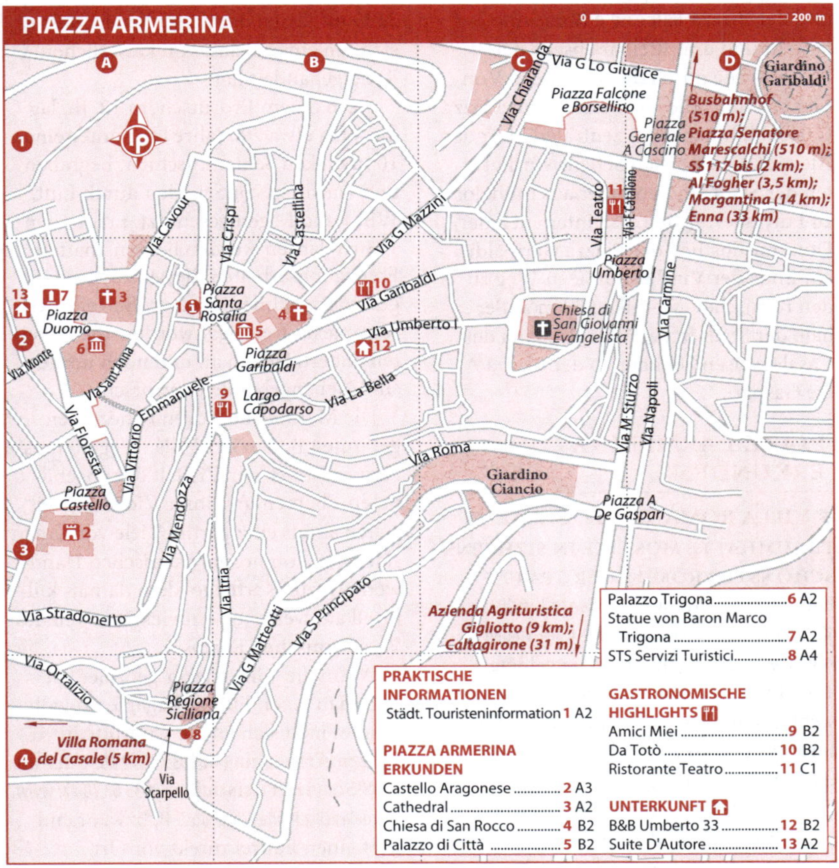

Colle Armerino, einem der drei Hügel, auf dem sie erbaut wurde. Eigentlich sind es zwei Städte: Das ursprüngliche Piazza wurde im 10. Jh. von den Arabern auf dem Colle gegründet. Die Erweiterung Richtung Südosten im 15. Jh. wurde im 17. Jh. noch einmal durch ein symmetrisches Straßenraster umgestaltet.

Man kann problemlos ein oder zwei Tage damit verbringen, sich im Labyrinth der Straßen zu verlieren und die Mosaike in der Villa Romana del Casale zu besichtigen. Da es hier außerdem ein paar nette Hotels und gute Restaurants gibt, entpuppt sich Piazza Armerina für viele als ein unverhofftes Juwel.

PRAKTISCHE INFORMATIONEN

TOURISTENINFORMATION // Städtische Touristeninformation (☎ 0935 68 30 49; www.comune.piazzaarmerina.en.it; Piazza Santa Rosalia; ⏲ Mo–Fr 9–13 & 15.30–19 Uhr)

ORIENTIERUNG

Orientierungspunkt ist das große Gebiet, das aus der Piazza Generale A Cascino und der Piazza Falcone e Borsellino besteht und unmittelbar abseits der Hauptstraße durch die Stadt liegt. Von hier aus führt die Via Mazzini zur Piazza Garibaldi hinab, dem zentralen Platz der Altstadt. Die meisten Sehenswürdigkeiten der Stadt sind von hier aus mühelos zu Fuß zu erreichen, darunter auch der Dom nordöstlich der Piazza Garibaldi am Ende der Via Cavour. Den Weg zu den römischen Mosaiken 5 km außerhalb der Stadt in der Villa Romana del Casale weisen Schilder ab der Piazza A De Gaspari.

PIAZZA ARMERINA ERKUNDEN

VILLA ROMANA DEL CASALE // TRAUMHAFTE MOSAIKE IN SIZILIENS SCHÖNSTER RÖMISCHER STÄTTE

Die **Villa Romana del Casale** (☎0935 68 00 36; www.villaromanadelcasale.it; wegen Restaurierung geschl.) in einem bewaldeten Tal 5 km südwestlich des Stadtzentrums steht auf der Liste des Unesco-Weltkulturerbes und ist Zentral-Siziliens wichtigste Sehenswürdigkeit. Die prächtige alte Villa ist mit den schönsten erhaltenen römischen Bodenmosaiken verziert. Leider ist die Villa seit Oktober 2010 wegen Restaurierungsarbeiten geschlossen, soll aber schon im Frühjahr 2011 wiedereröffnen – ob der Plan eingehalten wird, steht auf der Website!

Die sogar für römische Verhältnisse dekadente Prunkvilla soll der Landsitz von Marcus Aurelius Maximianus gewesen sein, der zusammen mit Diokletian Kaiser des Römischen Reichs war (286–305 n. Chr.). Allein die Größe der Anlage – vier in der Hügellandschaft liegende, miteinander verbundene Gebäudegruppen – und die vielfarbigen Bodenmosaike auf einer Fläche von 3535 m² lassen darauf schließen, dass es sich um einen Palast von kaiserlichem Rang gehandelt hat.

Nach einem Erdrutsch im 12. Jh. lag die Villa etwa 700 Jahre lang unter einer 10 m dicken Schlammschicht begraben und wurde so vor Schäden durch Luft, Wind und Regen geschützt. Erst in den 1950er-Jahren wurden bei ernsthaften Freilegungsarbeiten die Mosaike zutage gefördert. Seitdem sind große Teile des Komplexes freigelegt worden, die Arbeiten dauern jedoch an und noch immer sind Nebengebäude unerforscht.

Die Mosaike bedecken nahezu den gesamten Boden der Villa. Wegen ihres Naturalismus, der Vielfalt der abgebildeten Themen und ihrer Vielfarbigkeit gelten sie als einzigartig. Viele von ihnen stammen von nordafrikanischen Handwerkern aus Karthago, dem damals kulturell am weitesten entwickelten Teil des Weströmischen Reichs.

Wenn die Villa wieder geöffnet hat und man einen Führer engagieren will, wendet man sich an die **Comune di Piazza Armerina** (☎0935 98 22 46) oder an **STS Servizi Turistici** (☎0935 68 70 27; www.guardalasicilia.it; Via Scarpello 2-4); bzw. organisiert einen Führer direkt vor Ort.

Die Thermen

Im Norden des **Haupteingangs** der Villa, der durch die Überreste eines monumentalen Bogens in ein elegantes **Atrium** (Vorraum) führt, liegen die **Thermae** (Bäder), der Bäderkomplex der Villa. Über die **Palästra** (Übungsraum) mit einem prächtigen Mosaik eines Wagenrennens im Circus Maximus in Rom (der Raum wird auch Salone del Circo, Zirkusraum, genannt) kommt man zum achteckigen **Frigidarium** (Kaltbad), in dessen sternförmig angelegten Nischen kalte Wasserbecken standen, und zum

VILLA ROMANA DEL CASALE

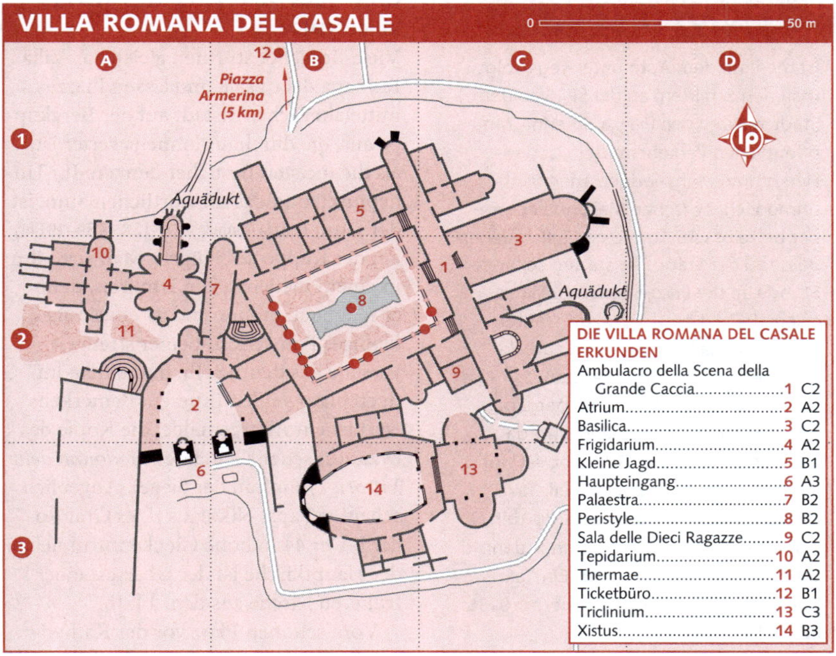

Tepidarium (Warmbad), in dem heute freigelegte Ziegel und die Öffnungen zu sehen sind, mittels derer warme Luft zugeführt wurde.

Das Peristyl & die Große Jagd

Der Mittelpunkt des Hauptteils der Villa ist das **Peristyl**, ein riesiger Freilufthof, der mit amüsanten Tierköpfen gesäumt ist. Hier wurden die Gäste empfangen, bevor man sie zur **Basilica** (Thronzimmer) begleitete, die man durch ein Fenster sehen kann. Von den Räumen nördlich des Peristyls ist ein Speisezimmer mit dem Mosaik einer Jagdszene namens **Kleine Jagd** am interessantesten. Kleine Jagd heißt sie im Gegensatz zur Großen Jagd, die an der Ostseite des Peristyls im **Ambulacro della Scena della Grande Caccia** (Korridor der Großen Jagd) dargestellt ist. In dem 64 m langen Korridor zeigen Mosaike dramatische Jagdszenen von Tigern, Leoparden, Elefanten, Antilopen, Straußen und einem Rhinozeros – Tiere, die die Römer schließlich durch ihre Jagd in Nordafrika ausrotteten. Die erste Person ist prunkvoll in einen byzantinischen Umhang gekleidet und wird von zwei Soldaten flankiert. Vermutlich handelt es sich um Maximianus selbst und zwei Mitglieder seiner Leibgarde.

Die Bikinimädchen

Am südlichen Ende des Ambulacro della Scena della Grande Caccia stellt das berühmteste Mosaik der Villa in der **Sala delle Dieci Ragazze** (Raum der zehn Mädchen) neun (ursprünglich waren es zehn) mit Bikinis bekleidete Mädchen bei der Gymnastik mit Gewichten und winzigen Hanteln dar.

ANFAHRT

Ist man mit dem Auto unterwegs, folgt man den Schildern an der SP15 ab dem Stadtzentrum von Piazza Amerina. Mit öffentlichen Verkehrsmitteln ist das Herkommen schwieriger, aber nicht unmöglich. Zwischen Mai und September betreibt CTS Autolinee täglich sieben Busse zu der Stätte. Sie starten zur vollen Stunde an der Piazza Senatore Marescalchi (9–12 & 16–19 Uhr) und fahren jeweils um halb von der Villa zurück.

Außerhalb der Sommermonate muss man laufen. Der Weg führt bergab, ist nicht allzu anstrengend und dauert eine Stunde. Der Rückweg ist nur auf dem letzten Teilstück steil. Taxis bringen einen für rund 25 € dorthin, warten eine Stunde und fahren dann wieder zurück in die Stadt. Ein Taxi bucht man unter der Nummer ☎ 0935 68 05 01.

Mythische Pfade

Auf der anderen Seite des Ambulacro liegt eine Reihe von Zimmern, deren Bodenmosaike Szenen aus Homers Epen und andere mythische Figuren zeigen. Besonders interessant ist das **Triclinium** (Speisesaal) mit einer sagenhaften Darstellung der Heldentaten des Herkules, in der gequälte Monster von einem lächelnden Odysseus eingefangen werden.

Um den **Xystus** (ellipsenförmiger Hof) zu besichtigen, den man vom Triclinium aus sehen kann, muss man das Gebäude verlassen und die Apsis umrunden. Da es nicht überdacht ist, sind die Mosaike hier nicht besonders gut erhalten.

❦ ALTSTADT // HÜBSCHE MITTELALTERLICHE GÄSSCHEN, BAROCKKIRCHEN UND CHARMANT-BAUFÄLLIGE PALAZZI ERKUNDEN

Viele Besucher stürmen gleich zur Villa Romana del Casale und lassen Piazzas mittelalterliche Altstadt auf der Bergkuppe aus, die durchaus lohnenswerter ist, als die meisten Besucher denken. Ihr Höhepunkt, und das im wörtlichen Sinn, ist der **Dom** (Piazza Duomo; ⏲ 8–12 & 15.30–19 Uhr) auf der Kuppe des Hügels. Man sieht ihn in einem meilenweiten Umkreis, denn er ragt 66 m empor und ist ein riesiges, klobiges Bauwerk mit einer strengen Fassade aus dem 18. Jh. und einem luftigen blau-weißen Inneren. Bemerkenswert ist ein Altargemälde, die Kopie des byzantinischen Gemäldes *Madonna delle Vittorie* (Jungfrau der Siege). Angeblich schenkte Papst Nikolaus II. es Graf Roger I. Der 44 m hohe Glockenturm neben der Hauptkirche ist der Überrest einer früheren Kirche aus dem 14. Jh.

Vom schönen Platz vor der Kathedrale hat man einen traumhaften Blick auf das Umland. An dem Platz liegt der feudale **Palazzo Trigona**, in dem ein neues Archäologiemuseum eröffnet werden soll. Mitten auf dem Platz thront die Statue des **Baron Marco Trigona**, des Aristokraten, der den Bau des Doms finanziert hat.

Abseits der Piazza Duomo verläuft die **Via Monte**. Von der Hauptverkehrsstraße aus dem 13. Jh. zweigt ein Gewirr winziger Gässchen ab wie Fischgräten. Dieser Teil der Stadt ist am malerischsten. Oder man entscheidet sich für die Via Floresta, die neben dem Palazzo Trigona beginnt, und geht zu den Ruinen des **Castello Aragonese** aus dem 14. Jh.

Vom Dom führt die Via Cavour hinab zur **Piazza Garibaldi**, dem eleganten Herzen der Altstadt. Den Platz beherrschen der **Palazzo di Città**, Piazzas elegantes Rathaus, und die **Chiesa di San**

Rocco (als Fundrò bekannt), neben der ein schöner Innenhof liegt.

PALIO DEI NORMANNI // MITTELALTERLICHE GAUDI ERLEBEN BEI PIAZZAS JÄHRLICHEM HISTORIENSPIEL

Einmal im Jahr am 13. und 14. August blüht Piazza Armerina anlässlich seines großen jährlichen Fests auf – in einem mittelalterlichen Umzug wird die Befreiung der Stadt durch Graf Roger I. von den Mauren 1087 gefeiert. Los geht's am 13. mit kostümierten Umzügen und es wird nachgestellt, wie Graf Roger die Schlüssel zur Stadt ausgehändigt bekam. Das Highlight am 14. ist das große Ritterturnier namens *quintana* zwischen den vier Stadtteilen – Monte, Canali, Castellina und Casalotto. Am Ende des Tages bekommt der Siegerstadtteil eine Sturmfahne mit der Madonna delle Vittorie.

GASTRONOMISCHE HIGHLIGHTS

AL FOGHER €€€

☎ 0935 68 41 23; www.alfogher.net; Contrada Bellia SS117bis; Gerichte 50 €; So abends & Mo geschl.

In einem der besten Restaurants Zentral-Siziliens wird gehobene moderne Küche serviert. Die Klientel ist anspruchsvoll und genießerisch. Das Lokal liegt ungefähr 3 km außerhalb der Stadt, dafür wird man belohnt mit Gerichten wie Spanferkel mit Thunfisch-Ei-Sauce und Spargel oder Meeräsche mit gelben Paprika, Wildreis und Pistazien. Genauso exquisit ist die Weinliste mit über 400 Weinsorten. Eine Reservierung ist erforderlich.

AMICI MIEI €€

☎ 0935 68 35 41; Largo Capodarso 5; Gerichte 25–30 €, Pizzas ab 4,50 €; Do geschl.

Mit seinem freiliegendem Mauerwerk, der niedrigen Holzdecke, den Weinregalen und einem Holzofen für Pizza sieht diese freundliche Trattoria typisch sizilianisch aus. Doch nicht nur die Optik stimmt, sondern auch das Essen. Die Pizzas sind hervorragend – Einheimische nehmen sich ihre Pizza mit nach Hause – und die Pastagerichte sind gesund und herzhaft. Besondere Aufmerksamkeit verdient der *antipasto della casa*, eine wunderbare Platte mit Frittata, in Scheiben geschnittenem Pancetta, Käse, Caponata und Ricotta mit Balsamico.

DA TOTÒ €€

☎ 0935 68 01 53; Via G Mazzini 27; Gerichte 23 €; Mo geschl.

Von der grellen weißen Beleuchtung und der langweiligen Einrichtung darf man sich nicht abschrecken lassen, denn diese beliebte Trattoria serviert köstliches Essen mit hervorragendem Preis-Leistungs-Verhältnis. Als Antipasti werden Schinken, Käse und verschiedene Grillgemüse angeboten, zu den Pastagerichten gibt es herzhafte Saucen aus Steinpilzen oder reifem Gemüse aus der Gegend. Die Hauptgerichte sind ähnliche schlicht – ein Favorit ist beispielsweise das gegrillte Pfeffersteak. Der freundliche Service und die entspannte Atmosphäre tragen zu einem schönen, entspannten Abendessen bei.

RISTORANTE TEATRO €€

☎ 0935 8 56 62; Via Teatro 1; Gerichte 25 €; Mi geschl.

Im Schatten des Lokaltheaters von Piazza Armerina liegt diese einladende familiengeführte Trattoria. Das Theaterthema wird durch gerahmte Theaterplakate an den weißen Wänden und ein auffälliges Deckenfresko fortgeführt, das auf der Terrasse schöner ist. Das Essen jedoch ist alles andere als nur Show. Auf der Karte stehen hervorragende Pizzas, sättigende Pastagerichte und eine große Auswahl an Fleischgerichten.

VERKEHRSMITTEL & -WEGE

AUTO // Die SS117bis verbindet Piazza Armerina mit dem 33 km weiter nördlich gelegenen Enna.
BUS // **AST** (☎ 840 000323; www.aziendasiciliana trasporti.it) betreibt einen Bus pro Tag nach Syrakus (8,80 €, 4 Std., 1-mal tgl.). Busse von **SAIS** (☎ 0935 50 09 02; www.saisautolinee.it) fahren von Piazza Armerina nach Enna (3,20 €, 30 Min., Mo–Fr 9-mal tgl., Sa 5-mal).

RUND UM PIAZZA ARMERINA

ZENTRAL-SIZILIEN

AIDONE // IN AIDONES ARCHÄOLOGIEMUSEUM MEHR ÜBER DIE ALTE GESCHICHTE ERFAHREN

Fährt man von Piazza Armerina Richtung Nordwesten, führt die Straße vorbei an reizvollen Wäldern und felsigen Grasflächen zum verschlafenen Bergdorf Aidone. Zwar ist der Ort niedlich und bietet einen außergewöhnlich schönen Blick auf das umliegende Tal, doch der Hauptgrund für einen Stopp ist ein Besuch des **Museo Archeologico** (☎ 0935 8 73 07; Convento dei Cappuccini; Eintritt inkl. Morgantina 3 €; Mo–Sa 8–18, So 8–14 Uhr). Das kleine Museum macht Lust auf einen Besuch der griechischen Ruinen bei Morgantina. Es beherbergt eine kleine Sammlung an Fundstücken von der Stätte und Tafeln zum Leben in der alten Zeit sowie zu aktuellen Ausgrabungen.

MORGANTINA // DRUCH DIE ÜBERRESTE EINER ALTEN GRIECHISCHEN KOLONIE SCHLENDERN

Am Ende einer asphaltierten Straße liegen 4 km unterhalb von Aidone die bemerkenswerten Überreste von **Morgantina** (Eintritt inkl. Museo Archeologico in Aidone 3 €; 9 Uhr–1 Std. vor Sonnenuntergang). Die alte griechische Kolonie erstreckt sich über zwei Hügel und das dazwischen liegende Tal. Morgeti, eine frühe sizilianische Siedlung, wurde 850 v. Chr. auf dem Hügel Cittadella gegründet, 459 v. Chr. aber zerstört und auf einem zweiten Hügel, der Serra Orlando, wieder aufgebaut. Morgeti war ein wichtiger Handelsposten während der Herrschaft des Tyrannen von Syrakus, Hieron II. (reg. 269–215 v. Chr.), versank aber nach dem Sieg der Römer 211 v. Chr. in der Bedeutungslosigkeit und wurde schließlich verlassen. 1955 identifizierten Archäologen die Stätte und begannen mit Ausgrabungen, die bis heute andauern.

Das Zentrum der Stadt ist die **Agora** (Marktplatz), die sich über zwei Ebenen erstreckt. Die trapezförmige Treppe, die beide verbindet, diente bei öffentlichen Zusammenkünften als Sitzgelegenheit. Auf der oberen Etage fand der **Markt** statt. Man kann immer noch die Wände sehen, die einen Laden vom nächsten trennten. Die untere Ebene diente als **Theater** mit 1000 Sitzplätzen. Ursprünglich stammte es aus dem 3. Jh. v. Chr., wurde aber später von den Römern umgebaut. Es ist in einem hervorragenden Zustand.

Richtung Nordosten lagen die **Wohnviertel** der Stadt. Hier standen die Häuser der Wohlhabenden, worauf die reich verzierten Wände und schönen Mosaike in den Innenräumen schließen lassen. Ein weiteres Wohnviertel ist hinter dem Theater gefunden worden. Seine beachtlichen Überreste lohnen eine Erkundung.

Da keine öffentlichen Verkehrsmittel in der Nähe halten, braucht man einen eigenen fahrbaren Untersatz, um hierher zu kommen.

CALTAGIRONE

39 505 Ew. / 608 m

Die nette Hügelstadt Caltagirone ist in ganz Sizilien für ihre Keramik berühmt, die hier seit über 1000 Jahren aus dem hochwertigen Ton der Gegend hergestellt wird. Noch heute ist diese Industrie eine wichtige Einnahmequelle. Die frühesten Siedler der Stadt arbeiteten mit Terrakotta. Erst die Ankunft der Araber im 10. Jh. läutete den Beginn der Keramikindustrie ein: bunte Glasuren in allen Farben wurden eingeführt, vor allem Gelb- und Blautöne, die seitdem die lokale Keramikindustrie prägen. Überall wird man an die Keramiktradition erinnert, vor allem an der Scalinata di Santa Maria del Monte, der berühmten mit Keramikintarsien verzierten Treppe der Stadt.

Caltagirones Geschichte geht auf die Zeit vor den Griechen zurück, der Name ist jedoch arabischen Ursprungs. Er leitet sich von den Wörtern *kalat* und *gerun* ab, „Burg" und „Höhle". Nur noch wenig ist übrig geblieben von den frühesten Ursprüngen der Stadt. Sie wurde größtenteils bei einem Erdbeben im Jahr 1693 zerstört und später im für Südost-Sizilien typischen Barockstil wieder aufgebaut.

TOP FIVE

BERGDÖRFER

- ★ **Caltagirone** (S. 263) wurde bei einem Erdbeben 1693 zerstört und wiederaufgebaut. In der charmanten Barockstadt herrscht eine lebendige, einladende Atmosphäre
- ★ **Enna** (S. 250) Italiens höchste Provinzhauptstadt auf 931 m hat einen schönen mittelalterlichen Kern.
- ★ **Calascibetta** (S. 250) Diese Stadt sieht man von Enna aus auf der anderen Seite des Tals liegen. Sie liegt an einem Hügel und ihren Höhepunkt bildet ein solider Dom aus dem 14. Jh.
- ★ **Nicosia** (S. 252) Die einst mächtige Stadt erstreckt sich über vier Hügel und erinnert an das Goldene Zeitalter der Normannen.
- ★ **Leonforte** (S. 252) Der ganze Stolz dieser Barockstadt ist ein prachtvoller Brunnen aus dem 17. Jh.

PRAKTISCHE INFORMATIONEN

TOURISTENINFORMATION // Touristeninfoschalter (☎ 0933 4 13 65; www.comune.caltagirone.ct.it; Galleria Luigi Sforzo, Piazza Municipio; ⌚ Mo–Sa 9–19 Uhr) Beim unteren Ende der *scalinata*.

ORIENTIERUNG

Caltagirone ist in eine Ober- und eine Unterstadt geteilt. Alle Sehenswürdigkeiten liegen in der Oberstadt. Orientieren kann man sich an der Piazza Municipio, dem wichtigsten Platz der Oberstadt. Von hieraus erhebt sich die Scalinata di Santa Maria del Monte gen Nordosten, die von Geschäften gesäumte Via Vittorio Emanuele zweigt gen Westen ab und die Via Luigi Sturzo verläuft Richtung Nordosten zur Viale Regina Elena, einer Ringstraße mit guten Parkmöglichkeiten. Von der Piazza Umberto südlich der Piazza Municipio geht die Via Roma ab, die hinab zum Giardino Pubblico verläuft. Busse halten in Piazza Umberto.

CALTAGIRONE ERKUNDEN

❦ SCALINATA DI SANTA MARIA DEL MONTE // CALTAGIRONES MALERISCHE UND SEHR STEILE TREPPE ERKLIMMEN

Caltagirones auffälligste Sehenswürdigkeit ist die gewaltige Treppe, die **Scalina-**

ZENTRAL-SIZILIEN

ta di Santa Maria del Monte. Sie führt von der Piazza Municipio zur **Chiesa di Santa Maria del Monte** am obersten Ende der Stadt. Ursprünglich war sie im 17. Jh. als Verbindung zwischen dem alten Zentrum auf dem Hügel und der neueren Bebauung rund um die Piazza Municipio errichtet worden und durch mehrere kleine Plätze in einzelne Treppenabschnitte unterteilt. Sie wurden in den 1880er-Jahren zu einer großen Treppe mit 142 Stufen gemacht. Die handbemalten Majolika-Kacheln sind relativ neu. Sie wurden erst 1956 hinzugefügt. Die Kacheln sind sehr beeindruckend, ist man jedoch erst einmal oben angekommen, möchte man sich vermutlich lieber erst einmal hinsetzen, anstatt sie zu bewundern. Der prächtige Blick bringt einen jedoch schnell wieder auf Trab. Auf beiden Seiten der Treppe liegen bunte Keramikläden. Am schönsten wirken sie am 24. und 25. Juli, wenn die alljährliche **Festa di San Giacomo** (Fest des hl. Jakobus) gefeiert wird und die gesamte Treppe von über 4000 Öllampen beleuchtet wird.

Am Fuß der Treppe liegt die **Piazza Municipio**. Sie ist von mehreren prächtigen Gebäuden gesäumt, darunter die **Galleria Luigi Sturzo**. Die Galerie wurde nach dem verehrten ehemaligen Bürgermeister Luigi Sturzo (1871–1959) benannt und ist im Palazzo Senatorio untergebracht, in dem einst der Senat tagte. In der Galerie kann man Wanderausstellungen besuchen und es gibt einen Touristeninfoschalter.

KERAMIK CALTAGIRONE // DIE KERAMIKZENTREN DER STADT BESUCHEN

Unterhalb der Altstadt liegt das **Museo della Ceramica** (Keramikmuseum; ☎ 0933 5 84 18; Via Roma; Erw./erm. 3/2 €; ⌚ 9–18 Uhr), in dem man alles über die sizilianische Keramikindustrie erfährt. Zu den Ausstellungsstücken gehören griechische Terrakottaarbeiten, mittelalterliche Küchenutensilien und unglaublich schön gearbeitete Majolika-Statuetten aus dem 18. Jh. Sie sind chronologisch von der prähistorischen Zeit bis ins 19. Jh. sortiert.

Moderner geht's im **Museo d'Arte Contemporanea Caltagirone** (☎ 0933 2 10 83; Viale Regina Elena 10; Eintritt frei; ⌚ Mo, Di, Do–Sa 9.30–13.30, So 9–12.30, Di & Fr–So 16–19 Uhr) zu. Zur Sammlung gehören Arbeiten des berühmten einheimischen Künstlers Gianni Ballarò.

Wer Souvenirs braucht, wird in einem der ca. 120 Keramikgeschäfte der Stadt fündig. Zwei gute Läden sind **Le Maioliche** (☎ 0933 5 31 39; www.varsallona.it; Discesa Collegio 1), in dem der einheimische Künstler Ricardo Varsallona seine traditionellen und modernen Werke ausstellt, und **Ceramiche Failla** (☎ 0933 3 40 00; Scalinata di Santa Maria del Monte 45) am Hauptteil der *scalinata*.

GIARDINO PUBBLICO // IN CALTAGIRONES LANDSCHAFTSPARK ZUR RUHE KOMMEN

Der **Giardino Pubblico** neben dem Museo della Ceramica ist besonders am Spätnachmittag schön. Wer mag, kann ein Eis oder ein kühles Getränk in der Bar im Park genießen. Gepflegte Wege führen hinab zu einer zentralen Grünfläche mit Bänken aus Keramikfliesen und einem Jugendstilpavillon. Schaut man in die andere Richtung, kann man an klaren Tagen bis zum Ätna blicken.

KIRCHEN// BAROCKE HANDWERKSKUNST UND EIN BELEUCHTETES KRIPPENSPIEL BESTAUNEN

In Caltagirone gibt es außergewöhnlich viele Kirchen. Allein im historischen

Zentrum stehen knapp 30. Die meisten sind im Barockstil gehalten und stammen aus der Zeit des Baubooms Anfang des 18. Jhs., manche haben jedoch ältere Ursprünge. Eine davon ist die **Chiesa di San Francesco d'Assisi** (Piazza San Francesco d'Assisi) aus dem 13. Jh. Sie zeigt sich heute mit einer außergewöhnlich farbenprächtigen Barockfassade. Neben der Kirche ist die **Ponte San Francesco** (St.-Franziskus-Brücke) aus dem 17. Jh. wegen ihrer Blumenverzierungen aus Keramik einen genauen Blick wert.

Weiter oben in der Altstadt steht in einer Nebenstraße der *scalinata* die **Chiesa del Carmine** (Piazza del Carmine; 10.30–13 & 15.30–18.30 Uhr). Schnell einen Blick auf ihre riesige *presepe* (Krippenszene) aus Terrakotta werfen, die eine Fläche von 72 m² einnimmt. *Presepi* sind eine weitere Tradition Caltagirones.

GASTRONOMISCHE HIGHLIGHTS

CORIA €€€

0933 2 65 96; www.ristorantecoria.it; Via Infermeria 24; Gerichte ab 40 €; Winter Mo, Sommer Mi geschl.

Seit einer Weile haben Siziliens Gourmets das Top-Restaurant von Caltagirone im Visier. Mittlerweile hat es sich als eins der besten Restaurants auf der Insel etabliert. Seinen Ruf verdankt es innovativer regionaler Küche mit feinen Varianten klassischer Gerichte wie *spaghetti con sarde in crema di finocchietto* (Spaghetti mit Sardinen in Fenchelsauce) und *biscotto con crema di arance e gelatino di cioccolato e menta* (Biskuit mit Orangencreme, Schokolade und Pfefferminzgelee). Reservierung erforderlich!

IL LOCANDIERE €€

0933 5 82 92; Via Luigi Sturzo 55-59; Gerichte 30 €; Mo geschl.

Wer es kennt, speist in diesem schicken kleinen Restaurant mit makellosem Service und erstklassigen Meeresfrüchten. Was genau auf der Karte steht, hängt vom Fang des Tages ab. Hervorragend sind das Fisch-Couscous und die *casarecce con ragù di tonno* (Pasta mit Thunfischsauce). Zu den beliebtesten *dolci* gehören göttliche *cannoli a cucchiao* (Cannoli mit Feigencreme) und die Weinliste ist so lang, dass jeder etwas für seinen Geschmack findet.

IL PALAZZO DEI MARCHESI DI SANTA BARBARA €€

0933 2 24 06; Via San Bonaventura 22; Pizzas ab 4 €, Gerichte 30 €; Mo geschl.

Geht man die prunkvolle Treppe in den 1. Stock des aristokratischen Palastes hinauf, fragt man sich vielleicht, wohin man gerade geht. Die Antwort: in ein schickes, freundliches Restaurant, das wegen seiner vorzüglichen saisonalen Küche einen herausragenden Ruf genießt. Der Schwerpunkt liegt auf Fleisch – die *straccetti di manzo con cuori di carciofo in crema di asparagi selvatici* (Schweinefleisch mit Artischockenherzen in Wildspargelsauce) sind unschlagbar. Fisch und Pizza sind auch erhältlich.

LA PIAZZETTA €€

0933 2 41 78; Via Vespri 20; Pizzas ab 4,50 €, Gerichte 25 €; Do geschl.

Viele Einheimische essen am Samstagabend gerne im La Piazzetta, einem äußerst beliebten Restaurant im *centro storico* (Altstadt). Entweder bestellen sie Pizza und Bier oder etwas reichhaltigeres wie frische Pasta mit Pistazienpesto und danach einen riesigen gemischten Grillteller. Haute cuisine darf man nicht erwarten, aber das Essen ist lecker, die Atmosphäre ist gemütlich und die Preise sind fair.

VERKEHRSMITTEL & -WEGE

AUTO // Caltagirone liegt an der SS417, der Straße, die von Gela an der Südküste nach Catania im Osten führt. Von Piazza Armerina kommend folgt man der SS117bis gen Süden und fährt dann auf der SS124 weiter.

BUS // Busse von **AST** (☎ 840 000323; www.aziendasicilianatrasporti.it) fahren nach/von Piazza Armerina (3,90 €, 1½ Std., Mo–Sa 7-mal tgl.) und Syrakus (9,80 €, 3 Std., Mo–Sa 1-mal tgl.), ein Bus von **SAIS** (☎ 0935 50 09 02; www.saisautolinee.it) nach/von Enna (5,20 €, 1¼ Std., tgl.).

PARKEN // Wer in der Oberstadt unterkommt, kann gut an der Viale Regina Elena parken.

DAS WESTLICHE INLAND

Siziliens westliches Inland ist eine von der Sonne ausgedörrte Landschaft aus sanften Hügeln mit kleinen, abgelegenen Städten. Es trägt die Narben einer Geschichte, die geprägt ist von Vernachlässigung und Armut. Jahrhundertelang war die Landschaft in riesige *latifondi* (Landgüter) aufgeteilt, die im Besitz andernorts lebender Gutsherren war. Noch heute wirkt die Gegend abgelegen und größtenteils vom Rest der Welt abgeschnitten. Das westliche Inland ohne eigenes Auto zu bereisen ist schwierig, wobei die interessanten Ziele sich größtenteils auf die Hauptstadt Caltanissetta und das große Weingut Regaleali beschränken.

CALTANISSETTA

60 245 Ew. / 568 m

Caltanissetta ist eine der neun Provinzhauptstädte Siziliens und die größte Stadt der Region. Die dreckige Arbeiterstadt hat wenige offensichtliche Reize. Man stößt auf eine schöne zentrale Piazza und ein nicht allzu interessantes Archäologiemuseum.

Die ursprünglich von den Griechen gegründete Stadt kam in der ersten Hälfte des 20. Jhs. als Zentrum der sizilianischen Schwefelabbauindustrie zu Wohlstand und ist heute ein wichtiges Zentrum der Landwirtschaft.

PRAKTISCHE INFORMATIONEN

TOURISTENINFORMATION // **Touristeninformation** (☎ 0934 53 98 26; Corso Vittorio Emanuele II 109; Mo–Fr 9–13, Mi 16–18 Uhr)

CALTANISSETTA ERKUNDEN

PIAZZA GARIBALDI // IM SCHATTEN DES DOMS SPEISEN

Mittelpunkt der Altstadt von Caltanissetta ist die **Piazza Garibaldi**, ein schöner

WEINPROBE & KOCHKURSE

Die Gegend westlich von Caltanissetta ist wild und abgelegen und eine Art sizilianisches Timbuktu. Wer die völlige Abgeschiedenheit sucht, fährt zum schönen **Weingut Regaleali** (☎ 092 154 40 11; www.tascadalmerita.it) nahe dem Ort Vallelunga. Es ist eins der fünf Wein herstellenden Weingüter der Familie Tasca d'Almerita mit rund 400 ha Gelände voller Weinreben, einem High-Tech-Weinbaubetrieb und einer dazu gehörenden **Kochschule** (☎ 0934 81 46 54; www.annatascalanza.com), die von Anna Tasca Lanza geführt wird. Man kann das Weingut nur im Rahmen einer Führung (mit optionaler Weinprobe) in Gruppen von acht bis 25 Personen besuchen, die man im Voraus buchen muss. Kochkurse gibt es von fünftägigen Paketen (2500 €/Pers. inkl. Unterkunft) bis zu eintägigen Kursen mit Mittagessen (150 €). Weitere Details stehen auf der Website.

autofreier Platz, an dem der **Duomo**, das Rathaus und die barocke **Chiesa di San Sebastiano** stehen. Der Dom hat sein Erscheinungsbild aus der späten Renaissance, im 19. Jh. wurden allerdings umfangreiche bauliche Veränderungen vorgenommen, die den Gesamteindruck ruiniert haben. Im Inneren (wenn die Kirche mal geöffnet ist) findet man Fresken des flämischen Künstlers Guglielmo Borremans aus dem 18. Jh.

In einer winzigen Gasse abseits des Platzes versteckt sich das **Vicolo Duomo** (☎ 0934 58 23 31; Vicolo Neviera 1; Gerichte 30 €; ⏲ So & Mo mittags geschl.), das beste Lokal der Stadt. Die bunte Trattoria mit Slow-Food-Empfehlung hat sich auf herzhafte Gerichte wie Pasta mit Erbsen und Saubohnen und Schweinshaxe in Nero d'Avola (einem regionalen Rotwein) spezialisiert.

MUSEO ARCHEOLOGICO // IN CALTANISSETTAS PRÄHISTORISCHE VERGANGENHEIT EINTAUCHEN

Am Stadtrand liegt das vom Zentrum aus dürftig ausgeschilderte **Museo Archeologico** (☎ 0934 56 70 62; Contrada Santo Spirito; Erw./erm. 2/1 €; ⏲ 9–13 & 15.30–19 Uhr, am letzten Mo des Monats geschl.). Hier werden prähistorische Fundstücke aus ganz Sizilien ausgestellt, darunter Vasen, Werkzeug, frühe sizilianische Keramikarbeiten und seltene Terrakotta-Figürchen aus der Bronzezeit.

Die Kirche nahe dem Parkplatz des Museums ist die **Abbazia di Santo Spirito** aus dem 12. Jh., eins der wenigen Überbleibsel aus der normannischen Zeit der Stadt.

VERKEHRSMITTEL & -WEGE

AUTO // Kommt man aus Enna oder von Norden her, bleibt man auf der Autobahn A19, bis sie auf die SS640 trifft. Diese führt auf dem Weg nach Agrigento durch Caltanissetta.

BUS // Vom Busbahnhof an der Via Colaianni fahren mindestens viermal täglich Busse von **SAIS Autolinee** (☎ 800 211020; www.saisautolinee.it) nach Enna (3,90 €, 1 Std.), das Unternehmen **SAIS Trasporti** (☎ 0934 56 40 72; www.saistrasporti.it) betreibt bis zu zehn Busse täglich nach und von Agrigent (5,80 €, 1¼ Std.).

3 PERFEKTE TAGE

TAG 1 // TEMPEL IN AGRIGENT
Das Tal der Tempel (S. 274) in Agrigent ist die am meisten besuchte archäologische Stätte Siziliens, in der man gut einen ganzen Tag verbringen kann. Man sollte mit der Besichtigung des Ostteils (S. 275) beginnen, wo die beiden berühmtesten Tempel stehen: der Tempio di Hera und der umwerfende Tempio della Concordia. Dann geht's weiter zum Westteil (S. 277) und in den Giardino della Kolymbetra (S. 277) – Zeit für ein kleines Mittagspicknick! Wer dann noch Kraft und Lust hat, sollte dem Museo Archeologico (S. 278) einen Besuch abstatten.

TAG 2 // WELLNESS IN SCIACCA
Von Agrigent geht's in den 60 km entfernt gelegenen Kurort Sciacca (S. 284), der für seinen Rio-ähnlichen Karneval (S. 287) bekannt ist. In der Nuovo Stabilimento Termale (S. 286) kann man sich eine Massage oder eine Schlammpackung verpassen lassen und am Hafen (S. 286) Fischgerichte genießen. Danach macht man sich dann auf den Weg zum Castello Incantato (S. 286), um dort eine Sammlung von bizarren Büsten zu bewundern. Den Rest des Tages bummelt man durch die schöne Altstadt und stöbert in den ortstypischen Keramikgeschäften (S. 286).

TAG 3 // SCHWIMMEN, SONNENBADEN & URIGE, ANTIKE RUINEN
Der Küstenstreifen zwischen Agrigent und Sciacca bietet hübsche Strände und unberührte Natur. An der Scala dei Turchi (S. 282) in der Nähe von Realmonte oder am schönen Sandstrand in der Riserva Naturale Torre Salsa (S. 283) kann man sich in der Sonne aalen. Hier gibt's auch ein paar gute Wanderwege entlang der Küste. Weiter im Westen kann man erst die Ruinen von Eraclea Minoa (S. 283) erkunden und dann hinunter an den Strand gehen. Es ist einer der besten an diesem Küstenabschnitt.

AGRIGENT

59 135 Ew.

Agrigent hieß früher Akragas und war einst die viertgrößte Stadt der damals bekannten Welt. Heute findet man hier die beeindruckendsten griechischen Ruinen Siziliens. Das Tal der Tempel, das zum Unesco-Weltkulturerbe zählt, liegt 3 km unterhalb der hässlichen, modernen Stadt. Die Anlage mit den am besten erhaltenen dorischen Tempeln außerhalb Griechenlands gehört zu den faszinierendsten Stätten im ganzen Mittelmeerraum. Schon im 18. Jh. sang Goethe ein Loblied auf die Tempel, die seither zu Siziliens größter Touristenattraktion gehören und jedes Jahr von mehr als 600 000 Besuchern bewundert werden.

Das moderne Agrigent oben auf dem Hügel ist auf den ersten Blick nicht wirklich einladend. Riesige, übervolle Autobahnen führen durch das brutal mit Hochhäusern verschandelte Zentrum oben auf dem Hügel. Hinter dem deprimierenden Autobahnring versteckt sich aber ein schöner, mittelalterlicher Stadtkern mit einigen tollen Unterkünften. Abends ist hier unheimlich viel los.

Das antike Akragas wurde 581 v. Chr. von Siedlern aus Gela und Rhodos gegründet. Eine intakte Wasserversorgung war für die schnelle Bevölkerungszunahme verantwortlich, und so war die Stadt im 5. Jh. v. Chr. mit 200 000 Einwohnern und dem Ruf einer „Party-Location" eine der größten im ganzen Mittelmeerraum. Der griechische Dichter Pindar nannte sie „die schönste (Stadt) der Sterblichen" und schrieb, dass ihre Bewohner „schlemmen, als gäbe es kein Morgen".

Im 4. und 3. Jh. v. Chr. nahmen die guten Zeiten ein Ende, denn der Ort fiel nacheinander in die Hände der Griechen, Karthager und Römer. 210 v. Chr. nahmen die Römer die Stadt ein, nannten sie Agrigentum und trieben Landwirtschaft und Handel voran. Sie legten so den Grundstein für die Zukunft der Stadt als bedeutendes byzantinisches Handelszentrum.

Im 7. Jh. zogen die meisten Einwohner von Agrigentum den Hügel hinauf an die Stelle der heutigen Stadt und ließen die alte Stadt menschenleer zurück. Experten wissen bis heute noch nicht genau, warum. Eine der glaubhaftesten Theorien ist, dass es zum Schutz vor den nordafrikanischen Sarazenen geschah. Der Umzug war 200 Jahre lang eine recht gute Verteidigungstaktik, aber dennoch fiel die Stadt schließlich zu Beginn des 9. Jh. in die Hände der Sarazenen.

Bis ins 19. Jh., in dem der westliche Teil der Stadt entstand, veränderte sich Agrigent kaum. Während des Zweiten Weltkriegs wurde es von den Alliierten heftig bombardiert, was in den Nachkriegsjahren zu einem zweiten Bauboom führte, der seinen Höhepunkt in den 1960er- und 1970er-Jahren erreichte. Viele der Hochhäuser, die ihren Schatten auf das Tal der Tempel werfen, stammen aus dieser Zeit.

PRAKTISCHE INFORMATIONEN

NOTFALL // Ospedale Civile San Giovanni di Dio (Karte S. 274; ☎ 0922 40 13 44; Contrada da Consolida) **Polizei** (Karte S. 274; ☎ 0922 48 31 11; Piazza Vittorio Emanuele 2)

TOURISTENINFORMATION // Haupttouristeninformation (Karte S. 274; ☎ 800 236837; www.comune.agrigento.it; Piazzale Aldo Moro 1; Mo–Fr 8–14, Sa 8–13 Uhr) Im Provincia-Gebäude, hat Infos über die Stadt und die Provinz. **Touristeninformationsschalter** (Karte S. 274; Bahnhof; Mo–Fr 8–20, Sa 8–14 Uhr)

(Fortsetzung auf S. 274)

MITTELMEERKÜSTE

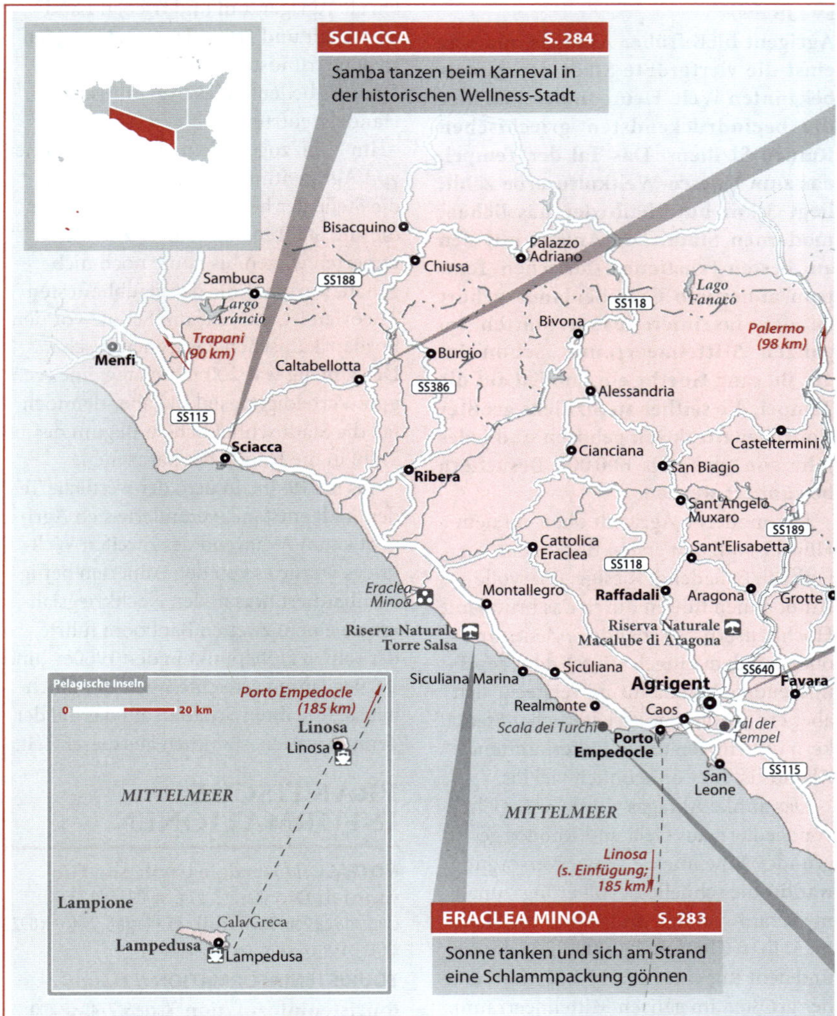

UNTERWEGS VOR ORT

Nach Agrigent fahren Busse und Züge. Auch der Anschluss per Straße ist gut. In die Stadt zu kommen bereitet keine Probleme, aber Parken ist schwierig. Die beste Straße die Küste entlang ist die SS115, eine gut ausgebaute Straße, die westwärts nach Sciacca und Richtung Osten nach Gela und weiter bis nach Syrakus führt. Im Landesinneren verbindet eine Landstraße die Orte miteinander. Hier ist meistens nicht viel los, aber wenn man nicht genau weiß, wo man hinmuss, kann einen das System verwirren.

CALTABELLOTTA S. 288

Auf dem „Dach der Welt" stehen und die Aussicht genießen

ENTFERNUNGEN (KM)

	Gela	Licata	Agrigent	Porto Empedocle
Licata	33			
Agrigent	79	46		
Porto Empedocle	79	46	7	
Sciacca	135	102	59	53

Die Entfernungen sind ungefähre Angaben.

AGRIGENT S. 269

Im Tal der Tempel über die Ruinen der griechischen Tempel staunen

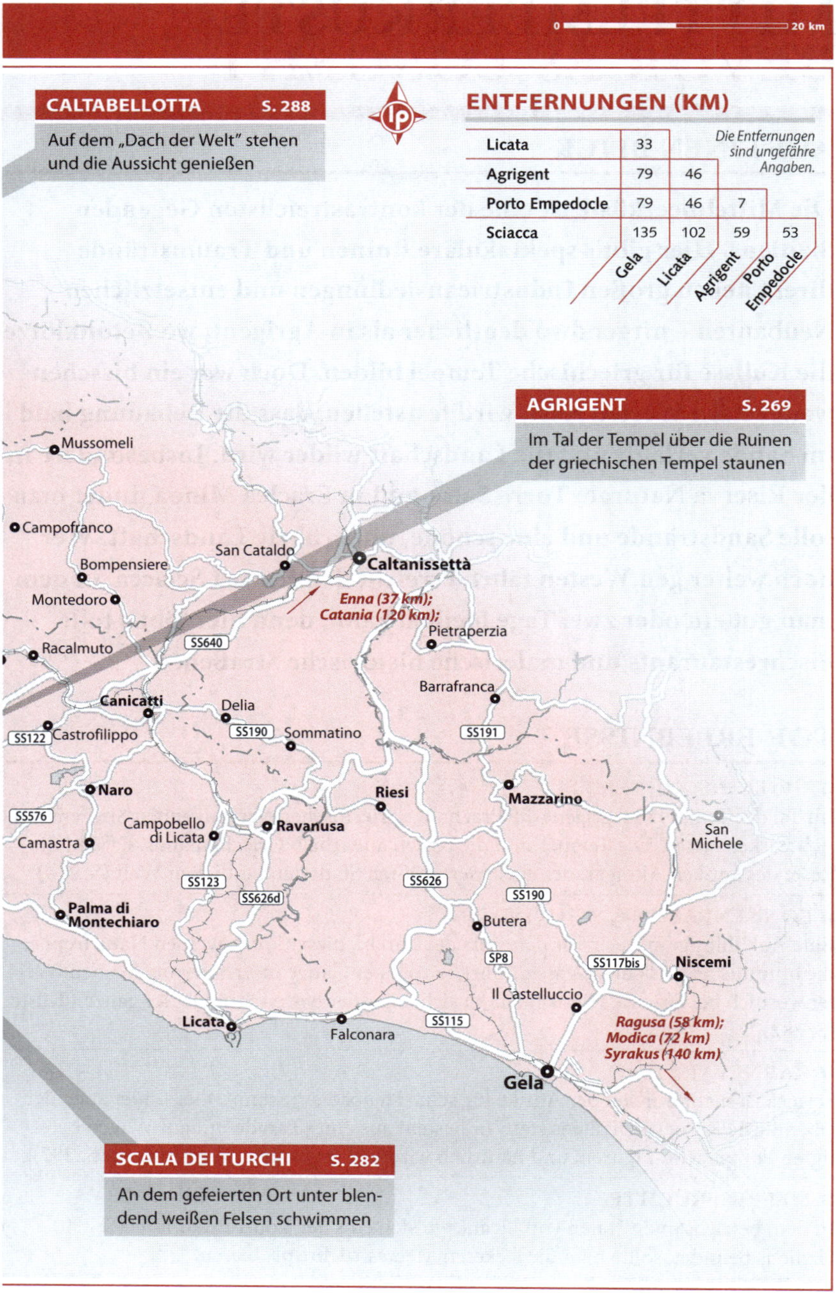

SCALA DEI TURCHI S. 282

An dem gefeierten Ort unter blendend weißen Felsen schwimmen

MITTELMEERKÜSTE

MITTELMEERKÜSTE
BEVOR ES LOSGEHT

AUF EINEN BLICK

Die Mittelmeerküste ist eine der kontrastreichsten Gegenden Siziliens. Hier gibt's spektakuläre Ruinen und Traumstrände direkt neben großen Industrieansiedlungen und entsetzlichen Neubauten – nirgendwo deutlicher als in Agrigent, wo Betonklötze die Kulisse für griechische Tempel bilden. Doch wer ein bisschen weiter nach Westen reist, wird feststellen, dass die Bebauung bald im Sande verläuft und die Landschaft wilder wird. Insbesondere in der Riserva Naturale Torre Salsa und in Eraclea Minoa findet man tolle Sandstrände und eine schöne, unberührte Landschaft. Wer noch weiter gen Westen fährt, erreicht den Kurort Sciacca, in dem man gut ein oder zwei Tage bleiben kann, denn hier gibt's tolle Fischrestaurants und malerische historische Straßen.

TOP-ERLEBNISSE

GRIECHISCHE TEMPEL
Im Tal der Tempel in Agrigent die Pracht der griechischen Vergangenheit Siziliens auf sich wirken lassen. Die Tempel sind die besten außerhalb Griechenlands. Es sind die Reste des antiken Akragas, der einst viertgrößten Stadt der westlichen Welt (S. 274).

SONNENBADEN & SCHWIMMEN
Eine Abkühlung im Meer vor der Scala dei Turchi, dieser kreideweißen Naturtreppe, die hinunter in glasklares Wasser führt, wird einem lange in Erinnerung bleiben. Weiter westlich bei Eraclea Minoa befindet sich einer der besten Strände der ganzen Küste (S. 282).

KARNEVAL
Sciacca ist nicht nur seit der Antike für seine Heilbäder bekannt, hier findet auch der lebendigste Karneval Siziliens statt. Er besteht aus einer Parade mit auf Wagen befestigten Pappmaché-Figuren; und natürlich wird viel gegessen und getrunken (S. 287).

MEERESFRÜCHTE
In dem betriebsamen Hafen von Licata, wo sich eins der Top-Restaurants (S. 290) Siziliens befindet, sollte man die leckeren Meeresfrüchte probieren.

ABSEITS DES TRUBELS

Die meisten Urlauber bleiben an der Küste, hauptsächlich in Agrigent und Sciacca. Im Hochsommer kann es hier unerträglich werden. Ruhe findet man dann im Hinterland.

- ★ **Spaziergang durch Mini-Vulkane** 15 km nördlich von Agrigent kann man in der Riserva Naturale Macalube di Aragona winzige Vulkane bestaunen, in denen Schlamm blubbert (S. 281).
- ★ **Schöne Aussichten von Caltabellotta** Von dem oben auf einem Hügel liegenden Ort hat man einen traumhaften Rundumblick (S. 288).
- ★ **Kunstwerke in Mazzarino** Im verschlafenen Mazzarino stehen zahlreiche barocke Kirchen, von denen viele vom toskanischen Künstler Filippino Paladino verziert wurden (S. 291).

REISEPLANUNG

Es gibt einige Top-Erlebnisse, die man lange im Voraus buchen sollte.

- ★ **Führer durch das Tal der Tempel** Für die Besichtigung der Tempel braucht man eigentlich keinen Führer. Wer aber einen will, sollte das im Voraus organisieren (s. Kasten S. 277).
- ★ **Wellness in Sciacca** In den Heilbädern ist viel Betrieb. Um sich verwöhnen zu lassen, muss man reservieren (S. 286).
- ★ **Karneval in Sciacca** Der Karneval gehört zu den Top-Events Siziliens und zieht Massen an. Rechtzeitig eine Bleibe buchen (S. 287)!
- ★ **Ristorante La Madia** Licatas viel gelobtes Restaurant gehört zu den besten Siziliens. Unbedingt reservieren (S. 290)!

TOP-RESTAURANTS

RISTORANTE LA MADIA
In Licatas gastronomischem Hotspot die kreativ zubereiteten, regionalen Gerichte genießen (S. 290).

LEON D'ORO
Die Einheimischen lieben dieses Agrigenter Restaurant wegen der Meeresfrüchte und der guten Weine (S. 280).

LA LAMPARA
In diesem gepflegten Restaurant in Sciacca (S. 287) kommen Meeresfrüchte auf den Tisch.

IL DÉHORS
Hier werden die Gäste mit hervorragenden Speisen und einem grandiosen Blick auf das Tal der Tempel (S. 280) verwöhnt.

TRATTORIA AL FARO
Frischer Fisch am Hafen von Sciacca und relaxte Trattoria-Atmosphäre (S. 287).

INFOS IM INTERNET

- ★ **Grand Hotel delle Terme** (www.grandhoteldelleterme.com, italienisch) Details zu Wellness in Sciacca (und Preise).
- ★ **Parco Valle dei Templi** (www.parcovalledeitempli.it) Offizielle Website des Tals.
- ★ **Servizio Turistico Regionale Sciacca** (www.servizioturisticoregionalesciacca.it) Karnevalprogramm, Infos über Unterkünfte, Geschichte und Touren in Sciacca.
- ★ **Valle dei Templi** (www.lavalledeitempli.it) Aktuelle Infos über das Tal der Tempel, Führer, Öffnungszeiten etc.

(Fortsetzung von S. 269)

ORIENTIERUNG

Agrigent hat für Touristen zwei interessante Attraktionen zu bieten: die Altstadt und das Tal der Tempel. Die Via Atenea ist die Hauptstraße in der Altstadt. Sie verläuft von der Piazzale Aldo Moro westlich bis zur Piazza Pirandello. Die Fernverkehrsbusse starten an der Piazza Rosselli, direkt nördlich der Piazzale Aldo Moro. Der Bahnhof befindet sich im Süden an der Piazza Marconi. Das Tal der Tempel liegt ca. 3 km unterhalb der modernen Stadt. Von der Piazza Marconi erreicht man den Osteingang des Tals und den Parkplatz über die Via Francesco Crispi und die Via Panoramica Valle dei Templi.

AGRIGENT ERKUNDEN

TAL DER TEMPEL (VALLE DEI TEMPLI) // DIE AUSSERGEWÖHNLICHE SCHÖNHEIT DER GRIECHISCHEN TEMPEL AGRIGENTS BEWUNDERN

Der 1300 ha große **Parco Valle dei Templi** (Karte S. 276; ☎ 0922 62 16 11; Erw./EU-

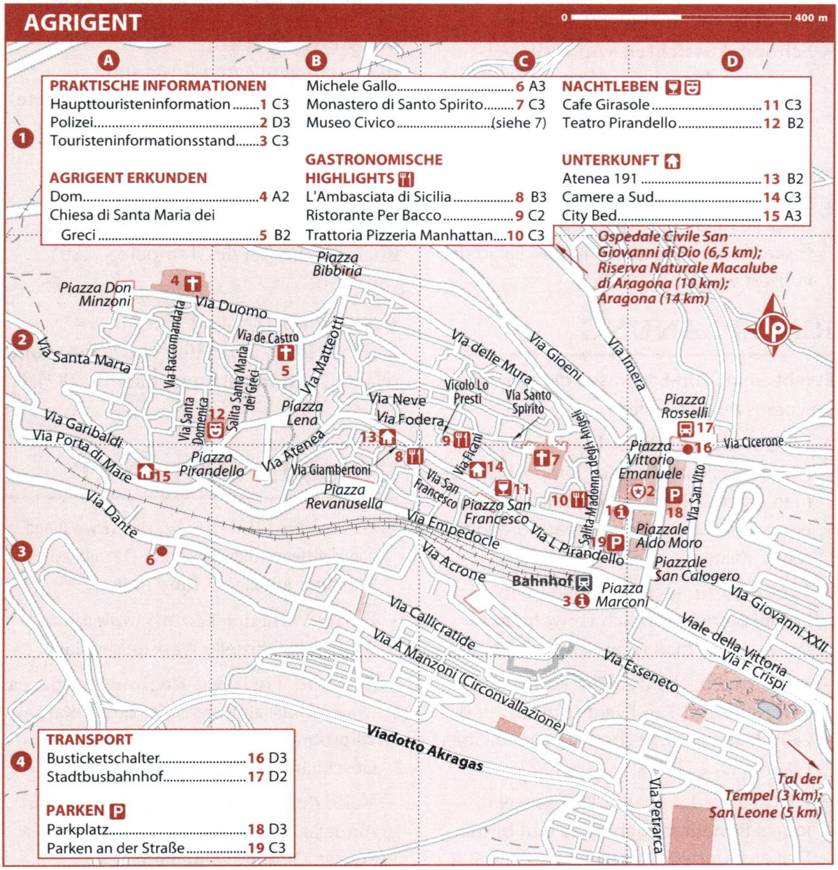

UNTERKUNFT

Agrigent gehört zu Siziliens Haupttouristenattraktionen und hat Unterkünfte jeder Preisklasse zu bieten. Anderswo ist die Auswahl nicht so groß, es gibt aber überall einige ausgezeichnete B&Bs und *agriturismi* (Übernachtungen auf dem Bauernhof).

- ⋆ Unerwartet viel zeitgenössische Kunst und ein stylisches Ambiente erwartet die Gäste im **FARM** (S. 348), einem schicken *agriturismo* in der Nähe von Butera.
- ⋆ Das von einem freundlichen jungen Paar geführte **Camere a Sud** (S. 347) bietet in der Altstadt von Agrigent fantastische B&B-Zimmer.
- ⋆ Im edlen **Hotel Villa Athena** (S. 347) gibt's Luxus pur mit Blick auf das Tal der Tempel.
- ⋆ Das **Al Moro** (S. 347) ist die beste Unterkunft in Sciacca – modernes Dekor und eine umwerfende Lage mitten im historischen Zentrum.
- ⋆ Die **Vecchia Masseria** (S. 348) ist ein geschmackvoll umgebautes Bauernhaus aus Stein mitten auf dem Land – *agriturismo* vom Feinsten.

Eine detaillierte Liste mit Unterkünften gibt's auf S. 346.

Bürger unter 18 Jahren & über 65 Jahren/EU-Bürger 18–25 Jahre inkl. Quartiere Ellenistico-Romano 10/frei/5 €; Ostteil 8.30–19 Uhr, Westteil Sommer 9–19 Uhr, Winter 9–17 Uhr, Ostteil Abendbesuche Juli–Anfang Sept. Mo–Fr 19.30–21.30, Sa & So 19.30–23.30 Uhr) mit den Ruinen der antiken Stadt Akragas gehört zu den überwältigendsten archäologischen Stätten Südeuropas. Das Highlight ist der atemberaubende Tempio della Concordia, einer der am besten erhaltenen griechischen Tempel überhaupt. Er gehört zu einer Reihe von Tempeln, die auf einem Bergrücken errichtet wurden und einst den heimkehrenden Seeleuten den Weg weisen sollten.

Der Park ist in zwei Bereiche unterteilt: Den Ostteil mit den spektakulärsten Tempeln und den Westteil auf der anderen Straßenseite. Es gibt zwei Ticketschalter, einen am Ostrand des Parks beim Tempio di Hera und einen an der Piazza Alexander Hardcastle an der Hauptstraße SS118 zwischen den beiden Parkhälften. Beim Osteingang gibt's einen Parkplatz.

Der Ostteil

Wer keine Zeit hat, den ganzen Park zu besuchen, sollte sich auf den Ostteil beschränken, denn dort befinden sich die drei am besten erhaltenen Tempel. Oberhalb des Ticketschalters am Rand eines Bergrückens steht der **Tempio di Hera** (Heratempel), der auch Tempio di Giunone (Junotempel) genannt wird. Obwohl er im Mittelalter durch ein Erdbeben teilweise zerstört wurde, sind ein Großteil des Säulengangs und der lange Altar, der früher als Opferaltar benutzt wurde, noch intakt. Die roten Brandspuren sind die Zeugnisse eines Feuers, das wahrscheinlich während der karthagischen Invasion 406 v. Chr. wütete.

Weiter geht's in Richtung Westen. Der Weg führt vorbei an einem knorrigen, 800 Jahre alten Olivenbaum und einigen in die Stadtmauern gebauten byzantinischen Gräbern zum **Tempio della Concordia** (Concordiatempel). Dieses bemerkenswerte Gebäude, das 430 v. Chr. errichtet wurde und für das Logo der Unesco Modell stand, hat dem

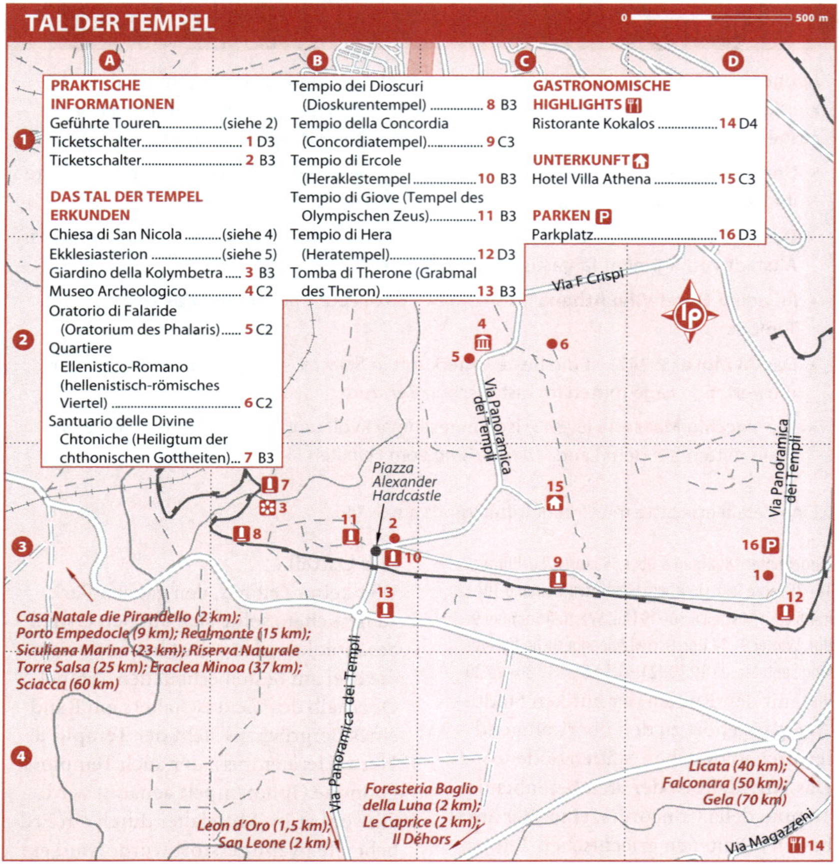

Zahn der Zeit fast vollständig getrotzt. Es gibt mehrere Gründe, warum gerade er überlebt hat und andere nicht. Zum einen, weil er im 6. Jh. in eine christliche Basilika umgewandelt wurde und man dabei die Konstruktion verstärkt hat. Der Hauptgrund ist aber unter ihm versteckt: Unter dem harten Felsen, auf dem der Tempel errichtet wurde, befindet sich eine weiche Lehmschicht, die wie ein natürlicher Stoßdämpfer wirkt und den Tempel bei Erdbeben schützt. Ob dies den griechischen Ingenieuren beim Bau bewusst war, wird heiß diskutiert. Die Gelehrten von heute tendieren zu der Annahme, dass es damals bekannt war. 1748 wurde der Tempel in seiner ursprünglichen Form restauriert und erhielt seinen jetzigen Namen.

Der letzte Tempel in diesem Teil, der **Tempio di Ercole** (Heraklestempel), ist der älteste. Er stammt vom Ende des 6. Jh. v. Chr. Acht von seinen 38 Säulen wurden wieder aufgebaut und die Besucher können zwischen den Resten der übrigen herumwandern.

Gegenüber von den Haupttempeln steht ein kleiner Tempel auf einem ho-

FRAGEN & ANTWORTEN: TAL DER TEMPEL

Wie kommt man hin? Mit Bus 1, 2 oder 3 vom Fernbusbahnhof an der Piazza Rosselli (1,50 €; am besten kauft man sich in Agrigent gleich ein Ticket für die Hin- und Rückfahrt). Wer mit dem Auto unterwegs ist, muss den Schildern folgen (Details stehen im Abschnitt „Orientierung" S. 274). Man kann sein Fahrzeug auf dem Parkplatz am Osteingang abstellen.

Wie viel Zeit sollte man mitbringen? Wer wirklich alles sehen will, sollte sich einen ganzen Tag Zeit nehmen. Das Wichtigste im Ostteil ist allerdings auch in einem halben Tag zu schaffen. Für das Museo Archeologico braucht man einen weiteren halben Tag.

Wann ist die beste Tageszeit für einen Besuch? Im Sommer ist wirklich viel los, sodass man sich früh auf den Weg machen sollte. Aber auch der frühe Abend ist eine Alternative, denn dann ist es kühler und die Tempel erstrahlen in wunderbar goldenem Licht. Von Juli bis Anfang September kann man den Ostteil des Parks auch abends besuchen (Mo–Fr 19.30–21.30, Sa & So 19.30–23.30 Uhr).

Was sollte man mitbringen? Da es im Juni, Juli und August extrem heiß ist, sollte man unbedingt einen Hut, Sonnencreme und viel Wasser dabeihaben. Abends ist eine Taschenlampe eine gute Idee. Wer ein ermäßigtes Ticket haben will, muss sein Alter nachweisen, also Reisepass oder Personalausweis nicht vergessen!

Lohnt sich ein Führer? Das ist Geschmackssache. Aber ein guter Führer kann aus einem ansonsten nur interessanten Besuch einen unvergesslichen Besuch machen. Weitere Details stehen auf S. 278.

Wo bekommt man gute Infos online? Aktuelle praktische Infos gibt's unter www.parcovalledeitempli.it und www.lavalledeitempli.it.

hen Sockel. Er ist als **Tomba di Terone** (Grabmal des Theron) bekannt. Er datiert aus dem Jahr 75 v. Chr., also ca. 500 Jahre nach dem Tod Therons, dem griechischen Tyrann von Agrigent.

Der Westteil

Die Hauptattraktion im Westteil sind die vor sich hinbröckelnden Reste des **Tempio di Giove** (Tempel des Olympischen Zeus). Mit einer Fläche von 112 x 56 m und 20 m hohen Säulen wäre er wohl der größte dorische Tempel geworden, der jemals gebaut wurde, wäre seine Errichtung nicht von der karthagischen Plünderung von Akragas unterbrochen worden. Der unvollendete Tempel wurde dann später durch ein Erdbeben zerstört. Zwischen dem Schutt liegt flach auf dem Rücken ein fast 8 m großer Telamon (eine gemeißelte Statue eines Mannes mit erhobenen Armen), der ursprünglich das Gewicht des Tempels tragen sollte. Diese Statue ist aber nur eine Kopie, das Original befindet sich im Museo Archeologico.

Geht man weiter, kommt man zu den vier Säulen des **Tempio dei Dioscuri** (Dioskurentempel oder Tempel des Kastor und Pollux), der im 5. Jh. v. Chr. errichtet und später von einem Erdbeben zerstört wurde. Im 19. Jh. wurde er dann teilweise wieder aufgebaut. Gleich dahinter befindet sich eine Anlage aus Altären und kleinen Gebäuden, die wahrscheinlich zum **Santuario delle Divine Chtoniche** (Heiligtum der chthonischen Gottheiten) aus dem 6. Jh. v. Chr. gehören.

In einer natürlichen Spalte unweit des Heiligtums liegt der **Giardino della Kolymbetra** (Kolymbetra-Garten; Erw./Kind 2/1 €; Okt.–März 10–17 Uhr, April–Juni 10–18 Uhr, Juli–Sept. 10–19 Uhr), ein üppig grüner Garten mit mehr als 300 (beschilderten) Pflanzenarten und einigen einladenden Picknicktischen. Aber Achtung, der Weg hinunter in die Spalte ist steil und nichts für wacklige Knie!

MUSEO ARCHEOLOGICO // AUSGEGRABENE ARTEFAKTE BESTAUNEN

Auf halber Strecke zwischen Agrigents Stadtzentrum und dem Tal der Tempel liegt das **Museo Archeologico** (Karte S. 276; ☎ 0922 40 15 65; Contrada San Nicola 12; Erw./EU-Bürger unter 18 & über 65 Jahren/EU-Bürger 18–25 Jahre 8/frei/4 €; Di–Sa 9.30–19, So & Mo 9–13 Uhr). Es beherbergt eine umfangreiche Sammlung von Artefakten aus dem antiken Akragas und anderen historischen Stätten in der Umgebung von Agrigent. In *sala* (Saal) 3 befinden sich wunderschöne schwarzrote Keramiken aus der Zeit zwischen dem 6. und 3. Jh. v. Chr., u. a. ein fantastischer *krater*, ein roter Keramikkelch aus dem Jahr 490 v. Chr. Weitere Highlights sind der 7,75 m hohe Telamon in *sala* 6, der ursprünglich Teil des Tempio di Giove war, und in *sala* 9 die hervorragend aus Marmor gearbeitete Statue eines *ephebus* (Junge) aus dem Jahr 470. Auf dem Gelände des Museums steht die im 13. Jh. errichtete **Chiesa di San Nicola** mit ihrem schönen gotischen Eingangsportal. Auf dem Platz vor der Kirche befindet sich das **Ekklesiasterion**, das im 3. Jh. v. Chr. als Versammlungsraum errichtet wurde. Daneben steht das **Oratorio di Falaride** (Oratorium des Phalaris), ein Tempel aus dem 1. Jh. v. Chr., der später in ein Oratorium umgewandelt worden ist.

Gegenüber vom Museum auf der anderen Straßenseite liegt das **Quartiere Ellenistico-Romano** (hellenistisch-römisches Viertel; Eintritt inkl. Ticket für Parco Valle dei Templi; 8.30–19 Uhr), ein Wohnviertel des antiken Akragas. Hier wurden etwa 20 Häuser ausgegraben.

FÜHRUNGEN

Man muss nicht Archäologie studiert haben, um die Tempel wirklich schätzen zu können, aber mit einem Führer kann die Vergangenheit zu neuem Leben erweckt werden. Die Haupttouristeninformation in Agrigent hat eine Liste mit mehrsprachigen Führern. Auch am Haupteingang zum archäologischen Park kann man einen anheuern. Der offizielle Preis beträgt 140 € für einen halben Tag. Zwei hervorragend Englisch sprechende Führer sind **Michele Gallo** (☎ 0922 40 22 57, 360 397930; www.sicilytravel.net) und der in Agrigent geborene **Luigi Napoli** (☎ 0922 2 91 41, 333 5498963; www.luiginapoli.tk). Sein Wissen über Tempel wird nur noch von seinem Enthusiasmus getoppt. Beide bieten Einzel- und Gruppenführungen an und können auch Besichtigungen von weiter entfernt liegenden Attraktionen organisieren.

ALTSTADT // EIN BUMMEL DURCH DIE VERWINKELTEN GASSEN DES MITTELALTERLICHEN KERNS VON AGRIGENT

Agrigents lebendiges, mittelalterliches Zentrum bildet die Via Atenea, eine reizende Straße mit netten Geschäften, Trattorien und Bars. Von hier winden sich klaustrophobisch enge Gassen mit unzähligen Palästen hinauf zu Agrigents traumhaftem **Dom** (Karte S. 274; Via Duomo; 9.30–12.30 & 16–18 Uhr). Die bemerkenswerte Kirche aus dem 11. Jh. wurde über die Jahrhunderte oft umgebaut – der unvollendete Glockenturm wurde Anfang des 15. Jhs. hinzugefügt. Sie hat eine wunderschöne normannische Decke und hütet einen mysteriösen Brief vom Teufel, der damit angeblich versucht haben soll, die Jungfrau von Agrigent in Versuchung zu führen. Er versprach ihr alle Schätze dieser Welt. Doch die Jungfrau war standhaft und verpetzte ihn beim Priester, dessen Nachfolger dieses mysteriöse Schreiben noch heute aufbewahren.

PSST! KIRCHE!

Aufgrund eines verblüffenden akustischen Phänomens, das als *il portavoce* (die getragene Stimme) bekannt ist, werden selbst die leisesten Geräusche im Dom von Agrigent übertragen. Das scheint aber nur für den Priester gemacht zu sein, der in der Apsis steht. Wenn ein Gemeindemitglied in der letzten Reihe nahe dem Eingang des Doms etwas flüstert, kann der Priester jedes einzelne Wort davon verstehen, obwohl er 85 m weit entfernt steht!

Unterhalb der Kathedrale befindet sich die kleine **Chiesa di Santa Maria dei Greci** (Karte S. 274; Mo–Sa 9–13 & 16–19 Uhr). Sie steht an der Stelle eines dorischen, der Athene geweihten Tempels aus dem 5. Jh. Im Inneren befinden sich einige schwer beschädigte byzantische Fresken und die Reste der original normannischen Decke.

Geht man in Richtung Piazzale Aldo Moro, erreicht man am Ende von ein paar Stufen bei der Via Atenea das **Monastero di Santo Spirito** (Kloster des Heiligen Geistes; Karte S. 274; Via Santo Spirito), das ca. 1920 von Zisterziensernonnen gegründet wurde. Durch ein stattliches, gotisches Portal gelangt man ins Innere, wo noch immer Nonnen wohnen, beten, meditieren und himmlisches Gebäck herstellen, u. a. *dolci di mandorla* (Mandelgebäck), Pistazien-*cuscusu* und *bucellati* (süße Teigrollen mit Feigen). Wer Gebäck kaufen will, muss nur an der Tür klingeln und sagen „*Vorrei comprare qualche dolci*" (ich möchte ein etwas Gebäck kaufen) und dann warten, was passiert.

Das kleine **Museo Civico** (Karte S. 274; ☎ 0922 40 14 50; Eintritt 2,50 €; Mo–Fr 9–13 & 15–18, Sa 9–13 Uhr) im Obergeschoss lohnt einen kurzen Besuch, denn von hier hat man einen schönen Blick über das Tal der Tempel, die Beschreibung der verschiedenen Exponate ist aber eher dürftig.

FESTE & EVENTS

Sagra del Mandorlo in Fiore (Fest der Mandelblüte; www.mandorloinfiore.net) Die große alljährlich stattfindende Party ist ein Volksfest, das am ersten Sonntag im Februar abgehalten wird, wenn das Tal der Tempel in Mandelblüten gehüllt ist.

Festa di San Calogero (Fest des San Calogero) Ein einwöchiges Fest, bei dem die Statue des San Calogero, der Agrigent vor der Pest rettete, durch die Stadt getragen wird, während Zuschauer Gewürzbrot auf den Heiligen werfen. Das Fest beginnt am ersten Sonntag im Juli.

GASTRONOMISCHE HIGHLIGHTS

In Agrigents Altstadt gibt's ein paar ausgezeichnete Trattorien, aber viele der schickeren Restaurants liegen am Meer zwischen dem Tal der Tempel und San Leone. Agrigent selbst ist berühmt für die fettige arabische Süßspeise *cuscusu*, die aussieht wie Grieß-Couscous, aber aus Mandeln und Pistazien besteht.

ALTSTADT

L'AMBASCIATA DI SICILIA €

Karte S. 274; ☎ 0922 2 05 26; Via Giambertoni 2; Gerichte 20–25 €; So geschl.

Wer in den Genuss eines unvergesslichen Blicks über das angestrahlte Tal der Tempel kommen will, sollte sich einen Stuhl auf der Terrasse dieser Trattoria an der Via Atenea schnappen. Die „Sizilianische Botschaft" ist eine der ältesten Trattorien in Agrigent. In diesem einfachen Lokal mit einem kleinen Raum und ein paar Tischen auf der Terrasse – die bessere Alternative – bietet die traditionelle Speisekarte leckere Antipasti,

Spaghetti mit Pistazien und *involtini* (Fleischröllchen).

RISTORANTE PER BACCO €€

Karte S. 274; ☎ 0922 55 33 69; Vicolo Lo Presti 2; Gerichte 30 €; Mo geschl.

Eins der besseren Restaurants ganz in der Nähe der Via Atenea (den Schildern folgen). Hinter der Holztür versteckt sich ein scheunenartiger Speisesaal mit Holzbalken, Gewölbe und ein unpassendes Bild mit einem halbnackten Mädchen hinter dem langen Tresen. Aus der Küche kommen hauptsächlich Fisch und Meeresfrüchte – die *spaghetti ai frutti di mare* (Spaghetti mit Meeresfrüchten) sind eine gute Wahl –, aber auch einige leckere meerlose Gerichte wie die sättigenden *fusilli* (Spiralnudeln) mit Speck, Tomaten, Zucchini und Chili.

TRATTORIA PIZZERIA MANHATTAN €

Karte S. 274; ☎ 0922 2 09 11; Salita Madonna degli Angeli; Menü Fleisch/Fisch 15/18 €; So geschl.

Auf den ersten Blick sieht diese Trattoria aus wie jede andere auch – draußen hängt die Speisekarte, drinnen ist es einfach und ohne jeden Schnickschnack. Aber zur Mittagszeit ist hier Schlange stehen angesagt. Der Grund dafür sind die ausgezeichneten Speisen, die wirklich ihr Geld wert sind. Es werden zwei Menüs angeboten (Fisch oder Fleisch). Wer will, kann aber auch à la carte essen und die leckeren *spaghetti alla siciliana* (Spaghetti mit Tomaten, Auberginen, Basilikum und Ricotta) probieren.

TAL DER TEMPEL

IL DÉHORS €€€

abseits der Karte S. 276; ☎ 0922 51 10 61; Contrada Maddalusa; Gerichte 40 €; Mo geschl.

Das Restaurant der Foresteria Baglio della Luna (s. S. 347) ist ein elegantes Lokal der gehobenen Preisklasse. Es bietet eine innovative sizilianische Küche und einen schönen Blick über das Tal der Tempel. Auf der Speisekarte stehen frische Meeresfrüchte, die in raffinierten Kreationen daherkommen, z. B. Seebrasse mit Pecorino-Käse und Auberginen-Tartar oder gegrillter Thunfisch mit Couscous, Minze und Pfeffersauce. Reservierung erforderlich!

LE CAPRICE €€

abseits der Karte S. 276; ☎ 0922 41 13 64; Via Cavaleri Magazzeni; Gerichte 30–35 €; Mo geschl.

Le Caprice gehört schon lange Zeit zu den besseren Restaurants von Agrigent. Es steht mitten in einem Garten mit einem Teich voller Schwäne. Dieses große Restaurant mit Platz für etwa 500 Personen ist für seine fangfrischen Meeresfrüchte berühmt. Wie wär's als Vorspeise mit einer Auswahl von dem riesigen Antipasti-Buffet? Danach kommt dann natürlich die gemischte Meeresfrüchteplatte, die dem Ruf des Restaurants alle Ehre macht. Dazu passt ganz hervorragend ein Gläschen sizilianischer Weißwein.

LEON D'ORO €€

abseits der Karte S. 276; ☎ 0922 41 44 00; Viale Emporium 102; Gerichte 35 €; Mo geschl.

Wirklich jeder in Agrigent kennt das Leon d'Oro. Das hochgelobte Restaurant hat sich auf die für die Küche von Agrigent typischen Fisch- und Geflügelgerichte spezialisiert. Die Speisekarte ist im einheimischen Dialekt geschrieben und passt zum rustikalen Interieur. Unbedingt *baccalà* (Stockfisch) mit Kartoffeln und *calamari su agrumi* (Tintenfisch mit Zitrusfrüchten) probieren! Totò, der Inhaber, verfügt außerdem über einen ganz außergewöhnlichen Weinkeller und ist überglücklich, wenn er gebeten wird, einen edlen Tropfen zu empfehlen.

RISTORANTE KOKALOS €€

Karte S. 276; ☎ 0922 60 64 27; Viale Magazzeni 3; Pizzas ab 6 €, Gerichte 25–30 €

Hier sieht's aus wie auf einer Ranch im Wilden Westen. Das Kokalos, Restaurant und Pizzeria in einem, genießt einen ausgezeichneten Ruf. Die Speisen sind ihr Geld wert, die Pizzas aus dem Holzkohlenofen sind göttlich. Das Lokal befindet sich an einer staubigen Nebenstraße der Straße nach San Leone, man braucht also ein Auto. Die Fahrt lohnt sich, denn man kann es sich auf der Sommerterrasse gemütlich machen und eine *margherita* (Pizza mit Tomaten, Mozzarella und Basilikum) und danach ein *semifreddo alle mandorle* (Mandeleisdessert) bestellen.

NACHTLEBEN

CAFÉ GIRASOLE

Karte S. 274; Via Atenea 68-70; So geschl.

In dem beliebten Café mit Weinbar genießen Einheimische in der Mittagspause Kaffee und *panini*. Abends wird das Lokal zum Treffpunkt der Thirty-Somethings, die an Cocktails schlürfen und kleine Snacks futtern. Gute Stimmung und Plätze im Freien in der Via Atenea.

TEATRO PIRANDELLO

Karte S. 274; ☎ 0922 59 03 60; Piazza Pirandello;Karten 7–20 €

Das von der Comune di Agrigento geführte Theater ist nach dem Teatro Massimo in Palermo und Catanias Teatro Massimo Bellini das drittgrößte Siziliens. Vorführungen gibt's von November bis April, auf dem Programm stehen hauptsächlich Stücke von dem aus Agrigent stammenden Lokalhelden Luigi Pirandello und gelegentlich auch Musicals. In der Touristeninformation bekommt man Infos zum laufenden Programm und wie man an Tickets kommt.

VERKEHRSMITTEL & -WEGE

AUTO // Agrigent ist von allen größeren Städten Siziliens leicht mit dem Auto zu erreichen. Die SS189 und die SS121 verbinden die Stadt mit Palermo, die SS115 führt an der Küste lang. Nach Enna kommt man auf der SS640 über Caltanissetta. Die Via Atenea, die Hauptstraße durch die Altstadt, ist von 9 bis 20 Uhr für Autos gesperrt.

BUS // Viele Orte sind von Agrigent aus am einfachsten mit dem Bus zu erreichen. Der Fernbusbahnhof (Karte S. 274) und die Fahrkartenschalter befinden sich an der Piazza Rosselli direkt neben der Piazza Vittorio

EINEN ABSTECHER WERT

Etwa 15 km nördlich von Agrigent in der Nähe von Aragona befinden sich die bizarren, faszinierenden **Vulcanelli di Macalube**. Hier erheben sich einen Meter hohe Schlammvulkane aus der rissigen Lehmerde. Der Grund dafür ist ein seltenes geologisches Phänomen, das als sedimentärer Vulkanismus bekannt ist. Hierbei handelt es sich um einen Prozess, bei dem unter Druck stehendes Erdgas, in diesem Fall Methan, den unterirdischen Boden mittels Explosion durch die Erdoberfläche zu Tage befördert. Ist der vor sich hin blubbernde Schlamm oben angekommen, trocknet er in der Sonne und bildet winzige Vulkane.

Die *vulcanelli* sind Teil der **Riserva Naturale Macalube di Aragona** (☎ 0922 69 92 10; www.macalife.it; Eintritt frei; 9–19 Uhr), die von Legambiente, Italiens größter Umweltschutzorganisation, verwaltet wird. Eigentlich benötigt man ein eigenes Auto, um hinzukommen. Man kann auch einen der Busse von Agrigent nach Aragona nehmen, muss dann aber noch 4 km laufen.

Emanuele. Busse von **Cuffaro** (☎ 0922 91 63 44; www.cuffaro.info) fahren nach Palermo (8,10 €, 2 Min., Mo–Sa 9-mal tgl., So 3-mal). Mit **SAIS Trasporti** (☎ 0922 2 93 24; www.saistrasporti.it) kommt man nach Catania, zum Flughafen von Catania (12,20 €, 3 Std., min. 10-mal tgl.) und nach Caltanissetta (5,80 €, 1¼ Std., mind. 10-mal tgl.). **SAL** (☎ 0922 40 13 60; www.autolineesal.it) fährt zu Palermos Flughafen Falcone-Borsellino (11,50 €, 2½ Std.).

PARKEN // In Agrigent einen Parkplatz zu suchen, ist ein Albtraum. Parkuhren gibt's an der Piazza Vittorio Emanuele und in den Straßen rund um die Piazzale Aldo Moro. Wer hier ein Plätzchen finden will, muss früh aufstehen.

ZUG // Es fahren regelmäßig Züge nach/ab Palermo (7,90 €, 2½ Std., 11-mal tgl.). Es gibt auch zwei Direktverbindungen nach/ab Catania (11,10 €, 4 Std.). Im Bahnhof finden sich Schließfächer (2,50 €/12 Std.).

WESTLICH VON AGRIGENT

Die SS115, die durch eine malerische Landschaft führt, folgt von Agrigent der Küste in Richtung Westen bis zum historischen Kurort Sciacca. Unterwegs kommt man an einigen traumhaften Sandstränden, einem Naturschutzgebiet und den Resten einer antiken griechischen Stadt vorbei, die wahrscheinlich vom kretischen König Minos, auf dem der Mythos von Minotaurus beruht, errichtet wurde.

VON AGRIGENT NACH SCIACCA

CASA NATALE DI PIRANDELLO // DEM LITERATURGENIE PIRANDELLO SEINE EHRERBIETUNG ERWEISEN

Südwestlich von Agrigent befindet sich in einem Vorort von Caos, nach etwa 2 km auf der SS115 nach Porto Empedocle, die **Casa Natale di Pirandello** (☎ 0922 51 18 26; Eintritt 2 €; 9–13 & 15–19 Uhr), das Geburtshaus von Luigi Pirandello (1867–1936). Pirandello gehört zu den ganz Großen der italienischen Literatur und wurde 1934 mit dem Nobelpreis für Literatur ausgezeichnet. Am Anfang seiner Karriere schrieb er Kurzgeschichten und Romane, wirklich bekannt wurde er aber als Dramatiker mit Meisterwerken wie *Sei personaggi in ricerca di un autore* (*Sechs Personen suchen einen Autor*) und *Enrico IV* (*Heinrich IV.*).

Als junger Mann verließ Pirandello Agrigent, er kehrte aber fast jeden Sommer hierher in die Familienvilla zurück. Das Haus ist jetzt ein kleines Museum, in dem man unzählige Erstausgaben, Fotos, Rezensionen und Theaterplakate bewundern kann. Die Asche von Pirandello wird in einer Urne aufbewahrt, die unter einer Kiefer im Garten vergraben ist.

Nach ein paar Kilometern erreicht man **Porto Empedocle**, wo die Fähren zu den Pelagischen Inseln ablegen. Auch dieser Ort hat literarischen Ruhm erlangt, denn Andrea Camilleri, Italiens beliebtester lebender Autor und Schöpfer von Commissario Montalbano, ist 1925 hier geboren.

STRÄNDE & KLEINODE // SANDSTRÄNDE UND WEGE MIT RUNDUMBLICK ERKUNDEN

Der am dichtesten bei Agrigent gelegene Strand ist in **San Leone**, einer lebendigen Trabantenstadt am Meer. Wer aber einen fahrbaren Untersatz hat und auf der SS115 weiter nach Westen fährt, kann einige Traumstrände entdecken.

Einer der schönsten und kaum publik gemachten Orte in der Gegend um Agrigent ist die **Scala dei Turchi**, ein schneeweißer Felsen, der wie eine riesige Treppe geformt ist, die bei dem Örtchen Realmonte, 15 km westlich von Agrigent, ins Meer führt. Der Felsen verdankt seinen

LAMPEDUSA

Lampedusa, die größte der drei Pelagischen Inseln (die beiden anderen heißen **Linosa** und **Lampione**), liegt 205 km südlich von Sizilien und damit dichter an Tunesien als an Italien. Sie ist von aquamarinblauem Meer umgeben und im Sommer ein beliebtes Ferienziel. Hier leben 6100 Menschen, diese Zahl verdreifacht sich jedoch im Juli und August. Im Winter liegen die Verkehrsverbindungen so gut wie brach und fast alle Hotels und Restaurants sind geschlossen.

Die Hauptattraktion der Insel sind ihre Strände an der 11 km langen Südküste. Der berühmteste und gleichzeitig auch der schönste Strand am Mittelmeer ist der **Spiaggia dei Conigli** (Kaninchenstrand) auf der Isola dei Conigli – eine traumhaft abgelegene Bucht mit seichtem, türkisfarbenem Wasser. Der Strand ist Teil eines Naturschutzgebiets, das einzigartig in Italien ist. Nur hier legt die *Caretta caretta* (Unechte Karettschildkröte) ihre Eier (Juli & Aug.). Weitere Strände sind **Cala Francese**, **Cala Galera** und **Cala Greca**.

Die Fähren von **Siremar** (☎ 892123; www.siremar.it) fahren das ganze Jahr über von Porto Empedocle nach Lampedusa (50,60 €, 8¼ Std.). Von Mai bis Oktober rasen die Tragflächenboote von **Ustica Lines** (☎ 0923 87 38 13; www.usticalines.it) fünf Mal wöchentlich nach Lampedusa (56,70 €, 4¼ Std.). Von Palermo aus kann man direkt nach Lampedusa fliegen, im Sommer auch von Rom, Mailand, Verona und Bologna.

Namen den arabischen und türkischen Piraten, die hier bei Sturm Schutz suchten. Er ist ein beliebter Treffpunkt bei einheimischen Sonnenanbetern, die sich auf dem glatten, milchigweißen Felsen in der Sonne aalen und im indigoblauen Meer baden. Wer hier einen ganzen Tag verbringen will, sollte sich ein Picknick mitnehmen. Mittags bekommt man aber auch im **Lido Scala dei Turchi**, direkt oben bei den Stufen, die zum Strand hinunterführen, etwas zu essen.

Etwa 5 km westlich von Realmonte befindet sich bei **Siculiana Marina** ein fantastischer Sandstrand. Die vom WWF verwaltete **Riserva Naturale Torre Salsa** (www.wwftorresalsa.it) bietet traumhafte, gut ausgeschilderte Wanderwege mit umwerfenden Ausblicken auf die umliegenden Berge und die Küste. Der wunderschöne **Torre-Salsa-Strand** eignet sich hervorragend für einen Sprung ins kühle Nass. Man erreicht ihn über den Nordeingang des Naturschutzgebiets.

ERACLEA MINOA // MALERISCHE RUINEN EINER MYTHISCHEN GRIECHISCHEN STADT

Eraclea Minoa war in der Antike eine bedeutende griechische Siedlung. Heute ist es ein kleiner Ferienort, der im Juli und August proppenvoll, ansonsten aber recht leer ist. Der Legende nach wurde Eraclea Minoa ursprünglich vom kretischen König Minos gegründet, der auf der Suche nach Dädalus nach Sizilien kam – der ehemalige Günstling, war in Ungnade gefallen und hatte Kreta verlassen. Historiker gehen davon aus, dass die Stadt im 6. Jh. v. Chr. von griechischen Kolonisten gegründet wurde und im 4. und 5. Jh. ihre Blütezeit erlebte. Die kargen Ruinen der Stadt können im **archäologischen Park** (Eintritt 4 €; Mo–Sa 9 Uhr–1 Std. vor Sonnenuntergang) an der Landzunge hinter dem am Meer gelegenen Hauptort besichtigt werden. Die Ruinen sind ziemlich spärlich – die verfallenen Überreste des Theaters aus weichem

TOP FIVE

STRÄNDE

- ★ **Spiaggia dei Conigli** (S. 283) – eine himmlische Bucht bei Lampedusa, eine der tollsten Badestellen am Mittelmeer
- ★ **Torre Salsa** (S. 283) – 6 km nichts als Sand, Dünen und Felsen inmitten eines Naturschutzgebiets
- ★ **Scala dei Turchi** (S. 282) – ein leicht geisterhafter, vom Wind durchpeitschter weißer Felsen umgeben von herrlich kristallklarem Wasser
- ★ **Eraclea Minoa** (S. 283) – ein beliebter Sandstrand, der von Bäumen und Kreidefelsen gesäumt ist
- ★ **Falconara** (S. 290) – ein hübscher Sandstreifen, der von einer Burg aus dem 14. Jh. bewacht wird

Sandstein sind mit Plastikplanen bedeckt –, aber der Ausblick und das singende Buschwerk sind einfach großartig.

Wer genug Historisches gesehen hat, geht runter an den wunderschönen, fotogenen, goldfarbenen **Strand**, der von schlanken Eukalyptusbäumen, Zypressenhainen und Kreidefelsen gesäumt ist. Hier kann man sich auch eine erfrischende Gesichtsmaske auflegen: Am Westende des Strands befindet sich ein natürlicher Schlammfelsen, von dem man Schlamm abkratzen und dann auf die Haut reiben kann – die Einheimischen machen das genauso. Dann lässt man das Ganze von der Sonne trocknen und wäscht es anschließend im Meer wieder ab. Nach nur zehn Minuten sieht man mindestens zehn Jahre jünger aus – garantiert ... (leider konnten wir keine Vorher-Nachher-Bilder abdrucken).

SCIACCA

40 930 Ew.

Sciacca, die bedeutendste Stadt an diesem Küstenabschnitt, ist für ihre historischen Spas und ihren farbenprächtigen Karneval berühmt. Sie wurde im 5. Jh. v. Chr. als Kurort des nahe gelegenen Selinunt gegründet und erlebte später ihre Blütezeit unter den Sarazenen, die im 9. Jh. hier eintrafen und den Ort *Xacca* („Wasser" auf Arabisch) nannten, und unter den Normannen. Das heilende Wasser zieht noch heute ganze Busladungen italienischer Touristen an, die sich hier ihre unterschiedlichsten Zipperlein mit schwefelhaltigen Dämpfen und mineralhaltigem Schlamm behandeln lassen. Aber abgesehen von den Spas und Thermalbädern ist Sciacca ein Städtchen mit entspannter Atmosphäre, einem schönen mittelalterlichen Kern und einigen ausgezeichneten Fischrestaurants.

PRAKTISCHE INFORMATIONEN

NOTFALL // **Krankenhaus** (☎ 0925 96 21 11; Via Pompei) **Polizei** (☎ 0925 96 50 11; Via Jacopo Ruffini 12)

TOURISTENINFORMATION // **Touristeninformation** (☎ 0925 2 27 44; www.serviziotur isticoregionalesciacca.it; Corso Vittorio Emanuele 84; ⏰ Mo–Fr 9–14, Mi 15.30–18.30 Uhr) In der Hauptstraße. Das hilfsbereite Personal spricht Englisch.

ORIENTIERUNG

Sciacca hat viel von seinem mittelalterlichen Grundriss bewahrt, der die Stadt in Viertel unterteilt hat. Sie befinden sich alle auf Felsen, die in Richtung Meer abfallen. Am interessantesten ist die Hauptverkehrsader, der Corso Vittorio Emanuele, und die darüber liegende Altstadt. Die Piazza Scandaliato liegt etwa in der Mitte dieser Straße und ist ein beliebter Treffpunkt mit schöner Aussicht und Treppen, die hinunter zum Fischereihafen führen.

SCIACCA ERKUNDEN

ALTSTADT // DURCH DIE MITTELALTERLICHEN STRASSEN MIT DEN ELEGANTEN PALAZZI BUMMELN

Los geht's in Sciaccas Hauptstraße, dem **Corso Vittorio Emanuele** mit seinen beeindruckenden Palazzi, Keramikgeschäften und interessanten Kirchen. Am Westende steht der **Palazzo Steripinto**, ein imposantes Beispiel der katalanisch-gotischen Architektur des 16. Jhs. Er ist an seiner Rustikaquaderung und den zweiflügeligen Fenstern leicht zu erkennen. Gleich südlich, unweit der Porta San Salvatore, befinden sich zwei interessante Kirchen: die **Chiesa di Santa Margherita** aus dem 14. Jh. mit einem wunderschönen Renaissanceportal und einem ziemlich angeschlagenen, barocken Inneren und die **Chiesa del Carmine** mit einer seltsam aussehenden Fensterrosette aus dem 13. Jh., die etwa 600 Jahre älter ist als die Kuppel mit Majolika-Kacheln.

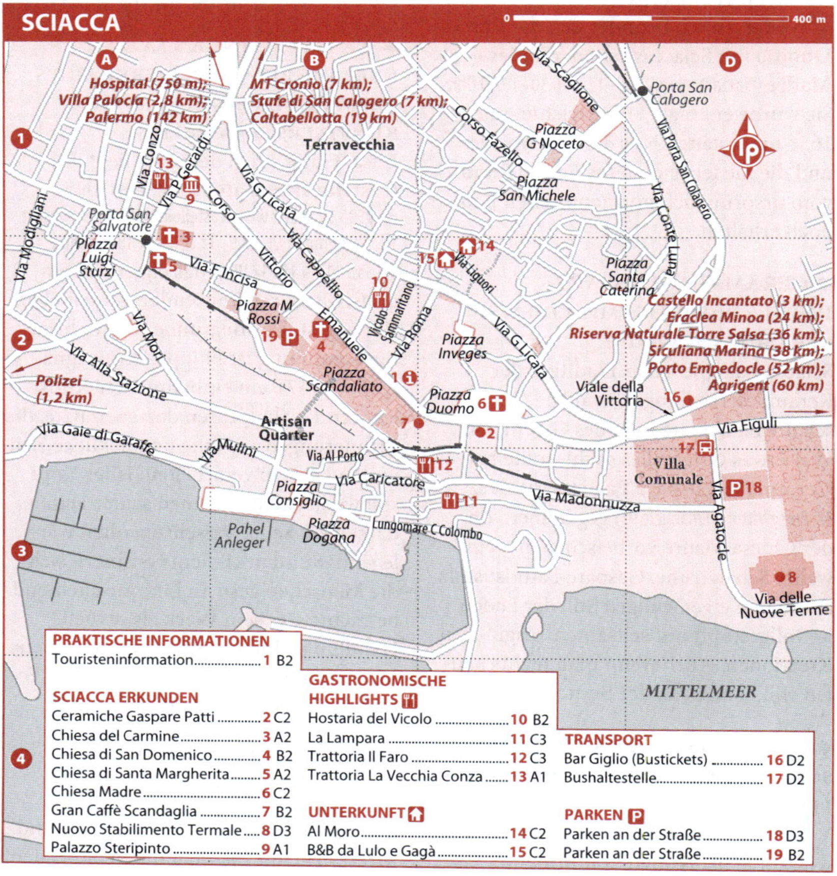

PRAKTISCHE INFORMATIONEN
Touristeninformation 1 B2

SCIACCA ERKUNDEN
Ceramiche Gaspare Patti 2 C2
Chiesa del Carmine 3 A2
Chiesa di San Domenico 4 B2
Chiesa di Santa Margherita 5 A2
Chiesa Madre 6 C2
Gran Caffè Scandaglia 7 B2
Nuovo Stabilimento Termale 8 D3
Palazzo Steripinto 9 A1

GASTRONOMISCHE HIGHLIGHTS
Hostaria del Vicolo 10 B2
La Lampara 11 C3
Trattoria Il Faro 12 C3
Trattoria La Vecchia Conza 13 A1

UNTERKUNFT
Al Moro 14 C2
B&B da Lulo e Gagà 15 C2

TRANSPORT
Bar Giglio (Bustickets) 16 D2
Bushaltestelle 17 D2

PARKEN
Parken an der Straße 18 D3
Parken an der Straße 19 B2

Schlendert man auf dem Corso Vittorio Emanuele weiter in Richtung Osten, kommt man zur **Piazza Scandaliato**, einem abschüssigen Platz gegenüber der Touristeninformation. Im **Gran Caffè Scandaglia** (☎ 0925 2 10 82; Piazza Scandaliato 5-6) kann man sich unter die Einheimischen mischen, einen Kaffee oder eine Zitronen-*granita* genießen, die Welt an sich vorbeiziehen lassen und über die neuesten Tagesereignisse diskutieren. Am westlichen Ende des Platzes steht die rekonstruierte **Chiesa di San Domenico** aus dem 18. Jh.; die ursprüngliche Kirche wurde im 16. Jh. erbaut.

Weiter östlich befindet sich die **Piazza Duomo** mit Sciaccas schöner **Chiesa Madre** (Piazza Duomo; 8–12 & 16.30–19.30 Uhr). Sie wurde erstmals 1108 errichtet und 1656 umgestaltet. Nur die drei Apsiden und die nie fertig gestellte Fassade sind vom ursprünglich normannischen Bau noch erhalten.

CERAMICHE GASPARE PATTI // WIE WÄR'S MIT EINEM KERAMIK-SOUVENIR?

Sciacca hat eine lange Tradition der Keramikherstellung. Unzählige Geschäfte bieten farbenfrohes Geschirr an. Wer etwas Originelles sucht, sollte bei **Ceramiche Gaspare Patti** (☎ 0925 99 32 98; Corso Vittorio Emanuele 95) gegenüber von der Chiesa Madre vorbeischauen – eine wahre Schatztruhe. Gaspare Patti ist stolz auf seinen eigenwilligen Stil, der Laden ist vollgestopft mit seltsamen, originellen Kreationen. Auch wenn man nichts kaufen will, lohnt sich der Besuch allemal.

WELLNESS // MASSAGEN UND SCHLAMMPACKUNGEN VOM FEINSTEN

Wer in dieser Stadt eine Kur machen will, sollte ins **Nuovo Stabilimento Termale** (☎ 0925 96 11 11; www.grandhoteldelleterme.com, italienisch; Via Agatocle 2) gehen, ein Thermalbadkomplex neben dem Grand Hotel delle Terme. Hier kann man sich vielen Behandlungen unterziehen – von Shiatsu-Massagen über Schlammpackungen bis zu Hydrotherapien im 32 °C warmen Pool. Eine einfache kosmetische Gesichtsbehandlung kostet 32 €, eine 50-minütige Brustverschönerung gibt's für 197 €. Wer ein Auto hat, kann auch ins 7 km außerhalb der Stadt gelegene Monte Cronio fahren und die natürlichen Höhlendämpfe der **Stufe di San Calogero** (☎ 0925 2 61 53) einatmen.

CASTELLO INCANTATO // ÜBER DIE BIZARREN WERKE EINES VERSPONNEN EINHEIMISCHEN KÜNSTLERS SINNIEREN

Etwa 3 km östlich der Stadt liegt das **Castello Incantato** (Verzaubertes Schloss; ☎ 0925 99 30 44; www.castelloincantato.net; Eintritt 3 €; Sommer Di–Sa 9–13 & 16–20 Uhr, Winter Di–Sa 9–13 & 15–17 Uhr), das eigentlich ein großer Park mit Tausenden gemeißelten Köpfen ist. Der Begründer dieser bizarren Sammlung ist Filippo Bentivegna (1888–1967), ein einheimischer Künstler, der die Skulpturen dazu benutzte, die Erinnerungen an seine unglückliche Zeit in den USA zu verarbeiten. Jeder Kopf soll wahrscheinlich einen seiner Feinde darstellen. Seine Verschrobenheit war legendär und noch heute erinnern sich die Menschen gern an ihn. Anscheinend betrachtete er sein Werk als sexuelle Handlung. Und er verlangte von seinen Mitmenschen sogar, dass sie ihn als „*Eccellenza*" (Eure Exzellenz) anredeten.

GASTRONOMISCHE HIGHLIGHTS

In Sciacca dreht sich alles um Fisch und Meeresfrüchte, die man unten am Hafen

KARNEVAL IN SCIACCA

Sciaccas Karneval ist in ganz Sizilien wegen seiner Extravaganz und der famosen Partystimmung bekannt. Er findet vom letzten Donnerstag vor der Fastenzeit bis zum Faschingsdienstag statt, wird Mitte Mai wiederholt und besteht aus einer verblüffenden Parade mit auf Wagen befestigten Pappmaché-Figuren.

Die Festlichkeiten beginnen damit, dass dem Karnevalskönig Peppi Nappa symbolisch die Schlüssel der Stadt überreicht werden. Danach ziehen die farbenprächtigen Karnevalswagen mit den grotesken Karikaturen durch die Straßen. Die Figuren – Persönlichkeiten aus Politik und Gesellschaft – werden alljährlich in Handarbeit nach traditioneller Technik hergestellt. Die Wagen rollen durch die kurvigen Straßen der Altstadt, während maskierte Männer und Frauen um sie herumspringen und zu sizilianischer Musik tanzen. Auch satirische Dichtkunst wird vorgetragen.

in einem der ausgezeichneten Restaurants genießen kann.

HOSTARIA DEL VICOLO €€€

☎ 0925 2 30 71; www.hostariadelvicolo.it; Vicolo Sammaritano 10; Gerichte 45 €; So abends & Mo geschl.

Das noble Restaurant liegt versteckt in einer winzigen Gasse in der Altstadt und bietet ein kulinarisches Husarenstück: schwere Tischdecken, geräuschlose Bedienung und eine ellenlange Weinkarte. Die traditionelle sizilianische Küche hat einen modernen Touch. Die frische Pasta ist ausgesprochen lecker. Als *primo* (erster Gang) sollte man die *taglioni al nero di seppia e ricotta salata* (schmale Bandnudeln mit Sepiatinte und salzigem Ricotta) bestellen. Als Hauptgang bietet sich dann *merluzzo ai fichi secchi* (Kabeljau mit getrockneten Feigen) an.

LA LAMPARA €€

☎ 0925 8 50 85; Via Caricatore 33; Gerichte 35 €; Mo geschl.

Das La Lampara hat nichts mit den schmuddeligen Straßen am Hafen gemein. Es ist ein modisches, zeitgenössisches Restaurant, das moderne, kreative Fischspeisen bietet. Es sind vielleicht nicht alle Gerichte der Bringer – für 10 € könnte man von dem Shrimp-Salat, der als Vorspeise serviert wird, etwas mehr erwarten. Aber die meisten Gerichte sind dennoch hervorragend. Besonders empfehlenswert sind das Thunfischsteak, das mit Sesamkörnern paniert und mit Balsamico-Essig serviert wird, und der Schokoladenkuchen mit Pistazieneis.

TRATTORIA AL FARO €

☎ 0925 2 53 49; Via Al Porto 25; Menüs 17,50–25 €; So geschl.

Wer der Meinung ist, dass preiswerte Meeresfrüchte nichts sein können, sollte das überdenken. Diese einladende Trattoria am Hafen gehört zu den wenigen Lokalen, in denen man für weniger als 20 € in leckeren Meeresfrüchten schwelgen kann. Die Auswahl ist nicht groß, denn was auf den Tisch kommt, hängt vom Fang der Fischer ab. Probieren sollte man hier *pasta con le sarde* (Pasta mit Sardinen, Fenchel, Brotkrumen und Rosinen) und gegrillte *calamari* (Tintenfisch). Dieses Restaurant wird von der Slow-Food-Bewegung empfohlen.

TRATTORIA LA VECCHIA CONZA €€

☎ 0925 2 53 85; Via Gerardi 39; Gerichte 25–30 €; Mo geschl.

Das lockere Lokal in der Nähe der mittelalterlichen Porta San Salvatore ist mittags bei Einheimischen sehr beliebt.

Es ist wie eine typische Trattoria eingerichtet – Steinbögen und viele Keramikgegenstände. Auf der Speisekarte stehen hauptsächlich Fischgerichte. Als Vorspeise sollte man *polpettine di acciughe* (Sardellenbällchen) bestellen und danach ein leckeres *risotto alla marinara in salsa zafferano* (Risotto mit Meeresfrüchten und Safransauce).

VERKEHRSMITTEL & -WEGE

BUS // Die Busse von **Lumia** (☎ 0922 2 04 14; www.autolineelumia.it) fahren nach Agrigent (6 €, 1¾ Std.., Mo–Sa 11-mal tgl., So 2-mal) und Trapani (8,30 €, 4 Std., Mo–Sa 3-mal tgl., So 1-mal). Alle Busse kommen an der Villa Comunale in der Via Figuli an und fahren an der Via Agatocle ab. Fahrkarten gibt's in der Bar Giglio in der Viale della Vittoria 22.

AUTO // Sciacca liegt ca. 60 km entfernt von Agrigent an der SS115.

PARKEN // Parken kann man in der Via Agatocle in der Nähe vom Nuovo Stabilimento Termale und auf dem namenlosen Platz unterhalb der Piazza Scandaliato.

RUND UM SCIACCA

CALTABELLOTTA // EIN ORT HOCH OBEN AUF EINEM HÜGEL MIT TRAUMHAFTEM RUNDUMBLICK

Die Fahrt nach **Caltabellotta** ist recht anstrengend. Nicht so sehr wegen der Entfernung – der Ort liegt nur 19 km nordöstlich von Sciacca – sondern vielmehr wegen der Straße, die sich fast senkrecht den Berg hinaufwindet. Das Städtchen liegt 949 m über dem Meeresspiegel. Wer die Mühe nicht scheut, wird mit einem fantastischen Rundumblick auf 21 (anscheinend) ganz in der Nähe liegende Dörfer belohnt. Der höchste Punkt im Ort ist die Ruine einer **Normannischen Burg**, in der 1302 der Friedensvertrag unterzeichnet wurde, der die Wirren infolge der Sizilianischen Vesper beendete. Von hier betrachtet, scheinen die Terrakottadächer und grauen Häuser wie ein perfektes Mosaik an den Felsen zu kleben. Unterhalb der Burg steht die restaurierte **Chiesa Madre** mit original gotischem Portal und Spitzbögen. Am Dorfrand befindet sich das verfallene Kloster von **San Pellegrino**. Von hier aus kann man die Höhlen sehen, die in prähistorischen Zeiten als Gräber dienten.

Wer kein eigenes Auto hat, kommt mit einem der Lumia-Busse von Sciacca hierher (2,60 €, 50 Std., Mo–Fr 4-mal tgl.).

ÖSTLICH VON AGRIGENT

Die Gegend östlich von Agrigent ist voller Gegensätze. Man braucht nur die industrielle Horror-Show rund um Gela zu verlassen und ein paar Kilometer landeinwärts zu fahren und schon ist man in einer anderen, einer ruhigen, ländlichen Welt mit grünen Feldern, Hügeln und verschlafenen, mittelalterlichen Städtchen. An der Küste gibt es überraschend wenig touristische Einrichtungen. Wer ein eigenes Fahrzeug hat, findet hier und da wilde, unberührte Strände.

GELA

77 115 Ew.

Trotz der bemerkenswerten Vergangenheit als eine von Siziliens größten antiken Städten ist das moderne Gela eine Enttäuschung: Die chaotische Industriestadt genießt einen Ruf als Mafiahochburg. Von ihrer Blütezeit als wirtschaftliche Triebfeder der mächtigen griechischen Kolonie, die sich schließlich ausbreitete, um Akragas, Eraclea Minoa und Selinunt zu gründen, ist nicht viel übrig geblieben. 405 v. Chr. wurde die Stadt von Karthago geplündert und

282 v. Chr. von Agrigents Heer dem Erdboden gleichgemacht. Gela war die erste italienische Stadt, die von den Alliierten im Zweiten Weltkrieg (im Juli 1943) befreit wurde, jedoch erst nachdem sie zuvor von Bomben in Schutt und Asche gelegt wurde. In den Nachkriegsjahren wurden hier große petrochemische Raffinerien gebaut, die zusammen mit billigen Wohnblocks noch immer die Stadt verschandeln. Abgesehen vom faszinierenden archäologischen Museum und den Resten der alten Befestigungsmauern gibt es eigentlich keinen zwingenden Grund, nach Gela zu fahren.

ORIENTIERUNG

Wer einen fahrbaren Untersatz hat, folgt den Schildern ins Stadtzentrum und zum Museum am östlichen Zipfel des Corso Vittorio Emanuele, der wichtigsten Ost-West-Verbindung der Stadt. Ein paar Blocks unterhalb des Corso befindet sich die endlos scheinende Uferstraße mit Bars, Pizzerien und Restaurants.

GELA ERKUNDEN

MUSEO ARCHEOLOGICO // ZWISCHEN DEN RELIQUIEN VON GELAS GROSSER VERGANGENHEIT DIE ZEIT VERGESSEN

Das **Museo Archeologico** (☎ 0933 91 26 26; Corso Vittorio Emanuele; Erw: /Erm. inkl. Acropoli & Capo Soprano 3/1,50 €; 9–18 Uhr, am letzten Mo des Monats geschl.) ist der einzige Ort, der einen Einblick in Gelas eindrucksvolle Vergangenheit gewährt. Es zeigt Artefakte der antiken Akropolis der Stadt und ist zu Recht berühmt für die weltweit größte Sammlung von rot-schwarzen *kraters* (Vasen, die zum Mischen von Wein und Wasser benutzt wurden). Diese Terrakottagefäße waren zwischen dem 7. und 4. Jh. v. Chr. Gelas Spezialität und wurden in der gesamten griechischen Welt wegen des filigranen Designs und der erstklassig gearbeiteten Symbole bewundert. Weitere Museumsschätze sind Italiens bedeutendste Sammlung von antiken Vasen aus dem 8. bis 6. Jh. und etwa 600 Silbermünzen, die in Agrigent, Gela, Syrakus, Messina und Athen geprägt wurden. Ursprünglich waren es über 1000 Münzen; nach einem Diebstahl 1976 konnte nur rund die Hälfte davon wiedergefunden werden. In jüngerer Zeit erwarb die Stadt drei ungewöhnliche Terrakotta-Altäre. Diese hatte man 2003 in einer Lagerhalle aus dem 5. Jh. v. Chr. entdeckt, die unter einer 6 m dicken Sandschicht geschlummert hatte.

Außerhalb des Museums gelangt man durch ein Tor zu einer kleinen **acropoli** (Akropolis; Erw./erm. inkl. Museo Archeologico & Capo Soprano 3/1,50 €; 9 Uhr–1 Std. vor Sonnenuntergang), wo man sich die dürftigen Reste einer antiken griechischen Akropolis anschauen kann. Leider trägt das petrochemische Werk in der Nähe nur wenig zur schönen Atmosphäre bei.

CAPO SOPRANO // GELAS ANTIKE GRIECHISCHE BEFESTIGUNGSMAUERN BEWUNDERN

Am Westrand der Stadt findet man etwa 4 km westlich des Museums die Reste von Gelas antiken **Griechischen Befestigungsmauern** (Erw./Erm. inkl. Museo Archeologico & Acropoli 3/1,50 €; 9 Uhr–1 Std. vor Sonnenuntergang) am Capo Soprano. Sie wurden vom Syrakuser Tyrannen Timoleon 333 v. Chr. in Auftrag gegeben und sind erstaunlich gut erhalten. Das ist wahrscheinlich den Sanddünen zu verdanken, unter denen sie Tausende von Jahren begraben waren, bevor sie 1948 entdeckt wurden.

Die 8 m hohen Mauern sollten auch die Unmengen Sand aufhalten, die vom stürmischen Seewind in die Stadt geblasen wurden. Heutzutage sind die meisten

Mauern verfallen und die Behörden haben Bäume pflanzen lassen, die als Schutz gegen den Sand dienen sollen. Der hübsche mit Mimosen und Eukalyptusbäumen bepflanzte Ort eignet sich perfekt für ein Picknick. 500 m von den Mauern entfernt befinden sich neben dem Krankenhaus die einzigen Überreste **Griechischer Bäder** (Via Europa; tgl.) auf ganz Sizilien. Sie stammen aus dem 4. Jh. v. Chr.

VERKEHRSMITTEL & -WEGE

BUS // Von der Piazza Stazione vor dem Bahnhof starten regelmäßig Busse nach Agrigent und in die umliegenden Städte sowie nach Syrakus und Caltanissetta.
AUTO // Gela ist gut mit dem Auto zu erreichen: die SS115 führt in westlicher Richtung nach Agrigent und in östlicher Richtung nach Ragusa und Modica. Die SS117bis verbindet die Stadt mit Caltagirone (über die SS417) und Piazza Armerina.

RUND UM GELA

FALCONARA // EIN STRAND WARTET AUF BESUCHER

Im Zweiten Weltkrieg stemmte sich die Südküste Siziliens gegen die drohende Invasion der Alliierten, woran auch heute noch die verlassenen Bunker in der Umgebung von Gela erinnern. Die besten Strände liegen im Westen der Stadt hinter der sogenannten Gela Riviera, sie sind wild und unberührt. In **Falconara**, 20 km westlich von Gela, kann man sein Handtuch auf einem traumhaften Sandstrand ausbreiten, über dem das beeindruckende **Castello di Falconara** aus dem 14. Jh. thront. Die Burg ist für die Öffentlichkeit nicht zugänglich, da sie sich im Privatbesitz einer Adelsfamilie befindet. Aber wer hier übernachten will, kann ein Zimmer über **I Castelli** (☎ 095 779 30 97; www.icastelli.net) buchen.

LICATA // NICHTS WIE REIN INS GETÜMMEL UND STILVOLL SPEISEN

Nach ca. 10 km auf der SS115 erreicht man den betriebsamen Hafen von **Licata**. Von Weitem macht der Ort nicht viel her. Hinter den trostlosen Vororten versteckt sich aber eine bezaubernde, wenn auch leicht heruntergekommene Altstadt. Die Action findet auf der **Piazza Progresso** statt, die zwischen den beiden Hauptstraßen liegt, dem Corso Roma mit seinen eleganten Barockpalästen und dem Corso Vittorio Emanuele.

Oberhalb der Stadt steht eine **Burg** aus dem 16. Jh., von der man einen schönen Blick hinunter auf den Hafen hat. Es macht zwar Spaß, durch die wuseligen Straßen von Licata zu bummeln, aber der Hauptgrund für einen Zwischenstopp in diesem Ort sind die Restaurants. Einen unvergesslichen Abend wird man im **Ristorante La Madia** (☎ 0922 77 14 43; www.ristorantelamadia.it; Via Filippo Re Capriata 22; Gerichte 60 €; Di geschl.) verbringen. Dieses Restaurant hat einen Michelin-Stern und gilt als eines der besten ganz Siziliens. Der hier geborene Küchenchef Pino Cuttaia bereitet alle seine Speisen mit viel Liebe zu. Er zaubert moderne sizilianische Gerichte aus echten Mittelmeerzutaten, z. B. über Tannenzapfen geräucherten *merluzzo* (Kabeljau) oder Tintenfisch mit Fenchelcreme. Wer es lieber etwas einfacher mag, geht in die **Hostaria L'Oste e il Sacrestano** (☎ 0922 77 47 36; Via Sant'Andrea 19; Gerichte 30 €; So abends & Mo geschl.) direkt beim Corso Vittorio Emanuele, wo Fleisch und frische Meeresfrüchte auf den Tisch kommen. Dieses Lokal wird von der Slow-Food-Bewegung empfohlen.

Weiter geht's von Licata nach **Palma di Montechiaro**, der Heimat der Prinzen von Lampedusa. Der Ort wurde durch Giuseppe Tomasi di Lampedusa,

MITTELMEERKÜSTE

Autor von *Il Gattopardo* (*Der Leopard*), berühmt. Der Ahnenpalast der Familie aus dem 17. Jh. ist schon seit einiger Zeit nicht mehr bewohnt. Die **Chiesa Matrice** steht noch und kann besichtigt werden.

BERGDÖRFER // EINE TOUR DURCHS HINTERLAND MIT ZWISCHENSTOPPS UND TOLLER AUSSICHT

Von Gela aus erreicht man nach 20 km auf der SP8 das reizende Bergdorf **Butera**. Der Ort war unter der spanischen Herrschaft der Familie Branciforte wohlhabend und zufrieden und verbreitet nicht die heruntergekommene Atmosphäre vieler anderer ländlicher Städte im Landesinneren. Die Lage allein strahlt schon eine gewisse Selbstgefälligkeit aus. Hier steht die entzückende Dorfkirche **Chiesa Madre** mit einigen bescheidenen Schätzen, einem Triptychon aus der Renaissance und einem Gemälde der Madonna von Filippino Paladino. Aber das Beste ist der Blick, den man von der **Normannischen Burg** oben auf dem Hügel hat.

Fährt man auf der SS191 weiter nach Norden, durchquert man anscheinend endlos verlassenes Ackerland, trifft gelegentlich einen Traktor und erreicht schließlich **Mazzarino**, den historischen Sitz des Branciforte-Clans. Die kleine, verschlafene Stadt mit ihren barocken Kirchen ist einen kurzen Besuch wert. In einigen der Kirchen befinden sich Kunstwerke des toskanischen Künstlers Filippino Paladino aus dem 16. Jh. und die prunkvollen Grabmonumente der Branciforte-Prinzen. Leider sind viele Kirchen für die Öffentlichkeit nicht zugänglich. Das super hilfsbereite Personal der **Touristeninformation** (☎ 0934 38 49 84; Corso Vittorio Emanuele 410; ⏲ Sommer 9–13 & 16–20 Uhr, Winter 9–13 & 15–19 Uhr) in der Hauptstraße kann aber die Tore öffnen.

Ungefähr auf halber Strecke zwischen Butera und Mazzarino (Luftlinie) liegt **FARM** (☎ 934 34 66 00; www.farm-ospitalitadicampagna.it; Contrada Strada Butera), eine interessante *agriturismo*-Unterkunft, wo man nicht nur erstklassig übernachten (s. S. 348), sondern auch Ausstellungen zeitgenössischer Kunst von jungen Künstlern aus der ganzen Welt bewundern kann.

GESCHICHTE

Siziliens Geschichte ist wie ein episches Drama. Die Zutaten: Invasionen, Intrigen und alles vernichtende Kämpfe. Der folgende Abriss soll helfen, das komplexe, multikulturelle Erbe der Insel sowie die ständigen sozialen und politischen Herausforderungen besser zu verstehen (S. 293).

DIE SIZILIANER

Für echte Sizilianer steht die Familie an erster Stelle, aber auch Traditionen und die Kirche sind wichtig. Ansonsten kümmern sich Sizilianer gern um ihren eigenen Kram. Und ob man es nun gut findet oder nicht, so ziemlich jeder hat irgendwas mit der Mafia zu tun (S. 303).

SIZILIEN IN WORT & BILD

Bevor es losgeht, sollte man in die hier geschriebenen Bücher und gedrehten Filme reinschauen. Wer will, kann sich dann anhand seines cineastischen und literarischen Wissens und dieses Führers eine individuelle Reiseroute zusammenstellen (S. 311).

ESSEN & WEIN

Eins ist sicher: Wer die an Straßenständen angebotenen Snacks, die Meeresfrüchte und Süßspeisen probiert, wird hin und weg sein! Und wenn man sich dann noch ein oder zwei Gläschen von einem der in diesem Buch empfohlenen Weine gönnt, schwebt man auf Wolke Sieben (S. 316).

GLOSSAR: ESSEN & TRINKEN

Mit dem praktischen Helferlein für die kulinarische Welt Siziliens kann man *caffè*, *carciofi*, *coniglio* und die *carta dei vini* wie die Einheimischen bestellen und sich so durch die Insel futtern (S. 324).

GESCHICHTE

Die ersten Belege für eine organisierte Besiedlung von Sizilien gehören zur Stentinello-Kultur. Deren Angehörige kamen aus dem Nahen Osten und siedelten irgendwann zwischen 4000 und 3000 v. Chr. an der Ostküste der Insel. Erst die Siedler ab der Mitte des 2. Jh. v. Chr. sollten den Charakter der Insel dann aber entscheidend prägen. Ihre frühe Anwesenheit erklärt einige spätere Verwicklungen auf Sizilien. Der Geschichtsschreiber Thukydides (ca. 460–404 v. Chr.) zählt drei Hauptstämme auf: Die entweder aus Spanien oder Nordafrika stammenden Sikaner siedelten im Norden und Westen, die Elymer – nach antiker Überlieferung Nachkommen geflüchteter Trojaner – verschlug es wahrscheinlich von der italienischen Halbinsel in den Süden der Insel und die Sikuler (oder Sikeler) ließen sich von der kalabrischen Halbinsel kommend an der Ostküste nieder.

GRIECHEN & PHÖNIZIER

Die Übernahme Siziliens war für die ständig wachsenden griechischen Stadtstaaten, die auf Grund einer Bevölkerungsexplosion in der Heimat ernsthafte Probleme bekamen, ein naheliegender Schritt. Nach den Elymern landeten 735 v. Chr. Siedler aus Chalkis an Siziliens Ionischer Küste und gründeten bei Naxos eine kleine Siedlung. Ihnen folgten ein Jahr später die Korinther, die ihre Kolonie auf der südöstlich gelegenen Insel Ortigia errichteten und sie Syracoussai (Syrakus) nannten. Die Chalkiser stießen von ihrer Bastion aus noch weiter in Richtung Süden vor und gründeten 729 v. Chr. eine zweite Stadt, die sie Katane (Catania) nannten. Nach und nach dehnten sie sich auf Sizilien aus, bis schließlich drei Viertel der Insel in griechischen Händen waren.

Die wachsende Macht der Griechen sorgte im Süden und Osten der Insel für Spannungen mit den Phöniziern, die sich ca. 850 v. Chr. an der Westseite der Insel niedergelassen hatten. Die Allianz der Phönizier mit dem mächtigen Stadtstaat Karthago (im heutigen Tunesien) bereitete den Griechen wiederum Kopfzerbrechen. 480 v. Chr. stellten die Karthager eine große Streitmacht von 300 000 Söldnern auf. Unter dem Kommando von Hamilkar, einem ihrer besten Generäle, landete das Heer auf Sizilien und belagerte Himera (in der Nähe von Termini Imerese). Doch die scheinbar übermächtige Armee wurde von dem cleveren griechischen Tyrannen Gelon geschlagen. Seinen Truppen gelang der Durchbruch durch die Linien Hamilkars, indem sie vorgaben, eine Verstärkung aus der mit Karthago verbündeten Stadt Selinunt zu sein.

Es folgte eine dringend benötigte Friedensperiode. Dank der reichen Ressourcen der Insel unterhielten die griechischen Kolonien einträgliche Handelskontakte. Von dem

12 000–10 000 V. CHR.	1250–850 V. CHR.	735–580 V. CHR.
Jungsteinzeitmenschen leben in den Höhlen am Monte Pellegrino und auf den Ägadischen Inseln und hinterlassen noch heute sichtbare Felsenkunst.	Siedler gründen bei Stentinello und Megara Hyblaea und auf Lipari kleine Kolonien. Sie beginnen mit dem Handel von vulkanischem Gesteinsglas.	735 werden in Naxos, 734 in Syrakus, 728 in Megara Hyblaea, 689 in Gela und 628 in Selinunt und Messina griechische Städte gegründet. Agrigent folgt 581.

Ausmaß ihres Reichtums und dem hohen Entwicklungsstand ihrer Kultur zeugen die Überreste ihrer Städte.

Ende des 5. Jhs. v. Chr. griff der Peloponnesische Krieg auf Sizilien über. Ein Hilfeersuchen der Elymerstadt Segasta war der Auslöser für die Sizilienexpedition Athens, das auch auf den Reichtum des sizilianischen „Emporkömmlings" schielte. Doch obwohl sich die Athener mit der bis dato größten Flotte siegessicher in das sizilianische Abenteuer stürzte, mussten sie eine beschämende und vernichtende Niederlage einstecken, die schließlich für Athen auch im Peloponnesischen Krieg den Anfang vom Ende bedeutete.

Syrakus mochte seinen Sieg feiern, doch der Rest von Sizilien befand sich weiterhin ohne Unterlass im bürgerkriegsähnlichen Zustand. Da bot sich für Karthago die perfekte Gelegenheit, sich für Himera zu rächen. 409 v. Chr. verwüstete eine neue Armee unter der Führung von Hamilkars verbittertem, aber brillantem Neffen Hannibal (nicht zu verwechseln mit dem berühmten Hannibal *ante portas*) die Landschaft von Sizilien. Selinunt, Himera, Agrigent und Gela wurden dem Erdboden gleichgemacht. Die Syrakuser waren schließlich gezwungen, alles außer Syrakus selbst den Karthagern zu überlassen.

DIE RÖMER

Im Ersten Punischen Krieg (264–241 v. Chr.) kämpften Rom und Karthago um den Besitz Siziliens. Bei Kriegsende proklamierten die siegreichen Römer die Insel als ihre erste Provinz außerhalb des italienischen Festlands. Die Mehrheit der einfachen Sizilianer lebte in entsetzlichen, ärmlichen Verhältnissen; Großgrundbesitzer trieben Kleinbauern in die Schuldknechtschaft, Sklaven mussten auf den *latifondi* (Latifundien) schuften, riesigen Landgütern, die in späteren Jahren die Ursache vieler Probleme auf der Insel waren. So ist es nicht weiter verwunderlich, dass die alles andere als humane Herrschaft der Römer 135 v. Chr. in einen Sklavenaufstand und 104–101 v. Chr. in einen zweiten Sklavenkrieg mündete. Die Rebellen wurden dabei vom Großteil der Bauern der Insel unterstützt.

EIN BYZANTINISCHES ZWISCHENSPIEL

Kurz bevor Rom 470 n. Chr. von den Westgoten eingenommen wurde, gelangte Sizilien vollständig unter die Kontrolle der von Nordafrika aus vordringenden Vandalen. Ihr Besitzanspruch währte jedoch nur kurz. 535 landete Belisarius, Feldherr des byzantinischen Kaisers Justinian, mit seiner Armee auf der Insel und wurde von der Be-

HINTERGRUND

264–241 V. CHR.	241 V. CHR.– 468 N. CHR.	440–535
Als Spielball zwischen den Supermächten Karthago und Rom wird Sizilien zum Schlachtfeld eines Krieges. An dessen Ende ist fast ganz Sizilien römisch.	Sizilien wird die erste Provinz des noch jungen römischen Imperiums: Die einfachen Bewohner erhalten lange kein Bürgerrecht und werden oft ausgebeutet.	Vandalen fallen von Nordafrika aus kommend auf Sizilien ein und bringen die Insel bis 469 vollständig unter ihre Kontrolle. Ab 493 folgt ein ostgotisches Intermezzo.

völkerung willkommen geheißen, die trotz der 700 Jahre langen römischen Herrschaft noch weitgehend griechisch geprägt war – eine Tatsache, die sich sowohl in der Sprache als auch in den Bräuchen manifestierte. Die Byzantiner nutzten Sizilien als Ausgangsbasis für die Rückeroberung römischer Territorien (Byzanz, das Ende des 4. Jhs. aus der Teilung des römischen Kaiserreichs hervorgegangen war, betrachtete sich als dessen legitimer Nachfolger). Wenngleich die Eroberungen Justinians nicht von langer Dauer waren, konnten sich die Byzantiner für drei Jahrhunderte auf Sizilien halten.

DER ISLAM BETRITT DIE BÜHNE

827 landete eine arabische Armee bei Mazara del Vallo. Palermo fiel 831, Syrakus 878. Die Araber wandelten Kirchen in Moscheen um und führten Arabisch als Verkehrssprache ein. Gleichzeitig wurden auch dringend nötige Landreformen vorgenommen und Handel, Landwirtschaft und Bergbau gefördert. Es wurden neue Nutzpflanzen importiert, u. a. Zitrusbäume, Dattelpalmen und Zuckerrohr. Außerdem wurde ein Wasserversorgungs- und Bewässerungssystem entwickelt.

Palermo, Hauptstadt des neuen Emirats, entwickelte sich in den nächsten 200 Jahren zu einer der prächtigsten Städte der arabischen Welt, zu einem Umschlagplatz von Handels- und Kulturgütern, mit dem nur Córdoba in Spanien Schritt halten konnte.

DAS KÖNIGREICH DER SONNE

Die Araber nannten die Normannen wegen ihrer barbarischen Grausamkeit und der erschreckenden Geschwindigkeit, in der sie auf dem Festland Gebiete einnahmen, „Wölfe". 1053, nach sechs Jahren söldnerischer Umtriebe, schlug der normannische Eroberer Robert Guiscard (ca. 1015–1085) die aus kalabrischen Byzantinern, Langobarden und päpstlichen Truppen bestehende Allianz in der Schlacht von Civitate.

Nachdem er seine Vorherrschaft über Süditalien gefestigt hatte, widmete sich Robert der Ausdehnung der von ihm kontrollierten Gebiete. Hierzu handelte er mit dem Vatikan einen Deal aus: Auf der Suche nach einem Verbündeten gegen den römischen Adel und den deutschen König belehnte Papst Nikolaus II. Robert mit den Herzogtümern von Apulien und Kalabrien. Die Normannen sollten im Gegenzug Sizilien den Arabern entreißen und das Christentum auf der Insel wieder einführen. Diese Aufgabe fiel vor allem Roberts jüngerem Bruder Roger I. (1031–1101) zu. 1061 landete er mit seinen Truppen bei Messina und eroberte den Hafen in einem Überraschungscoup. 1064 versuchte Roger, Palermo einzunehmen, wurde aber von einer gut organisierten arabischen Armee zurückgeschlagen; erst 1072 fiel die Stadt endgültig in normannische Hände.

535	827–965	1059–72
Die Byzantiner erobern Sizilien mit der Absicht, sie als Ausgangspunkt für die Rückeroberung des weströmischen Reiches zu benutzen.	Arabische Eroberung Siziliens: Die Insel wird unter der arabischen Herrschaft vereint, Palermo ist nach Konstantinopel die zweitgrößte Stadt der Welt.	Der Normanne Robert Guiscard legt den Eid ab, die Araber aus Sizilien zu vertreiben. An der Seite seines jüngeren Bruders, Roger I., erobert er 1072 Palermo.

Roger, von dem hohen kulturellen Standard der Araber auf der Insel beeindruckt, scheute sich nicht, ihn zu kopieren und zu verfeinern. Er gab Reichtümer für Paläste und Kirchen aus und förderte an seinem Hof eine weltoffene Atmosphäre. Weitsichtig entschied er sich für eine Politik der Versöhnung mit der einheimischen Bevölkerung: Arabisch und Griechisch wurden neben Französisch auch weiterhin gesprochen, arabische Ingenieure, Bürokraten und Architekten weiter bei Hof beschäftigt. Seine Witwe Adelheid (Adelasia) übte die Herrschaft über Sizilien für ihre Söhne Simon (gest. 1105) und Roger II. aus, bis dieser 1112 selbst die Herrschaft übernahm. 1130 wurde Roger II. (1095–1154) zum König von Sizilien gekrönt.

DER AUFGEKLÄRTE HERRSCHER

Roger II. war ein scharfsinniger Intellektueller. Die exotische Pracht und die Gelehrsamkeit seines Hofes erreichten einzigartige Ausmaße. Historiker heben Rogers Herrschaft nicht nur wegen seiner Förderung der Kunst hervor, sondern auch wegen der von ihm aufgebauten effizienten, multikulturellen Verwaltung, auf die ganz Europa neidisch blickte. Durch die Eroberung von Malta, großen Teilen Süditaliens und sogar von nordafrikanischen Gebieten dehnte er zudem die Grenzen seines Königreichs aus.

DIE UNTERGEHENDE SONNE

Rogers Sohn und Nachfolger, Wilhelm I. (1108–1166), auch Wilhelm der Böse genannt, erbte beim Tod seines Vater 1154 das Königreich. Er war ein eitler und korrupter Herrscher.

Die Einsetzung von Walter von Palermo (auch Gualtiero Offamiglia) als Erzbischof von Palermo geschah mit der heimlichen Förderung des Papstes und führte die nächsten 20 Jahre zu einem gefährlichen Machtkampf zwischen der Kirche und dem Thron. Diese Kampfansage wurde von Wilhelm II. (1153–1189) durch den Befehl beantwortet, einen zweiten Erzbischof in Monreale einzusetzen.

Der vorzeitige Tod von Wilhelm II. im Alter von 35 Jahren führte zu einem Machtgerangel. Eine Versammlung von Baronen versuchte, den illegitimen Enkel Rogers II., Tankred von Lecce (ca. 1130–1194), auf den Thron zu hieven. Seine Herrschaft wurde allerdings postwendend von dem Oberhaupt der Staufer und Kaiser Heinrich VI. (1165–1197) angefochten, der aufgrund seiner Heirat mit Konstanze, der Tochter Rogers II., Anspruch auf den Thron erhob.

Tankred starb 1194. Kaum war sein junger Sohn Wilhelm III. als König im Amt, da war auch schon die Flotte der Staufer in Messina eingelaufen, die die Rebellion der

1072–1101	1130–1154	1145
Unter Roger I. und seinem kosmopolitischen Hofstaat erlebt Sizilien seine vielleicht glanzvollste Periode. Es entstehen imposante Paläste und Kirchen.	Roger II. baut eine der effektivsten Verwaltungen Europas auf. Mit seinem Gesetzeskodex folgt er dem Beispiel des byzantinischen Kaisers Justinian I. (reg. 527–565).	Al-Idrisi Planisphäre (silberne Weltkarte): Das bedeutende geographische Werk, das sehr exakt Europa, Nordafrika und Westasien kartografiert, ist fertiggestellt.

Barone brutal niederschlug. Am Weihnachtstag des gleichen Jahres erklärte sich Heinrich VI. zum König; den jungen Wilhelm setzte er in einer Burg bei Caltabellotta in Südsizilien gefangen, wo er schließlich 1198 starb.

DAS STAUNEN DER WELT

Heinrich schenkte seinem sizilianischen Königreich kaum Beachtung. Er starb noch verhältnismäßig jung 1197 an Malaria. Sein Nachfolger wurde sein junger Erbe Friedrich (1194–1250), der als Friedrich I. über Sizilien und als Friedrich II. als König über das Heilige Römische Reich herrschte.

Friedrich war ein eifriger Intellektueller mit einem Hang zu politischen Manövern und hielt die Zügel fest in seinen Händen. Er befestigte die Ostküste von Messina bis Syrakus und plünderte 1232 das aufständische Catania. Unter seiner Herrschaft wurde Sizilien zu einem zentralistischen Staat, der in der europäischen Wirtschaft und Kultur eine Schlüsselrolle spielte. Palermo galt als bedeutendste Stadt des Kontinents. In späteren Jahren seiner Regentschaft wurde Friedrich von Zeitgenossen anerkennend als Stupor Mundi, „das Staunen der Welt", bezeichnet.

Friedrich starb 1250. Sein Nachfolger wurde sein Sohn Konrad (1228–1254), der sich als Konrad IV. im Heiligen Römischen Reich einer mächtigen päpstlich-fürstlichen Opposition zu erwehren hatte. Sizilien stand anfangs unter der Herrschaft des jüngeren, unehelichen Sohns Friedrichs, Manfred (1232–1266) genannt. Konrad wandte sich 1252 Sizilien zu und übernahm die Kontrolle, starb aber schon zwei Jahre später an der Malaria. Manfred übernahm erneut die Macht, zunächst als Regent für Konrads noch kleines Kind Konradin und wurde dann 1258, nachdem er mit den Arabern eine Allianz geschmiedet hatte, selbst Herrscher von Sizilien.

DIE SIZILIANISCHE VESPER

1266 besiegte und tötete die angevinische Armee, die von Karl von Anjou, dem Bruder des französischen Königs Ludwig IX., angeführt wurde, Manfred bei Benevent auf dem italienischen Festland. Zwei Jahre später kostete eine weitere Schlacht Konradin, dem 15 Jahre alten Neffen und Erben von Manfred, das Leben – er wurde in Neapel öffentlich geköpft.

Nach einem so blutigen Beginn waren die Angeviner verhasst und gefürchtet. Sizilien wurde durch enorme Steuern belastet, religiöse Verfolgungen waren an der Tagesordnung, normannische Lehen wurden entzogen und französischen Adligen zugesprochen.

1154	1198–1250	1266–1282
Wilhelm I. erbt das Königreich und löst einen Machtkampf zwischen Kirche und Thron aus. Walter von Palermo wird zum Erzbischof von Palermo ernannt.	Unter dem Staufer Friedrich II. gilt Palermo als wichtigste Stadt Europas. Friedrich baut in Sizilien einen modernen Staat mit zentralistischer Verwaltung auf.	Karl von Anjou wird 1266 zum König gekrönt, 1282 jedoch von Peter von Aragón vom Thron vertrieben – die 500-jährige spanische Ära auf Sizilien beginnt.

Am Ostermontag des Jahres 1282 geriet ganz Palermo in Aufruhr, nachdem ein einheimisches Mädchen angeblich von einem französischen Sergeanten belästigt worden war. Die Bauern lynchten jeden französischen Soldaten, der ihnen zwischen die Finger kam. Die Revolte – Sizilianische Vesper genannt – breitete sich auch auf dem Land aus und wurde von Baronen unterstützt, die sich mit Peter von Aragón verbündeten. Dieser war mit einer Tochter Manfreds verheiratet und landete nun mit einer großen Armee in Trapani. Wenig später proklamierten ihn sizilianische Adlige zum König. Die nächsten 20 Jahre lang führten die Aragoner dann gegen die Angeviner den Krieg, den die Spanier um Peter schließlich gewannen.

500 JAHRE ISOLATION

Am Ende des 14. Jhs. war Sizilien völlig ins Abseits geraten. Während das östliche Mittelmeer von den Türken abgeschottet war, blieb das italienische Festland tabu, da Sizilien politisch an Spanien gebunden war. Mit weitreichenden, auch kulturellen Folgen: Die Renaissance ging an der Insel spurlos vorüber, die von bedrückender Armut geplagt wurde. Selbst Spanien verlor das Interesse an seinem Territorium: 1412 ernannte Ferdinand von Aragon erstmals aus eigener Machtvollkommenheit, also ohne Berücksichtigung der sizilianischen Barone, einen Vizekönig.

Ende des 15. Jhs. war der Hof des Vizekönigs ein Hort der Korruption, und die katholische Kirche – deren Erzbischöfe und Bischöfe meist Spanier waren – wurde die einflussreichste Körperschaft auf der Insel. Die Kirche übte ihre drakonische Macht mit Hilfe eines Netzwerks von Tribunalen der Heiligen Inquisition aus.

Das sizilianische Volk litt unter der staatlichen Unterdrückung und forderte Reformen, 1516 und 1647 kam es in Palermo zu Aufständen. Als Anfang des 18. Jhs. halb Europa mit dem Spanischen Erbfolgekrieg beschäftigt war, wurde Sizilien wie ein unerwünschtes Weihnachtsgeschenk weitergereicht: 1713 ging die Insel an das Haus Savoyen-Piemont über, das Sizilien aber schon sieben Jahre später den österreichischen Habsburgern im Tausch mit Sardinien überließ. 1734 verlangten die Spanier unter dem Bourbonen Karl IV. von Sizilien und Neapel (reg. 1734–1759) die Insel schließlich zurück.

Unter der Herrschaft von Ferdinand III. von Sizilien (als Ferdinand IV. König von Neapel, 1751–1825), dem Nachfolger von Karl I., verhinderte die Klasse der Landbesitzer jeden Versuch einer Liberalisierung. Getreideexporte gingen in großem Stil weiter und füllten die Taschen der Aristokratie, während der Durchschnittssizilianer verhungerte.

1492	1669	1713–1735
Mit der Ausweisung der Juden aus allen spanischen Gebieten wird das Ende der religiösen Toleranz zementiert. Die Spanische Inquisition terrorisiert ganz Sizilien.	Der schlimmste Ausbruch des Ätna macht Catania und die Städte an der Ostküste dem Erdboden gleich. Zuvor hat drei Tage lang ein Erdbeben gewütet.	Sizilien wird für kurze Zeit nicht von Spanien aus beherrscht: Bis 1720 geht es an das Haus Savoyen-Piemont über,1720–1735 haben die Habsburger das Sagen.

DAS ENDE DES FEUDALISMUS

Napoleons Eroberung des Königreichs von Neapel zwang 1799 Ferdinand dazu, sich in das von den Franzosen nicht eingenommene Sizilien zurückzuziehen. Die geradezu lächerlichen Steuerforderungen des Bourbonenkönigs trafen auf offenen Widerstand der Bauern und einiger weitsichtiger Adliger, die glaubten, dass der einzige Weg, den Status Quo zu erhalten, die Einführung begrenzter Reformen sei. Aufgrund des starken Drucks stimmte Ferdinand 1812 schließlich widerwillig zu, eine Verfassung zu verabschieden. Es konstituierte sich ein Parlament mit zwei Kammern, die feudalen Privilegien wurden abgeschafft.

DAS RISORGIMENTO

Nach der endgültigen Niederlage Napoleons im Jahre 1815 vereinigte Ferdinand – nun als Ferdinand I. – Neapel und Sizilien zum „Königreich beider Sizilien". Die nächsten zwölf Jahre war die Insel geteilt – eine Minderheit strebte nach einem unabhängigen Sizilien, eine Mehrheit glaubte, die Insel könne nur als Teil eines vereinigten Italiens überleben. Ein Ideal, das auf dem Festland als Teil der politischen und sozialen Bewegung des Risorgimento (Wiederaufblühen) vorangetrieben wurde.

Am 4. April 1860 gab ein revolutionäres Komitee in Palermo den Befehl zu einem Aufstand gegen den wankenden Bourbonenstaat. Der berühmte italienische Freiheitskämpfer Giuseppe Garibaldi landete daraufhin am 11. Mai 1860 mit ca. 1000 Soldaten – den berühmten *mille* – in Marsala und schlug am 15. Mai bei Calatafimi eine bourbonische Armee von 15 000 Mann. Zwei Wochen später nahm er Palermo ein.

Trotz seines revolutionären Eifers war Garibaldi kein Reformer im sozialen Sinne. Seine Soldaten blockierten jeden Versuch der einfachen Arbeiter, sich Land anzueignen. Am 21. Oktober wurde eine Volksabstimmung abgehalten. Sagenhafte 99 % der sizilianischen Wähler stimmten für die Vereinigung mit dem piemontesischen Haus Savoyen, das bereits über einen Großteil von Nord- und Zentralitalien herrschte. An der Spitze stand König Viktor Emmanuel II., der über ein vereinigtes Italien herrschen wollte und Garibaldis Expedition nach Sizilien unterstützt hatte. Am 17. März 1861 wurde er schließlich der erste König eines vereinigten Italiens.

FASCHISMUS & ZWEITER WELTKRIEG

Sizilien mühte sich sehr, sich dem Haus Savoyen-Piemont anzupassen. Im Großen und Ganzen behielt die alte Aristokratie ihre Privilegien – die Hoffnungen auf soziale

1820–1860	1860	1860/61
Der erste Aufstand gegen die Bourbonen erfolgt in Palermo. Ihm folgen weitere: 1837 in Syrakus und 1848 in Palermo. Von hier geht auch 1860 das Signal zum Aufstand aus.	„Zug der Tausend": Garibaldi landet in Marsala und schlägt die Bourbonen. Zwei Wochen später nimmt er Palermo ein. Sein Erfolg bei Milazzo macht seinen Sieg vollständig.	Viktor Emmanuel II. wird am 17. März 1861 der erste König Italiens. Einige Monate zuvor haben sich die Sizilianer für einen Anschluss an das neue Königreich entschieden.

Neuerungen schwanden schnell. Genau diese hätte die Insel jedoch dringend benötigt: eine Agrarreform und eine Umverteilung des Bodens. Die teilweise Aufteilung der großen Landgüter nach der Abschaffung des Feudalismus war immer noch nur den *gabellotti* zugutegekommen, dem landwirtschaftlichen Mittelstand, der im Auftrag der Aristokratie die Bauern kontrollierte. Sie pachteten das Land von den Besitzern, nur um von den Bauern, die darauf lebten und arbeiteten, erdrückende Pachtzinsen einzufordern.

Um ihnen bei der Eintreibung der Gelder zu helfen, engagierten die Gerichtsvollzieher einheimische Gangs, die dann, da ein wirksames Rechtssystem fehlte, die Rolle der Vermittler zwischen Pächtern und Besitzern übernahmen, Streitigkeiten klärten und die Angelegenheiten regelten. Sie wurden *mafiosi* genannt und waren in kleinen, an Regionen und Familien orientierten Gruppen organisiert, etablierten sich als lokale Macht und füllten erfolgreich die Lücke, die zwischen dem Volk und dem Staat klaffte.

1922 kam Benito Mussolini in Rom an die Macht. Als der wachsende Einfluss der Mafiabosse drohte, seine Herrschaft auf Sizilien zu gefährden, schickte Mussolini Cesare Mori nach Palermo mit dem Befehl, Gesetzlosigkeit und Aufständen auf Sizilien ein Ende zu bereiten. Mori ging mit unnachgiebiger Härte vor: Er ließ alle Personen zusammentreiben, die im Verdacht standen, Kontakt zu „illegalen Organisationen" zu haben.

In den 1930er-Jahren hatte Mussolini dann aber Wichtigeres zu tun – sein Blick richtete sich auf die Kolonisierung Libyens als Italiens vierte Küste. An der Seite Hitlers führte der *Duce* Italien schließlich in den Zweiten Weltkrieg. In diesem galt den Alliierten Sizilien als Sprungbrett für die Eroberung des italienischen Festlands, weshalb die Insel massive Bombardierungen zu erdulden hatte. Und als Ironie der Geschichte bot der Krieg der Mafia die ideale Gelegenheit, um sich an Mussolini zu rächen. Sie kollaborierte mit den alliierten Streitkräften und half diesen 1943 bei der Eroberung der Insel.

DIE LEIDEN NACH DEM KRIEG & MANI PULITE

Die mächtigste Kraft der sizilianischen Politik in der zweiten Hälfte des 20. Jhs. war die Democrazia Cristiana (DC; Christdemokraten), eine katholische Mitte-Rechts-Partei, die den traditionellen Konservativismus der Insel ansprach. Die eng mit der Kirche verbundene DC versprach weitreichende Reformen, rief aber gleichzeitig zur Wachsamkeit gegenüber dem gottlosen Kommunismus auf. In ihren Bemühungen wurde sie stark von der Mafia unterstützt, die sicherstellte, dass die Kandidaten der DC stets als Sieger aus den Bürgermeisterschaftswahlen hervorgingen. Als Gegenleis-

HINTERGRUND

1860–1894	1922–1943	1943–1944
Das Aufkommen der *mafiosi* füllt das Vakuum zwischen Volk und Staat. Das Bedürfnis nach Sozialreformen stärkt die wachsende Bewegung der *fasci*.	Benito Mussolinis Faschismus gelingt es beinahe, die Mafia zu besiegen. Im Zweiten Weltkrieg leidet die Insel unter den Bomben der Alliierten.	Die Mafia kollaboriert mit den Alliierten und hilft bei der Eroberung der Insel. Sizilien wird in 39 Tagen eingenommen, der Pate Calogero Vizzini Verwalter der Insel.

tung garantierte der *clientelismo* (politische Protektion), dass die Mafia stets für sie vorteilhafte Verträge abschließen konnte.

Diese ständige Involvierung der Mafia in der sizilianischen Wirtschaft trug viel dazu bei, dass die Bemühungen Roms, den Abstand zwischen dem wohlhabenden Norden und dem armen Süden zu verringern, zunichte gemacht wurden. Die gut gemeinte Cassa del Mezzogiorno (Entwicklungsfond für Süditalien) wurde 1950 ins Leben gerufen und zielte darauf ab, die kümmerliche Wirtschaft des Südens anzukurbeln. Sizilien gehörte zu den Hauptbegünstigten und erhielt sowohl vom Staat als auch später von der EG und der EU Geld für unterschiedlichste Projekte. Da die meisten Fördermittel jedoch in dunklen Kanälen versickerten, legte die Zentralregierung 1992 den Fond zu den Akten und Sizilien musste sich wieder allein durchschlagen.

Im gleichen Jahr sorgte der riesige Skandal Tangentopoli (Schmiergeldstadt) für Schlagzeilen: Es wurde ein institutionalisiertes System von Schmiergeldzahlungen und Bestechungen aufgedeckt, das sich nach dem Zweiten Weltkrieg zum Modus Operandi des Landes entwickelt hatte. Das Epizentrum des politischen Erdbebens lag zwar im industrialisierten Norden Italiens, die folgenden Ermittlungen – als *Mani Pulite* oder Saubere Hände bezeichnet – wirkten sich aber zwangsläufig auch auf Sizilien aus, eine Region, in der Politiker, Wirtschaftsbosse und Mafiosi seit langer Zeit unter einer Decke steckten. Der Skandal sorgte schließlich für den Untergang der DC.

Den Richtern Paolo Borsellino und Giovanni Falcone ist es zu verdanken, dass sich in der Zwischenzeit die Einstellung der Sizilianer zur Mafia wandelte. Die beiden mutigen Männer trugen erheblich dazu bei, das Meinungsklima gegenüber der Mafia auf beiden Seiten des Atlantiks zu verändern. So konnten die Sizilianer nun offener über und gegen die Mafia sprechen. Die Ermordung Borsellinos und Falcones im Sommer 1992 war ein großer und tragischer Verlust für Sizilien, ja ganz Italien. Doch waren es gerade diese Morde, die dafür sorgten, dass der Mafia-Kodex *omertà* (Schweigen), der so lange auf der Insel herrschte, gebrochen wurde.

SIZILIEN IM 21. JAHRHUNDERT

Auch wenn Sizilien heute besser dasteht als in etlichen Jahrhunderten zuvor, so hat es doch immer noch mit enormen wirtschaftlichen, sozialen und politischen Schwierigkeiten zu kämpfen. An erster Stelle steht die Arbeitslosigkeit, die sehr viel höher ist als anderswo in Italien. Die Suche nach einem Job, Zukunftsängste und ein Leben am Rand der Armutsgrenze – für Sizilianer ist das alltägliche Realität, der sich vor allem die 16- bis 25-Jährigen ausgesetzt sehen.

1951–1975	1992	1995–1999
Die Erdöl-, Zitrusfrucht- und Fischindustrie Siziliens kollabieren und hinterlassen unzählige Arbeitslose. 1 Mio. Sizilianer wandern nach Mittel- und Nordeuropa aus.	Der Tangentopoli-Skandal führt zum Untergang der DC. Das politische Beben ist auch auf Sizilien zu spüren, eine der wichtigsten Bastionen der Christdemokraten.	Der ehemalige Ministerpräsident Andreotti steht wegen seiner Kontakte zur Mafia vor Gericht. Er schweigt wie ein Grab … und wird mangels Beweisen freigesprochen.

Ein weiteres Problem, das Sizilien in Atem hält, sind die Auswirkungen der illegalen Einwanderung. Durch ihre geografische Nähe zu Nordafrika ist die Insel seit jeher ein beliebtes Ziel von Immigranten. Viele Sizilianer blicken mit Sorgen auf den Status ihrer Insel als inoffizielles Tor nach Europa, zu schwer lasten eigene Probleme wie die Arbeitslosigkeit, der Mangel an guten Wohnungen und eine unterentwickelte Infrastruktur auf ihren Schultern.

Die Situation hat sich dermaßen zugespitzt, dass es Anfang 2009 auf Lampedusa – auf der Insel landen viele illegale Einwanderer – zu Demonstrationen kam und gegen den Bau eines zweiten Gewahrsams für die Neuankömmlinge protestiert wurde. Die italienische Regierung solle die Immigranten bereits auf dem Meer abfangen und zurückschicken. Einige Monate später erließ Berlusconis Kabinett eine Anordnung über die öffentliche Sicherheit, in der „die ordnungswidrige Einreise und der illegale Aufenthalt" in Italien als Straftat definiert und den örtlichen Behörden genehmigt wurde, Bürgerwehren hinzuzuziehen, die in der Gemeinde Streife gehen und illegale Einwanderer den Behörden melden sollten. Amnesty International beschrieb diese Regelung als „übertrieben harte Maßnahme der Einwanderungskontrolle", die gegen internationale Menschenrechte verstoße, und warnte vor der Zunahme von Diskriminierungen und Selbstjustiz.

2006	2009	2010
Der sizilianische Pate Bernardo Provenzano wird nach 40 Jahren auf der Flucht festgenommen. Seine Verhaftung ist ein Meilenstein im Kampf gegen die Mafia.	Berlusconi kündigt an, dass seine Regierung 1,3 Mrd. € für den Bau der Brücke über die Straße von Messina übernehmen wird (geschätzte Gesamtkosten 6,1 Mrd. €).	Sizilien hat noch immer zu kämpfen. Die Realität manifestiert sich in den Zahlen: 8,5 % der Erwerbstätigen suchen ein Job , unter Jugendlichen sind es sogar 27,7 %.

DIE SIZILIANER

Fragt man Sizilianer nach ihrer Nationalität, so werden die meisten wohl „sizilianisch“ und nicht „italienisch“ angeben. Und auch die Italiener auf dem Festland werden bestätigen, dass sich Kultur und Charakter Siziliens deutlich vom Rest des Landes abheben. Obwohl die Sizilianer vieles mit den Bewohnern des Mezzogiorno – also Süditaliens mit Sizilien, den Abruzzen, der Basilikata, Kampanien, Kalabrien, Apulien, Molise und Sardinien – gemeinsam haben, so sind ihr Dialekt und die Gesellschaft doch so eigentümlich wie faszinierend.

Den Grund für diesen Unterschied hat der Schriftsteller Giuseppe di Lampedusa in seinem Werk *Il Gattopardo* (*Der Leopard*) vielleicht am besten beschrieben. Darin versucht sein Protagonist, der Prinz von Salina, einem piemontesischen Vertreter des neuen Königreichs den sizilianischen Charakter zu erklären: „Diese gewaltige Landschaft, dieses grauenvolle Klima, diese ständigen Spannungen in Allem und selbst diese Monumente der Vergangenheit, die hervorragend aber unverständlich sind, weil sie nicht von uns gebaut wurden, uns aber umgeben wie liebenswerte, stumme Geister … All diese Dinge haben unseren Charakter geformt, der von nicht in unserer Macht stehenden Ereignissen und von einer erschreckenden Engstirnigkeit geprägt ist.“

IDENTITÄT

Die Bewohner von Palermo und Catania sind genauso gegensätzlich wie ihre Städte. „Wir aus Palermo sind traditioneller, konservativer“, sagt Massimo, ein hiesiger Ladenbesitzer. „Die Bewohner Catanias sind fortschrittlicher, offener, und vor allem sind sie bessere Geschäftsleute.“ Einige sind der Meinung, der konservative Charakter der Palermitaner sei auf ihre arabischen Vorfahren zurückzuführen, wohingegen die Griechen für das demokratische Verhalten, den Geschäftssinn und die angebliche Cleverness der Catanier verantwortlich sind. Mal abgesehen hiervon werden die Sizilianern im Allgemeinen als konservatives und misstrauisches (das sagen hauptsächlich die Italiener vom Festland), stoisches und gläubiges, selbstbewusstes und geselliges Völkchen mit einem Hang zu trockenem Humor betrachtet.

„Der Dialekt und die Gesellschaft der Sizilianer sind so eigentümlich wie faszinierend.“

Die jahrhundertelange Fremdherrschaft hat den Sizilianer unzählige Wesenszüge vererbt; der Schriftsteller Gesualdo Bufalino war gar der Meinung, die Sizilianer litten an einem „Übermaß an Identität“, was in ihrer Überzeugung gipfele, dass die sizilianische Kultur der Mittelpunkt der Welt sei. Auf Besucher wirkt das mitunter abweisend.

So weit, so gut. So schwierig: Es ist kaum möglich, pauschal geltende Urteile über die Sizilianer und ihre Kultur zu treffen, schon allein wegen der enormen Unterschiede zwischen den modernen, offenen Städtern und den traditionellen, konservativen Landbewohnern. Eines ist aber sicher: Modern geprägte Einstellungen sind gerade dabei, die konservativen Milieus aufzubrechen. In den größeren Universitätsstädten wie Palermo, Catania, Syrakus und Messina sind vielerorts eine pulsierende Jugendkultur und ein liberaler Lebensstil zu spüren.

ÖFFENTLICHKEIT VERSUS PRIVATLEBEN

Loyalität gegenüber der Familie und den Freunden gehört zu den wichtigsten Eigenschaften der Sizilianer. Wie der Autor Luigi Barzini (1908–1984) in *Die Italiener* feststellte, „hilft ein glückliches Privatleben dabei, ein beängstigendes öffentliches Leben zu ertragen". Die Kluft zwischen Privatem und Öffentlichem ist ein besonders bemerkenswerter Aspekt des sizilianischen Lebens, der sich durch die jahrelange Fremdherrschaft entfaltet hat.

Für den Durchschnittssizilianer ist es sehr wichtig, immer eine *bella figura* (ein gutes Bild) abzugeben. Ein wahrer Zeitvertreib ist das Streben danach, besser zu erscheinen, als man in Wahrheit ist (was *spagnolismo* genannt wird). *Spagnolismo* ist nicht allein auf Sizilien beschränkt; hier hat er nur seine Wurzeln, in der erdrückenden spanischen Herrschaft im 18. Jh., als der Wettkampf um den Status derart überhandnahm, dass der König ihn zur gesetzeswidrigen Extravaganz erklärte. Für Einzelpersonen und Familien war (und ist) es Pflicht, sich gegenüber der Öffentlichkeit ehrenhaft, respektvoll und stolz zu erweisen. Im sozialen Umfeld müssen sie ihr Erscheinungsbild wahren, sich gut kleiden, sich bescheiden benehmen, religiöse und soziale Aufgaben und die familiären Pflichten erfüllen. In der Großfamilie, in der Tratsch zur Tagesordnung gehört, bewahrt ein gutes Bild die eigene Privatsphäre.

In der vorwiegend patriarchalischen Gesellschaft ist „Männlichkeit" das Hauptanliegen der Herren der Schöpfung. Als „Familienoberhaupt" müssen sie sich um die Familie kümmern, den persönlichen Einfluss am Laufen halten und den Aufstieg der Familienmitglieder mithilfe eines Beziehungsgeflechts, des sogenannten *clientelismo*, erleichtern. Und hier kommt die Mafia ins Spiel: Sie vermittelt sichere Jobs, Verträge und andere Annehmlichkeiten. Für die Ehre der Familie sind hingegen die Frauen zuständig. Sie sind der ruhende Pol. Und obgleich viele Paare heutzutage in „wilder Ehe" zusammenleben, so gibt es doch noch etliche junge Leute, die vor der Hochzeit viele Jahre verlobt sind, um ihr Ansehen zu wahren.

Persönlicher Reichtum wird streng gehütet, muss doch das Geld der Familie viele hungrige Mäuler stopfen. Die Überweisungen ausgewanderter Familienmitglieder haben das Leben vieler Menschen in den Dörfern erheblich erleichtert.

DER PLATZ DER FRAUEN

„Sizilianische Frauen sind gefährlicher als Schrotflinten", sagt Fabrizio (Angelo Infanti) in *Der Pate*. „Einer Frau am Fenster sollte man aus dem Weg gehen", verkündete der Schriftsteller Giovanni Verga im 19. Jh. Und noch in den 1990er-Jahren entschied ein Richter, als er über eine mutmaßliche Mafia-Täterin urteilen sollte: „Frauen sind zu dumm, um in der komplizierten Finanzwelt mitzumischen." Wie vielerorts am Mittelmeer war und ist die Stellung der Frau auch in Sizilien konservativ geprägt, hinkt die Emanzipation noch weiter hinter europäischen Standards hinterher.

Einer sizilianischen Mutter und Ehefrau gebührt im Hause höchster Respekt. Sie hat die Rolle des moralischen und emotionalen Vorbilds. Und obwohl – oder vielleicht gerade weil – die männliche Sexualität einen fast mythischen Status hat, musste die Sittsamkeit der Frau erbittert behütet werden. Hierzu gehört, dass sie fromm und weiblich ist, im Haus bleibt und als Jungfrau in die Ehe geht. Die schlimmste Beleidigung für einen sizilianischen Mann ist noch immer das Wörtchen *cornuto* (gehörnt), was bedeutet, dass er von seiner Frau betrogen wurde.

Aber auch für Sizilianerinnen ändern sich die Zeiten. Immer mehr unverheiratete Frauen leben vor allem in den Städten mit ihren Partnern zusammen und genießen wie die Frauen in anderen westlichen Ländern von alten Zwängen befreit ihr Leben. Dank eines verbesserten Bildungswesens und geänderter Einstellungen ist die Zahl der beruflich erfolgreichen Frauen gestiegen, wenngleich Italien 2010 in dem vom Weltwirtschaftsforum veröffentlichten globalen Gleichstellungsindex lediglich auf Platz 74 landete, hinter den meisten europäischen Staaten. In Sizilien und in ganz Italien sind im Vergleich zum restlichen Europa die wenigsten Regierungsjobs von Frauen besetzt. 2009 wurden von 21 Ministerien nur vier von Frauen geführt, unter den 952 Parlamentariern gab es gerade einmal 193 Frauen (also gerade mal ca. 20 %). Und viele von ihnen sollen diesen Posten nur bekommen haben, weil Ministerpräsident Silvio Berlusconi ein Auge auf sie geworfen hatte. Frauenorganisationen wie Siziliens **Arcidonna** (www.arcidonna.org, italienisch) arbeiten daran, diese Situation zu ändern.

HEILIGE & SÜNDER

Religion wird auf Sizilien groß geschrieben. Mit Ausnahme der kleinen muslimischen Gemeinden in Palermo und der größeren tunesischen Muslimengemeinde in Mazara del Vallo betrachten sich die meisten Sizilianer als praktizierende Katholiken. 1929 schrieben die zwischen dem Heiligen Stuhl und Italien geschlossenen Lateranverträgen den Römischen Katholizismus als offizielle Religion des Landes fest. Doch auch davor war Sizilien durchweg katholisch, was auch eine Folge der 500 Jahre dauernden spanischen Herrschaft war. 1985 wurden die Verträge geändert: Der Katholizismus verlor seinen Status als Staatsreligion, und der Religionsunterricht wurde als Pflichtfach an den Schulen abgeschafft. Diese Änderung trug aber nur der Realität nördlich von Rom Rechnung – in Sizilien ist die katholische Kirche nach wie vor allgegenwärtig und äußerst populär.

Wallfahrten sind ein zentraler Bestandteil religiöser Rituale. Tausende Sizilianer pilgern zu Orten wie dem Santuario della Madonna in Tyndaris oder dem Santuario di Gibilmanna in den Monti di Madonie.

In den kleinen Gemeinden im Inselinneren hat bis heute eine Mischung aus Glaube und Aberglaube überlebt, die über Jahrhunderte hinweg das Verhalten der Sizilianer prägte. Die jüngeren, weltoffeneren Sizilianer in den Städten lehnen die Bekundungen tiefster religiöser Ergebenheit der Älteren zwar ab, zollen ihnen aber dennoch einen gewissen Respekt.

EIN- & AUSWANDERUNG

Die Migration ist weltweit ein aktuelles Thema – so auch auf Sizilien. Seit Ende des 19. Jhs. suchten unzählige Sizilianer in der Ferne ihr Glück, die Insel hatte daher immer wieder unter einem enormen Mangel an Arbeitskräften zu leiden. Allein zwischen 1880 und 1910 wanderten über 1,5 Mio. Sizilianer in die USA aus; um 1900 kehrten in keiner anderen Region der Welt mehr Menschen ihrer Heimat den Rücken zu als auf Sizilien. Und auch im 20. Jh. machten sich Zehntausende auf die Suche nach einem

ÜBERBRÜCKUNG DER KULTURELLEN KLUFT

Maria Sanciolo-Bell ist auf Sizilien geboren, lebt in Australien und verbringt den Großteil ihrer Zeit damit, kulturelle Brücken zwischen der Insel und dem Rest der Welt zu schlagen. Die Direktorin von **Echoes Events** (www.echoesevents.com), einer Gesellschaft für Kulturtourismus und -veranstaltungen mit Filialen in Melbourne und Catania, und ihr sizilianischer Kollege Gaetano Failla sind leidenschaftliche Liebhaber der sizilianischen Kultur, die sie in zahlreichen Programmen zelebrieren. Sie veranstalten Opernkurse mit sizilianischen Maestros, bieten Kochkurse an, sponsern internationale Künstler oder führen Besucher aus aller Welt zu den Orten, an denen die Fernsehserie *Commissario Montalbano* oder *Der Pate* gedreht wurden. Echoes spielt eine bedeutsame Rolle in der weltweiten Stärkung des kulturellen Profils Siziliens. Wie sagte sie doch so treffend: „Viele sehen Sizilien nur in Zusammenhang mit der Mafia. Wir möchten den Menschen den unglaublichen Reichtum und das breitgefächerte Erbe der Insel vermitteln und sie auf die kulturellen Wechselbeziehungen – und eben nicht auf die kulturelle Kluft – zwischen Sizilien und dem Rest der Welt aufmerksam machen."

besseren Leben in Norditalien, Nordamerika, Australien und anderswo. Noch heute verlassen sehr viele junge Sizilianer die Insel, viele davon mit hohem Bildungsgrad. Grund für die seuchenartige Abwanderung hoch qualifizierter Arbeitskräfte ist die verheerende Arbeitslosenzahl (s. S. 301). Zudem erschweren es Vetternwirtschaft und *clientelismo* jungen Leuten ohne die richtigen Beziehungen, an gut bezahlte Stellen zu kommen. Da Sizilien seinerseits eine beliebte Anlaufstelle für Tausende von oft illegalen *extracomunitari* (Einwanderer aus Nicht-EU-Ländern) ist, wurde nicht nur der Kampf um Jobs, sondern auch um bezahlbare gute Wohnungen immer härter (s. S. 301).

DIE MAFIA

URSPRÜNGE

Das Wort „Mafia" wurde mehr als 110 Jahre lang benutzt, bevor es offiziell als Bezeichnung einer tatsächlich existierenden Organisation anerkannt wurde: 1865 wurde der Ausdruck zwar von der palermitanischen Präfektur registriert, jedoch erst 1982 in das italienische Strafgesetzbuch aufgenommen.

Über die Wortherkunft wurde viel gestritten. Der Schriftsteller Norman Lewis führte es auf das arabische *mu'afah* („Ort des Schutzes") zurück. Etymologen vermuteten dagegen bereits im 19. Jh. das arabische Wort *mahjas*, „Prahlerei", als Ursprung. Und das sind nur zwei Thesen. Wie dem auch sei – der Begriff *mafioso* existierte jedenfalls lange vor der Mafia und bezeichnete eine elegante, stolze Person voller Lebenskraft und Unabhängigkeitsstreben.

Das Konzept des *mafioso* findet sich bereits Ende des 15. Jhs., als die wirtschaftliche Situation derart erdrückend war, dass sich selbst überprivilegierte Feudalherren und Adlige um ihr Überleben sorgen mussten. Mit ihrer Umsiedelungspolitik zwangen sie daher Tausende Bauern dazu, ihr Land zu verlassen und in neue Städte zu ziehen. Ziel war es, die Ernteerträge zu straffen; damit wurde aber zugleich die Lebensgrundlage vieler Bauern zerstört. Viele Aristokraten zogen in die großen Städte wie Palermo und Messina und übergaben ihre Ländereien an *gabellotti* (Verwalter). Deren Aufgabe war es, den Grund und Boden zu verpachten; die wiederum engagierten die frühen *mafiosi* (kleine Gruppen bewaffneter Bauern), um unvorhergesehene „Probleme" zu lösen. Es dauerte jedoch nicht lange, bis die *mafiosi* die großen Anwesen überfielen und unsägliche Gemetzel verursachten. Die Behörden vor Ort waren gegen diese Herrschaften absolut machtlos, verschwanden sie doch jedes Mal genau so schnell, wie sie aufgetaucht waren.

***„Die beste Art zum Schutz vor Verfolgung ist auch heute noch die stärkste Waffe der Mafia: die* omertà.“**

Die Banditen versetzten die Bauern einerseits in Angst und Schrecken, wurden aber gleichzeitig von ihnen bewundert, weil sie das Feudalsystem ins Wanken brachten. Sie verbündeten sich daher bereitwillig mit den Gesetzlosen und schützten sie. Es sollte zwar noch 400 Jahre dauern, bis die Verbrechen als „organisierte Kriminalität" bezeichnet wurden, doch bereits im 16. und 17. Jh. war eine beachtliche Zunahme derartiger Machenschaften zu verzeichnen. Die Banden hießen Mafia, die „Loyalität" der Bauern gegenüber ihren eigenen Leuten Cosa Nostra („Unsere Sache"). Die seit jeher beste Art zum Schutz vor Verfolgung ist auch heute noch die stärkste Waffe der Mafia: der Kodex des Schweigens – die *omertà*.

DIE „NEUE" MAFIA

War die Mafia bis zum Zweiten Weltkrieg ausschließlich auf dem Land präsent, so nahm sie danach auch die Städte ins Visier. Sie nahm die Bauindustrie unter ihre Fittiche, indem sie Gelder auf ihre Konten umleitete und ein Netz aus Bestechungsgeldern schuf, die über jedes geplante Projekt entschieden. 1953 führte ein einmaliges Treffen zwischen der amerikanischen und der sizilianischen Mafia zur Gründung der ersten Sizilianischen Kommission, die sich aus Vertretern der sechs bedeutendsten Mafia-Familien (*cosca*, wörtlich „Artischocke", Plural: *cosche*) zusammensetzte. Ihr vorrangiges Ziel: die Expansion des neuen, äußerst lukrativen Drogengeschäfts. Der Boss dieser Kommission, Luciano Liggio aus dem Corleone-Clan, spielte dabei eine bedeutende Rolle in der Entwicklung der amerikanisch-sizilianischen Beziehungen.

In den 1960er- und 1970er-Jahren verdiente die Mafia mit dem Drogenhandel Milliarden von Dollar. Zwangsläufig führten die enormen Profite dazu, dass die verschiedenen Familien gierig wurden und einen größeres Stück vom Kuchen einforderten. Seit Ende der 1960er-Jahre wurde Sizilien daher von unzähligen blutigen Fehden heimgesucht, die Hunderte Opfer forderte.

Das wohl spektakulärste Attentat traf den Polizeichef General Carlo Alberto Dalla Chiesa, den die Regierung nach Sizilien geschickt hatte, um den Kampf gegen die Mafia anzuführen. 1982 wurde er mitten in Palermo aus dem Hinterhalt überfallen und brutal ermordet. Eine Folge des Attentats war, dass Staatsanwälte und Richter mehr Ermittlungsbefugnisse erhielten.

Den ersten richtigen Einblick in die „Neue Mafia" bekam die Welt 1982 mit der Verhaftung des *mafioso* Tommaso Buscetta. Die Ermittlungen, die der palermitanische ermittelnde Richter Giovanni Falcone leitete, dauerten fast vier Jahre. Schließlich brach Buscetta sein Schweigen. Seine Enthüllungen schockierten und faszinierten ganz Italien. Buscetta offenbarte die Arbeitsweise der Società Onorata, der „Ehrenwerten Gesellschaft“, wie sich die Mafia selbst nennt. Tragischerweise wurde Falcone 1992 ermordet, wie auch Paolo Borsellino, ein weiterer couragierter Anti-Mafia Richter.

1986 wurden 500 Top-*Mafiosi* im ersten *maxiprocesso* („Superprozess“) vor Gericht gestellt. Es wurden 347 Leute verurteilt, 19 davon zu lebenslanger Haft. Die Gefängnisstrafen der anderen ergaben zusammen unglaubliche 2665 Jahre. Im Januar 1993 fassten die Behörden den berühmt-berüchtigten *capo di tutti capi* (Boss der Bosse), Salvatore (Totò) Riina. Der meistgesuchte Mann Europas wurde unzähliger Morde bezichtigt, u. a. des Mordes an Falcone und Borsellino. Auch er wurde zu lebenslanger Haft verurteilt.

NICHT VERSÄUMEN …

DIE MAFIA IM FILM

- **Il Capo dei Capi (Der Boss der Bosse) //** 2007 – Italienische TV-Miniserie über Totò Riina (s. oben)
- **Palermo vergessen //** 1989 – Italienischer Politikthriller von Regisseur Francesco Rosi, beim Drehbuch wirkte Gore Vidal mit
- **Falcone - Im Fadenkreuz der Mafia //** Das 1995 von Alexander Stille geschriebene Buch über Giovanni Falcone (s. oben) wurde 1999 von Ricky Tognazzi als Fernsehfilm und 2005 von Marco Turco als Dokumentation verfilmt
- **Der Tag der Eule //** 1968 – Damiano Damianis Film basiert auf einem Roman von Leonardo Sciascia (s. S. 312)
- **Der Pate I–III //** 1972–90 – Francis Ford Coppolas Meisterwerk
- **Im Namen des Gesetzes //** 1949 – Pietro Germis neorealistischer Film; als Co-Autor fungierte kein Geringerer als Federico Fellini
- **Allein gegen die Mafia //** 1984–2001 – Extrem beliebte italienische TV-Miniserie
- **Wer erschoss Salvatore G.? //** 1962 – neorealistischer Film von Francesco Rosi

DIE ANTI-MAFIA-BEWEGUNG

Die Anti-Mafia-Bewegung in Sizilien ist sehr lebendig. Ihre Geschichte lässt sich bis zu den Anfängen der heutigen Mafia zurückverfolgen. Erstmals trat sie Ende des 19. Jhs. in Erscheinung und war zunächst bis in die 1950er-Jahre aktiv. Sie setzte sich für die Agrarreform ein und wandte sich gegen die Mafia, die konservative politische Elite und die *latifondisti* (Großgrundbesitzer). Ihre Bemühungen erlitten einen Dämpfer, als Tausende junger Sizilianer in der Nachkriegszeit auf der Suche nach Arbeit und einem besseren Leben die Insel verließen.

In den 1960er- und 1970er-Jahren führten radikale Politiker die Anti-Mafia-Bewegung an – hauptsächlich von den Sozialisten und Kommunisten enttäuschte Vertreter des linken politischen Lagers. In dieser Zeit erlangte Giuseppe „Peppino“ Impastato, Sohn eines *mafioso,* einen gewissen Ruhm. Er machte sich in seiner beliebten Radio-Show über einzelne *mafiosi* lustig – 1978 wurde er ermordet. In den 1980er-Jahren stand es dann schlecht um die Anti-Mafia-Bewegung, die Clans reagierten mit brutaler Härte auf mögliche Bedrohungen. General Dalla Chiesa fiel 1982 einem Attentat zum Opfer, das bis heute als Auslöser einer neuen Anti-Mafia-Welle angesehen wird, der Lehrer, Studenten, politische Aktivisten und Geistliche gleichermaßen angehören.

Der Reformist und Christdemokrat Leoluca Orlando, der in den 1980er-Jahren zum Bürgermeister von Palermo gewählt wurde, trug maßgeblich zu einer gegen die Mafia gerichteten öffentlichen Meinung bei. Er stand an der Spitze eines Bündnisses linker Gruppen und Parteien und initiierte den „Frühling von Palermo“: Kommunale Aufträge, die an Mafia-Familien vergeben worden waren, wurden aufgehoben, öffentliche Gebäude mussten zurückgegeben und wieder der Allgemeinheit zugänglich gemacht werden. Außerdem setzte sich Orlando für die Inhaftierung der führenden *mafiosi* ein. In den 1990er-Jahren verließ er die Christdemokraten und gründete die Antikorruptionsbewegung „La Rete“ („Netzwerk“). Die Partei ging schließlich 1999 in Romano Prodis Demokratischer Partei auf.

Auch die Bevölkerung besiegte ihre Angst und sagte der Mafia den Kampf an: Hausfrauen hängten Laken mit Anti-Mafia-Slogans aus den Fenstern, Ladenbesitzer und Kleinunternehmer schlossen sich zusammen, um gegen die Schutzgelderpressung zu kämpfen, Gruppen wie Libera (www.libera.it) formierten sich. Libera – 1994 von Rita Borsellino, der Schwester des ermordeten Richters mitbegründet – erwirkte einen italienischen Parlamentsbeschluss, der ihren Mitgliederorganisationen erlaubte, die von der Regierung konfiszierten Mafia-Ländereien zu erwerben. So konnten landwirtschaftliche Kooperativen, *agriturismo*-Veranstalter und andere legale Unternehmen aktiv werden (www.liberterra.it). Selbst die katholische Kirche, die zu dem Treiben der Mafia lange geschwiegen hatte, sagte der Anti-Mafia-Bewegung unverblümt ihre Unterstützung zu. Giuseppe Puglisi, einer der bekanntesten Kirchenvertreter im Kampf gegen die Mafia, rief die Bevölkerung dazu auf, sich den Clans zu widersetzen, und wurde daraufhin 1993 ermordet.

> ***„Die Anti-Mafia-Bewegung ist in Sizilien gesund und aktiv wie eh und je.“***

DIE MAFIA UNSERER TAGE

Nach der Verurteilung von Salvatore Riina kamen auch andere Top-*Mafiosi* hinter Gitter: Sein Nachfolger Leoluca Bagarella ging der Polizei 1995 ins Netz, der sizilianische „Pate“ Bernardo Provenzano wurde 2006 nach 20 Jahren auf der Flucht gefasst, Provenzanos Nachfolger Salvatore lo Piccolo kam 2007 ins Gefängnis und Domenico Raccuglia (alias „der Veterinär"), den zweiten Kopf der Organisation, zogen die Behörden 2009 nach immerhin 15 Jahren auf der Flucht aus dem Verkehr. Niemand ist zwar naiv genug zu glauben, die Macht der Mafia gehöre der Vergangenheit an. Dennoch sind diese Erfolge der Ermittler ein Zeichen dafür, dass der einst allmächtige Kern der Organisation langsam zerbröckelt.

Heute unterwandert die Mafia besonders den Alltag. Sie versucht, sich mit legalen Geschäften zu etablieren: Mafia-Befürworter und ihre Kinder sind jetzt „angesehene“, einflussreiche Bürger. Doch ganz egal, um was für ein Geschäft es sich auch handelt, die Mafia hat ihre Hände noch immer oft im Spiel. Ein Unternehmen mag beispielsweise auf ganz legalem Weg eine Baugenehmigung bekommen, die Mafia aber bestimmt, wo der Zement gekauft und Geräte gemietet werden. Anti-Mafia-Kämpfer nennen dies „die unsichtbare Mafia“. Sie betonen zudem, dass viele sizilianische Geschäftsinhaber noch immer *pizzo* (Schutzgeld) zahlen.

Ein Lichtblick ist die Organisation **Addiopizzo** (www.addiopizzo.org), die diese schändlichen Zahlungen an den Pranger stellt. Verbraucher fordert sie dazu auf, Geschäfte und Dienstleister zu unterstützen, die die Zahlung von Schutzgeldern verweigern. Ihr Motto – „Ein Volk, das *pizzo* zahlt, ist ein Volk ohne Würde" – scheint auf der ganzen Insel auf Anklang gestoßen zu sein. U. a. haben sich etliche Tourismusunternehmen zu aktiven Unterstützern der Kampagne gesellt. Sie empfehlen Restaurants, Läden und Hotels, die Nein zu den Erpressungen der Mafia sagen (weitere Infos unter www.addiopizzotravel.it).

SIZILIEN IN WORT & BILD

Schriftsteller und Filmemacher lassen sich seit eh und je von der rauen Landschaft, der turbulenten Geschichte und der vielschichtigen Gesellschaft Siziliens inspirieren. Oft konnten sie die Insel dabei nicht gerade durch eine rosarote Brille betrachten – Armut und Korruption lassen sich nur schwer in ein romantisches Licht tauchen oder schönfärben –, aber ihre Worte, Bilder und Erzählungen bieten einen unschätzbaren Einblick in die sizilianische Kultur und Gesellschaft.

SIZILIEN IN DER LITERATUR

Angesichts jahrhundertelanger Isolation und der Spaltung der Bevölkerung in eine des Lesens und Schreibens unkundige Bauernschaft und eine dekadente Aristokratie ist es nicht verwunderlich, dass es in Sizilien bis zum 19. Jh. keine nennenswerte Literatur gab.

Dennoch entstand das erste offizielle literarische Werk Italiens im 13. Jh. in Palermo in der von Friedrich II. geförderten Dichterschule. Die anspruchsvollen Werke, die dort entstanden, hatten freilich keine Bedeutung für die Bauern, deren Hauptvergnügen religiöse Feste und die Feiertage der Heiligen, später dann die volkstümlichen Schauspiele der *opera dei pupi* (Puppentheater; s. S. 53) waren.

SIZILIANISCHE SCHRIFTSTELLER

Die politischen Umbrüche im 19. und 20. Jh. und das Auftauchen des literarischen Schwergewichts Giovanni Verga (1840–1922) brachen schließlich das Schweigen der sizilianischen Schriftsteller. Verga erlebte einige der schwersten Stunden der Geschichte des modernen Italiens – die Einigung des Landes, den Ersten Weltkrieg und den Aufstieg des Faschismus. Sein Werk sollte großen Einfluss auf die italienische Literatur nehmen. Sein bedeutendster Roman *Die Malavoglia – Der Untergang einer sizilianischen Familie* (1881) erzählt im Wesentlichen die Geschichte einer Familie, die in schwierigen Zeiten auf Sizilien um ihr Überleben kämpft. Das Buch ist noch immer Pflichtlektüre eines jeden sizilianischen Schülers.

Seit jener Zeit bringen sizilianische Schriftsteller Werke zu Papier, die mit der besten zeitgenössischen europäi-

NICHT VERSÄUMEN …

LITERARISCHE SCHAUPLÄTZE

- ⋆ **Aci Trezza //** *Die Malavoglia – Der Untergang einer sizilianischen Familie* von Giovanni Verga spielt in einem Fischerdorf an der Ionischen Küste (S. 201)
- ⋆ **Palazzo dei Normanni, Palermo //** *The Ruby in her Navel* von Barry Unsworth spielt größtenteils in der Nähe der normannischen Festung (S. 44)
- ⋆ **Palma di Montechiaro bei Agrigent //** Hier ließ sich Giuseppe di Lampedusa wahrscheinlich für den Ort Donnafugata in seinem Roman *Der Leopard* inspirieren
- ⋆ **Porto Empedocle //** Der Ort spielte eine wichtige Rolle in Luigi Pirandellos frühen Romanen. Andrea Camilleri fand hier das Vorbild für seine fiktive Stadt Vigatà (S. 282)
- ⋆ **Syrakus //** Schauplatz von Elio Vittorinis *Gespräch in Sizilien* (S. 214)

schen Literatur mithalten können. Der Dramatiker und Romanautor Luigi Pirandello (1867–1936) erhielt 1934 den Nobelpreis für Literatur für sein Schaffen, zu dem auch das Drama *Sechs Personen suchen einen Autor* (1921) gehört. Der Lyriker Salvatore Quasimodo (1901–1968) erhielt 1959 den Nobelpreis für seine auserlesene Lyrik, darunter auch hervorragende Übersetzungen der Werke von Shakespeare und Pablo Neruda. Elio Vittorini (1908–1966) fesselte mit seinem Meisterwerk über die sizilianische Abwanderung in den Norden *Gespräch in Sizilien* (1941). Es ist die Geschichte der Rückkehr eines Mannes zu den Wurzeln seiner persönlichen, historischen und kulturellen Identität.

„Die politischen Umbrüche im 19. und 20. Jh. brachen schließlich das Schweigen der sizilianischen Schriftsteller.“

Siziliens berühmtester Roman war das Einzelwerk eines Aristokraten, der die sozialen Umbrüche chronologisch darstellen wollte, die das Ende des Ancien Régime und die Einigung Italiens mit sich gebracht hatten. Giuseppe Tomasi di Lampedusas (1896–1957) im Jahr 1958 herausgebrachter Roman *Der Leopard* erntete begeisterte Kritiken. Zwar ist das Buch ein rein historischer Roman, doch liegt seine fortdauernde Bedeutung in der minutiösen Darstellung dessen, was es heißt, Sizilianer zu sein. Mehr Infos stehen auf S. 12.

Der Großteil der sizilianischen Literaten des 20. Jhs. war in ihrem Schaffen politisch motiviert. Das gilt für niemanden mehr als für Danilo Dolci (1924–1997), diesen engagierten Sozialisten, der auch „sizilianischer Gandhi“ genannt wird. In seinem Buch *Umfrage in Palermo* (1959) und dem späteren Werk *Sizilianische Geschichten* (1981) schilderte er detailliert die miserablen Lebensbedingungen der sizilianischen Armen, was ihm die ständige Feindschaft der Behörden und der Kirche einbrachte – Kardinal Ernesto Ruffini beschuldigte ihn öffentlich, er würde alle Sizilianer „diffamieren“. Auch Dolci wurde für den Nobelpreis nominiert und erhielt 1958 den Lenin-Friedenspreis.

Das andere große Thema der sizilianischen Schriftsteller ist natürlich die Mafia. Einen wirklich guten Einblick in die Macht der organisierten Kriminalität auf Sizilien bietet Leonardo Sciascia (1921–1989) mit seinem Werk *Der Tag der Eule* (1961), dem ersten italienischen Roman über die Mafia überhaupt. In seiner gesamten Laufbahn ging Sciascia diesem Thema nach und schuf so ein eigenes Genre. Sein Protégé Gesualdo Bufalino (1920–1996) erhielt 1988 den angesehenen Strega-Preis für seinen Roman *Die Lügen der Nacht*, die Geschichte von vier zum Tode verurteilten Männern, die den Abend vor ihrer Hinrichtung damit verbringen, sich die denkwürdigsten Augenblicke aus ihrem Leben zu erzählen. Bufalino galt als einer der besten Schriftsteller Italiens seiner Zeit. Er entwickelte einen fast barocken, intensiven, packenden und surrealen Stil. Sein eindringlicher Roman *Das Pesthaus* (1981), der mit dem italienischen Campiello-Preis ausgezeichnet wurde, erzählt die Geschichte eines Tuberkulosepatienten in einem Sanatorium in Palermo der späten 1940er-Jahre. Die Leser werden durch eine Landschaft der Verdammnis geführt. Bufalino beschwört die Schrecken der Kriegszeit und die Hoffnungslosigkeit der Patienten herauf, die sich kennenlernen, „bevor der bleiversiegelte Leichenwagen das Ziel seiner Bestimmung erreicht“.

COMMISSARIO MONTALBANO

Der Krimi-Autor Michael Dibdin schrieb einmal, dass es drei Orte gäbe, in die kein italienischer Polizist je versetzt werden möchte: Sizilien, Sardinien und Südtirol. Man kann aber ziemlich sicher sein, dass Commissario Salvo Montalbano, die heiß geliebte Hauptfigur in Andrea Camilleris Montalbano-Büchern (www.andreacamilleri.net, italienisch), dies empört zurückweisen würde. Wenn er mal gerade nicht dabei ist, ein Verbrechen in der erfundenen Stadt Vigàta (sie ist Camilleris Geburtsstadt Empedocle in der Nähe von Agrigent nachempfunden) mit viel Intuition und Charme aufzuklären, widmet sich der stolze sizilianische Spürhund gastronomischen, ausschließlich sizilianischen Genüssen und seiner schwer geprüften Freundin Livia. Ein besonders gelungener Dialog in einem seiner Bücher ist: Kellner: „Commissario, was kann ich für Sie tun?" Montalbano: „Alles."

Es gibt 17 Montalbano-Romane und vier Sammlungen mit Kurzgeschichten, die allesamt auf Sizilien spielen. Schon nach seinem ersten Fall *Die Form des Wassers* (1994) wird man höchstwahrscheinlich süchtig sein und alle seine Werke lesen wollen.

Fans der viel bejubelten Montalbano-Fernsehserien mit Luca Zingaretti können bei Echoes Events (s. S. 306) oder Allakatalla (s. S. 234) eine Commissario-Montalbano-Tour buchen. Beide Touren führen durch Ragusa, wo die Serie gedreht wurde. Echoes kann auch ein Essen in Don Calogeros Trattoria oder eine Übernachtung in dem Strandhaus des Commissario in Scicli organisieren.

Die berühmte Romanschriftstellerin und Dramatikerin Dacia Maraini (geb. 1936) schrieb viele Romane, die in Sizilien spielen, u. a. die preisgekrönte, historische Liebesgeschichte *Die stumme Herzogin* (1990), die 1997 von dem italienischen Regisseur Roberto Faenze verfilmt wurde.

MIT FREMDEN AUGEN BETRACHTET

Auch viele Ausländer haben Sizilien zum Gegenstand von Büchern gemacht. Unterhaltsame, leichte Werke sind u. a. der witzige Reisebericht *Vroom by the Sea* (2007) von Peter Moore, der auf einer Vespa namens Donatella (sie hat das gleiche schreckliche Orange wie Donatella Versace) die Insel erkundet. Brian P. Johnstons *Sicilian Summer: A Story of Honour, Religion and the Perfect Cassata* (2007) handelt von Kommunalpolitik und exzentrischen Persönlichkeiten und *1000 Tage in Sizilien* (2008) von Marlena de Blasis ist eine witzige Geschichte über die Beziehung einer Sizilianerin zu einem sehr viel älteren Mitglied des sizilianischen Adels.

Mary Taylor Simetis *On Persephone's Island* (1986) und Peter Robbs *Sizilianische Schatten* (1996) sind viel tiefgreifender. Simeti, eine Amerikanerin, die seit 1962 auf der Insel lebt, bietet ihren Lesern faszinierende Einblicke in die sizilianische Geschichte, Kultur und Kochkunst. Robbs Beschreibung des Mezzogiorno basiert auf ausgezeichneten Recherchen, seine Schilderungen sind wahrhaft überzeugend, besonders die Kapitel über die Mafia. Barry Unsworths *The Ruby in Her Navel* (2006) und Tariq Alis *Der Sultan von Palermo* (2005) sind bemerkenswerte historische Romane. Beide handeln von dem normannischen Hof von Roger II. (der bei den Arabern als Sultan Rujeri bekannt ist).

Eine gute Lektüre mit historischem Schwerpunkt sind auch *The Day of Battle: The War in Sicily and Italy 1943–1944* (2008) von Rick Atkinson, *Die Normannen in*

Sizilien (1971) von John Julius Norwich und *Die Sizilianische Vesper. Der Volksaufstand von 1282 und die europäische Geschichte im 13. Jahrhundert* (1959) von Steven Runciman.

SIZILIEN IM FILM

Sizilien mit seiner eindrucksvollen Landschaft und den vielfältigen emotionalen und psychologischen Hintergründen hat einige der weltbesten Filmemacher inspiriert und bildete die Kulisse für unzählige cineastische Werke.

Zwei Klassiker – Viscontis *Die Erbe bebt* (1948) und *Der Leopard* (1963) – zeigen die Vielseitigkeit der sizilianischen Geschichte. Der erste Film handelt von der Armut und dem Elend einer hilflosen Fischerfamilie, der zweite zeigt eine Gesellschaft von Grandeur und Dekadenz, die einen an die Zeit vor der Französischen Revolution denken lässt. Antonionis rätselhaftes Abenteuer *Die mit der Liebe spielen* (1960) handelt von dem Verschwinden eines Mitglieds einer Gruppe gelangweilter und verwöhnter Angehöriger der römischen Oberschicht, die eine Tour auf den Liparischen Inseln unternimmt. Auch wenn die existentialistische Handlung von vielen Kritikern als undurchdringlich und überheblich beschrieben wurde, so wird die atemberaubende Bildsprache doch allgemein gelobt.

In Rossellinis *Stromboli* (1950) spielt sich die explosive Liebesaffäre zwischen einer aus Litauen geflüchteten Frau und einem einheimischen Fischer vor dem Hintergrund eines Vulkanausbruchs ab. Die hypnotische Schönheit in Michael Radfords *Il Postino* (Der Postman; 1994) vermittelt den Zuschauern ein falsches Sicherheitsgefühl, das von dem tragischen Ende des Films zerstört wird.

Francis Ford Coppola gelang in seinem dreiteiligen Meisterwerk *Der Pate* (Teil I, 1972; Teil II, 1974; Teil III, 1990) die Verbindung der psychologischen Hintergründe der Figuren mit ihrer Umwelt. Die variierende Intensität von Hell und Dunkel setzt den ständigen Unterton von bebender Leidenschaft und abgründigem Verrat meisterhaft in Szene. Den Gnadenstoß bringt die letzte Szene des dritten Teils, wo Mascagnis Oper *Sizilianische Bauernehre*, eine Un-

ORIGINALSCHAUPLÄTZE

Wie wär's mit einer Insel-Tour zu den Drehorten?

- **Aci Trezza** // *Die Erde bebt* (S. 201)
- **Bagheria bei Palermo** // *Der Leopard, Der Pate III, Baarìa – Eine italienische Familiengeschichte*
- **Catania** // *Scheidung auf Italienisch* (S. 187)
- **Cefalù** // *Cinema Paradiso* (S. 116)
- **Ciminna und Mondello bei Palermo** // *Der Leopard*
- **Lampedusa** // *Lampedusa*
- **Palermo** // *Der Pate III, Palermo Shooting, Zahnstocher Johnny, Der Leopard* (S. 33)
- **Punta Secca, Ragusa, Donnalucata, Modica, Donnafugata, Ragusa Ibla, Scicli** // *Fernsehserie Commissario Montalbano* (S. 228)
- **Ragusa & Ispica** // *Kaos* (S. 228)
- **Salina** // *Der Postmann* (S. 157)
- **Savoca** // *Der Pate I* (S. 178)
- **Stromboli** // *Stromboli* (S. 163)
- **Taormina** // *Ein himmlischer Teufel* (S. 179)

heil verkündende Geschichte um Liebe und Verrat, mit Szenen von Michael Corleones letzten Morden verknüpft wird, die schließlich zum Tod der Person führen, die er am meisten liebt: seine Tochter (weitere Filme über die sizilianische Mafia finden sich auf S. 308).

Auch die Taviani-Brüder haben auf Sizilien gearbeitet. Sie drehten 1984 hier den Film *Kaos*, in dem sie versuchten, die verrückte Logik des Universums des auf Sizilien geborenen Schriftstellers Luigi Pirandello darzustellen. Der Film mit dem passenden Namen ist eine Folge von Geschichten über Verlust, Begierde, Liebe, Auswanderung und Tod, durchgespielt anhand von fantastischen Handlungen. Seinen Namen verdankt der Film einem Dorf bei Agrigent, in dem Pirandello geboren ist (der Ort wird allerdings mit „C" geschrieben).

„Die reichen emotionalen und psychologischen Hintergründe haben einige der weltbesten Filmemacher inspiriert."

Die Sizilianer sind auch immer für einen Lacher gut. Pietor Germis hier gedrehter Film *Scheidung auf Italienisch* (1961) wurde ein Kassenschlager. Komödien neueren Datums sind Roberto Benignis Filme *Ein himmlischer Teufel* (1988) und *Zahnstocher Johnny* (1991).

Weitere auf Sizilien gedrehte Filme sind *Palermo Shooting* (2008) von Wim Wenders, den viele Kritiker als überheblich und langweilig verrissen, und *Sicilia!* (1999) von Danièle Huillet und Jean-Marie Straub nach Elio Vittorinis von der Kritik hoch gelobtem Roman *Conversazione in Sicilia* (Gespräch in Sizilien).

Sizilien selber hat mit Ausnahme von Giuseppe Tornatore (geb. 1956) keine nennenswerten Regisseure hervorgebracht. Tornatore drehte nach dem unglaublichen Erfolg seines zum Teil autobiografischen Films *Cinema Paradiso* (1988) die Filme *Der Zauber von Malèna* (2000), eine Geschichte vom Erwachsenwerden im ländlichen Sizilien der 1940er-Jahre mit Monica Bellucci in der Hauptrolle, *Der Mann, der die Sterne macht* (1995), der ebenfalls im Sizilien der 1940er-Jahre spielt, und *Baarìa – Eine italienische Familiengeschichte* (2009), eine drei Generationen überspannende Geschichte einer sizilianischen Familie zwischen 1920 und 1980. In Italien kamen übrigens zwei Versionen des Filmes in die Kinos: eine auf Sizilianisch und eine synchronisierte italienische Fassung.

Ein weiterer Regisseur, für den Sizilien zur Muse wurde, ist der in Rom geborene Emanuele Crialese. Er drehte zwei Filme auf Sizilien: *Lampedusa* (2002) und *Nuovomondo* (2006). *Lampedusa* handelt von einer Frau, die durch ihr unkonventionelles Verhalten in Konflikt mit ihrer Familie und den Nachbarn gerät. *Nuovomondo* schildert die Träume einer sizilianischen Familie, die zu Beginn des 20. Jhs. nach New York auswandert.

ESSEN & WEIN

„Lass die Waffe liegen, nimm die *cannoli*!" Sizilianisches Essen ist so gut, dass selbst die Mafiosi in *Der Pate* sich dabei entspannen. Tatsächlich wird die sizilianische Küche von Italienern, für die sich alles ums Essen dreht und wo es viele köstliche regionale Variationen gibt, als eine der besten des Landes angesehen. Einen nicht unbeträchtlichen Teil ihres Besuchs werden Traveller auf der Insel mit Essen verbringen und damit die vielen ungeschriebenen und geschriebenen Regeln sizilianischer Esskultur erlernen: die strikte Ordnung des Esszeremoniells verstehen, sich den Geschmacksrichtungen und Zubereitungsmethoden anpassen, den passenden Nachtisch auswählen, den richtigen Kaffee bestellen. Glücklicherweise wird das eine überaus angenehme Aufgabe sein. Die Küche Siziliens macht's einem leicht: mit lauter frischen Zutaten, glitzerndem Fisch direkt aus dem Mittelmeer, ungewöhnlichen Beigaben wie Mandeln und Pistazien und köstlichen Kombinationen wie Nudeln mit Sardinen, Safran und Sultaninen.

„Sizilianisches Essen ist so gut, dass selbst die Mafiosi in **Der Pate** *sich dabei entspannen."*

Traditionelle Rezepte haben hier Jahrhunderte überdauert und sich aus der lange Zeit gut gefüllten und reichhaltigen Speisekammer Siziliens bedient. Der Überfluss an Obst und Gemüse war schon bei den alten Griechen bekannt. Aber erst mit den Arabern nahm die Küche der Insel Formen an. Diese brachten die allgegenwärtigen Auberginen und die Zitrusfrüchte mit, selbst die Pasta soll die sizilianische Küche ihnen verdanken. Sie verwendeten zum Würzen Safran und Sultaninen und als Kontrast zu diesen Gaumenstreichlern knackige Mandeln und Pistazien. Der arabische Einfluss war derart groß, dass Couscous heute auf jeder Speisekarte in Westsizilien auftaucht. Und, ganz wichtig: Die Sarazenen brachten das Zuckerrohr nach Sizilien, die Grundlage für all die fantastischen Süßigkeiten. Die *cassata* beispielsweise kommt vom arabischen Wort *qas'ah*, das sich auf die Terrakottaschüssel bezieht, die als Kuchenform dient; *cannolo* stammt vom Wort *canna* (Zuckerrohr) ab.

Das vielleicht Beeindruckendste an Siziliens Küche ist aber, dass sich die meisten der außergewöhnlichen Aromen aus Armut und Zerstörung entwickelten. Die extravaganten Rezepte der *monsù* (Küchenchefs; vom französischen *monsieur le chef*), die bei den Adligen der Insel beschäftigt waren, wurden an Geldbeutel und Mittel der weniger Glücklichen angepasst. Für gewöhnliche Sizilianer standen frische Zutaten an erster Stelle und, ganz wichtig, dass kein Aroma das andere überdeckte. Das ist das Geheimnis, sozusagen der Schlüssel zu allen sizilianischen Gerichten: Schlichtheit. Man sollte darauf gefasst sein: Hier wird der Geschmackssinn ausgebildet, geformt und verwöhnt.

DREI FARBEN

Siziliens beliebteste Zutaten lassen sich nach der *Tricolore* einteilen, den Farben der italienischen Flagge. Die folgenden Grundzutaten stehen in jeder sizilianischen Speisekammer – sie weisen den Weg ins Herz der Inselküche.

ROT

Rot, die Farbe der Leidenschaft, ist in der sizilianischen Küche die Farbe der wichtigsten Zutat überhaupt: der Tomate. *Il pomodoro* bzw. *il pomodorino* (Kirschtomate) ist die Basis der meisten Saucen, sie wird gekocht, blanchiert oder einfach frisch über einen Teller Nudeln geschnippelt. Sizilianische Tomaten sind in ganz Italien berühmt für ihren süßen, intesiven Geschmack, sie hängen oft in Bündeln an den Häusern (besonders auf der Insel Salina) – die Einheimischen behaupten, so blieben sie am längsten frisch. Getrocknete Tomaten sind eine andere Möglichkeit, das Gemüse aufzubewahren; viele Sizilianer greifen in den Wintermonaten darauf zurück, wenn frische Tomaten nur schwer zu bekommen sind.

Auch Paprikas sind unabdingbar. Neben den glockenförmigen werden auch Spitzpaprikas oft in Vorspeisen und Antipasti verwendet. Ein beliebtes Gericht aus roten, grünen und gelben Paprika ist *peperonata in agridolce,* mit Zwiebeln, Pinienkernen, Rosinen und Kapern gedünstete Schoten.

NICHT VERSÄUMEN ...

SLOW-FOOD-GENÜSSE

- **Gelato al pistachio //** Eis mit Pistazien aus Bronte
- **Insalata con arance e cipolla //** Salat mit frischen Orangen und Zwiebeln aus Giarratana
- **Caponata //** Gemüsegericht mit Kapern von der Insel Pantelleria
- **Granita di limone //** zerstoßenes Eis mit Interdonato- oder Verdello-Zitronen
- **Latte di mandorla //** mit Mandeln aus Noto
- **Canestrato-Käse //** mit einem Gläschen Nero d'Avola
- **Provola-Käse aus den Madonie oder Nebrodi //** mit Thymianhonig aus den Iblei-Bergen

WEISS

Knoblauch ist selbstredend eine wichtige Zutat der sizilianischen Küche. Er kommt bei ca. 80 % der pikanten Rezepte zum Einsatz, ja spielt manchmal gar die Hauptrolle in Saucen, etwa bei *spaghetti aglio olio* (mit Knoblauch und Öl) – einfach und lecker. Sizilianer verwenden zerdrückte frische Zehen vor allem für gegrillten oder gebackenen Fisch, oder braten sie, in dünne Scheiben geschnitten, um das Öl zu aromatisieren.

„Weiß" ist auch der Käse. Die Sizilianer lieben es, großzügige Portionen eines pikanten Käses namens *caciocavallo* auf ihre Nudelgerichte zu streuen (auch wenn cavallo „Pferd" heißt, wird der Käse aus Kuhmilch hergestellt). Parmesan übrigens hat erst vor Kurzem den Weg auf hiesige Speisekarten gefunden – Sizilianer schütteln sich, wenn er auf die falsche Sauce gestreut wird. Häufig findet sich Ricotta, frisch und getrocknet. Wirklich frisch – also höchstens 24 Stunden „alt" – schmeckt er himmlisch. *Pecorino,* ein Schafskäse, ist mit seinem kräftigen Aroma ebenfalls sehr beliebt und wird gern für Saucen verwendet. Die besonders unverwechselbaren Pecorini kommen aus der Region der Monti Madonie und Monti Nebrodi. Sie werden von der Organisation Slow Food als bedeutsame, aber auch bedrohte Lebensmittel eingestuft.

Mandorle (Mandeln) kommen gewöhnlich blanchiert zum Einsatz. Sie werden fast überall auf Sizilien angebaut und verleihen vielen Gerichten eine wunderbar knackige

Note. Mandeln werden auch für einen der häufigsten *granite* (sorbetähnliche Süßspeise) und wunderbares Gebäck verwendet. Die Sizilianer haben zudem *latte di mandorla* erfunden, ein köstliches kaltes Getränk, das hauptsächlich aus Mandelpaste und Wasser besteht; man bekommt es überwiegend im Westen Siziliens, und zwar sowohl in Supermärkten als auch frisch zubereitet in vielen Bars.

GRÜN

Gutes Olivenöl gehört zu den unvergesslichen Delikatessen der sizilianischen Küche. Einige alte Olivensorten werden seit Jahrhunderten auf der Insel angebaut. Die Hauptsorten sind: *biancolilla* (Südwestsizilien), *nocellara* und *ogliarola messinese* (Nordosten), *cerasuola* (zwischen Sciacca und Paceco) und *nocellara del Belice* (Provinz Trapani).

In den meisten sizilianischen Küchen duftet es nach *basilico* (Basilikum). In Norditalien wird er überwiegend für Pesto verwendet; die Sizilianer haben das in ihrem *pesto alla Trapanese* perfektioniert. Dafür wird Basilikum mit blanchierten geschälten Tomaten, geriebenem *pecorino*, ein oder zwei Knoblauchzehen und ein paar gehackten Mandeln in einem Mörser mit einem Stößel zerkleinert und mit ein wenig gutem Olivenöl verrührt. Die Soße passt herrlich zu kurzen Nudeln.

„Neben Dolce & Gabbana ist Pasta Italiens (und Siziliens) berühmtestes Exportprodukt."

Pistazien sind auf Sizilien extrem beliebt. Die Araber brachten sie mit auf die Insel und pflanzten sie auf dem fruchtbaren Vulkanboden der Ebenen an. Die Nüsse werden sowohl für pikante als auch für süße Speisen verwendet – einige der besten Eissorten werden mit Pistazien gemacht. Eine gute Nachricht ist, dass Pistazien bei regelmäßigem Verzehr den Cholesterinspiegel deutlich senken (was aber leider nicht für Pistazieneis gilt!).

GRUNDNAHRUNGSMITTEL

Brot, Pasta, Antipasti, Fisch, Fleisch … Bei diesen vielen köstlichen Produkten der sizilianischen Küche bleibt einem nur die Qual der Wahl. Es gibt unzählige traditionelle Spezialitäten, die meistens aus sizilianischen Zutaten hergestellt werden. Und nicht wenige werden von der **Fondazione Slow Food** (www.fondazioneslowfood.com) empfohlen (s. S. 19).

BROT

Brot war zu allen Zeiten ein Grundnahrungsmittel der sizilianischen Bauern. Das grobkörnige, goldfarbene sizilianische Brot wird aus Hartweizen gemacht und kommt in unzähligen ritualisierten und regional unterschiedlichen Formen daher – von Zöpfen über Ringe bis hin zu Blumenformen. Gebackenes Brot wird mit dem größten Respekt behandelt; früher durfte nur das Familienoberhaupt den Laib anschneiden.

Zeiten schrecklicher Armut und Hungersnöte waren mit Sicherheit der Grund für die breite Verwendung von Brotkrumen, mit denen kärgliche Zutaten gestreckt und hungrige Mäuler gestopft wurden. Diese Sparsamkeit lebt heute in so berühmten Gerichten wie den *involtini* fort, bei denen mal pikante, mal weniger pikante Füllung aus Semmelbröseln und anderen Zutaten in Fleisch- oder Fischscheiben gewickelt und dann in der Pfanne gebraten oder gegrillt werden. Weitere beliebte Gerichte auf Brotbasis sind u. a. *sfincione* (sizilianische Art von Pizza mit Tomaten, Zwiebeln und manchmal Sardellen), *impanata* (Snack aus mit Fleisch, Gemüse oder Käse gefülltem Brotteig) und *scaccie* (gefüllte Brotteigtaschen).

PASTA

Neben Dolce & Gabbana ist Pasta Italiens (und Siziliens) berühmtestes Exportprodukt. Während heute frische Nudeln *(pasta fresca)* auf den meisten sizilianischen Speisekarten stehen, war die getrocknete Variante auf Sizilien und in Süditalien schon immer ein Grundnahrungsmittel – hauptsächlich weil sie ökonomischer ist.

Das berühmteste aller sizilianischen Nudelgerichte ist *pasta con le sarde* (Pasta mit Sardinen). Es ist ein gehaltvolles Gericht. Die großzügige Verwendung von wildem, nur auf Sizilien wachsendem Bergfenchel, Zwiebeln, Pinienkernen und Rosinen verleihen den Sardinen ein wunderbar exotisches Aroma. Ein weiteres bekanntes Gericht aus Catania ist *pasta alla Norma*, eine reichhaltige Mischung aus Tomaten, Auberginen und gesalzenem Ricotta. Im Landesinneren gibt's oft eine aus Fleisch und

SAGRE

Essen miteinander zu teilen, ist ein zentraler Bestandteil der wichtigsten geselligen Anlässe. Der sizilianische Kalender ist vollgestopft mit *sagre:* Feste, die einem kulinarischen Produkt oder Thema gewidmet sind. Die klassische Art, einen Festtag zu begehen, ist, ihn mit einem *magro* (Fastentag) einzuleiten, denn der Festtag selbst ist meist ein Tag der Völlerei. Einige der bekanntesten Essensfeste sind:

- **Sagra del Mandorlo in Fiore (Mandelblütenfest)** – in Agrigent (S. 279), am ersten Sonntag im Februar
- **Sagra della Ricotta (Ricottafest)** – in Vizzini bei Caltagirone, im April (www.sagradellaricotta.it, italienisch)
- **Sagra del Carciofo (Artischockenfest)** – in Cerda bei Palermo, am 25. April (www.comune.cerda.pa.it, italienisch)
- **Sagra del Cappero (Kapernfest)** – auf der Insel Salina, am ersten Sonntag im Juni
- **Stragusto (Fest der Mittelmeerküche – Straßenessen)** – in Trapani, drei Tage im Juli (www.stragusto.it)
- **Sagra della Cipolla (Zwiebelfest)** – in Giarratana bei Ragusa, am 14. August
- **Festival Internazionale del Cuscus (Internationales Couscousfest)** – in San Vito Lo Capo, im September (S. 75)
- **Sagra del Miele (Honigfest)** – in Sortino zwischen Catania und Syrakus, Ende September oder Anfang Oktober (www.sagradelmiele.it, italienisch)
- **Sagra del Pistachio (Pistazienfest)** – in Bronte, Ende September oder Anfang Oktober (www.comune.bronte.ct.it, italienisch, od. www.bronteinsieme.it)
- **Festa dei Sapori Madoniti d'Autunno (Fest der Herbstaromen)** – in Petralia Sottana, im Oktober (www.petraliasottana.net, italienisch)

Wild (u. a. Wildschwein, Kaninchen und Rind) oder Käse zubereitete Soße. Die beste Lasagne der Insel *(lasagne cacate)* bekommt man im barocken Modica. Bei dieser Variante werden zwei Käsesorten – Ricotta und Pecorino – mit Rinderhack und Wurst vermischt und zwischen Lagen aus hausgemachten Nudelplatten geschichtet.

ANTIPASTI

Sizilianer haben keine riesige Auswahl an Antipasti (wörtlich „vor den Nudeln"), ihre Liebe zu starken Aromen und ungewöhnlichen Kombinationen verleiht dem Vorspeisenteller aber dennoch eine besondere Note. Es ist eine hervorragende Möglichkeit, einige der wunderbaren Geschmacksrichtungen Siziliens zu testen, von marinierten Sardinen, rohen Heringsscheibchen über fruchtige Käsesorten bis hin zu gebackenem und frischem Gemüse, das in der *caponata* (gekochter Gemüsesalat mit Tomaten, Auberginen, Sellerie, Kapern, Oliven und Zwiebeln) die berühmteste Zubereitungsform findet.

FISCH

Der enorme Fortschritt der Fischfangmethoden und die – zumindest bis vor wenigen Jahren noch – weite Verbreitung von Sardinen, Thunfisch und Makrelen vor der Küste Siziliens haben dafür gesorgt, dass sich Fisch zum Grundnahrungsmittel etablierte.

In Palermo kommt man nicht um *sarde a beccafico alla Palermitana* herum, mit Anchovis, Pinienkernen, Korinthen und Petersilie gefüllte Sardinenröllchen. Das Filet mignon des Meeres aber ist *pesce spada* (Schwertfisch), der gegrillt mit Zitrone, Olivenöl und Oregano oder als *involtini,* Schwertfischrouladen mit scharfer Füllung aus Zwiebeln, Johannisbeeren, Pinienkernen und Semmelbröseln serviert wird.

Der beste Schwertfisch wird vor Messina gefangen, wo er klassisch als *agghiotta di pesce spada* (oder *pesce spada alla Messinese*) auf den Tisch kommt: ein köstliches Gericht mit Pinienkernen, Sultaninen, Knoblauch, Basilikum und Tomaten. Von den Ägadischen Inseln kommen zwei vorzügliche Fischgerichte, *tonno 'nfurnatu*, im Ofen gebackener Thunfisch mit Tomaten, Kapern und grünen Oliven, und *alalunga di Favignana al ragù*, gebratener Thunfisch in einer würzigen Sauce aus Tomaten, roten Chilischoten und Knoblauch. Die Sauce des letztgenannten Gerichts kann auch in Verbindung mit Pasta auf den Tisch kommen. Calamari bzw. *calamaretti* (Baby-Tintenfisch) schließlich sind auf der ganzen Insel beliebt; sie werden vielfältig zubereitet, etwa gefüllt, gebraten oder in Tomatensauce gekocht.

FLEISCH

Zwar gibt es auch entlang der Küsten einige Fleischgerichte, die besten jedoch bekommt man im Landesinneren. Die Provinz Ragusa ist berühmt für ihre fantasievolle Zubereitung des Fleisches, besonders vom Lamm, Rind, Schwein und Kaninchen. Das berühmteste Gericht ist *falsomagro,* ein gefüllter Rollbraten mit Rinderhack, Wurst, Schinken, Eiern und Pecorino. Eine weitere lokale Spezialität, *coniglio all'agrodolce* (Kaninchen süß-sauer), wird in einer Sauce aus Rotwein, Zwiebeln, Olivenöl, Lorbeerblättern und Rosmarin mariniert. In Castelbuono in den Madonien findet man *capretto in umido* (geschmortes Zicklein) und *agnello al forno alla Madonita* (geröstetes Lamm). Das Fleisch der in der Region gejagten Wildschweine wird zu Eintöpfen,

Saucen und Würsten verarbeitet. Nicht von Gerichten mit Ziege und Zicklein, die auf der Speisekarte häufig als *castrato* betitelt werden, abschrecken lassen – der Zusatz bedeutet nur, dass das Tier kastriert war – was das Fleisch besonders zart macht –, und bezeichnet glücklicherweise nicht das, was auf dem Teller landet.

SÜSSE LECKEREIEN

Siziliens Gebäck ist außergewöhnlich, farbenfroh und kunstvoll gestaltet. Die Königin der sizilianischen Nachspeisen, die *cassata*, wird aus Ricotta, Zucker, Vanille, Schokoladenstückchen und kandierten Früchten gemacht – in Palermo beschreibt man eine Frau denn auch gern als „lieblich wie eine *cassata*". Im Westen gibt es *cuccia*, einen arabischen Kuchen aus Getreide, Honig und Ricotta. Die berühmten *cannoli* – Teigröhrchen, die mit gesüßtem Ricotta und kandierten Früchten oder Schokostückchen gefüllt sind – gibt es praktisch überall. Auch *pasta di mandorle* (Mandelkekse) und *pasta paradiso*, ein Kuchen zum Dahinschmelzen, sollte man sich nicht entgehen lassen.

Des Süßen nicht genug? Dann kann man *gelso di melone* (Wassermelonengelee) kosten, *buccellati* (kleine Kuchen, mit püriertem Obst gefüllt), *pupe* (Zuckerpuppen für Allerheiligen), *ucchiuzzi* (Kekse in Augenform für das Fest der hl. Lucia) und *biscotti regina* (mit Sesam bestreute Kekse).

Wer Palermo kurz vor Allerheiligen (Ognissanti, 1. Nov.) besucht, bekommt an vielen Verkaufsständen die berühmten *frutti della Martorana*; sie sind benannt nach der Kirche, die sie als erstes hergestellt hat. Die Marzipanleckereien, die wie Früchte (oder was dem Bäcker sonst so gefällt) geformt und angemalt sind, gehören seit dem Mittelalter zur sizilianischen Tradition.

„In Palermo wird eine Frau als ‚lieblich wie eine* cassata*' beschrieben."

In jeder anständigen *pasticceria* (Konditorei) findet man eine große Vielfalt an frisch gebackenem Kuchen und Gebäck. Sizilianer steuern sehr häufig nach dem Essen noch eine Konditorei an, um sich an der Theke einen Kaffee und Kuchen schmecken zu lassen. Man gönnt sich ja sonst nix …

EIS & GRANITE

Der Gipfel des Ätna ist trotz seines feurigen Innenlebens ein natürlicher Eisschrank. Dank einer dünnen Isolierschicht aus Vulkanasche bleibt der Schnee hier oft bis weit in den sengend heißen Sommer hinein liegen. Schon die Römer und Griechen wussten den Schnee zu schätzen und verwendeten ihn zur Kühlung ihres Weins. Aber erst mit den Arabern erblühte die sizilianische Vorliebe für alles Eisige: *granita* (zerstoßenes Eis), *cassata*-Eis, *gelato* (Speiseeis) und *semifreddo* (wörtlich „halbgefroren"; ein kalter, cremiger Dessert). Die Ursprünge von Eiscreme liegen im arabischen *sarbat* (Sorbet), einem Gebräu aus süßen, mit Eiswasser gekühlten Fruchtsirupen. Daraus wurden später dann *granita* (zerstoßenes Eis, das mit Obstsaft, Kaffee, Mandelmilch usw. gemixt wird) und *cremolata* (Fruchtsirup mit geeister Milch), der *gelato*-Vorgänger.

Auf der ganzen Insel wird in Cafés und Bars selbstgemachtes *gelato (gelato artigianale)* verkauft, das wahrhaft göttlich schmeckt. Wie wär's mit einem Frühstück à la Sicilia – morgens als erstes ein Eis in einer Brioche?!

Granite bekommen manchmal ein frisch geschlagenes Sahnehäubchen und werden oft mit einer Brioche serviert. Am beliebtesten sind Kaffee- und Mandelgeschmack, im Sommer erfrischt Zitrone-*granita* am meisten. Die köstliche *granita di gelsi* (mit Maulbeeren) gibt's nur im Juli, August und September.

WEIN

Siziliens Weinanbaugebiete erstrecken sich über fast 120 000 ha. Damit sind sie Italiens zweitgrößte Weinregion. Auch wenn die Reben schon immer ein wichtiges Standbein der sizilianischen Wirtschaft waren, ist sizilianischer Wein außerhalb der Insel nicht besonders bekannt.

Der bekannteste Wein, der Nero d'Avola, ist ein kräftiger Rotwein, der dem Shiraz ähnelt. Zu den vielen Weingütern Siziliens gehören **Planeta** (www.planeta.it) mit vier auf der ganzen Insel verteilten Anbaugebieten, **Donnafugata** (www.donnafugata.it) in Westsizilien, **Azienda Agricola COS** (www.cosvittoria.it) in der Nähe des Ätna und **Azienda Agricola G Milazzo** (www.milazzovini.com) bei Agrigent. Unbedingt probieren sollte man die Tropfen Plumbago und Santa Cecilia von Planeta, Mille e una Notte von Donnafugata, Nero di Lupo von COS sowie Maria Costanza und Terre della Baronia Rosso von Milazzo.

Die sizilianischen Cabernet Sauvignons sind zwar weniger bekannt, sollten aber dennoch probiert werden. Der von **Tasca d'Almerita** (www.tascadalmerita.it) auf dem Weingut Regaleali in der Provinz Caltanissetta hergestellte Cabernet Sauvignon hat einen besonders guten Ruf (hier wird unter dem Namen Rosso del Conte auch ein ausgezeichneter Nero d'Avola produziert).

Die einem Sangiovese ähnelnden Rebsorten Nerello Mascalese und Nerello Cappuccio werden für die Herstellung des beliebten Etna Rosso DOC genommen. Probiert werden sollten auch die Weine Contrada Porcaria und der Contrada Sciaranuova von **Passopisciaro** (www.passopisciaro.com) oder Serra della Contessa, Rovittello und Pietramarina von **Vinicola Benanti** (www.vinicolabenanti.it).

Es gibt nur einen sizilianischen Wein mit der Klassifikation DOCG *(denominazione d'origine controllata e garantita)*, den Cerasuolo di Vittoria (s. S. 18), einen Verschnitt aus den Trauben Nero d'Avola und Frappato. Ausschau halten nach den Weinen von Planeta, die auf dem Weingut in Dorilli gekeltert werden; auch die von COS schmecken köstlich.

Die sizilianischen Rotweine sind zwar gut, die bekanntesten Weine der Insel schimmern allerdings weiß im Glas, z. B. die von **Abbazia Santa Anastasia** (www.abbaziasantanastasia.it) bei Castelbuono und von **Fazio Wines** (www.faziowines.it) in der Nähe von Erice, Tasca d'Almerita und Passopisciaro.

Weitverbreitete Rebsorten sind u. a. Carricante, Chardonnay, Grillo, Inzolia, Cataratto, Grecanico und Corinto. Besonders gut sind der Nozze d'Oro Inzolia (Verschnitt) von Tasca d'Almerita, der Catarratto (Chardonnay) von Fazio, der Abbazia Santa (Chardonnay-Verschnitt) von Anastasia und der Guardiola Chardonnay von Passopisciaro.

Die meisten Weine sind recht günstig, die Preise schwanken (wie bei allen Weinen) je nach Jahrgang. Im Restaurant kostet eine Flasche anständiger Wein zwischen 15 und 25 €. Für einen Tafelwein *(vino da tavola)* werden um die 10 € fällig.

Sizilianische Dessertweine sind ausgezeichnet und eignen sich perfekt als Mitbringsel. Die Likörweine aus Marsala belegen unangefochten Platz 1, die besten (und bekanntesten) Marken heißen Florio und Pellegrino. Der süße Malvasia von der liparischen Insel Salina ist ein fruchtiger Wein. Den besten produziert Carlo Hauser – sein Name auf dem Etikett ist ein Garant dafür, dass man einen guten Tropfen in der Hand hält. Italiens berühmtester Moscato (Muskatwein), der Passito di Pantelleria, stammt von der gleichnamigen Insel. Er hat die Farbe von dunklem Bernstein und schmeckt ganz außergewöhnlich nach Aprikose und Vanille.

Der auf Abo-Basis erhältliche Weinführer *Vini d'Italia* vom Verlag **Gambero Rosso** (www.gamberorosso.it) gilt in Fachkreisen als Bibel des italienischen Weins. Er enthält viele Infos über sizilianische Weine und Weingüter.

GLOSSAR: ESSEN & TRINKEN

GRUNDLAGEN

bicchiere bie·*kje*·re Glas
cameriere/a ka·mer·*ie*·re/a Kellner (m/f)
carta dei vini *kar*·ta dei·*vi*·ni Weinkarte
cena *tsche*·na Abendessen
coltello kol·*te*·lo Messer
conto *kon*·to Rechnung
cucchiaio ku·*kia*·jo Löffel
enoteca e·no·*te*·ka Weinbar
forchetta for·*ke*·ta Gabel
friggitoria fri·dschi·to·*ri*·a Imbissbude
osteria os·te·*ri*·a Gastwirtschaft
pasticceria pas·ti·tsche·*ri*·a Patisserie/Konditorei
pranzo *pran*·zo Mittagessen
prima colazione *pri*·ma ko·la·*tsio*·ne Frühstück
ristorante ri·sto·*ran*·te Restaurant
spuntino spun·*ti*·no Snack
tovagliolo to·va·*ljo*·lo Serviette
trattoria tra·to·*ri*·a Gastwirtschaft
vegetaliano/a ve·tsche·ta·*lia*·no/a Veganer (m/f)
vegetariano/a ve·tsche·ta·*ria*·no/a Vegetarier (m/f)

GRUNDNAHRUNGSMITTEL

aceto a·*tsche*·to Essig
aglio *a*·ljo Knoblauch
burro *bu*·ro Butter
formaggio for·*madscho* Käse
insalata in·sa·*la*·ta Salat
latte *la*·te Milch
marmellata mar·mel·*la*·ta Marmelade
miele *mje*·le Honig
olio *o*·ljo Öl
oliva o·*li*·va Olive
pane *pa*·ne Brot
panna *pan*·na Sahne
pepe *pe*·pe Pfeffer
peperoncino pe·pe·ron·*tschi*·no Chilischote
riso *ri*·so Reis
sale *sa*·le Salz
uovo/uova *uo*·wo/*uo*·wa Ei/Eier
zucchero *zu*·ke·ro Zucker

ZUBEREITUNGSARTEN

arrosto/a **a·*ros*·to/a** geröstet, gebraten
bollito/a **bo·*li*·to/a** gekocht
cotto/a ***ko*·to/a** gar, gekocht
crudo/a ***kru*·do/a** roh
fritto/a ***fri*·to/a** gebraten, frittiert
griglia ***gri*·lja** gegrillt

FISCH & MEERESFRÜCHTE (PESCE E FRUTTI DI MARE)

acciughe **a·*tschu*·ge** Anchovies, Sardellen
aragosta **a·ra·*go*·sta** Hummer
calamari **ka·la·*ma*·ri** Calamari, Tintenfisch
cozze ***ko*·tse** Muscheln
frutti di mare ***fru*·ti di *ma*·re** Meeresfrüchte
gamberoni **gam·be·*ro*·ni** Garnelen
granchio ***gran*·kjo** Krebs
merluzzo **mer·*lu*·tso** Kabeljau
ostriche **os·*tri*·ke** Austern
pesce spada ***pe*·sche *spa*·da** Schwertfisch
polpi ***pol*·pi** Tintenfisch, Oktopus
sarde ***sar*·de** Sardine
seppia ***se*·pja** Tintenfisch
sgombro ***sgom*·bro** Makrele
tonno ***to*·no** Thunfisch
vongole ***von*·go·le** Muscheln

FLEISCH (CARNE)

agnello **a·*nje*·lo** Lamm
bistecca **bi·*ste*·ka** Steak
capretto **kap·*re*·to** Zicklein (Ziege)
coniglio **ko·*ni*·ljo** Kaninchen
fegato **fe·*ga*·to** Leber
manzo ***man*·zo** Rind
pollo ***po*·lo** Hähnchen
salsiccia **sal·*si*·tscha** Wurst
trippa ***tri*·pa** Kutteln
vitello **vi·*te*·lo** Kalb

OBST & GEMÜSE

arancia **a·*ran*·tscha** Orange
asparagi **as·*pa*·ra·dschi** Spargel
carciofi **kar·*tschjo*·fi** Artischocke
carota **ka·*ro*·ta** Karotte

cavolo ***ka*·vo·lo** Kohl
ciliegia **tshil·*je*·dscha** Kirsche
cipolle **tshi·*po*·le** Zwiebel
fagiolini **fa·dscho·*li*·ni** grüne Bohnen
fico ***fi*·ko** Feige
finocchio **fi·*no*·kjo** Fenchel
fragole ***fra*·go·le** Erdbeeren
funghi ***fun*·gi** Pilze
lampone **lam·*po*·ne** Himbeeren
limone **li·*mo*·ne** Zitrone
mela ***me*·la** Apfel
melanzane **me·lan·*za*·ne** Aubergine
melone **me·*lo*·ne** Cantaloupe-Melone
mirtillo nero **mir·*til*·lo *ne*·ro** Heidelbeere
patate **pa·*ta*·te** Kartoffel
peperoni **pe·pe·*ro*·ni** Paprikaschote
pera ***pe*·re** Birne
pesca ***pes*·ka** Pfirsich
piselli **pi·*se*·li** Erbsen
pomodoro **po·mo·*do*·ro** Tomate
rucola ***ru*·ko·la** Rauke
spinaci **spi·*na*·tschi** Spinat
tartufo **tar·*tu*·fo** Trüffel
uva **u·va** Weintrauben

EIS

amarena **a·ma·*re*·na** Süßkirsche
bacio ***ba*·tscho** Schokolade und Haselnuss
cioccolato **tscho·ko·*la*·to** Schokolade
cioccolato fondente **tscho·ko·*la*·to fon·*den*·te** Zartbitterschokolade
cocco ***ko*·ko** Kokosnuss
cono ***ko*·no** Waffel, Tüte
coppa ***ko*·pa** Becher
crema ***kre*·ma** Eiercreme
fior di latte **fjor di *la*·te** „Blüte der Milch" – süße Sahne
frutta di bosco ***fru*·ta di *bos*·ko** Waldbeeren
grande ***gran*·de** groß
mandorla ***man*·dor·la** Mandel
media ***me*·dia** mittel
nocciola **no·*tscho*·la** Haselnuss
piccolo ***pi*·ko·lo** klein
pistachio **pi·*sta*·tscho** Pistazie
stracciatella **stra·tscha·*tel*·la** Schokoladensplitter
vaniglia **va·*ni*·lja** Vanille
zuppa inglese ***zu*·pa in·*gle*·se** Biskuitdessert

GETRÄNKE

acqua minerale gassata ***a*·kwa *mi*·ne·ra·le *gas*·sa·ta** Mineralwasser mit Kohlensäure
acqua minerale naturale ***a*·kwa *mi*·ne·ra·le *na*·tu·ra·le** Mineralwasser ohne Kohlensäure
birra ***bi*·ra** Bier
caffè **ka·*fe*** Kaffee
tè **te** Tee
vino rosso ***vi*·no *ros*·so** Rotwein
vino bianco ***vi*·no *bjan*·ko** Weißwein

UNTERKUNFT

UNTERKUNFTSSUCHE

In Sizilien mangelt es nicht an verlockenden Unterkünften. Weit unten in der Preisspanne steht die *pensione* (Pension) oder ein B&B. Beide Unterkunftsmöglichkeiten verfügen normalerweise über Ein- bis Drei-Sterne-Standard. *Alberghi* (Hotels), die im Bereich von einem bis fünf Sterne liegen, sind teurer. *Locande* (Gasthäuser) und *affittacamere* („Zimmer zu vermieten") werden nicht mit Sternen klassifiziert – sie sind meistens die billigsten Unterkünfte, auch wenn in einigen Gegenden (z. B. auf den Liparischen Inseln) der Standard sehr hoch und die Preise dementsprechend teuer sein können.

Rund um den Ätna und Piano Battaglia im Madonie-Park gibt es ein paar *rifugi* (Bergchalets), von denen die meisten ganzjährig geöffnet haben. Viele werden vom **Club Alpino Siciliano** (www.clubalpinosiciliano.it) betrieben.

Agriturismi (bewirtschaftete Bauernhöfe und Landhäuser, die Urlaubern Zimmer vermieten) werden immer beliebter und sind eine Überlegung wert, genau wie die kleine, aber langsam größer werdende Anzahl an Boutiquehotels auf der Insel.

PREISE & BUCHUNG

In den Unterkunftsbeschreibungen sind die Preisspannen von der Nebensaison bis zur Hauptsaison aufgelistet. Die Nebensaison geht üblicherweise von Oktober bis Ostern (ausgenommen die Weihnachtszeit). In der Hauptsaison (besonders im August) ist es zwingend

ONLINE BUCHEN

Weitere Beschreibungen von Unterkünften und Empfehlungen von Lonely Planet Autoren bietet der Online-Buchungsservice auf http://hotels.lonelyplanet.com. Hier gibt's die echten Insiderinfos zu den besten Übernachtungsmöglichkeiten. Die Kritiken sind gründlich recherchiert und nicht von außen beeinflusst. Und die Unterkünfte können direkt online gebucht werden.

PREISE

Wenn es nicht anders angegeben ist, gelten die in diesem Kapitel angegebenen Preise für ein Doppelzimmer mit Bad.

€	bis zu 80 €
€€	80–200 €
€€€	über 200 €

erforderlich, jede Unterkunft an der Küste oder auf den Inseln weit im Voraus zu buchen.

Die Preise in der Hauptsaison können ins Unermessliche steigen. Während dieser Zeit kann es auch sein, dass man mehrere Tage bleiben und/oder Halbpension buchen muss.

Die meisten Unterkünfte an der Küste haben ganzjährig geöffnet, die Resorts auf den Inseln meistens nur von Ostern bis Oktober.

In vielen Unterkünften gibt es keine *camera singola* (Einzelzimmer), dafür zahlen Einzelgäste ein bisschen weniger für ein Doppelzimmer mit *camera doppia* (zwei Einzelbetten) oder *camera matrimoniale* (Doppelbett).

Das Parkplatzsymbol in den Beschreibungen bedeutet, dass das Hotel über einen eigenen Parkplatz verfügt (normalerweise 10–15 €/Tag). Das kann in belebten Ferienorten wie Taormina und Cefalù sehr nützlich sein, wo es schier unmöglich ist, einen Parkplatz zu finden. Das Internetsymbol weist darauf hin, dass den Gästen ein Computer mit Internetzugang zur Verfügung steht. Die meisten beschriebenen Hotels bieten außerdem WLAN-Zugang.

PALERMO

Für eine Großstadt hat Palermo relativ wenige empfehlenswerte Unterkünfte. Und das ist nicht das einzige Problem: Die Tatsache, dass Palermo eine belebte Stadt ist, bedeutet gleichzeitig, dass es die meisten Hotelzimmer nur mit Straßenlärm gibt. Es muss auch erwähnt werden, dass sich viele Unterkünfte in historischen Palazzi befinden, wo die Gäste nur über Treppen zu ihren Zimmern gelangen.

AL GIARDINO DELL'ALLORO €

Karte S. 50 f.; ☎ 091 617 69 04; www.giardinodellalloro.it; Vicolo San Carlo 8 (Ecke Via Alloro 78); EZ 35–50 €, DZ 75–85 €;

Dieses künstlerisch aufgemachte B&B mit Blick auf einen ruhigen Garten liegt mitten im Viertel Kalsa und ist sauber und gut gepflegt. Es vermietet eine komfortable Familiensuite mit Platz für vier Personen und fünf einfache Doppelzimmer, von denen die meisten Blick auf den Garten haben. Im Winter wird das Frühstück in einem Raum serviert, der mit gewagter Kunst ausgestattet ist – sie ist am frühen Morgen nur schwer verdaulich. Im Sommer wird das Frühstück im Garten serviert.

ALLA KALA €€

Karte S. 50 f.; ☎ 091 743 47 63; www.allakala.it, italienisch; Corso Vittoria Emanuele 71; EZ 70–80 €, DZ 100–120 €;

Das B&B in der Nähe des alten Teils des Hafens hat geräumige Zimmer mit gedeckten Farben und sehr hübschen Badezimmern. Der Service ist sehr gut – das Personal bringt z. B. bereitwillig das Frühstück aufs Zimmer –, aber einige

INTERNETADRESSEN

- ⋆ www.agriturismo-sicilia.it
- ⋆ www.bed-and-breakfast-sicily.it
- ⋆ www.sicilylocation.com
- ⋆ www.sizilien.com

Gäste haben erwähnt, dass der Straßenlärm einem schon mal den Schlaf rauben kann.

B&B PANORMUS €

Karte S. 50 f.; ☎ 091 617 58 26; www.bbpanormus.com; Via Roma 72; EZ 25–65 €, DZ 40–100 €;

Gute Preise, ein charmanter Hausherr und hübsche Zimmer, die im Jugendstil dekoriert sind, machen dieses B&B zu einem der beliebtesten in der Stadt. Es liegt im obersten Stock eines Palazzo in der Via Roma und kann per Lift erreicht werden. Jedes der fünf makellos sauberen Zimmer hat ein eigenes Bad am Ende des Ganges, und es gibt einen geselligen Frühstücksraum, in dem alle Gäste an einem langen Tisch sitzen.

BB22 €€

Karte S. 50 f.; ☎ 335 790 87 33; www.bb22.it; Largo Cavalieri di Malta 22; EZ 80–100 €, DZ 110–160 €;

Der aus Mailand stammende Besitzer Patty hat dieses wunderbar gelegene B&B großzügig im geschmeidigen Designerstil dieser Stadt eingerichtet. Die Zimmer sind komfortabel, und das Personal tut alles, was in seiner Macht steht, um behilflich zu sein: Restaurantempfehlungen, Reservierungen, Tipps zu Sightseeing-Touren, etc.

GRAND HOTEL ET DES PALMES €€

Karte S. 55; ☎ 091 602 81 11; www.grandhoteletdespalmes.it; Via Roma 398; Zi. 115–185 €, Suite 270–335 €;

Seit es Ende des 19. Jhs. erbaut wurde, war dieses Hotel Schauplatz für Intrigen, Betrug und Liebschaften der High Society von Palermo. Die äußerst prächtigen Salons im Jugendstil beeindrucken mit ihren riesigen Kronleuchtern und gigantischen Spiegeln, und die kürzlich renovierten Zimmer bieten mit Marmorbädern (alle mit Badewanne) und eleganten Möbeln einen hohen Standard an Komfort und Annehmlichkeiten. Auf der Website stehen immer wieder Specials; in der Nebensaison können die Preise sinken.

HOTEL GARIBALDI €€

Karte S. 55; ☎ 091 601 70 11; http://hotel-garibaldi-palermo.h-rez.com/; Via Emerico Amari 146; EZ 69–87 €, DZ 88–129 €; P

Das Garibaldi ist ein elegantes, neues Vier-Sterne-Hotel in der Nähe des Teatro Politeama und erhält von Gästen nur die besten Kritiken. Die Zimmer sind sauber und komfortabel, es gibt Geschäftsräume, und die Parkplätze sind kostenlos. Was will man mehr?

HOTEL LETIZIA €€

Karte S. 50 f.; ☎ 091 58 91 10; www.hotelletizia.com; Via dei Bottai 30; EZ 50–100 €, DZ 60–160 €;

Dieses kleine Hotel im Herzen von Kalsa ahmt den Aristokratenstil nach, was manche Gäste lieben und andere etwas zu kitschig finden. Im Obergeschoss befindet sich das preiswertere **B&B Ai Bottai** (EZ/DZ/Apt. 65/85/180 €) mit ähnlicher Einrichtung und den gleichen Kontaktinformationen. Beide Unterkünfte bieten komfortable Zimmer zu vernünftigen Preisen an.

HOTEL UCCIARDHOME €€

Karte S. 55; ☎ 091 34 84 26; www.hotelucciardhome.com; Via Enrico Albanese, 34-6; EZ 89–135 €, DZ 94–169 €;

Der Werbeslogan dieses Boutiquehotels gegenüber von Palermos Hauptgefängnis drängt die Gäste dazu, „Gefangene der Entspannung“ zu werden … nun ja, warum nicht? In den großen Zimmern, die elegant und minimalistisch eingerichtet sind, stehen superbequeme Betten und schaffen die richtigen Bedingungen dafür. Es gibt auch eine Weinbar, an der die Gäste nach einem Tag voller Stadterkundung ausspannen können.

QUINTOCANTO HOTEL & SPA €€
Karte S. 45; ☎ 091 58 49 13; www.quintocantohotel.com; Corso Vittoria Emanuele 310; EZ 70–100 €, DZ 95–180 €;
Das Quintocanto ist in einem Palazzo aus dem 16. Jh. neben dem Quattro Canti untergebracht, der einer modernen Umwandlung unterzogen wurde. Das Hotel ist bekannt für seine schicke Einrichtung, das Wellness-Center und das ausgezeichnete Restaurant, das vom Team des gefeierten Bye Bye Blues (S. 62) in Mondello geleitet wird. Das Frühstücksbuffet wird im Sommer im Garten und im Winter in einem hübschen Speisesaal serviert.

SAN FRANCESCO €€
Karte S. 50 f.; ☎ 091 888 83 91; www.sanfrancescopalermo.it; Via Merlo 30; EZ 60 €, DZ 80–90 €;
Das San Francesco wird von einem freundlichen, jungen Paar geleitet und hat nur drei Zimmer. Dafür ist jedes einzelne sehr stimmungsvoll: Eins verfügt über eine Gewölbedecke, und die zwei anderen haben traditionelle Decken aus Holzbalken. Die ruhige, aber zentrale Lage ist nur schwer zu überbieten, und das Frühstück bekommt von den Gästen ausgezeichnete Kritiken.

RUND UM PALERMO

ANTICA STAZIONE FERROVIA DI FICUZZA // FICUZZA €
Karte S. 63; ☎ 091 846 00 00; www.anticastazione.it; an der SS118, zw. Palermo & Corleone; 35 €/Pers.
Inmitten dichter Wälder, wo einst bourbonische Prinzen auf die Jagd gingen, zeichnet sich dieses Restaurant und Hotel in einem stillgelegten Bahnhof aus dem 19. Jh. durch seine wahrhaft einzigartige Lage aus. Die Zimmer sind einfach, aber komfortabel, und das Restaurant ist ein richtiges Highlight (Anhänger des Slow Food werden begeistert sein). Das Personal ist bei der Organisation von Aktivitäten im nahe gelegenen Nationalpark behilflich, wo man u. a. reiten, wandern und mountainbiken kann.

HOTEL CLELIA // USTICA €€
☎ 091 844 90 39; www.hotelclelia.it, italienisch; Via Sindaco 1; EZ 29–95 €, DZ 48–158 €;
Dieses nette Drei-Sterne-Hotel hat ein gutes Restaurant (S. 66) und ein freundliches Management. Es vermietet auch Ferienhäuser mit Platz für zwei bis vier Personen. Das Personal hilft beim Besorgen von Mietrollern und -booten, bei der Organisation von Tauch- und Schnorchelausflügen sowie von geführten Wanderungen.

WEST-SIZILIEN

CASTELLAMMARE DEL GOLFO

HOTEL CALA MARINA €
☎ 0924 53 18 41; www.hotelcalamarina.it; Via Don L Zangara 1; EZ 40–60 €, DZ 50–120 €; P
Dieses kleine Hotel mit Blick auf den Hafen liegt nur eine 20-minütige Fahrt vom Flughafen Falcone-Borsolino entfernt und ist bekannt für sein hilfsbereites Personal und die sauberen, komfortablen Zimmer. Die paar Euro, die ein gehobeneres Zimmer kostet, lohnen sich auf jeden Fall: Dort gibt es Balkone mit Meerblick. Das gute kontinentale Frühstück kostet 3 € extra, Hotelparkplätze kosten 5 €.

SCOPELLO

PENSIONE TRANCHINA €
☎ 092 454 10 99; www.pensionetranchina.com; Via A Diaz 7; B&B 36–46 € pro Pers., HP 55–72 €;
Diese Pension in einem komplett renovierten alten Gebäude bekommt herausragende Kritiken von den Gästen, die alle

UNTERKUNFT

von den freundlichen und hilfsbereiten Besitzern Marisin und Salvatore sowie von den köstlichen, selbstgemachten Abendessen schwärmen. Die Zimmer sind sauber und komfortabel, einige haben Balkon mit Meerblick.

TONNARA DI SCOPELLO €€
339 307 19 70 (9–13 Uhr), 338 641 91 33 (13-21 Uhr); www.tonnaradiscopello.com; Largo Tonnara Scopello; P
Die Unterkünfte sind einfach, die Preise hoch, und es gibt kein TV oder Telefon. Aber all das scheint in dem Moment vergessen, in dem man diese historische *tonnara* (ehemalige Thunfischfabrik) erblickt, die in einer kleinen Bucht am Ufer liegt. In jedem der zehn Apartments haben Gruppen von zwei bis sechs Personen Platz, und im Sommer beträgt der Mindestaufenthalt sieben Tage. Die *tonnara* hat Zugang zu einem eigenen Kiesstrand und bietet eine Terrasse am Meer. Die Preise variieren stark je nach Saison und Anzahl der Gäste.

TRAPANI

AL RESIDENCE SAN DOMENICO €
Karte S. 76; 0923 59 33 14; Via Badia Grande 9; EZ 38–60 €, DZ 60–90 €; März–Sept.;
Das ausgezeichnete Apartmenthotel liegt an einem der schönsten Plätze in Trapani direkt gegenüber von **La Rinascente Pasticceria** (S. 80) und einem kleinen Straßenmarkt, auf dem frisches Obst und Gemüse verkauft wird. Es gibt 21 Apartments (eins davon für Gäste mit Mobilitätsbeschränkung) mit Platz für zwei bis fünf Personen. Zu den Annehmlichkeiten zählen kostenloser WLAN-Zugang und eine Küchenzeile mit Kühlschrank und Mikrowelle. Oben gibt es sogar eine Terrasse mit Grill für die Gäste. Das freundliche Management verwaltet auch noch eine andere Unterkunft: Die **Alle Due Badie** (Karte S. 76; 0923 2 40 54; Via Badia Nuova 33; www.duebadie.it; EZ 45–65 €, DZ 75–95 €;) hat ganzjährig geöffnet und bietet ähnliche Zimmer. In keiner der beiden Unterkünfte wird Frühstück serviert.

ALBERGO MACCOTTA €
Karte S. 76; 0923 2 84 18; www.albergomaccotta.it, italienisch; Via degli Argentieri 4; EZ 30–40 €, DZ 60–75 €;
Bescheidenes Hotel inmitten der Altstadt mit sauberen und netten Zimmern. Die Atmosphäre ist nichts Besonderes, das Personal spricht nur Italienisch, und zum Frühstücken müssen die Gäste woanders hingehen. Aber die Preise sind sehr günstig, die Lage ist ruhig und in jedem Zimmer gibt es u. a. Satelliten-TV.

LE CHIAVI DI SAN FRANCESCO €€
Karte S. 76; 0923 43 80 13; www.lechiavidisanfranceso-tp.com; Via Tartaglia 18-24; EZ 65–85 €, DZ 80–105 €;
Dieses beliebte Hotel liegt gegenüber der Chiesa di San Francesco (der Name bedeutet „Schlüssel zu San Francesco") und verfügt über 16 Zimmer mit freundlichen Farben und kleinem, aber sauberem Bad. In einigen gibt es auch eine Küchenzeile. Auf der Terrasse im 4. Stock, auf der auch das Frühstück serviert wird, gibt es WLAN-Zugang. Die besseren Zimmer sind größer und heller.

ERICE

Im Winter können die Temperaturen stark abfallen, und wenn nicht viele Gäste da sind, sparen Hotels oft an der Heizung.

BAGLIO SANTA CROCE €€
außerhalb der Karte S. 83; 0923 89 11 11; www.bagliosantacroce.it; Contrada Ragosia da Santa Croce, Valderice; B&B 54–65 € pro Pers., HP 70–82 €; P
Dieser umgebaute *baglio* aus dem 17. Jh. liegt 9 km östlich von Erice in Valderice.

Das Hotel mit 67 Zimmern (das auch einen modernen Anbau hat) liegt inmitten von Zitrushainen und üppigen Gärten. Einige der Zimmer verfügen über offene Steinwände und hölzerne Deckenbalken. Es gibt ein Restaurant und einen Swimmingpool, der besonders im Sommer ein echtes Highlight ist.

HOTEL ELIMO €€

Karte S. 83; ☎ 0923 86 93 77; www.hotelelimo.it; Corso Vittorio Emanuele 75; EZ 85 €, DZ 110 €; P

Die Zimmer im Elimo bieten eine bezaubernde Aussicht auf die windgepeitschte, flache Küste und das glitzernde Meer. Die Gemeinschaftsräume sind sehr nett und voll mit dunklen Nischen, Deckenbalken und Marmorkaminen. Die Terrasse mit vielen Pflanzen und Terrakottaziegeln ist sonnig und bietet Ausblick aufs Meer. Die Zimmer sind gepflegt und hell mit komfortablen Betten.

HOTEL SAN DOMENICO €€

Karte S. 83; ☎ 0923 86 01 28; www.hotel-sandomenico.it; Via Tommaso Guarrasi 26; 65–100 €, DZ 80–140 €;

In diesem makellosen Hotel im Familienbetrieb gibt es die komfortabelsten Zimmer der Stadt. Das beste von allen verfügt über eine eigene Terrasse, und alle sind mit modernen Bädern ausgestattet. Zum ziemlich leckeren Frühstück gibt es auch frisches Gebäck.

ÄGADISCHE INSELN

FAVIGNANA

Wer während La Mattanza hierher kommt, sollte weit im Voraus buchen.

ALBERGO EGADI €€

☎ 0923 92 12 32; www.albergoegadi.it; Via Colombo 17, Favignana-Stadt; EZ 65–115 €, DZ 100–200 €;

Hier zu schlafen, ist einfach ein Traum. Die stilvollen Zimmer sind in hübschen Farben gehalten und haben ein ausgezeichnetes Bad. Die zwei im OG teilen sich eine Panoramaterrasse. Zum Hotel gehört auch ein Restaurant, in dem jeden Abend ein anderes von Meeresfrüchten dominiertes Menü serviert wird.

CAS AL'MARE €€€

☎ 0923 921576; www.casalmarefavignana.com; Strada Comunale Frascia; EZ 130–190 €, DZ 160–280 €; P

Das schicke Cas al'Mare ist eine Hotelanlage am Wasser und hat nur fünf Zimmer, die aus alten Fischerhütten gebaut wurden. Das Hotel und seine Schwesteranlage **Casa Favonio** (www.casafavonio.it) teilen sich einen Beachclub und sind zwei der stilvollsten Unterkünfte der Insel.

HOTEL IL PORTICO €€

☎ 0923 92 17 01; www.hotelilportico.it; Via Meucci, 3; EZ 55–150 €, DZ 80–200 €;

Das moderne Hotel neben der Hauptkirche der Stadt ist bekannt für seinen guten Service. Die Gäste sind begeistert vom tollen Frühstück, das im Sommer im Garten serviert wird, und von der Dachterrasse mit Sonnendeck und Whirlpool.

VILLAGGIO ALBERGO L'OASI €€

☎ 0923 92 16 35; www.loasifavignana.it; Contrada Camaro 32; EZ 60–110 €, DZ 80–160 €; P

Die preisgünstigen Zimmer und Apartments liegen mitten in einem grünen Garten und sind perfekt für Familien. Die Zimmer sind einfach, aber komfortabel, und die Apartments haben alle eine eigene Terrasse (mit Möglichkeiten zum Essen im Freien), einige bieten einen Balkon mit Meerblick.

LEVANZO

ALBERGO PARADISO €€

☎ 0923 92 40 80; www.albergoparadiso.eu;Via Lungomare; 60–85 € pro Pers.; Mitte Dez.–Anfang März geschl.;

Levanzos beste Unterkunft verfügt über 15 Zimmer und eine hübsche Terrasse voller Geranien, auf der die Gäste gut essen können (Gerichte 38 €). Die Zimmer sind einfach eingerichtet, dafür aber mit Meerblick.

MARETTIMO

MARETTIMO RESIDENCE €€

0923 92 32 02; www.marettimoresidence.it; Via Telegrafo 3; EZ 50–130 €, DZ 75–165 €, zzgl. Reinigungsgebühr 35–55 €;

Dieser kleine Apartmentkomplex liegt im Schatten von Bougainvillea und Palmen und wird überwiegend von Familien genutzt. Zu jedem der 42 Apartments gehören eine Küche und eine kleine Veranda, und für teures Geld wird Internetzugang geboten (5 €/15 Min.). Es gibt einen kleinen Swimmingpool, einen Spielplatz, ein Café und einen Grillbereich. Die Anlage ist ganzjährig geöffnet.

MARSALA

HOTEL CARMINE €€

Karte S. 93; 0923 71 19 07; www.hotelcarmine.it; Piazza Carmine 16; EZ 70–90 €, DZ 100–125 €;

Das Carmine hat jede Menge Atmosphäre und Annehmlichkeiten – was man nicht über allzu viele Hotels in dieser Preisklasse sagen kann. Das Gebäude, in dem es untergebracht ist, war im 12. Jh. ein Karmeliterkloster und wurde mit viel Feingefühl und Stil restauriert. Alle 28 Zimmer sind extrem komfortabel, und zu den Gemeinschaftsbereichen gehören eine prachtvolle Barlounge, ein ummauerter Garten und ein eleganter Salon, in dem das üppige Frühstücksbuffet serviert wird.

HOTEL STELLA D'ITALIA €€

Karte S. 93; 0923 76 18 89; www.bestwestern.it/stelladitalia_tp; Via Mario Rapisardi 7; EZ/DZ 80/120 €;

Dieses Best-Western-Hotel wurde 2006 eröffnet und liegt in der Nähe der Chiesa Madre. Wenn das Carmine ausgebucht ist, ist es eine gute Alternative. Die Zimmer sind komfortabel, aber unpersönlich, mit Ausstattung wie Satelliten-TV und Minibar.

SELINUNT

Den Hotels in Marinella di Selinunte fehlt es leider gänzlich an Charme. Vorsicht: Vom Hafen her kann ein übler Geruch rüberkommen!

HOTEL ALCESTE €€

außerhalb der Karte S. 108; 0924 4 61 84; www.hotelalceste.it; Via Alceste 3, Marinella di Selinunte; EZ 50–65 €, DZ 70–90 €; Okt.–März geschl.; P

Dieses kleine Hotel liegt eine Straße vom Ufer entfernt und verfügt über ein gepflegtes Restaurant und saubere Zimmer mit Möbeln aus Pinienholz. Es befindet sich in fußläufiger Entfernung zum archäologischen Park, und die Zimmer in den oberen Etagen haben Meerblick. Das **Hotel Admeto** (außerhalb der Karte S. 108; EZ 62–103 €, DZ 50–110 €) – das Hochhaus um die Ecke – gehört den gleichen Leuten, bietet komfortable Zimmer mit Meerblick und ist ganzjährig geöffnet.

TYRRHENISCHE KÜSTE

CEFALÙ

B&B CASANOVA €

Karte S. 117; 0921 92 30 65; Via Zi. Porpora 3; www.casanovabb.it; EZ 35–60 €, DZ 50–90 €, ohne Bad EZ 30–55 €, DZ 40–80 €;

Wer über steile Treppen die drei Stockwerke dieses alten Gebäudes am Ende des Corso Ruggero hinaufsteigt, stößt auf ein einfaches B&B mit fünf Zimmern und einer kleinen Dachterrasse. Diese Unterkunft stünde wahrscheinlich gar nicht auf der Liste, wenn da nicht das schlichtweg großartige „Ruggero-Zimmer" wäre. Es ist einfach riesig (Platz für vier Personen) und verfügt über einen wunderschön gefliesten Fußboden und eine bemalte Decke. Das Einzelzimmer wiederum ist so winzig und eng, dass man sich darin vorkommt wie in einer Gefängniszelle.

B&B DOLCE VITA €

Karte S. 117; ☎ 0921 92 31 51; www.dolcevitabb.it; Via C O Bordonaro 8; EZ 35–70 €, DZ 45–110 €;

Das beliebteste B&B von Cefalù liegt in der Nähe des Doms und überblickt das Meer – eine einnehmende Kombination. Die sechs Zimmer sind in hellen Farben gestrichen und mit Terrakottafliesen und einfachen Möbeln ausgestattet. Es gibt außerdem zwei neu renovierte Apartments mit Küche (große Menschen könnten Probleme mit der niedrigen Decke bekommen). Das Frühstück können die Gäste auf der Panoramadachterrasse zu sich nehmen, und in der Gemeinschaftsküche können die anderen Mahlzeiten zubereitet werden

HOTEL KALURA €€

außerhalb der Karte S. 117; ☎ 0921 42 13 54; www.hotel-kalura.com; Via Vincenzo Cavallaro 13, Località Caldura; EZ 70–140 €, DZ 80–270 €; P

Seit Jahrzehnten schon leitet die gleiche Familie dieses kleine Hotel im Resortstil. Es liegt auf einem Felsvorsprung außerhalb der Stadt (mit dem Auto fünf Minuten oder zu Fuß 2 km an der Küste entlang), verfügt über einen Privatstrand, und die meisten Zimmer bieten eine gute Aussicht. Mit jeder Menge Freizeitangeboten – Mountainbikes, Kanus, Tretboote, Sporttauchen, Klettern und Tennis – und zwei Swimmingpools (ein großer und ein kleiner für Kinder) eignet sich das Hotel besonders für Familien.

CASTELBUONO

RELAIS SANTA ANASTASIA €€€

☎ 0921 67 22 33; www.santa-anastasia-relais.it, italienisch; Contrada Santa Anastasia; EZ 90–190 €, DZ 180–245 €; P

Dieses umgebaute Kloster aus dem 12. Jh. liegt inmitten malerischer Weinberge eines hoch angesehenen Weinguts und kann sich mit extrem komfortablen Zimmern, einer sensationellen Poolterrasse mit Blick auf die Liparischen Inseln und zwei Restaurants, die Essen und Wein vom Gut servieren, rühmen. Man findet es 9 km von Castelbuono entfernt Richtung Cefalù.

PIANO BATTAGLIA

RIFUGIO CAS PIERO MERLINO €

☎ 0921 64 99 95; www.rifugiopieromerlino.it; Località Piano Battaglia-Mandria Marcate; Zi. 35 €/Pers., mit VP 55 €

Dieses einfache Chalet wird vom Club Alpino Siciliano betrieben, vermietet holzverkleidete Zimmer mit Platz für zwei oder vier Personen und hat ganzjährig geöffnet. Es gibt Räumlichkeiten, in denen die Gäste essen und trinken können, und das Personal gibt Auskunft über Skifahren, Radfahren und Wandern.

PETRALIA SOTTANA

ALBERGO IL CASTELLO €

☎ 0921 64 12 50; www.il-castello.net, italienisch; Via Generale di Maria 27; EZ 40 €, DZ 65 €;

Dieser malerische Berggasthof bietet makellose Zimmer und ein ausgezeichnetes hausgemachtes Frühstücksbuffet. In einem angrenzenden Gebäude befindet sich auch eine sehr beliebte Pizzeria. Aber Vorsicht: Die Fahrt auf den schmalen, kurvigen Straßen zum Hotel hinauf verlangt einem schon Fahrkünste im Stil von Sebastian Vettel ab!

CASTEL DI TUSA

ATELIER SUL MARE €€

☎ 0921 33 42 95; www.ateliersulmare.it; Via C Battisti 4; EZ 85–95 €, DZ 120–140 €, Kunstzimmer EZ 105–115 €, DZ 160–180 €;
Das Hotel direkt am Wasser wurde von Antonio Presti eingerichtet, dem Unternehmer und Kunstsammler, der hinter dem Projekt Fiumara d'Arte (S. 131) steckt. Die 17 „Kunstzimmer" wurden zwischen 1990 und 2007 von italienischen und internationalen Künstlern entworfen und in die Tat umgesetzt. Es gibt auch 20 Standardzimmer, in denen Originalkunstwerke hängen, und von denen viele über Meerblick verfügen. Auf der Website findet man mitunter spezielle Angebote.

MILAZZO

CASSISI HOTEL €€

☎ 090 922 90 99; www.cassisihotel.com; Via Cassisi 5; EZ 60–90 €, DZ 90–120 €;
Dieses kürzlich eröffnete Hotel liegt ausgezeichnet in einer schmalen Straße zwischen dem Hauptplatz der Stadt und dem Hafen. Die 14 Zimmer sind hübsch eingerichtet und haben isolierverglaste Fenster, qualitativ hochwertige Bettwäsche und schöne Badezimmer. Im Erdgeschoss befindet sich eine Lounge mit Großbild-TV und ein kleiner Bar-/Frühstücksbereich.

PETIT HOTEL €€

☎ 090 928 67 84; www.petithotel.it; Via dei Mille; EZ 59–89 €, DZ 89–149 €;
Das Petit Hotel liegt direkt gegenüber der Anlegestelle für Tragflächenboote und macht seinem umweltfreundlichen Ruf alle Ehre. Hier wird auf erneuerbare Energie gesetzt, es gibt beispielsweise Latexmatratzen und das köstliche Frühstück wird aus biologisch angebauten Produkten zubereitet. Die ausgesprochen sauberen Zimmer sind etwas überteuert angesichts ihrer spartanischen Einrichtung.

RUND UM MILAZZO

GREEN MANORS COUNTRY HOTEL €€

☎ 090 9746515; Via Porticato, nahe Castroreale; DZ mit Frühstück & Abendessen 140–200 €; P
Das Green Manors ist ein absolut traumhafter Familienbetrieb in einem knapp 3 ha großen Garten und bietet seinen Gästen alles, was sie von einem guten *Agriturismo* erwarten: aufmerksames und freundliches Personal, einen großen Swimmingpool, eine ruhige, ländliche Atmosphäre und ausgezeichnetes Essen. Den Gästen stehen neun individuell eingerichtete Zimmer zur Verfügung, von denen zwei eine eigene Terrasse haben. Die Preise variieren stark je nach Jahreszeit und Aufenthaltsdauer – die oben angegebenen sind eine grobe Richtlinie. Das Hotel liegt mit dem Auto 40 Minuten von Milazzo und 90 Minuten von Taormina entfernt.

LIPARISCHE INSELN

LIPARI

CASAJANCA €€

außerhalb der Karte S. 145; ☎ 090 988 02 22; www.casajanca.it; Marina Garibaldi 115, Località Canneto; DZ 60–200 €; Mai–Okt.;
In Canneto und nur einen Katzensprung vom Strand entfernt liegt dieses bezaubernde kleine Hotel mit zehn Zimmern, die alle mit glänzenden, antiken Möbeln ausgestattet und äußerst geschmackvoll eingerichtet sind. Im gefleckten Innenhof lässt es sich entspannt Frühstücken, und bei Aufenthalten im Winter lockt ein natürliches Heißwasserbecken.

DIANA BROWN €

Karte S. 145; ☎ 090 981 25 84; www.dianabrown.it; Vico Himera 3; EZ 30–90 €, DZ 40–100 €, 3BZ 50–130 €; ganzjährig;

In einer engen Gasse abseits der Hauptstraße von Lipari bietet das Diana hübsche Zimmer, die im Stil der Insel eingerichtet sind, mit coolen Fliesenböden, hellen Farben und netten Extras wie Wasserkocher und Kühlschrank. Einige Zimmer verfügen auch über voll ausgestattete Küchenzeilen. Es gibt eine sonnige Frühstücksterrasse und ein Sonnendeck mit Liegestühlen sowie einen Bücherverleih und Wäscheservice. Das Frühstück ist optional und kostet 5 €.

ENZO IL NEGRO €€

Karte S. 145; ☎ 090 981 31 63; www.enzoilnegro.com; Via Garibaldi 29; EZ 40–60 €, DZ 60–130 €; ganzjährig;

Diese einladende *pensione* ist eine von Liparis wenigen Unterkünften, die ganzjährig geöffnet haben. In einem Privathaus in der Nähe der Marina Corta bietet die Pension große, saubere Zimmer mit gefliesten Böden, Kühlschrank und einfachen, zweckmäßigen Möbeln. Es gibt zwei Panoramaterrassen und ein Sonnendeck auf dem Dach mit Blick auf die Burgmauer.

HOTEL GIARDINO SUL MARE €€€

Karte S. 145; ☎ 090 981 10 04; www.giardinosulmare.it; Via Maddalena 65; DZ 80–230 €; März–Nov.;

Dieses freundliche Hotel im Familienbetrieb ist extravagant ausgestattet – Korbmöbel, Keramikfliesen, sommerliche Farben – und liegt erstklassig auf den Klippen. Die Poolterrasse am Felsrand ist einfach fabelhaft, aber wer es vorzieht, im Meer zu schwimmen, für den gibt es direkten Zugang zu einer Steinplattform unterhalb des Hotels.

VILLA DIANA €€

außerhalb der Karte S. 145; ☎ 090 981 14 03; www.villadiana.com; Via Tufo 1; EZ 43–80 €, DZ 76–145 €; April–Okt.; P

Eine typische äolische Villa: überall Sonne, weiße Wände und leuchtende Blumen. Dieser wunderbare Ort mit coolen, aber eleganten Zimmern, einer großartigen Aussicht von der Terrasse und einem üppigen Garten mit Orangen- und Zitronenbäumen liegt direkt außerhalb der Stadt Lipari. Drinnen verleihen die Gemälde des ursprünglichen Besitzers der Villa, des Schweizer Künstlers Edwin Hunziker, dem Ganzen ein unkonventionelles Flair.

VULCANO

HOTEL LES SABLES NOIRS €€€

Karte S. 152; ☎ 090 98 50; www.framonhotels.com; Porto di Ponente; EZ 95–170 €, DZ 150–250 €; April–Okt.;

Das beste Hotel von Vulcano liegt am Strand an der Spiaggia Sabbia Nera. Der große Pool ist umgeben von Gärten und Palmen, und die Zimmer sind im typisch mediterranen Stil eingerichtet; viele haben einen mit Blumen übersäten Balkon. Von der Panoramaterrasse des Restaurants bietet sich den Gästen ein fantastischer Blick auf den Sonnenuntergang.

PENSIONE LA GIARA €€

Karte S. 152; ☎ 090 985 22 29; www.pensionelagiara.it; Via Provinciale 18; DZ 46–144 €; April–Okt.;

Diese freundliche, altmodische Pension liegt hinter Zitronenbäumen an der Straße vom Hafen zum Vulkan. Die bescheidene Unterkunft hat sonnige, weiße Zimmer und eine Dachterrasse mit beeindruckender Aussicht auf den Vulkan (und es gibt hier sogar eine antike sizilianische Kutsche). Von Mai bis Oktober wird das Frühstücksbuffet auf der Terrasse serviert.

SALINA

CAPO FARO €€€

Karte S. 157; 090 984 43 30; www.capofaro.it; Via Faro 3, Malfa; DZ 240–380 €;

In diesem Fünf-Sterne-Boutiquehotel können die Gäste im Luxus versinken. Dieses Bild von einem schicken Inselhotel ist umgeben von üppigen Malvasia-Weinbergen und bietet 20 Zimmer, alle mit Terrasse mit Meerblick und stechend weißer Ausstattung. Weinproben und Besichtigungen der Weinberge werden auf Anfrage organisiert, und aufstrebende Köche können sich zu einem Kochkurs anmelden.

HOTEL I CINQUE BALCONI €€

090 984 35 08; www.icinquebalconi.it, italienisch; Via Risorgimento 38; DZ 100–180 €, 4-Pers.-Apt. 90–100 €, Suite 170–250 €;

Hinter einer vergilbten Fassade in der Hauptstraße von Santa Marina Salina liegt dieses charmante, sonnendurchflutete Boutiquehotel rund um einen niedlichen Innenhof. Die Zimmer unterscheiden sich alle etwas, aber der vorrangige Stil ist klassisch mediterran mit weißen Wänden, Majolikafliesen auf den Böden und glänzenden Möbeln der Originalzeit.

HOTEL MAMMA SANTINA €€€

090 984 30 54; www.mammasantina.it; Via Sanità 40; DZ 110–230 €; April–Okt.;

Der Architekt, dem dieses Boutiquehotel gehört, hat es aus Liebe zur Sache errichtet und die einladenden Zimmer mit Originalkunstwerken und hübschen Fliesen im traditionellen, äolischen Stil ausgestattet. Auf vielen der Terrassen mit Meerblick hängen Hängematten, und an warmen Abenden können die Gäste im angrenzenden Restaurant draußen essen und den Blick auf den schummrig beleuchteten Pool und die landschaftlich gestalteten Gärten genießen.

HOTEL SIGNUM €€€

090 984 42 22; www.hotelsignum.it; Via Scalo 15; DZ 130–280 €; Ende März–Okt.;

Salinas bestes Hotel versteckt sich in den winzigen Gassen am Hang von Malfa. Hier ist einfach alles perfekt: von den Zimmern mit antiken Möbeln bis hin zum Restaurant mit Terrasse, vom grandiosen Wellness-Center mit natürlichen Whirlpools bis hin zum überwältigenden, endlosen Pool mit Blick auf den schaurig-aufregend rauchenden Stromboli. Spezielle Angebote gibt es auf der Website.

PANAREA

HOTEL LA PIAZZA €€€

090 98 31 54; www.hotelpiazza.it; Via San Pietro; EZ 100–290 €, DZ 140–350 €; April–Mitte Okt.;

Eingebettet in Bougainvillea bietet La Piazza exklusive und ruhige Unterkunft in coolen, eleganten Zimmern, alle mit spektakulärer Aussicht auf die Caletta-Bucht. Außerdem stehen den Gästen eine traumhafte Terrasse mit Swimmingpool und direktem Zugang zum Meer sowie ein ausgezeichnetes Restaurant zur Verfügung.

HOTEL RAYA €€€

090 98 30 13; www.hotelraya.it; Via San Pietro; DZ 180–540 €; April–Mitte Okt.;

Das Hotel Raya ist *das* Hotel auf Panarea – wie eine Honigwabe aus exquisiten, von Lehmmauern umgebenen Zimmern, die sich an den mit Blumen übersäten Hang des Vulkans schmiegt. Jedes Zimmer ist einzigartig und strotzt nur so von verlockenden, liebevoll gestalteten Details: Batikbettdecken, malerische Terrassen, eigene Gärten und Meerblick in jede Richtung. Es gibt auch ein beliebtes Restaurant und im Sommer wird in der Disko abgetanzt.

STROMBOLI

ALBERGO BRASILE €

Karte S. 164; ☎ 090 98 60 08; www.strombolialbergobrasile.it; Via Soldato Cincotta; DZ 70–80 €, HP 65–85 €/Pers.; April–Okt.

Diese entspannte Pension ist eine tolle Budgetunterkunft mit frischen, weißen Zimmern, keiner nennenswerten Ausstattung und einem hübschen Vorgarten mit Zitronen- und Olivenbäumen. Von der Dachterrasse aus haben die Gäste auf einer Seite Ausblick aufs Meer und auf der anderen auf den Vulkan. Im August kann man die Zimmer nur mit Halbpension mieten.

CASA DEL SOLE €

Karte S. 164; ☎ 090 98 63 00; www.casadelsolestromboli.it; Via Domenico Cincotta; B 25–35 €, DZ 60–100 €, DZ ohne Bad 50–80 €; März–Okt.

Diese wunderbare Pension liegt in der Nähe des Strandes von Ficogrande. Die hacienda-artige Unterkunft liegt in einem malerischen Garten, der von Weinreben und Zitronenblüten überhangen wird, und bietet Schlafsäle mit bis zu fünf Betten, Doppelzimmer und eine reizende Bauernhofküche. Wenn man nachts vom Zentrum hierher läuft, ist es sehr dunkel.

LA SIRENETTA PARK HOTEL €€€

Karte S. 164; ☎ 090 98 60 25; www.lasirenetta.it, italienisch; Via Marina 33; EZ 95–150 €, DZ 130–310 €; April–Okt.;

Der reizende, terrassenförmige Komplex am Strand von Ficogrande war Strombolis erstes Hotel. Der Vater des jetzigen Besitzers zählte Ingrid Bergman zu seinen ersten Gästen. Es ist ein ruhiger Ort mit weißen, sommerlichen Zimmern, einem erstklassigen Restaurant und einem eigenen Amphitheater, in dem Filme gezeigt und Theaterstücke aufgeführt werden.

FILICUDI

PENSIONE LA SIRENA €€

☎ 090 988 99 97; www.pensionelasirena.it; Via Pecorini Mare; DZ 120–140 €, HP 90–120 €/Pers.; März–Nov.;

La Sirena ist der ideale Ort, um den entspannten äolischen Lebensstil zu genießen. Die wunderbare Pension in dem winzigen Fischerdörfchen Pecorini hat traditionelle Zimmer mit hohen Decken, Fenstertüren, die die Aussicht auf den Strand freigeben, und ein ausgezeichnetes Seafood-Restaurant. Außerdem gibt es im ganzen Dorf mehrere Häuser, in denen Platz für zwei bis zwölf Personen ist.

IONISCHE KÜSTE

MESSINA

ROYAL PALACE HOTEL €€

Karte S. 175; ☎ 090 65 03; www.nh-hotels.it; Via Tommaso Cannizzaro 3; EZ 60–125 €, DZ 95–165 €; P

Dieses graue Betonmonster ist das unglückliche Wahrzeichen des Stadtzentrums und sehr leicht zu finden. Hier gibt es Parkplätze (11 €/Nacht; ein absoluter Vorteil) und komfortable Zimmer im Corporate Design. Die Einrichtung ist ein Rückfall in die dunklen Zeiten der 1970er-Jahre mit altmodischen, verwirrend gemusterten Teppichen, niedrigen Sofas und jeder Menge Braun und Orange.

TAORMINA

HOTEL CONDOR €€

außerhalb der Karte S. 180; ☎ 0942 2 31 24; www.condorhotel.com; Via Cappuccini 25; DZ 70–120 €; März–Mitte Nov.; P

Gleich neben den Fußgängerzonen des Zentrums liegt dieses herzliche Hotel im Familienbetrieb. Die Zimmer sind hell und luftig mit wenig Ausstattung und einfachen, zweckmäßigen Möbeln. Die besten haben eine kleine Terrasse mit Meerblick (sie kosten etwas mehr). Das Frühstück wird auf der Panoramadachterrasse serviert, und für 10 € gibt es einen Gästeparkplatz.

HOTEL DEL CORSO €€

Karte S. 180; 0942 62 86 98; www.hoteldelcorsotaormina.com; Corso Umberto I 238; EZ 49–89 €, DZ 79–140 €;

Dieses einladende Hotel liegt erstklassig in der Hauptstraße und ist eines der wenigen im Borgo Medioevale, das ganzjährig geöffnet hat. Die bescheidene Unterkunft bietet helle, unspektakuläre Zimmer und eine kleine Frühstücksterrasse mit Blick auf den mit Zinnen gekrönten Palazzo Duca di Santo Stefano.

HOTEL VILLA BELVEDERE €€

Karte S. 180; 0942 2 37 91; www.villabelvedere.it; Via Bagnoli Croce 79; EZ 98–130 €, DZ 98–200 €; Mitte März–Mitte Nov.;

Die atemberaubend schöne Villa Belvedere wurde 1902 errichtet und strahlt Klasse aus. Die Zimmer sind einfach, aber verfeinert mit cremeweißer Bettwäsche und Terrakottafliesen. Der luxuriöse Garten bietet eine majestätische Aussicht aufs Meer. Es gibt sogar einen Swimmingpool, in dessen Mitte eine 100 Jahre alte Palme auf einer kleinen Insel thront.

ISOCO GUEST HOUSE €€

außerhalb der Karte S. 180; 094 22 36 79; www.isoco.it; Via Salita Branco 2; EZ 65–120 €, DZ 85–120 €; Ende März–Nov.;

Jedes Zimmer in dieser einladenden, schwulenfreundlichen Pension ist einem Künstler gewidmet. So gibt es das rosa Botticelli-Zimmer, das schwarz-weiße Herb-Ritts-Zimmer und das Keith-Haring-Zimmer, das mit den typischen Graffitifigürchen des Künstlers ausgestattet ist. Außerdem gibt es noch eine stilvolle Terrasse, ein Sonnendeck und – das Beste von allem – einen Whirlpool im Freien.

LE 4 FONTANE €

Karte S. 180; 347 075 06 24; www.le4fontane.it; Corso Umberto I 231; EZ 40–50 €, DZ 60–90 €;

Dieses ausgezeichnete B&B wird von einem freundlichen Pärchen betrieben und vermietet drei geräumige, bunte Zimmer im Obergeschoss eines alten Palazzo (es gibt jedoch keinen Lift). Es gibt eine bequeme Küche, und die Lage an der Hauptstraße von Taormina ist perfekt: Das Lumbi-Parkhaus ist zu Fuß nicht weit weg.

GIARDINI-NAXOS

HOTEL LA RIVA €€

0942 5 13 29; www.hotellariva.com; Via Tysandros 52; EZ 55–77 €, DZ 70–110 €;

Direkt am Meer neben der Touristeninformation liegt dieses reizende Hotel im Familienbetrieb mit 40 Zimmern, die alle individuell mit traditionellen sizilianischen Möbeln und großartigen Bettgestellen mit Einlegearbeiten aus Holz ausgestattet sind. Das Hotel ist nichts Besonderes, aber es hat Charakter, und die charmanten Besitzer heißen einen herzlich willkommen.

CATANIA

B&B CROCIFERI €

Karte S. 188; 095 715 22 66; www.bbcrociferi.it; Via Crociferì 81; EZ 50–65 €, DZ 70–85 €, 3BZ/4BZ 110/120 €;

Eine tolle Unterkunft, die wunderschön gelegen ist und über drei hübsch dekorierte Zimmer verfügt. Die Räume sind geräumig mit hohen Decken und künstlerischer Ausstattung, die die Besitzer von ihren Reisen nach Indien mitgebracht haben. Mario bietet Küstenausflüge in seinem eigenen Boot an, und

Teresa serviert ein unvergessliches Frühstück in der traumhaften, mit Blumen geschmückten Küche.

BAD €

Karte S. 188; ☎ 095 34 69 03; www.badcatania.com; Via Colombo 24; EZ/DZ 50/70 €, mit externem Bad 40/60 €, Mini-Apt. 90–100 €;

Dieses unkonventionelle Boutique-B&B ist in einem unscheinbaren Palazzo untergebracht, der nur einen Katzensprung vom Fischmarkt entfernt liegt. Es ist eine Mischung aus psychedelischen Mustern, verrückten Möbeln, zeitgenössischer Kunst und grellen, aufdringlichen Farben. Wem der Stil gefällt, der kann sogar T-Shirts, Taschen und Buttons kaufen, die von den jungen Grafikdesignern entworfen wurden, denen das B&B gehört.

CITY LOUNGE B&B €

Karte S. 188; ☎ 095 286 17 03; www.city-lounge-bed-and-breakfast.com; Via Gagliani 13; EZ 35 €, DZ 45–65 €; P

Die City Lounge ist ein toller Rückzugsort im Stadtzentrum, in dem sich die Gäste wie zuhause fühlen. Es liegt nur fünf Minuten zu Fuß von der Piazza del Duomo entfernt und vermietet vier fürsorglich eingerichtete Gästezimmer. Außerdem gibt es einen hellen Gemeinschaftsraum und – ein echtes Wunder – einen eigenen Hotelparkplatz (5 €/Nacht). Das Frühstück wird von der super-gastfreundlichen Claudia serviert und ist ein Festmahl an köstlichen *dolci* (Süßigkeiten).

HOTEL ETNEA 316 €

Karte S. 188; ☎ 095 250 30 76; www.hoteletnea316.it; Via Etnea 316; EZ/DZ/3BZ/4BZ 60/80/105/140 €;

Gegenüber der Gärten der Villa Bellini liegt das bezaubernde Hotel Etnea mit zehn geschmackvoll eingerichteten Zimmern, die bequeme, schmiedeeiserne Betten, große Fenster, traditionelle Fliesen- oder Holzböden und senfgelbe Wände haben. Es gibt auch eine sonnige Lounge und einen Frühstückssaal.

IL PRINCIPE €€

Karte S. 188; ☎ 095 250 03 45; www.ilprincipehotel.com; Via Alessi 24; EZ 99–169 €, DZ 109–179 €;

Dieses kultivierte Hotel bietet stilvolle Zimmer in einer der lebhaftesten Partymeilen von Catania. Doppelt verglaste Fenster ermöglichen es den Gästen, die schicken cremefarbenen Zimmer zu genießen, die mit feschen, modernen Möbeln, dunklen Parkettböden und flauschigen Bademänteln ausgestattet sind. Die Bademäntel können die Gäste auf ihrem Weg ins Türkische Bad tragen. Auf der Website stehen spezielle Angebote.

RIVIERA DEI CICLOPI

ACIREALE

AL DUOMO €€

☎ 347 907 83 23; www.alduomo.org; Via Calì 5; EZ/DZ/3BZ/4BZ 60/80/110/140 €;

Dieses Vierzimmerapartment in einem restaurierten Palazzo aus dem 19. Jh. ist die Cremetorte unter den Unterkünften in Acireale. Das bunte und stilvolle Apartment liegt direkt an der Piazza Duomo, und jedes Zimmer ist individuell gestrichen, mit hübschen Gewölbedecken und Ausblick vom Balkon auf das barocke Stadtzentrum.

ACI TREZZA

EPOS B&B €

☎ 392 484 81 13; www.bbepos.it; Via Provinciale 262; EZ 35–50 €, DZ 50–80 €;

Dieses bezaubernde B&B ist in einem Haus aus dem frühen 19. Jh. untergebracht und liegt nur einen fünfminütigen Spaziergang von der Strandpromenade entfernt. Die fünf Zimmer, von denen jedes nach einer Figur aus Homers *Odyssee* benannt ist, sind in gewagtem Orange, Rot und Gelb gehalten und mit antik aussehenden Möbeln ausgestattet. Die Gäste können die Küche mit dem Grill benutzen und haben Zugang zu einer kleinen Terrasse.

GRAND HOTEL I FARAGLIONI €€
095 093 04 64; www.grandhotelfaraglioni.com; Lungomare Ciclopi 115; EZ 95–110 €, DZ 105–130 €;

Dieses zylinderförmige Vier-Sterne-Hotel ist ein Wahrzeichen an der Strandpromenade von Aci Trezza. Im Innern erstrahlen die Zimmer in einem schimmernden Weiß, bieten modernen Komfort und Ausblick über die Faraglioni (Felsformationen). Auf einer Sonnenterrasse am Meer können die Gäste sonnenbaden, und in das beliebte Restaurant La Terrazza kommen Einheimische und Besucher, um die Pizzas und Aperitivi zu genießen.

ÄTNA

SÜDEN

HOTEL ALLE PENDICI €€
095 791 43 10; www.hotelallependici.com; Viale della Regione 18, Nicolosi; EZ 50–65 €, DZ 75–95 €
In Nicolosi, direkt an der Hauptroute zur Seilbahnstation, liegt dieses Hotel im ländlichen Stil mit ausgezeichnetem Preis-Leistungs-Verhältnis. Die Zimmer sind geschmackvoll und verbinden offene Ziegelwände mit rustikalen Holzmöbeln und Kronleuchtern. Von einigen Zimmern bietet sich die Aussicht auf die Südhänge des Ätna.

RIFUGIO SAPIENZA €€
095 91 63 56; www.rifugiosapienza.com; Piazzale Funivia; B&B/HP/VP 55/75/90 €/Pers.
So nah am Gipfel wie möglich bietet dieses Bergchalet neben der Gondelstation gemütliche Unterkunft in 24 modernen Zimmern mit zweckmäßigen Möbeln und warmen Holzfußböden. Das Bar-Restaurant im Untergeschoss serviert gesunde Portionen anständiges, einfaches Essen, wie es in den Bergen typisch ist.

NORDEN

AGRITURISMO SAN MARCO €
389 423 72 94; www.agriturismosanmarco.com; B&B/HP/VP 35/50/63 € pro Pers.;
In diesem wunderbaren *agriturismo* in der Nähe von Rovitello können sich die Gäste aufs Wesentliche konzentrieren. Die Unterkunft wird von einem heiteren, älteren Paar betrieben und liegt etwas abseits der Touristenpfade. Aber die idyllische Lage, die rustikalen Zimmer und die hervorragende ländliche Küche gleichen das allemal aus. Es gibt auch einen Swimmingpool und einen Spielplatz mit Schaukel und Rutsche. Am besten ruft man vorher an, um nach dem Weg zu fragen!

SYRAKUS & DER SÜDOSTEN

SYRAKUS

ORTIGIA

ALLA GIUDECCA €€
Karte S. 217; 0931 2 22 55; www.allagiudecca.it; Via GB Alagona 52; EZ 60–75 €, DZ 80–120 €;
Dieses traumhafte Hotel liegt im alten jüdischen Viertel von Ortigia und hat 23 unterschiedlich große Suiten. Sie sehen alle ein bisschen anders aus, aber im Großen und Ganzen sind sie rustikal-elegant mit gekachelten Böden, freiliegenden Holzbalken und antiken Möbeln ausgestattet. In jeder Suite gibt es eine Kochgelegenheit. Unter dem Hotel kann man eine alte jüdische *miqwe* (s. S. 218) besichtigen.

HOTEL GUTKOWSKI €€

Karte S. 217; ☎ 0931 46 58 61; www.guthotel.it; Lungomare Vittorini 26, Ortigia; EZ/DZ 80/110 €;

Modisches Boutiquehotel in zwei Fischerhütten am Ufer von Ortigia. Die Zimmer im Hauptgebäude sind mit hübschen Fliesen ausgelegt, haben bunte Wände und konnten sich ihren historischen Charakter bewahren. Die Zimmer am Ende der Straße sind eleganter und moderner.

HOTEL ROMA €€

Karte S. 217; ☎ 0931 46 56 26; www.hotelroma.sr.it; Via Roma 66; EZ 75–85 €, DZ 105–150 €; P

Das einladende Vier-Sterne-Hotel Roma verfügt über individuell eingerichtete Zimmer mit glänzenden Parkettböden, hölzernen Deckenbalken und Originalkunstwerken. Das Personal ist aufmerksam und freundlich, und wem alles zu viel wird, der kann sich in der Sauna im 1. Stock entspannen. Parken kostet 10 €.

VIAGGIATORI, VIANDANTI E SOGNATORI €

Karte S. 217; ☎ 0931 2 47 81; www.bedandbreakfastsicily.it; Via Roma 156; EZ 35–50 €, DZ 55–65 €, 3BZ/4BZ 75/100 €;

Das beste B&B von Syrakus besticht mit seiner erstklassigen Lage in Ortigia und schwungvoller Einrichtung. Bücher und antike Möbel, die nebeneinander an silbernen und lila Wänden stehen, verströmen eine herrlich unkonventionelle Atmosphäre. Dieselbe Familie betreibt auch das bescheidenere **B&B L'Acanto** (Karte S. 217; ☎ 0931 46 11 29; www.bebsicilia.it; Via Roma 15), das die gleichen Preise hat.

RUND UM SYRAKUS

VILLA DEI PAPIRI €€

außerhalb der Karte S. 215; ☎ 0931 72 13 21; www.villadeipapiri.it; Contrada Cozzo Pantano; DZ 70–170 €, 4-Pers.-Suite 140–269 €; P

Das ist der reine *agriturismo*-Himmel. Eingetaucht in ein Paradies von Orangenhainen und Papyrusschilf sind acht Familiensuiten in einem wunderschönen umgebauten Bauernhaus aus dem 19. Jh. untergebracht, und die Doppelzimmer liegen auf dem bewachsenen Anwesen verteilt. Das Frühstück wird in einem fürstlichen Saal mit Steinwänden serviert, der mit Blumen übersät und herrschaftlich eingerichtet ist.

PALAZZOLA ACREIDE

B&B ATTIKO €

☎ 0931 87 53 94; www.attiko.it; Ronco Corridore 10; EZ 35–40 €, DZ 60–70 €;

Dieses unauffällige B&B eignet sich bestens für einen netten Aufenthalt. Der gesellige Besitzer heißt die Gäste herzlich willkommen in seinem Einfamilienhaus, das über fünf Gästezimmer verfügt. Einige sind in traditionellem Stil eingerichtet, andere mit bunteren urtümlichen Möbeln ausgestattet. Die Panoramadachterrasse setzt dem Ganzen die Krone auf.

NOTO

B&B MONTANDÒN €

Karte S. 232; ☎ 0931 83 63 89; www.b-bmontandon.it; Via A Sofia 50; EZ 40–50 €, DZ 60–80 €;

Dieses gemütliche B&B ist in einem verfallenen Palazzo am oberen Ende der Stadt untergebracht, zu dem ein beeindruckender Gewölbegang führt. Von einer wunderbar vollgestopften Halle gelangen die Gäste in drei lichtdurchflutete Zimmer mit eigenem kleinen Balkon, schmiedeeisernen Betten und eleganten Möbeln.

HOTEL DELLA FERLA €€

außerhalb der Karte S. 232; ☎ 0931 57 60 07; www.hotelferla.it; Via A Gramsci; EZ 48–78 €, DZ 84–120 €; P

Dieses kleine Hotel im Familienbetrieb liegt in einer Wohngegend zehn Minuten unterhalb der Altstadt. Die Zimmer sind groß und hell mit Kiefernmöbeln und kleinem Balkon, und die Familie, die das Hotel betreibt, ist außerordentlich hilfsbereit. Die kostenlosen Parkplätze sind ein weiterer großer Vorteil.

DIE KÜSTE VON NOTO

LA CORTE DEL SOLE €€

außerhalb der Karte S. 232; ☎ 0931 82 02 10; www.lacortedelsole.it; Contrada Bucachemi, Lido di Noto; DZ 80–196 €, HP 79–125 €/Pers.;

Die traumhafte, ländliche Unterkunft liegt in herrlicher Abgeschiedenheit nahe der Riserva Naturale Oasi Faunistica di Vendicari. Das typisch sizilianische Gehöft aus tiefliegenden Sandsteingebäuden rund um einen zentralen Innenhof bietet 34 Zimmer mit Keramikverkleidung und Holzbalken, ein Restaurant vor Ort und eine große Auswahl an Aktivitäten und Services (Fahrradverleih, Kochkurse, Shuttlebus zum Meer).

MODICA

ALBERGO I TETTI DI SICILIANDO €

☎ 0932 94 28 43; www.siciliando.it; Via Cannata 24; Zi. 60–70 €, ohne Bad 50–60 €;

Diese wundervolle Pension in der Altstadt liegt gleich neben dem zentralen Corso Umberto. Die Zimmer sind einfach, geräumig und luftig, und viele bieten Ausblick auf die steil übereinander angeordneten Häuser von Modica. Außerdem werden Fahrradverleih (pro Tag/Woche 15/80 €) und Kunstkurse (min. 6 Pers.) inklusive Unterkunft angeboten, die eine bis zwei Wochen dauern und zwischen 500 und 600 € kosten.

B&B IL CAVALIERE €

☎ 0932 94 72 19; www.bbilcavalieremodica.it; Corso Umberto I 259; Zi. 70–80 €, Suite 110–120 €;

In diesem noblen B&B an der Hauptstraße von Modica residieren die Gäste wahrhaft aristokratisch. Es ist in einem Palazzo aus dem 19. Jh. untergebracht, der meisterhaft restauriert wurde. In den großen Zimmern mit den hohen Decken gibt es noch Originalausstattung wie Bodenfliesen und Deckenfresken. Stellen mit freiliegendem Stein und bunte Wandtafeln verleihen dem Ganzen ein modernes Flair.

HOTEL DEMOHÀC €€

☎ 0932 75 41 30; www.hoteldemohac.it; ViaT Campailla 15; EZ 55–65 €, DZ 85–110 €;

Inspiriert von Modicas literarischem Vermächtnis – der Dichter und Nobelpreisträger Salvatore Quasimodo wurde hier 1901 geboren – sind die zehn Zimmer in diesem gediegenen Hotel alle nach einem Schriftsteller benannt. Und um literarisch zu bleiben, sind sie alle ausgestattet mit gut erhaltenen Antiquitäten, Chaiselongues und Schreibtischen.

HOTEL RELAIS €€

☎ 0932 75 44 51; www.hotelrelaismodica.it; ViaT Campanella; DZ 85–110 €;

In diesem einladenden, altmodischen Hotel ist den Gästen ein herzliches Willkommen garantiert. Das hübsche Wirtshaus ist in einem umgebauten Palazzo am Corso Umberto I untergebracht. Jedes der zehn hellen und freundlichen Zimmer unterscheidet sich ein bisschen von den anderen, aber sie sind alle geräumig, ruhig und elegant. An der Rezeption gibt es kostenlosen Internetzugang und in den Zimmern Satelliten-TV.

RAGUSA

CAELUM HYBLAE €€

☎ 0932 22 04 02; www.bbcaelumhyblae.it; Salita Specula 11, Ragusa Ibla; DZ 100–120 €

Mit der von Büchern gesäumten Rezeption und dem strahlend weißen Dekor verströmt dieses stilvolle B&B im Familienbetrieb eine ziemlich kultivierte Atmosphäre. Jedes der sieben Zimmer bietet Aussicht auf den Dom. Sie sind zwar nicht besonders groß, haben aber schlichte Wände, makellose Betten und zweckmäßige, moderne Möbel.

IL BAROCCO €€

☎ 0932 66 31 05; www.ilbarocco.it; Via Santa Maria La Nuova; EZ 55–80 €, DZ 90–125 €;

Nur fünf Minuten von der zentralen Piazza Duomo entfernt liegt dieses freundliche Drei-Sterne-Hotel. Seine unverkennbare lachsfarbene Fassade ergänzt das traditionelle Innere mit antiken Möbeln, glänzenden Holz- und Fliesenböden. Zu den bequemen Zimmern von normaler Größe gelangen die Gäste über eine eiserne Wendeltreppe.

LOCANDA DON SERAFINO €€

☎ 0932 22 00 65; www.locandadonserafino.it; Via XI Febbraio 15; Zi. 148–196 €;

Das vornehme Vier-Sterne-Hotel am Eingang zum Stadtteil Ragusa Ibla ist in einem geschmackvoll umgebauten Stadthaus untergebracht. Die nackten Steinwände, die Deckengewölbe und die unauffällige Einrichtung vermitteln einen kultivierten, maßvollen Eindruck, der genau zu Ragusas steinigem Zentrum passt. Das namengebende Restaurant (s. S. 243) ist eines der besten der Stadt.

RISVEGLIO IBLEO €

☎ 0932 24 78 11; www.risveglioibleo.com; Largo Camerina 3, Ragusa Ibla; Zi. 35–45 €/Pers.; P

Dieses fabelhafte B&B, das in einer Villa aus dem 18. Jh. im Jugendstil untergebracht ist, hat geräumige Zimmer mit hohen Decken, Wände voller Familienporträts, ein Klavier, Hunderte von Büchern und eine von Blumen übersäte Terrasse mit Blick über die Dächer der Stadt. Im Erdgeschoss gibt es auch eine Küche für die Gäste.

ZENTRAL-SIZILIEN

ENNA

In Enna gibt es nicht viele Unterkünfte, aber rund um den Lago di Pergusa, 9 km südlich der Stadt, befinden sich jede Menge Hotels und *agriturismi*.

BAGLIO POLLICARINI €€

außerhalb der Karte S. 251; ☎ 0935 54 19 82; www.bagliopollicarini.it; Contrada Pollicarini; EZ 45–60 €, DZ 75–100 €, Campen pro Pers./Zelt 7/9 €; P

Dieser herrliche *agriturismo* ist in einem Kloster aus dem 17. Jh. in der Nähe des Lago di Pergusa untergebracht. Die Zellen der Mönche wurden schon vor langer Zeit in gemütliche Gästezimmer umgewandelt, aber die dicken Steinmauern, Deckengewölbe und verblassten Fresken vermitteln noch einen historischen Eindruck. Zu der Anlage gehören außerdem noch ein Campingplatz und ein Restaurant (Gerichte ab 25 €).

GRANDE ALBERGO SICILIA €€

Karte S. 251; ☎ 0935 50 08 50; www.hotelsiciliaenna.it; Piazza Napoleone Colaianni 7; EZ 62–72 €, DZ 102–120 €; P

Oben in der Altstadt verbirgt Ennas bestes Hotel seinen Glanz hinter einer geschmacklosen Betonfassade. Aber innen findet man eine Frühstücksterrasse mit Panoramablick und freundliche, komfortable Zimmer mit kitschigen Botticelli-Drucken in Goldrahmen und schmiedeeisernen Betten.

NICOSIA

BAGLIO SAN PIETRO €€

☎ 0935 64 05 29; www.bagliosanpietro.com, italienisch; Contrada San Pietro; pro Pers. B&B 45 €, HP/VP 62/75 €; P

Kurz vor Nicosia (an der SS117 nach Agira) liegt dieser *agriturismo*, der seinem Namen alle Ehre macht. Der bewirtschaftete Bauernhof verfügt über zehn komfortable, rustikale Zimmer und ein Restaurant, das sich auf bodenständiges Landessen spezialisiert hat. Die Gäste können reiten (1 Std./halber Tag 18/50 €), Ausflüge planen oder einfach nur am Pool relaxen.

PIAZZA ARMERINA

AZIENDA AGRITURISTICA GIGLIOTTO €€

außerhalb der Karte S. 258; ☎ 0933 97 08 98; www.gigliotto.com; Contrada Gigliotto, SS117; EZ 60–80 €, DZ 80–100 €;

Das Gigliotto ist eine alte *masseria* (Bauernhof) aus dem 14. Jh., die in einer hügeligen toskana-artigen Landschaft 9 km südlich von Piazza Armerina liegt. Das Gehöft hat 14 ländlich eingerichtete Zimmer und ein Bauernrestaurant mit einer malerischen Terrasse im Freien. Besichtigungen der Weinkellerei im Haus und Weinproben können organisiert werden.

B&B UMBERTO 33 €

Karte S. 258; ☎ 0935 68 33 44; www.umberto33.com; Via Umberto 33; EZ 35–50 €, DZ 60–80 €;

Der superfreundliche Giovanni betreibt dieses bescheidene B&B, in dem sich die Gäste wie zuhause fühlen. Hier gibt es nicht viel Schnickschnack, aber die drei Zimmer sind supersauber, es gibt eine Küche für die Gäste, und die Lage mitten in der Altstadt ist ideal. Außerdem bekommen die Gäste eine Flasche Wein aus Giovannis *enoteca* geschenkt.

SUITE D'AUTORE €€

Karte S. 258; ☎ 0935 68 85 53; www.suitedautore.it; Via Monte 1; DZ 100–140 €;

Mit neongrünen Styropormöbeln, Fresken aus dem 19. Jh. und einem riesigen runden Bett, das auf flüssigen Fliesen (doch, wirklich!) treibt, ist dieses einzigartige Designhotel eine der größten Sehenswürdigkeiten von Piazza Armerina. Jedes der sieben Zimmer ist nach einer anderen Epoche eingerichtet, und alles was man sieht – auch die Werke zeitgenössischer Kunst –, steht zum Verkauf.

CALTAGIRONE

B&B TRE METRI SOPRA IL CIELO €

☎ 0933 193 51 06; www.bbtremetrisoprailcielo.it; DZ 60–80 €;

Direkt neben der berühmten Treppe von Caltagirone liegt dieses fantastische B&B, das von einem freundlichen und enthusiastischen jungen Paar betrieben wird. Die Ausstattung in den sechs Zimmern ist unterschiedlich, und alle sind sehr geschmackvoll eingerichtet. Es gibt nur wenige Orte, an denen man besser frühstücken kann als auf dem spektakulären Balkon mit Blick auf die Dächer von Caltagirone und die Hügel dahinter.

LA PILOZZA INFIORATA €€

☎ 0933 2 21 62; www.lapilozzainfiorata.com; Via SS Salvatore 97; EZ 45–60 €, DZ 60–90 €;

In diesem eleganten B&B in der Altstadt erwarten die Gäste schöne Zimmer. Vor einem weißen und himmelblauen Hintergrund vereinen sich schräge Decken mit Holzbalken, antiken Möbeln und von hinten beleuchtete Keramikkästen, um dem Inneren des B&B einen unauffälligen, eleganten Look zu verleihen. In den Sommermonaten wird das Frühstück auf der netten Terrasse serviert.

MITTELMEERKÜSTE

AGRIGENT

STADTZENTRUM

ATENEA 191 €

Karte S. 274; ☎ 0922 59 55 94; www.atenea191.com, italienisch; Via Atenea 191; EZ 45–60 €, DZ 65–85 €;

Die mehrsprachige Besitzerin Sonia hat die Zimmer ihres einladenden B&Bs mit viel Liebe gestaltet: überschwängliche Blumenmuster, traditionelle Bodenfliesen und – in manchen Zimmern – Deckenfresken aus dem 18. Jh. Von der Frühstücksterrasse – genau wie aus vier von sechs Zimmern – haben die Gäste Aussicht auf das Tal darunter.

CAMERE A SUD €€

Karte S. 274; ☎ 349 638 44 24; www.camereasud.it; Via Ficani 6; DZ 60–70 €, 3BZ 80–90 €;

Das Camere de Sud ist ein nettes B&B im Zentrum von Agrigent. Die drei Gästezimmer sind mit Stil und Geschmack eingerichtet – traditionelles Dekor und zeitgenössische Stoffe wurden mit hellen Farben und moderner Kunst kombiniert. Das üppige Frühstück wird in den Sommermonaten auf der Terrasse serviert. Nur Barzahlung möglich!

CITY BED €

☎ 0922 40 30 91; www.citybed.it; Via Garibaldi 61; EZ 40–60 €, DZ 49–69 €;

Das City Bed ist eine kultivierte Unterkunft mit sehr gutem Preis-Leitungs-Verhältnis, einladenden Gastgebern und stilvollen Zimmern. Frische weiße Farben und ein schwarz-weißer Boden im Schachbrettmuster bestimmen den Stil der geräumigen Eingangshalle, während die coolen, modernen Zimmer von Deckenfresken gekrönt werden. Das Frühstück wird in einer Bar an der nahe gelegenen Piazza Pirandello serviert.

VALLE DEI TEMPLI

FORESTERIA BAGLIO DELLA LUNA €€€

außerhalb der Karte S. 276; ☎ 0922 51 10 61; www.bagliodellaluna.com; Contrada Maddalusa; EZ 140–210 €, DZ 170–250 €; P

Der Turm, der über dieses romantische Vier-Sterne-Hotel wacht, stammt aus dem 13. Jh. und beherbergt die Vorzeigezimmer des Hotels: Alle sind holzverkleidet, haben Parkettböden und antike Möbel. Im Hauptgebäude sind die Zimmer nicht ganz so spektakulär. Im Hotelrestaurant Il Déhors (S. 280), das als eines der besten von Agrigent gilt, gibt es hervorragendes Abendessen.

HOTEL VILLA ATHENA €€€

Karte S. 276; ☎ 0922 59 62 88; www.hotelvillaathena.it; Via Passeggiata Archeologica 33; EZ 150–240 €, DZ 190–330 €; P

Die Aussicht von diesem historischen Fünf-Sterne-Hotel ist umwerfend: Der in der Nähe erleuchtete Tempio della Concordia und die Palmen versetzen die Gäste in die exotische Atmosphäre aus „Tausendundeine Nacht". Das Hotel ist in einer Aristokratenvilla aus dem 18. Jh. untergebracht, und das Innere erstrahlt nach einer kürzlichen Rundum-Erneuerung in weißer, frischer Keramik.

SCIACCA

AL MORO €€

Karte S. 285; ☎ 0925 8 67 56; www.almoro.com; Via Liguori 44; EZ 55–65 €, DZ 80–100 €, Suite 100–160 €;

Cooles Dekor aus dem 21. Jh. vereint sich in Sciaccas Altstadt mit Architektur aus dem 13. Jh. Das Al Moro ist ein professionelles, gut aussehendes Boutique-B&B mit Zimmern in sauberem Weiß, mit offenen Balken und tollen Mosaikfliesen im Bad. Das reichhaltige Frühstück wird unten in einem Gewölbesaal aus Stein serviert, der neben einem kleinen Innenhof liegt.

B&B DA LULO E GAGÀ €

Karte S. 285; ☎ 349 614 08 80; www.bedandbreakfastlulogaga.com; Vicolo Muscarnera 9; DZ 60 €;

Die verrückten, lustigen und originellen Kunstwerke von Lulo sind es, die dieses großartige B&B zu etwas Besonderem machen. Eulen aus bunten Kieselsteinen, Spiegel mit Mosaikrahmen und bemalte Keramiken verschönern das sonnige kleine Apartment, während die winzige Terrasse von Kakteen und ägyptischen Hieroglyphen aufgehellt wird.

VILLA PALOCLA €€

außerhalb der Karte S. 285; ☎ 0925 90 28 12; www.villapalocla.it; Contrada Raganella; DZ/3BZ/4BZ 115/140/180 €;

Dieses bezaubernde Hotel ist eine Oase der Ruhe direkt vor den Toren von Sciacca. Es ist in einer Villa aus dem 18. Jh. untergebracht und von Orangenhainen umgeben. Dadurch erhält es eine fürstliche Atmosphäre, wozu auch der Innenhof mit Pflastersteinen und die schmiedeeisernen Balkone beitragen. Im Innern ist alles sehr ländlich eingerichtet mit vielen Blumenmustern, Keramikfliesen und dunklem Holz.

ÖSTLICH VON AGRIGENT

FARM €€

☎ 0934 34 66 00; www.farm-ospitalitadicampagna.it; Contrada Strada Butera; Zi. 70–110 €;

Umgeben von viel Grün sieht FARM wirklich aus wie ein traditioneller sizilianischer *agriturismo*. Aber hinter den Steinmauern verbirgt sich in Wirklichkeit eine topmoderne, zeitgenössische Inneneinrichtung: Moderne Kunstwerke hängen an lilafarbenen Wänden, bloßgelegte Backsteinfliesen wurden mit volkstümlichen, heimeligen Vorhängen kombiniert. Es gibt sogar ein kleines Kino und draußen einen roten Swimmingpool.

VECCHIA MASSERIA €€

☎ 0935 68 40 03; www.vecchiamasseria.com; Contrada Cutuminello, SS117; EZ 50–90 €, DZ 70–160 €;

Es dauert zwar ein bisschen, bis man hierher gelangt, aber wer diesen *agriturismo* 20 km nordöstlich von Gela erst einmal gefunden hat, will am liebsten gar nicht mehr weg. Elegante, beruhigende Zimmer, ein sehr angesehenes Restaurant, ein Swimmingpool und eine lange Liste an Dienstleistungen machen diese Unterkunft zu einem idealen ländlichen Zufluchtsort. Es werden keine Kreditkarten akzeptiert!

ALLGEMEINE INFORMATIONEN

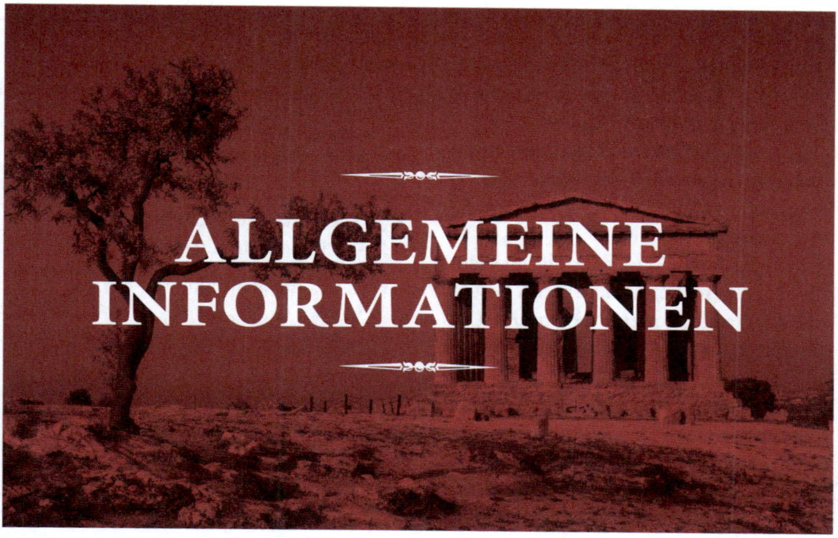

BOTSCHAFTEN & KONSULATE

Hier nicht aufgeführte Botschaften und Konsulate findet man im Telefonbuch unter „Ambasciate“ bzw. „Consolati“. Alternativ haben eventuell Touristeninformationen eine Liste.

Deutschland (☎ 090 67 17 80; www.rom.diplo.de; Via San Sebastiano 73, Messina)

Österreich (☎ 091 682 56 96; Via Leonardo da Vinci 145, Palermo)

Schweiz (☎ 095 38 69 19; Viale Alcide de Gasperi 151, Catania)

ERMÄSSIGUNGEN

In vielen Museen und archäologischen Stätten bekommen EU-Bürger unter 18 und über 65 Jahre freien Eintritt. Besuchern aus EU-Staaten im Alter zwischen 18 und 25 Jahren wird eine Ermäßigung von 50 % gewährt. Dafür muss man einen Pass, Führerschein oder Personalausweis vorzeigen. Alle Reisenden unter 26 Jahren erhalten Ermäßigung mit der überall akzeptierten Karte **Euro<26** (www.euro26.org).

ESSEN & TRINKEN

Die in diesem Buch genannten Preise beziehen sich auf Mahlzeiten mit *primo* (erster Gang), *secondo* (zweiter Gang) und *contorno* (Beilage) bzw. *dolce* (Dessert). In Restaurants mit einem €-Symbol zahlt man weniger als 20 €, in Restaurants mit zwei €-Symbolen zwischen 20 und 40 € und in Restaurants mit drei €-Symbolen oder mehr 40 € und mehr. In jedem Abschnitt sind die Restaurants in alphabetischer Reihenfolge angeführt.

WOHIN ZUM ESSEN?

Restaurants sind in Sizilien in verschiedene Kategorien unterteilt. Die schlichteste ist die *tavola calda*. Hier bekommt man fertige Pasta-, Fleisch- und Gemüsegerichte nach Kantinenart, Snacks und *panini* (einfache belegte Brötchen). Auch in Cafés bekommt man gut eine Kleinigkeit auf die Schnelle. Neben Kaffee und *cornetti* (italienische Frühstückscroissants) werden süße und salzige Snacks verkauft, mancherorts auch Eis. Schleckermäuler finden eine große Auswahl an Eis in der *gelateria* und massenhaft Gebäck in der *pasticceria*.

Weinbars *(enoteche)* sind beliebt und bieten meist ebenfalls ein begrenztes Angebot an Häppchen oder warmen Gerichten zum Wein.

Wer Pasta, Fleisch- oder Fischgerichte im Sitzen genießen will, geht am besten in eine Trattoria oder ein *ristorante* (Restaurant). Der Übergang zwischen beiden ist fließend. Generell sind Trattorien weniger formell und bereiten traditionelle lokale Küche zu. *Ristoranti* haben in der Regel eine größere Auswahl an Gerichten und sind teurer. Menüs sind normalerweise auf einer Tafel am Eingang angeschrieben.

In den meisten Lokalen muss man für das *coperto* (Gedeck) 1 bis 3 € pro Person extra zahlen. Manchmal ist der *servizio* (Service) von 10 bis 15 % schon im Preis enthalten.

VEGETARIER & VEGANER

In Sizilien wird nicht speziell auf Vegetarier geachtet, aber dank der Vielfalt an hervorragenden Obst- und Gemüsesorten gibt es viele vegetarische *antipasti*, Pastagerichte und *contorni*. Überall bekommt man leckere Salate, wobei man aufpassen muss, dass sie ohne Anchovis und Schinken gemacht sind. Ebenso sollte man sich erkundigen, ob die Tomatensauce mit Fleisch gemacht wird. Veganer haben es schwer, denn in den meisten Gerichten ist ein tierisches Produkt (Butter, Eier oder eben Fleisch) enthalten.

WASSER

Das Leitungswasser ist im ganzen Land genießbar und sicher. Dennoch trinken die meisten Sizilianer *acqua minerale* (Mineralwasser). Das gibt's als *frizzante* (mit Kohlensäure) oder *naturale* (ohne Kohlensäure). In Restaurants und Bars wird man immer gefragt, welche Sorte man möchte. Wer ein Glas Leitungswasser möchte, fragt nach *acqua dal rubinetto*.

PRAKTISCH & KONKRET

- Gewichte und Maße folgen in Sizilien dem metrischen System.
- Steckdosen haben zwei oder auch drei runde Stecker, deshalb einen Adapter mitbringen!
- Die Stromspannung beträgt 220 V, 50 Hz.
- Siziliens größte regionale Zeitungen sind *Il Giornale di Sicilia* aus Palermo, Catanias *La Sicilia* und Messinas *La Gazzetta del Sud*. Auch die römische *La Repubblica* hat einen Teil mit Nachrichten aus Sizilien.
- Fremdsprachige Zeitungen erhält man in der Regel ein bis zwei Tage nach Erscheinungsdatum in den großen Städten und Urlaubsorten.

FEIERTAGE & FERIEN

Die meisten Sizilianer machen im August Urlaub und fliehen aus den Städten in die kühleren Küstenorte oder in die Berge. Das bedeutet, dass viele Geschäfte und Betriebe zumindest einen Teil dieses Monats geschlossen haben, besonders in der Zeit um Mariä Himmelfahrt am 15. August. Die Karwoche ist für die Sizilianer eine belebte Ferienzeit und viele Hotels in Ferienorten öffnen in der Woche vor Ostern.

Siziliens Schulen schließen im Sommer für drei Monate von Mitte Juni bis Mitte September, für zwei Wochen an Weihnachten und für eine Woche an Ostern.

FEIERTAGE

Die einzelnen Städte haben eigene Feiertage zu Ehren ihrer Schutzheiligen. Zu den nationalen Feiertagen in Sizilien gehören folgende:

Capodanno (Neujahr) 1. Januar

Epifania (Dreikönigsfest) 6. Januar

Pasquetta (Ostermontag) März/April

Giorno della Liberazione (Tag der Befreiung) 25. April

Festa del Lavoro (Tag der Arbeit) 1. Mai

Festa della Repubblica (Tag der Republik) 2. Juni

Ferragosto (Mariä Himmelfahrt) 15. August

Festa di Ognisanti (Allerheiligen) 1. November

Festa della Immacolata Concezione (Fest der unbefleckten Empfängnis) 8. Dezember

Natale (Weihnachten) 25. Dezember

Festa di Santo Stefano (St. Stephan) 26. Dezember

FRAUEN UNTERWEGS

Belästigung ist das größte Problem für Frauen. Die einheimischen Männer gaffen gern, und das kann unangenehm sein, vor allem, wenn man allein unterwegs ist. Wer sich alleine unsicher fühlt, sollte sich elegant kleiden und einen Ehering tragen, das schützt fast immer vor ungewollter Anmache. Typen, die auf einen einreden, einfach ignorieren. Wenn das nicht klappt, kann man höflich zu verstehen geben, dass man auf seinen Ehemann *(marito)* oder Verlobten *(fidanzato)* wartet. Notfalls einfach weggehen! Nicht aggressiv werden, denn das kann zu unschönen Auseinandersetzungen führen!

Alleinreisende Frauen sollten nicht in leeren, dunklen Straßen herumlaufen. Übernachten sollte man in zentral gelegenen Hotels, die nicht allzu weit von Restaurants entfernt liegen. Trampen ist für alleinreisende Frauen tabu!

GEFAHREN & ÄRGERNISSE

Trotz des schlechten Rufs (Mafia!) ist Sizilien nicht gefährlich. Die größte Gefahr, in die man geraten kann, geht nicht vom lokalen *capo*, sondern vielmehr von Taschen- und Handtaschendieben aus.

DIEBSTAHL

Man muss sich nicht verrückt machen, sollte sich aber vor Taschen- und Handtaschendieben schützen, vor allem auf vollen Märkten (besonders in Palermo und Catania) und auf dem Weg vom oder zum Flughafen.

Hilfreich ist ein Geldgürtel, in dem alle wichtigen Dinge aufbewahrt werden. Trotzdem sollte man genug Geld im Portemonnaie dabeihaben, um nicht in der Öffentlichkeit im Geldgürtel herumkramen zu müssen. Uhren, Kameras und andere Wertgegenstände nicht zur Schau stellen! Taschen und Kameras sollten an einem Gurt dicht am Körper und immer zur Häuserseite hin getragen werden, denn so können die auf Mopeds vorbeirasenden Diebe sie nicht in die Finger bekommen.

Vorsicht ist auch in Cafés oder Restaurants an der Straße geboten – niemals die Tasche auf einen freien Stuhl an der Straße oder außerhalb der Sichtweite ablegen!

Beliebte Ziele von Dieben sind auch Autos, vor allem solche mit ausländischen Nummernschildern oder Aufklebern von Mietfirmen. Nie Wertgegenstände im Auto lassen und nach Möglichkeit in einem sicheren Parkhaus parken!

Diebstähle oder Verluste immer innerhalb von 24 Stunden bei der Polizei melden und um das Protokoll bitten, denn sonst zahlt die Versicherung keinen Cent!

VERKEHR

Der Verkehr in Sizilien kann beängstigend sein, vor allem in Palermo, wo scheinbar die Regel gilt: Nur der Schnellste überlebt. Außerhalb der großen Städte sieht es deutlich ruhiger aus und die Hauptsorge sind Schlaglöcher und die unklare Beschilderung. Generell ist der Verkehr zwischen 14 und 16 Uhr und sonntagmittags am ruhigsten, wenn wenige Menschen unterwegs sind.

Autos halten nicht für Fußgänger, nicht einmal an Überwegen. Die Sizilianer marschieren einfach auf die Straße und bahnen sich ihren Weg durch die ausweichenden Fahrzeuge. In großen Städten haben Straßen, die eigentlich Einbahnstraßen sind, oft eine Fahrspur in die Gegenrichtung für Busse – also immer in beide Richtungen schauen, ehe man die Straße überquert!

GELD

Auf der Umschlaginnenseite finden Schweizer den Umrechnungskurs von Franken in Euro. Den aktuellen Kurs kann man unter www.oanda.com checken.

Geld wechseln kann man in Banken, Postämtern und Wechselstuben. Die besten Kurse gibt's im Allgemeinen bei den Banken, doch man sollte sich ein wenig umschauen, da die Kurse ständig schwanken.

GELDAUTOMATEN

Bargeld bekommt man an Geldautomaten (weit verbreitet unter dem Namen *bancomat*) mit dem entsprechenden Schild. Visa und MasterCard sind weit verbreitet, ebenso Cirrus und Maestro. Bei jeder Abhebung werden Gebühren fällig. In der Regel zahlt man sowohl eine Abhebungsgebühr als auch eine Wechselgebühr; wer Geld mit der Kreditkarte abhebt, zahlt zusätzlich Zinsen auf den abgehobenen Betrag.

Nicht verzagen, wenn ein Geldautomat die Karte nicht annimmt! An weiteren Automaten mit dem Symbol der Kreditkarte probieren, ehe man annehmen muss, dass das Problem bei der Karte liegt!

KREDIT- & BANKKARTEN

Kreditkarten werden in Sizilien vielerorts angenommen, sind allerdings nicht allgegenwärtig. Deshalb sollte man auch immer etwas Bargeld dabeihaben. In manchen kleinen Pensionen, Trattorien und Geschäften kann man nicht mit Kreditkarte zahlen, auch nicht an allen Tankstellen oder Mautstellen an der Autobahn.

Karten wie Visa, MasterCard, Eurocard, Cirrus und auch Eurocheques werden in Sizilien überall akzeptiert.

Vor der Reise sollte man das Kreditinstitut, über das die Kreditkarte läuft, über seine Reisepläne informieren. Ansonsten riskiert man, dass die Karte gesperrt wird – als Sicherheitsmaßnahme sperren Banken Karten, wenn ihnen Transaktionen auffallen, die von den sonst üblichen abweichen. Man sollte sich außerdem über Gebühren informieren und darüber, was geschieht, wenn die Karte Probleme macht oder gestohlen wurde. Für die meisten Karten gibt's kostenlose Notfallnummern, unter denen man Hilfe und Rat bekommt.

TRINKGELD

Wird in Restaurants eine Servicegebühr erhoben, wird kein zusätzliches Trinkgeld erwartet. Hat man aber das Gefühl, das Personal hat es verdient, kann man ein kleines Extra-Trinkgeld von rund

1 € pro Person geben. Wird keine Servicegebühr erhoben, sollte man ca. 10 % Trinkgeld geben oder die Rechnung aufrunden. Dies ist allerdings keinesfalls zwingend. In Bars legen die Einheimischen beim Bestellen ihres Kaffees oft ein 10- oder 20-Cent-Stück auf den Tresen. Taxifahrern ein Trinkgeld zu geben, ist nicht üblich, Portiers in Hotels der Spitzenklasse sollte man allerdings 3 bis 5 € in die Hand drücken.

GESUNDHEIT

Italiens öffentliches Gesundheitssystem ist rechtlich verpflichtet, im Notfall allen Menschen eine medizinische Versorgung zu gewähren. Mit der europäischen Krankenversicherungskarte (EHIC), die man bei der Gesundheitsbehörde seines Heimatlandes bekommt, haben EU-Bürger das Recht auf eine vergünstigte, teilweise kostenlose medizinische Versorgung. Nicht-EU-Bürger sollten eine Auslandskrankenversicherung abschließen.

In Notfällen wendet man sich an die *pronto soccorso* (Notaufnahme) eines *ospedale* (Krankenhaus), wo auch zahnmedizinischer Notdienst angeboten wird. In weniger dringenden Fällen ruft man den lokalen *guardia medica* (Bereitschaftsarzt) an – im Hotel oder der nächsten Touristeninformation nach der Nummer erkundigen! Apotheker lösen Rezepte ein und bieten grundlegende medizinische Beratung an.

INTERNETZUGANG

Öffentliche WLAN-Hotspots sind rar gesät, mittlerweile bieten aber viele Hotels und B&B kostenloses WLAN an. In den Verzeichnissen mit Unterkünften ist nur ein Internet-Symbol abgebildet, wenn den Gästen ein PC zur Verfügung steht; Zugang über WLAN wird in den Rezensionen nur angegeben, wenn Zusatzkosten anfallen.

Wer einen eigenen PC dabeihat, sollte problemlos im Zimmer oder zumindest in der Hotelrezeption oder anderen Gemeinschaftsbereichen WLAN-Empfang haben.

KARTEN & STADTPLÄNE

STADTPLÄNE

Zusammen mit den Plänen der Touristeninformation müssten die Stadtpläne in diesem Buch ausreichen. Detailliertere Karten bekommt man in Buchläden in Städten. Von **Litografia Artistica Cartografica** (LAC; www.globalmap.it) gibt es für 6,50 € detaillierte Stadtpläne einiger sizilianischer Städte, darunter Agrigent, Catania, Palermo, Syrakus und Trapani. Auch **Michelin** (www.michelin.it) und **Touring Club Italiano** (TCI; www.touringclubstore.com) veröffentlichen anständige Stadtpläne.

STRASSENKARTEN

Die beste Straßenkarte ist *Sicilia* (1 : 200 000) von TCI. Man erhält sie in Buchläden, an Flughäfen und Autobahncafés in Sizilien. Das italienische **Istituto Geografico de Agostini** (www.deagostini.it, italienisch) gibt die *Carta Stradale Sicilia* (1 : 200 000; 6,90 €) heraus. Von Michelin gibt es außerdem die sehr gute Karte *Sicilia*, ebenfalls mit dem Maßstab 1 : 200 000.

WANDERKARTEN

Für Wanderungen rund um den Ätna empfiehlt sich eine Karte *Monte Etna* mit dem Maßstab 1 : 25 000 von **Selca**. Der TCI gibt eine Karte des Parco Regionale dei Nebrodi mit einem Maßstab von 1 : 50 000 heraus. Für eine Erkundung des Parco Naturale Regionale delle Madonie empfiehlt sich die *Madonie Carta dei Sentierie del Paesaggio*. Sie hat einen Maßstab von 1:50 000 und ist in der Touristeninformation von Palermo erhältlich. Alternativ verkaufen die Touristeninformationen in Madonie und Cefalù die *Carta dei Sentieri del Paesaggio Cefalù* (1:50 000) für 1,50 €.

KINDER

Wie alle Italiener lieben Sizilianer Kinder, aber außer Ermäßigungen in öffentlichen Verkehrsmitteln und beim Eintritt zu Sehenswürdigkeiten gibt es nur wenige Angebote speziell für Kids. Viele Hotels/*pensioni* bieten vergünstigte Preise für Kinder an oder stellen auf Wunsch ein Extrabett oder ein Kinderbett ins Zimmer (in der Regel gegen einen Aufpreis von rund 30 %). Gerichte für Kinder gibt's in den Restaurants selten, es wird jedoch bereitwillig eine *mezzo porzione* (halbe Portion) zubereitet.

Windeln, Babynahrung und Desinfektionsmittel bekommt man in Apotheken und Supermärkten. Frische Milch wird in Supermärkten und in Bars verkauft, die als „Latteria" gekennzeichnet sind.

Die meisten Autovermietungen stellen Kindersitze zur Verfügung, die man allerdings im Voraus buchen sollte.

Weitere Informationen stehen im englischen Lonely Planet Band *Travel with Children*.

ÖFFNUNGSZEITEN

Geschäfte haben in Sizilien normalerweise montags bis samstags von ca. 9.30 bis 13.30 und von ca. 16 bis 19.30 Uhr geöffnet. Montagmorgens sind einige geschlossen, manche kleineren Geschäfte schließen außerdem samstagnachmittags. Einige Kaufhäuser in den Städten und viele Supermärkte haben montags bis samstags durchgehend von 9 bis 20 Uhr geöffnet, einige sogar auch sonntagvormittags, in der Regel bis 13 Uhr.

Banken öffnen montags bis freitags von 8.30 bis 13.30 und 14.45 bis 15.45 Uhr. An Wochenenden haben sie geschlossen.

Die großen Postfilialen haben montags bis freitags von 8 bis 18.30 und samstags von 8 bis 12.30 Uhr geöffnet. Kleinere Postämter öffnen montags bis freitags nur von 8 bis 13.30 und samstags bis 12.30 Uhr.

Farmacie (Apotheken) haben in der Regel von 9 bis 13 und von 15.30 bis 19.30 Uhr geöffnet. Die meisten schließen samstagnachmittags und an Sonn- und Feiertagen, ein paar haben jedoch Notdienst und bleiben deshalb geöffnet *(farmacie di turno)*. An den Türen geschlossener Apotheken hängt eine Liste der nächsten geöffneten Apotheken.

Bars und Cafés öffnen im Allgemeinen von 7 bis 20 Uhr, einige auch länger. Sie verwandeln sich dann in eine Art Kneipe. Restaurants öffnen in der Regel von 12 bis 15 und von 19.30 bis 23 Uhr (im Sommer länger) ihre Türen.

Die Öffnungszeiten von Museen, Galerien und Ausgrabungsstätten variieren erheblich, die meisten haben montags geschlossen.

In Sizilien hält man sich nicht immer ganz genau an die Öffnungszeiten, vor allem in Kleinstädten und außerhalb der Sommermonate, wenn nicht so viel los ist.

Im gesamten Buch werden nur Öffnungszeiten angegeben, die von diesen Standards abweichen.

POST

Italiens **Poste** (☎ 803 160; www.poste.it) wird niemals einen Preis für ihre Effizienz gewinnen. Generell kommt Post jedoch früher oder später an. Innerhalb Europas wird eine Lieferung innerhalb von drei Tagen garantiert. In den Rest der Welt dauert es vier bis acht Tage.

Briefmarken *(francobolli)* bekommt man in Postfilialen und bei zugelassenen Tabakhändlern (nach dem offiziellen *tabacchi*-Schild Ausschau halten – ein großes oft weißes „T" auf schwarzem Hintergrund), die es in jeder Stadt und jedem Dorf gibt.

Wichtige Sachen sollten per Einschreiben *(raccomandato)* oder Wertbrief *(assicurato)* versandt werden. Die Gebühren richten sich nach dem Wert des Gegenstands, den man verschickt.

RECHTSFRAGEN

Urlauber haben vor allem dann etwas mit der Polizei zu tun, wenn sie einen Diebstahl melden müssen. Wurde einem etwas gestohlen und man will dies bei der Versicherung geltend machen, braucht man ein Protokoll der Polizei. Ohne einen Beweis des Diebstahls zahlt keine Versicherung.

Die italienische Polizei ist in drei Gruppen unterteilt: die schwarz gekleideten *carabinieri,* die *polizia* mit dunkelblauen Uniformen und die *guardia di finanza*, die gegen Steuerhinterziehung und Drogenschmuggel kämpft. Wer in Italien Probleme hat, wird sich wohl entweder mit der *polizia* oder den *carabinieri* auseinandersetzen müssen. Hat man ein Parkticket bekommen, wendet man sich an die *vigili urbani* (Verkehrsdienst).

Die Promillegrenze liegt bei 0,5 % und die Polizei führt stichprobenartig Atemtests durch. Wer betrunken am Steuer erwischt wird, kann sich auf harte Strafen gefasst machen.

Generell stellt die Botschaft ein Verzeichnis mit ortsansässigen Rechtsanwälten, Dolmetschern und Übersetzern zur Verfügung. Adressen und Telefonnummern für den Notfall stehen am Anfang der Kapitel zu den jeweiligen Reisezielen.

REISEN MIT BEHINDERUNG

Menschen mit Behinderung haben es in Sizilien nicht leicht. Enge Gassen mit Kopfsteinpflaster, haarsträubender Verkehr, versperrte Gehwege und winzige Fahrstühle machen das Leben für Rollstuhlfahrer und Personen mit Seh- oder Hörproblemen schwer.

Nach dem europäischen Gesetz muss das Flughafenpersonal Passagieren mit Behinderung helfen. Wer also auf dem Weg nach Sizilien oder bei der Ankunft bzw. Abreise Hilfe braucht, sollte dies der Airline beim Ticketkauf mitteilen und diese sollte den Flughafen informieren. Die Flughäfen von Palermo und Catania sind behindertengerecht.

Für Zugreisende betreibt Trenitalia eine **Telefonhilfe** (☎ 199 30 30 60) mit Informationen zu in den Bahnhöfen angebotenen Leistungen, darunter die Bereitstellung von Rollstühlen, Führern und Hilfe beim Ein- und Aussteigen aus dem Zug. Weitere Informationen findet man im Internet auf der Seite www.trenitalia.com/trenitalia.html unter dem englischsprachigen Link „Other Services".

Für Autofahrer gilt das blaue Behindertenzeichen. Es gewährt Besuchern die gleichen Parkrechte wie behinderten einheimischen Fahrern.

Diese Organisationen helfen weiter:

Accessible Italy (☎ +378 94 11 11; www.accessibleitaly.com) In San Marino ansässige Gesellschaft, die sich auf Behindertenreisen von Touren bis hin zur Vermietung behindertengerechter Fahrzeuge spezialisiert hat.

Nationale Koordinierungsstelle Tourismus für Alle e. V. (Natko; ☎ 0211-3368-001; www.natko.de; Fleher Str. 317 a, 40223 Düsseldorf)

Mobility International Schweiz (☎ 062-212-6740; www.mis-ch.ch; Amthausquai 21, 4600 Olten)
MyHandicap Deutschland (☎ 089-7677-6970; www.myhandicap.de; Steinheilstr. 6, 85737 München-Ismaning)
MyHandicap Schweiz (☎ 043-211-4949; www.myhandicap.ch; Weinbergstr. 29, 8006 Zürich)

SCHWULE & LESBEN

Homosexualität ist in Sizilien zwar legal, die Haltung ist jedoch nach wie vor größtenteils konservativ und Zärtlichkeiten in der Öffentlichkeit können zu Ärger führen. Das gesetzliche Mindestalter ist 16 Jahre.

Die Schwulenszene konzentriert sich vor allem auf Catania und Taormina und in einem geringeren Ausmaß auch auf Palermo. Weitere Infos bekommt man bei Italiens größter Schwulengemeinde in Bologna, **Arcigay** (www.arcigay.it, italienisch). Sie hat Zweigstellen in Catania (www.arcigaycatania.it) und Palermo (http://arcigaypalermo.wordpress.com, italienisch). Die kostenlose Zeitschrift *Clubbing* liefert Infos zu Clubs und Events.

Der internationale Schwulenführer *Spartacus International Gay Guide* informiert über alle Veranstaltungen für Schwule in ganz Italien. Nützlich ist auch die Webseite **GuidaGay.it** (www.gay.it/guida, italienisch) mit Infos zu schwulenfreundlichen Bars, Clubs, Stränden und Hotels.

SHOPPEN

In Sizilien kauft man am besten auf den tollen Märkten ein. Der Mercato del Capo (S. 59) in Palermo und der Fischmarkt La Pescheria in Catania (S. 190) sind viel mehr als nur Märkte zum Einkaufen – sie sind schon für sich genommen tolle Sehenswürdigkeiten. Diese beiden sind die bekanntesten Märkte Siziliens, doch auch fast alle anderen Städte haben einen Markt.

Siziliens Lebensmittel und Wein sind das Beste, was man kaufen kann, wobei sich eine riesige Auswahl an lokalen Delikatessen bietet. Auf den Liparischen Inseln, in Syrakus, Taormina und Cefalù gibt es zahlreiche Feinkostgeschäfte.

Auch Souvenirjägern bietet sich eine riesige Auswahl. Siziliens Keramikherstellung hat eine lange Tradition. Keramikzentren sind Caltagirone, Santo Stefano di Camastra und Sciacca. Auch handgemachter Schmuck ist eine lokale Tradition, vor allem an der Westküste in Trapani und Cefalù. Nach alter Tradition hergestellte Spitzen und Stickereien werden in Palermo und Taormina und in ländlichen Städten wie Erice und Caltanissetta angeboten.

Wer auf der Suche nach dem ultimativen Andenken ist, kann eine der sizilianischen Marionetten oder ein Miniaturmodell eines traditionellen sizilianischen Karrens kaufen. Die Originale sind heutzutage Sammlerstücke.

TELEFON

Telefondienste werden von zahlreichen Gesellschaften angeboten, darunter **Telecom Italia** (www.telecomitalia.it, italienisch), Italiens größter Telefongesellschaft.

Italien nutzt GSM 900/1800 und ist folglich mit dem Rest Europas kompatibel. Besitzer eines GSM-Handys, das man entsperren kann (beim Anbieter erkundigen), können schon ab nur 10 € eine Prepaid-Karte (*pre-pagato*) aktivieren. **TIM** (www.tim.it), **Wind** (www.wind.it) und **Vodafone** (www.vodafone.it) verkaufen SIM-Karten und haben Filialen in Sizilien. Um ein Konto zu eröffnen, braucht man einen Pass. Die Karte lädt man im nächstgelegenen Laden auf oder kauft eine *ricarica* (Aufladekarte) bei einem Tabakhändler.

Für Inlandstelefonate zahlt man mit dem Handy zwischen 0,09 und 0,30 € pro Minute.

HILFREICHE NUMMERN & VORWAHLEN

Italienische Ortsvorwahlen beginnen mit „0" und bestehen aus bis zu vier Zahlen. Auf die Ortsvorwahl folgt eine vier- bis achtstellige Rufnummer. Die Vorwahl ist in Italien fester Bestandteil aller Telefonnummern und muss selbst dann mitgewählt werden, wenn man innerhalb ein und derselben Zone telefoniert. Beispielsweise fängt jede Nummer in Palermo mit ☎091 an, auch wenn man nur den Nachbarn anruft. Bei In- und Auslandsgesprächen muss immer die ganze Nummer einschließlich der Null am Anfang gewählt werden. Handynummern beginnen mit einer dreistelligen Vorwahl wie ☎333, ☎347, ☎390 etc.

Um von Sizilien einen internationalen Anruf zu tätigen, wählt man ☎00, dann die Länder- und Ortsvorwahl und schließlich die Telefonnummer.

Internationale Vorwahl	☎00
Internationale Durchwahl	☎39
Intern. Telefonvermittlung	☎170
Auskunft (lokal & international)	☎1254 od. ☎89 24 12

TOILETTEN

Öffentliche Toiletten sind in Sizilien selten. Ausnahmen sind touristische Sehenswürdigkeiten und archäologische Stätten. Die meisten Leute benutzen die Toiletten in Bars und Cafés – selbst wenn vorher ein Kaffee bestellt werden muss. Vielerorts sind die Toiletten in einem desolaten Zustand, deshalb am besten immer ein paar Taschentücher dabeihaben!

TOURISTEN-INFORMATION

Touristeninformationen findet man in ganz Sizilien. Manche sind hilfreicher als andere, aber die meisten haben Verzeichnisse mit Unterkünften, rudimentäre Stadtpläne und Informationen zu touristischen Sehenswürdigkeiten vor Ort. Die meisten antworten auch auf schriftliche und telefonische Bitten um Information.

Die Öffnungszeiten der Touristeninformationen schwanken, sind aber generell montags bis freitags von 8.30 bis 12.30 oder 13 Uhr und von 15 bis 19 Uhr. Im Sommer haben sie länger und teilweise auch samstags und sonntags geöffnet. Die Informationsstände an großen Bahnhöfen haben ähnliche Öffnungszeiten, sind manchmal aber nur im Sommer besetzt.

Büros in beliebten Reisezielen wie Palermo, Catania, Taormina, Syrakus und auf den Liparischen Inseln sind in der Regel gut ausgestattet und beschäftigen Personal, das mindestens eine Fremdsprache spricht, meistens Englisch, aber oft auch Französisch oder Deutsch.

Offiziell heißen Touristeninformationen in Sizilien *Servizi Turistici Regionali*, der Einfachheit halber werden sie in diesem Reiseführer eben als Touristeninformationen bezeichnet. Eine Gesamtliste und weitere Informationen zu Sizilien bekommt man beim sizilianischen **Fremdenverkehrsamt** (☎091 707 82 01; www.regione.sicilia.it/turismo; Via Notarbartolo 9, Palermo).

VERSICHERUNG

KRANKENVERSICHERUNG

EU-Bürger bekommen mit der EHIC (europäische Krankenversicherungskarte) eine kostenlose oder vergünstigte medizinische Versorgung, die jedoch nicht für den Rücktransport im Notfall gilt. Die Karte bekommt man von der eigenen Krankenkasse.

Man kann eine zusätzliche Krankenversicherung abschließen, die auch die schlimmsten Fälle abdeckt, z. B. Notfallflüge in die Heimat. Vor der Reise sollte man sich erkundigen, ob die Versicherung direkt an die Leistungserbringer medizinischer Dienstleistungen zahlt oder ob man Auslagen für Gesundheitsausgaben im Ausland rückwirkend erstattet bekommt.

REISEVERSICHERUNG

Auf jeden Fall sollte eine Reiseversicherung abgeschlossen werden, die neben Diebstahl und Verlustfällen auch medizinische Behandlungen abdeckt. Manche Policen haften sogar bei Stornierung oder Umbuchung der Reise. Wenn Flugtickets per Kreditkarte bezahlt werden, kann damit eine begrenzte Reiseunfallversicherung verbunden sein und man kann Rückzahlung verlangen, wenn der Fluganbieter sie nicht leistet.

In manchen Versicherungspolicen werden „gefährliche Aktivitäten" wie Tauchen, Motorradfahren und sogar Wandern explizit ausgeschlossen.

ZOLL

EU-Bürger können an Flughäfen nicht mehr *duty free* shoppen. Nach den Binnenmarktgesetzen werden für Waren, die innerhalb der EU gekauft oder exportiert werden, keine zusätzlichen Steuern und Abgaben fällig, vorausgesetzt, die Waren sind für den persönlichen Verbrauch bestimmt.

Traveller aus der Schweiz dürfen 200 Zigaretten, 1 l Spirituosen, 2 l Wein, zwei Fotoapparate und zehn Filme pro Kamera zollfrei einführen. Wenn sie die EU wieder verlassen, können sie bei Einkäufen über 155 €, die in Läden mit dem Hinweis „Tax Free for Tourists" getätigt wurden, die Umsatzsteuern zurückfordern (IVA – Imposta di Valore Aggiunto). Das sind in der Regel um die 12 %. Der Verkäufer stellt einem auf Wunsch ein Formular aus, das bei der Ausreise vom Zoll abgestempelt wird.

VERKEHRSMITTEL & -WEGE

AN- & WEITERREISE

AUTO & MOTORRAD

Die Fahrt nach Sizilien ist eine anstrengende und kostspielige Angelegenheit. Bei der Budgetplanung sind die beachtlichen Mautgebühren und Benzinpreise, die zu den höchsten in ganz Europa gehören, zu berücksichtigen. Die Reisedauer hängt wesentlich davon ab, in welchem Hafen man die Fähre nimmt. Zur Auswahl stehen Genua, Livorno, Civitavecchia, Neapel oder Villa San Giovanni.

Die kürzeste Fährverbindung ist die zwischen Villa San Giovanni an der Spitze des italienischen Stiefels und Messina, aber der Weg nach Villa San Giovanni führt ab Salerno über die berühmt-berüchtigte, mautfreie Autobahn A3.

Von der österreichischen oder der Schweizer Grenze sind es noch jeweils gut 17 Stunden Fahrzeit, allerdings nur, wenn man auf der Autobahn bleibt, immer die Höchstgeschwindigkeit (130 km/h) fährt und in keinen Stau gerät, was in der Urlaubszeit (Juli & Aug.) ein Wunder wäre.

DIE DINGE ÄNDERN SICH

Die Informationen in diesem Kapitel sind besonders anfällig für Veränderungen. Alle relevanten Aspekte bezüglich Tickets und deren Kauf, Reiserouten und Sicherheitsbestimmungen im internationalen Reiseverkehr sollten vor dem Start mit der Fluglinie oder dem Reisebüro durchgesprochen werden. Und Augen auf beim Ticketkauf! Die Angaben in diesem Kapitel verstehen sich als Hinweise und sind kein Ersatz für die eigene, gründliche und aktuelle Recherche.

Auf Sizilien selbst ist ein Auto oder Motorrad von unschlagbarem Vorteil, aber es ist vermutlich angenehmer, vor Ort ein Fahrzeug zu mieten als mit dem eigenen anzureisen.

ANREISE MIT DEM EIGENEN FAHRZEUG

Wer mit dem eigenen Fahrzeug nach Sizilien reist, muss einen gültigen Führerschein besitzen, den Kraftfahrzeugschein und einen Nachweis über die Kfz-Haftpflichtversicherung mitführen. Ist das

Fahrzeug in einem EU-Land zugelassen und versichert, reicht die nationale Versicherungspolice. Theoretisch ist die Internationale Grüne Versicherungskarte für in der EU zugelassene Fahrzeuge nicht mehr vorgeschrieben, doch es empfiehlt sich, sie trotzdem mitzunehmen, denn bei einem Unfall könnte die Polizei sie verlangen. Sie wird zumeist automatisch von der jeweiligen Versicherungsgesellschaft ausgestellt.

Für den Grenzübertritt sollte das Fahrzeug auch über ein Nationalitätskennzeichen verfügen. Die Aufstellung des Warndreiecks im Notfall ist auch in Italien zwingend vorgeschrieben.

FÜHRERSCHEIN & PAPIERE

Wer auf Sizilien Auto oder Motorrad fährt, sollte stets Führerschein, Fahrzeugschein und einen Nachweis über die Kfz-Haftpflichtversicherung bei sich haben. Alle EU-Führerscheine werden auch in Sizilien anerkannt. Wer keinen EU-Führerschein besitzt, muss sich zusätzlich zum nationalen Führerschein noch einen Internationalen Führerschein besorgen, der bei den nationalen Automobilclubs erhältlich und ein Jahr lang gültig ist.

FLUGZEUG

Die Preise für Flugtickets nach Sizilien schwanken enorm: Am niedrigsten sind sie von November bis März, am höchsten von Juni bis September. Und zu Feiertagen wie Weihnachten, Neujahr und Ostern schnellen die Preise in astronomische Höhen. Auch die Flugpläne sind stark abhängig von der Saison. So ist die Zahl der Flugverbindungen im Sommer deutlich höher.

Billigfluglinien wie Germanwings, AirBerlin, easyJet, Vueling und TUIFly bieten Flüge aus verschiedenen europäischen Städten nach Sizilien an.

ONLINE-TICKETS

Cheapflug (www.cheapflug.de)
Ebookers (www.ebookers.de)
Expedia (www.expedia.de)
Kayak (www.de.kayak.com)
Last Minute (www.de.lastminute.com)
Mobissimo (http://de.mobissimo.com)
Opodo (www.opodo.de)
STA Travel (www.statravel.com)

FLUGHÄFEN

Die beiden wichtigsten Flughäfen Siziliens befinden sich in den größten Städten der Insel, Palermo und Catania.

Der nach zwei von der Mafia ermordeten Richtern benannte **Falcone-Borsellino-Flughafen** (PMO; ☎ 091 702 01 11; www.gesap.it) von Palermo liegt bei Punto Raisi, 30 km westlich der Stadt. Von dort bieten Alitalia, blu-express.com, Wind Jet und Meridiana regelmäßige Verbindungen in die meisten Städte auf dem italienischen Festland an. Informationen über die Fahrt zum Flughafen stehen auf S. 61.

Der nur 7 km außerhalb von Catania gelegene **Flughafen Fontanarossa** (CTA; ☎ 095 723 91 11; www.aeroporto.catania.it) wird von bis zu 31 nationalen und internationalen Fluggesellschaften angeflogen, die Verbindungen in 13 italienische Städte und zahlreiche Ziele in ganz Europa anbieten. Infos über die Fahrt zum Flughafen s. S. 198.

SCHIFF/FÄHRE

Wer auf dem Landweg anreist, muss mit der Fähre nach Sizilien übersetzen. Auto- und Passagierfähren überqueren regelmäßig die 3 km breite Straße von Messina, und zwar zwischen Villa San Giovanni und Messina oder Reggio di Calabria und Messina (weitere Infos s.

KLIMAWANDEL & REISEN

Der Klimawandel stellt eine ernste Bedrohung für unsere Ökosysteme dar. Zu diesem Problem tragen Flugreisen immer stärker bei. Lonely Planet sieht im Reisen grundsätzlich einen Gewinn, ist sich aber der Tatsache bewusst, dass jeder seinen Teil dazu beitragen muss, um die globale Erwärmung zu verringern.

FLIEGEN & KLIMAWANDEL

Fast jede Art der motorisierten Fortbewegung erzeugt CO_2 (die Hauptursache für die globale Erwärmung), doch Flugzeuge sind mit Abstand die schlimmsten Klimakiller – nicht nur wegen der großen Entfernungen und der entsprechend großen CO_2-Mengen, sondern auch, weil sie diese Treibhausgase direkt in hohen Schichten der Atmosphäre freisetzen. Die Zahlen sind erschreckend: Zwei Personen, die von Europa in die USA und wieder zurück fliegen, erhöhen den Treibhauseffekt in demselben Maße wie ein durchschnittlicher Haushalt in einem ganzen Jahr.

EMISSIONSAUSGLEICH

Die englische Website www.climatecare.org und die deutsche Internetseite www.atmosfair.de bieten sogenannte CO_2-Rechner. Damit kann jeder ermitteln, wie viel Treibhausgase seine Reise produziert. Das Programm errechnet den zum Ausgleich erforderlichen Betrag, mit dem der Reisende nachhaltige Projekte zur Reduzierung der globalen Erwärmung unterstützen kann, beispielsweise Projekte in Indien, Honduras, Kasachstan und Uganda.

Lonely Planet unterstützt gemeinsam mit Rough Guides und anderen Partnern aus der Reisebranche das CO_2-Ausgleichs-Programm von climatecare.org. Alle Reisen von Mitarbeitern und Autoren von Lonely Planet werden ausgeglichen.

Weitere Informationen gibt's auf www.lonelyplanet.com.

S. 178). Fähren nach Sizilien legen auch in Genua, Livorno, Civitavecchia, Neapel und Cagliari ab.

ÜBER DIE STRASSE VON MESSINA

RFI/Bluvia (www.rfi.it) Die Auto- und Passagierfähren setzen von Villa San Giovanni und Reggio di Calabria nach Messina über.

Caronte & Tourist (☎ 800 62 74 14; www.carontetourist.it) verkehrt nur mit Autofähren zwischen Villa San Giovanni und Messina.

VOM ITALIENISCHEN FESTLAND

Grandi Navi Veloci (☎ 010 209 45 91; www.gnv.it) Von Genua, Civitavecchia und Livorno nach Palermo.

Grimaldi (☎ 081 49 64 44; www.grimaldi-ferries.com) Von Salerno nach Palermo; von Genua und Civitavecchia nach Catania; von Civitavecchia nach Trapani.

SNAV (☎ 091 601 42 11; www.snav.it) Von Civitavecchia und Neapel nach Palermo.

Tirrenia Navigazione (☎ 892 123; www.tirrenia.it) Von Neapel und Cagliari nach Palermo sowie von Cagliari nach Trapani. Während der Recherche steckte Tirrenia in ernsten finanziellen Schwierigkeiten, doch der Fährbetrieb ging normal weiter.

TTT Lines (☎ 800 915 365; www.tttlines.it) Von Neapel nach Catania.

Ustica Lines (☎ 0923 87 38 13; www.usticalines.it) Fährt nur im Sommer von Neapel nach Trapani, Ustica und zu den Ägadischen Inseln.

Da die Schiffe in der Hochsaison immer ausgebucht sind, muss man mehrere Wochen im Voraus reservieren. Die äußerst hilfreiche Fähren-Suchmaschine **Traghetti online** (☎ 892 112; www.traghettionline.net) bietet ausführliche Infos über die einzelnen Verbindungen und die Möglichkeit, Tickets online zu buchen.

In der Hochsaison kostet eine Überfahrt nach Palermo (1 Erw. & 1 Fahrzeug) ab Genua etwa 120 €, ab Civitavecchia 81 € und ab Neapel 35 €. Nach Catania muss man mit 130 € ab Neapel und 154 € ab Civitaveccia rechnen. Über die Strasse von Messina kostet die Überfahrt mit einem Kleinwagen 28 €.

Auch wenn der Reisepass für Fahrten innerhalb Italiens nicht erforderlich ist, sollte man doch immer zumindest den Personalausweis griffbereit haben.

ZUG

Wer die Zeit hat, sollte eine Anreise mit dem Zug in Betracht ziehen. Das ist umweltfreundlicher als mit dem Flugzeug, entspannter als mit dem Auto und man kann die Reise unterbrechen. Die meisten Züge, die durch Italien fahren, machen einen Stopp in Rom und Neapel.

Die Züge der Staatsbahn **Trenitalia** (☎ 89 20 21; www.trenitalia.com) fahren von Mailand, Rom, Neapel und weiteren Städten in Italien direkt nach Sizilien. Bei Zugfahrten aus dem Ausland muss man irgendwo in Italien, meistens in Rom, umsteigen. Ausführliche Infos über Zugreisen nach Sizilien finden sich unter www.seat61.com.

Die kompletten Zugfahrpläne für ganz Europa enthält der *Thomas Cook European Timetable,* der in allen Thomas-Cook-Büros und im Netz unter www.thomascookpublishing.com erhältlich ist.

In internationalen Zügen empfiehlt es sich, einen Sitzplatz zu reservieren, sofern sie nicht ohnehin reservierungspflichtig sind. Es ist auch zu überlegen, sein Fahrzeug in einem der Autozüge mitzunehmen. Für etwa 20 € kann man in den Nachtzügen auch einen Platz im Liegewagen (*cuccetta*) buchen.

UNTERWEGS VOR ORT

Das beste Verkehrsmittel auf Sizilien ist ein eigenes Auto (oder Motorrad), denn es ist schwierig, zeitraubend und oft sogar unmöglich, die Insel mit öffentlichen Verkehrsmittel zu erkunden. Die Verbindungen zwischen den größeren Städten und Ferienorten an der Küste sind zwar gut, in entlegeneren Gebieten aber praktisch nicht vorhanden.

Allerdings sind die öffentlichen Verkehrsmittel sehr preisgünstig und man muss sich nicht mit unverständlichen Einbahnstraßenregelungen, engen mittelalterlichen Sträßchen und einer hoffnungslosen Parkplatzsituation herumärgern. Mit dem Bus zu fahren ist meist besser als mit dem Zug, weil Züge extrem langsam sein können.

Zu den Inseln vor der sizilianischen Küste fahren zahlreiche Tragflächenboote und Fähren. Im Winter, wenn auf vielen Inseln praktisch alles dicht ist, gibt's erheblich weniger Verbindungen.

Nach Pantelleria und zu den Pelagischen Inseln fliegt man am besten, denn die Flüge sind mittlerweile billiger als die Fähren und wesentlich schneller.

AUTO & MOTORRAD

Das einfachste und bequemste Verkehrsmittel auf Sizilien ist eindeutig das Auto. Andererseits ist das Fahren auf der Insel nicht ganz stressfrei, vor allem nicht in den großen Städten, wo Staus, Einbahnstraßen und nicht vorhandene Parkplätze die Nerven der Autofahrer ganz schön beanspruchen. Einmal raus aus der Stadt ist alles gleich viel entspannter und das Fahren macht wieder richtig Spaß.

Der Zustand der Straßen ist sehr unterschiedlich. So sind die Autobahnen recht gut, während die kleineren Landstraßen teilweise ziemlich unweg-

ENTFERNUNGEN (KM)

Die Entfernungen sind ungefähre Angaben.

	Agrigent	Caltanissetta	Catania	Cefalù	Enna	Marsala	Mazara del Vallo	Messina	Milazzo	Palermo	Ragusa	Sciacca	Syrakus	Taormina
Caltanissetta	58													
Catania	165	112												
Cefalù	133	100	180											
Enna	91	33	83	109										
Marsala	132	195	305	181	228									
Mazara del Vallo	91	190	324	211	223	19								
Messina	258	204	95	159	180	337	387							
Milazzo	291	237	128	136	213	317	347	33						
Palermo	126	133	208	73	135	121	126	226	209					
Ragusa	131	126	101	218	130	256	215	201	234	250				
Sciacca	57	115	240	215	148	109	64	340	348	183	181			
Syrakus	218	159	60	231	131	350	309	160	193	260	78	275		
Taormina	214	162	47	206	135	355	321	53	86	255	157	287	115	
Trapani	157	225	312	168	234	31	69	324	301	104	284	127	355	359

sam sind, insbesondere nach starken Regenfällen, wenn sich achsbrecherische Schlaglöcher auftun oder Erdrutsche die Straßen unpassierbar machen.

Die wenigen Autobahnen Siziliens sind in Landkarten und auf Straßenschildern mit einem „A" gekennzeichnet. Die wichtigste Ost-West-Verbindung ist die A19, die von Catania nach Palermo führt. In Catania beginnt auch die A18, die nach Norden entlang der Ionischen Küste verläuft und in Messina in die A20 übergeht. Diese führt an der Nordküste entlang bis nach Palermo. Dort beginnt die A29, die die Hauptstadt mit Trapani an der Westküste verbindet und durchs Landesinnere im Westen der Insel bis nach Mazara del Vallo führt. Sowohl die A18 als auch die A20 sind mautpflichtig.

Die nächstbesten Straßen nach der Autobahn sind die *strade statali* (Staatsstraßen), die auf Karten mit „S" oder „SS" gekennzeichnet sind. Die Provinzstraßen *strade provinciali* sind mancherorts nur bessere Landstraßen, führen aber durch die landschaftlich schönsten Gegenden in all die kleinen Städte und Dörfer. In den Straßenkarten sind sie mit einem „P" oder „SP" gekennzeichnet.

AUTOMOBILCLUBS

Der ADAC-Partnerclub **Automobile Club Italiano** (www.aci.it, italienisch) oder einfach ACI bietet Pannenhilfe rund um die Uhr (☎ 803 116 oder ☎ 800 116 800 bei einem Anruf von einem nicht-italienischen Handy). Der Service steht auch Nichtmitgliedern zur Verfügung, kostet dann aber mindestens 100 € pro Einsatz.

BENZIN & ERSATZTEILE

Tankstellen befinden sich an allen Autobahnen und Staatsstraßen sowie in den größeren Städten. Große Tankstellen sind meistens rund um die Uhr geöffnet, die kleineren nur montags bis samstags von 7 bis 19 Uhr. Sie schließen auch über die Mittagszeit. Viele Tankstellen haben

Automaten zur Selbstbedienung. Um dem Automaten Benzin zu entlocken, steckt man zuerst einen Geldschein (akzeptiert werden 5-, 10-, 20- und 50-Euro-Scheine) hinein und drückt dann die Nummer der Zapfsäule mit dem gewünschten Kraftstoff.

Zur Zeit der Recherche kostete 1 l bleifreies Benzin *(benzina senza piombo)* 1,40 €, 1 l Diesel *(gasolio)* 1,22 €.

Muss das Auto repariert werden, kann man sich bei der nächsten Tankstelle nach einer Werkstatt erkundigen. Die Tankstellen selbst verfügen nur selten über eine Werkstatt.

MAUTPFLICHTIGE STRASSEN

Die einzigen mautpflichtigen Autobahnen auf Sizilien sind die A20 zwischen Messina und Palermo und die A18 zwischen Messina und Catania. Für die Strecke von Messina nach Palermo werden 10,40 € verlangt, von Messina nach Catania 3,30 €. Die Bezahlung der Maut ist einfach: Beim Auffahren auf die Autobahn zieht man am Automaten der Mautstelle ein Ticket, das man beim Verlassen der Autobahn an einem Kassenhäuschen bezahlt. Dabei muss man darauf achten, dass man sich in die richtige Fahrspur einordnet. Die Ausfahrts- und Bezahlspur ist mit einem weißen Schild markiert, auf dem eine schwarze Hand mit Geldscheinen zu sehen ist. Da Kreditkarten nicht immer akzeptiert werden, sollte man Bargeld dabeihaben.

MIETWAGEN

Alle großen Autovermietungen sind an den Flughäfen von Palermo und Catania sowie in den größeren Städten vertreten. Die Agenturen in den Küsten-Ferienorten vermieten auch Roller und Motorräder.

Avis (☎ 06 452 10 83 91; www.avisautonoleggio.it)
Europcar (☎ 199 30 70 30; www.europcar.it)
Hertz (☎ 02 694 30 019; www.hertz.it)
Maggiore (☎ 199 15 11 20; www.maggiore.it)
Sicily by Car (☎ 800 33 44 40; www.sicilybycar.it)
Sixt (☎ 06 65 21 11; www.sixt.it)

Ein Kleinwagen, etwa ein Fiat Panda, kostet rund 60/295 € pro Tag/Woche, ein Roller 25 bis 30 € pro Tag. Wenn möglich, sollte man das Auto im Voraus buchen, denn das ist wesentlich günstiger. Ebenso sind die Leihgebühren der Flughafenbüros höher als die der Agenturen in den Stadtzentren.

Wer ein Auto mieten möchte, muss mindestens 21 – bei manchen Unternehmen sogar 23 – Jahre alt sein und eine Kreditkarte besitzen. Das Mindestalter

VERKEHRSSCHILDER

Die in Sizilien verwendeten Verkehrsschilder sprechen meist für sich. Man muss nur wissen, dass *uscita* Ausfahrt bedeutet, und dass auf das Stadtzentrum mit dem Wort *centro* und einer kreisförmigen Zielscheibe hingewiesen wird. Die Schilder auf den Autobahnen sind grün, die auf Hauptverkehrsstraßen blau. Auf Sehenswürdigkeiten wie archäologische Fundstätten, die oft als *scavi* (Ruinen) bezeichnet werden, wird mit braunen oder gelben Schildern hingewiesen.

Ein weit verbreitetes Problem sind fehlende Verkehrsschilder. Während die großen Städte gut ausgeschildert sind, sieht es abseits der Hauptverkehrsstraßen ganz anders aus. Eine typische Situation: Man ist auf dem Weg in das kleine Städtchen X, entdeckt ein Schild, das zum Linksabbiegen auffordert, tut dies und stellt irgendwann fest, dass dies der ultimativ letzte Hinweis auf das Städtchen X war. In solchen Situationen hilft nur die Methode Versuch und Irrtum oder ein Navigationsgerät.

TEMPOLIMITS

Die Höchstgeschwindigkeit beträgt auf Autobahnen 130 km/h, auf Schnell- und Fernstraßen 110 km/h und auf Straßen in geschlossenen Ortschaften 50 km/h.

für das Mieten eines Rollers ist 18 Jahre. In jedem Fall ist es wichtig, genau zu wissen, was im Mietpreis enthalten ist (unbegrenzte Kilometerzahl, Steuern, Versicherung, Befreiung von der Selbstbeteiligung bei der Haftpflichtversicherung) und welche Haftungsbedingungen gelten. Es empfiehlt sich auch, eine Vollkaskoversicherung abzuschließen, die sämtliche Beulen oder Kratzer abdeckt, die schnell passiert sind. Seriöse Autovermietungen mit gutem Ruf teilen ihren Kunden im Allgemeinen auch eine Notrufnummer mit, bei der sie im Fall einer Panne anrufen können.

PARKEN

Parken ist in Siziliens Städten ein Problem. Blaue Linien am Straßenrand markieren gebührenpflichtige Parkplätze. Hier muss man einen Parkschein am Automaten ziehen oder im Tabakladen kaufen. Die Parkgebühren reichen von 0,50 bis zu 1 € pro Stunde. Die Gebührenpflicht gilt im Allgemeinen aber nur von 8.30 bis 13.30 und dann wieder von 15 bis 20 Uhr. Ansonsten ist das Parken kostenlos. In den großen Städten und Hafenorten gibt es auch Parkhäuser, die ab 6 € pro Stunde verlangen. Am frühen Nachmittag, in der Zeit zwischen 14 und 16 Uhr, ist es generell am einfachsten, einen Parkplatz an der Straße zu finden.

Falschparken kostet. Davor ist man auch mit einem Mietwagen nicht sicher, denn die Autovermietung bezahlt die anfallenden Geldbußen mit der Kreditkarte des Kunden.

VERKEHRSREGELN

Auch wenn es nicht so aussieht, gelten in Sizilien dennoch Verkehrsregeln.

- Rechts fahren und links überholen.
- Den Sicherheitsgurt auf den Vorder- und Rücksitzen anlegen.
- Für das Fahren von motorisierten Zweirädern besteht Helmpflicht.
- Im Notfall ein Warndreieck aufstellen und eine fluoreszierende Warnweste tragen.
- Die Blutalkoholgrenze liegt bei 0,05 %.
- Für Fahranfänger gilt die Null-Promille-Grenze, bis der Führerschein drei Jahre alt ist.
- Während des Fahrens ist das Telefonieren ohne Freisprecheinrichtung verboten.
- Beim Fahren außerhalb geschlossener Ortschaften muss das Licht eingeschaltet werden.

BUS

Mit dem Bus lässt sich Sizilien im Allgemeinen am besten erkunden. Die Busse sind schneller und bequemer als die Züge. Sie sind zwar auch etwas teurer, haben aber den Vorteil, dass sie bis ins Zentrum der Städte fahren, während viele Bahnhöfe 1 km oder noch weiter außerhalb der jeweiligen Stadt liegen. Mit dem Bus kommt man so ziemlich in jeden Ort der Insel, selbst in ländlichen Gebieten. Da sich die Fahrzeiten zumeist an den Unterrichtszeiten der Schulen und Öffnungszeiten der Märkte orientieren, kann es passieren, dass man entweder unglaublich früh aufstehen muss oder um 14 Uhr irgendwo festsitzt. Ebenso dürftig sind die Verbindungen an Sonntagen.

In den größeren Städten unterhalten die wichtigsten regionalen Busunternehmen eigene Kartenverkaufsstellen oder arbeiten mit Reisebüros zusammen. In den kleineren Städten und Dörfern werden die Fahrkarten zumeist in Bars oder im Bus selbst verkauft.

Die vier wichtigsten Busgesellschaften Siziliens – **AST** (☎ 840 000 323; www.aziendasicilianatrasporti.it), **Interbus** (☎ 0935 224 60; www.interbus.it), **SAIS Autolinee** (☎ 800 21 10 20; www.saisautolinee.it) und **SAIS Trasporti** (www.saistrasporti.it) – fahren die meisten Orte auf der Insel und einige Städte auf dem italienischen Festland an. Im Allgemeinen ist es nicht notwendig, einen Sitzplatz zu reservieren, wohl aber für Nacht- oder Überlandfahrten in der Hochsaison.

FAHRRAD

Radfahren hat auf Sizilien zwar keine große Tradition, aber abseits der größeren Städte kann man die Gegend am besten mit dem Rad erkunden. Besonders schön ist das Radeln im Frühjahr (von März bis Mai), wenn es noch nicht so heiß ist und die Wildblumen in voller Blüte stehen. Mit dem Rad kann man auch ausgezeichnet die kleineren Inseln vor der Küste abfahren. Allerdings ist Sizilien vielerorts recht hügelig, sodass man schon eine gute Kondition braucht, um die Landschaft genießen zu können.

Besondere Vorschriften für Radfahrer gibt's nicht. Es empfiehlt sich aber, einen Helm zu tragen und ein funktionierendes Licht am Fahrrad zu haben. Wer im Sommer radelt, sollte immer genügend Trinkwasser und Sonnenschutzmittel dabeihaben, um in der brütenden Hitze nicht schlapp zu machen.

Fahrräder werden nicht gerade an jeder Ecke verliehen, auf jeden Fall aber in den Ferienorten an der Küste und auf den kleineren Inseln. Auch einige kleine *pensioni* und *agriturismi* stellen ihren Gästen Fahrräder zur Verfügung. Die Leihgebühr beträgt etwa 15 € pro Tag.

SCHIFF/FÄHRE

Zu den Inseln vor der Küste Siziliens setzen *traghetti* (Fähren) und *aliscafi* (Tragflächenbooten) über. In Milazzo legen die Fähren und Boote zu den Liparischen Inseln ab, in Trapani zu den Ägadischen Inseln und in Porto Empedocle in der Nähe von Agrigento zu den Pelagischen Inseln. Nach Ustica kommt man von Palermo und Trapani aus.

Die Schiffe fahren das ganze Jahr über, im Winter jedoch wesentlich seltener. Bei schlechtem Wetter fallen sie ganz aus. Weitere Infos finden sich jeweils im Abschnitt „Verkehrsmittel & -wege" der entsprechenden Reiseziele.

Bei Nachtfahrten (zu den Pelagischen Inseln oder nach Pantelleria) hat man die Wahl zwischen einer Kabine oder einer *poltrona*, einem Sessel wie im Flugzeug. Schlafplätze auf dem Deck gibt's nur im Sommer und nur auf wenigen Fähren. Beim Buchen muss man extra danach fragen. Alle Fähren transportieren auch Fahrzeuge.

Die folgenden Gesellschaften fahren zu den Inseln vor der sizilianischen Küste:

Navigazione Generale Italiana (NGI; ☎ 800 250 000; www.ngi-spa.it) Das Unternehmen setzt nur Fähren zwischen Milazzo und den Liparischen Inseln ein.

Siremar (☎ 892 123; www.siremar.it, italienisch) Fähren und Tragflächenboote verkehren zwischen Milazzo und den Liparischen Inseln sowie von Trapani zu den Ägadischen Inseln und nach Pantelleria, von Porto Empedocle zu den Pelagischen Inseln und von Palermo nach Ustica.

Ustica Lines (☎ 0923 87 38 13; www.usticalines.it) Fährt mit Tragflächenbooten von Trapani nach Ustica, Pantelleria und zu den Ägadischen Inseln sowie von Milazzo und Messina zu den Liparischen Inseln, von Porto Empedocle zu den Pelagischen Inseln und von Mazara del Vallo nach Pantelleria.

TAXI

Die offiziellen Taxis sind weiß, mit einem Taxameter ausgestattet und teuer. Wer ein Taxi braucht, findet normalerweise eines an den Taxiständen an Bahnhöfen oder Busstationen. Oder man bestellt es telefonisch. In diesem Fall bezahlt man aber auch die Anfahrt des Taxis.

Die Preise sind von Stadt zu Stadt unterschiedlich. In der Regel wird eine Mindestpauschale von 5 € verlangt. Und es gibt eine verwirrende Vielfalt von Gebühren wie Zuschläge für Nacht- und Sonntagsfahrten, einen Aufpreis für Fahrten vom und zum Flughafen, fürs Gepäck und vieles mehr. Eine Fahrt innerhalb der Stadt kostet meist 10 bis 15 €.

ZUG

Mit dem Zug erreicht man ganz gut die großen Städte Siziliens, auch wenn es nicht viele Verbindungen gibt und sie auch noch langsam sind. Dafür sind sie allgemein zuverlässig und Zugfahren ist recht günstig. Mit Ausnahme der Züge des Privatunternehmens **Ferrovia Circumetnea** (☎ 095 54 12 50; www.circumetnea.it), das rund um den Ätna herumzuckelt, liegt der gesamte Zugverkehr in den Händen der italienischen Staatsbahn **Trenitalia** (☎ 89 20 21; www.trenitalia.com).

Es gibt folgende Arten von Zügen: Der Intercity (IC) und Intercity Night (ICN) sind die schnellsten Züge, die nur in größeren Bahnhöfen halten, während die *espresso*-Züge auch an kleineren Bahnhöfen Station machen. Die langsamsten Züge sind die *regionale*, die an jeder Milchkanne anhalten.

Die Fahrkarten sind *vor* dem Einsteigen in den Zug zu entwerten. Dafür steckt man sie einfach in die gelben Kästen, die am Eingang zu den Bahnsteigen stehen. Andernfalls riskiert man eine Geldstrafe, es sei denn, man hat die Fahrkarte außerhalb von Italien erworben.

GEPÄCKAUFBEWAHRUNG

Die meisten größeren Bahnhöfe bieten eine Gepäckaufbewahrung oder Schließfächer. Die Gepäckaufbewahrung ist normalerweise rund um die Uhr geöffnet oder schließt nur für ein paar Stunden nach Mitternacht. Die Kosten belaufen sich in der Regel auf etwa 4 € pro Tag und Gepäckstück, nur in Palermo kostet es 13,40 € pro Tag.

KLASSEN & PREISE

Die Unterteilung in 1. und 2. Klasse gibt es nur in den Intercity-Zügen, nicht aber in den langsameren *espresso*- und *regionale*-Zügen. Für die Fahrt mit dem Intercity wird ein Zuschlag fällig, der sich nach der Fahrstrecke richtet, aber bereits im Ticketpreis enthalten ist. Wer mit einer Fahrkarte für den *regionale* im Intercity landet, muss die Differenz im Zug bezahlen.

Hier einige Fahrpreise (für die einfache Strecke; hin & zurück kostet im Allgemeinen das Doppelte):

Von	Nach	Preis
Catania	Agrigent	10,05 €
Catania	Syrakus	6,05 €
Catania	Messina	6,70 €
Palermo	Agrigent	7,90 €
Palermo	Catania	14,95 €
Palermo	Messina	11,45 €

RESERVIERUNGEN

Solange man auf Sizilien bleibt, ist es nicht nötig, Tickets im Voraus zu reservieren, wohl aber für Reisen aufs italienische Festland am Wochenende und in Ferienzeiten. Generell wird eine Buchungsgebühr von 3 € fällig. Die Tickets sind am Fahrkartenschalter im Bahnhof oder bei fast allen Reisebüros erhältlich.

SPRACHE

Italienisch ist eine romanische Sprache, die mit dem Französischen, Spanischen, Portugiesischen und Rumänischen verwandt ist. Alle diese Sprachen stammen unmittelbar vom Lateinischen ab. Die romanischen Sprachen gehören zur indogermanischen Sprachfamilie, zu der auch das Englische und das Deutsche zählen. Da also Englisch, Deutsch und Italienisch die gleichen Wurzeln haben, wird einem vielleicht das eine oder andere italienische Wort bekannt vorkommen.

Auch in den beliebten Touristenhochburgen wird meistens nur Italienisch gesprochen. Die Angestellten in Hotels, Restaurants und Touristeninformationen sprechen zwar üblicherweise auch ein bisschen Englisch, aber es lohnt sich allemal, ein paar grundlegende italienische Ausdrücke zu lernen – man kommt so auf jeden Fall besser mit den Einheimischen ins Gespräch.

Obwohl Italienisch die Amtssprache Siziliens ist und auch fast überall auf der Insel gesprochen wird, unterhalten sich doch die meisten Sizilianer untereinander auf Sizilianisch. Der italienische Dialekt ist so anders, dass manche ihn sogar als eigene Sprache ansehen.

Die Sizilianer fallen bereitwillig ins normale Italienisch zurück, wenn sie mit jemandem vom Festland oder aus dem Ausland reden – gelegentlich wird aber ein sizilianisches Wort eingeworfen.

Sizilien hat eine sonderbare Beziehung zur italienischen Sprache. Es ist zwar allgemein anerkannt, dass sich das heutige Italienisch aus dem toskanischen Dialekt entwickelt hat, aber die Sizilianer beteuern zu Recht, dass die erste Literatur im Volksmund (Italienisch im Gegensatz zu Latein oder Griechisch) in Sizilien entstanden ist, nämlich am Hofe von Friedrich I. im 13. Jh.

Das moderne Italienisch ist so etwas wie ein Mischmasch aus allem. Was im Radio und Fernsehen, in intellektuellen Diskursen und natürlich auch in der Umgangssprache vieler Menschen zu hören ist, ist das Ergebnis einer jahrhundertelangen Mixtur aus Dialekten, die in der Nachkriegszeit von den modernen Medien in hohem Maße forciert wurden.

Wer besser Italienisch lernen möchte, als es dieses Buch hergibt, der sollte sich den umfassenden und benutzerfreundlichen *Sprachführer Italienisch* von Lonely Planet besorgen.

GRAMMATIK

Das Italienische verfügt über die Höflichkeitsform „Sie". Viele Sizilianer, vor allem ältere Leute, möchten in der dritten Person angesprochen werden. Das heißt dann *Lei* anstatt *tu*. Es wird auch nicht als höflich angesehen, Fremde mit dem formlosen *ciao* zu begrüßen, außer sie benutzen es zuerst. Besser klingt *buongiorno* (oder *buona sera*, je nach Tageszeit) und *arrivederci* (oder die höflichere Form *arrivederla*). Bei den meisten Ausdrücken in diesem Reiseführer wird auf die Höflichkeitsform zurückgegriffen. Der Gebrauch der informellen Anrede ist mit „fam." in Klammern angezeigt.

Im Italienischen gibt es männliche und weibliche Substantive und die dazugehörige Form der Adjektive (die meisten enden auf „-o" bzw. „-a"). Wörter mit beiden Endungen werden mit „m" und „w" angegeben.

AUSSPRACHE

Die italienische Aussprache ist nicht besonders schwer zu erlernen, wenn man sich an ein paar einfache Regeln hält. Einige Vokale und die Betonung von Doppelbuchstaben erfordern vielleicht ein wenig Übung, aber es ist recht einfach, sich verständlich zu machen.

Die Sizilianer sprechen die Vokale offener aus, als die Italiener auf dem Festland, und sie tendieren dazu, die Konsonanten zu betonen. Ein Wort wie *buongiorno* (Guten Tag) klingt dann in etwa wie „buon-dscho-rrno". Dem französischen Einfluss ist es zu verdanken, dass in bestimmten Teilen Siziliens, vor allem im Westen, das „r" nicht so gerollt wird wie im Standarditalienisch.

VOKALE

a lang wie in „Karo", z. B. *caro* (lieb); kurz wie in „Anna", z. B. *amico/a* (Freund/Freundin)
e kurz wie in „Bett", z. B. *mettere* (setzen, stellen, legen); lang wie in „der", z. B. *mela* (Apfel)
i kurz wie in „Biss", z. B. *inizio* (Anfang); lang wie in „Marine", z. B. *vino* (Wein)
o kurz wie in „Lotto", z. B. *donna* (Frau); lang wie in „Ofen", z. B. *ora* (Uhr)
u wie in „Ruhe", z. B. *puro* (pur)

KONSONANTEN

Die meisten italienischen Konsonanten werden ähnlich wie im Deutschen ausgesprochen. Es gibt aber einige Ausnahmen, für die besondere Regeln gelten:

c vor **a**, **o** und **u** wie „k" in „Kuchen"; vor **e** und **i** wie „tsch" in „chatten"
ch wie „k" in „Kuchen"
g vor **a**, **o**, **u** und **h** wie „g" in „gut"; vor **e** und **i** wie „dsch" in „Jet"
gli wie „lji" in „Million"
gn wie der Laut „nj" in „Kognak"
h ist immer stumm
sc vor **a**, **o**, **u** und **h** wie „sk" in „Skelett"; vor **e** und **i** wie „sch" in „Schaf"
z wie „z" in „Zimmer; am Wortanfang aber wie „ds" in „Kids"

Wenn **ci**, **gi** und **sci** vor **a**, **o** oder **u** stehen, wird das „i" nicht gesprochen, außer es ist betont. Der Name „Giovanni“ wird also „dscho-vanni“ und nicht „dschio-vanni“ ausgesprochen.

Doppelkonsonanten werden länger und nachdrücklicher ausgesprochen als einfache Konsonanten. Das kann die Bedeutung eines Wortes direkt verändern, z. B. *sono* (ich bin), *sonno* (der Schlaf).

BETONUNG

Die betonten Silben sind in diesem Sprachführer kursiv gedruckt. Normalerweise liegt die Betonung auf der vorletzten Silbe eines Wortes (z. B. spa-*ge*-ti), aber wenn das Wort einen Akzent hat, wird diese Silbe betont, z. B. in città (dschi-*ta*), was „Stadt“ heißt.

ESSEN GEHEN

Ich hätte gerne …, bitte.
Vorrei …, per favore. — Vo *rei* … per fa *vo* re

Das war köstlich!
Era squisito! — *e*·ra skui·*si*·to

Ich esse keinen (Fisch).
Non mangio (pesce). — non *man*·dscho (*pe*·sche)

Bringen Sie bitte die Rechnung.
Mi porta il conto, per favore? — mi *por*·ta il *kon*·to per fa·*vo*·re

Ich bin allergisch gegen …
Sono allergico/a … (m/f) — *so*·no a *ler*·dschi·ko/a …

Milchprodukte	*ai latticini*	ai la·tti·*tschi*·ni
Eier	*alle uova*	*a*·le *uo*·va
Nüsse	*alle noci*	*a*·le *no*·tschi
Meeresfrüchte	*ai frutti di mare*	ai *fru*·tti di *ma*·re

FRAGEWÖRTER

Wer?	*Chi?*	ki
Was?	*Che?*	ke
Wann?	*Quando?*	*kwan*·do
Wo?	*Dove?*	*do*·we
Wie?	*Come?*	*ko*·me

GESUNDHEIT

Mir ist nicht gut.
Mi sento male. — mi *sen*·to *ma*·le

Mir tut es hier weh.
Mi fa male qui. — mi fa *ma*·le kwi

Aspirin	*aspirina*	as·pi·*ri*·na
Desinfektionsmittel	*antisettico*	an·ti·*se*·tti·ko
Durchfall	*diarrea*	di·a·*re*·a
Kondome	*preservativi*	pre·ser·va·*ti*·vi
Medizin	*medicina*	me·di·*tschi*·na
Sonnencreme	*crema solare*	*kre*·ma so·*la*·re
Tampons	*tamponi*	tam·*po*·ni
Verhütungsmittel	*contraccetivo*	con·tra·tsche·*ti*·vo

KONVERSATION & NÜTZLICHES

Guten Tag.	*Buon giorno.*	buon *dschor*·no
	Ciao. (fam.)	tschao
Auf Wiedersehen.	*Arrivederci.*	a·ri·ve·*der*·tschi
	Ciao. (fam.)	tschao
Ja/Nein.	*Sì/No.*	si/no
Bitte.	*Per favore/*	per fa·*vo*·re
	Per piacere.	per pja·*tsche*·re
Danke.	*Grazie.*	*gra*·zie
Gern geschehen.	*Prego.*	*pre*·go
Entschuldigung.	*Mi scusi.*	mi *sku*·si
Es tut mir leid.	*Mi scusi/ Mi perdoni.*	mi *sku*·si/ mi per·*do*·ni

Wie heißen Sie?
Come si chiama? — *ko*·me si *kja*·ma

Ich heiße …
Mi chiamo … — mi *kja*·mo …

Woher kommen Sie?
Da dove viene? — da *do*·we *vie*·ne

Ich komme aus …
Vengo da … — *ven*·go da …

Ich mag… (nicht) …
(Non) Mi piace … — (non) mi *pia*·tsche …

Einen Augenblick.
Un momento. — un mo·*men*·to

SPRACHE

REISEN MIT KINDERN

Gibt es …?	*C'è …?*	tschä …
Ich brauche ein/e/en …	*Ho bisogno di …*	o bi·*so*·njo di …
Wickelraum	*un bagno con fasciatoio*	un *ba*·njo kon fa·scha·*to*·io
Kindersitz	*un seggiolino per bambini*	un se·dscho·*li*·no per bam·*bi*·ni
Babysitter-dienst	*un servizio di babysitter*	un ser·*vi*·tsio di be·bi·*si*·tter
Kinderkarte	*un menù per bambini*	un me·*nu* per bam·*bi*·ni
Milchpulver	*latte in polvere*	*la*·tte in *pol*·ve·re
Kinder-hochstuhl	*un seggiolone*	un se·dscho·*lo*·ne
Windeln	*pannolini*	pa·nno·*li*·ni
Töpfchen	*un vasino*	un va·*si*·no
Kinderwagen	*un passeggino*	un pa·sse·*dschi*·no

SHOPPEN & SERVICE

Ich möchte … kaufen.	
Vorrei comprare …	vo·*rei* kom·*pra*·re …
Was kostet das?	
Quanto costa?	*kwan*·to *ko*·sta
Das gefällt mir nicht.	
Non mi piace.	non mi *pia*·tsche
Das ist zu teuer.	
È troppo caro/a.	e *tro*·ppo *ka*·ro/a
Das nehme ich.	
Lo/La compro.	lo/la *kom*·pro
Ich möchte (Geld) wechseln.	
Voglio cambiare (del denaro).	*vo*·lio kam·*bja*·re (del de·*na*·ro)

Ich suche …	*Cerco …*	*tscher*·ko …
eine Bank	*un banco*	un *ban*·ko
die Kirche	*la chiesa*	la *kie*·sa
das Stadt-zentrum	*il centro*	il *tschen*·tro
den Markt	*il mercato*	il mer·*ka*·to
das Museum	*il museo*	il mu·*se*·o
die Post	*l'ufficio postale*	lu *fi*·tscho po·*sta*·le
eine Toilette	*un gabinetto*	un ga·bi·*ne*·tto
die Touristen-information	*l'ufficio di turismo*	lu·*fi*·tscho di tu·*ris*·mo

UHRZEIT & DATUM

Wie spät ist es?	
Che ore sono?	ke *o*·re *so*·no
Es ist (acht Uhr).	
Sono (le otto).	*so*·no (le *o*·tto)

Morgens	*di mattina*	di ma·*tti*·na
Nachmittags	*di pomeriggio*	di po·me·*ri*·dscho
Abends	*di sera*	di *se*·ra
Heute	*oggi*	*o*·dschi
Morgen	*domani*	do·*ma*·ni
Gestern	*ieri*	*je*·ri

Montag	*lunedì*	lu·ne·*di*
Dienstag	*martedì*	mar·te·*di*
Mittwoch	*mercoledì*	mer·ko·le·*di*
Donnerstag	*giovedì*	dscho·we·*di*
Freitag	*venerdì*	we·ner·*di*
Samstag	*sabato*	*sa*·ba·to
Sonntag	*domenica*	do·*me*·ni·ka
Januar	*gennaio*	dsche·*na*·jo
Februar	*febbraio*	fe·*bra*·io
März	*marzo*	*mar*·tso
April	*aprile*	a·*pri*·le
Mai	*maggio*	*ma*·dschjo
Juni	*giugno*	*dschu*·njo
Juli	*luglio*	*lu*·ljo
August	*agosto*	a·*gos*·to
September	*settembre*	se·*ttem*·bre
Oktober	*ottobre*	o·*tto*·bre
November	*novembre*	no·*wem*·bre
Dezember	*dicembre*	di·*tschem*·bre

UNTERKUNFT

Ich suche …	*Cerco …*	*tscher*·ko …
eine Pension	*una pensione*	*u*·na pen·*sio*·ne
ein Hotel	*un albergo*	un al·*ber*·go
eine Jugend-herberge	*un ostello per la gioventù*	un os·*te*·llo per la dscho·ven·*tu*

Wie lautet die Adresse?	
Qual'è l'indirizzo?	kwa·*le* lin·di·*ri*·tso

Haben Sie Zimmer frei?
Avete camere libere? a·*ve*·te *ka*·me·re *li*·be·re
Kann ich es sehen?
Posso vederla? *po*·sso ve·*der*·la
Wo ist das Badezimmer?
Dov'è il bagno? do·*ve* il *ba*·njo

Ich möchte …	*Vorrei …*	vo·*rei* …
ein Bett	*un letto*	un *le*·tto
ein Einzelzimmer	*una camera singola*	*u*·na *ka*·me·ra *sin*·go·la
ein Doppelzimmer	*una camera matrimoniale*	*u*·na *ka*·me·ra ma·tri·mo·*nja*·le
ein Zimmer mit 2 Betten	*una camera doppia*	*u*·na *ka*·me·ra *do*·ppia
ein Zimmer mit Bad	*una camera con bagno*	*u*·na *ka*·me·ra kon *ba*·njo
ein Bett im Schlafsaal	*un letto in dormitorio*	un *le*·tto in dor·mi·*to*·rio

Wieviel kostet es …?
Quanto costa …? *kwan*·to *ko*·sta

pro Nacht	*per la notte*	per la *no*·tte
pro Person	*per persona*	per per·*so*·na

VERKEHRSMITTEL & -WEGE

ÖFFENTLICHE VERKEHRSMITTEL

Um wieviel Uhr fährt … ab/kommt … an?
A che ora parte/arriva …? a ke *o*·ra *par*·te/a·*rri*·va …

das Schiff	*la nave*	la *na*·ve
der Bus	*l'autobus*	*lau*·to·bus
der Überlandbus	*il pullman*	il *pul*·man
das Flugzeug	*l'aereo*	la·*e*·re·o
der Zug	*il treno*	il *tre*·no

Ich möchte nach …
Voglio andare a … *vo*·ljo an·*da*·re a …
Der Zug fällt aus/hat Verspätung.
Il treno è soppresso/in ritardo il *tre*·no e so·*pre*·sso/in ri·*tar*·do

NOTFÄLLE

Hilfe!	*Aiuto!*	a·*ju*·to

Es gab einen Unfall!
C'è stato un! incidente tschä *sta*·to un in·tschi·*den*·te
Ich habe mich verlaufen.
Mi sono perso/a. mi *so*·no *per*·so/a
Lassen Sie mich in Ruhe!
Lasciami in pace! *la*·scha·mi in *pa*·tsche
Vai via! (fam.) vai *vi*·a

Rufen Sie …!	*Chiami …!*	ki·*ja*·mi …
einen Arzt	*un medico*	un *me*·di·ko
die Polizei	*la polizia*	la po·li·*tsi*·a

Ich möchte eine Fahrkarte
Vorrei un biglietto … vo·*rei* un bi·*lje*·to …

nur Hinfahrt	*di solo andata*	di *so*·lo an·*da*·ta
hin & zurück	*di andata e ritorno*	di an·*da*·ta e ri·*tur*·no
1. Klasse	*di prima classe*	di *pri*·ma *kla*·sse
2. Klasse	*di seconda classe*	di se·*kon*·da *kla*·sse

der erste	*il primo*	il *pri*·mo
der letzte	*l'ultimo*	*lul*·ti·mo
Gleis (zwei)	*binario (due)*	bi·*na*·rio (*du*·e)
Fahrkartenschalter	*biglietteria*	bi·lje·tte·*ri*·a
Fahrplan	*orario*	o·*ra*·rio
Bahnhof	*stazione*	sta·*tsio*·ne

PRIVATE VERKEHRSMITTEL

Bitte voll tanken.
Il pieno, per favore. il *pje*·no per fa·*wo*·re
(30) Liter bitte.
Vorrei (trenta) litri. vo·rei (*tren*·ta) *li*·tri
Ist das die Straße nach …?
Questa strada porta a …? *kwe*·sta *stra*·da *por*·ta a …
(Wie lange) Kann ich hier parken?
(Per quanto tempo) Posso parcheggiare qui? (per *kwan*·to *tem*·po) po·sso par·ke·*dscha*·re kwi

SPRACHE

Ich brauche einen Mechaniker.

Ho bisogno di un meccanico.	o bi·*so*·njo di un me·*ka*·ni·ko

Das Auto/Motorrad hat eine Panne (in…).

La macchina/moto si è guastata (a …).	la *ma*·ki·na/*mo*·to si e guas·*ta*·ta (a …)

Ich habe einen Platten.

Ho una gomma bucata.	o *u*·na *go*·ma bu·*ka*·ta

Ich habe kein Benzin mehr.

Ho esaurito la benzina.	o e·sau·*ri*·to la ben·*tzi*·na

Ich möchte … mieten

	Vorrei noleggiare …	vo·*rei* no·le·*dscha*·re …
ein Auto	*una macchina*	*u*·na *ma*·ki·na
einen Geländewagen	*un fuoristrada*	un fuo·ri·*stra*·da
ein Motorrad	*una moto*	*u*·na *mo*·to
ein Fahrrad	*una bici*	*u*·na *bi*·tschi

VERSTÄNDIGUNG

Sprechen Sie Deutsch?

Parla tedesco?	*par*·la te·*des*·ko

Spricht hier jemand Deutsch?

C'è qualcuno che parla tedesco?	tsche kwal·*ku*·no ke *par*·la te·*des*·ko

Was heißt … auf Italienisch?

Come si dice … in italiano?	*ko*·me si *di*·tsche … in i·ta·*lja*·no

Was heißt …?

Che vuol dire …?	ke wuol *di*·re …

Ich verstehe (nicht).

(Non) Capisco.	(non) ka·*pi*·sko

Schreiben Sie es bitte auf.

Può scriverlo, per favore?	puo *skri*·ver·lo per fa·*wo*·re

Können Sie es mir (auf der Karte) zeigen?

Può mostrarmelo (sulla pianta)?	puo mos·*trar*·me·lo (su·lla *pjan*·ta)

WEGWEISER

Wo ist …?	*Dov'è …?*	do·*vä* …

Immer geradeaus.

Si va sempre diritto.	si va *sem*·pre di·*ri*·tto

SCHILDER

Ingresso/Entrata	Eingang
Uscita	Ausgang
Informazione	Information
Aperto	Geöffnet
Chiuso	Geschlossen
Proibito/Vietato	Verboten
Camere Libere	Zimmer frei
Completo	Besetzt
Polizia/Carabinieri	Polizei
Questura	Polizeirevier
Gabinetti/Bagni	Toiletten
Uomini	Herren
Donne	Damen

Links/rechts abbiegen.

Giri a sinistra/destra.	*dschi*·ri a si·*ni*·stra/*de*·stra

an der Ecke	*al angolo*	al *an*·go·lo
an der Ampel	*al semaforo*	al se·*ma*·fo·ro
hinter	*dietro*	*dje*·tro
vor	*davanti*	da·*wan*·ti
weit weg (von)	*lontano (da)*	lon·*ta*·no (da)
nahe bei	*vicino (di)*	vi·tschino (di)
gegenüber	*di fronte a*	di *fron*·te a

Altstadt	*il centro storico*	il *tschen*·tro *sto*·ri·ko
Brücke	*il ponte*	il *pon*·te
Burg	*il castello*	il kas·*te*·llo
Dom	*il duomo*	il *duo*·mo
Insel	*l'isola*	*li*·so·la
Markt	*il mercato*	il mer·*ka*·to
Meer	*il mare*	il *ma*·re
Palast	*il palazzo*	il pa·*la*·tso
Platz	*la piazza*	la *pja*·tsa
Ruinen	*le rovine*	le ro·*vi*·ne
Strand	*la spiaggia*	la *spja*·dscha
Turm	*la torre*	la *to*·rre

ZAHLEN

0	*zero*	*dse*·ro
1	*uno*	*u*·no

SPRACHE

2	*due*	*du*·e	**16**	*sedici*	*se*·di·tschi
3	*tre*	tre	**17**	*diciassette*	di·tscha·*se*·tte
4	*quattro*	*kwa*·ttro	**18**	*diciotto*	di·*tscho*·tto
5	*cinque*	*tschin*·kwe	**19**	*diciannove*	di·tscha·*no*·ve
6	*sei*	sei	**20**	*venti*	*ven*·ti
7	*sette*	*se*·tte	**30**	*trenta*	*tren*·ta
8	*otto*	*o*·tto	**40**	*quaranta*	kwa·*ran*·ta
9	*nove*	*no*·ve	**50**	*cinquanta*	tschin·*kwan*·ta
10	*dieci*	*dje*·tschi	**60**	*sessanta*	se·*ssan*·ta
11	*undici*	un·*di*·tschi	**70**	*settanta*	se·*ttan*·ta
12	*dodici*	do·*di*·tschi	**80**	*ottanta*	o·*ttan*·ta
13	*tredici*	tre·*di*·tschi	**90**	*novanta*	no·*van*·ta
14	*quattordici*	kwa·*tor*·di·tschi	**100**	*cento*	tschen·*to*
15	*quindici*	*kwin*·di·tschi	**1000**	*mille*	mi·*lle*

diretto – direkt; langsamer Zug
duomo – Dom

enoteca – Weinstube, Weinladen

fangho – Schlammbad
faraglione – Klippe
ferrovia – Zugbahnhof
festa – Fest
fiume – Fluss
fontana – Brunnen
fossa – Grube, Loch
funivia – Seilbahn

gola – Schlucht
golfo – Golf
grotta – Höhle
guardia medica – ärztlicher Notdienst

IC – Intercity; schneller Zug
interregionale – Fernzug, der häufig hält
isola – Insel

lago – See
largo – kleiner Platz
latomia – kleiner Steinbruch
lido – Strand
locale – langsamer, örtlicher Zug; auch *regionale* genannt
locanda – Gasthaus, kleines Hotel
lungomare – Strand-/Uferpromenade

mare – Meer
mattanza – rituelle Schlachtung von Thunfischen
mercato – Markt
molo – Pier
monte – Berg
municipio – Rathaus, Gemeindeamt
museo – Museum

Natale – Weihnachten

oratorio – Oratorium
ospedale – Krankenhaus
osteria – Gastwirtschaft

palazzo – Palast, Herrenhaus
parco – Park
Pasqua – Ostern
passeggiata – (Abend-)Spaziergang
pensione – Pension
piazza – Platz
piazzale – großer, offener Platz
ponte – Brücke
porta – Tor, Tür

questura – Polizeistation

reale – königlich
regionale – langsamern Regionalzug; auch *locale* genannt
rifugio – Berghütte
riserva naturale – Naturschutzgebiet
rocca – Festung; Felsen

sagra – Kirchweihfest
sala – Saal
santuario – Heiligtum
scalinata – Treppe, Stufen
spiaggia – Strand
stazione – Bahnhof, Haltestelle
strada – Straße

teatro – Theater
tempio – Tempel
tonnara – Großfanganlage für Thunfische
torre – Turm
traghetto – Fähre, Schiff
treno – Zug

via – Straße
viale – Allee
vicolo – Gasse

GLOSSAR

abbazia – Abtei
affittacamere – Zimmer zu vermieten
agora – Marktplatz, Treffpunkt
agriturismo – Urlaub auf dem Bauernhof
albergo – Hotel
alimentari – Lebensmittelladen, Feinkostladen
anfiteatro – Amphitheater
ara – Altar
arco – Bogen
autostrada – Autobahn, Schnellstraße

badia – Abtei
baglio – Herrenhaus
bancomat – Geldautomat
belvedere – Panoramaaussicht
benzina – Benzin
borgo – antike/s Stadt/Dorf; manchmal auch das Äquivalent zu *via*

cambio – Geldwechsel
camera – Zimmer
campanile – Glockenturm
campeggio – Zeltplatz
campo – Feld
cannolo – frittierte Teigrolle gefüllte mit süßem Ricotta
cappella – Kapelle
carabinieri – Polizei im Militär- und Staatsdienst
Carnevale – Fasching
casa – Haus
case abusive – wörtlich „beleidigende Häuser"; illegale Gebäude, die meist mit der Mafia in Verbindung gebracht werden
cava – Steinbruch
centro – Zentrum
chiesa – Kirche
CIT – Compagnia Italiana di Turismo; italienische, nationale Reiseagentur
città – Ort, Stadt
clientelismo – System von politischer Günstlingswirtschaft
comune – gleichbedeutend mit Gemeinde oder Bezirk; Gemeinde- oder Stadtrat
contrada – Stadtviertel
corso – Hauptstraße, Allee
cortile – Innenhof
Cosa Nostra – Unsere Sache; Name der sizilianischen Mafia
CTS – Centro Turistico Studentesco e Giovanile; Zentrum für Studenten und jugendliche Touristen

dammuso – bescheidene Behausung aus Vulkangestein, bedeckt mit einem kleinen, getünchten Kuppeldach

HINTER DEN KULISSEN

ÜBER DIESES BUCH

Dies ist die 2. deutschsprachige Auflage von *Sizilien*, basierend auf der 5. englischen Auflage, die von Virginia Maxwell und Duncan Garwood aktualisiert wurde. Vesna Maric überarbeitete die 4. Auflage, Paula Hardy die 3. und Sally O'Brien die 2. Verfasser der 1. englischen Auflage war Fionn Davenport. Die 5. Auflage wurde von der Lonely Planet Niederlassung in London in Auftrag gegeben und von folgenden Mitarbeitern realisiert:

Verantwortliche Redakteure Joe Bindloss, Paula Hardy
Leitende Redakteure Susie Ashworth, Carolyn Boicos
Leitender Kartograf Anthony Phelan
Leitender Layoutdesigner Frank Deim
Redaktion Helen Christinis
Kartografie Adrian Persoglia, Herman So
Layoutdesign Celia Wood
Redaktionsassistenz Jackey Coyle, Kristin Odijk, Charles Rawlings-Way
Kartografieassistenz Julie Dodkins, Owen Eszeki, Mark Griffiths, AlexLeung,

DIE LONELY PLANET STORY

Am Küchentisch fing alles an – nachdem Tony und Maureen Wheeler 1972 eine lange, abenteuerliche Reise durch Europa, Asien und Australien unternommen hatten, trugen sie all ihre Informationen und Notizen zusammen. So entstand der erste Lonely Planet Reiseführer *Across Asia on the Cheap*.

Der Reiseführer wurde von Travellern geradezu verschlugen. Ermutigt durch ihren Erfolg, veröffentlichten die Wheelers weitere Bücher über Südostasien, Indien und andere Länder. Die Nachfrage war so ungeheuerlich groß, dass die Wheelers ihr Untenehmen erweiterten. Über die Jahre deckten sie mit ihrer Reiseliteratur den ganzen Globus ab und sie dehnten ihre Berichterstattung auf die virtuelle Welt von lonelyplanet.com und das Lonely Planet Messageboard Thorn Tree aus.

Lonely Planet wurde ein immer beliebterer Reisebuchverlag und Tony und Maureen konnten sich vor Aufträgen kaum mehr retten. Doch erst 2007 fanden sie einen verlässlichen Partner, bei dem sie sich sicher sein konnten, dass er dem Prinzip abenteuerlustiger, aber umweltbewusster Reisen treu blieb. Im Oktober dieses Jahres erwarb BBC Worldwide 75% der Anteile von Lonely Planet, mit dem Versprechen, die Grundsätze unabhängiges Reisen, vertrauenswürdige Auskünfte und redaktionelle Unabhängigkeit aufrechtzuerhalten.

Heute hat Lonely Planet Büros in Melbourne (Australien), London und Oakland (USA) mit über 500 Mitarbeitern und 300 Autoren. Tony und Maureen engagieren sich immer noch aktiv bei Lonely Planet. Sie reisen mehr als je zuvor und in ihrer Freizeit widmen sie sich wohltätigen Projekten. Das Unternehmen wird nach wie vor von der Philosophie von *Across Asia on the Cheap* getragen: „Wichtig ist, dass du dich entscheidest zu gehen, dann hast du den härtesten Teil geschafft. Also, los geht's!"

Jolyon Philcox, Brendan Streager, Xavier di Toro
Umschlagdesignerin Naomi Parker, lonelyplanetimages.com
Interne Bildrecherche Aude Vaucon-sant, lonelyplanetimages.com
Redaktion Sprachführer Laura Crawford
Projektmanagement Imogen Bannister, Liz Heynes
Dank an Lisa Knights, Wibowo Rusli

DANK DER AUTOREN

VIRGINIA MAXWELL

Tausend Dank an Max und Peter, die mich wieder einmal auf einer Italienreise für Lonely Planet begleitet haben. Außerdem danke ich meinem Kollegen Duncan Garwood, dessen hervorragende Arbeit, Unterstützung und hilfreiche Vorschläge ich sehr zu schätzen weiß. *Molto grazie* an Patty Marchetti in Palermo. Ein Dankeschön an Paula Hardy, die mir diesen Job vermittelt hat, und an Joe Bindloss, der mir bis zuletzt zur Seite gestanden hat. Von ganzem Herzen danke ich zudem Imogen Bannister und Herman So.

DUNCAN GARWOOD

Grazie an Claudia Zerbini, Paolo Piano und Giusy Ritto in Catania, Loredana Albani und Giuliana in Syrakus, Vincenzo Grimaudo Cova und Gaetano in Caltagirone, Luigi Napoli und Serenella Bianchini in Agrigent, Diana Brown und Daniela Subba in Lipari, Nino Terrano und Alina Maslowski in Filicudi, Enza Grunno in Enna, Sara Spadaro in Taormina, Francesca Curcuruto in Aci Castello und Giuseppe Verde in Sciacca. Weiterhin danke ich folgenden Lonely Planet Mitarbeitern: Paula Hardy für den Auftrag, Herman So für sein Kartenmaterial und Laura Stansfeld, die mir mit der neuen Formatierung geholfen hat. Vielen Dank an meine Mitautorin Virginia Maxwell für ihre Unterstützung und ihre professionellen Ratschläge und an David Mills, der mir beim Geburtstagfeiern in Catania geholfen hat. Daheim bedanke ich mich mit einem warmen *grazie* bei Lidia und unseren beiden Jungs, Ben und Nick, sowie bei meiner *suocera* Nicla Salvati für ihre Hilfe, die von unschätzbarem Wert war.

UNSERE LESER

Wir danken allen Lesern, die uns nach der letzten Auflage hilfreiche Hinweise, nützliche Ratschläge und interessante Anekdoten zukommen ließen:
Sulun Aykurt, Beatriz Alonso Aznar,Sarah Bardell, Melissa Barnard, Adam Bezuijen, Marylou Bosco, Andreanne Bouchard, Boris Bouricius, Sue Bray, Mary Caroe, David Cartwright, Isabelle Caruana-Dingli, Dr. Velleda Ceccoli, Sarah Coles, Barbara Conners, Miss VM Conrad, Marcella Croce, Dario Dalla Costa, Elena Dalla Vecchia, Alex De Jongh, Sabina Spengler De Pertis,Marcel De Vroed, Michael Dempsey, Chris Denys, David Dibden, Andrea Dogliotti, Charlene Doll, Rosy Drohan, Rikki Eckert, Ioannis Eleftheriou, Andrew Feldman, Nicola Fiorilla, Greg Forshaw, Angela Gayton, Clare Gittings, John Glasgow, Ian Govey, Valentina Hartford, Cheryl Hatch, Brenda Hawkins, Fernando Herranz, Amy Huxtable, Maria Ilina, Ronald Jackman, Cori Jones, Felix Jones, Hilary K Josephs, Benjamin K, Katherine Kirby, Frederik Køhlert, Anastasia Kourentzi, Christine Lewis, Fangyan Li, Gerry Maguire, Dominic Maher, Manuela Marchioro, Genevieve Marino, Peter McKallen, Shabnam Merchant, Rosemary Moss, Na Na, George Newton, William Norris, Gaetano Pace, Berti Paola, Marta

WIR FREUEN UNS ÜBER EIN FEEDBACK

Post von Travellern zu bekommen, ist für uns ungemein hilfreich – Kritik und Anregungen halten uns auf dem Laufenden und helfen, unsere Bücher zu verbessern. Unser reiseerfahrenes Team liest alle Zuschriften genau durch, um zu erfahren, was an unseren Reiseführern gut und was schlecht ist. Wir können solche Post zwar nicht individuell beantworten, aber jedes Feedback wird garantiert schnurstracks an die jeweiligen Autoren weitergeleitet, rechtzeitig vor der nächsten Nachauflage. Wer uns schreiben will, erreicht uns über **www.lonelyplanet.de/kontakt**.

Hinweis: Da wir Beiträge möglicherweise in Lonely Planet Produkten (Reiseführer, Websites, digitale Medien) veröffentlichen, ggf. auch in gekürzter Form, bitten wir um Mitteilung, falls ein Kommentar nicht veröffentlicht oder ein Name nicht genannt werden soll. Wer Näheres über unsere Datenschutzpolitik wissen will, erfährt das unter www.lonelyplanet.com/privacy.

Papini, Gail Pearce, Elaine Perrone, Lilli Petersen, Anne Pincus, Manuela Pitino, Sona Pivonkova, Andrea Pleasance, Aase Popper, Patrick Pregiato, Susan Prevost, Jacquie Pryor, Margaret Ramskill, Tata Ringberg, Judy Rock, George Rohrmann, Thomas Rubinsky, Barbara Sheerman-Chase, Per Skansberg, Ilan Sluis, Erik Strub, Lindsay Studio, Angela Tagliavia, Sonia Ulliana, Ehud Uri, Marco Vignozzi, Piroska Walsh, Nadia Wanzi, Bob Watson, Anna Wesselink und Julia Wittich-Sauer.

QUELLENNACHWEIS

Wenn nicht anders angegeben gehören die Rechte an den Fotos den jeweiligen Fotografen. Viele Bilder aus diesem Reiseführer können bei Lonely Planet Images unter www.lonelyplanetimages.com angefordert werden.

REGISTER

REGISTER

REGISTER

V

W

Z

KARTENLEGENDE

Hinweis Nicht alle hier aufgeführten Symbole sind in diesem Reiseführer zu finden

VERKEHRSWEGE

- Mautstraße
- Autobahn
- Hauptstraße
- Landstraße
- Verbindungsstraße
- sonstige Straße
- unbefestigte Straße
- in Bau
- Tunnel
- Fußgängerzone
- Treppen
- Wanderweg
- Wanderpfad
- Wandertour
- Wanderung, Abstecher
- Fußgängerbrücke

TRANSPORT

- Fähre
- Metro
- Einschienenbahn
- Bus
- Bahn
- Bahn, unterirdisch
- Straßenbahn
- (Stand-)Seilbahn

GEBIETSFORMEN

- Bebauung
- Campus
- Flughafen
- Friedhof, christl.
- Friedhof, sonst.
- Fußgängerzone
- Gelände
- Markt
- Park
- Sportanlage
- Stadtgebiet
- Strand

GEWÄSSER

- Fluss, Bach
- Kanal
- Wasser
- Sumpf
- See (trocken)

GRENZEN

- Staatsgrenze
- Regionengrenze
- Bezirksgrenze
- Stadtmauer
- Klippen

LEGENDENSYMBOLE

Praktische Informationen
- Touristeninformation
- Polizei

Erkundung
- buddhistisch
- Burg, Festung
- christlich
- Denkmal
- Garten
- Grabstätte
- hinduistisch
- islamisch
- jüdisch
- Museum, Galerie
- Ruine
- Schwimmbecken
- Sehenswertes
- Skifahren
- Strand
- Tauchen, Schnorcheln
- Weingut, Weinberg
- Zoo, Vogelschutzgebiet

Gastronomische Highlights
- Restaurant
- Café

Nachtleben
- Bar, Kneipe
- Theater, Konzerte etc.

Empfohlene Läden
- Läden, Geschäfte etc.

Unterkunft
- Hotel, Pension etc.
- Camping

Transport
- Bahnhof
- Busbahnhof
- Fähre
- Flughafen, Flugplatz
- Grenzübergang
- Öffentliche Verkehrsmittel
- Radfahren, Fahrradweg
- Taxistand

Parken
- Parkplatz, Tiefgarage etc.

WEITERE KARTENSYMBOLE

Praktisches
- Bank, Geldautomat
- Botschaft, Konsulat
- Internetzugang
- Krankenhaus, Arzt
- Post
- Telefon

Geografisches
- Aussichtspunkt
- Berg, Vulkan
- Höhle
- Leuchtturm
- Nationalpark
- Rastplatz

Lonely Planet Publications,
Locked Bag 1, Footscray, Melbourne, Victoria 3011, Australia

Verlag der deutschen Ausgabe:
MAIRDUMONT, Marco-Polo-Str. 1, 73760 Ostfildern, www.mairdumont.com, lonelyplanet@mairdumont.com

Chefredakteurin deutsche Ausgabe: Birgit Borowski
Übersetzung: Anne Cappel, Marion Gref-Timm, Christina Kagerer, Marion Matthäus, Katja Weber
Redaktion: Frank Müller-Stindl, Verena Stindl (red.sign, Stuttgart)
Redaktionsassistenz: Dirk Mende, Karin Rappold, Thomas Tilsner
Satz: Neslihan Tatar (red.sign, Stuttgart)

Sizilien
2. deutsche Auflage Mai 2011, übersetzt von Sicily, 5th edition, Januar 2011 Lonely Planet Publications Pty

Umschlagfoto: Ragusa, Val die Noto, Sizilien; SIME/Simeone Giovanni/4Corners. **Foto Kapitelanfang:** Tempio della Concordia, Tal der Tempel, Agrigent, Sizilien; Diana Mayfield/Lonely Planet Images.

Die meisten Fotos in diesem Reiseführer können bei Lonely Planet Images, www.lonelyplanetimages.com, auch lizenziert werden.

Printed in China